Baedekers

Allianz  Reiseführer

Skandinavien

Dänemark
Norwegen
Schweden
Finnland

BAEDEKER STUTTGART · FREIBURG

Titelbild: Eikesdalsvatn
     östlich von Ändalsnes (Norwegen)

Ausstattung:
173 Abbildungen
66 Karten, Pläne und Grundrisse
1 große Autokarte

Textbeiträge:
Waltraud Andersen
Dr. Johannes Gamillscheg
Reiner Gatermann
Gerald Sawade (Klima)
Dr. Walter Thauer (Landeskunde)
Christine Wessely (Kunstgeschichte)

Bearbeitung:
Baedeker-Redaktion

Kartographie:
Ingenieurbüro für Kartographie
Huber & Oberländer, München
Georg Schiffner, Lahr

Umbruchlayout:
Creativ Verlagsgesellschaft mbH
Stuttgart
Ulrich Kolb

Konzeption und Gesamtleitung:
Dr. Peter Baumgarten
Baedeker Stuttgart

Bildnachweis:

Einen Großteil der Vorlagen zur Reproduktion der farbigen Abbildungen stellten der *Dänische Fremdenverkehrsrat* (Danmarks Turistråd) in Kopenhagen bzw. Hamburg und München, die *Norwegische Zentrale für Fremdenverkehr* (Landslaget for Reiselivet i Norge) in Oslo bzw. Hamburg, der *Schwedische Fremdenverkehrsrat* (Sveriges Turistråd) in Stockholm bzw. Hamburg sowie die *Finnische Zentrale für Tourismus* (Suomen Matkailun Edistämiskeskus) in Helsinki bzw. Hamburg zur Verfügung.

Allianz-Archiv (S. 292).
Ragnar Andersson, Falun (S. 31; 70; 230, links oben, rechts unten; 325).
Anthony-Verlag, Starnberg (S. 42; 43; 105; 137; 212, links oben; 232; 240).
Christian Baedeker, Stuttgart (S. 66; 107; 108; 122; 125, links; 141; 248, rechts; 249, rechts; 256; 259; 265, rechts).
Bavaria-Verlag, Gauting (S. 175; 180; 238; 270, rechts; 278; 287).
Timo Byckling, Espoo (S. 15).
Pär Domeij, Schweden (S. 22, 174).
Gullersproduktion, Göteborg (S. 84).
Husmo-foto (Bildarchiv), Oslo (S. 210/211, unten).
Topi Ikäläinen, Kuopio (S. 156; 314, rechts unten).
Dr. W. Jenninger, Tübingen (S. 149; 152; 198; 218; 249, links unten).
Värmland Turisttrafikförbund, Karlstad (S. 135).
Wasavarvet/Sjöhistoriska   museet,   Stockholm (S. 244).
Zentrale Farbbild Agentur (ZEFA), Düsseldorf (Titelbild; S. 293, 294).

2. Auflage

Urheberschaft:
Baedekers Autoführer-Verlag GmbH
Ostfildern-Kemnat bei Stuttgart

Nutzungsrecht:
Mairs Geographischer Verlag GmbH & Co.
Ostfildern-Kemnat bei Stuttgart

Satz:
Mairs Fotosatz GmbH
Ostfildern-Kemnat bei Stuttgart

Reproduktionen:
Gölz Repro-Service GmbH
Ludwigsburg

Druck:
Mairs Graphische Betriebe GmbH & Co.
Ostfildern-Kemnat bei Stuttgart

Buchbinderarbeiten:
Franz Spiegel Buch GmbH
Ulm an der Donau

Der Name *Baedeker*
ist als Warenzeichen geschützt

Alle Rechte
im In- und Ausland vorbehalten

Printed in Germany

ISBN 3-87504-074-0

* **Sternchen** *(Asterisken)* als typographi-
** sches Mittel zur Hervorhebung bedeutender Bau- und Kunstwerke, Naturschönheiten, Aussichten, aber auch guter Unterkunfts- und Gaststätten hat Karl Baedeker im Jahre 1844 eingeführt; sie werden auch in diesem Reiseführer verwendet:
Besonders Beachtenswertes ist durch e i n e n vorangestellten 'Baedeker-Stern', einzigartige Sehenswürdigkeiten sind durch z w e i Sternchen gekennzeichnet.

(i) Diese rote **Signatur** steht in Baedekers Allianz-Reiseführern symbolisch für **I n f o r m a t i o n** und weist den Benutzer auf kompetente **Auskunftsquellen** hin.

Wenn aus der Fülle von Unterkunfts- und Gaststätten nur eine wohlüberlegte Auswahl getroffen ist, so sei damit gegen andere Häuser kein Vorurteil erweckt.

Da die Angaben eines solchen Reiseführers in der heute so schnellebigen Zeit fast ständig Veränderungen unterworfen sind, kann für die Richtigkeit keine absolute Gewähr übernommen werden. Auch lehrt die Erfahrung, daß sich Irrtümer nie gänzlich vermeiden lassen. Für Berichtigungen und Verbesserungsvorschläge ist die Redaktion stets dankbar.

Dieser Reiseführer gehört zu einer neuen Baedeker-Generation.

In Zusammenarbeit mit der Allianz Versicherungs-AG, die durch ihren Beitrag diese neue Konzeption ermöglichte, wurde in langer Vorbereitung ein Reiseführer erarbeitet, der in allen Einzelheiten auf die Wünsche und Erwartungen des Urlaubers abgestimmt ist.

Baedeker besitzt eine über 150jährige Tradition und gilt heute als Inbegriff des Reiseführers. Als Karl Baedeker um die Mitte des vergangenen Jahrhunderts seine ersten Reisehandbücher herausbrachte, schuf er etwas völlig Neues: einen Reiseratgeber mit allen notwendigen Angaben über Land und Leute, präzisen Hinweisen über Reisewege, Reiseziele und Sehenswürdigkeiten. Was er beschrieb, hatte er auf seinen Reisen und Fußmärschen durch die Länder Europas selbst erkundet.

Dieser Tradition, einen Reiseführer nicht vom grünen Tisch her, sondern aufgrund eigener Erkundungen und Erfahrungen zu schreiben, ist Baedeker bis heute treu geblieben.

Baedekers Allianz-Reiseführer zeichnen sich darüber hinaus durch Konzentration auf das Wesentliche und Handlichkeit aus. Sie enthalten eine Vielzahl neu entwikkelter Karten und Pläne sowie zahlreiche farbige Abbildungen.

Zuverlässige Angaben führen zu den kulturellen Sehenswürdigkeiten und landschaftlichen Schönheiten. Der Baedeker-Tradition folgend wurden besonders wichtige Dinge durch einen oder zwei Sterne hervorgehoben.

Selbstverständlich findet der Benutzer alle praktischen Informationen für eine gute und sichere Reise. Dazu gehört auch eine übersichtliche Straßenkarte am Ende des Bandes.

Wir wünschen Ihnen mit dem neuen Baedekers Allianz-Reiseführer viel Freude und gute Fahrt!

H. Baedeker

Dr. W. Schieren
Vorsitzender des Vorstands
der Allianz Versicherungs-AG

Dr. V. Mair

Skandinavien

Reiseländer
Dänemark
Norwegen
Schweden
Finnland

Skandinavien

Mitternachtssonne in Nordnorwegen

Skandinavien

Dänemark
Norwegen
Schweden
Finnland

Nordeuropa gliedert sich in die Staaten Dänemark, Norwegen, Schweden und Finnland. Da nur Norwegen und Schweden auf der Skandinavischen Halbinsel liegen, bilden diese das eigentliche **Skandinavien.** Doch gelten auch Dänemark und Finnland als skandinavische Länder.

Die Königreiche **Dänemark** (mit den Färöern und Grönland), **Norwegen** (mit Svalbard, Jan Mayen und Antarktis-Be-sitzungen) und **Schweden** haben als Staatsform parlamentarisch-demokratische Monarchien; nur **Finnland** ist eine Republik.

Alle vier Länder sind Mitglieder der Vereinten Nationen (UN) und bilden mit Island den *Nordischen Rat.* Dänemark, Norwegen und Schweden gehören dem Europarat an; Dänemark ist zudem in die Europäische Gemeinschaft (EG) integriert.

Wenngleich die skandinavischen Länder in ihren Touristik-Statistiken nicht mit jenen Besucherzahlen aufwarten können, die andere Reiseländer in Mittel-, West- und Südeuropa verzeichnen, so hat sich jedoch auch Skandinavien in zunehmendem Maße zu einem beliebten Reiseziel entwickelt. Im Vordergrund des Interesses dürften nach wie vor die reizvollen Eigenheiten der verschiedenen Landschaftsräume und die einmaligen Naturerscheinungen stehen. Aber auch die besonderen Lebensformen der Menschen im Norden Europas, die spezifischen Erscheinungen im sozialen und wirtschaftlichen Bereich, die historischen und kulturgeschichtlichen Sehenswürdigkeiten sowie die mannigfaltigen Möglichkeiten zu unbeschwerten Ferienaufenthalten sowohl an den langen vielgestaltigen Meeresküsten und ausgedehnten Seen als auch im Landesinneren bewegen Jahr für Jahr viele Reiselustige, ihren Urlaub im Norden unseres Kontinentes zu verbringen. Eine 'Nordland-Reise', auf der man in der Regel mehrere oder gar alle vier in diesem Reiseführer behandelten Länder besucht, vermittelt in jeder Hinsicht bleibende Eindrücke und führt unbedingt zu einem besseren Verständnis von Land und Leuten in Skandinavien.

Skandinavien im engeren Sinne umfaßt die von Natur aus großzügig angelegte Halbinsel, die sich rund 1900 km lang von Schonen bis zum Nordkap erstreckt und die Ostsee vom Nordatlantik trennt. Auf ihr liegen die beiden Staaten **Schweden** und **Norwegen**. Gemeinhin rechnet man aber auch Dänemark und Finnland zu den skandinavischen Ländern, und dies nicht ohne Berechtigung.

Finnland ist von den gleichen Naturkräften gestaltet worden wie Schweden, ja es zeigt in vieler Hinsicht die Reliktformen der letzten Eiszeit am ausgeprägtesten. Ferner sind seine Küstenräume historisch und kulturell stark von Schweden geprägt worden, und der rege Schiffsverkehr auf dem Bottnischen Meerbusen hat die beiden Länder miteinander verklammert.

Dänemark freilich ist durch Meeresstraßen vom skandinavischen Landkomplex getrennt, hat sich aber im Laufe seiner Geschichte so sehr an die nordischen Nachbarn angelehnt und zeigt sprachlich wie kulturell eine so enge Verwandtschaft zu ihnen, daß es mit gutem Grund ebenfalls zu Skandinavien gerechnet wird. Zwar setzt sich der landschaftliche Charakter von Schleswig nahezu unverändert in die nördlich anschließende Halbinsel Jütland fort, aber das wirtschaftliche Schwergewicht Dänemarks liegt auf den dichter besiedelten großen Inseln. Damit weist Dänemark nach Schweden hinüber; noch deutlicher wird dies aus der peripheren Lage seiner Hauptstadt. Bis 1658 gehörte auch ihr Gegengestade auf der skandinavischen Halbinsel zu Dänemark, und die damals geprägten kulturlandschaftlichen Züge sind heute in Schonen noch nicht ganz verwischt. Eine sehr enge Verbindung mit dem Norden ergab sich ferner aus der langen politischen Vereinigung mit Norwegen (bis 1814).

So deckt sich Skandinavien im weiteren Sinne mit unserem Begriff von NORDEUROPA. Dieser Gesamtraum weist klar geprägte individuelle Züge auf. Sehen wir von Osteuropa ab, so hat kein anderer Teil unseres Kontinents so einheitliche Oberflächenformen. Es fehlt die enge Kammerung in Mittel- und Hochgebirge, wie sie Mitteleuropa und besonders Südeuropa immer wieder zeigen. Die Küsten Skandinaviens sind trotz ihrer überaus wirren Kleingliederung im großen geradlinig; Schweden besitzt in seiner ganzen Länge eine gute Durchgängigkeit, die zwar durch Flüsse, nicht aber durch Gebirgszüge behindert ist. Das skandinavische Hochgebirge – erst in neuerer Zeit mit dem einheitlichen Namen 'Skanden' belegt – ist trotz seiner breiten Einwalmungen ein einheitlicher, geschlossener Komplex.

So umfaßt Skandinavien, das wir an der sowjetischen bzw. der bundesdeutschen Grenze enden lassen, rund 1 150 000 qkm, also die viereinhalbfache Fläche der Bundesrepublik Deutschland. Die Entfernung von Gedser bis zum Nordkap entspricht der von Gedser bis Tunis, und die Breitenausdehnung von Bergen bis zum Ufer des Ladogasees kommt der Strecke Paris-Warschau gleich.

Dennoch hat Nordeuropa bedeutend weniger Einwohner als die bundesdeutschen Länder Nordrhein-Westfalen und Niedersachsen zusammengenommen. Die Gebiete Skandinaviens nördlich des 61. Breitenkreises umfassen zwar zwei Drittel seiner Gesamtfläche, beherbergen aber nur ein Fünftel seiner Bevölkerung, so daß dort nur etwa fünf Einwohner auf den Quadratkilometer treffen. Diese Verlagerung des Bevölkerungsschwergewichts in die südlichen Teile ist natürlich in erster Linie klimatisch bedingt. Der nördliche Teil Skandinaviens dürfte jedoch eine höhere Bevölkerungszahl aufweisen als alle übrigen Gebiete der Erde in der gleichen Breitenlage zusammengenommen.

Bedeutsamer als die klimatische Ungunst, die durch den Golfstrom gemildert wird wie nirgends sonst auf der Erde, ist jedoch die Tatsache der langen, psychisch so deprimierenden Winternächte. Der Unterschied in der Tageslänge nimmt bekanntlich gegen Norden in der Weise zu, daß jenseits des Polarkreises (66° 33') die Sonne alljährlich eine zunehmend größere Zahl von Tagen (in Kiruna etwa 45, in Hammerfest 72 Tage) im Sommer nicht untergeht und im Winter nicht aufgeht. Am Nordpol erscheint sie am 21. März über dem Horizont und geht erst am 21. September wieder unter, so daß sie sich im Frühling in scheinbar spiralenförmiger Bahn über den Horizont empor- und im Sommer wieder niederschraubt.

Der **Landschaftsaufbau** von Skandinavien erscheint recht einfach. Durch ganz Norwegen und entlang der norwegisch-schwedischen Grenze erstreckt sich in 1700 km Länge (zum Vergleich: Alpen knapp 1000 km) das skandinavische Hochgebirge. Sein Charakteristikum sind die weiten, teils vermoorten und von kleinen Seen übersäten Fjällhochflächen, deren Höhenlage ziemlich einheitlich zwischen 1000 und 1500 m bleibt. Freilich werden sie, besonders in der Umgebung des Sognefjords und in Nordschweden, von scharf zugespitzten und vergletscherten Berggruppen überragt, die in Innernorwegen 2468 m (Galdhøpiggen) und in Nordschweden 2117 m (Kebnekaise) erreichen. Aber auch dazwischen ragen isolierte Bergmassive immer wieder bis 1800 m Höhe empor.

Andererseits werden die Fjällplateaus auf der norwegischen Seite von zahlreichen Tälern zerschnitten, die in ihren unteren Abschnitten oft von tief ins Land greifenden Fjordenden, weiter oben aber häufig von langgestreckten Seen erfüllt sind; ihre typische U-Form erhielten sie durch die schürfende Kraft der mächtigen eiszeitlichen Gletscher, die bis in den Atlantik hineinreichen. Eine relativ flache Küstenplatte, deren von den Gletschern überschliffene Felskuppen als Schären über die Wasserfläche aufragen, bildet einen schmalen Saum im Westen vor dem Hochgebirge. Wo sie breiter entwickelt ist und sich stärker über den Meeresspiegel erhebt, treffen wir auf freundliche und begrünte Landschaften wie beispielsweise im Mündungsbereich des Hardangerfjords.

Auf der schwedischen Seite sind die Gebirgstäler meist breiter ausgeformt und die Plateauflächen mehr in einzelne plumpe Massive aufgelöst. An den östlichen Gebirgsrand lehnt sich in Nordschweden ein etwa 150-250 km breiter Streifen hügeligen Landes an, das sich von 600 m auf 200 m in der Nähe der bottnischen Küste abdacht. Es wird von zahlreichen Härtlingsbergen, im Lande als 'klack' (Singular) bezeichnet, überragt; ihre Höhe überschreitet aber kaum 800 m. Nur sehr schmal sind in Norrland der eigentliche Küstensaum und der Schärengürtel.

Von der gegenüberliegenden finnischen Küste steigt das Land viel flacher zur Finnischen Seenplatte an. Sie zeichnet sich durch ein völlig unübersichtliches Wirrwarr von Seen, Seenbuchten, Inseln und Halbinseln aus, wie es Schweden nur im engeren Bereich des Mälarsees kennt. Ein jähes Ende findet diese 'binnenländische Fjord- und Schärenlandschaft' an dem eigenartigen Hügelstreifen des Salpausselkä. Südlich davon dacht sich das Land gleichmäßig und flach und nur von wenigen kleineren Seen übersät zum Finnischen Meerbusen ab.

Vor der Südwestfront von Finnland ist der Schärenhof am breitesten entwikkelt: Ganze Schwärme von 'rundgebuk-

Schären vor Stockholm

kelten', d.h. von den Gletschern überschliffenen Felseilanden, die in den festlandsnahen Bereichen höher aufragen und bewaldet, weiter draußen aber völlig kahl sind, liegen zwischen Turku und den Ålandinseln, und nicht anders ist das Bild im Küstensaum vor Stockholm, wo man nicht weniger als 24 000 Inseln und Inselchen gezählt hat. Von hier setzt sich ein Tieflandstreifen über das Gebiet des Mälarsees in die Mittelschwedische Senke fort, wo wir als Erinnerung an die einstige Meeresbedeckung den Vänersee antreffen, der die zehnfache Flächengröße des Bodensees hat. Südlich davon erhebt sich Småland zu Höhen von knapp 400 m: Wie ein flacher Schild wirkt diese Landschaft in der Mitte von

Südschweden. Im Südwesten aber werden die Mittelschwedische Senke und Småland durch die Schärenküste von Bohuslän und Halland abgeschnitten. Wie ein Fremdkörper hängt Schonen an der großen skandinavischen Halbinsel. Seine **geologischen Verhältnisse** sind ganz anderer Art als die des übrigen Skandinavien. Ein schmaler Horst von Urgesteinen durchragt zwar nochmals die jüngeren Überlagerungen und weist hinüber nach Bornholm; dann aber entspricht der Untergrund ganz dem der dänischen Inseln, und auch die Küstenformen sind ganz anders als sonst auf der skandinavischen Halbinsel. Fjorde und Schären fehlen hier völlig, dafür haben Nehrungen und Dünensäume stärkere Bedeutung. In Dänemark bedecken mächtige diluviale Ablagerungen den Untergrund fast völlig. Nur an den Ostseiten der Inseln Falster und Møn sowie an der südostseeländischen Küste treten Kreidefelsen wie auf der deutschen Insel Rügen zutage. Jütland, dessen West- und Ostküste so gegensätzlich geformt sind (Dünen- bzw. Fördenküste), ist dennoch insgesamt eine Anhäufung diluvialer Ablagerungen, die nur im Osten mehr lehmig und im Westen mehr sandig ausgebildet sind.

Nördlich von Schonen treten überall in Skandinavien sehr alte Gesteine zutage, die aber an vielen Stellen von den jüngsten geologischen Bildungen, den eiszeitlichen Moränenablagerungen, überdeckt werden. Alle mesozoischen Schichtenfolgen, die in Süd- und Mitteldeutschland so weit verbreitet sind, fehlen. Die westlichen Teile von Süd- und Mittelschweden werden überwiegend aus Gneisen aufgebaut, während östlich einer durch den Vättersee ziehenden meridionalen Linie Granite vorherrschen, die in manchen Landschaften von Porphyrergüssen überdeckt sind. Nur in größeren oder kleineren Resten sind flachgelagerte kambrische und silurische Sedimentgesteine erhalten, von denen die letzteren vielfach die Grundlage für fruchtbare Ackerbauebenen bilden. Ferner haben vulkanische Ausbrüche im Erdaltertum an mehreren Stellen Diabas angeliefert, der u.a. die Spitze des bekannten Aussichtsberges Kinnekulle und die plateauartigen Erhebungen von Västergötland mit ihren markanten Felskanten aufbaut. Die Inseln Öland und Gotland bestehen fast ausschließlich aus Silurkalken.

Die mannigfaltigen uralten Gesteine der Skanden sind bereits in der Silurzeit 'kaledonisch' (= Zeitbegriff) gefaltet und auf die östlich benachbarten horizontal liegenden Gesteine überschoben worden. Die südwestliche Fortsetzung jenes Gebirgszuges, dessen Entstehung ungefähr zwanzigmal älter ist als die der Alpen, taucht in Schottland und Nordirland wieder auf.

Im heutigen Landschaftsbild sämtlicher skandinavischer Länder sind allerdings die jüngsten geologischen Vorgänge der letzten Vereisungsepoche von weitaus größerer Bedeutung. Selbst wo die allenthalben so stark verbreiteten Moränenüberdeckungen oder andere glaziale Ablagerungen fehlen, hat die Arbeit des Eises die Erdoberfläche so gründlich umgeformt, daß alle älteren Formen sozusagen nur durch den Untergrund hindurchschimmern; lediglich die Großanlage des Gebirgszuges der Skanden blieb erhalten. Ganz Nordeuropa und Norddeutschland waren mehrere Jahrzehntausende hindurch von mächtigen Eismassen bedeckt, und nur die höchsten Spitzen des skandinavischen Hochgebirges ragten als 'Nunatakker' aus der Eisdecke heraus. Während aber Norddeutschland schon vor etwa 20000 Jahren eisfrei wurde, war ganz Nordskandinavien noch vor rund 10000 Jahren von Eis bedeckt. Infolge seines allmählichen Zurückschmelzens hat die Ostsee, die anfangs nur ein ausgedehnter Stausee am Rand des Eises war, ihre Uferlinien immer wieder verändert. Erst im sogenannten 'Yoldia-Stadium' erlangte sie eine offene Verbindung zum Weltmeer, allerdings nicht wie heute im Bereich der dänischen Sunde, die damals noch landfest waren, sondern an der 'Billinger Pforte' in Mittelschweden, als dieselbe von der Eisbedeckung freigegeben wurde. Zu gleicher Zeit ergab sich auch eine Meeresverbindung am Rand der Eismassen nach Nordosten zum Weißen Meer, so daß ganz Nordskandinavien damit Insel wurde.

Von der alten mittelschwedischen Meeresbedeckung sind die großen Seen zurückgeblieben; durch die reichliche Zufuhr von Flußwasser sind sie aber längst ausgesüßt.

Hatten die etwa 2 km mächtigen Eismassen durch ihr Gewicht das darunter liegende Land stark in die Tiefe gedrückt, so schwand diese Belastung mit dem Abschmelzen der Eismassen; das Land hob sich, und zwar am stärksten im Zentrum der ehemaligen Eisbedeckung. Damit kamen die Meeresstraßen in Mittelschweden und in Finnland vor rund 8500 Jahren wieder über den Meeresspiegel zu liegen und wurden landfest; die Ostsee wurde abermals zu einem See, dem 'Ancylus-See', der infolge der weiter zurückgehenden Eisbedeckung schon den heutigen Bottnischen

Meerbusen umfaßte. Erst vor rund 7000 Jahren öffneten sich die heutigen Meeresstraßen zwischen den dänischen Inseln und stellten abermals die Verbindung zur Nordsee her: Damit entstand das 'Litorina-Meer', der Vorgänger der heutigen Ostsee.

Die Geologen haben für diese Ereignisse eine absolute Zeitskala aufstellen können, und zwar mit Hilfe der sogenannten 'Bändertone', die besonders schön bei Uppsala aufgeschlossen sind. Wie im Wachstum eines Baumes Jahresringe entstehen, so haben sich bei der Ablagerung jener Tone jahreszeitliche Schwankungen der Korngröße und der Farbe ergeben, so daß heute jedes 'Band' (wie es im Aufriß erscheint) einem Jahr entspricht, wobei sogar die Breite und Qualität eines solchen Bandes Hinweise auf den meteorologischen Charakter jedes einzelnen nacheiszeitlichen Jahres geben.

Die *Landhebung* hat in Skandinavien noch nicht ihren Abschluß erreicht, sondern beträgt in der Umgebung des Bottnischen Meerbusens noch etwa 1 m im Jahrhundert, so daß dort manche Städte (z.B. Luleå und Oulu) ihre Hafenanlagen immer wieder verlegen mußten, um dem zurückweichenden Meer nachzufolgen. In der Stockholmer Gegend beträgt die Hebung noch etwa 40 cm im Jahrhundert, so daß dort im Laufe der historischen Überlieferung immer wieder neue Schären vor dem Küstensaum aufgetaucht sowie alte Sunde und Meeresbuchten landfest geworden sind.

Mannigfaltig ist der durch die Gletscher erzeugte F o r m e n s c h a t z. In den Skanden haben sie vor allem die Fjällplateaus überschliffen und nur die markanten 'Nunatakker' stehenlassen, die immer die Eismassen überragt hatten. Die einzelnen Gletscherzungen haben die gewaltigen U-Täler ausgeformt, über deren senkrechte Schliffkanten heute die Schleier der Wasserfälle herniedersprühen. Häufig wurden die Täler von der schürfenden Arbeit des Eises übertieft oder durch Moränenablagerungen versperrt, weshalb sich in ihnen so häufig Seen angestaut haben. Besonders große Tiefen weisen die Fjorde auf, hat doch der Sognefjord mit 1245 m eine weitaus größere Tiefe als die gesamte Nordsee, die kaum davon den zehnten Teil erreicht.

Auf der Ostseite der Skanden ist der große innernordländische Seensaum dadurch entstanden, daß die letzten Reste der großen Eisbedeckung nicht im Gebirge, sondern östlich davon lagen und den Abfluß zum Bottnischen Meerbusen versperrten. So fanden die Seen anfangs einen niedrigeren Überlauf in westlicher Richtung zum Nordatlantik, so daß im Gebirge tiefe Täler ausgefurcht wurden, die heute als bequeme Pässe zwischen der norwegischen Küste und dem Binnenland dienen. Nach dem Schwinden der letzten großen Eismassen haben diese Seen alle einen günstigeren Abfluß zur Ostsee gefunden, so daß die alten Täler im Gebirge trocken liegen blieben.

Wie riesige Girlanden ziehen sich quer durch Schweden und Finnland die *Endmoränen* der einzelnen Abschmelzstadien: Immer wieder treffen wir auf jene wirren Blockanhäufungen, gegen die der Mensch mit seiner Kulturarbeit erst sehr wenig angegangen ist. In Südfinnland wurden diese Endmoränen z.T. unter dem Meeresspiegel abgelagert und von der Brandung gleichmäßig verteilt, so daß dort die regelmäßigen Hügelzüge des Salpausselkä entstanden sind.

Dennoch zeigen die Gletscher ihre Schleifwirkung auch immer wieder in den tiefer gelegenen Landschaften; an den 'Rundhöckern' im Schärenbereich oder im Binnenland wurde selbst härtestes Felsmaterial zu walfischrückenartigen Formen abgehobelt. Besonders eigenartig sind die 'Oser' (Singular: Os), langgestreckte, geschichtete Kiesdämme von manchmal mehreren 100 km Länge, die sogar größere Seen durchziehen. Es sind die ehemaligen Sedimentfüllungen von Tunnelbahnen, die sich die unter den Eismassen dahinziehenden Flüsse geschaffen hatten. Als das Eis abschmolz, blieben die Ausfüllungen als natürliche Dämme liegen; vom Menschen wurden sie stets als trockene Verkehrswege gern benutzt. Stockholm verdankt seine Anlage nicht zuletzt einem solchen Os (schwedisch: Äs), das zur Abschnürung des Mälarsees beigetragen und eine günstige Übergangsmöglichkeit geboten hat.

Von den zahlreichen weiteren Glazialformen seien nur noch die 'Sölle' erwähnt, dolinenförmige kleine Vertiefungen, die besonders in der Ackerbauebenen auffallen. Hier waren größere Eisblöcke in den Erdboden eingelagert worden, die infolge der fehlenden Sonnenbestrahlung erst spät abtauten; dabei bildete sich ein Hohlraum, durch dessen Einsturz eine trichterförmige Vertiefung an der Oberfläche entstand.

Am charakteristischsten für alle ehemals eisbedeckten Küstengebiete sind die *Fjorde*, die wir in Skandinavien in allen Abwandlungen antreffen. In Nordnorwegen greifen sie breit und trichterförmig in den Fjällrumpf ein. Die Gruppe der schroffen Lofotinseln wird von zahlreichen Fjorden labyrinthartig durchzogen. Breit und buchtenreich lagert sich dagegen der Trondheimfjord in ein ertrunkenes Längstal. Wie überflutete Alpentäler muten die stark verzweigten Fjorde in der Umgebung der norwegischen Zweitausender an. Wo in Südnorwegen und Bohuslän die Gebirge sanfter zur Küste absteigen und die Eisbedeckung nicht mehr so mächtig war, sind die Fjorde kürzer. Nur der

Oslofjord greift im Bereich eines tektonischen Grabens weit ins Binnenland.

In Schweden und Finnland sind die Fjorde inniger mit dem Schärensaum verzahnt, ihre inneren Enden greifen nur zwischen die niedrigen Kuppen der Rundhöckerlandschaft.

In ein mildes, grünes Hügelland eingebettet sind schließlich die Förden der jütländischen Ostküste, die denen von Schleswig gleichen.

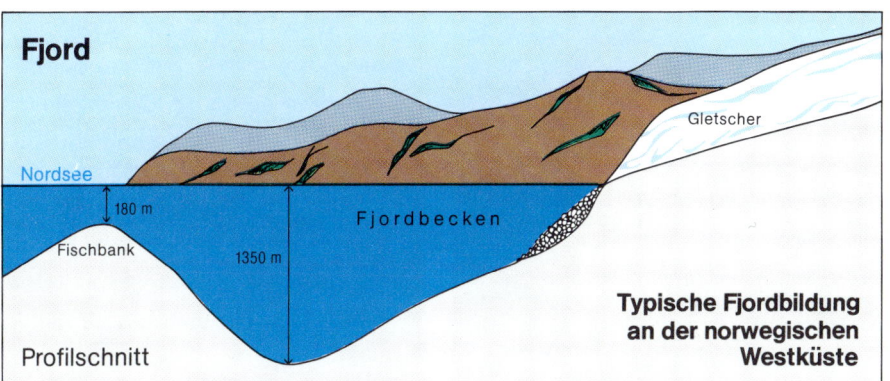

Typische Fjordbildung an der norwegischen Westküste

Über die Entstehung der Fjorde

Während der letzten Eiszeit, also etwa vor drei Millionen Jahren, war ganz Skandinavien von einer mächtigen Eisschicht bedeckt, die zum Meer hin an Stärke abnahm. Wo bereits Flußtäler vorhanden waren, gruben und schliffen die Eismassen immer tiefere Furchen, oft so tief wie die sich darüber auftürmenden Felsen.

Weil das Eis in Küstennähe dünner war und somit weniger Druck ausübte, wurden die Fjorde an ihren Mündungen entsprechend weniger tief ausgefurcht. Die Mündungsschwellen erreichen etwa 180 m u.d.M., während im Inneren

der Fjorde Tiefen bis zu 1350 m u.d.M. gemessen wurden.

Als sich das Eis zurückzog, füllten sich die riesigen Fjordbecken mit salzigem Meerwasser. Dem Salzgehalt und dem wärmenden Einfluß des Golfstromes ist es zuzuschreiben, daß die Fjorde – mit Ausnahme ihrer innersten Verzweigungen – heutzutage das ganze Jahr über eisfrei bleiben.

Reste der glazialen Eismassen sind die großen Firnfelder auf den Gebirgsketten. Die in zahllosen Fällen zu Tal stürzenden Gletscherabflüsse werden vielerorts zur Energiegewinnung genutzt.

Klima

Das Klima Skandinaviens weist bei einer Nordsüdausdehnung von über 1800 km **große Gegensätze** auf. D ä n e m a r k und das südlichste Schweden liegen mit ihrem kühlgemäßigten Seeklima in der Übergangszone zum mitteleuropäischen Klimabereich (Jahresniederschläge zwischen 400 und 800 mm, Regenmaximum im August, im Westen Herbst- und Winterstürme, häufiger Wetterwechsel).

Das sich bis weit über den *Polarkreis* erstreckende N o r w e g e n weist abgesehen von dem im Nördlichen Eismeer gelegenen Spitzbergen nur im meerfernen nördlichen Lappland mit gelegentlichen Minima bis ca. – 50° C (Karasjok – 51,4° C) polare Klimazüge auf. Der größte Teil des Landes wird jedoch im Winter vom *Golfstrom* und von südwestlichen Winden erwärmt. So hat der Lofotenort Svolvær (über 68° N) mit – 1,7° C dasselbe Januarmittel wie der 3000 km südlicher nahe der jugoslawisch-griechischen Grenze gelegene Ort Negotino (147 m; 41¹/₂° N). Die regenbringenden, im Herbst und Winter oft stürmischen Südwestwinde sind die Ursache für starke Steigungsregen (bis 2200 mm im äußeren Küstensaum; bes. im Herbst und Winter). Diesen hohen Niederschlägen im Winter (auf exponierten Bergzügen Jahresmittel bis 3000 mm) verdanken die Plateaugletscher im südlichen Norwegen wie

der fast 100 km lange und etwa 1000 qkm messende Jostedalsbre ihre außergewöhnliche Ausdehnung. An dem 700 km nördlicher in einem niederschlagsarmen Gebiet schwedisch Lapplands gelegenen Kebnekaise ist trotz viel stärkerer Winterkälte und der Polarnacht die Dauerschneegrenze wesentlich höher. Gegenüber dem extrem ozeanischen Klima der Westküste mit geringen Temperaturschwankungen weisen die im Regenschatten liegenden Täler weiter östlich stark kontinentale Züge auf, mit großen jahreszeitlichen Temperaturunterschieden und geringeren Niederschlagswerten als in den trockensten Gegenden Deutschlands, so daß im oberen Gudbrandsdal künstliche Bewässerung erforderlich ist. Die Temperaturabnahme gegen die polaren Breiten tritt im Sommer in Norwegen stärker in Erscheinung, weil dann das relative Erwärmungspotential des Golfstroms geringer ist. Kleiner sind jetzt die sommerlichen Temperaturunterschiede zwischen Süd und Nord im Landesinneren, weil die lang anhaltende Sonneneinstrahlung der höheren Breiten sich im Bereich größerer Landmassen stärker auswirken kann. So hat man in Lappland schon wiederholt Temperaturen von mehr als +30° C gemessen, die an der Westküste niemals auftreten.

Der kontinentalere Klimacharakter des östlichen Norwegens verstärkt sich noch in S c h w e d e n und F i n n l a n d. Im Sommer nehmen die Temperaturen von Westen nach Osten zu, und zwar infolge der rascheren Erwärmung der Landmassen und der geringeren Bewölkung im Lee der Westwinde. Dabei macht sich jedoch eine gewisse Milderung der Kontinentalität durch die abkühlende Wirkung der Ostsee und der Finnischen Seenplatte bemerkbar; im Winter sind diese Wasserflächen ohne Einfluß, weil sie dann mindestens bis Stockholm von Eis und Schnee bedeckt sind.

Die Küsten Dänemarks sowie die Westküsten Schwedens und Norwegens bleiben gewöhnlich eisfrei. Schnee bleibt im südlichen Schweden meist von Dezember bis Februar, im mittleren Schweden und im südlichen und mittleren Finnland von November bis März oder April, in Lappland von Oktober bis Mai liegen. – In Dänemark (außer der Westküste Jütlands), in Schonen sowie an der Süd- und südlichen Westküste Norwegens haben 0-1 Monate, im norwegischen und nördlichen schwedischen Hochland bis 7 Monate ein Temperaturmittel unter 0° C. – Tage mit *Mitternachtssonne* bzw. *Polarnacht:* Kiruna 45, Tromsø 64, Hammerfest 72, Nordkap 78, Spitzbergen 127 Tage.

Die **Temperaturen** schwanken in Dänemark entsprechend der geringen Ausdehnung sehr wenig: das Jahresmittel von 7,2° C in Rugbjerg (nordöstl. Tønder/Tondern) bis 7,9° C in Odense, das Februararmittel von -1,2° C in Kopenhagen bis 1,4° C in Skagen, das Julimittel von 15,5° C in Tønder/Tondern und Rugbjerg bis 17,2° C in Kopenhagen und die Jahresamplitude von 14,5° C in Tønder/Tondern bis 18,4° C in Kopenhagen.

In Norwegen schwankt das Jahresmittel von -3,5° C in Sizzajavre in Lappland (-8,0° C in Grønhavn südl. Barentsburg/Spitzbergen) bis 7,6° C in Flekkefjord zwischen Stavanger und Kristiansand (weitere Werte von Süden nach Norden: Oslo 5,4° C, Bergen 7,2° C, Dombås 1,3° C, Trondheim 4,4° C, Svolvær/Lofoten 4,2° C, Tromsø 2,3° C, Alta 0,6° C, Hammerfest 2,1° C, Tana -0,8° C, Vardø 1,1° C, Bäreninsel -5,0° C), das Januar- bzw. Februarmittel von -15° C in Sizzajavre (-18,2° C in Grønhavn) bis 1,7° C in Bergen und Kristiansund (Oslo -3,8° C, Lillehammer -8° C, Trondheim -2,1° C, Alta -8,2° C, Hammerfest -3,5° C, Tana -11,3° C, Vardø -4,5° C, Bäreninsel -8,2° C im März), das Julimittel von 8,5° C in Vardø (3,8° C am Kvadehuken bei Ny-Ålesund/Spitzbergen) bis 16,3° C in Flekkefjord (Oslo 16,2° C, Bergen 13,7° C, Lillehammer 14,0° C, Trondheim 13,5° C, Hammerfest 11,5° C, Bäreninsel 5,5° C Aug.) und die Jahresamplitude von 12,0° C in Bergen bis 26,7° C in Svizzajavre (Oslo 20,0° C, Lillehammer 22,5° C, Trondheim 17,9° C, Svolvær 13,5° C, Tana 23° C, Vardø 13° C, Bäreninsel 13,7° C, Grønhavn 23,2° C, Kvadehuken 18,8° C).

In Schweden schwankt das Jahresmittel von -2,3° C in Karesuando in Lappland bis 7,7° C in Malmö und Göteborg (Stockholm 5,9° C, Östersund 2,4° C, Haparanda 1° C, Abisko -1,0° C), das Januar- bzw. Februarmittel von -13,8° C in Karesuando bis 0° C in Malmö (Stockholm -2,5° C, Östersund -7,8° C, Haparanda -11,6° C, Abisko -11,2° C), das Julimittel von 11,2° C in Abisko bis 17,3° C in Karlstad (Stockholm 16,2° C, Östersund 13,8° C, Haparanda 15,2° C) und die Jahresamplitude von 16,3° C in Malmö bis 28,6° C in Övertorneå nördlich von Haparanda (Stockholm 18,7° C, Östersund 21,6° C, Haparanda 26,8° C).

In Finnland schwankt das Jahresmittel von -2,2° C in Enontekiö in Lappland bis 5,5° C in Hanko (Turku/Åbo 4,6° C, Tuusula bei Helsinki 3,4° C, Kotka 4,1° C, Kuopio 2,6° C, Rovaniemi -0,1° C, Inari -2,1° C), das Februarmittel von -14,6° C in Enontekiö (absolutes Minimum in Ivalo -48,7° C) bis -3,9° C in Hanko (Turku/Åbo -6,0° C, Tuusula -7,0° C, Kotka -7,2° C, Kuopio -8,7° C, Rovaniemi -12,6° C, Inari -14,3° C Jan.), das Julimittel von 10,8° C in Utsjoki (nördlichster Ort Finnlands) bis 16,5° C in Kotka und Lapeenrata (Turku/Åbo 16,3° C, Tuusula 16,0° C, Kuopio 15,7° C, Rovaniemi 13,8° C, Inari 11,7° C) und die Jahresamplitude von 20,3° C in Hanko bis 27,5° C in Enontekiö (Turku/Åbo 22,3° C, Kuopio 24,4° C, Rovaniemi 25,8° C).

Die **Niederschläge** betragen in Dänemark im Jahresmittel durchschnittlich 550-650 mm (Kopenhagen 579 mm, Odense 621 mm, Ålborg 611 mm, Rønne 559 mm), auf einigen östlichen Inseln auch unter 500 mm (Christiansø 419 mm), im westlichen Jütland und besonders in Nordschleswig darüber (Åbenrå/Apenrade 762 mm, Tønder/Tondern etwa 750 mm). Der regenreichste Monat ist fast durchweg der August (Kopenhagen 75 mm, Tønder /Tondern 98 mm, Christiansø 52 mm), der regenärmste der Februar (Kopenhagen 32 mm, Tønder/Tondern 41 mm, Christiansø 22 mm).

In Norwegen richten sich die Niederschlagsmengen des Küstensaumes nach der Exposition der Orte zu den regenbringenden Südwestwinden und der Nähe von Steigungsregen verursachenden Bergen. Niederschlagsreichster Monat ist im Süden und Norden meist der Oktober, um Bergen der Januar, niederschlagsärmster der Juni, im Norden meist der April (Ausnahmen z.T. erwähnt). Von Süden nach Norden ergeben sich folgende Jahresmittel der küstennahen Orte: Kristiansand 1472 mm, Flekkefjord 1722 mm (Okt.-Dez. je 200 mm, Juli 57 mm), Stavanger 1072 mm, Josendal (südöstl. Bergen) 2152 mm (Jan. 310 mm, Juni 82 mm), Bergen 1895 mm (Jan. 230 mm, Juni 110 mm), Balestrand (im Sognefjord) 1895 mm, Leikanger (etwas fjordeinwärts) nur 936 mm, Molde 1440 mm, Trondheim 821 mm, Bodø 867 mm, Røst (südwestlichste Lofoten) 513 mm (April 27 mm), Svolvær 1561 mm (Nov. 188 mm, April 73 mm), Tromsø 935 mm (Sept., Aug.), Hammerfest 558 mm (Okt. 63 mm, April 31 mm), Alta 308 mm (Juli, April), Vardø 600 mm (Jan., Mai). Andere Jahresmittel im Lee der Südwestwinde: Oslo 736 mm (Max. Aug. 100 mm, Min. April 39 mm), Lillehammer 602 mm, Listad (nordwestl. Lillehammer) 390 mm (Aug. 76 mm, Febr. 8 mm), Dombås 372 mm (Aug. 58 mm, April 9 mm). Besonders geringe Niederschläge fallen auch in Lappland: Sizzajavre 376 mm (Max. Juli, Min. März), Karasjok 316 mm (Aug., März). Die Bäreninsel hat einen Jahresniederschlag von 384 mm (Sept. 45 mm, Juni 18 mm), Spitzbergen von 423 mm in Barentsburg (Nov. 55 mm, Juni 23 mm) und von 314 mm am Kvadehuken (Aug. 40 mm, Mai 11 mm); häufig dichter Nebel.

In Schweden fallen im Jahresmittel durchschnittlich 500-650 mm Niederschlag, mit Maximum fast durchweg im August und Minimum im Februar, seltener im März (bes. in Schonen und an der Südwestküste), in Visby im Mai. Beispiele für durchschnittliche Niederschlagswerte sind Stockholm mit 569 mm (Aug. 79 mm, Febr., März je 28 mm), Malmö mit 526 mm, Lund mit 616 mm, Visby mit 513 mm und Haparanda mit 532 mm. Höhere Werte haben nur Orte im südwestlichen Schweden wie Göteborg mit 738 mm, Båstad mit 764 mm und Borås mit 903 mm; niedrigere Werte haben Orte im südlichen (Falsterbo 443 mm) und südöstlichen Schweden (Kalmar 464 mm), auf den vorgelagerten großen Inseln (Ölands Norra Udde 415 mm, Hoburg auf Gotland 423 mm) sowie Orte im regenarmen Lappland (Kiruna 453 mm, Karesuando 325 mm, Abisko 267 mm mit 42 mm im Juli und 12 mm im April).

In Finnland fällt das Jahresmittel der Niederschläge von durchschnittlich 600-700 mm im Süden auf 400-500 mm im Norden, mit einem Minimum am nördlichen Bottnischen Meerbusen infolge von extrem niedrigen winterlichen Schneefällen. Der niederschlagsreichste Monat ist fast durchweg der Juli, der niederschlagsärmste der Februar oder März, ganz selten der April. Folgende Zahlen sollen das belegen: Jahresmittel in Tuusula (nordöstlich Helsinki) 695 mm (Aug. 110 mm, Febr. 29 mm), in Lohja (westl. Helsinki) 754 mm (Aug., Nov. je 87 mm, März 20 mm), Turku/Åbo 612 mm, Kotka 648 mm, Tampere 628 mm, Kuopio 618 mm, Rovaniemi 474 mm (Aug. 79 mm, März 18 mm), Inari 471 mm, Utsjoki (fast 70° N) 417 mm (Juli 74 mm, Dez., Jan., März, April je 23 mm), Ulkokalla (über 64° N am Bottnischen Meerbusen) 348 mm (Aug. 55 mm, Febr. 8 mm).

Birkenallee in Finnland

Pflanzen und Tiere

Flora. – Die Vegetationsgrenzen ziehen trotz der Klimaunterschiede zwischen der Atlantikküste und dem Binnenland im großen und ganzen quer durch Skandinavien; denn die Vegetationszeit, die durch bestimmte Frühjahrs- und Herbsttemperaturen abgegrenzt wird, ist weniger von dem west-östlichen Gegensatz betroffen, sondern gegen Norden abgestuft. Auch die für das Pflanzenwachstum so wichtigen Lichtverhältnisse ändern sich ja mit der Breitenlage. Daneben ist in den Gebirgen wie überall auf der Erde eine deutliche Höhengliederung der Vegetation zu beobachten.

Die Buche kommt noch in ganz Dänemark, in Schonen, Halland und Blekinge vor, fehlt aber bereits in Småland. Eichen sind noch in Mittelschweden weit verbreitet. In dem etwas höher gelegenen Småland, ferner vor allem in Norrland, Innernorwegen und Finnland

Landschaft in Ostfinnland

herrschen Nadelhölzer (Fichten und Kiefern) weitaus vor, und stellenweise tritt uns immer wieder die Birke entgegen. Die obere Grenze der Nadelhölzer sinkt von 900 m im Gebiet des Hardangerfjords und in Telemarken auf 450 m in Finnmarken; sie wird von ausgesprochen schlankwüchsigen Fichten und vereinzelten Kiefern erreicht.

Typisch für Skandinavien und einmalig auf der Erde ist die Birkenzone, die sich in einem Streifen von 200 m relativer Höhe noch über der Nadelwaldzone ausbreitet. Als Bodenwuchs sind für die nordischen Wälder zahlreiche Beerensträucher und in trockeneren Lagen die Rentierflechte bezeichnend. Ferner werden die großen Waldgebiete Skandinaviens nicht nur von den zahlreichen Seen, sondern ebenso von Mooren unterbrochen. Ausgesprochene Almenmatten sind nur in den südlicheren Teilen Norwegens anzutreffen, während weiter nördlich allenthalben die Fjäll-

heiden mit Zwergsträuchern und niedriger Krautvegetation bis zur Schneegrenze emporreichen.

Trotz der intensiven Holzindustrie in Nordschweden und Finnland sind die Waldbestände abseits der nur inselartig verstreuten bäuerlichen Kulturflächen wenig gelichtet, und die Vegetation zeigt noch annähernd das ursprüngliche Bild, sofern nicht die starke Erzverhüttung vergangener Jahrhunderte große Holzmengen verbraucht hat. Anders in weiten Teilen Norwegens, wo der Wald sich auf Grund der Gebirgsnatur mehr oder weniger auf die geschützten Täler beschränkt, die aber schon seit alters die Leitlinien menschlicher Wirtschaft sind. Die norwegische Atlantikküste ist von Natur aus waldarm; die äußeren Schären bestehen aus nacktem Fels und sind infolge der hohen Niederschläge starker Abspülung ausgesetzt.

Mittelschweden dient in erster Linie dem Ackerbau. Häufig ragen allerdings die von den eiszeitlichen Gletschern zurechtgeschliffenen Rundhöcker wie Schären aus den tonigen Ablagerungsebenen. Streng angelehnt an dieses natürliche Mosaik ist die Verteilung von Ackerland und Wald, der sich hier ausschließlich auf die Fels- und Moränenböden beschränkt. Nur in den silurischen Beckenlandschaften findet der Ackerbau zusammenhängende Flächen vor, aber die günstigsten Voraussetzungen trifft er in den tiefer gelegenen Teilen von Schonen und im Bereich der dänischen Inseln an. Hier hat sich der Wald oft nur in den parkartig gepflegten Beständen der Herrenhöfe erhalten können.

Jütland zeigt eine nord-südlich streichende zonale Anordnung ähnlich wie Schleswig-Holstein; Grundmoränenböden umkleiden die fördenreiche Ostküste, der einzelne geschlossene Buchenwälder nicht fehlen, dann folgen Streifen jüngerer und älterer Endmoränen, die das sandige Material für die weiten ehemaligen Heidegebiete Innerjütlands liefern, und schließlich die Landschaft der jütländischen Westküste, die durch Nehrungen und Dünensäume gekennzeichnet ist; Marschlandschaften wie in Friesland sind nur auf den südwestlichen Teil beschränkt.

Fauna. – Zwei Klima- und Vegetationszonen bestimmen auch die Tierwelt der skandinavischen Länder. Die Wälder der südlichen Landesteile gehören zur gemäßigten mitteleuropäischen Zone und werden im wesentlichen von denselben Arten bevölkert, wie sie in den Wäldern Deutschlands anzutreffen sind oder zumindest früher waren (Reh, Hirsch, Fuchs, Hase, Dachs u.a.). Der geringen Bevölkerungsdichte und den maßvollen kulturellen und industriellen Eingriffen in die Natur ist es allerdings zu verdanken, daß die Vielfalt der Tierarten in Skandinavien größer ist und vielfach noch Tiere vorkommen, die in Mitteleuropa längst ausgestorben oder weitestgehend verdrängt worden sind. Dies gilt freilich nur für den Bestand der Wirbeltiere, da die Wirbellosen in viel geringerem Maße der Verfolgung durch den Menschen ausgesetzt sind und diese daher nicht in solchem Unmaß wie jene dezimiert wurden.

Die zerklüfteten Felswände der norwegischen Küste bieten zahllosen Meervögeln, vorwiegend *Alken* und *Lummen,* aber auch in Mitteleuropa selten gewordenen oder gar ausgestorbenen Vogelarten noch immer geschützte Brutplätze, so etwa dem Seeadler und dem Steinadler, beides Arten, die sich nur in natürlicher Umgebung fortpflanzen. In den Küstengewässern Norwegens sind *Robben* und mehrere *Walarten* beheimatet. Die von schädlichen Umwelteinflüssen noch weitgehend verschonten Flüsse und Seen sind reich an *Lachsen, Forellen, Karpfen* und *Hechten.*

Die nördlichen Gebiete, insbesondere Lappland, gehören zum arktisch-alpinen Bereich. Ihre Fauna ist von Natur aus ärmer und durch eine hervorragende Anpassung an härteste Lebensbedingungen ausgezeichnet. Am verbreitetsten ist das *Rentier,* das die kargen Tundren in unübersehbaren Herden beweidet und als Lieferant von Milch, Fleisch und Fellen für die einheimische Bevölkerung größte Bedeutung hat. Durch die konsequente Anwendung von Schutzmaßnahmen hat sich der Bestand der *Elche* wieder stark vergrößert. Für diese Regionen typisch sind ferner Schneehuhn, Schneehase, Vielfraß und Polarfuchs sowie die für ihre weiten, unzähligen Tieren den Tod bringenden Wanderungen bekannten *Lemminge,* einer Wühlmausart (Lemmus lemmus) von hamsterähnlichem Aussehen.

Landschaftsgliederung

Aus den geologischen, orographischen, glazialmorphologischen, klimatologischen und vegetationskundlichen Voraussetzungen resultiert die landschaftliche Gliederung Skandinaviens. Aber fließende Übergänge zwischen den einzelnen Ländern und Regionen sind häufiger als klare Landschaftsgrenzen; weitaus schärfer ist immer wieder die Kleingliederung in Fels- und Moränenhügel einerseits und See- und Flußniederungen andererseits, so daß dieses wechselvolle Gewirr eigentlich die innerskandinavische Landschaft bestimmt. Zu diesem Bild gehören die überall eingestreuten, meist noch aus Holz errichteten Bauernhöfe, die sich nur im engeren Bereich des Siljansees zu Dörfern vereinigen. Recht zahlreich sind zumeist die nach ihrem Verwendungszweck gesonderten Wirtschaftsgebäude, so daß mancher Hof von fern wie eine Weilersiedlung aussieht. In Schweden gibt die rostrote 'Falu'-Farbe, mit der die meisten Bauernhäuser gestrichen sind, der Landschaft eine charakteristische Note. In diesem fortschrittsfreudigen Land hat sich aber die landschaftliche Tradition viel weniger erhalten als in Norwegen, wo die aus Blockholz errichteten, oft mit Schnitzwerk verzierten und sodengedeckten Höfe urwüchsiger erscheinen und das Bauerntum an sich noch konservativer ist. Auch sonst bietet sich Norwegen herber und ernster dar mit seinen weitgespannten Fjällhochflächen, seinen breit ausgeräumten, von Fjorden und Seen erfüllten Tälern und seiner Inselwelt, die sich nicht nur aus den Schwärmen winziger Schären, sondern auch aus mächtigen Gebirgsblöcken aufbaut wie die Lofotinseln, die wie von Riesenhand getürmt erscheinen.

DÄNEMARK ist Brückenland in zweifacher Hinsicht: Es vermittelt den Landverkehr zwischen Mitteleuropa und den Ländern der skandinavischen Halbinsel und besitzt außerdem zahlreiche Brükken, die zu den bedeutendsten in Europa zählen. Auf der Insel Seeland liegt **Kopenhagen,** die volkreichste Stadt Skandinaviens, die ein Viertel der dänischen Bevölkerung in ihren Mauern zählt. Sie hat sich aber erst im vergangenen Jahrhundert bedeutend emporgeschwungen, als die beengenden Festungsmauern fielen. Kopenhagen befindet sich in einer verkehrsgeographisch äußerst günstigen Lage, säumt es doch den kürzesten der drei dänischen Sunde, welche die Ostsee mit dem offenen Weltmeer verbinden.

Insel-Dänemark ist auf der Grundlage seiner feinkörnigen mergeligen Grundmoränenböden ein Gebiet inten-

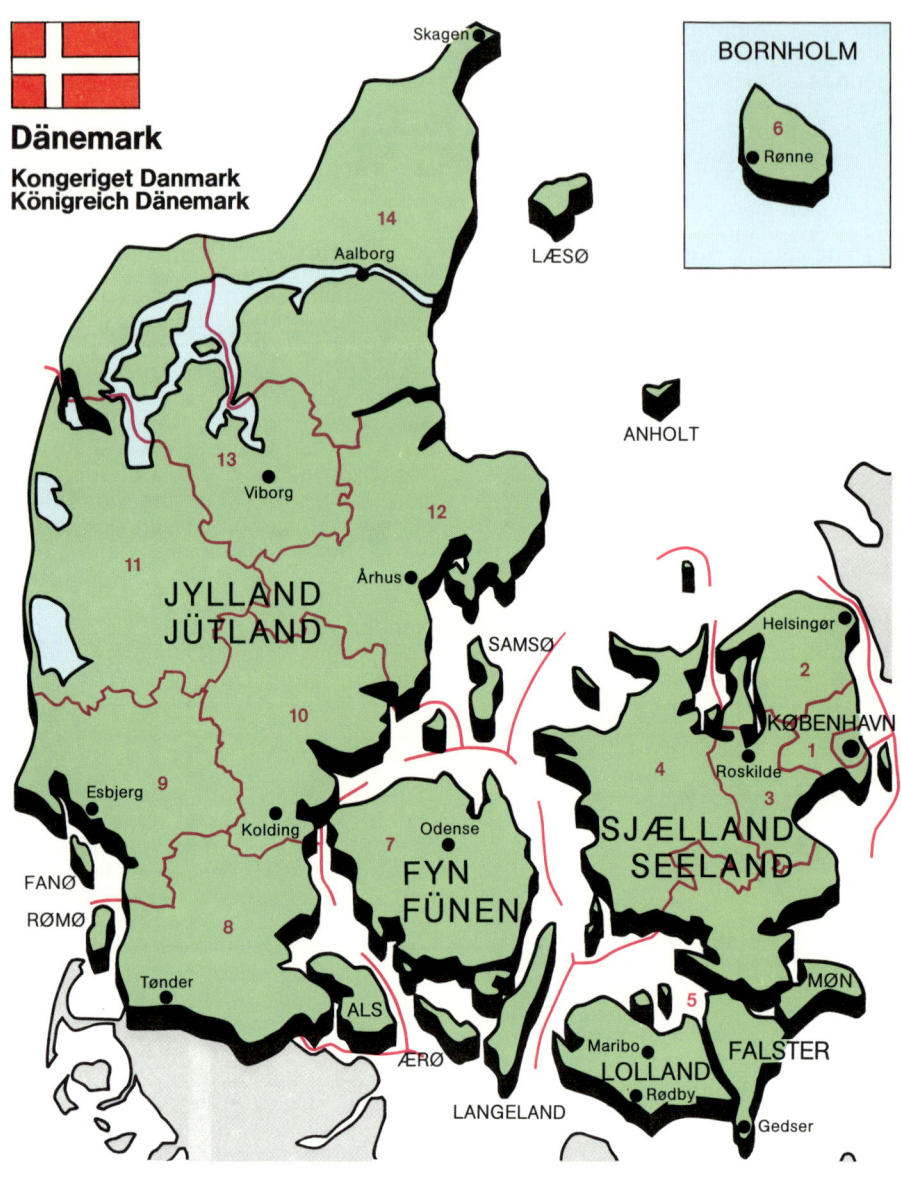

Dänemark
Kongeriget Danmark
Königreich Dänemark

Amtsbezirk (amt) Kommune (kom.)	Fläche in qkm	Bevöl- kerungs- zahl	Amtsbezirk (amt) Kommune (kom.)	Fläche in qkm	Bevöl- kerungs- zahl
1 **Københavns amt/kom.**	610	1 119 000	10 **Vejle amt**	2 997	327 000
2 **Frederiksborg amt/kom.**	1 356	418 000	11 **Ringkøbing amt**	4 853	263 000
3 **Roskilde amt**	891	203 000	12 **Århus amt**	4 561	576 000
4 **Vestsjællands amt**	2 984	279 000	13 **Viborg amt**	4 122	232 000
5 **Storstrøms amt**	3 398	260 000	14 **Nordjyllands amt**	6 173	482 000
6 **Bornholm amt**	588	47 000			
7 **Fyns amt**	3 486	454 000			
8 **Sønderjyllands amt**	3 930	251 000	**Königreich Dänemark**	43 080	5 124 000
9 **Ribe amt**	3 131	213 000	(ohne Färöer und Grönland)		

siver Agrarkultur, und das meist milde und ausgeglichene Klima schafft eine zusätzliche Gunst. Im Zuge seiner Entwicklung ist das ganze Gebiet durch Marktorte mit einer regen Verarbeitungs- und Konservierungsindustrie hervorragend aufgeschlossen worden;

Fünen mit seinem Mittelpunkt *Odense* erscheint in dieser Hinsicht geradezu als Idealfall. Seeland zeichnet sich mehr durch seine schönen, von herrlichen Parkanlagen umgebenen Herrensitze und Königsschlösser aus; insofern spielt hier auch der Großgrundbesitz eine stärkere Rolle als auf den anderen dänischen Inseln.

In Jütland, dessen wirtschaftliches Schwergewicht eindeutig an der Ostseite liegt, sind an den inneren Enden der Förden Klein- und Mittelstädte entstanden, die durch eine wichtige Verkehrslinie (Flensburg-Frederikshavn) wie an einer Perlenkette aufgereiht sind. In ihrer Mitte hat sich *Århus* zu einer Großstadt mit bedeutender Lebensmittel- und Textilindustrie entwickelt. Dagegen ist *Esbjerg* an der Westküste das Zentrum der dänischen Fischerei in der Nordsee (dänisch: 'Westsee') und der eigentliche Ausfuhrhafen nach Großbritannien. *Århus* und *Ålborg* besitzen bedeutende Schiffswerften.

In **SCHWEDEN** zeigt Schonen noch ganz den landschaftlichen und wirtschaftlichen Charakter der dänischen Inseln. Zuckerrüben- und Weizenanbau bestimmen das Hinterland der bedeutenden Hafenstädte, unter denen *Malmö* an erster Stelle steht. Inmitten des Agrargebietes liegt, fast noch etwas verträumt, die Universitätsstadt *Lund* mit ihrem romanischen Dom, dem bedeutendsten kirchlichen Bauwerk Schwedens.

Der eigentliche schwedische Landescharakter beginnt aber schon mit den niedrigen Grundgebirgsrücken, die von dem spitzen und steilen Kap Kullen durch Schonen nach Südosten ziehen und dann auf der dänischen Insel Bornholm wieder auftauchen. Geradezu nordisches Gepräge hat die Landschaft Småland, obwohl sie noch auf der Breite von Jütland liegt. Ihr von den eiszeitlichen Gletschern abgeschliffener Gneis- und Granitrumpf erhebt sich zwar kaum bis zu 400 m, ist aber noch weithin ein wenig erschlossenes Wald- und Moorgebiet. Der Holzreichtum hat in älterer Zeit an vielen Orten eine lebhafte Glasindustrie hervorgerufen; die modernen Industrieorte haben sich an die Kreuzungspunkte des dichten Eisenbahnnetzes angelehnt.

Von Norden ragt der Vättersee, der mit seinen geradlinigen Küsten die Lage in einem tektonischen Graben verrät, wie ein Keil in das småländische Hochland. An seiner Südspitze liegen *Jönköping* und das kleinere *Huskvarna* in der geographischen Mitte Südschwedens. Unweit südlich von Jönköping erhebt sich der Taberg, dessen hochprozentiges Eisenerz im Tagebau gewonnen werden kann.

Von den Småland umrahmenden Küstenlandschaften ist Halland im Westen durch die wichtige Eisenbahnlinie von Schonen nach Göteborg wirtschaftlich stärker aufgeschlossen. *Blekinge* im Süden und das Gebiet um *Kalmar* im Osten zeichnen sich mehr durch Moränenablagerungen aus, so daß der Wald meist bis zu der von Fjorden stark zerfransten Küste reicht.

Viel offener und freundlicher, auch milder in seinem Klima bietet sich uns Mittelschweden dar. Allerdings sind seine Küstenstrecken von Natur aus wenig offen: Im Westen besitzt zwar **Göteborg** an der Trichtermündung des Götaälv einen ausgezeichneten natürlichen Hafen, aber der Küstensaum ist schmal und felsig, so daß die Stadt von dem umliegenden Hügelland Besitz ergreifen mußte und mit ihren Industrievororten in die engen Seitentäler hineingewachsen ist.

Im Osten von Mittelschweden liegt Stockholm hinter einem schier undurchdringlichen Schärengürtel und ist nur durch ein Labyrinth versteckter Sunde von See her erreichbar. Auch auf der Binnenseite setzt der Mälarsee mit seinen tausend Buchten und Inseln die gänzlich unübersichtliche Landschaft fort, die rings um die Hauptstadt Schwedens immer noch einen Kranz dichter Wälder trägt. Weiter im Landesinneren hat aber die bäuerliche Bevölkerung des alten Svealand viel offenes Land vorgefunden, und seine Abgeschlossenheit von der Küste hat vielleicht die kontinentale Einstellung der Schweden mitbestimmt.

Mittelschweden ist kein großräumiges Land, es ist auch nicht auf ein gemeinsames Zentrum orientiert. Kein anderer Teil Schwedens ist so klar in scharf abgegrenzte Kleinlandschaften gekammert. Immer wieder wechseln ebene Ackerbaulandschaften im Bereich silurischer Kalke mit dicht bewaldeten Gebirgshorsten aus Urgesteinsmaterial oder mit den plumpen, vermoorten Hochflächen, die von vulkanischen Gesteinen des Erdaltertums (besonders Diabas) aufgebaut werden. Damit hat die Natur die strenge mittelalterliche Gliederung des Landes in Gaue vorbestimmt; die inwegsamen Waldstreifen zwischen ihnen sind bis in die historische Neuzeit finnische Volkselemente aus Norden nach Mittelschweden eingesickert.

Der Vänersee, der die zehnfache Fläche des Bodensees bedeckt, zeigt in der Unterschiedlichkeit seiner Küstenformen am besten den landschaftlichen Wechsel an. Bald folgen seine Ufer geradlinigen Bruchstufen, bald sind ihnen Schärenhöfe vorgelagert, dann wieder

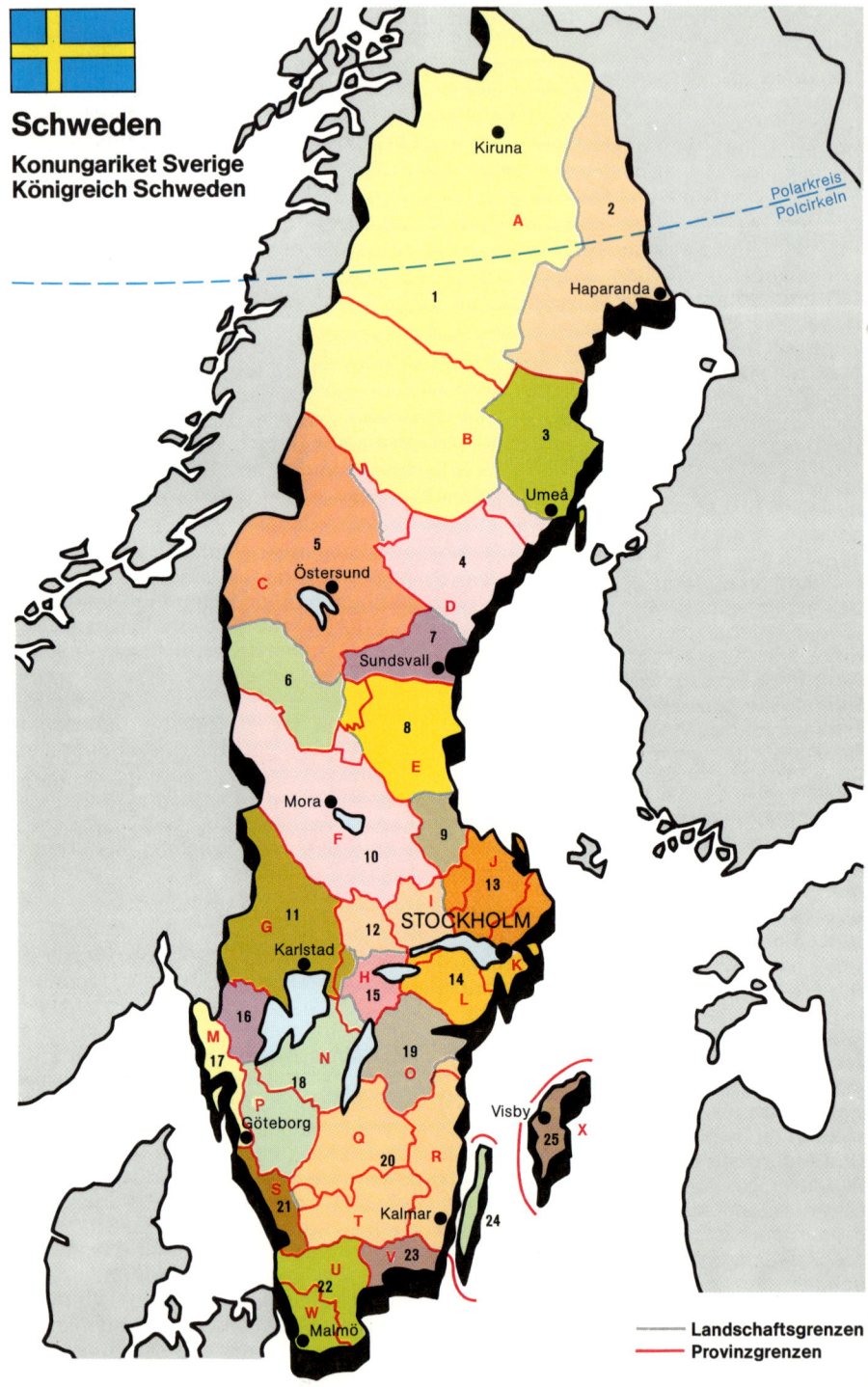

Schweden

Konungariket Sverige
Königreich Schweden

Kiruna

Polarkreis
Polcirkeln

A

2

1

Haparanda

B

3

Umeå

5

Östersund

C

4

D

7

Sundsvall

6

8

E

Mora

F

9

10

J

13

I

STOCKHOLM

G

11

12

K

Karlstad

H

14

15

L

16

M

17

N

19

O

18

P

Q

Visby

Göteborg

R

25

X

20

S

T

Kalmar

21

24

U

V 23

22

W

Malmö

—— Landschaftsgrenzen
—— Provinzgrenzen

Die schwedischen Landschaften

1 Lappland (Nordlappland, Südlappland)	6 Härjedalen	13 Uppland	20 Småland
	7 Medelpad	14 Södermanland	21 Halland
	8 Hälsingland	15 Närke	22 Skåne
2 Norrbotten	9 Gästrikland	16 Dalsland	23 Blekinge
3 Västerbotten	10 Dalarna	17 Bohuslän	24 Öland
4 Ångermanland	11 Värmland	18 Västergötland	25 Gotland
5 Jämtland	12 Västmanland	19 Östergötland	

Die schwedischen Provinzen

Provinz (län)	Fläche in qkm (ohne Binnengewässer)	Bevölkerungszahl	Provinz (län)	Fläche in qkm (ohne Binnengewässer)	Bevölkerungszahl
A Norrbottens län	98 906	267 000	N Skaraborgs län	7 938	269 000
B Västerbottens län	55 432	242 000	O Östergötlands län	10 569	392 000
C Jämtlands län	49 917	135 000	P Älvborgs län	11 395	424 000
D Västernorrlands län	21 786	268 000	Q Jönköpings län	9 944	303 000
E Gävleborgs län	18 191	294 000	R Kalmar län		
F Kopparbergs län	28 344	285 000	(inkl. Öland)	11 168	242 000
G Värmlands län	17 609	284 000	S Hallands län	5 455	229 000
H Örebro län	8 515	274 000	T Kronobergs län	8 453	173 000
I Västmanlands län	6 302	260 000	U Kristianstads län	6 054	279 000
J Uppsala län	6 989	242 000	V Blekinge län	2 919	154 000
K Stockholms län	6 488	1 524 000	W Malmöhus län	4 929	743 000
L Södermanlands län	6 060	252 000	X Gotlands län	3 140	55 000
M Göteborgs- och Bohus län	5 112	713 000	**Königreich Schweden**	411 615	8 303 000

werden sie durch Deltaanschüttungen geformt, und dazwischen gibt es jene durch die Wind- und Wasserbewegung entstandenen weit geschwungenen 'Ausgleichsküsten'.

Die Städte Mittelschwedens haben jeweils spezielle Aufgaben übernommen; so ist *Norrköping* Textilstadt, *Linköping* stellt vorwiegend Maschinen und Fahrzeuge her, *Örebro* widmet sich der Lederindustrie, und die Gegend von *Karlstad* verarbeitet die riesigen Holzmengen des nördlichen Värmland, die auf den großen Flüssen herangeflößt oder auf dem Landwege herangeschafft werden, in zahlreichen Sägewerken und großen Zellulosefabriken. Kleinere ländliche Zentren verwerten die landwirtschaftlichen Erzeugnisse der engeren Umgebung, und ihre regen Marktfunktionen führten schon früh zu einem gewissen Wohlstand, was sich mancherorts in wuchtigen Profanbauten und alten Klosteranlagen dartut.

Hat sich Göteborg — im Westen dem Weltmeer am nächsten gelegen — zum ersten Überseehafen Schwedens und damit zur zweitgrößten Stadt des Landes entwickelt, so ist dennoch **Stockholm** an der Ostseite des Landes nicht nur das geographische Zentrum von Schweden, sondern auch der Mittelpunkt des Ostseeverkehrs. Damit hat es die einstige Rolle von Visby auf Gotland übernommen, die an der Blüte der Hanse Anteil gehabt hatte. Das zerrissene Wald- und Seenland rings um die schwedische Hauptstadt erscheint zwar nicht als günstigstes Siedlungsgebiet für eine Metropole. Aber verkehrsgeographisch lag hier ein sehr wichtiger Punkt: Ein in Ostschweden von Süden nach Norden führender Weg konnte nur hier im Zuge eines Os eine Übergangsmöglichkeit zwischen dem zerbuchteten Mälarsee und dem Schärenwirrwarr der Ostseeküste finden. Außerdem lag mitten in der zu überschreitenden Wasserstraße eine Insel, die Schutz bot für die Anlage der mittelalterlichen Stadt, zugleich aber auch die Möglichkeit, den Land- wie den Wasserverkehr zu überwachen.

Im heutigen Stadtbild von Stockholm treten die Hafen- und Industrieanlagen in angenehmer Weise in den Hintergrund, und seine weitläufigen neuen Wohnviertel wachsen nach allen Seiten in die Wald- und Felsenkuppenlandschaft hinein. Draußen aber im 'Skärgård' hat die moderne Weltstadt ein Ferien- und Ausflugsparadies bester Art gefunden, wo sich der Strom der Ruhesuchenden in die feinsten Verzweigungen der Gewässer und auf die einsamsten Inselchen verteilen kann.

Uneinheitlich und fast etwas unharmonisch wirkt der an Mittelschweden nördlich anschließende Streifen der Landschaft Bergslagen, wo an manchen Orten der Bergbau früher bedeutender war, aber sichtbare Spuren seiner einstigen Blütezeit hinterlassen hat. An anderen Stellen hat sich die schwedische Schwerindustrie in stärkster Weise konzentriert, wie beispielsweise in den Stahlwerken von *Sandviken, Domnarvet* und *Kvarnsveden. Falun* und *Borlänge,* dicht benachbart, verkörpern solche Gegensätze. Und gar nicht weit davon liegt mitten in Dalarna eine Oase traditionsbewußten, behäbigen Bauerntums: Es ist die Landschaft um den Siljansee.

Mißt man die Längenausdehnung von Schweden, dann liegt der Siljansee noch südlich der Landesmitte. Aber die nördlicheren Teile, Norrland und Lappland, lassen sich zu großen Räumen zusammenfassen. Es sind die Gebiete der unendlichen Wälder, durchrauscht von ungebändigten Strömen, die von den fernen Gebirgen herabkommen und früher enorme Mengen von Fichtenstämmen mitbrachten. Heute sind weite Waldgebiete durch ein leistungsfähiges Straßennetz erschlossen, so daß die immer noch großen Holzvorräte meist mit Lastkraftwagen zu den zahlreichen Sägewerken transportiert werden. Diese befanden sich früher durchweg an den Mündungen der großen Flüsse, entstehen heute aber auch im Binnenland. Große Holzmengen gelangen auch in die Trommeln der Zellulosefabriken.

N o r r l a n d ist endlos weit und ernst, unberührt sind die weiten Flächen seiner Seen, die im Winter viele Monate lang unter einem dicken Eispanzer erstarren. Weit im Norden, schon jenseits des Polarkreises, sind in *Porjus, Harspranget* und an zahlreichen anderen Stellen große Wasserkraftwerke errichtet worden; weitere befinden sich im Bau.

Noch weiter nördlich ist inmitten der Birkenwaldzone zu Beginn unseres Jahrhunderts eine der weitläufigsten schwedischen Städte entstanden: *Kiruna,* in dessen unmittelbarer Nähe zwei Härtlingsberge 70%iges Eisenerz liefern, das über die 'Erzbahn' nach Narvik verfrachtet und von dort verschifft wird, während die benachbarte Doppelstadt *Gällivare-Malmberget* im Sommer, solange der Bottnische Meerbusen nicht zugefroren ist, *Lulea* als Erzausfuhrhafen verwendet.

Kaitum-See in Nordschweden

Hier befinden wir uns schon mitten in L a p p l a n d. Die Nadelwälder sind lockeren und lichten Birkenwäldern gewichen, sumpfig und moorig ist weithin das Land, unschlüssig sickern die Bäche durch das Trümmer- und Schuttfeld der letzten Eiszeit. Es war bis vor kurzem noch das Gebiet der Rentierherden, das den Lappen heute aber mehr und mehr von der rationalisierenden Zivilisation streitig gemacht wird.

Auf dem Landweg kann man nun nach **FINNLAND** umschwenken. Wie in Norr-

land sind seine Landschaftsbilder von erhabenem Ernst, und wo nur ein Hügel über die Waldspitzen emporragt, da öffnet sich eine ergreifende, unberührte Weite. Die stets wiederholte und doch abgewandelte Szenerie von Wald und Wasser läßt uns ruhig und bescheiden werden im Schweigen oder Brausen der Natur, und doch sind wir inmitten eines festlichen Glanzes, wenn die Sonne ihr Farbenspiel beginnt und weiße Wolkenballen über den Himmel ziehen. Das 'Land der tausend Seen' wird Finnland genannt. In Wirklichkeit sind es viel mehr, und wo könnten auf unserer Erde Wald und Wasser inniger verflochten sein? Allmählich dacht sich die F i n n i s c h e S e e n p l a t t e nach Nordwesten zum Bottnischen Meerbusen ab, und doch ist auch dort der Boden felsig, tosen die Flüsse über anstehendes Gestein. Der gegen Norden fast endlos anmutende Seenbezirk ist viel schärfer begrenzt im Süden am Hügelstreifen Salpausselkä. Südlich davon liegen die dichtest besiedelten Landstriche Finnlands, in denen bäuerliche Arbeit noch am ehesten lohnt; mitten darin schiebt sich die Hauptstadt **Helsinki** auf ein Felskap vor.

Finnland hat nach dem Zweiten Weltkrieg wichtige Gebietsstreifen an die Sowjetunion abtreten müssen: Im Südosten sind Viipuri (Viborg) und das Nordwestufer des Ladogasees verlorengegangen und am Eismeer der ehedem so wichtige Hafen Petsamo, der trotz seiner nördlichen Lage, von den Ausläufern des Golfstroms bespült, der einzige ganzjährig eisfreie Hafen des Landes war. Auch Karelien, das so völlig die Züge der finnischen Landschaft trägt, steht nun unter sowjetischer Herrschaft.

Dagegen werden die finnischen *Ålandinseln,* am Eingang zum Bottnischen Meerbusen gelegen, von schwedisch sprechender Bevölkerung bewohnt, und auch in den Küstenstädten Finnlands hat das schwedische Element immer eine starke Rolle gespielt, so daß Volkstumskämpfe nicht ausblieben.

Trotz seiner natürlichen Unwegsamkeit ist auch Innerfinnland durch Eisenbahnen und ordentliche Straßen erschlossen; finnischer Fleiß und Arbeitsgeist haben dieses unwirtliche Land zugänglich gemacht. 70 % des Landes sind bewaldet, und knapp 12 % entfallen auf die Seen; man hat über 1440 Stromschnellen gezählt. Wald und die nie versiegende Wasserkraft bilden den Reichtum des Landes, dessen Bergung aber steten zähen Fleiß erfordert. Nur etwa 9 % des Landes können dem Ackerbau nutzbar sein.

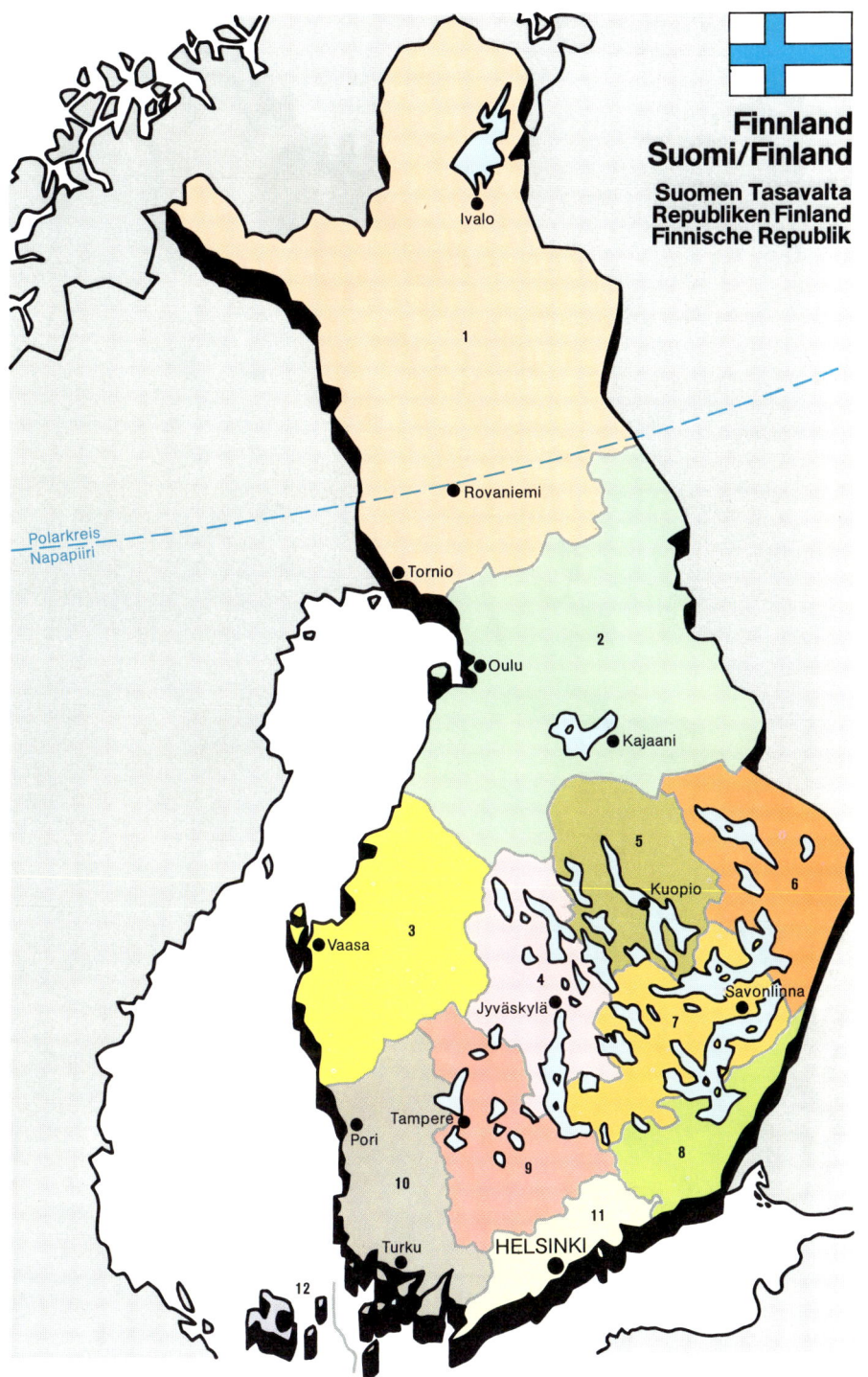

**Finnland
Suomi/Finland**

Suomen Tasavalta
Republiken Finland
Finnische Republik

Provinz (lääni)	Fläche in qkm	Bevölkerungszahl	Provinz (lääni)	Fläche in qkm	Bevölkerungszahl
1 Lapin lääni	99 199	195 000	9 Hämeen lääni	19 835	664 000
2 Oulun lääni	61 145	418 000	10 Turun ja Porin		
3 Vaasan lääni	26 863	433 000	lääni	22 905	703 000
4 Keski-Suomen lääni	19 279	243 000	11 Uudenmaan lääni	10 351	1 132 000
5 Kuopion lääni	19 985	252 000	12 Verwaltungsbezirk		
6 Pohjois-Karjalan			Ahvenanmaa		
lääni	21 461	177 000	maakunta	1 505	23 000
7 Mikkelin lääni	21 659	208 000			
8 Kymen lääni	12 846	349 000	**Republik Finnland**	337 032	4 792 000

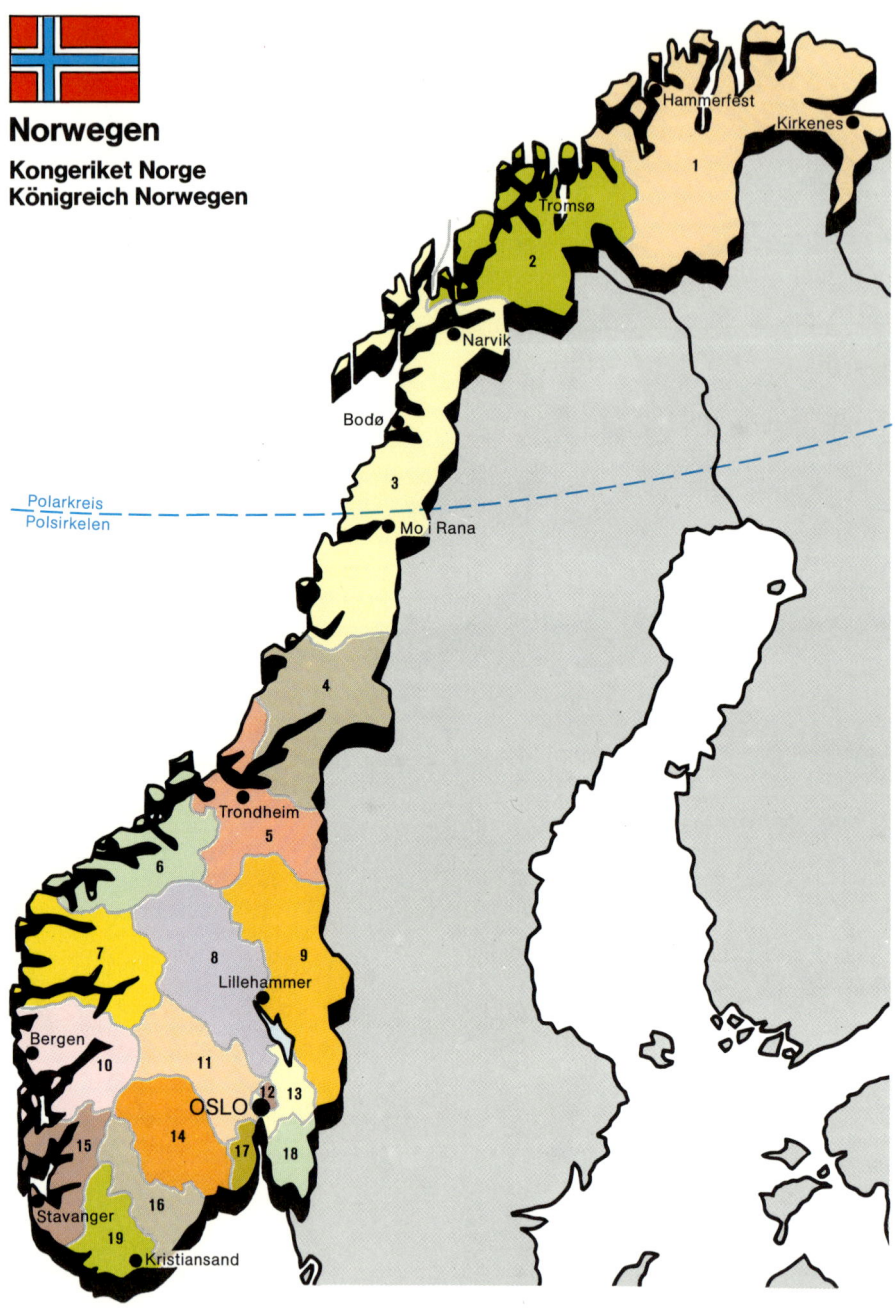

Norwegen
Kongeriket Norge
Königreich Norwegen

Provinz (fylke)	Fläche in qkm	Bevöl- kerungs- zahl	Provinz (fylke)	Fläche in qkm	Bevöl- kerungs- zahl
1 **Finnmark fylke**	48 649	79 000	12 **Oslo fylke**	454	455 000
2 **Troms fylke**	25 954	146 000	13 **Akershus fylke**	4 917	367 000
3 **Nordland fylke**	38 327	244 000	14 **Telemark fylke**	15 315	162 000
4 **Nord-Trøndelag fylke**	22 463	125 000	15 **Rogaland fylke**	9 141	302 000
5 **Sør-Trøndelag fylke**	18 831	244 000	16 **Aust-Agder fylke**	9 212	90 000
6 **Møre og Romsdal fylke**	15 104	236 000	17 **Vestfold fylke**	2 216	186 000
7 **Sogn og Fjordane fylke**	18 634	105 000	18 **Østfold fylke**	4 183	232 000
8 **Oppland fylke**	25 260	180 000	19 **Vest-Agder fylke**	7 280	136 000
9 **Hedmark fylke**	27 388	187 000			
10 **Hordaland fylke**	15 634	391 000	**Königreich Norwegen** (ohne Svalbard, Jan Mayen, Antarktis-Gebiete)	323 895	4 081 000
11 **Buskerud fylke**	14 933	214 000			

NORWEGEN steht trotz seiner langen Landgrenze sozusagen Rücken an Rükken zu den übrigen skandinavischen Ländern. Seine Hauptstadt **Oslo** liegt sehr geschützt am inneren Ende eines tief eingreifenden Fjords, in den die größten Flüsse des Landes einmünden. Ihre langgestreckten Abdachungstäler führen den Landverkehr nach Oslo, das zugleich im Mittelpunkt einer reich angebauten hügeligen Landschaft liegt. Diese doppelte Gunst bevorzugt es unter den nordischen Hauptstädten.

Anmutig und vielfältig ist das Bild der Landschaft um Oslo, rührig und betriebsam ist ihre Bevölkerung, die besonders auf der Süd- und Südostabdachung des norwegischen Hochgebirges auf eine alte bäuerliche und bergmännische Tradition zurückblickt; vor allem das Setesdal ist wegen seiner schmucken Höfe und seiner reichen Trachten bekannt. Der bäuerliche Wohlstand von Telemarken basiert heute auf einer hoch entwickelten Rindviehzucht, für die die Almwirtschaft in den höheren Teilen dieser Landschaft von großer Bedeutung ist.

Rund 400 km nördlich von Oslo hat das alte *Trondheim* in ähnlicher, wenn auch bescheidenerer Form als Oslo einen von Bauernhand kultivierten Raum um sich sammeln können. Weit im Hinterland von Trondheim liegt inmitten der Fjellregion das alte Bergmannsstädtchen *Røros,* dessen reiche Erze in den vergangenen 300 Jahren über 100 000 Tonnen reines Kupfer geliefert haben.

Von Stavanger bis Kirkenes erstreckt sich über eine Entfernung von rund 2000 km die norwegische Fjordküste, deren landschaftliche Schönheiten Worte kaum zu schildern vermögen. Inmitten dieser Welt ist *Bergen* als größte Stadt in Westnorwegen entstanden, aber es ist ganz Küstenstadt geblieben und hat kaum ein Hinterland; Fischerei, Fischindustrie und Fischhandel sind ihr Gewerbe. Westlich von Bergen wird im norwegischen Teil der Nordsee erfolgreich Erdöl und Erdgas gefördert. Bergen ist durch eine kühn angelegte Eisenbahnlinie, die in 1300 m Höhe die Fjällhochflächen überquert, mit Oslo verbunden. An mehreren Stellen der langen Westküste hat in jüngerer Zeit die Industrie lohnende Ansatzpunkte gefunden. So wird die reichlich vorhandene Wasserkraft an den Steilflanken des Sognefjordes (Høyanger) und Hardangerfjordes (bei Odda) für die Aluminiumerzeugung genutzt, und unweit der Kupfer- und Schwefelkiesabbaustätten im Sulitjelma-Gebiet in Nordnorwegen hat sich eine rege Verhüttungsindustrie angesiedelt.

In Südnorwegen hat sich das aufstrebende *Stavanger* auf die Konservenindustrie spezialisiert; neuerdings bauen die Werften auch Bohrinseln und Plattformen für die Erdöl- und Erdgasförderung auf See. Zur Verarbeitung der in der Nordsee erbohrten reichen Erdölfunde wurden Raffinerien errichtet. Weiter nördlich sind die Schärenstädtchen *Ålesund* und *Kristiansund* reine Fischerplätze geblieben, aber am ausgeprägtesten tritt uns der harte Fischerberuf auf den *Lofotinseln* entgegen.

Auf der Höhe der Lofoten beginnt Nordnorwegen, und gewaltig ist sein Landschaftsbild; wie ein untergetauchtes, schroffes Hochgebirge wirkt jene Inselwelt mit ihren beängstigend engen Sunden. Tief versteckt in einem Festlandsfjord liegt *Narvik,* der eisfreie Verschiffungshafen für die Eisenerze von Schwedisch Lappland, die von dort auf der wichtigen 'Erzbahn' über einen nur 593 m hohen Paß herangefördert werden können. Im nördlichsten Teil Norwegens sind die Fjorde, an denen die einförmigen Fjällplateaus des Binnenlandes scharfkantig abbrechen, breiter ausgeformt. *Hammerfest,* als die nördlichste Stadt Europas bekannt, liegt noch 100 km vom Nordkap entfernt. Einer der interessantesten Orte ist *Bossekop* am Altafjord: Hier ist nahezu der einzige Punkt, wo die beiden Wirtschaftselemente des nördlichsten Europa – Fischerei und Rentierzucht – zusammentreffen.

Hinter der so stark zerfransten Westküste Skandinaviens erhebt sich überall das Hochgebirge der Skanden. Obwohl es bequemer Durchgänge nicht entbehrt, sind die Beziehungen zwischen der norwegischen Küste und dem schwedischen Binnenland gering. Zu ausschließlich ist Nordnorwegen dem Meer zugewandt, zu breit ist aber auch der wirtschaftlich unergiebige Gebirgsstreifen, der in den nördlichen Teilen heute teilweise noch als Weidegrund für die lappische Rentierzucht dient.

Bevölkerung

Unter den nordeuropäischen Ländern herrschen heute gutnachbarliche Verbindungen, was sich nicht zuletzt in den Reiseerleichterungen zeigt, die man sich gegenseitig gewährt. Aber es sind keine Anzeichen dafür vorhanden, daß die skandinavischen Völker jemals politisch verschmelzen könnten; sie haben sich im Gegenteil im Laufe der Geschichte immer wieder voneinander getrennt. Ihre Menschen sind trotz der gemeinsamen ganz überwiegend evangelisch-lutherischen Konfession psychologisch zu sehr verschieden.

Der NORWEGER, schon immer dem Meer zugewandt, ist impulsiv; ihm fehlt der schlicht-bürgerliche Zug. Weniger der logische Verstand als die Intuition bestimmen sein Handeln, und so hat dieses kleine Volk schon mehrere bedeutende Ton- und Sprachkünstler, aber auch Polarforscher wie Nansen und Amundsen hervorgebracht.

Der SCHWEDE neigt dagegen mehr zu bürgerlich-ruhigen Lebensformen, wenn er auch durchaus Kosmopolit ist. Schweden hat bedeutende Naturwissenschaftler hervorgebracht, Mathematiker, Physiker, Biologen, aber kaum einen bedeutenderen Komponisten. Nüchtern-logisches Denken, eine ruhige und natürliche Lebensart, die aber manchmal von einem feinen, sinnigen Humor gewürzt wird, bestimmen ihn; im Wesen zurückhaltend, tendiert er stark zum Individualismus.

Der FINNE ist noch sehr mit der Landschaft, den Seen und Wäldern, verwachsen. Der harte Lebenskampf, der Geist und Körper in gleicher Weise anspannt, bestimmt sein Wesen. Bewunderung verdienen aber auch die Fähigkeiten des finnischen Volkes auf wissenschaftlichem wie auf künstlerischem Gebiet (v. a. Architektur und Formgestaltung). Seine sportlichen und soldatischen Leistungen sind in aller Welt bekannt und geachtet; aber dennoch bleibt der einzelne bescheiden, und ehrliche Gastfreundschaft gilt in jedem Hause.

Schwieriger läßt sich der DÄNE charakterisieren. Man kann Parallelen zum Niederländer finden, wie denn auch Dänemark und die Niederlande wirtschaftlich manches Gemeinsame haben. Aber die Niederlande sind von Städten dichter übersät als Dänemark, wo trotz Kopenhagen das platte Land überwiegt; so ist der Däne irgendwie ländlicher in seiner Art geblieben. Mehr als der Schwede neigt er zum Grübeln und Philosophieren; Andersen und Kierkegaard, wenn auch sehr wesensverschieden, erscheinen als typische Dänen.

Diese Verschiedenheiten in der Wesensart der nordischen Völker, zu denen wir noch die LAPPEN hinzuzurechnen haben, lassen sich natürlich nicht auf den Einzelnen übertragen, aber sie zeichnen sich doch irgendwie in den nationalen Lebensformen ab. Dennoch dürfen wir von einer Völkerfamilie sprechen, die gemeinsam einen hohen Lebensstandard, wohl organisierte Staatsformen, gut ausgebaute Handelsbeziehungen zur ganzen Welt, und – was für den Besucher nicht ohne Wichtigkeit ist – in ihren Ländern trotz der großen Entfernungen und der relativ dünnen Besiedlung ein wohlausgebautes Verkehrsnetz geschaffen hat, in dem sich Straßen und Eisenbahnlinien sowie Schiffahrts- und Flugrouten gut ergänzen.

Bevölkerung und Konfessionen in Zahlen
(gerundet gemäß erreichbarer Statistiken)

Dänemark

Gesamtbevölkerung:	5,1 Millionen (97 % Dänen)
Minderheiten:	1,7 % Deutsche (in Nordschleswig) 0,4 % Schweden
Konfessionen:	98 % Lutheraner (Evangelisch-Lutherische Volkskirche) 28 000 Katholiken 7000 Juden

Norwegen

Gesamtbevölkerung:	4,1 Millionen (99 % Norweger)
Minderheiten:	20 000 Lappen 12 000 Finnen
Konfessionen:	96 % Lutheraner (Lutherische Staatskirche) 70 000 Angehörige der Pfingstbewegung 21 000 Baptisten 19 000 Angehörige der Evangelisch-Lutherischen Freikirche 18 000 Methodisten 11 000 Katholiken 1000 Juden

Schweden

Gesamtbevölkerung:	8,3 Millionen (99 % Schweden)
Minderheiten:	50 000 Finnen 8500 Lappen
Konfessionen:	88 % Lutheraner (Schwedisch-Lutherische Kirche) 150 000 Baptisten 130 000 Angehörige der Pfingstbewegung 75 000 Katholiken 32 000 Angehörige der Schwedischen Allianzmission 15 000 Juden

Finnland

Gesamtbevölkerung:	4,8 Millionen (93,2 % Finnen)
Minderheiten:	6,6 % Schweden 2500 Lappen
Konfessionen:	92 % Lutheraner (Evangelisch-Lutherische Kirche) 70 000 Orthodoxe 8000 Angehörige von Freikirchen 7500 Zeugen Jehovas 3000 Katholiken 1500 Juden 1000 Mohammedaner

Geschichte

Über die **vor- und frühgeschichtliche Besiedlung** von Nordeuropa, wozu wir Dänemark, Norwegen, Schweden und Finnland zählen, liegen erst seit neuerer Zeit ausführlichere Arbeiten vor. – Auf dem Gebiet des heutigen Dänemark leben schon in der l e t z t e n Z w i s c h e n - e i s z e i t Menschen, wie man aus Funden bearbeiteter Tierknochen erkannt hat.

In der S t e i n z e i t umfaßt die Besiedlung den westlichen Ostseeraum mit Südschweden und Dänemark; Jäger und Fischer dringen in Schweden bis zum Dalälv vor, in Norwegen an der Küste bis in die Gegend des heutigen Trondheim. Die Küstenbewohner lebten vom Fischfang und vom Muschelsammeln, wie Muschel- und Küchenreste (Køkkenmøddinger) in Nordjütland, auf Seeland und in Südnorwegen gezeigt haben.

Erst um die Mitte des dritten Jahrtausends v. Chr., also in der Jungsteinzeit, findet man bäuerliche Kultur (Trichterbecherkultur, erste Keramik), die aber durch Klimaeinflüsse bedingt immer ärmlich bleibt. In dieser Zeit drangen auch osteuropäische Stämme von Finnland her nach Mittelskandinavien vor, die aber später wieder zurückgedrängt werden.

Die n o r d i s c h e B r o n z e z e i t (etwa 1800 bis 500 v. Chr.; Nordischer Kreis) hat ihre Schwerpunkte in Dänemark und Südschweden, Funde liegen aber auch aus Süd- und Westnorwegen vor. Die Bronze wird aus dem Süden eingetauscht, ob gegen Bernstein oder andere Dinge, ist nicht ganz klar. Aus dieser Zeit stammen die verschiedenen Felszeichnungen, die wir besonders bei Tanum in Bohuslän nördlich von Göteborg, an der Ostküste Schwedens, in der Gegend nördlich vom Mälarsee, an der Westseite des Oslofjords und in einem Streifen ostwärts von Trondheim nach Schweden hinein finden. Ferner stammt aus dieser Zeit das Steingrab von Kivik an der Südostküste Schwedens sowie verschiedene Sonnenräder oder Sonnenscheiben, die einen Sonnenkult widerspiegeln.

Die E i s e n z e i t d e s N o r d e n s (etwa 500 v. Chr. bis 500 n. Chr.), aus der nur spärliche Funde besonders in Dänemark sowie von den schwedischen Inseln Gotland und Öland vorliegen, bringt neben Hausgeräten und Schmuck vor allem eine verbesserte Waffentechnik. Der germanische Siedlungsraum dehnt sich in Norwegen bis zum Polarkreis aus. Seit dem 2. Jh. n. Chr. sind Runeninschriften auf Schmuck und Geräten bekannt; etwa am Ende des 4. Jh. n. Chr. beginnt man in Norwegen und Schweden Runen auch in Stein zu schlagen (Felswände, aufrecht stehende Steine, Grabplatten).

Der Name SCANDINAVIA taucht zum erstenmal bei Plinius d. Ä. auf (etwa 75 n. Chr.); er liebt fort auch in dem schwedischen Landschaftsnamen Schonen (Skåne). Schon Tacitus erwähnt Schweden (Suiones) und Finnen (Fenni). Auf der Halbinsel Jütland leben ursprünglich Sachsen, Angeln und Jüten, auf den dänischen Inseln und in Südschweden die Heruler; diese Stämme müssen sich zur Zeit der Völkerwanderung vor den von Osten und Norden vordringenden Dänen zurückziehen. In dieser unruhigen Zeit entstehen Wallburgen und Ringanlagen. Nördlich von diesen Volksstämmen wohnen auf der Skandinavischen Halbinsel die Göten, durch dichte Wälder getrennt von den noch weiter im Norden ansässigen Schweden. Wald und Gebirge, im Südwesten der Vänersee und der Götaälv, bilden die Grenze zum Stamm der Norweger, für den ältere Lieder keinen gemeinsamen Namen kennen. Das spätere Wort 'Norvegr' oder 'Nordmenn' deutet wohl mehr die Himmelsrichtung an. Die Machtkämpfe und die inneren Bewegungen veranlassen wahrscheinlich jene Heerfahrten der Nordländer, die von den Buchten (vikr), von denen sie ausfahren, den Namen Wikinger tragen und die ganz Europa heimsuchen, ja sogar als erste bis nach Nordamerika gekommen sein sollen.

DÄNEMARK

Entstehung des Staates Wikingerzeit

7. und 8. Jh. Einwanderung der Dänen.
Die skandinavischen Dänen besetzen Südschweden, die Inseln sowie Jütland und verdrängen die westgermanischen Heruler, Angeln, Sachsen und Jüten.

9.–11. Jh. Staatsbildung, Christianisierung, Wikingerfahrten.
804–810 König *Gogfred* legt im Süden Jütlands das Danewerk als Grenzwall gegen Karl den Großen an. – Die im 9. Jh. beginnende **Christianisierung** ist erst unter Knut d.Gr. vollendet. – *Gorm der Alte* (um 900 bis 935) und *Harald Blauzahn* (935–985) einigen Dänemark in schweren Kämpfen gegen die Häuptlinge der einzelnen Landschaften.
Die **Westwikinger** (Dänen und Norweger), meist NORMANNEN genannt, suchen mit ihren Beute- und Eroberungszügen auf kleinen seetüchtigen Schiffen Nordwest-, West- und Südeuropa heim. Seit 874 wird ISLAND, seit 983 GRÖNLAND besiedelt, um 1000 wohl vorübergehend Nordamerika, später auch einige arktische Inseln Kanadas erreicht. 911 wird der Normannenherzog *Rollo* als Robert I. von dem Karolingerkönig Karl von Frankreich mit der Normandie belehnt.

1000–1042 Dänisches Großreich.
Sven Gabelbart (985–1014) und *Knut der Große* (1018–1035) unterwerfen Norwegen und England, doch zerfällt das Großreich nach 1042 wieder.

Waldemarszeit

Die Waldemarszeit (1157–1375) bringt Dänemark innere Festigung, äußere Macht, materielle und geistige Blüte sowie Entwicklung der Stadtkultur.

Um 1000 bis 1250 Romanische Bauwerke.
Monumentale Steinkirchen der ersten Hälfte des 12. Jh. sind die Domkirchen von Ribe und Viborg. Dann beginnt der Ziegelbau einzudringen. In die zweite Hälfte des 12. Jh. gehören die Klosterkirchen von Sorø (Zisterzienser) und Ringsted (Benediktiner) sowie die fünftürmige Frauenkirche von Kalundborg.

1157–1182 *Waldemar I. der Große.*
Waldemar stellt die Staatseinheit wieder her. 1168 erobert er die von Wenden bewohnte Insel Rügen. Bischof *Absalon* (1128–1201), bedeutender Staatsmann und Feldherr.

1202–1241 *Waldemar II.*
Waldemar erobert die deutschwendischen Ostseeländer und zwingt 1214 Kaiser Friedrich II. zur Abtretung, muß aber nach einer Niederlage bei Bornhöved in Holstein darauf verzichten. – 1219 Kreuzzug gegen Estland, das er 1238 behauptet; in der Schlacht bei Reval fiel nach der Sage der Danebrog als Kreuzesfahne vom Himmel.

13.–16. Jh. Gotische Ziegelbauten.
13. Jh. (später umgebaut): Roskilde, Dom; Århus, Dom; Odense, St. Knudskirche. – 14. Jh.: Ålborg, Budolfikirche. – 15. Jh.: Køge, Nikolaikirche.

1340–1375 *Waldemar IV. Atterdag.*
Waldemar stellt die gesunkene Königsmacht wieder her. – 1361 plündert er das mit Lübeck verbündete Visby auf Gotland, unterliegt aber 1367–1370 der deutschen Hanse und muß ihre Privilegien anerkennen.

Unionszeit

Von 1375 bis 1523 sind die drei nordischen Reiche in dänischer Hand vereinigt. Dänemark ist ein Wahlreich; die Macht des Adels wächst.

1375–1412 *Margarete,* Tochter Waldemars IV.
Margarete wird 1375 Regentin in Dänemark für ihren Sohn Olaf († 1387), 1380 in Norwegen für ihren verstorbenen Gatten Håkon IV., 1389 auch in Schweden.

1397 Die **Kalmarische Union** vereint vertraglich Dänemark, Norwegen und Schweden. *Erich von Pommern,* der Großneffe Margaretes, wird zum König der drei Reiche gekrönt. Norwegen bleibt bis 1814 mit Dänemark verbunden; Schweden erkämpft 1433–1523 seine Unabhängigkeit.

1448–1481 *Christian I.* von Oldenburg, Gründer der noch heute in Dänemark herrschenden Dynastie.

1460 Die Stände von Schleswig-Holstein wählen Christian zum Herzog.
Diese Personalunion der Herzogtümer, deren Unteilbarkeit Christian bestätigt, mit Dänemark führt zu den späteren Konflikten 1848–1864.

1478 Gründung der Universität Kopenhagen.

1513–1523 *Christian II.*
Christian versucht, die Kalmarische Union wiederherzustellen, erobert 1520 Schweden und läßt 82 Führer der Schweden hinrichten, wird aber 1521 von Gustav Wasa aus Schweden, 1523 auch aus Norwegen und Dänemark vertrieben.

Kampf um die Vorherrschaft in der Ostsee

1534–1559 *Christian III.*
1534–1536 versucht Lübeck in der Grabenfehde, sich in innere Unruhen Dänemarks einzumischen, um seine Handelsvormacht zu festigen, wird aber besiegt.

1536 Die **Reformation** wird durch den Reichstag eingeführt. *Johann Bugenhagen* organisiert das Kirchenwesen in Dänemark.

1559–1588 *Frederik II.*
Beginn des Ringens mit Schweden. – 1563–1570 bringt der sog. Dreikönigskrieg gegen Schweden nach harten Kämpfen keine Besitzverschiebungen, Schweden muß lediglich den Sundzoll anerkennen.
1576–1597 verbessert der von Frederik geförderte *Tycho Brahe* mit seiner Sternwarte auf der Insel Ven im Øresund die Genauigkeit astronomischer Beobachtungen.

1588–1648 *Christian IV.,* der volkstümlichste dänische König.
1625–1629: Christian greift in Deutschland in den **Dreißigjährigen Krieg** ein. Seine Niederlage 1626 durch Tilly bei Lutter am Barenberge bewirkt eine starke Schwächung Dänemarks.

Um 1540 bis 1660 Bauten im Stil der Renaissance.
Die meist roten Ziegelbauten mit Sandsteinverzierungen sind von der niederländischen Baukunst beeinflußt: Schloß Kronborg (1577–85), Schloß Frederiksborg (1602–20), Schloß Rosenborg (1608 bis 1617), Börse in Kopenhagen (1619–40).

1613–1615 und 1643–1645 Kriege gegen Schweden.
Dänemark muß weite Gebiete auf der Skandinavischen Halbinsel abtreten.

1648–1670 *Frederik III.*
Von 1657 bis 1660 zwei Kriege gegen Schweden. Karl X. von Schweden fällt in Dänemark ein; 1659 heldenhafte Verteidigung von Kopenhagen und dänischer Sieg bei Nyborg. Schließlich muß Dänemark aber doch seine südschwedischen Gebiete abtreten.

Absolutismus

1660 Dänemark wird eine **unbeschränkte Erbmonarchie.** Der Adel muß der durch sein Versagen im Krieg gegen Schweden hervorgerufenen Erbitterung nachgeben. Der von Frederik III. einberufene Reichstag legt alle Gewalt in die Hand des Königs ('Königsgesetz', 1665).

1670–1699 *Christian V.*
1671: Einführung von Hof- und Beamtenadel.

1699–1730 *Frederik IV.*
Frederik mildert die Leibeigenschaft wesentlich. Beide Könige erstreben die Wiedergewinnung der

verlorenen Gebiete und die Eingliederung Holsteins.

1675–1720 Mehrere Kriege gegen Schweden.
Die dänische Flotte erringt große Seesiege, u.a. 1677 in der Bucht von Køge unter *Niels Juel,* 1715 bei Rügen und 1719 bei Marstrand unter *Tordenskjold.*

Um 1660 bis 1730 Bauten des Barock.
Schloß Charlottenborg in Kopenhagen (nach 1672); Erlöserkirche in Kopenhagen (nach 1682).

1720–1807 Lange Friedenszeit.
Wirtschaftliche und geistige Blüte. Kopenhagen gewinnt im Welthandel an Bedeutung.

1746–1766 *Frederik V.*
Unter dem Minister Graf *J.H. Bernstorff* erreicht der deutsche Einfluß seinen Höhepunkt. Klopstock wird nach Kopenhagen berufen, wo er von 1751 bis 1770 arbeitet.

Um 1730 bis 1780 Bauten des Rokoko.
Schloß Amalienborg (1740-50), Schloß Charlottenlund.

1766–1808 *Christian VII.*
Minister Graf *A.P. Bernstorff* führt 1784-1797 segensreiche Reformen durch, die 1786-1788 in der Bauernbefreiung ihre Krönung finden.

1807 Überfall durch England.
Im Kampf gegen Napoleon versucht England durch die Beschießung des friedlichen Kopenhagen und den Raub der Kriegs- und Handelsflotte Dänemark auf seine Seite zu zwingen.

1808–1839 *Frederik VI.*
Der Kronprinz führt seit 1784 die Regierung für seinen geistesschwachen Vater. Englands Gewaltstreich von 1807 treibt Dänemark zum Anschluß an Frankreich und verwickelt es in die Napoleonischen Kriege.

1814 Kieler Friede.
Dänemark verliert Norwegen und Helgoland.

Um 1780 bis 1840 Bauten des Klassizismus.
Kolonnade (1795) bei Schloß Amalienborg, Frauenkirche (1811-29), Gerichtshaus (1815), Thorvaldsen-Museum (1839-48), alle in Kopenhagen.

Dänemark als konstitutionelle Monarchie

1839–1848 *Christian VIII.*

1848–1863 *Frederik VII.*
1849 Einführung einer Verfassung.

1848–1864 **Schleswig-Holstein** löst sich von Dänemark.
Dänemark verkündet 1848 die völlige Einverleibung Schleswigs, 1863 die beider Herzogtümer. Es schlägt 1850 die bewaffnete Erhebung der Schleswig-Holsteiner nieder, unterliegt aber 1864 den Truppen des Deutschen Bundes (Preußen und Österreich), dem Holstein angehörte, und gibt Schleswig, Holstein und Lauenburg auf.

1863–1906 *Christian IX.*
Dänemark vertritt seit 1864 außenpolitische Neutralität. Innenpolitisch ringen konservative, liberale und sozialistische Anschauungen um die Führung.

1912–1947 *Christian X.*
Dänemark bleibt im **Ersten Weltkrieg** neutral.
1915 neue demokratische Verfassung, Frauen erhalten das Stimmrecht. – 1917 muß Dänemark seine westindischen Inselbesitze an die USA verkaufen.

1918 ISLAND wird selbständiges Königreich, in Personalunion mit Dänemark, bis 1944.

1920 **Nordschleswig** kommt zu Dänemark.
Gemäß dem Versailler Vertrag findet eine Volksabstimmung statt, nach der Dänemark fast 4000 qkm mit über 160000 Bewohnern (davon $1/4$ Deutsche) erhält.

Um 1860 bis 1920 Bauten historisierender Stile.
Königliches Theater (1872-74; Neurenaissance),

Rathaus (1892-1905; Neurenaissance), Schloß Christiansborg (1907-20; Neurokoko), Hauptbahnhof (1907-11), alle in Kopenhagen.

Die Grundlage der dänischen Wirtschaft bildet ein starker Bauernstand mit weit entwickeltem Genossenschaftswesen; der Großgrundbesitz tritt ganz zurück. Etwa 80 Volkshochschulen (1844 gegründet) geben der Landbevölkerung eine gute Allgemeinbildung. Wegen der sinkenden Weltmarktpreise für Getreide wandte sich die dänische Landwirtschaft zur Viehzucht und erzielte eine bedeutende Ausfuhr an Milchprodukten und Fleisch.

1939–1945 Zweiter Weltkrieg.
Dänemark bleibt neutral. Die Besetzung durch deutsche Truppen (1940-45) ist für das Land eine schwere, bitter empfundene Belastung. Die dänische Regierung bleibt im Amt. Innerhalb der Bevölkerung entsteht eine nationale Bewegung. – Im Herbst 1943 übernimmt der deutsche Wehrmachtsbefehlshaber die vollziehende Gewalt, die Regierung tritt zurück. – Am 4. Mai 1945 Unterzeichnung der deutschen Kapitulation. Der Sozialdemokrat *Buhl* bildet in Kopenhagen eine provisorische Regierung.

1944 ISLAND löst sich von Dänemark und wird Republik.

Nach den Erfahrungen im Zweiten Weltkrieg gibt Dänemark seine strikte Neutralität auf und wendet sich den westlichen Bündnissystemen zu, obwohl die Kommunisten anfangs einen ziemlichen Machtfaktor bilden. – 1947 stirbt König Christian X.

1947–1972 *Frederik IX.*
Dänemark bleibt Monarchie.

1948 Die Färöer-Inseln erhalten Selbstverwaltung, bleiben aber weiterhin unter der dänischen Krone.

1949 Abmachungen mit der Landesregierung von Schleswig-Holstein sichern der dänischen Minderheit in Südschleswig alle demokratischen Rechte und Freiheiten.
Dänemark tritt dem **Nordatlantikpakt** (NATO) bei; die USA garantieren den Schutz Grönlands, wo sie Stützpunkte unterhalten.

1951 Dänemark Gründungsmitglied des Nordischen Rats (Zusammenarbeit der nordischen Staaten in Wirtschaft und Kultur).

1953 Eine Verfassungsreform (Einkammersystem) regelt die weibliche Thronfolge. Grönland kommt mit zwei Abgeordneten ins Folketing.

1958 Nordische Paß- und Zollunion.

1960 Dänemark wird Gründungsmitglied der Europäischen Freihandelszone EFTA (European Free Trade Association).

1972 Kronprinzessin Margrethe wird als *Margrethe II.* zur Königin proklamiert.
Dänemark tritt der **EWG** (Europäische Wirtschaftsgemeinschaft) bei.

1978 Abschaffung der Todesstrafe.

1979 GRÖNLAND erhält eigene Verwaltung, bleibt aber unter dänischer Oberhoheit; Autonomiebestrebungen.
Vorgezogene Wahlen zum Folketing stärken Sozialdemokraten und Konservative. Der amtierende Ministerpräsident *Anker Jørgensen* bildet eine neue sozialdemokratische Minderheitsregierung (Oktober).

1980 Tagung der 2. UN-Weltfrauenkonferenz in Kopenhagen. – Wahlniederlage der Sozialdemokraten auf den Färöer-Inseln.

1981 Deutsch-dänischer Fischereistreit um die Fangquoten von Kabeljau der bundesdeutschen Fischer vor Grönland.
Neuwahlen zum Folketing im Dezember bringen den Sozialdemokraten Stimmverluste. Jørgensen bildet wieder eine sozialdemokratische Minderheitsregierung.

1982 In einem Referendum stimmt die Bevölkerung Grönlands für Austritt der Insel aus der EG (wohl 1984).

NORWEGEN

Frühgeschichte
Reichseinigung

In der Bronzezeit sind Germanen die Einwohner Norwegens. Die Gebirgsnatur des Landes erschwert die Verbindung zwischen den besiedelten Fjordtälern und förderte die Bildung von Sippenverbänden unter Kleinkönigen. Eine lose Zusammenfassung in vier großen Thinggemeinschaften besteht aber schon zur Zeit der Wikingerzüge.

872–930 *Harald Hårfager* ('Schönhaar').
Der aus einem alten Herrengeschlecht am Oslofjord stammende Harald besiegt die anderen Kleinkönige und einigt das Land unter seiner Herrschaft. Zahlreiche freiheitsliebende Bauern wandern aus (erste Siedler auf Island 874).

9.–11. Jh. Die Kleinkönigtümer leben zum Teil wieder auf. Nach Haralds Tod fehlt eine beherrschende Königsgewalt.
In diese Zeit fallen auch die Kriegsfahrten der **Wikinger** in die Küstenländer Europas. Die Heimkehrer werden aber meist wieder Bauern.

995–1000 *Olav Tryggvason* (Tryggvessøn).
Der Urenkel Haralds kämpft weiter um die Einheit des Landes und stellt den Missionsgedanken in den Dienst der Reichseinheit. Er baut einen Königshof in Trondheim, fällt aber in einer Seeschlacht bei Rügen gegen die vereinigten Dänen, Schweden und Trondheimer.

Königtum im Mittelalter

Im 11. Jh. setzen sich Königsmacht und Christentum allmählich durch. Hartnäckige Gegner sind besonders die heidnisch-nationalen Jarle (Kleinkönige) von Trondheim. Dänemark gewinnt zeitweilig die Oberhoheit im Lande.

1015–1030 *Olav der Heilige.*
Reichseinheit und Christentum werden mit oft grausamer Härte durchgesetzt. Olav kämpft gegen Dänen und Trondheimer, wird 1028 vertrieben, versucht zurückzukehren und fällt 1030 in der Schlacht bei Stiklestad. Bald aber gilt er als Märtyrer, wird durch Volksbeschluß heilig erklärt und zum Nationalhelden Norwegens.

11. und 12. Jh. Die Königsmacht im Kampf.
Im 11. Jh. mehrfach Kämpfe mit den Dänen. 1070 wird Bergen gegründet. – Im 12. Jh. wächst die Macht der Kirche, die den Anspruch erhebt, die Krone als Lehen zu vergeben.

1066–1093 *Olav Kyrre.*
Aufgabe der dänischen Ansprüche, innerer Ausbau, Stärkung der Städte. Errichtung norwegischer Bistümer in Nidaros (Trondheim), Bergen und Oslo.

1177–1202 *König Sverrir.*
Sverrir ist Führer der trondheimischen Nationalpartei der Birkebeiner (nach den Schuhen aus Birkenrinde, die sie anfangs aus Not trugen). Er setzt sich auch gegen die im Süden mächtige Partei der kirchlich-dänisch gesinnten Bagler ('Krummstäbler') durch.

1217–1263 *Håkon Håkonsson.*
Höhe der Ritterzeit. Der Enkel Sverrirs beendet die Parteizwiste. Eingliederung ISLANDS.

1263–1280 *Magnus Lagaboetir* ('Gesetzesverbesserer').
Weiterführung der Staatsreformen; allgemeines Landrecht; Aufhebung der alten Thingverbände.

12. und 13. Jh. Holzkirchen ('stavekirker' = Stabkirchen).
Die heimische Holzbauweise hat einen Höhepunkt in den alten Holzkirchen, von denen noch etliche erhalten sind (u. a. Heddal, Borgund, Fantoft bei Bergen und Gol im Nationalmuseum in Oslo).

Union mit Dänemark

Seit 1319 bereitet Erbpolitik der Krone den Zusammenschluß der drei nordischen Reiche vor. 1387 wird Margarete von Dänemark auch zur Königin von Norwegen gewählt. – 1397 Kalmarische Union (s. Dänemark).

1387–1814 Norwegen in Personalunion mit Dänemark.
Der alte Adel war im Kampf mit dem Königtum untergegangen. Die aufblühende Wirtschaft ist größtenteils in der Hand der deutschen Hanse. 1536 wird die **Reformation** eingeführt, gleichzeitig wird Norwegen dänisches Nebenland unter einem Statthalter. Dänisch wird Amts-, Kirchen- und Schulsprache. Das Altnorwegische lebt nur in Volksmundarten fort. Schweden greift in seinen Kriegen gegen Dänemark auch norwegischen Boden an. Das nun erweckt das fast erloschene norwegische Nationalgefühl wieder. Der zunehmende Seehandel bringt neue Ideen ins Land, die eine geistige Gärung eigener Art erzeugen.

1556–1560 Zurückdrängung der Hanse.
Die deutsche **Hanse** beherrscht im 15. und 16. Jh. den norwegischen Handel fast völlig, bis 1559 ihre Vormacht in Bergen gebrochen wurde.

1624 Der **Bergbau** beginnt, z. T. mit deutschen Bergleuten; 1624 in Kongsberg auf Silber, 1644 in Røros auf Kupfer.

1807 Kontinentalsperre.
Der Anschluß Dänemarks an Frankreich und der Eintritt in die Kontinentalsperre führt zur britischen Blockade der norwegischen Küste. Die Schiffahrt erliegt, die Not im Lande wird groß. Norwegen möchte sich von Dänemark lösen.

Union mit Schweden

1814 Norwegen mit Schweden vereinigt.
Dänemark muß nach der Niederlage Napoleons, mit dem es verbündet war, im Kieler Frieden Norwegen an Schweden abtreten. Die Norweger erkennen den Kieler Frieden nicht an, erklären ihr Land für selbständig und geben sich zu Eidsvoll eine freisinnige Verfassung (17. Mai; Nationalfeiertag). Sie werden aber durch den Einmarsch der Schweden unter Bernadotte un den Druck der Großmächte gezwungen, die **Personalunion mit Schweden** anzuerkennen; es gelingt, die eigene Verfassung zu erhalten.

1853 Beginn der Sprachbewegung.
Ivar Aasen veröffentlicht Proben des Landsmål, einer von ihm aus heimischen Mundarten gebildeten, vom Dänischen abweichenden Schriftsprache, die viel Verbreitung gewinnt.

1872–1905 *Oskar II.* († 1907).
Der letzte gemeinsame König von Norwegen und Schweden. Vielfache Konflikte zwischen Storting und Krone.

1905 Volksabstimmung für Lösung der Union mit Schweden, die am 26. 10. durch den **Vertrag von Karlstad** bestätigt wird.

Norwegen als selbständiges Königreich

1905–1957 König *Håkon VII.* (geb. 1872).
Prinz Karl von Dänemark nimmt, zum norwegischen König gewählt, den Namen Håkon an. Die Verfassung wird weiter demokratisiert. 1913 Einführung des Frauenstimmrechts.

1914–1918 Erster Weltkrieg
Norwegen bleibt neutral. Seine für die Alliierten fahrende Handelsflotte verliert durch deutsche U-Boote fast die Hälfte ihres Bestandes. Die Stimmung ist deutschfeindlich.

1920 Norwegen tritt dem Völkerbund bei. Das Land erhält die Souveränität über SPITZBERGEN (Svalbard), das ihm 1925 endgültig angegliedert wird.

1920–1927 Alkoholverbot.

1929 Inbesitznahme der Insel JAN MAYEN.

1939–1945 Zweiter Weltkrieg.
1940 besetzen deutsche Truppen einer britischen Landung kurz zuvorkommend überfallartig das Land. Narvik wird hart umkämpft. Der König und die Regierung fliehen nach London. Einsetzung eines Reichskommissars, der frühere norwegische Minister *Vidkun Qvisling* stellt sich auf die Seite der deutschen Verwaltung. Nach der deutschen Kapitulation im Mai 1945 Rückkehr der norwegischen Exilregierung aus England.

1945 Bei Wahlen zum Storting Sieg der Arbeiterpartei. – Norwegen nimmt an der Gründung der Vereinten Nationen (UN) teil.

1949 Vertragliche Regelung der norwegisch-sowjetischen Grenzverhältnisse im Norden mit der UdSSR. – Norwegen tritt dem **Nordatlantikpakt** (NATO) bei.

1951 Norwegen Gründungsmitglied des Nordischen Rates (s. Dänemark).

1957 *Olav V.* (geb. 1903).
Kronprinz Olav, der einzige Sohn Håkons VII., übernimmt nach dessen Tod als Olav V. die Regierung.

1958 Nordische Paß- und Zollunion.

1960 Norwegen Gründungsmitglied der Europäischen Freihandelszone EFTA (European Free Trade Association).

1965 Bei Wahlen zum Storting erringen die bürgerlichen Parteien die Mehrheit.

1973 Freihandelsabkommen mit der EG (Europäische Gemeinschaft), nachdem eine Volksabstimmung die Vollmitgliedschaft verhindert hat.

1974 Erdöl- und Erdgasbohrungen in der Nordsee.

1977 Inbetriebnahme einer 450 km langen Erdgasleitung vom Bohrfeld 'Ekofisk' nordwestlich von Stavanger nach Emden.
Bei Parlamentswahlen erringt die Arbeiterpartei 76 Sitze im Storting.

1979 Riesiges Erdgasfeld etwa 130 km nordwestlich von Bergen entdeckt.
Sozialdemokraten büßen bei Kommunalwahlen Stimmen ein.

1980 Im norwegischen 'Ekofisk'-Ölfeld in der Nordsee kentert am 23. 7. bei Sturm die Versorgungsplattform ''Alexander Kielland'' (123 Tote bzw. Vermißte). – Einigung über den Einsatz US-amerikanischer Truppen auf norwegischem Boden im Verteidigungsfall.

1981 Ministerpräsident *Odvar Nordli* (Norwegische Arbeiterpartei, DNA) tritt am 30. 1. aus gesundheitlichen Gründen zurück. Die stellvertretende DNA-Vorsitzende *Gro Harlem Brundtland* wird erster weiblicher Ministerpräsident Norwegens. – Totaler Preisstopp bis Ende 1981, Senkung der Einkommensteuer.
Neuwahlen zum Storting (Parlament; 13./14. 9.) bringen einen Sieg der konservativen Høvre-Partei unter *Kaare Willoch,* der neuer Ministerpräsident wird und eine Minderheitsregierung bildet (Oktober).

SCHWEDEN

Frühe und Mittlere Geschichte

1.–5. Jh. Besiedlung.
Die älteste Bevölkerung sind wohl Vorfahren der Finnen. Von Westen und Süden dringen germanische Stämme nach Norden vor und gelangen bis an die Küsten von Finnland.

Um 500 Volksstämme.
Die südliche schwedische Landschaft Schonen ist von Dänen besiedelt. Nördlich davon sitzen die Göten, die durch Handel mit dem Süden reich, aber durch Abwanderung volksarm geworden sind. Um den Mälarsee und im Uppland wohnen die Svear, die einen ergiebigen Ackerbau treiben und eine straffe Stammesordnung haben.

6.–8. Jh. Kampf um die Vorherrschaft.
Die Svear unterwerfen die Göten; die Endschlacht findet wohl um 750 statt. Ihr Name geht auf das ganze Land über (Svearike = Sverige = Schweden).

8.–11. Jh. Wikingerzeit.
Schwedische Wikinger suchen die Küsten der Ostsee heim und dringen auf ihren leichten Schiffen weit in das osteuropäische Tiefland ein. Sie gründen dort verschiedene Staaten, zuerst einen am Ilmensee mit der Hauptstadt Holmgard, dem späteren Nowgorod; später auch um Kiew. Schwedische Wikinger kommen bis Konstantinopel, wo sie unter dem Namen Waräger die Kaisergarde bilden.

12.–13. Jh. Christianisierung Schwedens.
Um 830 predigt der *hl. Ansgar* das Christentum in Birka auf der kleinen Insel Björkö im Mälarsee; Birka war damals Schwedens größte Handelsstadt. 1008 läßt König *Olov Erikson* sich taufen. 1164 erhält Schweden einen eigenen Erzbischof.

Schweden vor der Unionszeit

10.–12. Jh. Frühe Königszeit.
Die Königswahl findet in der oberschwedischen Landschaft statt. Der gewählte König muß sich dann im ganzen Land huldigen lassen; man nennt dies die 'Erichsgasse reiten'. Doch bleibt neben dem Königtum immer ein selbstbewußter Adel mächtig.

1150–1160 König *Erik IX.,* der Heilige, in Uppsala. Erik unternimmt zur Abwehr finnischer Einfälle einen sog. **Kreuzzug nach Südwestfinnland,** womit dort die schwedische Herrschaft ihren Anfang nimmt.

1250–1363 Folkunger.
Könige und Regenten (eine Art Hausmeier) aus dem Geschlecht der Folkunger festigen die Macht Schwedens und vollenden die **Eroberung Finnlands.**

1250–1266 *Birger Jarl* Regent.
Er stärkt durch die sog. Friedensgesetze die innere Sicherheit, legt 1255 Stockholm als Feste gegen finnische Einfälle an und fördert den Handel durch Verleihung großer Vorrechte an Kaufleute der deutschen Hanse.

1275–1290 *Magnus I. Ladulås.*
Magnus schützt Bürger und Bauern vor Übergriffen des Adels. Um 1280 beginnt in Falun der schwedische **Bergbau** mit Hilfe von Bergleuten aus dem Harz. Die Vorrechte der Deutschen werden der schwedischen Nationalität gefährlich und dem Volk verhaßt.

Unionszeit

Von 1319 bis 1523 ist Schweden mehrfach durch Personalunion mit Norwegen und Dänemark verbunden, doch wirkt die Union mit Dänemark meist als Fremdherrschaft, und Schweden erkämpft sich wiederholt tatsächliche Selbständigkeit.

1319–1363 *Magnus II. Eriksson.*
Magnus, ein Folkunger, war bis 1343 auch König von Norwegen. – 1350 ersetzt ein Allgemeines Landrecht die einzelnen Landschaftsgesetze. 1360 geht Schonen, 1361 Öland und Gotland an Dänemark verloren; Magnus wird abgesetzt.

1363–1389 *Albrecht III.*
Im Innern starke Machtbefugnis des Adels.

1389–1412 *Margarete,* Tochter Waldemars IV. von Dänemark, wird Regentin. – 1397 **Kalmarische Union** (s. Dänemark).
Margarete ist eine kraftvolle Herrscherin; sie schränkt die Übermacht des Adels ein.

1433–1523 Widerstand Schwedens gegen die Union.
Gegen die Unionskönige und ihre Vögte, die im Interesse Dänemarks wirken, gibt es in Schweden immer wieder Aufstände, die mehrfach praktisch zur Unabhängigkeit Schwedens führen.

1433–1436 Aufstand der Bauernschaft unter dem Bergwerksbesitzer *Engelbrekt Engelbrektsson.*

1448–1470 *Karl VIII. Knutsson* schwedischer Gegenkönig.

1470–1503 *Sten Sture d. Ä.,* schwedischer Reichsverweser.
Er besiegt 1471 den Dänenkönig Christian I. in der Schlacht am Brunkeberg. – 1477 wird die Universität Uppsala gegründet.

1520 Stockholmer Blutbad.
Christian II. von Dänemark besiegt den schwedischen Reichsverweser *Sten Sture d. J.* und läßt in Stockholm 82 führende Schweden hinrichten.

Schweden als Großmacht Reformation

1523–1560 Gustav I. Wasa.
Gustav Wasa vertreibt seit 1521 an der Spitze eines von Dalarna ausgehenden Aufstandes die Dänen und wird 1523 zum König von Schweden gewählt. Er läßt 1527 die **Reformation** einführen, bricht durch Teilnahme an der Grafenfehde (1534–36; s. Dänemark) die Handelsvormacht von Lübeck und macht Schweden 1544 zur **Erbmonarchie.**

Gustav-Wasa-Standbild in Mora (Mittelschweden)

1560–1611 Unter Gustavs Söhnen gerät Schweden mehrfach in arge Bedrängnis, bis Gustavs jüngster Sohn als *Karl IX.* (1599–1611) wieder für eine geordnete Regierung sorgt und das Ansehen des Reiches stärkt.

1611–1632 Gustav II. Adolf.
Gustav Adolf beendet die von seinem Vater begonnenen Kriege gegen Rußland, das 1617 Ingermanland, und gegen Polen, das 1629 Livland abtreten muß. Er erneuert die Verwaltung und fördert Handel und Wirtschaft.

1630 greift er auf Bitten der protestantischen Fürsten in Deutschland in den **Dreißigjährigen Krieg** ein und fällt nach großem Sieg bei Lützen.

1632–1654 *Christine,* Tochter Gustavs II. Adolf.
Die Regierung führt der Kanzler *Axel Oxenstierna.* Das schwedische Heer setzt unter den Feldherren Gustav Horn, Johann Banér und Lennart Torstensson den Krieg erfolgreich fort. Dänemark muß 1645 Jämtland, Gotland und andere Gebiete abtreten. In Deutschland erhält Schweden 1648 u. a. die Fürstentümer Bremen und Verden sowie Neuvorpommern und Stettin nebst Rügen.

1654–1660 *Karl X. Gustav* von Pfalz-Zweibrücken.
Karl Gustav, ein Vetter der zurückgetretenen Königin Christine, führt Kriege u. a. gegen Polen und Dänemark, das 1658 u. a. Halland und Schonen abtreten muß. Karls Hauptziel ist die Alleinherrschaft Schwedens über die Ostsee und ihre Küsten.

1660–1694 *Karl XI.*
Der Sohn Karls X. kommt vierjährig auf den Thron. Der Polenkönig entsagt im Frieden zu Oliva 1660 allen Ansprüchen auf Schweden. – 1668 Gründung der Universität von Lund. – Karl tritt in dem

Krieg Ludwigs XIV. gegen Holland, England und Brandenburg auf die Seite Frankreichs. Das schwedische Heer wird 1675 bei Fehrbellin von Brandenburg geschlagen, Gebietsverluste treten aber nicht ein. Die allgemeine Unzufriedenheit mit der Mißwirtschaft des Adels benutzt der König, die an den Adel gefallenen Kronlehen einzuziehen und in der Gesetzgebung die Krone fast unbeschränkt zu machen.

1697–1718 *Karl XII.*
Der begabte und energische König schlägt die Angriffe Dänemarks, Polens und Rußlands (bei Narwa, 1700) zurück, indem er den Krieg in die Länder der Feinde trägt. Auf seinem abenteuerlichen Zug in die Ukraine wird er aber bei Poltawa 1709 entscheidend geschlagen. Er flieht in die Türkei, reitet 1714 in 16 Tagen mit zwei Getreuen nach Stralsund und fällt 1718 vor der norwegischen Festung Fredrikssten.
Damit war die kurze Zeit des Absolutismus in Schweden zu Ende.

Weg zur Verfassung und zur Neutralität

1719–1772 Die sog. **Freiheitszeit.**
Nach dem Zusammenbruch muß Schweden 1719–1721 die Ostseeprovinzen, Bremen, Verden und Vorpommern räumen. Es büßt seine europäische Großmachtstellung ein. Trotz allem erholt sich das Land wirtschaftlich schnell. Die Reichsstände beschränken die Macht der Könige (1751–1818 aus dem Haus Holstein-Gottorp). Die Kriegspartei der 'Hattar' (Hüte) treibt Schweden zur Teilnahme am Siebenjährigen Krieg.

1771–1792 *Gustav III.*
Gustav III. beseitigt 1772 durch einen Staatsstreich das Übergewicht der Stände und regiert im Sinne des aufgeklärten Despotismus. Er hebt die Folter auf, führt die Pressefreiheit ein und ordnet das Münzwesen. 1792 wird er durch eine Adelsverschwörung auf einem Maskenball ermordet.

1792–1809 *Gustav IV. Adolf.*
Gustav IV. mischt sich in eigensinnigem Haß in die Kriege gegen Napoleon ein und verliert 1807 Pommern, 1809 Finnland. Er wird 1809 abgesetzt.

1809–1818 *Karl XIII.*
Da Karl, der Onkel Gustavs IV., alt und kinderlos ist, wählt der Reichstag 1810 den französischen Marschall Jean Baptiste *Bernadotte* zum Thronfolger; er wird vom König adoptiert und nimmt den Namen Karl Johann an. 1813 führt er die schwedischen Truppen gegen Napoleon. Im Frieden zu Kiel zwingt er 1814 Dänemark zum Verzicht auf Norwegen, das dafür Schwedisch-Pommern erhält.

1814–1905 **Union mit Norwegen.**
Könige: *Karl IV. Johann* (Bernadotte; 1818–44), *Oskar I.* (1844–59), *Karl XV.* (1859–72), *Oskar II.* (1872–1907).
Schweden hält sich aus den europäischen Kriegen heraus und erhält 1865 eine neue Verfassung. Wirtschaft und Kultur heben sich; die Industrialisierung Schwedens macht rasche Fortschritte. Veränderung der sozialen Struktur des Landes. 1889 erläßt man erstmals Arbeiterschutzgesetze; Gründung der sozialdemokratischen Partei. Der schwedische Wissenschaftler *Alfred Nobel* stiftet 1895 den jährlich zu verleihenden **Nobelpreis.**
Das Selbstgefühl Norwegens läßt die alten Gegensätze wieder aufleben. 1905 legt König Oskar die norwegische Krone nieder und löst damit die Union auf.

20. Jh. **Schwedens Neutralität.**
Könige: *Gustav V.* (1907–50), *Gustav VI. Adolf* (1950–73), *Karl XVI. Gustav* (ab 1973).
Schweden wahrt in beiden Weltkriegen trotz erheblicher Schwierigkeiten seine Neutralität. Das Schwedische Rote Kreuz im Dienst der Menschenhilfe (Graf Folke Bernadotte, 1895–1948). Die Verfassung wird weiter demokratisiert. Fortlaufende Verbesserung der sozialen Verhältnisse bis zum finanziell schwer belasteten Wohlfahrtsstaat.

1946 Schweden tritt den Vereinten Nationen (UN) bei.

1949 Beitritt zum Europarat.

1951 Schweden Gründungsmitglied des Nordischen Rates (s. Dänemark).

1958 **Nordische Paß- und Zollunion.**

1960 Schweden Gründungsmitglied der Europäischen Freihandelszone EFTA (European Free Trade Association).

1973 *Karl XVI. Gustav.*
Tod König Gustavs VI. Adolf; sein Enkel tritt als Karl XVI. Gustav die Nachfolge an. – Freihandelsabkommen mit der EG.

1974 Neue Verfassung. Die Rechte des Königs werden ab 1. 1. 1975 stark eingeschränkt.

1976 Gesetz zur Mitbestimmung der Arbeitnehmer in den Betrieben. – Bei den Reichstagswahlen siegen nach 44 Jahren sozialdemokratischer Regierung die bürgerlichen Parteien.

1977 Geburt der Prinzessin Viktoria Ingrid Alice Desirée. – Änderung des Gesetzes (1810) der ausschließlich männlichen Thronfolge.

1979 Reichstagswahlen bringen wieder eine knappe Mehrheit der bürgerlichen Parteien. *Thorbjörn Fälldin*, der Führer der Zentrumspartei, bildet am 11. 10. eine bürgerliche Koalitionsregierung. – Reichstag stimmt Erstgeburtsthronfolge zu.

1980 Prinzessin Victoria erhält als Thronfolgerin den Titel 'Herzogin von Vestergötland'. – Das Parlament beschließt mit 58,1% einen weiteren Ausbau der Kernenergie (max. 12 Reaktoren). – Schwerer Arbeitskonflikt (100 000 Streikende).

1981 Die Konservative Partei kündigt die Koalition auf. Thorbjörn Fälldin bildet Ende Mai eine neue Minderheitsregierung aus Zentrum und Liberalen. – Wirtschaftskrise und Inflation halten an. – Am 23. 6. stirbt die Schauspielerin und Sängerin Zarah Leander 74jährig in Stockholm.
Das sowjetische Unterseeboot U-137 läuft am 27. 10. in den Schären vor der schwedischen Marinebasis Karlskrona auf Grund. Dies führt zu diplomatischen Verwicklungen mit der UdSSR.

FINNLAND

Frühgeschichtliche Zeit

Um die Zeitenwende Einwanderung der Finnen. Die Finnen dringen von Osten und auch über das Meer, von Süden her in das bereits bewohnte Gebiet ein.

1. Jahrtausend Hauptgewerbe sind Landwirtschaft und Viehzucht. Die Siedler setzen sich zuerst an den Küsten fest und dringen längs der Flüsse und Seen ins Landesinnere vor.

6.–10. Jh. Entwicklung des Volkstums.
Bildung von drei Stämmen: im Südwesten des Landes wohnen die eigentlichen Finnen, im südlichen Seengebiet die Hämenen oder Tavastländer, im Osten die Karelier. – Der **Pelzhandel** über See nach Westen und Süden bringt einen gewissen Wohlstand. Es entsteht ein Bauernadel, aber noch kein staatlicher Zusammenschluß.

Angliederung an Schweden

9.–13. Jh. Schweden gewinnt die Führung in Finnland und verbreitet das **Christentum.**
Schon um das Jahr 1000 läßt sich an der Südwestküste christliche Bevölkerung nachweisen. Schweden breitet in den sog. Kreuzzügen der Jahre 1154, 1249 und 1293 seine Macht aus, es drängt den schon bis Mittelfinnland reichenden Einfluß Nowgorods und der orthodoxen Kirche nach Osten zurück. Römisch-katholische Bischöfe werden zu Führern.

1323 Der Friede von Schlüsselburg teilt Karelien zwischen Nowgorod und Finnisch-Schweden.

14. Jh. Finnland wird gleichberechtigte **schwedische Provinz.**
1362 wird Finnland zur schwedischen Königswahl zugelassen und entsendet später auch Vertreter in den schwedischen Reichstag. – Während der Zugehörigkeit zu Schweden wird das finnische Volkstum nicht unterdrückt, aber auch nicht gefördert. Schwedisch ist Staats- und Kultursprache. Finnland hat die Vorteile, aber auch die Gefahren der Zugehörigkeit zu einem mächtigen Staat fremder Nationalität.

1495–1595 Einfälle der Russen.
Verwüstung der betroffenen Gebiete; Schädigung des Handels der Seestädte mit der deutschen Hanse.

1523 Einführung der **Reformation.**
Die Übersetzung des Neuen Testaments durch *Mikael Agricola* (1548) wird Grundlage der finnischen Schriftsprache. – Beginn allgemeinen Volksschulunterrichts.

1596–1597 Der sog. Keulenkrieg der Bauern gegen den Adel wird blutig niedergeschlagen.

1611–1632 König *Gustav II. Adolf* von Schweden.
1611–1617 Krieg gegen Rußland; Gustav Adolf erobert Gebiete am Ladogasee. – Finnische Truppen nehmen im schwedischen Heer am **Dreißigjährigen Krieg** in Deutschland teil.

1637–1640 und 1648–1654 Graf *Per Brahe* schwedischer Statthalter in Finnland.
1640 Gründung der Universität (Akademie) in Åbo (Turku), der damaligen Hauptstadt. Schwedisch wird Unterrichtssprache.

1696–1697 Über 100 000 Menschen sterben an Hunger und Seuchen.

1700–1809 Kriege Schwedens gegen Rußland.
Finnland wird immer wieder verheert. Der vereinzelt auftauchende Gedanke einer Loslösung von Schweden kann sich auch 1788–90 ('Anjalabund') noch nicht durchsetzen. – 1808 erobern russische Truppen ganz Finnland.

Finnland als Teil Rußlands

1809 Finnland wird **russisches Großherzogtum.**
Im März gelobt Zar *Alexander I.* auf dem Landtag zu Borgå (Porvoo), die Eigenrechte Finnlands zu erhalten, und empfängt die Huldigung als Großfürst Finnlands. Im Frieden zu Fredrikshamn (Hamina; 17. 9. 1809) tritt Schweden ganz Finnland mit den Ålandinseln an Rußland ab.

1811–1812 Wiedervereinigung der 1721 und 1743 abgetretenen Landesteile (u. a. Viborg/Viipuri) mit Finnland. Helsingfors (Helsinki) wird Hauptstadt.

1835 *Elias Lönnrot* veröffentlicht das Volksepos ''Kalevala''

1880–1912 Unterdrückung der Autonomie Finnlands. 1891 kommen Post, Zoll und Münzwesen in russische Verwaltung. – 1892 wird ein orthodoxes Bistum in Viborg errichtet. – 1900 Russisch wird Amtssprache. – 1903 Auflösung der finnischen Armee. – 1912 Ausdehnung des finnischen Bürgerrechts auf Russen.

Finnland als selbständige Republik

1917 Am 6. 12. **Unabhängigkeitserklärung.**
P. E. Svinhufvud wird Präsident der neuen Regierung.

1918 **Befreiungskampf.**
Im Januar nehmen finnische Kommunisten zusammen mit russischen Bolschewiken Helsinki ein und dringen weiter ins Land vor. Eine finnische Freiwilligenarmee unter General *C. G. von Mannerheim* (1867–1951), unterstützt von deutschen Truppen unter General Graf Rüdiger von der Goltz, besiegt im April und Mai diese Truppenteile in Südfinnland. – General Mannerheim wird Reichsverweser.

1919 Republikanische Verfassung.
K. J. Ståhlberg wird erster Staatspräsident.

1920 Frieden zu Dorpat.
Finnland wird als selbständiger Staat anerkannt und erhält das Petsamo-Gebiet am Eismeer.

1919–1921 Die **Ålandinseln** wollen zu Schweden, werden aber vom Völkerbund Finnland zugesprochen. Sie erhalten eine eigene Verwaltung und werden militärisch neutralisiert.

1922 Erlaß einer Bodenreform.

1930–1938 Außenpolitisch versucht Finnland, sich von der deutschen und der sowjetischen Politik freizuhalten.

1939–1940 **Winterkrieg** gegen die Sowjetunion.
Die Sowjetunion fordert Stützpunkte in Südfinnland und kündigt den 1932 abgeschlossenen Nichtangriffspakt. Ende November 1939 beginnt der Krieg.
Finnland muß im Frieden von Moskau wichtige Gebiete abtreten (u. a. Teile Kareliens mit Viipuri; Hanko wird an die Sowjetunion verpachtet).

1941–1944 Erneuter Krieg gegen die Sowjetunion. Im Waffenstillstandsabkommen verliert Finnland das Petsamo-Gebiet, Porkkala wird anstelle von Hanko an die Sowjetunion verpachtet. Umsiedlung von 480 000 Finnen.

1944–1946 Marschall Mannerheim Staatspräsident.

1946–1956 *J. K. Paasikivi* Staatspräsident; bürgerliche Regierung.

1947 Im Frieden zu Paris werden die bereits im Waffenstillstand getroffenen Vereinbarungen vertraglich bestätigt.

1948 Freundschafts- und Beistandspakt mit der UdSSR (vorerst auf 10 Jahre).

1955 Finnland tritt dem Nordischen Rat (s. Dänemark) bei und wird Mitglied der Vereinten Nationen (UN).

1956 Rückgabe des sowjetischen Flottenstützpunktes Porkkala an Finnland. – *U. K. Kekkonen* Staatspräsident.

1958 **Nordische Paß- und Zollunion.**

1961 Assoziierungsabkommen Finnlands mit der Europäischen Freihandelszone EFTA (European Free Trade Association).

1970 Der Freundschaftsvertrag mit der Sowjetunion wird um weitere 20 Jahre verlängert.

1973 Aufnahme voller diplomatischer Beziehungen mit der Bundesrepublik Deutschland und der Deutschen Demokratischen Republik. – Freihandelsabkommen mit der EG (Europäische Gemeinschaft).

1975 30. 7.–1. 8. Abschlußgipfeltreffen der **KSZE** (Konferenz für Sicherheit und Zusammenarbeit in Europa) in Helsinki.

1978 Neue Regierung aus Sozialdemokraten, Zentrum, Liberalen und Kommunisten, ohne die bisher mitbeteiligte Schwedische Volkspartei.

1979 Mitte März Reichstagswahlen. Das neue Kabinett besteht aus Sozialdemokraten, Kommunisten, dem bäuerlichen Zentrum und wieder der Schwedischen Volkspartei.

1980 Kommunalwahlen im Oktober bringen den Sozialdemokraten 25,6%, der oppositionellen konservativen Nationalen Sammlungspartei 23,1% und dem bäuerlichen Zentrum 18,8% der Stimmen; die kommunistischen Parteien erleiden Verluste.

1981 Die Verabschiedung eines 'Sozialpaketes' vermeidet im April eine Regierungskrise.
Urho Kaleva Kekkonen tritt am 27. 10. im Alter von 81 Jahren aus gesundheitlichen Gründen als Staatspräsident zurück. Regierungschef *Mauno Koivisto* (Sozialdemokratische Partei) übernimmt bis zur Neuwahlen (Januar 1982) das Amt des Staatspräsidenten.

1982 Am 26. Januar wird Mauno Koivisto offiziell zum neuen Staatspräsidenten gewählt.

Kunstgeschichte

SKANDINAVIEN

Die Periode der **Jungsteinzeit,** in der sich der Übergang von der Jagdkultur zur seßhaften bäuerlichen Dorfkultur vollzieht und in der die vorindogermanischen Völker langsam von den urgermanischen Stämmen verdrängt werden, ist in Skandinavien bis um 1800 v.Chr. anzusetzen. Der **Nordische Kulturkreis,** der sich später bis nach Mitteleuropa ausbreitet, ist ausschließlich durch Tonwaren in verschiedenen Gattungen und Stilarten faßbar. Die beiden Hauptgruppen, Megalithkeramik und Einzelgrabkeramik (Schnurkeramik), gliedern sich in vielfältige lokale Spielarten; die Megalithkeramik beispielsweise hauptsächlich in eine dänische und schwedische Richtung. In Dänemark lassen sich besonders deutlich vier Stufen der Gefäßverzierung feststellen:
D o l m e n p e r i o d e : Rippen und lotrechte Ritzverzierungen.
Ä l t e r e G a n g g r ä b e r p e r i o d e : Rahmenwerk horizontaler und vertikaler Linien, die nicht mehr durch Ritzung, sondern durch Tiefstich die Formen des Gefäßkörpers nachziehen.
J ü n g e r e G a n g g r ä b e r p e r i o d e : Beibehaltung des gerüstartigen Verzierungscharakters, aber in zarterer Ausführung, gelegentlich mit flächendeckenden Mustern.
S t e i n k i s t e n p e r i o d e : rascher Verfall der Gefäßornamentik.
Der Jungsteinzeit gehören auch die realistischen (älteren) bis schematisierten (jüngeren) Felsbilder des sogenannten **Arktischen Kreises** vor allem in Norwegen an, noch der vorindogermanischen Bevölkerung zugeschrieben (Arktischbaltische Kultur); sie müssen wohl als Zauberzeichnungen (Jagdglück) verstanden werden (v.a. Jagdwild-, seltener Menschendarstellungen).
Die GERMANISCHE KUNST (1800 v.Chr.–1200 n.Chr.) umfaßt nahezu drei Jahrtausende, scharf in Bronzezeit und Kunstschaffen der frühgeschichtlichen Zeit des ersten nachchristlichen Jahrtausends gegliedert.
Die **Bronzezeit,** in Skandinavien zwischen 1800 und 600 v.Chr. anzusetzen, bietet durch die Einführung des neuen Werkstoffs Bronze (9 Teile Kupfer, 1 Teil Zinn) der technischen und künstlerischen Entwicklung neue Möglichkeiten: Waffen, Geräte und Schmuckstücke werden in steinernen und tönernen Formen hergestellt; seit der mittleren Bronzezeit wird auch der Guß in verlorener Form geübt. Die Verzierungen sind teils mitgegossen, teils nach dem Guß durch Punzierung, Gravierung oder Treibung hergestellt. Die Keramik wird nach wie vor ohne Töpferscheibe geformt. Die Träger des Nordischen Kulturkreises der Bronzezeit sind bereits mit Sicherheit Germanen; er ist durch technisch und künstlerisch hochwertige Bronzearbeiten gekennzeichnet. Vier Stilstufen lassen sich unterscheiden:
F r ü h e s t e B r o n z e z e i t : geradlinige Muster in der Nachfolge des neolithischen Nordischen Kreises.
Ä l t e r e B r o n z e z e i t : Übergang zu geometrischer Spiralverzierung.
M i t t l e r e B r o n z e z e i t : Ablösung der umlaufenden Spiralverzierung durch zentrale Sternmuster.
S p ä t e B r o n z e z e i t : Die Sternmuster verwandeln sich in Spiralwirbel und Wellenbänder; der streng geometrische Charakter wird lockerer und beginnt ins Pflanzliche hinüberzuspielen; Ranken- und Blattwerk. Reiche Gräberfunde stammen v.a. aus Hügelgräbern in Uppsala und Seddin. Der Sonnenkult spiegelt sich in vielfältigen Darstellungen der Sonnenscheibe wider, so etwa auf dem 'Sonnenwagen' von Trundholm, einem wagenförmigen Kultgerät, 1902 in einem Moor bei Nyköbing, gefunden; er ist ca. 60 cm groß und wird zwischen 1500 und 1300 v.Chr. datiert.

Felszeichnungen bei Tanum (Südwestschweden)

Die darstellende Kunst der Bronzezeit ist uns nur in den germanischen Felsbildern Südschwedens und Norwegens erhalten: schematische Darstellungen kultischen Inhalts, festliche Aufzüge, rituelle Kampfspiele, Schlittenprozessionen, Schiffe, Pilger; die Deutung ist im einzelnen noch sehr umstritten, der Zusammenhang mit Fruchtbarkeitsriten gilt als gesichert. Die skandinavischen Felsbilder zählen zu den bedeutendsten ihrer Art. Ferner gibt es einige figürliche Darstellungen auf Grabdenkmälern: Kivik-Monument; Steinkistengrab der älteren Bronzezeit auf der schwedischen Halbinsel Schonen. Die Platten tragen eingeritzte Zeichnungen von Sonnenrädern, Waffen, vermummten und gefesselten Gestalten in schematisierter Form; die Deutung ist umstritten. Die **Eisenzeit,** in Skandinavien erst zwischen 600 v.Chr. und spätestens 400 n.Chr. anzusetzen, ist gekennzeichnet durch den Untergang der bronzezeitlichen Ornamentik. Es finden sich nur bescheidene Ansätze zu ornamentalem Schmuck.

Den prächtigen Silberkessel von Gundestrup in Dänemark, der im Moor des jütländischen Ortes bei Ålborg gefunden wurde (Nationalmuseum Kopenhagen), deutet man mit seinen Brustbildern von Gottheiten auf der Außenseite und Opferszenen auf der Innenseite als ein Kultgefäß keltischen Ursprungs (um die Zeitenwende).

Die zweite Hauptepoche germanischer Kunst, die **frühgeschichtliche Zeit** des ersten nachchristlichen Jahrtausends, bringt eine Hochblüte germanischen Kunstschaffens, in dem die ursprüngliche handwerklich nüchterne Filigranverzierung sich über eine Phase farbiger Steininkrustationen zum organisch belebten Tierornament weiterentwickelt. Ab dem 6. Jahrhundert beginnen auch figürliche Darstellungen etwas häufiger aufzutreten. Vier Entwicklungsstufen lassen sich unterscheiden:
Filigranstil (von der Zeitenwende bis um 350 n.Chr.): Schmuckstücke, vornehmlich Fibeln, werden mit gekörnten Gold- oder Silberdrähten, durch Tauschierung oder Granulation verziert.
Farbiger Stil oder **Kerbschnittverzierung** (350-550 n.Chr.): Die Goten übernehmen Zierweisen iranischer Herkunft, bunte Edelsteinauflagen (häufig Almandin) und Zellenverglasung (Email). Die Kerbschnittverzierung ist eine ornamentale Zierweise mit schräggeneigten, scharfkantig aufeinandertreffenden Schnittflächen, die im skandinavischen Raum meist mit dem Grabstichel aus dem Metallkörper herausgearbeitet wird. Ursprünglich wohl aus der Holzschnitzerei übernommen, hat sie sich in der Volkskunst bis zur Gegenwart gehalten.
Abstrakte (ältere) **Tierornamentik** und **Bandgeflecht** (550-800 n.Chr.): Der **Tierstil I** ist durch eigentümlich gegliederte, oft völlig zerstückelte Tiergestalten gekennzeichnet. Die Köpfe, oft nur aus halbrunden Augeneinfassungen bestehend, werden zu mosaikartigen Flächen zusammengestellt. Durch Vermischung mit der südgermanischen Flechtbandverzierung entwickelt sich eine jüngere Spielart, der **Tierstil II,** welcher der Hauptstil der Tierornamentik des Festlandes wird, während in Skandinavien um 700 der späte **Tierstil III** ent-

steht, in dem sich höchst abstrakte Tiergestalten zu überaus kunstvollen ornamentalen Kompositionen fügen, etwa zum scheibenförmigen Tierwirbel oder zu spiegelbildlichen Formen. Die Ausführung erfolgt in Grabsticheltechnik.
Wikingerkunst oder jüngere Tierornamentik (800-1100 n.Chr.): Voraussetzung für den Aufschwung der Wikinger ist das Kielboot mit verstärkter Bodenplatte für Segelmast und Kiel anstelle des alten Ruderbootes, wie es sich in den Schiffsfunden im schleswigschen Moor von Nydam (drei seegängige Boote; das größte ein offenes, 25 m langes Ruderboot für etwa 40 Mann; 4. Jh.) und von Kvalsund dokumentiert. Im Nydamer Moor am Alsen-Sund machte man weitere bedeutende Funde, besonders 38 Silbergegenstände mit ornamentalen Vogel- und Menschenköpfen sowie in Kerbschnitt-Technik verziert, anglische Erzeugnisse des 5. Jh. (Museum für Vor- und Frühgeschichte im Schleswiger Schloß Gottorf).

Ein eindrucksvolles Beispiel des neuen Kielboottyps ist das Oseberg-Schiff, das Schiffsgrab einer norwegischen Fürstin (Norwegisches Volksmuseum, Oslo-Bygdøy). Das 22 m lange Schiff, dessen beide Steven mit geschnitzter Tierornamentik verziert sind, enthält eine hölzerne Totenkammer; daneben fanden sich ein Wagen, mehrere Schlitten, Mobiliar, Gewandreste und gewirkte Teppiche. Ein prachtvoller Tierkopfpfosten ist geschmückt mit zwei übereinanderliegenden Ornamentsystemen im **Greiftierstil,** auch 'Osebergstil' genannt. Der Zeitpunkt der Bestattung wird um 850 angesetzt.
Ein weiteres Beispiel des Kielboottypes ist das Gokstad-Schiff aus der norwegischen Provinz Kongshaugen (Norwegisches Volksmuseum, Oslo-Bygdøy); es enthielt neben dem 24 m langen Boot in Klinkerbauweise aus Eichenholz unter anderem die Bestattung eines bekleideten Mannes auf einem prachtvollen Bett und reiches Grabgut.

Im Gegensatz zu dem wohl auf karolingische Anregungen zurückgehenden Osebergstil steht der abstraktere **Jellingstil** (900-1100), der von irisch-keltischer Tierornamentik und später stark von angelsächsischem Kunsthandwerk beeinflußt ist: Runenstein des Harald Blauzahn aus Jelling (um 985), die wichtigste erhaltene Wikingerskulptur, die neben einem schlangenbezwingenden Löwen bereits eine Christusfigur zeigt. Ebenfalls aus Jelling stammt der Stein Gorms (um 980). Aus etwas späterer Zeit datieren die Runensteine von Stenkyrka auf Gotland (um 1000), Lundagård in Lund und Tulstorp in Schonen. Kennzeichnende Tiergestalt ist das 'große Tier', ein raubtierartiges Wesen mit Spiralgelenken und mächtigem Schopf.

Mit dem endgültigen Sieg des Christentums schwindet die Kraft der Tierornamentik. Die letzten Arbeiten entstammen der Zeit um 1100: Stabkirche von Urnes in Norwegen (um 1090) und schwedische Runensteine. Figürliche Arbeiten sind relativ selten, die skandinavischen Goldbrakteaten (münzenähnliche Zierscheiben, in der Regel als Anhängsel verwendet, meist mit figürlichen Darstellungen und oft nur einseitig geprägt) des 6. Jahrhunderts bleiben ohne Nachfolge. Erst im 7. Jahrhundert finden sich kleinfigurige strenge Darstellungen auf Helmbeschlägen (Vendel und Torskinda, Schweden), Gestalten der Götterwelt und Kultszenen, etwa Wotan als Lanzenreiter (Vendel-Helm).

In ISLAND erlebt die nordisch-germanische Kunst eine Hochblüte. Sehenswerte Beispiele finden sich in den Portalplastiken der Stabkirchen, etwa der von Valthjofstad (11./12. Jh.; Museum Reykjavík).

Bis zum Beginn der christlichen Zeit läßt sich jedoch kaum ein entscheidender stilistischer Fortschritt feststellen. Die Übernahme des Christentums (um 1000) markiert den Endpunkt der germanisch-wikingischen Kunstentfaltung. Steinerne Kirchenbauten kennzeichnen die Macht des neuen Glaubens: Sie sind die besterhaltenen Baudenkmäler aus **romanischer Zeit,** ursprünglich einfache Kalktuff-, später Granitbauten. Die wichtigsten sind die Dome in Lund (heute Schweden, jedoch dem dänischen Kunstkreis zugehörig), in Viborg und Ribe (beide Dänemark), von den deutschen Kaiserdomen des Rheinlandes beeinflußte dreischiffige Basiliken mit zwei Westtürmen. Der Viborger Dom wurde allerdings im 19. Jahrhundert so stark restauriert, daß man ihn geradezu als neugebaute Kopie betrachten muß. Auch die Dorfkirchen in der Umgebung sind durch die großen Dome beeinflußt, so etwa die von Tveje Merløse (mit bienenkorbförmigen Turmspitzen) und Fjenneslev (um 1140). Die schwedischen Steinkirchen des 12. und 13. Jahrhunderts sind meist einfacher; es finden sich auch Rundkirchen (v.a. auf Gotland: Heiliggeistkirche und St. Lars in Visby, beide um 1260) und von Westfalen beeinflußte Hallenkirchen. Erwähnenswert wäre noch die Kirche von Varnhem (um 1200).

Bei den **STABKIRCHEN,** den hauptsächlich in Norwegen erhaltenen Holzkirchen, deren Wände mit senkrecht gestellten Pfosten in Stabbauweise gefügt sind, läßt sich der Einfluß des Schiffbaus nachweisen. Sie sind keine Übersetzung des Steinbaus

Stabkirche in Borgund (Südwestnorwegen)

in Holz, sondern eine eigens entwickelte Form, mit mächtigem Hauptraum, in dem man das Nachleben der nordischen Königshalle vermutet. Die Giebel mit ihren Drachenköpfen erinnern an die Vordersteven der Wikingerschiffe. Die Zahl der erhaltenen norwegischen Stabkirchen beträgt etwa dreißig; nähere Angaben findet man im Hauptteil dieses Buches (Reiseziele von A bis Z) unter dem Stichwort 'Stabkirchen'.

Um 1160 wird der Backsteinbau eingeführt. Der Überlieferung nach ist das Dannewerk (Dannevirke) Waldemars des Großen das erste reine Ziegelbauwerk. Der Dom zu Roskilde (um 1160 begonnen), die Grabkirche der dänischen Könige, wird bereits im **gotischen Stil** vollendet. Er richtet sich nicht mehr nach deutschem, sondern nach französisch-spanischem Vorbild aus. Da die Kirchenbautätigkeit des 12. Jahrhunderts in Dänemark besonders rege gewesen war, bleibt die Gotik verhältnismäßig unbedeutend, zumal große Aufgaben fehlen. Erwähnenswert ist die Zisterzienserkirche von Sorø (1161-81) und die fünftürmige Zentralkirche von Kalundborg. Die Kirchenbauten von St. Peter in Malmö (um 1400), St. Marien und St. Olaf in Helsingør sowie St. Knud in Odense (1301 geweiht) mit ihrem elegant wirkenden Inneren, der Dom von Århus und die um 1370 vollendete Peterskirche in Næstved sind der deutschen Backsteingotik verpflichtet.

Profanbauten haben sich nur vereinzelt erhalten, etwa der Gänseturm in Vordingborg, Rest einer imposanten Festungsanlage Valdemar Atterdags (um 1350), oder die starke kleine Burg Gjorslev (Seeland) auf dem Grundriß eines griechischen Kreuzes.

In Schweden bleiben die Formen der Gotik eher gedrungen; für große Bauaufgaben werden fremde Bauleute ins Land geholt (gotischer Hallenchor des Doms von Linköping von Meister Gerlach von Köln). Das zweite Hauptwerk der Gotik ist der Dom von Uppsala (um 1250 begonnen). Die Birgittenkirche von Vadstena (1388-1430) sowie die Peterskirche in Malmö (um 1400) entstammen einer wesentlich späteren Bauperiode.

In Norwegen schließen sowohl die Steinbauten der Romanik (Dom von Stavanger, um 1130; Dom von Lyse, ab 1146) wie auch der Gotik (Dom von Trondheim, Neubau ab 1152) an englische Vorbilder an.

Die skandinavische Malerei des Mittelalters zeigt kaum eine eigene Note (Antependien in Hitterdal, Kinsarvik, Nes, Dale, Årdal; alle um 1250-1350) und ist vor allem in Form kirchlicher Wand- und Deckenmalerei erhalten: Jelling, Sæby, Hjørlunde (Seeland), Næstved, Dome zu Århus und Roskilde, Kettinge (Maribo) und Kjeldby (Andreaskirche) in Dänemark sowie Vä und Vidtskofte, Strengnäs und Härkeberga in Schweden.

Während die norwegische Plastik ebenfalls ohne besondere Bedeutung bleibt (in den Schnitzereien der Stabkirchen lebt altgermanisches Erbgut fort) und im Spätmittelalter auf eingeführte Bildwerke aus den Niederlanden und dem lübischen Kunstkreis (Flügelaltäre) sowie aus England zurückgreift, ist die dänische Plastik der Romanik von bemerkenswerter Vielfalt: Kruzifixe in Åby und Lisbjerg (um 1100), Portale am Dom von Ålborg (um 1150), Grabsteine und etwa 1500 granitene Taufsteine (auf Jütland die prachtvollen 'Löwenbecken'; in der Kirche zu Åkirkeby auf Bornholm ein prächtig verzierter Taufstein, der die Runensignatur des Künstlers trägt). Auch die sogenannten 'goldenen' Altäre (z.B. Lisbjerg, Altar um 1150) entstehen zur Blütezeit der Granitskulptur; es handelt sich um Altaraufsätze und Altarvorderseiten in Goldschmiedearbeit, die Glanzstücke dänischer Sakralkunst darstellen, verziert mit einer Fülle von Figuren und Ornamenten.

Bei den gotischen Plastiken handelt es sich nunmehr weniger um Steinplastiken, sondern mehr um Holzfiguren oder Elfenbeinarbeiten, bei denen sich oft kaum entscheiden läßt, ob es französische oder dänische Arbeiten sind (Kruzifix in Herlufsholm, 1250). Die spätere dänische Plastik der Gotik ist stark unter deutschem Einfluß bestimmt, der seinen Höhepunkt in der Tätigkeit von *Bernt Notke* (um 1440 bis 1509), des Meisters der Hochaltartafel im Århuser Dom, und *Claus Berg* (um 1470 bis nach 1532), des Meisters der riesigen Altartafel der Graubrüderkirche in Odense (heute St. Knud), hat.

Auch in Schweden werden viele Bildwerke aus Lübeck importiert, nachdem der englisch-französische Einfluß in der Plastik seit Ende des 14. Jahrhunderts vom deutschen und niederländischen abgelöst wird. Bernt Notke arbeitet sein Hauptwerk, die St.-Jürgen-Gruppe, für Stockholm. In Norwegen werden ebenfalls zuerst lübische, dann niederländische Bildwerke und englische Alabasterreliefs eingeführt.

Während **Renaissance** und **Barock** in Norwegen wenige bedeutende Spuren hinterlassen – begabte Künstler wie der Baumeister L. van Haven, der Bildhauer M. Berg gehen an den dänischen Hof –, tritt in Schweden nach der Reformation der Kirchenbau hinter den Schloßbau zurück (Gripsholm, 1573; Vadstena, v.a. 17. Jh.). Deutsche Baumeister bringen im 16. Jh. lombardische Renaissanceformen nach Schweden. Der bedeutendste Schloßbau des 17. Jahrhunderts, der sich im wesentlichen an niederländische Vorbilder anschließt, ist Drottningholm, das Sommerschloß der schwedischen Könige im Mälarsee, 1662 von dem Schweden *Nicodemus Tessin d.Ä.* (1616 bis nach 1685) begonnen. Weitere erwähnenswerte Bauten sind neben dem Schloß von Stockholm in den Formen des römischen Hochbarock von *Nicodemus Tessin d.J.* (1654-88) begonnen (Ausstattung 18. Jh.), der Dom von Kalmar von den beiden Tessins und das Schloß Skokloster bei Uppsala (1654-65).

Schloß Trolleholm (urspr. 16. Jh.) in Schonen

In Dänemark steht die Baukunst in Renaissance und Barock unter niederländischem und deutschem Einfluß: Schloß Kronborg bei Helsingør (1574-84), Schloß Frederiksborg auf Seeland (1602-22, von H. von Steenwinkel und A. von Opbergen) sowie in Kopenhagen 'Dyvekes Haus' (1616), die Börse (1619-25), die Trinitatiskirche (1632-56) und Schloß Christiansborg (1731-40) von *Elias David Häusser* (1687-1745). Kopenhagen wird als barocke Festungsstadt ausgebaut; *Nicolai Eigtved* (1701-54) plant das Stadtviertel

Amalienborg. Er bringt das französische **Rokoko** nach Dänemark, formt es jedoch mit eigenständiger kühler Eleganz um (Prinzenpalais, heute Nationalmuseum, nach dem Vorbild des Pariser Hôtel de Ville).

In der Plastik haben in Schweden und Dänemark zunächst Niederländer, im 18. Jahrhundert Franzosen den Vorrang; besonders eindrucksvoll sind Grabdenkmäler, so das für Gustav I. Wasa im Dom von Uppsala (1580) und jenes für Gabriel Gustafson Oxenstierna in der Kirche von Tyresö (1641) sowie Standbilder und das Reiterbild Gustavs II. Adolf (1796) in Stockholm.

Mit *Johann Tobias Sergel* (1740-1814), der auch als Zeichner hervortritt, setzt sich der **Klassizismus** durch; Sergels beste Werke befinden sich im Stockholmer Nationalmuseum. In Dänemark arbeitet der Niederländer Adriaen de Vries (um 1560 bis 1626; Neptunbrunnen im Schloß Frederiksborg), die Franzosen Abraham C. L'Amoureux († 1692; Reiterstandbild Christians V. auf Kongens Nytorv in Kopenhagen) und Jacques François Saly (1717-76; Reiterstandbild Frederiks V.).

In der Malerei sind in Schweden hauptsächlich die Innendekoration der Schlösser von Kalmar und Stockholm (um 1562 von J.B. van Uther) und die Meister *Holger Hansson* (nachweisbar 1586-1619), *Ottomar Elliger d. Ä.* (1633-79) und *Johan Sylvius* († 1695) zu erwähnen, daneben der Hamburger David Klöcker von Ehrenstrahl (1629-98), die flämische Künstlerdynastie van Meytens (Mytens), *Alexander Roslin* (1718-93) sowie *Gustaf Lundberg* (1696-1796) und *C.G. Pilo* (1711-93). In Dänemark arbeiten die Maler *Jakob Binck* (geb. um 1500), der Antwerpener Hans Knieper († 1587) und Karel van Mander (1605-70).

Zur Zeit des Klassizismus geben in Dänemark *Kaspar Fredrik Harsdorff* (1735-99) und sein Schüler *Christian Fredrik Hansen* (1756-1845) Kopenhagen das Gepräge: Verbindungshalle zwischen den Amalienborgpalästen (nach 1794).

Theophil Hansen (1813-91), ein Vertreter des **Historismus** (Neoklassizismus) , entwirft nach der Universität von Athen bedeutende Bauten an der Wiener Ringstraße; *Martin Nyrop* (1849-1921) baut das Kopenhagener Rathaus und findet zusammen mit *Peter Vilhelm Jensen-Klint* (1853-1930; Grundtvig-Kirche in Kopenhagen) neue Formen in der Architektur. *M.G. Bindesbøll* (1800-56) plant das Thorvaldsen-Museum für die Werke von *Bertel*

Thorvaldsen (1770-1844), des bedeutendsten Bildhauers Dänemarks, der neben Antonio Canova und Asmus Jakob Carstens das Ideal des Klassizismus am reinsten verwirklicht, allerdings auch allen ihm anhaftenden Mängeln verfällt (Hauptwerk: Plastiken, v.a. die Christusstatue in der Kopenhagener Frauenkirche). Neben ihm sind noch die Plastiker *H.V. Bissen* (1798-1868) und *J.A. Jerichau* (1816-83) zu erwähnen.

Auf dem Gebiet der Architektur sind in Schweden das Alte Opernhaus (1716 bis 1796, von F. Adelcrantz), die Börse (von E. Palmstedt, 1741-1803) sowie die Interieurs des Schlosses (von C. Hårlemann, 1700-53) in Stockholm zu nennen.

In der Plastik arbeiten neben J.T. Sergel *J.N. Byström* (1783-1848) und *B.E. Fogelberg* (1786-1854) sowie *Per Hasselberg* (1850-94).

In Norwegen entstehen die charaktervollsten künstlerischen und kunsthandwerklichen Arbeiten auf dem Gebiet der Volkskunst, die ja in ganz Skandinavien besonders eindrucksvolle Leistungen aufzuweisen hat, vor allem in der bäuerlichen 'Rosenmalerei'. Die Blütezeit der südschwedischen **Bauernmalerei** liegt zwischen 1750 und 1850 (Dalarna, Gästrikland, Helsingland). Die vorwiegend für Feste hergestellten bemalten Wandbehänge bestehen meist aus Stoff oder Papier; im Norden wird die Wand- und Deckenmalerei gepflegt.

Im 19. Jahrhundert gehen viele schwedische Maler zur Ausbildung nach Düsseldorf, später nach Paris. Erwähnenswert sind der Landschaftsmaler *C.J. Fahlcrantz* (1774-1861), der Deutsche Peter Krafft d.J. (1777-1863), *C. Wahlbom* (1810-58), *A. Wahlberg* (1834 bis 1906), vor allen aber der Hauptmeister der neuen schwedischen Malerei, *Anders Zorn* (1860-1920), der auch als Radierer hervortritt.

In Dänemark, wo besonders die Landschaftsmalerei gepflegt wird, erzielen die Maler *Jens Juel* (1745-1802), *N.A. Abildgaard* (1743-1809) und nicht zuletzt *Christopher Wilhelm Eckersberg* (1783-1853), der für die Malerei der nächsten Generation bestimmend wird, durchaus eindrucksvolle eigenständige Leistungen. Die Kopenhagener Akademie zieht um 1800 viele Deutsche an, so den Klassizisten A.J. Carstens, die Romantiker Ph.O. Runge, C.D. Friedrich und andere. *Christen Købke* (1810-58) setzt das Erbe Ch.W. Eckersbergs fort, eine große Zahl kleinerer Meister wären daneben zu erwähnen, so etwa *Vilhelm Marstrand* (1810-73) und *Kristian*

Zahrtmann (1843-1917). Gegen Ende des 19. Jahrhunderts treten *Vilhelm Hammershøi* (1864-1916) und *Peter Severin Krøyer* (1851-1909) hervor, der sich dem **Impressionismus** anschließt. *Joakim Skovgaard* (1856-1916) erneuert die religiöse Monumentalmalerei (Fresken im Viborger Dom).

Für die Architektur des 20. Jahrhunderts ist Skandinavien von großer Wichtigkeit. Besonders in den zwanziger und dreißiger Jahren wird eine 'bodenverbundene' Bauweise sehr geschätzt: Einfamilienhäuser, Reihenhäuser, etwa die 'Bakkehuse' = Hügelhäuser des Dänen *Ivar Bentsen* (1876-1943). Doch gewinnt der internationale **Funktionalismus** von *Gunnar Asplund* (1885-1940; Stockholmer Hallen der Werkbundausstellung 1930 – helle, luftige Gebilde aus Glas und Stahl) an Bedeutung. Auch die Stadtbibliothek von Stockholm (1924-27) und der Erweiterungsbau des Rathauses von Göteborg (1934-37) sind Arbeiten Asplunds. *Sven Markehus* baut 1936 das Konzerthaus in Helsingborg. Die Ideen moderner Gestaltung des schwedischen Werkbundes lösen eine eigene skandinavische Schule der Inneneinrichtung, des Design von Gebrauchsgegenständen aus.

In Schweden werden als Siedlungsgrundtypen das Punkt-, das Stern- und das scheibenförmige, freistehende Hochhaus entwickelt (Siedlung Örebro, 1948-50; Siedlung Danviksklippen, 1945, von S. Backström und L. Reinius). Von den Stockholmer Trabantenstädten ist Vällingby die bekannteste.
Arne Jacobsen (1902-71) ist wohl der bekannteste dänische Architekt (Rathäuser in Århus, 1941, und Mainz, 1969).

Zu den bedeutenden Bildhauern des 20. Jahrhunderts zählt in Dänemark der Metallbildner *Robert Jacobsen* (geb. 1917); *Kai Nielsen* (1882-1924) schafft einen neuen Monumentalstil; ferner zu nennen sind *Bengt Sørensen* (geb. 1923), *Gunnar Westmann* (geb. 1915) und *Svend W. Hansen* (geb. 1922). Die jüngste Generation arbeitet in den gängigen Stilrichtungen der Nachkriegskunst. In Schweden gilt *Carl Milles* (1875-1955) als bedeutender Plastiker; daneben arbeiten *Carl Johan Eld* (1873-1954) und *Johannes Collin* (1873-1951); die jüngste Künstlergeneration durchbricht nicht selten die traditionellen Grenzen zwischen Plastik und Malerei.
Norwegische Bildhauer von Bedeutung sind *Stephan Sinding* (1846-1922), *Gustaf Vigeland* (1869-1943; Brunnenanlage im Osloer Frogner-Park), beide in Frankreich geschult.

Skulptur von C. Milles im Millesgård (Stockholm)

Eindrucksvolle Leistungen bringen auch die norwegischen Maler zustande; noch im 19. Jahrundert der Romantiker *Johan Christian Dahl* (1788-1857) und sein Schüler *Thomas Fearnley* (1802-42). *J.F. Eckersberg* und *Hans Gude* (1825-1903) schließen sich der Düsseldorfer Schule an, während *Gerhard Munthe* (1849-1929) und *Erik Werenskiold* (1855-1938) sowie *Christian Krogh* französischen Vorbildern folgen. Von übernationaler Bedeutung ist *Edvard Munch* (1863-1944), der als einer der Begründer des **Expressionismus** gilt, dessen letzte Folgerungen er jedoch nicht gezogen hat. In seinen späteren Arbeiten wendet er sich von der Darstellung der Schattenseiten des Lebens (Angst, Krankheit, Tod, Kampf der Geschlechter) positiveren Bildinhalten zu. Auch der Graphik gewinnt er hervorragende Wirkungen ab.

Von den älteren dänischen Malern der Gegenwart seien *Richard Mortensen* (geb. 1910), das vielleicht reichste Talent der Abstrakten, die dem Expressionismus nahestehen, und *Asger Oluf Jorn* (eigentl. Jørgensen; geb. 1914) genannt.
Die jüngere und jüngste Generation der Maler ist international ausgerichtet und versucht, die künstlerisch doch recht isolierte Stellung Dänemarks zu durchbrechen, unterstützt durch das finanzielle Mäzenatentum des staatlichen Kunstfonds.

Zu den frühen schwedischen Malern der Gegenwart zählen neben Anders Zorn

Carl Larsson (1853-1919), der mit seinen reizvollen Kinderbüchern auch im deutschen Sprachraum bekannt ist, und der Tiermaler *Bruno Liljefors* (1860-1939), ferner *L. Engström* (1886-1927), *O. Baerteling* und *C.O. Hultén*. Um 1930 bringt *O.G. Carlsund* die abstrakte Kunst nach Schweden, in den fünfziger Jahren leitet der Ungar E. Nemes die Valand-Schule.

Der jüngeren Künstlergeneration, für welche die Gesetze der bildenden Kunst herkömmlicher Art nicht mehr verbindlich sind, gehören u.a. *Olle Kåks* (geb. 1941), die dem **Fotorealismus** verpflichteten *J. Franzén* (geb. 1942) und *Ola Billgren* (geb. 1940), ferner *Curt Hillfon* (geb. 1943) an; *Lars Englund* (geb. 1933) fertigt 'Volumina' aus Gummi oder Kunststoff, *Hans Nordenström* (geb. 1927) Collagen; *Arne Jones* (geb. 1914) arbeitet mit Mobiles und Lichtplastiken ('Expanderator').

FINNLAND

Obwohl die Finnen nicht germanischen Ursprungs sind, sondern nach der Zeitenwende aus dem Baltikum einwanderten und die Lappen verdrängten, steht die kunstgeschichtliche Entwicklung Finnlands in Frühzeit und Mittelalter in engem Zusammenhang mit jener der anderen Länder Nordeuropas.

Neben Stabkirchen finden sich vor allem Feldsteinbauten mit steilwinkeligem Satteldach und getrennt errichtetem Glockenturm; das üblicherweise dreischiffige Kircheninnere (mit Einwölbung) wird im späten Mittelalter mit Wand- und Deckenmalerei ausgestaltet (häufig pflanzlich-ornamentale Motive): Kirche in Lohja bei Helsinki (15. Jh.); der im 13. Jahrhundert begonnene Dom von Turku (Åbo) wird im 15. Jahrhundert ausgebaut (Chor 14. Jh.).

Wie in den anderen skandinavischen Ländern arbeiten auch in Finnland Künstler der Hanse. Dies bezeugen die Bronzeplatten des Henrik-Grabes in Nousiainen (15. Jh.) oder der von Meister Francke gestaltete Barbara-Altar (um 1410; Nationalmuseum, Helsinki).

Die finnischen Burgbauten sind von strenger Monumentalität: Viipuri (Wyborg; heute UdSSR) und Turku (Åbo) um 1300, Olofsborg in Savonlinna (Nyslott) um 1475.

Nach der Reformation erfolgt der Kirchenbau nur noch sehr eingeschränkt, meist in Form einfacher Holzkirchen, die entweder die mittelalterlichen Langhaus-Steinkirchen nachbildeten, oder kreuzförmig mit gleich langen Armen und zentraler Kuppel angelegt wurden. Das Kircheninnere wird von heimischen Meistern in volkstümlicher Weise ausgestaltet, so in Salvinen (1632), Padasjoki (1675) oder Kanhava (1756).

Im 18. Jahrhundert entwickelt sich neben dieser Volkskunst auch eine bescheidene aristokratische und bürgerliche Kunst (Herren- und Bürgerhäuser; Portraitmalerei).

Die neue Hauptstadt (seit 1812) Helsinki wird in der ersten Hälfte des 19. Jahrhunderts durch den Berliner Baumeister Johann Carl Ludwig Engel (1778-1840) in klassizistischem Gepräge gestaltet, die Erscheinung der Stadt ist heute aber hauptsächlich durch die Bauten finnischer Gegenwartsarchitekten und durch ein aufgelockertes Stadtbild mit breiten Straßen und Grünanlagen gekennzeichnet.

Auch in der Malerei zeigt sich seit dem 18. Jahrhundert eine Aufwärtsentwicklung, ursprünglich noch unter deutschem Einfluß (Ekman, 1808-73; Holmberg, 1830-60), später unter französischem (Edelfelt, 1853-1905). Um 1900 gelang der Durchbruch zu einem eigenständigen Stil, vor allem in den Arbeiten von *Axeli Gallén-Kallela* (1865-1931; Illustrationen zum finnischen Nationalepos "Kalevala") und von *Tyko Constantin Sallinen* (geb. 1879). Als Bildhauer arbeitet der hervorragende *Väinö Aaltonen* (1894-1966).

Nach der romantisierend-nationalen Architektur (Nationalmuseum in Helsinki) um 1900 gelangt die Baukunst zu klaren, ruhigen Formen, welche die Weltgeltung finnischer moderner Architektur begründen. Trotz einer bedingungslosen Progressivität bleibt sie der Herbheit und Strenge der nordischen Landschaft verpflichtet. Richtungweisend ist das Bauen von *Eliel Saarinen* (1873-1950; Hauptbahnhof in Helsinki, geplant 1904), der wie andere Finnen später in den USA wirkt. Nicht weniger wichtig ist auch das Werk seines Sohnes *Eero Saarinen* (1910-61; General Motors Technical Center in Warren, Michigan, 1950; MIT-Auditorium in Cambridge, Massachusetts, 1955; Yale University Hockey Rink, New Haven, Connecticut, 1958; TWA-Terminal im New Yorker Kennedy-Flughafen, 1962; Gateway Arch in St. Louis, 1965).

Internationale Geltung verschafft sich auch der Architekt *Alvar Aalto* (1898 bis 1976); er berücksichtigt besonders die Wirkung der Farbe ('rote', 'weiße' Epoche). Aalto baut in Finnland u.a. das Sanatorium in Paimio (1930), die Bibliothek in Viipuri (Wyborg, heute UdSSR;

1927-34), die Wohnanlage 'Mairea' in Norrmark (1938/39), den Finnischen Pavillon auf der New Yorker Weltausstellung von 1939, den Kulturpalast in Helsinki (1955-58) und das Rathaus von Säynätsalo (1951/52).

Bekannte Architekten der jüngeren Generation sind das Ehepaar *K.* und *H. Siren* (Waldkirche in Otaniemi, 1956/57), *A. Ervi* (geb. 1910; Gemeindezentrum der Gartenstadt Tapiola), *J. Järvi* (Gymnasium Helsinki) und *V. Rewell* (1910-64; Kindergarten in Tapiola, 1954; Rathaus von Toronto, Kanada).

LAPPLAND

Die Lappen (Samen), deren anthropologische Zuordnung umstritten ist, die aber vermutlich mongolischen Einschlag aufweisen, leben im nördlichen Schweden, Norwegen und Finnland sowie Karelien (z.T. UdSSR). Ihre immer mehr verschwindende halbnomadische Lebensweise, die hauptsächlich auf das Ren ausgerichtet ist, resultiert in einer reichen Volkskunst eigenständiger Prägung, die jedoch heute mit der für die Folklore aller Länder typischen Problemstellung belastet ist.

Wirtschaft

Die Wirtschaftsstruktur der vier nordeuropäischen Länder ist aufgrund der unterschiedlichen geologischen und klimatischen Gegebenheiten recht verschieden.

DÄNEMARK, das bis zum Ende des Zweiten Weltkrieges als beispielhaftes Agrarland mit nur geringem Industrialisierungsgrad galt, hat in den vergangenen zwei Jahrzehnten, besonders aber seit seinem Beitritt zur Europäischen Gemeinschaft (EG; 1.1.1973) einen grundlegenden Wandel erfahren. So gilt der überlieferte Ruf nur noch unter Vorbehalten. Die mit massiven Investitionsprogrammen angekurbelte industrielle Entwicklung des Landes führt zu der in anderen Ländern seit langem bekannten Abwanderung der jüngeren Landbevölkerung in die Städte und damit zu einer personellen Überalterung in der Landwirtschaft. Gleichzeitig ist eine eindrucksvolle Abnahme der Kleinbetriebe wie auch der Anbaufläche festzustellen. Allein im Zeitraum zwischen 1960 und 1970 ging die Zahl der Betriebe mit bis zu 30 ha Land um etwa ein Drittel, die der Vollerwerbslandwirte im gleichen Zeitraum um über 40 % zurück. Die Schweinezucht ist zugunsten der Rindvieh- und Geflügelhaltung stark rückläufig, Blumenzucht und Gemüseanbau haben dagegen eine starke Ausweitung erfahren.

Das lange Zeit expansive Fischereiwesen (Konserven, Tiefkühlprodukte) sieht sich in jüngster Zeit vor wachsende Probleme gestellt. Die anhaltende Energieverteuerung und die einseitige Ausweitung der Fischereizonen mehrerer Staaten bei gleichzeitig abnehmenden Fischbeständen in den stark befischten Gewässern von Nordsee und westlicher Ostsee haben zu einem verschärften Konkurrenzkampf geführt.

Der EG-Beitritt brachte für Dänemark einen sprunghaften industriellen Aufschwung; bis heute hat sich die Industrieproduktion annähernd verdoppelt. Allerdings liegt das Hauptgewicht der Industrie in der Veredelung bzw. Weiterverarbeitung der landwirtschaftlichen Erzeugnisse des Landes. Der Mangel an einheimischen Rohstoffen schreibt darüber hinaus die Beschränkung auf den verarbeitenden Bereich (Maschinen, Apparate, Metallwaren, Werfterzeugnisse, Möbel, Glas, Porzellan, Textilien, Leder-, Gummi- und Holzwaren, chemisch-pharmazeutische Produkte) vor. Wichtigste industrielle Ballungsräume sind Kopenhagen (mit rund 40 % der in der Industrie Beschäftigten), Odense, Århus und Ålborg-Norresundby.

Verkehrstechnisch ist Dänemark als Brückenland zwischen den skandinavischen Ländern und Mitteleuropa von großer Bedeutung. Die Erfüllung dieser Aufgabe wird allerdings durch die starke geographische Gliederung des Landes erschwert. Entsprechend sind die Schiffahrt und der Fährverkehr sowie in neuerer Zeit auch das Flugzeug von großer Wichtigkeit.

Als Hauptadern des Straßen- und Schienenverkehrs fungieren im Westen die Nord-Süd-Strecke durch Ostjütland, im Osten die Nord-Süd-Strecke Lolland-Seeland, die mit der Bundesrepublik Deutschland durch die sogenannte 'Vogelfluglinie' verbunden ist. Als Querverbindung führt eine West-Ost-Achse über den Großen und Kleinen Belt und die Insel Fünen.

Die moderne verkehrstechnische Erschließung des Landes erfordert aufwendige Brücken-, Damm- oder Tunnelbauten. Als ehrgeizigstes Projekt sei hier die geplante Überbrückung oder

Untertunnelung des Öresunds erwähnt, ein dänisch-schwedisches Gemeinschaftsvorhaben, das – sollte es verwirklicht werden – zu beiden Seiten des Sunds die Verkehrsgrundlage für das größte Industrie- und Wirtschaftsballungszentrum in Skandinavien schaffen würde. – Der internationale Luftverkehr wird über den Flughafen Kastrup bei Kopenhagen abgewickelt.

Die wichtigsten Handelspartner des Landes sind die Bundesrepublik Deutschland, Schweden, Großbritannien, die USA, die Benelux-Staaten, Norwegen, Italien, Frankreich und die Schweiz. Die dänische Handelsbilanz ist seit geraumer Zeit stark passiv. Bei der anhaltenden Verteuerung von Erdöl und anderen industriellen Rohstoffen blieben alle energischen Bemühungen um einen Abbau des bestehenden Handelsdefizits bisher erfolglos.

In **NORWEGEN** haben die geologischen wie auch die klimatischen Gegebenheiten die Landwirtschaft wenig begünstigt. Nur gut 3 % der Fläche sind kultivierbar. Im Süden des Landes werden unter oft unwirtschaftlichen Bedingungen Getreide und Kartoffeln angebaut, nach Norden hin überwiegt Viehwirtschaft, im hohen Norden die Rentierzucht. Die früher vorherrschende Ziegenzucht wird vermehrt durch Rinder- und Schweinehaltung abgelöst, die einst verbreitete Almwirtschaft durch ein genossenschaftliches Molkereiwesen ersetzt. Ein aufstrebender Zweig der Landwirtschaft ist die Pelztierzucht (Fuchs, Nerz), die bereits in Großfarmen betrieben wird. Insgesamt ist die Landwirtschaft für das Land wenig bedeutsam und nicht in der Lage, den Eigenbedarf zu decken.

Etwa ein Viertel des Landes besteht aus nutzbaren Forsten (Kiefern, Fichten; im Norden und in höheren Lagen Birken). Der jährliche Holzzuwachs übertrifft den Einschlag bei weitem, so daß sich dieser Erwerbszweig in der Zukunft noch beträchtlich ausweiten könnte.

Sehr wichtig ist von jeher das norwegische Fischereiwesen. Die überaus reiche Gliederung der Küsten schafft vorzügliche Fischgründe. Die Fänge gelangen als Konserven, Trockenfisch und Tiefkühlware zu einem großen Teil auf den internationalen Markt. Der Bestand an kleinen Kuttern hat zugunsten großer, wohlgerüsteter Fangschiffe stark abgenommen; die Nebenerwerbsfischerei wird ganz überwiegend als Saisonfischerei betrieben. Im Gebiet der wichtigen Fischereihäfen Stavanger, Bergen, Ålesund, Kristiansund, Bodø,

Harstad, Tromsø und Hammerfest konzentriert sich naturgemäß auch die fischverarbeitende Industrie. Weltweit exportiert wird der vorzügliche Lachs aus den norwegischen Gebirgsflüssen.

Norwegen verfügt über eine Vielzahl kleinerer Vorkommen an Bodenschätzen: Silber und Kupfer (seit dem 17. Jh. abgebaut), Eisenerz, Schwefelkies, Titan, Molybdän, Antimon und Nickel. Die zur Verhüttung nötige Steinkohle wird in Spitzbergen gefördert.

Im Jahre 1968 stieß man bei Bohrungen in der Nordsee vor Norwegen auf sehr umfangreiche Erdöl- und Erdgaslager,

Erdölbohrinsel vor Stavanger

die heute bereits ausgebeutet werden. Erst jüngst entdeckte man etwa 150 km vor Bergen ein weiteres gewaltiges Erdgasvorkommen, das nach vorsichtigen Schätzungen denen der arabischen Halbinsel vergleichbar sein soll. Angesichts dieser großen Energiequellen wie auch angesichts der schon früher gut genutzten Wasserkraft im Norden des Landes haben sich in den vergangenen Jahren besonders entlang der Küste neue Industrien angesiedelt. Als bemerkenswertes Großprojekt entstand in der Nordsee für das Erdöl- und Erdgasfeld Ekofisk die Wohn- und Versorgungsinsel Ekofiskbyen. Von hier führen eine Pipeline nach Teesside in Nordengland sowie eine Erdgasleitung nach Emden in der Bundesrepublik Deutschland. 1980 kentert die Unterkunftsplattform ''Alexander Kielland''. Im Zusammenhang mit den genannten Erdölfunden vor der Küste Norwegens hat sich die Werftindustrie auf den Bau von Riesentankern und Bohrinseln verlegt.

Die verkehrstechnische Erschließung des Landes durch Eisenbahn und Straßen ist kostspielig und erfordert bei dem felsig-gebirgigen Relief aufwendige Trassenführungen (Brücken, Tunnel, Fähren; Schneeschutz, Wartung). Als einzige Nord-Süd-Straßenverbindung (durch zahlreiche Fähren unterbrochen) führt die E 6 von Oslo über Trondheim und Narvik nach Tromsø bzw. Hammerfest. Das Schienennetz ist nur im Süden ausreichend; im Norden verkehren Autobusse.

Der internationale Flugverkehr wird über den Flughafen Fornebu bei Oslo abgewickelt; darüber hinaus besteht ein dichtes und leistungsfähiges Inlandsflugnetz.

Norwegens wichtigster Handelspartner ist Schweden, gefolgt von Großbritannien, der Bundesrepublik Deutschland mit den übrigen Staaten der EG, den USA, Kanada und neuerdings auch Japan. Als Mitglied der Europäischen Freihandelszone (EFTA) hat Norwegen ein Zollabkommen mit der Europäischen Gemeinschaft. Rund ein Sechstel aller Ausfuhren sind Schiffe und Schiffszubehör, etwa ein Siebentel der Ausfuhren Erze, Metalle und Metallegierungen. Den Rest bilden Holz- und Papierprodukte sowie Fischereierzeugnisse. Eingeführt werden Maschinen und Fahrzeuge, Salz für die Fischkonservierung sowie Lebens- und Genußmittel.

Zur weiteren Erschließung der Erdölvorkommen und damit verbunden dem Ausbau neuer Industrien sind große Investitionen nötig, die der Staat allein nicht aufzubringen vermag. Im Vorgriff auf die zu erwartenden Einnahmen hat sich Norwegen im Ausland hoch verschuldet. Der durch das Erdöl bedingte starke Konjunkturauftrieb ist von hohen Preissteigerungs- und Lohnkostenraten begleitet; die Arbeitslosigkeit dagegen ist dank rund 20 000 neu geschaffener Arbeitsplätze relativ gering. Die Aussichten für die Zukunft erscheinen durchaus positiv.

SCHWEDEN gehört zu den wohlhabendsten Nationen der Welt und gilt in sozialer Hinsicht als fortschrittlichstes Staatsgefüge überhaupt. Diese Situation verdankt das Land dem lang anhaltenden Friedenszustand einerseits, der eine langsame, aber stetige Aufwärtsentwicklung förderte, zum anderen aber auch den reichen Bodenschätzen und dem ebenso reichlichen Vorhandensein von Energie, die materielle Voraussetzungen für eine frühe und rasche Industrialisierung waren.

Schweden verfügt über große, 60 bis 70%ige Eisenerzlager (in Lappland) sowie über Zink, Blei, Schwefelkies, Kupfer, Mangan, Silber und Gold. Um die einstigen Steinkohlenlager im westlichen Schonen ist eine lebhafte Industrie gewachsen, die heute jedoch mit importierter Kohle arbeiten muß. Wasserkraftwerke sind in Nordschweden weiterhin im Ausbau, doch muß Elektrizität bei stetig steigendem Energiebedarf zusätzlich aus Norwegen eingeführt werden. Umstritten ist der Betrieb der schwedischen Kernkraftwerke (z. Z. acht Reaktoren). Wichtigste Industriebereiche sind die Metallverarbeitung, besonders der Maschinen-, Kraftfahrzeug-, Flugzeug- und Schiffsbau, gefolgt von

Schwedische Zierglasflaschen

der Holz-, Papier- und Zellstofferzeugung sowie der Glas-, Textil- und Lebensmittelproduktion.

Die Landwirtschaft ist dagegen in Schweden noch von untergeordneter Bedeutung, wenngleich Bestrebungen in Richtung einer weitgehenden Selbstversorgung zu erkennen sind. Nur knapp 10 % der Landfläche können kultiviert werden. Es sind besonders die Niederungszonen Süd- und Mittelschwedens, die mit Getreide, Zuckerrüben und zunehmend auch Feldgemüse bestellt sind. Nach Norden hin nimmt klimabedingt die Viehwirtschaft zu, die sich in Lappland ganz auf die Rentierhaltung beschränkt. Die Bevölkerungsabwanderung aus den ländlichen Gebieten hält an, wird jedoch durch zunehmende Rationalisierung im Anbau wie auch durch die Vergrößerung der Betriebe ausgeglichen.

Mehr als die Hälfte des Landes ist von Nadelwald, in Höhen über 500 m und im Norden von Birken, im Süden auch von Mischwald bedeckt. Die Forstwirtschaft bleibt hinter ihren realen Möglichkeiten zurück. Der jährliche Einschlag wird noch vom Holzzuwachs übertroffen. Die harte Konkurrenz auf dem Weltmarkt scheint hier einer Expansion vorerst entgegenzustehen.

Die Fischerei in Nord- und Ostsee ist lediglich von regionaler Bedeutung. Die Erträge gelangen als Frischfisch auf die Inlandsmärkte.

Dem Ausbau eines leistungsfähigen Verkehrsnetzes hat man in Schweden von jeher große Aufmerksamkeit geschenkt. Das schon früh zu einem hohen Grad motorisierte Land besitzt bis hoch in den Norden gute Straßen. Das Eisenbahnnetz wurde in den letzten Jahren durch Streckenstillegungen verkürzt. Die Küstenschiffahrt hat große Bedeutung für den Warenverkehr mit den Ostsee-Anrainerstaaten. Im Bereich der großen Häfen von Göteborg, Stockholm, Helsingborg und Malmö liegen auch die industriellen Ballungsräume.

Dem Luftverkehr dienen die Flughäfen Arlanda und Bromma für Stockholm, Torslanda für Göteborg und Bulltofta für Malmö.

Die wichtigsten Handelspartner Schwedens sind die Bundesrepublik Deutschland, gefolgt von Großbritannien, Norwegen, Dänemark, den USA, Finnland, den Niederlanden, Frankreich, Belgien und Luxemburg, Italien sowie der Sowjetunion. Ausgeführt werden hauptsächlich Fertigprodukte, insbesondere Maschinen, Schiffe und Kraftfahrzeuge (zus. 40 % der Exporte), ferner Papier-, Holz- und Zellstofferzeugnisse (15-20 % der Ausfuhren); importiert werden vor allem Rohstoffe (Kohle, Erdöl).

Schweden ist Mitglied der Europäischen Freihandelszone (EFTA) und unterhält ein Zollabkommen mit der Europäischen Gemeinschaft.

Auch die schwedische Wirtschaft blieb von den Rezessionserscheinungen der Weltwirtschaft infolge der allgemeinen Erdöl- und Energieverknappung nicht verschont. Dennoch kann man die Entwicklungsaussichten bei hohen Inflationsraten, aber verhältnismäßig geringen Arbeitslosenzahlen eher optimistisch ansehen.

In **FINNLAND** stützt sich die Wirtschaft auf den außerordentlichen Waldreichtum des Landes. Gut 70 % der Fläche bedecken Nadelwälder, in Höhen über 500 m und im Norden auch Laubmisch-

und Birkenwälder, die den Ausgangsstoff für die blühende Papier-, Karton- und Zellstoffindustrie, den Fertighaus- und Möbelbau sowie für die Schnitt- und Sperrholzfabrikation liefern. Die Erzeugung und Weiterverarbeitung von Holz liefern rund zwei Drittel des gesamten Exportvolumens und stehen damit weit an der Spitze aller Erwerbszweige.

Nur etwa 8 % der gesamten Fläche des Landes sind als landwirtschaftliche Anbaufläche nutzbar. Die kultivierbaren Gebiete liegen ausschließlich südlich einer vom Nordende des Bottnischen Meerbusens südostwärts ziehenden Anbaugrenze. Wegen des harten Klimas wird allgemein der Viehwirtschaft der Vorzug gegeben. Rinder- und Schweinezucht reichen zur Deckung des Eigenbedarfs aus. Ein- und Ausfuhren an landwirtschaftlichen Erzeugnissen halten einander ungefähr die Waage.

Finnland besitzt einige Bodenschätze: Eisenerz (in Lappland und Mittelfinnland), Kupfer, Chrom, Vanadium, Schwefel, Zink, Kobalt, Nickel und Uran sind in abbauwürdiger Menge vorhanden. Die Reparationsverpflichtungen Finnlands gegenüber der Sowjetunion ließen nach dem Zweiten Weltkrieg eine leistungsfähige Schwerindustrie auf der Grundlage dieser Bodenschätze entstehen, die sich heute vor allem mit dem Bau von Spezialmaschinen für polare Regionen befaßt und besonders im Raum um Helsinki konzentriert ist.

Die Wasserkraftwerke im Norden des Landes können nur einen Teil des

Holzflößerei bei Joensuu (Nordkarelien)

wachsenden Energiebedarfes decken. Die Einfuhren an Erdöl und Elektrizität sind erheblich. Finnland verfügt über eine Erdölraffinerie und zwei Kernkraftwerke.

Wichtigstes Verkehrsmittel ist das Schiff. Rund 90 % des Güterverkehrs werden zu Wasser abgewickelt, wobei im Binnenland die Flößerei – heute zwar etwas zugunsten des Lkw-Transports zurückgegangen – noch immer als sehr kostengünstiges Transportmittel große Bedeutung hat. Hauptumschlagplätze sind der neue Hafen Naantali (bei Turku), Turku selbst, Helsinki und Hamina. Wichtige Fährverbindungen bestehen zwischen Helsinki bzw. Turku und Stockholm, zwischen Helsinki und Travemünde (Lübeck) sowie zwischen Vaasa und Nordschweden.

Das Straßennetz ist im Süden dicht und gut, im Norden jedoch noch unzureichend ausgebaut. Das Eisenbahnnetz ist vorwiegend eingleisig und weitspurig. Es stellt in erster Linie die Verbindung zur Sowjetunion her; mit Schweden besteht eine Eisenbahnfährverbindung.

Internationaler Flughafen ist Helsinki; außerdem sichert ein leistungsfähiges und preisgünstiges Inlandsflugnetz den Verkehr auch mit den entlegenen Gebieten des Landes.

Finnlands wichtigste Handelspartner sind von jeher Schweden und die Sowjetunion; es folgen die Bundesrepublik Deutschland, Großbritannen, die USA, die Niederlande, Frankreich und Dänemark. Exportiert werden ins westliche Ausland vorwiegend Holz und Holzprodukte (v.a. Papier), in den Ostblock Metallerzeugnisse. Eingeführt werden Rohstoffe sowie Investitions- und Konsumgüter.

Die wirtschaftspolitische Situation des Landes ist gekennzeichnet von der Lage zwischen den beiden Wirtschaftsblöcken RGW/COMECON und EG. Im Bemühen um ausgewogene Wirtschaftsbeziehungen zwischen beiden Blöcken und im Bestreben um industrielle Diversifikation, die angesichts des Übergewichts der Holzindustrie seit langem angezeigt schien, hat sich Finnland nach beiden Seiten hin durch lockere Verträge verpflichtet. Zwar ist der Grundsatz der freien Marktwirtschaft unangefochten, doch sind die Schlüsselindustrien durch übermächtige Staatsbeteiligungen am Aktienkapital faktisch sozialisiert. Die Investitionstätigkeit ist im übrigen bei den kleinen und mittelständischen Unternehmen eher lustlos. Hohe Arbeitslosigkeit und überdurchschnittliche Inflationsraten sind die Folge, die sich noch durch die weltweiten Wirtschafts- und Energieprobleme verstärken.

Tourismus. – Die Fremdenverkehrsbilanzen der vier nordeuropäischen Staaten sind trotz steigender Besucherzahlen insbesondere aus der Bundesrepublik Deutschland und den Vereinigten Staaten von Amerika stark defizitär. Die Bettenkapazität in den Hotels ist beschränkt, das Hauptgewicht liegt auf

Holzhaus in Finnisch-Lappland

dem Ferienhaus- und Campingsektor. Im allgemeinen erweist sich auch der Inlandstourismus als stark saisonabhängig, wobei nach Norden hin und im Bergland der Wintersport auch für Urlauber aus dem Ausland zunehmend an Bedeutung gewinnt. Aufstrebende Wintersportgebiete liegen in Norwegen im Gebiet von Jotunheimen und Rondane sowie in Mittelschweden und Lappland.

Die Sommersaison ist kurz (Juli/August) und von unsicheren Witterungsverhältnissen begleitet. Beliebte Ziele für Badeferien sind in Dänemark vor allem die gesamte Nordseeküste sowie der Norden von Seeland, deren Dünenlandschaft bereits erhebliche Zersiedlungserscheinungen zeigt. In Schweden liegen Seebäder entlang der gesamten Westküste vom Kullen bis zur norwegischen Grenze, ferner auf den Inseln Gotland und Öland. Stark besucht sind auch die mittelschwedischen Seen.

Von jeher beliebt sind Kreuzfahrten entlang der norwegischen Küste mit Abstechern in die landschaftlich besonders eindrucksvollen Fjorde bis hinauf zum Nordkap.

Reiseziele von A bis Z

Kopenhagen – Schloß Christiansborg aus der Luft

Abisko

Staat: Schweden. – Gebiet: Nordschweden.
Provinz: Norrbottens län. – Landschaft: Lappland.
Höhe: 395 m ü.d.M.
Postleitzahl: S-98024. – Telefonvorwahl: 09 80.
ⓘ **Kiruna Turistbyrå,**
Mangigata 12,
S-98131 Kiruna;
Telefon: (09 80) 1 86 60.

HOTELS. – *Abisko Turiststasjon*, 243 B.; *Gästgården*, 64 B.

Abisko liegt im Norden Schwedens am Torneträsk, einem 71 km langen, bis 9 km breiten und 164 m tiefen Gebirgssee. Der Ort ist mit der von Kiruna nach Narvik führenden Lapplandbahn oder auf einer parallel verlaufenden neuen Straße zu erreichen. Abisko am Nordrand des gleichnamigen Nationalparks ist Ausgangspunkt des Kungsleden (Königspfad; s. bei Lappland).

Abisko lebt fast ausschließlich vom Tourismus. Vom Touristenhotel, das an einer 15 m tiefen, cañonartigen Schlucht des *Abiskojokk* steht, bietet sich ein weiter Ausblick über den **Torneträsk* und auf die gegenüberliegenden Berge. Vom 13. Juni bis 4. Juli ist die Mitternachtssonne zu sehen.

UMGEBUNG von Abisko. – Mit dem Motorboot der Touristenstation kann man Fahrten auf dem Torneträsk unternehmen. – Auf den 1199 m hohen *Njulla* (Nuolja) führt eine 1958 m lange Seilbahn sowie ein markierter Fußpfad. Vom Gipfel ist zwischen 31. Mai und 18. Juli die Mitternachtssonne zu sehen. – Etwa 15 km südlich von Abisko erheben sich die Berge *Pallemtjåkko* (1740 m) und *Nissontjårre* (1745 m), deren Besteigung gleichfalls lohnt. Der Nissontjårre bildet zusammen mit dem östlich gelegenen *Tjuonjatjåkko* (1582 m) den Sattel *Lapporten* ('Lappentor').

Sehr zu empfehlen ist eine Fahrt mit der von Kiruna kommenden Lapplandbahn nach Narvik. Auf der Fahrt in Richtung Norwegen sollte man der Aussicht wegen rechts sitzen. Zunächst führt die Bahn durch den mit 1100 m längsten Tunnel Schwedens, der den Berg *Njulla* unterquert, dann auf einem hohen Viadukt über den *Rakkasjokk* hinweg.

Björkliden (420 m ü.d.M.; Hotels: Fjället, 61 B.; Gammelgården, 42 B.) liegt in landschaftlich reizvoller Umgebung; 20 Minuten südöstlich der hübsche Wasserfall *Rakkaskårtje*, den der Rakkasjokk bei seiner Mündung in den Torneträsk bildet, dessen Ufer die Bahn noch etwa 5 km weit folgt, um dann nach Westen abzubiegen.

Durch den 536 m langen *Tornehamnstunnel* erreicht man die Bahnstation *Kopparåsen*, hinter der die Landschaft typische Gletscherschliffe zeigt. Über *Vassijaure* gelangt man zum Grenzbahnhof *Riksgränsen* mit dem Sporthotel **Lapplandia** (520 m ü.d.M.; 218 B.) inmitten eines beliebten Skigebietes. Die weite Bergwelt ist beinahe völlig baum-

los. 2 km hinter dem Bahnhof Riksgränsen passiert man die schwedisch-norwegische Grenze. Weiterfahrt nach Narvik s. dort.

Ålandinseln / Åland (Ahvenanmaa)

Staat: Finnland.
Autonomes Verwaltungsgebiet: Landskapet Åland (Ahvenanmaa maakunta).
Fläche: 1505 qkm. – Bewohnerzahl: 21 000.
Postleitzahl: SF-22100. – Telefonvorwahl: 9 28.
ⓘ **Ålands Turistförening,**
Norra Esplanadgatan 1,
SF-22100 Mariehamn;
Telefon: 1 21 40.
Wahlkonsulat der
Bundesrepublik Deutschland,
Torgatan 12 C 22,
SF-22100 Mariehamn;
Telefon: 1 14 10.

VERKEHRSVERBINDUNGEN. – Autofähren von Stockholm, Grisslehamn und Kapellskär (Schweden) sowie von Turku und Naantali (Finnland). – Im Sommer Flugverbindungen von Hamburg, Stockholm, Helsinki und Turku.

Die finnisch Ahvenanmaa genannten Ålandinseln liegen zwischen Finnland und Schweden am Südrand des Bottnischen Meerbusens, den sie von der Ostsee trennen. Westlich der Inseln, nach Schweden hin, das etwa 40 km breite Ålandsmeer; östlich der Meeresarm Skiftet. Die Gruppe besteht aus 6554 Inseln und Klippen mit einer Gesamtfläche von 1505 qkm, von denen nur 80 bewohnt sind. Die Inseln sind ein geschätztes, vor allem von Schweden besuchtes Feriengebiet.

Die Ålandinseln kamen 1809 mit ganz Finnland an Rußland. Nach dem Ersten Weltkrieg zeigten sich Bestrebungen zum Anschluß der Inseln an Schweden, jedoch wurden sie vom Völkerbund 1921 Finnland zugesprochen, wobei den Bewohnern volle Selbstverwaltung, dauernde Entmilitarisierung und der ausschließliche Gebrauch der schwedischen Sprache zugestanden wurden. – Die wichtigsten Erwerbszeige sind Schiffahrt (nach Tonnage zweitgrößte Flotte Finnlands), Landwirtschaft und Fremdenverkehr. Die Ålander sind stolz auf ihre Selbständigkeit und hören es nicht gerne, wenn man sie als Finnen bezeichnet.

Auf dem sog. Festland Åland, der Hauptinsel, befindet sich die einzige Stadt der Ålandinseln. **Mariehamn** (finn. *Maarianhamina;* 9600 Einw.; Hotels Arkipelag, 220 B., Sb., Hb.; Adlon, 220 B., Hb.; Park, 104 B., Hb; Pommern 2 Passat, 134 B., Sb.; Strandnäs Motel, 250 B., Sb.), auf einer Landzunge im Süden der Insel, ist ein vielbesuchtes Seebad. Im Stadtzentrum, an der Norra Espla-

Mariehamn (Ålandinseln)

nadgata, die 1927 errichtete Kirche; in der Storgata 9 das Åland-Museum. Am Westhafen das Seefahrtsmuseum und die als Museum eingerichtete Viermast-bark 'Pommern'.

23 km nordöstlich von Mariehamn (über *Jomala* mit alter Kirche) liegt die Festung **Kastelholm** (14. Jh.), die bis 1634 Sitz des Statthalters von Åland war und um die Mitte des 18. Jahrhunderts durch Feuer weitgehend zerstört wurde. In einem erhalten gebliebenen Flügel das Kulturhistorische Museum von Åland; nahebei das Freilichtmuseum Jan Karlsgården. – 4 km nördlich von Kastelholm die stattliche Steinkirche von *Sund* (13. Jh.) mit alten Skulpturen. – 11 km östlich von Kastelholm die von den Russen erbaute und 1854 im Krimkrieg von Franzosen und Briten zerstörte Festungsanlage *Bomarsund.*

23 km nördlich von Mariehamn (Straße über Jomala, vor Kastelholm links ab) die aus dem 15. Jahrhundert stammende Kirche von *Saltvik,* eine der ältesten der Insel. – 6 km nordöstlich von Saltvik der **Orrdalsklint** (132 m), die höchste Erhebung der Insel. Eine bessere Aussicht bietet der 10 km nördlich von Saltvik gelegene *Kasberg* (116 m). – 20 km nördlich von Mariehamn (hinter Jomala links weiter) liegt *Finström,* dessen Kirche mittelalterliche Wandmalereien enthält. Noch 21 km weiter nördlich der Ort *Geta,* das nördlichste Kirchspiel der Insel.

21 km nordwestlich von Mariehamn die vielleicht schon aus dem 12. Jahrhun-

Abendstimmung über den Ålandinseln

dert stammende Kirche von *Hammerland.*

15 km südöstlich von Mariehamn der Ort *Lemland.* Hier befindet sich nahe bei der Ruine der *Lemböte-Kapelle* (13. Jh.) ein *Wikingerfriedhof,* der zu den größten der Inselgruppe zählt.

Ålborg / Aalborg

Staat: Dänemark. – Landschaft: Nordjütland. Amtsbezirk: Nordjyllands amt.
Höhe: 15 m ü.d.M. – Einwohnerzahl: 155000.
Postleitzahl: DK-9000. – Telefonvorwahl: 08.

ⓘ **Aalborg Turistforening,**
Østeràgade 8;
Telefon: 12 60 22.
*Wahlkonsulat der
Bundesrepublik Deutschland,*
Hasserisvej 139;
Telefon: 13 12 33.

HOTELS. – *Hvide Hus,* Vesterbro 2, 364 B., Sb.; *Central-Hotel,* Vesterbro 36-38, 100 B.; *Motel Aalborg-Scheelsminde,* Scheelsmindevej 35, 106 B.; *Viking,* Bulevarden 31, 70 B. – JUGENDHERBERGE.

CAMPINGPLÄTZE. – Mølleparken, Strandparken, Østervangen, Lindholm (Nørresundby).

RESTAURANTS. – *Bondestuen,* Vingårdsgade 5; *Jomfru Ane,* Jomfru Anesgade 16; *Promenaden,* Kastetvej 12 (Grönland-Spezialitäten); *Ellen Marsvins Vinhus,* Østeràgade 23.

VERANSTALTUNG. – *Multi Musik Festival* (Juli/August).

Ålborg (Aalborg), die viertgrößte Stadt in Dänemark, liegt am südlichen Ufer des Limfjords, der die Nordsee mit dem Kattegat verbindet. Eine Straßen- und Eisenbahnbrücke sowie der 553 m lange sechsspurige Limfjord-Tunnel (1969) führen zu dem nördlich des Fjords gelegenen, zu Groß-Ålborg gehörenden Nørresundby.

Die einstige Wikingersiedlung erhielt 1342 die Stadtrechte und erlebte nach der Reformation ihre Glanzzeit als Handelsplatz. Heute ist Ålborg ein Zentrum von Handel, Industrie, Bildungswesen und Kultur (seit 1973 Universität). Der moderne Hafen ist Ausgangspunkt des dänischen Grönland-Handels; zu den wichtigsten Industriezweigen zählen Schiffbau, Zementwerke, Tabak- und Branntweinherstellung ('Aalborg Aquavit'). Die Stadt besitzt zahlreiche alte Bauwerke und gepflegte Parkanlagen.

SEHENSWERTES. – Den Mittelpunkt der Altstadt bildet der Budolfi Plads, an dem sich die spätmittelalterliche **Kirche St. Budolfi** (um 1900 renoviert) erhebt. Das Glockenspiel von 1970 (18 Glocken) ertönt zwischen 9 und 22 Uhr zu jeder vollen Stunde. Unweit nordwestlich der Kirche an der Algade (Haus Nr. 48) das *Historische Museum* mit prähistorischer und stadtgeschichtlicher Sammlung sowie Glas- und Silbergegenständen. Nordöstlich von hier, am C. W. Obels Plads, das 1431 gestiftete, gut erhaltene **Heiliggeistkloster,** die älteste soziale Einrichtung des Landes (heute Pflegeheim; Führungen nach Anmeldung beim Touristenamt).

Nordöstlich der Budolfikirche, am Gamle Torv, das *Alte Rathaus* (1762); nördlich von diesem, an der Østerågade, das **Jens Bangs Stenhus,** 1623-24 von dem wohlhabenden Kaufmann Jens Bang erbaut und das am besten erhaltene und ausgestattete Bürgerhaus der Stadt. An der Westseite der Østerågade folgt *Jørgen Olufsens Gård,* ein Kaufmannshof mit Steinportal von 1616; ihm gegenüber das ehemalige Schloß *Aalborghus* von 1539, heute Sitz von Behörden. Die Wallanlagen und Kasematten können besichtigt werden.

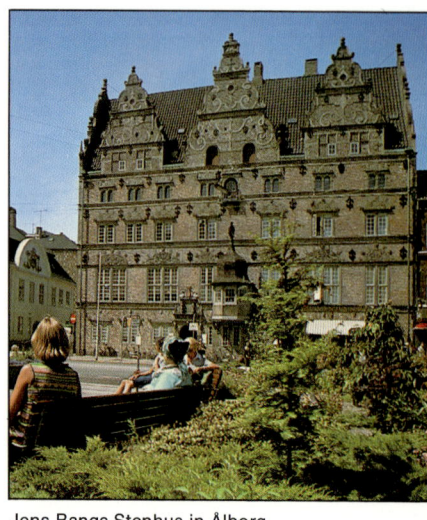

Jens Bangs Stenhus in Ålborg

Südöstlich vom Budolfi Plads, durch die Algade zu erreichen, die um 1100 erbaute und 1879 veränderte *Liebfrauenkirche* (Vor Frue kirke), eines der ältesten Gotteshäuser der Stadt. Nahebei einige alte Häuser, u.a. in der Gasse Hjelmerstald eine historische *Töpfer-*

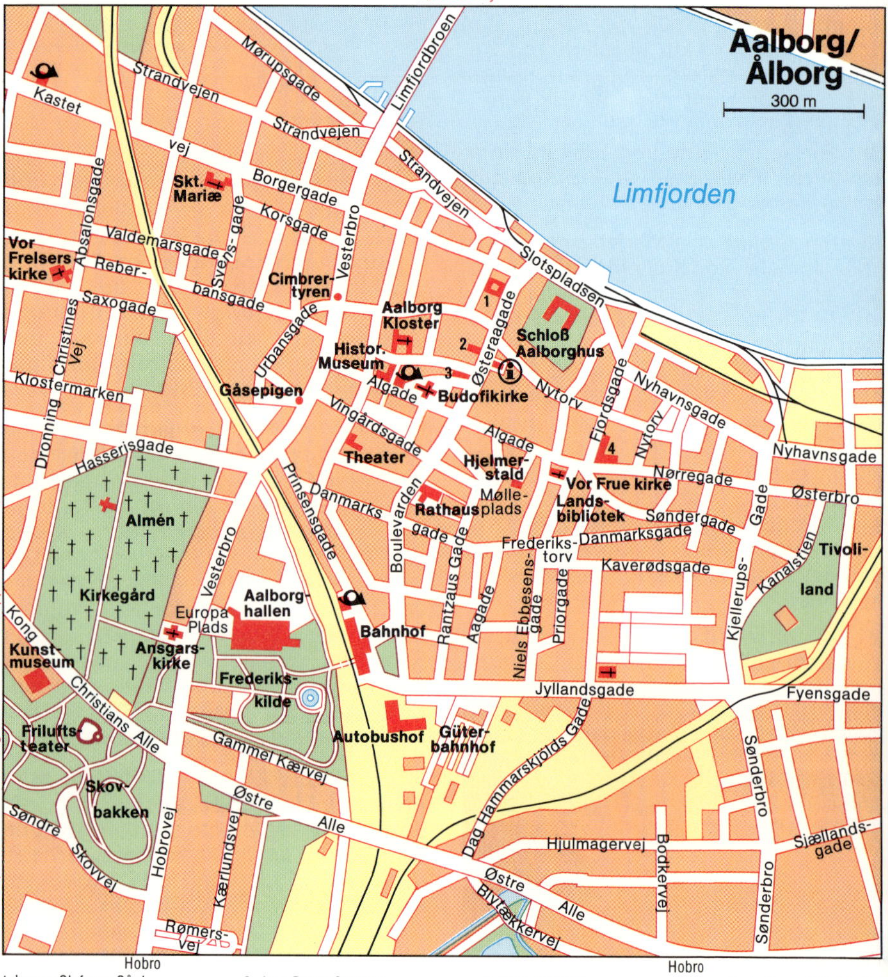

1 Jørgen Olufsens Gård 2 Jens Bangs Stenhus 3 Altes Rathaus 4 Renovierte Häuser (16.-19. Jh.)

werkstatt. In dem von Nørregade und Fjordgade begrenzten Geviert sind neun 150 bis 400 Jahre alte Häuser aus verschiedenen Stadtteilen neu aufgestellt worden. – Südlich der Liebfrauenkirche die an der Stelle eines alten Klosters errichtete *Nordjütische Landesbibliothek.* Noch weiter östlich der große Vergnügungspark **Tivoliland** (April–September, 13–23 Uhr).

Die westliche Begrenzung der Altstadt wird von der Vesterbro gebildet, an der sich zwei erwähnenswerte Skulpturen befinden: an der Einmündung der Bispegade der *Cimbrische Stier* (Cimbrertyren) von Bundgård, weiter südlich das *Gänsemädchen* (Gåsepigen) von Henning, beide aus dem Jahr 1937. Die südliche Fortsetzung der Vesterbro erreicht die *Ansgarkirche* (westlich); gegenüber von dieser die **Aalborghalle,** ein großes Kongreß-, Theater- und Kulturgebäude (3400 Sitzplätze). Südwestlich (Kong Kristians Allé Nr. 50) *Nordjütlands Kunstmuseum* (1971), das dänische Malerei seit 1890 und ausländische Kunst des 20. Jahrhunderts zeigt. Südlich angrenzend der *Skovbakke* (Waldhügel) mit einer Freilichtbühne und dem 55 m hohen Aussichtsturm *Aalborgtarnet.* Im 1,5 km südwestlich gelegenen *Møllepark* der *Zoologische Garten.*

Im Osten der Stadt das neue Wohnviertel AALBORG-OST und ausgedehnte Industrieanlagen.

UMGEBUNG von Ålborg (Aalborg). – Jenseits des Limfjords liegt bei *Nørresundby* die Lindholm-Höhe mit einer *Grabstätte aus der Wikingerzeit. Bisher wurden über 650 Gräber sowie die Reste eines Dorfes (15 Häuser, 6 Brunnen) freigelegt.

27 km südlich von Ålborg (Straße Nr. 10) liegen in einer Heidelandschaft die reizvollen **Rebilder Hügel** *(Rebild Bakker),* die auf Wunsch der nach Amerika ausgewanderten Dänen zum Nationalpark erklärt wurden (große Feier am 4. Juli, dem Unabhängigkeitstag der USA). Am Parkeingang ein Restaurant sowie ein Heimat- und Spielmannsmuseum. Im Park steht das 1934 aus amerikanischen Baumstämmen errichtete *Lincoln-Blockhaus* mit einem Auswanderer-Museum; nordöstlich auf einem Hügel der *Cimbrerstenen,* ein Steinblock mit dem Relief eines Stiers und der Inschrift ''Cimbrerne drog ut fra disse egne'' (''Von dieser Gegend zogen die Cimbern aus''). – 3 km südlich vom Park das Dorf **Rebild** (Jugendherberge; zwei Campingplätze; Ferienwohnungen). Nahe bei Rebild liegt an der Straße Nr. 10 die *Kalkmine Tingbæk* mit großen unterirdischen Gewölben, die ein Museum mit Skulpturen der dänischen Bildhauer Bundgård und Bonnesen enthalten (Mai-Oktober, 10-17 Uhr). Südlich von Rebild erstreckt sich eines der größten und urtümlichsten Waldgebiete des Landes, der etwa 6400 ha große **Rold Skov** (Wald von Rold).

Ålesund

Staat: Norwegen. – Gebiet: Mittelnorwegen. Provinz: Møre og Romsdal fylke. Höhe: Meereshöhe. – Einwohnerzahl: 40 500. Postleitzahl: N-6000. – Telefonvorwahl: 071.

(i) **Ålesund og Sunnmøre Reislivslag,** R. Rønnebergsgate 15 B; Telefon: 21202. *Wahlkonsulat der Bundesrepublik Deutschland,* Tollbugate 6; Telefon: 24078.

HOTELS. – *Noreg,* Kongensgate 27, 131 B.; *Grand Hotell,* Løvenvoldsgate 8, 70 B.; *Havly,* R. Rønnebergsgate 4, 70 B. – JUGENDHERBERGE. – Zwei CAMPINGPLÄTZE.

Die lebhafte westnorwegische Handels- und Hafenstadt Ålesund liegt auf den weit in den Schärengürtel vorgeschobenen Inseln Nørvøy, Aspøy und Heissa. Sie ist der bedeutendste Fischereihafen Norwegens und Sitz der dazugehörigen Verarbeitungsindustrie sowie von Werften und Konfektionsfabriken. Nach einem Großbrand im Jahr 1904, dem fast alle der damaligen Holzhäuser zum Opfer fielen, wurde die Stadt in Stein neu aufgebaut. Aus dieser Zeit sind noch zahlreiche Jugendstil-Fassaden erhalten.

Sonnenuntergang über Ålesund

Die beiden Hauptinseln von Ålesund sind durch eine Brücke miteinander verbunden. Auf **Aspøya** liegen die *Kirche* (1909, beachtenswerte Fresken und Glasmalerei) und das *Aquarium.* Auf **Nørvøya** das Stadtzentrum mit Hotels, dem Postamt und dem *Stadtmuseum.* Der sich zwischen beiden Inseln nach Nordwesten öffnende Hafen wird durch die von der Nørvøy vorspringende Halbinsel Skansen geschützt. Am *Skansenkai* die Anlagestelle für die Eilschiffe der 'Hurtigrute'.

Im Osten der Stadt ein schöner Park mit einem 7 m hohen *Bautastein,* an dem sich ein Reliefbildnis Kaiser Wilhelms II. befindet und der an die deutsche Hilfe nach dem Brand von 1904 erinnert; ferner das Standbild Rollos (Hrolf Ganger), des aus der Gegend von Ålesund stammenden Eroberers der Normandie. Das Standbild ist ein Geschenk der französischen Stadt Rouen aus dem Jahr 1911. Östlich vom Park, auf einem steilen Fußweg zu erreichen, die 189 m hohe *Aksla;* auf der vorderen Höhe eine 'Fjellstue' (135 m ü.d.M.), von der sich ein herrlicher, weiter *Blick auf Stadt, Meer und Inseln sowie südöstlich auf die Berge von Sunnmøre bietet. Zur Fjellstue führt auch ein von der Borgundvei ausgehender Fahrweg.

UMGEBUNG von Ålesund. – Zahlreiche Motorschiffe fahren zu den äußeren Inseln und in die kleineren Fjorde südlich der Stadt. Im Westteil von **Valderøy** (10 Min.) liegt die Grotte *Skjonghelleren.* Die 130 m lange Höhle war in der Jungsteinzeit bewohnt. – Auf **Giske** (20 Min.) steht eine z. T. aus weißem Marmor errichtete Kapelle, vermutlich aus dem 12. Jahrhundert. – Auf der Insel **Runde,** südwestlich von Ålesund, liegt Norwegens südlichster Vogelfelsen, Brutplatz für etwa 700 000 Vögel in 40 Arten. – Die Fahrt mit der Fähre über den *Storfjord* von Solevågen nach Festøy (Straße Nr. 14) lohnt wegen des herrlichen Blicks in den *Hjørundfjord.*

4 km östlich des Zentrums von Ålesund der auf einer Halbinsel gelegene kleine Ort **Borgund** mit einer im 11. Jahrhundert gegründeten, nach dem Brand von 1904 in der alten Form wiederhergestellten *Kirche* sowie dem *Sunnmøre-Museum,* einer Freilichtanlage mit alten Häusern, Booten und Fischereiabteilung.

Alsen / Als

Staat: Dänemark. – Insel Alsen (Als).
Amtsbezirk: Sønderjyllands amt.
Fläche: 315 qkm. – Bewohnerzahl: 53 000.
ⓘ **Sønderborg Turistbureau,**
Rådhustorvet,
DK-6400 Sønderborg;
Telefon: (04) 42 35 55.
Augustenborg Turistforening,
Storegade 28,
DK-6400 Augustenborg;
Telefon: (04) 47 17 20.

Die dänische Insel Alsen (Als) liegt am südlichen Ende des Kleinen Belt zwischen dem dänischen Festland und der Insel Fünen. Sie ist wegen ihrer schönen Strände als Urlaubsziel beliebt.

Der Hauptort ist die alte Stadt **Sønderborg** (deutsch *Sonderburg;* 30 000 Einw.; Missionshotellet Ansgar, 80 B.; Park Hotel Lido, 35 B.; Teaterhotellet, 38 B.; Alssund, 55 B.; Jugendherberge; zwei Campingplätze) in reizvoller Lage im Süden der Insel, die sich zu beiden Seiten des Alsensundes ausdehnt und deren beide Teile durch eine Brücke verbunden sind. Im mittelalterlichen Schloß ein Museum mit historischen und kunstgeschichtlichen Sammlungen. Das Rathaus wurde 1936 errichtet. Die Marienkirche (um 1600) enthält zahlreiche Bildschnitzereien. – Südlich vom Zentrum die moderne Sporthochschule (Mosaiken- und Skulpturenschmuck dänischer Künstler).

6,5 km nordöstlich von Sønderborg der Ort *Augustenborg* (6600 Einw.; Fjordhotellet, 19 B.) mit in einem großen Park gelegenem Schloß (1776; heute Nervenheilanstalt). – Die Straße Nr. 8 führt nach *Fynshav,* von wo eine Fähre zur Insel Fünen (s. dort) verkehrt.

Århus

Staat: Dänemark. – Landschaft: Mitteljütland.
Amtsbezirk: Århus amt.
Höhe: Meereshöhe. – Einwohnerzahl: 245 000.
Postleitzahl: DK-8000. – Telefonvorwahl: 06.
ⓘ **Århus Turistforening,**
Rådhuset;
Telefon: 12 16 00.
*Wahlkonsulat der
Bundesrepublik Deutschland,*
Havnegade 4,
DK-8100 Århus;
Telefon: 12 32 11.

HOTELS. – *Atlantic,* Europaplads, 186 B.; *Marselis,* Strandvejen 25, 132 B.; *Ritz,* Banegårdsplads 12, 100 B.; *Motel la Tour,* Randersvej 139, 90 B.; *Royal,* Store Torv 4, 220 B.; *Ansgar Missjonshotellet,* Banegårdsplads 14, 215 B. – In **Højbjerg** (5 km südlich): *Scanticon,* 220 B., Sb.; *Kragelund,* 45 B. – In **Braband** (6 km westlich): *Tre Ege,* 64 B.; *Gellerup,* 80 B., Sb.; *Årslev Kro og Motel,* 110 B., Hb. – In **Viby** (6 km südwestlich): *Mercur,* 108 B.

JUGENDHERBERGE, Marielundsvej.

CAMPINGPLÄTZE. – *Århus Nord,* 8,6 km nördlich; *Blommehaven,* 5 km südlich in Strandnähe; *Århus Vest,* 7 km westlich.

RESTAURANTS. – *Barberen,* Vestergade 51; *Den gamle By's Restaurant; Den røde Okse,* Klostergade 28-30; *Teater Bodega,* Skolegade 7; *Hyttefadet* (Fischspezialitäten), Vesterbrogade 36. – *Moesgård Skovmølle,* mit Wassermühle, in Højbjerg; *Varna,* in Marselisborg; *Åkrogen,* Risskov, am Strand.

VERANSTALTUNGEN. – Festwoche (Theater, Kunst, Sport; historischer Markt in Den gamle By), Anfang September.

Århus, die zweitgrößte Stadt Dänemarks, liegt an der Ostküste der Halbinsel Jütland an einer ausgedehnten Bucht des Kattegat. Die schon im Jahr 928 als Bischofssitz erwähnte Ansiedlung erhielt 1441 die Stadtrechte. Heute ist Århus, das seit 1928 eine Universität besitzt, das Kultur- und Bildungszentrum von Mitteljütland. Die rege Industrie stellt u. a. Lebensmittel, Maschinen und Textilien her.

SEHENSWERTES. – Den Mittelpunkt der
von einer Ringstraße (Ringgade) halb-
kreisförmig umschlossenen Innenstadt
bildet der Große Markt (Store torv), an
dessen Ostseite sich nahe am Hafen die
*Domkirche *(St. Clemenskathedralen)*
erhebt, die 1201 gegründet, später jedoch mehrfach umgebaut und erweitert
wurde, so daß sie sich heute im spätgotischen Baustil präsentiert. Im Innern ist
der 1479 aufgestellte figurenreiche, in
den letzten Jahren restaurierte Hochaltar des Lübecker Meisters Bernt Notke
sehenswert, ferner die schön geschnitzte Kanzel (16. Jh.) von Mikkel van
Groningen sowie die Orgel von 1730.
Die Malereien an den Gewölben entstammen dem 15. Jahrhundert. Vor dem
Dom ein *Denkmal für Christian X.*
(1955); südlich das *Theater* (1900).

Unweit südwestlich vom Dom, am St.
Clemenstorv (Nr. 6), im Untergeschoß

Rathaus in Århus

der Handelsbank, das kleine *Wikinger-
museum.* Noch weiter südwestlich an
der Südseite des belebten Rådhus
Plads, des Verkehrszentrums der
Stadt, das 1938-42 von A. Jacobsen und
E. Møller erbaute **Rathaus** mit sehens-

wertem Inneren (Führungen); vom 60 m hohen Turm lohnender Blick. An der Westseite des Platzes steht der hübsche *Schweine-Brunnen* (Grise-brønden) von M. Bøggild, südlich des Rathauses der Springbrunnen 'Agnethe und der Wassermann'. Südöstlich vom Rathaus, nahe dem Hauptbahnhof, die *Århus-Halle* (Bowling; Restaurant).

Nordwestlich vom Dom an der Vestergade die **Liebfrauenkirche** (*Vor Frue kirke;* 13.-15. Jh.), mit einem seit der Reformation als Hospital für alte Leute dienenden Kloster; im Westflügel der alte Kapitelsaal mit spätmittelalterlichen Wandmalereien. Ferner ist ein Rest des gotischen Kreuzganges erhalten. — Unweit westlich von der Kirche liegt im Südteil vom *Botanischen Garten* das sehenswerte Freilichtmuseum ***Den gamle By** ('Die alte Stadt'), eine Zusam-

'Den gamle By' in Århus

menstellung von etwa 60 alten Wohnhäusern, Läden und Werkstätten mit ihren Einrichtungen, aus verschiedenen Teilen Dänemarks (Eintritt frei; gegen Gebühr lohnende Besichtigung des Bürgermeisterhauses von 1597, der Historischen Sammlung und der Textilsammlung).

Im Norden der Stadt liegen in einem Park die seit 1933 errichteten Gebäude der 1928 gegründeten **Universität,** mit Hauptbau (1946) und 'Buchturm' von Møller. In der Journalistenhochschule ein *Pressemuseum.* Im Südteil des Parkes das *Naturhistorische Museum.* Südlich im Vennelystpark das *Kunstmuseum* (1966), mit Gemälden, Grafiken und einigen Skulpturen hauptsächlich dänischer Künstler.

Im Süden der Stadt der Vergnügungspark *Tivoli-Friheden,* die *Marselisborg-Halle* und das *Stadion.* Noch weiter südlich, jenseits des Carl Nielsens Vej, in einem Park das kleine Schloß

Marselisborg (1902; Sommerresidenz der dänischen Königin); nordöstlich davon, auf der anderen Seite des Kongevej, ein Gedenkpark für die im Ersten Weltkrieg gefallenen Dänen. — Südöstlich am Ørneredevej das Restaurant *Varna,* mit Blick auf die Århus-Bucht. Von hier nördlich auf dem direkt am Meer hinführenden Strandvej zurück zur Innenstadt. An der halblinks abzweigenden Dalgas Avenue das **Dänische Feuerwehr-Museum** mit etwa 60 Fahrzeugen.

Im Osten der inneren Stadt erstreckt sich der durch Außenmolen geschützte **Hafen** mit fünf Hafenbecken (etwa 9,5 km Kailänge) und einem Fischereihafen.

UMGEBUNG von Århus. — 9 km südlich der Stadt (Ausfahrt Strandvej) liegt das in einem alten Herrenhof eingerichtete **Vorgeschichtliche Museum Moesgård.** Besonders beachtenswert ist der 'Grauballemann', eine rund 1600 Jahre alte, vollständig erhaltene Moorleiche. Den als Freilichtanlage eingerichteten Teil des Museums durchzieht der 'Vorgeschichtliche Fußweg', der an Resten aus der Stein- und Bronzezeit und rekonstruierten frühgeschichtlichen Häusern vorbeiführt.

Von Århus führt die Straße Nr. 15 in den südlichen Teil der Halbinsel D j u r s l a n d. Man verläßt die Stadt in nördlicher Richtung und folgt dann dem weiten Bogen der *Kalø-Bucht.*

Bei *Løgten* links die Abzweigung einer Straße zu dem sehenswerten Renaissanceschloß *Rosenholm* (16. Jh.). — 1 km vor Rønde links ein Sträßchen nach **Thorsager** mit der einzigen *Rundkirche von Jütland (z. T. um 1200).

Die Strecke nach Ebeltoft zweigt vor Rønde links von der Straße Nr. 15 ab. Rechts auf einer in die Kalø-Bucht ragenden Landzunge die Ruine von dem im 17. Jahrhundert zerstörten *Schloß Kalø,* wo Gustav Wasa 1518 gefangen gehalten wurde; hübscher Vorblick auf die Halbinsel M o l s.

Ebeltoft (12000 Einw.; Hotels Mokskroen, 50 B; Hvide Hus, 130 B.; Lyngsbaek, 40 B.; Ebeltoft, 144 B.; Jugendherberge; mehrere Campingplätze) ist ein reizvolles Landstädtchen mit einem Rathaus aus dem 16. Jahrhundert (heute Museum) und dem Farvergård, einer alten Färberwerkstatt. Im Hafen liegt die Fregatte "Jylland" aus dem 19. Jahrhundert.

Südöstlich von Århus liegt im *Samsø-Belt* die Insel **S a m s ø** (114 qkm; 5200 Bewohner). Zu dem Hafen *Kolby Kås* (Hotel Færgekroen, 20 B.) verkehren von Århus und Kalundborg Fährschiffe. In einem Park der Herrensitz Brattingsborg.

Ballen, ein Fischerort an der Ostküste, besitzt einen Jachthafen und schöne Strände. — 5 km westlich liegt *Brundby* mit einer über 300 Jahre alten Bockwindmühle.

Nordby (320 Einw.) bietet ein reizvolles, altertümliches Dorfbild. Nördlich das Hügelland der *Nordby Bakker* (z. T. Naturschutzgebiet).

Tranebjerg (660 Einw.; Flinchs Hotel, 30 B.), der Inselhauptort, liegt etwa auf halber Strecke zwischen der Ost- und der Westküste. Die wuchtige Kirche entstand im 14. Jahrhundert. Der *Samsø Museumshof* ist ein Bauernhaus von 1800 mit einer Altertumssammlung.

Bäreninsel / Bjørnøya

Staat: Norwegen. – Verwaltungsbezirk: Svalbard.
Fläche: 178 qkm. – Keine ständigen Bewohner.

Die für Touristen praktisch unerreichbare Bäreninsel (Bjørnøya) liegt in der Barentssee etwa auf halbem Wege zwischen dem skandinavischen Festland und Spitzbergen. Sie wurde im Jahre 1596 von dem holländischen Seefahrer Willem Barents entdeckt, als dieser vergeblich die nordöstliche Durchfahrt nach China suchte. Seit 1925 gehört sie zusammen mit Spitzbergen zum norwegischen Verwaltungsbezirk Svalbard.

Die einsame Insel befindet sich auf 75° 25' nördlicher Breite jenseits der Treibeisgrenze und wird nur während des Hochsommers von Fischerbooten angelaufen. Auf ihr gibt es lediglich eine norwegische Wetterbeobachtungsstation mit einer Funkstelle. Der früher betriebene Kohlebergbau wurde schon 1925 eingestellt. – Durch das Zusammentreffen einer von Nordosten kommenden kalten Strömung mit dem Golfstrom ist die Bäreninsel fast ständig in Nebel gehüllt.

An der Ostküste ragt der *Misery-Fjell* ('Elendsberg' oder 'Jammerberg') auf, mit 536 m ü.d.M. die höchste Erhebung der Insel. – Im Süden liegt der von steilen Felswänden eingefaßte kleine Hafen *Sørhamn*. – In den schroffen Küstenfelsen nisten unzählige Polarvögel, besonders auf dem *Fuglefjell* ('Vogelberg'; 411 m) an der Südspitze. – Das Innere der Bäreninsel ist von zahllosen kleinen Seen bedeckt.

Bergen

Staat: Norwegen. – Gebiet: Südnorwegen.
Provinz: Hordaland fylke. – Einwohnerzahl: 210 000.
Postleitzahl: N-5000. – Telefonvorwahl: 05.
(i) **Turistinformasjonkontoret,**
Torvalmenningen;
Telefon: 21 14 87 und 21 96 26.
Konsulat der
Bundesrepublik Deutschland,
Slottsgaten 3;
Telefon: 21 99 84/85.

HOTELS. – *SAS Royal Hotel,* Bryggen, 470 B.; *Norge,* Ole Bulls Plass 4, 498 B.; *Orion,* Bradbenken 3, 245 B.; *Rosenkrantz,* Rosenkrantzgate 7, 142 B.; *Terminus,* Kong Oscarsgate 71, 220 B.; *Neptun,* Walckendorffsgate 8, 196 B.; *Toms Hotel,* C. Sundtsgate 52, 70 B.; *Strand Hotel,* Strandkaien 2, 100 B.; *Slottsgården Hotell,* Sandbrogate 3, 44 B.; *Skogens Hotell,* Håkonsgate 27, 50 B.; *Hordaheimen Hotell,* C. Sundtsgate 18, 77 B. – Sommerhotels: *Alrek,* Årstadveien 25, 325 B.; *Bibelskolens Sommerhotell,* C. Sundtsgate 22, 83 B.; *Fantoft Sommerhotell,* in Fantoft, 668 B.

JUGENDHERBERGEN. – *Fløyen,* Fløyfjellet; *Montana,* Revneberget.

CAMPINGPLÄTZE. – *Lone,* 19 km östlich, *Grimen,* 15 km südöstlich, beide mit Hütten.

RESTAURANTS. – *Grand,* Olav Kyrresgate 11; *Bryggen,* Bryggen 6; *Den små hjem,*. Engen 25; *Wesselstuen,* Engen 14; *Willies,* Ole Bulls Plass 15; *Bellevue,* Bellevuebakken 9, mit Aussicht; *Fløyen,* an der Bergstation der Seilbahn, mit prächtiger **Aussicht.

VERANSTALTUNG. – Festspiele (Musik, Theater u. a.; Mai-Juni).

Bergen, die zweitgrößte Stadt Norwegens, liegt an den inneren Buchten des Byfjords und ist der bedeutendste Hafen der norwegischen Westküste (stattliche Handelsflotte und mehrere große Werften), das Verwaltungszentrum des Bezirks Bergen und der Provinz Hordaland sowie Sitz des Bischofs des evangelischen Bistums Bjørgvin, einer Universität und einer Handelshochschule. Umgeben von einem Kranz teils bewaldeter Höhen (bis 643 m), an deren Hängen sich die Stadt amphitheatralisch aufbaut, ist Bergen eine der schönsten Städte des Landes. Trotz der nördlichen Lage (auf 60°24' nördl. Breite noch etwas nördlicher als die Südspitze Grönlands) findet man hier infolge des feuchten und ungewöhnlich milden Klimas fast alle mitteleuropäischen Laubbäume und reichen Pflanzenwuchs. Bergen ist für seine überaus große, durch das Seeklima und die Berge bedingte Niederschlagsmenge bekannt (über 2000 mm jährlich; Oslo etwa 750 mm).

Um die durch einen regen Schiffsverkehr belebte Hafenbucht *Vågen* liegen im Halbkreis die ältesten Stadtteile, die sich nordöstlich am Abhang des *Fløyfjell* hinanziehen. Wie die meisten nordischen Städte wurde auch Bergen wiederholt von verheerenden Bränden heimgesucht, so besonders im Jahr 1702 und am 15. Januar 1916, an dem mehrere hundert Häuser des aus Holz erbauten Geschäftsviertels im Süden von Vågen den Flammen zum Opfer fielen. Diese häufigen Zerstörungen haben von dem alten Bergen wenig übrig gelassen; Steinbauten und breitere Straßen beherrschen heute das Stadtbild. Die engen Durchgänge, von der einhei-

Bergen – Panorama vom Fjellvei

mischen Bevölkerung 'smug' genannt, sind fast ganz verschwunden. Nur in den nördlichen Vororten Skuteviken und Sandviken findet man noch einige der früher für Bergen charakteristischen Lagerhäuser am Meer ('søgårder' See-höfe), große Holzbauten mit einem Kran nach dem Hafen zu. Leider wurden im Juli 1955 und im Februar 1958 wieder zahlreiche der noch verbliebenen alten hölzernen Speicherhäuser durch ein Großfeuer zerstört.

GESCHICHTE. – Um 1070 erhob Olav Kyrre die schon damals nicht unbedeutende Hafensiedlung *Bjørgvin* ('Bergweide') auf der östlichen Seite des Vågen zur Stadt, die sich dann als zeitweilige Residenz der Könige rasch entwickelte. 1233 wurde hier auf einem allgemeinen Reichstag das Thronerb-recht Håkon Håkonssons anerkannt. – Bereits seit 1236 bestanden ständige deutsche Niederlassungen in Bergen. Den eigentlichen Aufschwung verdankt die Stadt aber dem 1343 erstmalig erwähnten *Hanseatischen Kontor*. Gestützt auf das von den dänischen Königen gegebene Privileg, durch das das Nordland gezwungen wurde, den Ertrag der Fischerei nur nach Bergen zu bringen, brachten die deutschen Kaufleute den ganzen norwegischen Handel an sich. Ihre Beamten wohnten in einem besonderen Quartier an der Deutschen Brücke, mit 16 langgestreckten schmalen 'Höfen', die zugleich als Lagerhäuser dienten. Jeder Hof unterstand einem 'Bygherre' und war in mehrere 'Stuer' (Stuben) geteilt, die wieder besonderen Besitzern gehörten. –

1559 wurde die Macht der Hanse durch den Lehns-herrn Kristoffer Valkendorff gebrochen, doch bestand das Kontor noch über zweihundert Jahre, bis 1764 auch die letzte 'Stube' an einen Norweger verkauft wurde.

Zu allen Zeiten bildeten S e e f a h r t und H a n d e l, in erster Linie mit Fischen und Fischprodukten, die Grundlage des Reichtums von Bergen. Noch im 17. Jahrhundert war Bergen als Handelsplatz Kopenhagen bedeutend überlegen, und selbst zu Anfang des 19. Jahrhunderts hatte es noch mehr Einwohner als das damalige Kristiania (Oslo). Bis in das 20. Jahrhundert blieb die Stadt der erste Fischhandelsplatz Norwegens; noch heute sind Fisch und Fischprodukte wichtige Handelsartikel. Erst das Entstehen großer Fischereigesellschaften und vieler den Fangplätzen näher gelegener Konservenfabriken hat das Aufkommen anderer Fischhandelsplätze begünstigt; trotzdem wird der Außenhandel Bergens (u.a. Stahl, Maschinen) nur vom Handel Oslos übertroffen. Im Zweiten Weltkrieg erlitt auch Bergen manche Schäden. So brannte u. a. das alte Thatergebäude in der Sverres Gate ab, die erste 1851 von dem berühmten Geiger Ole Bull ins Leben gerufene Bühne Norwegens, an der 1851-57 Ibsen und 1858-60 Bjørnson Direktoren waren.

SEHENSWERTES. – Am Südostende des Haupthafens Vågen liegt der M a r k t - p l a t z (Torget), an dessen Landebrücken morgens die Fischerboote anlegen (interessanter Fischmarkt). An der Südostseite des Platzes ein von John Børjeson 1883 geschaffenes Standbild des 1684 in Bergen geborenen, 1754 in Kopenhagen verstorbenen Dichters Ludvig Holberg, des Schöpfers des dänisch-norwegischen Lustspiels; dahinter die *Börse.* – Am oberen Ende der vom Markt nach Nordosten führenden Vetrlidsalmenning der Talbahnhof der Fløybahn.

Vom Markt erstreckt sich am Hafen die **Bryggen** (früher auch *Tyskebryggen* = 'Deutsche Brücke' genannt). Hier standen einst die 'Höfe' der deutschen Kaufleute, die später immer mehr durch steinerne, in ihrer Bauweise an die Hansezeit erinnernde Lagerhäuser ersetzt wurden. Nur der erste Hof vorn am Torg, der aus dem Anfang des 18. Jahrhunderts stammende *Finnegård,* ist in seinem alten Zustand erhalten und seit 1872 **Hanseatisches Museum.*

Das INNERE des Museums gibt einen guten Eindruck von der Einrichtung der hanseatischen Höfe und zeigt Waffen, Hausgerät, Ausrüstungsgegenstände u. a., das meiste aus der allerletzten Zeit des Kontors. Das Erdgeschoß enthielt Warenniederlagen, im ersten Obergeschoß lagen der Arbeitsraum des Vertreters sowie die Speise- und Schlafkammer, im zweiten Obergeschoß die 'Kläven', die Schlafräume der Gesellen und Markthelfer.

Im *Bryggen Museum* sind Funde der Ausgrabungen von 1955 bis 1968 ausgestellt. – Unweit nordwestlich die zweitürmige romanisch-gotische **Marienkirche** (*Mariakirke*, 12. und 13. Jh.; Kanzel und Altar 17. Jh.), die 1408-1766 den Hanseaten gehörte und in der bis 1868 deutsch gepredigt wurde. Auf dem Friedhof einige deutsche Gräber. Gegenüber der Kirche, an der Øvregate

(Haus Nr. 50), die *Schøtstue*, ein im Winter geheizter Aufenthaltsraum der Hanseaten.

Die nordwestliche Fortsetzung der Bryggen ist der Festningskai. An seiner Nordseite liegt die einst den Hafen sperrende alte Festung **Bergenhus.** An der Südspitze der Festung direkt am Kai der 1562-67 von Erik Rosenkrantz um einen alten Kern aus dem 13. Jahrhundert aufgeführte *Rosenkrantzturm* (1944 bei der Explosion eines deutschen Munitionsschiffes erheblich beschädigt, aber wiederaufgebaut); dahinter die *Håkonshalle,* 1247 von König Håkon Håkonsson im englisch-gotischen Stil begonnen, später verfallen, 1880-95 und 1957-61 wiederhergestellt. Oberhalb der Bergenhusfestung die Mauern der auf den Resten einer Burg König Sverrirs um 1660 angelegten *Sverresborg.* – Nördlich erstrecken sich die alten Stadtteile SKUTEVIKEN und SANDVIKEN; im letzteren das **Freilichtmuseum Alt Bergen** *(Gamle Bergen),* mit alten Bergener Häusern.

Vom Nordende des Marktes führt die Kong Oscarsgate südöstlich an der *Korskirke* (Kreuzkirche; 1170 gegr., jetziger Bau von 1593) vorbei zu der 1248 ursprünglich als Klosterkirche erbauten **Domkirche,** die 1537 erneuert und 1870 wiederhergestellt wurde (beachtenswert das Portal am Turm und die schönen gotischen Fenster). Die Kong Oscarsgate endet unweit östlich vom Bahnhof mit einem 1628 erbauten

Bergen – Bryggen

Bergen

250 m

Skutevіken

Nordnes-
parken

Aquarium

Nordnesbakken

Nordnesgaten

Nordnesveien

Haugeveien

Tolbu-
almenning

C. Sundtsgaten

Strand-
gaten

Vågen

A

B

Festningskaien

Bergenhus

Håkons-
halle

Sandbrugaten

Nye Sandviksveien

Maria-
kirken

Bryggen-
Museum

Schøt-
stuene

Verftbakken

Haugeveien

Nykirken

Nyk. alm.

E

E

D

C

Stenkjellergaten

Øvregaten

Vapres Nye

Ny Sandvesveien

Puddefjorden

Holbergs-
almenning

Klostergaten

Skottegaten

Nøstegaten

Ø. Muraln

Waickendalgaten

Strand-
gaten

Strand-
kaien

Vågen

Hanseatisches
Museum

Vetrlidsalm.

Torget

Fløy-
banen

Korskirken

Fløyfjellet

Theater

Chr. Michelsens-
gaten

Börse

Kong

Oscars

Dom-
kirken

Nøstegaten

Sydnesgaten

Teatergaten

Rosenbergsgaten

Håkons Gate

Neumanns Gate

Vaskerveivs Gate

Ole Bulls Plass

Torgalmenning

Rathaus

Professor Hansteens Gate

Dokkeveien

Weihavensgaten

Johannes-
kirken

Universität

Universitäts-
sammlungen

Seefahrts-
museum

Vestre Torg

Olav Kyrres Gate

Fosswinckelsgaten

Christies

Lars

Perma-
nenten

Pauls-
kirken

Kunstgalerie

Meyers-
sammlungen

Grieg-
hallen

Fest-
plass

Lille Lunge-
gårds vatn.

Nygårdsgaten

Kaigaten

Markeň

Gate

Jørgens-
kirken

Bahnhof

Biblio-
thek

Auto-
bushof

Strømgaten

Strømgaten

Hilles

Gate

R yes

Parkveien

H. Holmboes

Fosswinckelsgaten

Nygårdsgaten

Nygårdsbroen

Professor Hansteens Gate

Weihavensgaten

Damsgård-
sundet

Puddefjordsbroen

Konsul Børs Gate

Thormøhlensgaten

Olav

Ny-
gårds-
parken

Store
Lungegårds-
vatnet

Stadttor. Außerhalb des Tores rechts ein alter Friedhof, mit dem an einer großen schwarzen Urne kenntlichen Grabe Ole Bulls. – Südwestlich vom Dom am Rådstuplass das kleine *Alte Rathaus* (16 Jh.). Unweit südlich der See *Lille Lungegårdsvann;* an seinem Ostufer südwestlich vom Bahnhof die städtische *Bibliothek;* etwas weiter südwestlich, an der Strømgate, die *Grieg-Halle* (Konzerte, Ballett). – An der Südseite des Sees die *Rasmus-Meyers-Sammlung,* eine 1923 von dem Kaufmann Rasmus Meyer der Stadt vermachte gute kleine Kunstsammlung, u.a. mit Gemälden norwegischer Künstler von 1814 bis 1914 (J. C. Dahl, H. Gude, Edv. Munch, G. Munthe). Etwa 200 m nordwestlich, am Südrand des Stadtparks, in einem Gebäude ('Permanenten') das *Vestlandske Kunstindustrimuseum* (Kunstgewerbe, Möbel, Teppiche, Porzellan u.a.), das einen guten Überblick über die norwegische Fischerei vermittelnde *Fischereimuseum* und das *Städtische Kunstmuseum,* mit einer Sammlung von Werken norwegischer Maler des 19. und 20. Jahrhunderts (z.B. J. C. Dahl, H. Gude, E. Munch usw.). Von hier gelangt man südlich durch die Christies Gate an der katholischen *Kirche St. Paul* vorbei zu den auf der Anhöhe S y d n e s - h a u g e n bei Gebäuden der **Universität** am *Botanischen Garten* gelegenen *Universitätssammlungen;* im alten Gebäude Naturkunde, im neuen Gebäude Kulturgeschichte sowie ein *Seefahrtsmuseum.* – Südöstlich erstreckt sich der hübsche N y g å r d s p a r k ; im südlichen Teil der 'Einhornbrunnen' von G. Vigeland. – Südlich vom Museum führt die *Puddefjord-Brücke* zur Südstadt.

Nördlich vom Vestlandske Kunstindustrimuseum der kleine S t a d t p a r k ; in seinem nördlichen Teil ein 1917 von J. Vik geschaffenes Standbild des in Bergen geborenen Komponisten Edvard Grieg (1843–1907). – Westlich vom Stadtpark der langgestreckte O l e B u l l s P l a s s , mit einem Denkmal für den in Bergen geborenen 'Geigerkönig' (1810–1880), von Stephan Sinding (1901). Am Westende des Platzes das 1906–09 erbaute stattliche **Theater,** 'den Nasjonale Scene' genannt; in den Anlagen u.a. ein Bronzestandbild des Dichters Bjørnson (1832–1910), von G. Vigeland (1917). – Im Nordwesten der Stadt liegt an der Spitze einer Landzunge zwischen Vågen und Puddefjord der eine hübsche Aussicht bietende N o r d n e s p a r k , mit einem *Aquarium.* – Etwa 2 km südöstlich vom Bahnhof, an der Ausfahrt nach Nesttun, der *Solheim-Friedhof,* mit deutschen Soldatengräbern des Zweiten Weltkrieges.

UMGEBUNG von Bergen. – Im Nordosten der Stadt erhebt sich das **Fløyfjell** (319 m), das den schönsten Blick auf Bergen und seine Umgebung bietet, besonders bei Morgenbeleuchtung oder Sonnenuntergang. Entweder zu Fuß (ca. 3 km) oder von der Vetrlidsalmenning mit einer Standseilbahn (Fløybanen) in 10 Minuten zunächst durch einen 150 m langen Tunnel, hinter der Haltestelle Fjellveien nochmals ein 75 m langer Tunnel. An der Bergstation das *Restaurant Floyen* (313 m), von dem man eine prächtige **Aussicht über die Stadt und die Küstenlandschaft bis zum offenen Meer hat. – Von der Bergstation der Standseilbahn führt eine Straße (zu Fuß $^1/_2$ St.) über das bald kahler werdende Bergplateau zum Fuß des nordöstlich aufragenden **Blåmann** (551 m), zu dessen Gipfel ein Fußweg hinaufführt (schöner Rundblick, besonders bei Abendbeleuchtung). Die Besteigung des etwas höheren hinteren Gipfels lohnt nicht. Der Fahrweg führt noch weiter zur Funkstation auf dem *Rundemann* (556 m; zu Fuß $^1/_2$ St.). – Der auf halber Höhe des Fløyfjell am Hang hinziehende F j e l l v e i bietet einige hübsche Blicke; am Südostende des Weges, etwa 25 Minuten von der Haltestelle der Fløybahn, ein Restaurant.

Südöstlich von Bergen erhebt sich der aussichtsreiche **Ulrikken** (643 m), zu dem vom südöstlichen Stadtrand eine Schwebebahn hinaufführt (Talstation Haukeland). Zu Fuß ist der Gipfel in etwa 2 Stunden zu erreichen. – 6 km vom Stadtzentrum die *Fantoft-Stabkirche,* die im Jahr 1884 aus dem Ort Fortun hierher gebracht und stark restauriert wurde.

Sognefjord, **Hardangerfjord,** **Nordfjord** und **Hardangervidda** s. dort.

Bodø

Staat: Norwegen. – Gebiet: Mittelnorwegen. Provinz: Nordland fylke.
Höhe: Meereshöhe. – Einwohnerzahl: 32000.
Postleitzahl: N-8000. – Telefonvorwahl: 081.
ⓘ **Bodø Reiselivslag,**
Tourist Information,
Storgate 16;
Telefon: 21240.
Wahlkonsulat der
Bundesrepublik Deutschland,
Sjøgate 15;
Telefon: 20089 (privat 22405).

HOTELS. – *SAS Royal Hotel,* Storgate 2, 380 B.; *Grand Hotel,* Storgate 3, 70 B.; *Norrøna,* Storgate 4, 170 B.; *Central Turiststation,* Schyttesgate 6, 56 B. – JUGENDHERBERGE *Flatvoll,* Rønvikkrysset, 132 B.

CAMPINGPLATZ. – *Bodøsjøen Camping,* 3 km vom Zentrum, auch Hütten.

FREIZEIT und SPORT. – Angeln, Mietmotorboote zur Sportfischerei; Reiten.

Die norwegische Hafenstadt Bodø, die Hauptstadt der Provinz Nordland, liegt nördlich des Polarkreises am Saltfjord. Von Anfang Juni bis Mitte Juli geht hier die Sonne nicht unter. 1816 erhielt der Ort Stadtrechte, aber erst die Heringsfischerei in der zweiten Hälfte des 19. Jahrhunderts förderte eine raschere

Bootshafen vor dem SAS Royal Hotel in Bodø

Entwicklung. – Im Zweiten Weltkrieg erlitt Bodø bei Kampfhandlungen im Mai 1940 schwere Schäden, wobei fast der gesamte Stadtkern niederbrannte. Modern wiederaufgebaut ist Bodø heute eine lebhafte Handelsstadt, mit einigen Fabriken, einer Werft und mehreren Fachschulen.

Eine Straße führt nach Fauske an der wichtigen Europastraße Nr. 6. Zweimal am Tag kommen Züge der 1962 bis hierher fortgeführten Nordlandbahn von Trondheim. Die Eilschiffe der 'Hurtigrute' von Bergen nach Kirkenes legen hier an; ein Flugplatz bietet Anschluß an das skandinavische Flugnetz.

SEHENSWERTES. – Am Rathausplatz (Rådhusplassen) steht das 1959 vollendete *Rathaus,* dessen Turm eine weite Aussicht bietet. Die nahe **Domkirche** (1956) hat einen freistehenden Glockenturm; im Innern schöne Glasmalereien von Aagen Storstein. Südlich der Kirche das *Nordland-Provinzmuseum* (Nordland fylkesmuseum), mit Abteilungen für Landwirtschaft, Handwerk

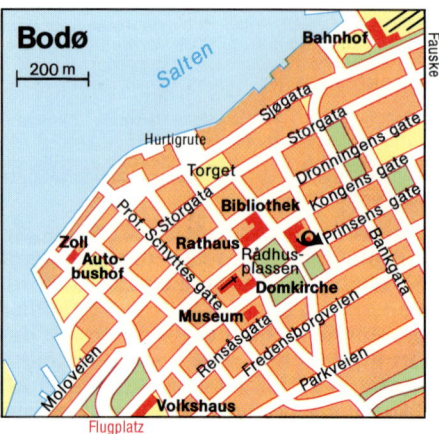

und Fischerei sowie Funden aus Vorzeit und Mittelalter.

UMGEBUNG von Bodø. – 3 km östlich vom Zentrum die alte Steinkirche von **Bodin** (12. Jh.), mit einem barocken Altarbild von 1670. Im Pfarrhof wohnte 1796 Louis Philippe, Herzog von Orléans (1830-48 König der Franzosen), der Frankreich verlassen mußte, auf seiner Reise zum Nordkap.

4 km nördlich Bodø bietet das *Rønvikfjell* (155 m; Touristenhütte) eine weite Rundsicht. Von dort sind es noch etwa 2 Stunden (markierter Fußweg) zum Gipfel des **Løpsfjell** (603 m), das eine gute Aussicht auf die etwa 100 km entfernte Lofotenkette bietet; im Osten sieht man den etwa 90 km entfernt, an der schwedischen Grenze, liegenden gletscherbedeckten Sulitjelma (1913 m), links davon das Blåmannsis mit seinen bis 1571 m aufragenden Firnfeldern.

Etwa 40 km nordöstlich von Bodø (Autobus; Straße Nr. 834, eine Fähre) liegt der alte Handelsplatz **Kjerringøy,** mit einem Freilichtmuseum (alte Gebäude mit Ausstattung).

Ein lohnender Ausflug (etwa 35 km) führt von Bodø südwärts zum ***Saltstraumen,** einem $2^1/_2$ km langen, etwa 150 m breiten und bis 50 m tiefen Sund zwischen den Inseln Straumen und Straumøy, der den Saltfjord mit dem Skjerstadfjord verbindet. Im Wechsel der Gezeiten werden jeweils etwa 370 Mio. Kubikmeter Wasser durch die Enge gepreßt, wobei Wirbel und Strudel entstehen. Gute Angelmöglichkeit.

Ferner ist Bodø einer der Ausgangshäfen für Schiffe zur Inselkette der ****Lofoten** (s. dort).

Bohuslän

Staat: Schweden. – Gebiet: Südschweden. Provinz: Göteborgs och Bohus län.
(i) **Västkustens Turiståd,**
Kungsportsplatsen 2,
S-41110 Göteborg;
Telefon: (031) 137792 und 136108.

Das *Bohuslän (Bohusland) erstreckt sich nördlich von Göteborg entlang der Küste des Skagerrak bis zur norwegischen Grenze. Es ist die westlichste Landschaft Schwedens, dem es seit dem Frieden von Roskilde (1658) angehört. Neben den traditionsreichen Fischfang der früher die einzige nennenswerte Einnahmequelle bildete, ist in den letzten Jahren zunehmend der Tourismus getreten, so daß das Bohuslän im Sommer bisweilen überlaufen ist.

Der stark zergliederte Küstenstrich mit seinen unzähligen von Wind und Wasser glattpolierten Schären und dem sauberen, stark salzhaltigen Wasser ist schon seit einem Jahrhundert als Urlaubsregion geschätzt. Überdies ist die Landschaft reich an vorgeschichtlichen

Funden, vor allem Felszeichnungen aus der Stein- und Bronzezeit und Steinsetzungen der Wikinger.

Fahrt durch das Bohuslän. – Hauptverkehrsader ist die E 6 von Göteborg nördlich zur schwedisch-norwegischen Grenze bei Svinesund (weiter nach Oslo). Vor allem auf ihrem südlichen Abschnitt gibt es zahlreiche lohnende Abstecher in westlicher Richtung zur Küste.

Von Göteborg führt die Straße unter dem *Götaälv* hindurch nach Norden und folgt weiter dem Tal des kanalisierten Flusses.

Kungälv (29 000 Einw.; Hotels Fars Hatt, 230 B.; Lökebergs Pensionat, 106 B.; Jugendherberge; Campingplatz), die im Mittelalter 'Kongahälla' genannte älteste Stadt im Bohuslän, besitzt eine Holzkirche von 1679 mit sehenswerten Deckengemälden. Am südlichen Stadtrand überquert die E 6 den *Nordre Älv*, in dem auf einer Flußinsel (rechts) die große Ruine der 1310 von König Håkon von Norwegen angelegten Festung **Bohus** (prächtige Aussicht) liegt, die der Landschaft den Namen gegeben hat.

Segelboote bei Marstrand (Bohuslän)

Von Kungälv führt eine Landstraße westlich zur Küste (18 km) und dann über Brücken und eine Fähre zu dem auf der **Koø** ('Kuhinsel') gelegenen Seebad *Arvidsvik*. Von hier verkehrt eine Fähre zu dem auf einer kleinen Insel gelegenen, vielbesuchten Seebad **Marstrand** (Hotel Alphyddan, 51 B.; Båtellet, 107 B.; Marstrand, 70 B.), überragt von der ehemaligen Festung Carlsten (17. Jh.). Die Marienkirche in der Stadt stammt von 1640. Mitte Juli finden bei Marstrand internationale Segelregatten statt.

Die E 6 führt hinter Kungälv vom Kanal weg und an der alten *Kareby kyrka* vorbei. Kurz darauf rechts der *Ingetorpssjön* mit einem eisenzeitlichen Gräberfeld.

In **St. Höga** lohnt ein Abstecher auf der Straße Nr. 160, die über die Inseln **Tjörn** und **Orust** nach Uddevalla führt. Bei Stenungsund überspannt eine 600 m lange, gewaltige

Brückenkonstruktion den Sund. Nachdem die alte Brücke im Januar 1980 von einem Schiff gerammt worden und eingestürzt war, wurde im November 1981 die neue Hängebrücke in Betrieb genommen. – An der Westküste von Tjörn liegt *Skärhamn* mit Fischindustrie und Exporthafen für Automobile.

Die Straße Nr. 160 führt auf einer weiteren Brücke zur Insel Orust, der drittgrößten von Schweden (336 qkm), auf der zahlreiche kleine Fischer- und Badeorte liegen. Ihr vorgelagert ist die kleine Insel **Gullholmen** mit einem uralten Fischerdorf. – Über die 603 m lange Nötesundsbro erreicht man wieder das Festland; dann entweder links nach Fiskebäckskil oder rechts nach Uddevalla.

Von der zuvor genannten Abzweigung führt die E 6 zunächst etwas landeinwärts und erreicht hinter dem 1876 gegründeten, beliebten Seebad *Lyckorna* den Bade- und Handelsort

Ljungskile (spr. Jungstchile; Turisthotellet, 17 B.; Åh Stiftsgård, 224 B.) an der gleichnamigen Bucht des *Havstensfjords*. – Dann nach 5 km links abseits die Kirche von *Resteröd* (teilweise 12. Jh.; 1919-20 restauriert), eine der ältesten von Bohuslän.

Uddevalla (47 000 Einw.; Hotels Bohusgården, 146 B.; Carlia-Gästis, 80 B.; Gyldenlöwe, 66 B.; Ritz, 55 B.; Centralhotellet, 36 B.), eine lebhafte Industriestadt, liegt nahe der Mündung der *Bäveå* in den Byfjord. Auf dem Kungstorg ein Reiterstandbild Karls X. Gustav (1908), östlich davon die Kirche (frühes 19. Jh.), deren Glockenturm (1751) daneben auf einer Anhöhe steht. Die Stadt besitzt große Werft- und Dockanlagen. – Abzweigung der Straße Nr. 44 nach Osten zum Vänersee (s. dort); nach etwa 2,5 km die 'Skalgrusbänkar', die aus großen Mengen von Meeresablagerungen bestehen.

Von der nach Nordwesten weiterführenden E 6 zweigt in *Torp* links die Straße Nr. 161 ab und führt über *Bokenäs* (Kirche aus dem 12. Jh.) zu dem alten Fischer- und Badeort *Fiskebäckskil* auf der Insel **Skaftö** im schönen *Gullmarsfjord*. Die Fortsetzung der Straße Nr. 161 erreicht über eine Fähre das attraktive Seebad **Lysekil** (15 000 Einw.; Hotell Lysekil, 80 B.; Strand Hotell, 36 B.; mehrere Campingplätze) auf der Südspitze der Halbinsel **Stångenäs**, mit Fischkonservenindustrie. Nahe der stattlichen gotischen Kirche der felsige Flaggberg, von dem sich eine weite Aussicht bietet. An der Küste entlang erreicht man bei *Tanumshede* wieder die E 6.

Von der E 6 zweigt bei *Dingle* eine Landstraße ab, welche die genannte Küstenstraße kreuzt und zu den Badeorten *Hunnebostrand* (Hotel Gästis, 68 B.) und *Kungshamn* (Hotell Kungshamn, 127 B.; Snäckan, 40 B.), letzterer mit großem, modernem Fischereihafen, führt. Westlich vor Kungshamn liegt die Insel **Smögen** mit Seebad.

Auf der Insel Smögen (Bohuslän)

Fjällbacka, ein auch als Seebad besuchtes Fischerdorf, ist gleichfalls von beiden genannten Straßen aus zu erreichen. Auf der 2 km südlich gelegenen unbewohnten Insel *Stensholm* das Grab des 1916 in der Skagerrakschlacht gefallenen, unter dem Namen 'Gorch Fock' bekannten Dichters Hans Kinau (geb. 1880).

An der E 6 folgt das Gräberfeld von *Greby* mit etwa 200 Grabhügeln und vielen Bautasteinen, wahrscheinlich aus dem 4. Jh. n. Chr., die nach der Sage an eine Niederlage schottischer Eroberer erinnern. — Bei *Hällevadsholm* rechts die Abzweigung der Straße Nr. 165 zum 29 km langen *Bullaren-See,* dem größten Binnensee von Bohuslän, und weiter zur norwegischen Grenze.

Die E 6 zieht nun am Westrand des an vorgeschichtlichen Felszeichnungen ('Hällristningar') reichen Kirchspiels T a n u m entlang zu dem Ort

Tanum, mit einer der größten Kirchen des Bohuslän; gegenüber der Kirche ein Runenstein und eine Orientierungstafel. Etwa 2 km südlich, bei *Vitlycke,* große *Felszeichnungen mit Schiffen, Kriegern und Lurenbläsern; weitere Felszeichnungen bei *Litsleby* und bei *Fossum.*

Bei *Vik* zweigt von der E 6 nach Westen eine Straße nach **Strömstad** (9500 Einw.; Stadshotellet, 68 B.; Centralhotellet, 45 B.; Jugendherberge; Campingplatz) ab, dem ältesten Kur- und Badeort Schwedens (seit 1781).

Um die Halbinsel L a h o l m e n führt eine reizvolle Strandpromenade; etwa 5 km nordwestlich befinden sich die Ferienzentren *Vette* und *Capri.* — 10 km südwestlich, von Strömstadt mit Ausflugsbooten zu erreichen, sind die **Kosta-Inseln,** Schwedens westlichste Inselgruppe, der Küste vorgelagert. Sie zeichnen sich durch reiche Flora aus.

In *Norrhede* zweigt die Straße Nr. 163 links ab, die gleichfalls nach Strömstad führt. Unweit nördlich außerhalb eine große vorgeschichtliche *Steinsetzung in Form eines Schiffes, *Blomsholmsskeppet* genannt (42 m lang, 9 m breit); nahebei eine alte Gerichtsstätte (11 Steinblöcke) sowie mehrere Grabhügel.

Die E 6 führt weiter durch bewaldete Felslandschaft. In *Svinesund* befindet sich das schwedische Zollamt; dahinter überquert die Straße auf einer 420 m langen und 60 m hohen *Stahlbeton-Bogenbrücke mit prächtigem Ausblick den schmalen Svinesund, der hier die Grenze zwischen Schweden und Norwegen bildet. Nun führt die Straße am *Oslofjord (s. dort) entlang und nach **Oslo** (s. dort).

Borås

Staat: Schweden. – Gebiet: Südschweden. Provinz: Älvsborgs län. – Landschaft: Västergötland. Höhe: 120 m ü.d.M. – Einwohnerzahl: 11500. Postleitzahl: S-500..–505...–Telefonvorwahl: 033.
ⓘ **Borås Kommuns Turistbyrå,**
Rådhuset,
Telefon: 12 59 16.
Boråsparken,
Telefon: 12 04 05.

HOTELS. – *Grand Hotell,* Hallborgsgatan 14, 234 B.; *Esso Motor Hotel,* Hultasjögatan 7, 243 B., Hb.; *Vävaren,* Allégatan 21, 110 B.; *Mark,* Yxhamarsgatan 1, 120 B.; *City,* Allégatan 32, 92 B.; *Motel Lage,* Källbäcksrydsgatan 34, 70 B. – JUGENDHERBERGE. – CAMPINGPLATZ.

Die lebhafte Stadt Borås im Süden Schwedens, zwischen Göteborg und Jönköping, liegt zu beiden Seiten der Viska. Die 1622 gegründete Stadt besitzt rege Textilindustrie und ist Sitz einer Anzahl von Großversandhäusern.

SEHENSWERTES. – Am M a r k t steht das 1908–10 erbaute wuchtige *Rathaus* mit einem Glockenspiel. Davor der hübsche *Sjuhäradsbrunnen* (1941) von Nils Sjögren. Unweit nördlich die *Caroli-Kirche* von 1660 (1941 restauriert), mit beachtenswertem Inneren. 1975 wurde das **Kulturhaus** eingeweiht, in dem das *Kunstmuseum,* das *Stadttheater* und eine Bibliothek untergebracht sind. Im *Ramnapark* das **Borås-Museum,** eine Freilichtanlage mit alten Höfen und einer Kirche aus dem 16. Jahrhundert.

Im *Borås-Park* befinden sich der sehenswerte *Zoologische Garten* und ein Freizeitzentrum; angrenzend das Alidebergs-Bad mit Restaurant.

UMGEBUNG von Borås. – 8 km nordöstlich der Stadt, an der Straße Nr. 40 nach Ulricehamn, die aussichtsreich gelegene Kirche von *Brämhult* mit Malereien aus dem 18. Jahrhundert. – 25 km südöstlich, am Ufer vom *Åsundsee,* das **Schloß Torpa** mit sehenswertem Renaissance-Rittersaal und barocker Schloßkapelle von 1699.

Jönköping und *Göteborg s. dort.

Bornholm

Staat: Dänemark. – Insel Bornholm.
Amtsbezirk: Bornholms amt.
Fläche: 587 qkm. – Bewohnerzahl: 47 000.

ⓘ **Samvirkende Bornholmske Turistforeningers Bureau** *(SBT)*,
Havnen,
DK-3700 Rønne;
Telefon: (03) 95 08 10.
Wahlkonsulat der Bundesrepublik Deutschland,
Store Torv 12,
DK-37000 Rønne;
Telefon: (03) 95 22 11.

FREIZEIT und SPORT. – Vermietung von Fahrrädern, Reiten, Tennis, Golf, Angeln, Tauchen, Windsurfing, Segeln.

Die Ostseeinsel *Bornholm, 37 km vor der schwedischen Küste und etwa 150 km von Kopenhagen entfernt, gehört seit 1522 zu Dänemark. Im Mittelalter war sie ein wichtiger Handelsplatz; heute lebt die Inselbevölkerung vorwiegend von Fischfang und -verarbeitung sowie Landwirtschaft. Wegen des milden Klimas und der guten Badestrände hat sich daneben ein lebhafter Fremdenverkehr entwickelt.

ANREISE. – F ä h r s c h i f f e verkehren von Lübeck-Travemünde sowie von Saßnitz (DDR), ferner von Kopenhagen und von dem südschwedischen Hafen Ystad nach Rønne auf Bornholm. – F l u g v e r b i n - d u n g zwischen Rønne und Kopenhagen.

Die Insel besteht aus einem mächtigen, vielfach nur von einer dünnen Erdschicht überzogenen Granitklotz, dessen steil abfallende Nordküste schöne Klippen aufweist, während im Südosten und Westen Dünen den Landschaftscharakter prägen. Das Innere der Insel ist teils bewaldet oder mit Heideflächen bedeckt. Als besondere Kulturdenkmäler besitzt Bornholm noch vier befestigte *Rundkirchen aus dem 12. und 13. Jahrhundert.

Inselrundfahrt. – Hauptstadt und Verwaltungszentrum von Bornholm ist **Rønne** (15 300 Einw.; Hotels Fredensborg, 106 B.; Griffen, 284 B., Sb., Hb.; Badehotel Ryttergården, 224 B., Hb.; Dams Hotel, 91 B.; Jugendherberge; Campingplatz), wo sich auch der Flugplatz und der wichtigste Hafen befinden. Im ältesten Stadtteil die ursprünglich aus dem 14. Jh. stammende, 1918 weitgehend umgebaute St.-Nikolai-Kirche. In der St.-Mortens-Gade (Haus Nr. 29) das Insel-Museum, mit interessanten natur- und kulturhistorischen Sammlungen, sowie das Kunstmuseum. Im Süden der Stadt das um 1650 erbaute *Kastell* mit mächtigem Rundturm (Militärgebiet).

8 km nordöstlich von Rønne die Rundkirche von *Nyker* (1287), die einzige der Insel mit nur zwei Stockwerken. – 9 km nördlich von Rønne der *Brogårdssten,* der bedeutendste Runenstein Bornholms. 2 km weiter liegt *Hasle* (6900 Einw.; Anf. Juli 'Heringsfest'), mit einer wuchtigen Steinkirche aus dem 14. Jahrhundert. 7 km nördlich erreicht man die mächtige Granitküste mit dem 40 m hohen *Jons-Kapel-Felsen.* Über das Fischerdorf *Vang* gelangt man zu dem Doppelort

Allinge-Sandvig (2100 Einw.; Hotels Hammersø, 110 B., Sb.; Sandy-Hook, 50 B.; Imatra, 60 B.; Grønbecks, 45 B.; Hammers Pension, 25 B., Sb.; Gaestgivergården, 32 B; Naesgården, 16 B.; mehrere Apartments; Jugendherberge; vier Campingplätze), einem der attraktivsten Badeorte der Insel. Ein lohnender Spaziergang führt zu dem nördlich gelegenen Leuchtturm *Hammeren,* vorbei an dem mit 84 m höchsten Felsen der Insel, dem *Stejleberg,* und weiter zu der südöstlich vom Leuchtturm gelegenen *Ruine Hammershus. Das einstige Schloß wurde um 1250 erbaut, war mehrfach heftig umkämpft und wurde dann als Steinbruch verwendet, bis es 1822 unter Denkmalschutz gestellt wurde. Von dem 74 m hohen Felsen herrliche Aussicht; vom Hotel Hammershus lohnende Bootsfahrten, u. a. zu der 55 m langen und 12 m hohen Grotte *Våde Ovn.*

4 km südlich von Allinge steht die im 12. Jh. erbaute und 1948-50 restaurierte Rundkirche von *Ols,* mit 30 m die höchste von Bornholm. – 11 km südöstlich von Allinge die Klippenpartie *Helligdommen;* 6 km weiter das Fischerdorf **Gudhjem** (Hotels Casa Blanca, 53 B., Sb.; Stammershalle, 75 B., Sb.; Helligdommen, 45 B., Sb.; Jugendherberge; Campingplatz) mit einem in den Fels gesprengten Hafen. Südlich davon liegt **Østerlars** mit der größten *Rundkirche

Rundkirche in Østerlars auf Bornholm

der Insel (11. Jh.; im Inneren Wandmalereien, um 1350). – Südlich von Østerlars erstreckt sich der zwischen 1800 und 1830 angelegte Staatswald **Almindingen** (Ende September Volkswaldlauf), Dänemarks drittgrößtes Waldgebiet, mit etlichen kleinen Seen und der höchsten Erhebung der Insel, dem *Rytterknaegten* (162 m; Aussichtsturm). 20 Min. nördlich die Ruine *Lilleborg,* neben Hammershus einst die wichtigste Festungsanlage Bornholms.

7 km südöstlich von Gudhjem liegt an der Küste die wilde Klippenpartie *Randkløveskår;* 8 km weiter das malerische Fischerstädtchen **Svaneke** (1200 Einw.; Hotels Siemsens Gård, 89 B.; Østersøen, 35 B.; Nansens Gård, 14 B.; Jugendherberge; Campingplätze), mit alten Häusern und Bockmühle von 1634; Ende Juni 'Quellenfest'. – 3 km südwestlich der Vergnügungspark *Braendesgårdshaven.*

Die Straße nach Süden führt an den landschaftlich schönen *Paradisbakkerne* vorbei zur Hafenstadt **Neksø** (*Nexø*, 8950 Einw.; Anf. August 'Hafenfest'). 3 km südlich der feine Sandstrand von *Balka,* weitere 7 km südlich die Südspitze der Insel mit dem Leuchtfeuer *Dueodde,* sanften Dünen und schönem Strand.

15 km landeinwärts Bornholms einzige Binnenstadt, **Åkirkeby** (7380 Einw.; Kanns Hotel, 41 B.; Dams på Bakken, 36 B.; Limensgade Mølle, 15 B.; Apartments; Campingplatz), mit einer stattlichen Steinkirche (12 Jh.); im Inneren ein Taufbecken mit Reliefs und Runeninschrift. Die Rosenkranzkirche (1932; kathol.) zählt zu den schmucksten Gotteshäusern Dänemarks der neueren Zeit. – Die Straße nach Rønne (16 km) führt in *Nylars* an der jüngsten und am besten erhaltenen Rundkirche Bornholms vorbei (12. Jh.).

Empfehlenswert ist eine Bootsfahrt von Allinge, Gudhjem oder Svaneke zur Inselgruppe *Ertholmene* (Erbseninseln) mit der Hauptinsel **Christiansø** (118 Bew.; Festungsanlagen von 1684). Die Nachbarinsel *Frederiksø* war früher ein berüchtigter Verbannungsort. Daneben *Græsholmen,* ein Vogelreservat.

Dalarna

Staat: Schweden. – Gebiet: Mittelschweden.
Provinz: Kopparbergs län.
ⓘ **Dala Tour,**
    Tullkammaregatan 1,
    S-79131 Falun;
    Telefon: (023) 1 06 30.

Die deutsch auch Dalarne oder Dale-karlien genannte Landschaft *Dalarna

liegt in Mittelschweden nordwestlich von Stockholm und erstreckt sich bis zur norwegischen Grenze; sie zählt zu den wichtigsten Touristengebieten des Landes. Das von den Flüssen Västerdalälv und Österdalälv durchzogene waldige Gebirgsland, mit seinen fruchtbaren Tälern, dem schönen Siljansee in der Mitte und den rauhen Felsmassiven im Nordwesten, ist wohl eine der reizvollsten schwedischen Landschaften. Ein bekanntes Symbol sind die kleinen bunten Holzpferdchen. Dalarna ist auch als Skigebiet beliebt (besonders Langlauf).

Bunte Holzpferdchen aus Dalarna

Zur norwegischen Grenze hin steigt das Land bis etwa 1200 m ü.d.M. an; rund 20 050 qkm (72 % der Fläche) sind mit Wald bedeckt. Neben Land- und Forstwirtschaft (Holzindustrie) wird im Südwesten der Provinz Bergbau betrieben (Eisenhütten; Stahlwerke); in der alten Bergwerksstadt Falun entstand, ursprünglich als Abfallprodukt des Kupferbergbaus, die rote Falu-Farbe, mit der in Schweden viele Häuser gestrichen sind. – Als Urlaubsgebiet bietet Dalarna Gelegenheit zum Wandern und Fischen sowie zu Wassersport; im Winter kann man zum Skilauf hinfahren. – Die Entfernung von Stockholm zum Siljan-See beträgt etwa 260 km.

Die Einwohner von Dalarna sind für ihre Tapferkeit und Freiheitsliebe bekannt. 1434 führte Engelbrekt Engelbrektsson einen Bauernaufstand gegen den damaligen Herrscher Erich von Pommern an. 1520 rief Gustav Eriksson zum Kampf gegen den Dänenkönig Kristian II. auf und wurde 1523 als Gustav I. Wasa zum König von Schweden gekrönt (sein Bild ziert noch heute die schwedischen Fünfkronenscheine). An die anfängliche Flucht Gustavs in Richtung Norwegen erinnert der bekannte Wasa-Lauf, ein Anfang März jeden Jahres veranstalteter Skilanglauf (85,8 km) zwischen Sälen und Mora (erstmals 1922; 1979 ca. 10 000 Teilnehmer). – Bereits um die Mitte des 19. Jh. war Dalarna ein beliebtes Reiseziel. Am Siljan-See, dem 'Herz Schwedens', wird die Mittsommernacht am intensivsten gefeiert. Leider hat dieser alte

Brauch heute viel von seinem ursprünglichen Charme verloren; es lohnt sich für den Fremden eher, kleinere Orte zu besuchen.

*Fahrt durch Dalarna. – Von Süden kommend erreicht man Dalarna entweder aus Richtung Örebro auf der Straße Nr. 60 oder von Stockholm auf der Nr. 70. Ausgangspunkt ist die rund 170 km nordöstlich von Stockholm gelegene Stadt Avesta.

Avesta (84 m; 26 900 Einw.; Star Hotel, 126 B.), seit dem 14. Jh. wichtige Industriestadt am *Daläv* (zwei Fälle); hier wurde einst die größte Kupfermünze der Welt geprägt (Gewicht fast 20 kg); heute großes Edelstahlwerk. Im 'Alten Dorf' (Gamla Byn) im Zentrum fühlt man sich ins 17. Jh. zurückversetzt; Park mit großer Wisentherde.

6 km südöstlich von Avesta liegt **Karlbo**, mit dem Geburtshaus (Tolvmannagård) des Dichters Erik Axel Karlfeldt (1864-1931; Grab auf dem Friedhof von Folkärna, 11 km nordöstl.).

Von Avesta fährt man auf der Straße Nr. 70 zuerst 20 km weiter nach **Hedemora** (107 m; 17 000 Einw.; Stadshotellet, 55 B.), der ältesten Stadt in Dalarna (Stadtrecht 1446). Am Großen Platz (Stora Torget) das Rathaus von 1761 und die gezimmerte rote Apotheke von 1779. Die 'Theaterkiste' (1820) diente als Getreidelager und Theater (heute noch Theatersaal); die Kirche stammt von 1441. Nördlich an einem kleinen See ein Freilichtmuseum mit alten Häusern (Hedemora Gammelgård).

12 km nordöstlich (Straße Nr. 270) liegt am Daläv das Dorf **Näsgård**, von wo man auf dem sog. 'Husbyring' eine interessante Rundfahrt von etwa 35 km unternehmen kann: *Husby Kungsgård*, wo 1347 die ersten Schürfrechte für die Falu-Gruben ausgestellt wurden (vgl. Falun); die Kirche enthält eine mittelalterliche Einrichtung. – **Stjärnsund**, Ort am *Grycken-See;* hier arbeitete bis 1942 eine Eisenschmelze; Herstellung der einst von Christoffer Polhem (1661-1751) konstruierten Stjärnsund-Uhren (Museum); alte Handwerkerwohnungen. – *Silvhytteå,* restauriertes altes Hüttenwerk. – *Högsta-Weg* (1,1 km), mit alten Steinsetzungen. – *Kloster,* Ruinen des Zisterzienserklosters Gudsberga (1477-1538). – **Näsgård.**

Von Hedemora geht es weiter auf der Reichsstraße Nr. 70 nach **Säter** (157 m; 10 360 Einw.); besuchenswert der Åsgårdarnas Hof mit Häusern aus den letzten vier Jahrhunderten und einer Kachelofenwerkstatt. Nördlich erstreckt sich das etwa 6 km lange tiefeingeschnittene reizvolle *Säterdal;* Freilichttheater. Fußweg von der 3 km nordöstlich gelegenen alten Grubensiedlung *Bispberg* auf den aussichtsreichen *Bispbergs Klack* (314 m). – Bei der Wei-

terfahrt taucht in der Ferne der 86 m hohe Kirchturm von *Stora Tuna* auf (Kirche 1486, Malereien, 6 m hohes Kruzifix).

Dann erreicht man **Borlänge** (139 m; 46 000 Einw.; Hotel Brage, 147 B.; Esso Motor Hotel, 243 B., Hb.; Gylle Motell Tre Hästar, 96 B.; Jugendherberge, 70 B.), bedeutende Industriestadt mit Eisen-, Stahl- und Walzwerken sowie einer Papiermühle. Vom 2 km nördlich gelegenen *Forssa Klack* weite Aussicht. 20 km nordöstlich liegt Falun (s. dort); 45 km südlich Ludvika.

Die Straße Nr. 70 folgt dem *Daläv,* der in **Djurås** aus dem Zusammenfluß von Öster- und Västerdaläv entsteht. Von Djurås führt die Straße Nr. 70 nördlich über das durch seine hübschen Spitzen bekannte alte Kirchspiel *Gagnef* (183 m; Kirche a. d. 16. Jh., schöne Glasmalereien) und den Industrieort *Insjön* (183 m), nördlich die aus dem 15. Jh. stammende Kirche von *Ål* (daneben ein Heimatmuseum) nach Leksand am Südufer vom ***Siljansee** (26 km; s. dort).

Im Norden des Siljansees erstreckt sich der *Orsasee* (161 m ü.d.M.; 56 qkm groß, bis 97 m tief). An seinem Nordende liegt **Orsa** (171 m; 5000 Einw.; Hotel Orsa, 68 B.; Jugendherberge), das Industrie- und Handelszentrum von Norddalarna; in der urspr. aus dem 14. Jh. stammenden Kirche beachtenswerte Fresken des 16. Jh.; an der Mündung des *Oreälv* großzügige Freizeitanlagen.

12 km nordwestlich von Orsa das Freizeitzentrum *Fryksås* (Fryksås Hotell, 36 B.; Wintersport), mit herrlicher *Aussicht über Orsa- und Siljansee. – 17 km nordöstlich von Orsa (Straße Nr. 296) liegt etwa 100 m über dem Oreälv das Kirchspiel *Skattungsbyn;* am westlichen Ortsende eine Birke (Skattungsbjörken), die ihre Blätter erst abwirft, wenn im Frühjahr die neuen Triebe kommen. – Noch 20 km weiter östlich der aus einer Kettenschmiede hervorgegangene Touristenort **Furudal** (205 m), zwischen dem *Skattungsee* (nordwestl.) und dem *Oresee* (südöstl.); 12 km nördlich die im Sommer betriebenen Sennereien *Ärteråsen* (468 m); 20 km südlich (Straße Nr. 300) bei Boda der Wasserfall *Styggfors* (Fallhöhe 36 m).

Von Orsa führt die Straße Nr. 81 nach Norden in ein unwirtliches Waldgebiet, die Orsa Finnmark; sie wurde im 17. Jh. von eingewanderten Finnen besiedelt und hat heute noch zahlreiche finnische Orts- und Bergnamen, wie den aussichtsreichen Berg Pilkalampinoppi (644 m) oder den Korpimäki (706 m). Beide Berge liegen wie auch der *Fågelsee* im **Hamra-Nationalpark** (27 ha; Urwaldcharakter).

Von Djurås nach Särna (ohne Abstecher 260 km) folgt man zuerst westlich der parallel zum Västerdaläv verlaufenden Straße Nr. 71. – *Dala-Floda,* wo man Schwedens älteste Hängebrücke sehen kann; Abstecher zu den umliegenden Almstationen (*Aussicht). – In *Björbo* zweigt die Straße Nr. 247 südwärts ab.

Die Straße Nr. 247 führt bei *Skärlacken* an einem geschützten Urwaldgebiet vorbei und erreicht nach 27 km das alte Bergbaustädtchen **Nyhammar;** 5 km nordwestlich der *Gasenberg* (417 m); 8 km nordöstlich *Grangärde-Hästberg* mit zahlreichen Felszeichnungen und dem aussichtsreichen *Hästbergsklack* (419 m). – 3 km hinter Nyhammar folgt das Kirchspiel *Grangärde* (160 m; Hotel Saxenborg, 80 B.), zwischen zwei Seen. – Weiter streckenweise am *Västmansee* (155 m) entlang 21 km nach **Ludvika** (157 m; 32 750 Einw.; Star Hotel Elektra, 130 B.), einer einst bedeutenden Bergbaustadt (erstes Eisenwerk 1555), mit heute dominierender Elektroindustrie (Transformatorenversuchsanlagen des Elektrokonzerns ASEA); im Westen der Stadt ein Bergmannshof aus dem 16. Jh. (Gammelgård; acht Häuser, alte Einrichtung), dabei ein Grubenmuseum; Haus des Patrons von 1720. – 16 km südwestlich (Straße Nr. 60) liegt nahe der Grenze zur Provinz Västmanland das Grubenstädtchen **Grängesberg** (273 m; Grängesbergs Värdhus, 48 B.), das dem großen Erz- und Stahlkonzern Grängesberg seinen Namen gegeben hat. Hier befindet sich das größte schwedische Erzlager außerhalb Lapplands, dessen seit dem 16. Jh. gefördertes Gestein bis in eine Tiefe von 600 m abgebaut wird (Grubenbesichtigung). Ausflug zum 5 km nordwestlich gelegenen *Fjällberg* (469 m).

Die Straße Nr. 71 führt von Björbo westwärts weiter. – 17 km *Nås,* wohl die älteste Pfarrei in Westdalarna; hier holte sich Selma Lagerlöf das Motiv für ihren Roman "Jerusalem" (Anfang Juli Aufführung von Rune Lindströms Stück "Das Ingmarsspiel", dessen Grundlage Lagerlöfs Roman bildete); 17 km südlich die stillgelegte Eisenhüttensiedlung *Lindesnäs.* – An der R 71 folgt nach 28 km **Vansbro;** hier findet Anfang Juli im Västerdaläv ein 'Wasalauf für Schwimmer' statt (3 km in dem meist noch recht kalten Wasser). – 45 km **Malung** (302 m; 12 000 Einw.; Hotel Skinnargården, 90 B.), Kreis- und Industriestadt, Zentrum der schwedischen Lederherstellung (Mitsommerfest im Zeichen des Leders); Kirche aus dem 13. Jh. (Heiligenbild des St. Olof, 15. Jh.); Freilichtmuseum Gammelgård mit alten Häusern.

Zur Weiterfahrt nach Norden durch das Tal des Västerdaläv folgt man der Straße Nr. 297 über die Kirchdörfer *Lima* und *Transtrand.* – 65 km **Sälen** (Wärdhuset Gammelgården, 65 B., Lindvallen Hotell, 64 B.; Feriendorf Sälfjällets Sportcenter, mit Hütten), Touristenzentrum am Ostfuß des *Transtrandsfjäll,*

Schwedens südlichstem Hochgebirge (Storfjäll, 923 m; Sälens Högfjällhotell, 396 B.; 800 m); ausgezeichnetes Wandergebiet; am Flußufer ein Denkmal für Gustav Wasa, der auf seiner Flucht vor den Dänen bis hierher gelangte; Startort für den Wasalauf nach Mora. – Noch 69 km weiter nördlich liegt an dem hier zum 70 km langen *Trängsletsjön* aufgestauten *Österdaläv* das Kirchdorf **Särma** (440 m; Touristhotel, 62 B.; zwei Jugendherbergen, 50 u. 30 B.), bis 1644 norwegisch, mit einer Holzkirche von 1690 (1766 erneuert).

3 km südlich der *Mickeltemplet* (624 m; Aussichtsturm), mit herrlichem *Blick auf das im Südwesten bis 1044 m aufragende **Fulufjäll;** an der Nordseite des Fjälls der *Njupeskärfall,* mit 125 m Höhe (70 m freier Fall) Schwedens höchster Wasserfall (erreichbar über einen 3 km langen Wanderpfad vom Dorf Mörkret, 26 km westlich von Särna).

Auf der zur norwegischen Grenze (Zollstation Flötningen; 70 km) weiterziehenden Straße Nr. 295 erreicht man 32 km hinter Särna **Idre,** ein Touristenzentrum am Ufer des hier aufgestauten Österdaläv. Von dort führt die derzeit höchste mit dem Auto befahrbare Straße Schwedens nördlich zum **Nipfjäll** (1191 m; Parkplatz auf etwa 1000 m). Eine andere Straße verläuft von Idre nordwestlich etwa 45 km bergauf zur *Grövelsjönturiststation* am Westhang des über 1200 m hohen *Långfjäll.*

Esbjerg

Staat: Dänemark. – Landschaft: Südwestjütland.
Amtsbezirk: Ribe amt.
Höhe: Meereshöhe. – Einwohnerzahl: 80 000.
Postleitzahl: DK-6700. – Telefonvorwahl: 05.
ⓘ **Esbjerg Turistbyrå,**
Skolegade 33;
Telefon: 12 55 99.
Wahlkonsulat der
Bundesrepublik Deutschland,
Skrågade;
Telefon: 12 75 44.

HOTELS. – *Britannia,* Torvet, 67 B.; *Olympic,* Strandbogade 5, 176 B.; *Bang's Hotel,* Torvet 21, 55 B.; *Esbjerg,* Skolegade 31, 70 B.; *Ansgar Missionshotel,* Skolegade 36, 90 B.; *Bell-Inn,* Skolegade 45, 60 B.; *Palads,* Skolegade 14, 77 B.; *Korskroen,* an der A 1, 11 km nordöstlich, 23 B., Sb. – JUGENDHERBERGE. – CAMPINGPLATZ.

RESTAURANTS. – *Sands Restaurant,* Skolegade 60; *Den røde Okse,* Tarphagevej 9.

Esbjerg ist die fünftgrößte Stadt Dänemarks, ihr Lebensnerv der Hafen, mit dessen Bau 1868 begonnen wurde. Es ist der wichtigste Nordseehafen des Landes (Export landwirtschaftlicher Produkte, Passagierschiffverbindungen mit England und den Färöern) und der größte Fischereihafen. Er dient als Ausgangspunkt der dänischen Erdöl- und Erdgassuche in der Nordsee. Erst seit 1898 hat Esbjerg Stadtrechte.

SEHENSWERTES. – Am Hafen im Stadtpark erhebt sich der *Wasserturm,* schöne Aussicht; daneben der *Kunstpavillon* (1962) mit moderner dänischer Kunst. Am Kai des Fischereihafens liegt die **Fischauktionshalle** (225 m lang; erste Auktion werktags 7 Uhr). Ein Stück weiter nordwestlich am Strand befindet sich das sehenswerte **Fischerei- und Seefahrtsmuseum** (1968) mit Salzwasseraquarium und Seehundbecken (1976). – Nördlich der Innenstadt die moderne *Dreieinigkeitskirche* (1961) mit großem Mosaikfenster. Dahinter der idyllische *Vognsbølpark* und östlich am Kirkevej (A 1) die bereits 1306 erwähnte *Jerne-Kirche.*

UMGEBUNG von Esbjerg. – Vom Hafen erreicht man in 20 Minuten mit der Autofähre die westlich vorgelagerte Insel **Fanø** (2800 Bew.; 55 qkm). Hauptort ist das Fischerdorf

Die dänische Insel Falster liegt zwischen den beiden größeren Inseln Lolland und Seeland. Ihre Ostküste besitzt schöne Sandstrände. Gedser Odde, die Südspitze von Falster, ist Dänemarks südlichster Punkt.

Von Lolland erreicht man über die Frederik-IX-Brücke die schön am Guldborg Sund gelegene größte Stadt der Insel, **Nykøbing** (26000 Einw.; Hotel Baltic, 135 B.; Teaterhotellet, 38 B.; Motel Liselund, Sundby, 50 B.; Campingplatz). Die im Mittelalter gegründete Stadt, jetzt mit reger Industrie (Zucker- und Tabakverarbeitung), hat einige gut erhaltene alte Straßen und Fachwerkhäuser aufzuweisen (Store Kirkestræde, Langgade, Slotsgade). Beachtenswert die Franziskanerkirche (Gråbrødrekirke), 1532 in gotischem Stil als Teil eines Klosters errichtet, im Inneren ein Gemälde (1540)

Auf der dänischen Insel Fanø

Nykøbing auf der Insel Falster

Nordby an der Ostküste (Krogården, 19 B.; Nordby, 24 B.) mit dem Heimatmuseum und einer Kirche aus dem 18. Jahrhundert, im Inneren Schiffsmodelle. – 3 km südwestlich liegt das attraktive Seebad **Vesterhavsbad** (Hotel Kongen af Danmark, 90 B.; Golf Hotel, 40 B.; Kellers, 30 B.; Fanø Bad, 90 B.; Ferienzentrum 'Vesterhavet': Wohnungen für 6-8 Pers., Sb., Hb.; mehrere Campingplätze). Es hat schönen Sandstrand, auf dem man mit dem Auto 17 km zu dem an der Südspitze liegenden pittoresken **Sønderho** (Sønderho Kro, 14 B.; Sønderho, 14 B.; Campingplatz) fahren kann. Das Dorf zeigt gut erhaltene alte Bebauung; in dem bescheidenen Kirchlein viele alte Schiffsmodelle.

Falster

Staat: Dänemark. – Insel Falster.
Amtsbezirk: Storstrøms amt.
Fläche: 514 qkm. – Bewohnerzahl: 50000.
ⓘ **Nykøbing Turistbyrå,**
   Østergade 2,
   DK-4800 Nykøbing F.;
   Telefon: (03) 851303.
   Wahlkonsulat der
   Bundesrepublik Deutschland,
   Frisegade 26,
   DK-4800 Nykøbing F.;
   Telefon: (03) 852700.
   Gedser Turistbyrå,
   Langgade 61,
   DK-4874 Gedser;
   Telefon: (03) 879041.

von Lucas Cranach d. Ä.; ferner das Falster-Gedenkmuseum, in dem nach einem Aufenthalt Peters d. Gr. 'Czarens Hus' genannten Gebäude von 1700.

25 km südöstlich der kleine Hafenort **Gedser** (spr. Jehser; Gedser Hotel, 35 B.; Højvangs Petit Hotel, 21 B.), mit Fährverbindung nach Lübeck-Travemünde (3 St.) und Rostock-Warnemünde (DDR; 1 St. 50 Min.).

Von Nykøbing nach Nordwesten führt die A 2 durch fruchtbare Felder und Weiden; nach 15 km, in *Nørre Alslev,* zweigt eine Straße östlich ab nach **Stubbekøbing** (7300 Einw.; Hotel Elverkroen, 60 B.; Campingplatz). Das schön am Grønsund gelegene alte Städtchen besitzt die älteste Kirche (um 1200) der Insel, vom Turm weite Sicht. Eine Fähre führt in 12 Minuten nach Bogø, von wo man über eine Brücke die Insel Møn (s. dort) erreicht.

4 km hinter Nørre Alslev stößt man auf die über den Guldborg Sund von Lolland kommende E 4, die bald darauf über die **Storstrøm-Brücke** (3211 m lang, 3 Bögen, 51 Pfeiler) zu der kleinen Insel *Masnedø* und von dort über eine Klappbrücke zur Insel Seeland (s. dort; Vordingborg) führt.

Falun

Staat: Schweden. – Gebiet: Mittelschweden.
Provinz: Kopparbergs län. – Landschaft: Dalarna.
Höhe: 113 m ü.d.M. – Einwohnerzahl: 49150.
Postleitzahl: S-791... – Telefonvorwahl: 023.
ⓘ **Falu Turistbyrå,**
Trotzgatan 10,
S-79171 Falun;
Telefon: 8 36 37/38.
Svärdsjö Turistbyrå, (1.6.-31.8.),
Borgärdetsv. 44,
S-79023 Svärdsjö;
Telefon: (02 46) 1 07 10.

HOTELS. – *Grand Hotel,* 96 B.; *Esso Motor Hotel,*
175 B.; *Falun,* 30 B.; *Pensionat Solliden,* 38 B.; *Hotel Astoria,* 38 B. – JUGENDHERBERGE. – CAMPINGPLATZ.

VERANSTALTUNGEN. – Schwedische Skispiele
(Februar).

Die alte Bergwerksstadt Falun, Verwaltungszentrum der Provinz Kopparberg, liegt in Mittelschweden nordwestlich von Stockholm in der Landschaft Dalarna. Sie erstreckt sich an beiden Ufern des Falun-Flusses zwischen dem Varpasee und dem Runnsee.

Obwohl Falun durch die schon vor dem Jahre 1000 entdeckten Kupferlager über viele Jahrhunderte für Schweden von immenser wirtschaftlicher und finanzieller Bedeutung war, erhielt die damals zweitgrößte Stadt des Landes erst 1641 Stadtrechte, als sich ihre Glanzzeit bereits dem Ende näherte. Heute besitzt Falun eine umfangreiche Industrie und wird zum Skilauf besucht.

SEHENSWERTES. – In der Innenstadt liegen alte und neue Bauten eng beieinander. An dem von einem Denkmal des Freiheitshelden Engelbrekt Engelbrektsson (Bauernaufstand im 15. Jh.) geschmückten Großen Platz (Stora Torg) das *Alte Rathaus* (1764), das neue *Verwaltungsgebäude* (1968), die *Kristine-Kirche* (1642-55, Turm 1865; sehenswertes Inneres) und die Hauptverwaltung der Stora Kopparbergs Bergslag AB; im Zentralpalast hatte Selma Lagerlöf eine Wohnung und schrieb hier u.a. "Die wundersame Reise des Nils Holgersson". Westlich, am anderen Flußufer, das *Dalarna-Museum* mit *Kunsthalle* (Trachten, Malerei, Kunsthandwerk u.a.). Beim Nordbahnhof (Norra Station) die *Kopparbergskirche* (14. Jh.), das älteste Bauwerk von Falun.

In den Stadtteilen Östanfors, Gamla Herrgården und Elsborg sieht man noch alte Holzhäuser aus dem 17.-19. Jahrhundert. – Am Ostrand der Stadt das 1973 erbaute *Skistadion* (Schanzentürme bis 52 m hoch, Fahrstuhl, Aus-

sicht); nahebei eine große *Sporthalle* (90×45,5 m).

Die **Falu-Grube** *(Falu Gruva)* begrenzt die Stadt im Südwesten (Zufahrt Gruvgata). Der Tagebau erstreckt sich über eine Fläche von 400×350 m und frißt sich bis 95 m in die Erde; darunter bis in eine Tiefe von 450 m Stollenanlagen. Mitte des 17. Jh. betrug die Ausbeute jährlich etwa 3000 t Rohkupfer, was etwa zwei Drittel der Weltförderung entsprach; Gesamtfördermenge bis heute etwa 500 000 t. Schachteinstürze 1687, 1833 und 1876 führten zum Niedergang der 'Schatzkiste des Reiches' und ließen die *Stora Stöten,* den heutigen Tagebau entstehen; gefördert wird hauptsächlich Schwefelkies, Zink und Blei (Jahreserzmenge ca. 150 000 t). – Die Grube gehört der Stora Kopparbergs Bergslags AB, die wahrscheinlich das älteste Industrieunternehmen der Welt ist;

Kupfertagebau in Falun

schon 1288 wird ihre Vorgängerin in einem bischöflichen Schreiben und 1347 in einem königlichen Privilegienbrief erwähnt. 1888 wurde die Stora Kopparberg eine Aktiengesellschaft (AB), die heute einer der größten Industriekonzerne Schwedens ist mit Schwerpunkten auf Metall und Holzverarbeitung. – *Besichtigung der Grube täglich von Mai bis Ende August. Am Rand des Feldes das *Stora Kopparbergs Museum,* 1771-1785 als Verwaltungsgebäude errichtet, mit Grubenmodellen, Mineralien und einer Kupfermünzensammlung.

UMGEBUNG von Falun. – 14 km nordöstlich der Stadt liegt am Südufer vom *Tofta-See* (119 m) der Ort **Sundborn.** Hier lebte von 1901 bis zu seinem Tode der auch in Deutschland bekannte schwedische Maler Carl Larsson (1853–1919; Aquarellfolge "Das Haus in der Sonne"); sein Grab befindet sich neben der roten Kapelle (1755), die wie das Gemeindehaus Bilder von ihm enthält. Larssons vollständig erhaltenes Wohnhaus ist als Museum eingerichtet (Führungen; Wartezeiten in der Hochsaison). – Von Sundborn lohnt ein Abstecher in das landschaftlich reizvolle *Svärdsjö* am Ostende des Tofta-Sees.

Finnische Seenplatte / Järvi-Suomi
(Finska sjöplåtan)

Staat: Finnland. – Gebiet: Mittelfinnland. Provinzen: Hämeen lääni (Tavastehus län / Häme), Kymen lääni (Kymmene län / Kymi), Mikkelin lääni (Sankt Michels län / Mikkeli), Keski-Suomen lääni (Mellersta Finlands län / Mittelfinnland), Kuopion lääni (Kuopios län / Kuopio) und Pohjois-Karjalan lääni (Norra Karelens län/Nordkarelien).

Die *Finnische Seenplatte mit ihren sehr stark zergliederten Ufern und Tausenden von Inseln bedeckt fast ein Drittel von Finnland, das aus diesem Grunde auch in poetischer Umschreibung als 'Land der 60 000 Seen' bezeichnet wird. Im Osten erstreckt sich das Seengebiet bis zur Grenze der Sowjetunion, südlich endet es an dem mächtigen Endmoränenrücken des Salpausselkä und nördlich an der Barriere des Suomenselkä, der die Wasserscheide zwischen dem Bottnischen und dem Finnischen Meerbusen bildet. Die Harmonie von Wald und Wasser macht das Gebiet zu einem Paradies für Naturfreunde und Bootsfahrer.**

Die Seenplatte besteht im südlichen Finnland im wesentlichen aus drei miteinander lose verbundenen Wasserbekken. Im Westen liegt nördlich von Tampere der kleinere *Näsijärvi*, in der Mitte der langgestreckte **Päijänne** und im Osten der große **Saimasee**, der im Vuoksen einen Abfluß zur Sowjetunion hat. Alle diese Seensysteme liegen etwa 76 bis 78 m über dem Meeresspiegel.

Die Finnische Seenplatte wird von drei wichtigen Straßen in Süd-Nord-Richtung durchzogen, zwischen denen es mehrere Querverbindungen gibt. Am westlichen Rand des Seengebietes zieht die E 4 von Lahti über Jyväskylä und Kärsämäki nach Oulu; die Straße Nr. 5 durchquert von Lahti über Mikkeli und Kuopio die Mitte des Gebiets; schließlich führen die Straßen Nr. 6 und 18 über Lappeenranta und Joensuu im weiten Bogen am östlichen Rand der Seenplatte entlang nach Kajaani und Oulu.

Von Lahti über Jyväskylä nach Oulu (E 4). – **Lahti** (s. dort) liegt an der Südspitze des *Vesijärvi* (113 qkm), der seinerseits das südliche Ende des Päijänne bildet. Am Nordrand der Stadt zweigt von der E 4 rechts die Straße Nr. 5 nach Mikkeli am Saimaa ab. Die E 4 führt durch hügelige, waldreiche Landschaft zu dem kleinen Ausflugsort *Vääksy* (Hotel Tallukka, 288 B., Hb.), bei dem eine Drehbrücke über den *Vääksy-Kanal* führt, der 1871 gebaut wurde und den Vesijärvi mit dem 4 m tiefer gelegenen **Päijänne** verbindet (Schleuse), dessen westlichem Ufer man nun folgt.

Der Päijänne, dessen Wasserspiegel 78 m über dem Meer liegt, erreicht eine Tiefe von 93 m und bedeckt bei einer Länge von etwa 140 km und einer Breite bis 28 km eine Fläche von etwa 1111 qkm. Das teilweise felsige Ufer ist bewaldet und stark zerklüftet. Unmittelbar hinter der Drehbrücke zweigt rechts die Straße Nr. 314 nach *Arsikkala* (7600 Einw.) und weiter über die 6,5 km lange, schmale Landbrücke *Pulkkilanharju* zum Ostufer des Päijänne und an diesem nördlich bis *Sysmä* (7000 Einw.; Hotel Ilolan Kartano, 39 B.; Campingplatz) mit einer Steinkirche aus dem 15. Jahrhundert ab.

Die E 4 erreicht 20 km hinter der genannten Abzweigung das Dorf *Padasjoki* (4800 Einw.; Hotel Nelosmutka, 18 B.; Campingplatz; zwei Bungalowdörfer). Über *Kuhmoinen* gelangt man nach *Jämsä* (12 000 Einw.; Motelli Martin, 50 B.; Hotel Monrepos, 45 B.; Campingplatz), einer Industriestadt mit Papierfabrik an einem wichtigen Straßenknoten, wo die Straße Nr. 9 (E 80) nach Tampere (s. dort) abzweigt. – Die E 4 führt über das herrlich gelegene Kirchdorf *Korpilahti* (Hotel Turistikeidas Pyhimys, 24 B.; Campingplatz) nach *Muurame* mit einer Kirche von Alvar Aalto; kurz danach rechts abseits das Dorf *Säynätsalo* mit einem Gemeindehaus von Alvar Aalto. Dann erreicht man

Jyväskylä (s. dort), schön am Nordufer des *Jyväsjärvi* gelegen. In östlicher Richtung zweigt die Straße Nr. 9 nach Kuopio ab. Die E 4 zieht weiter nach Norden, an der Abzweigung der Straße Nr. 13 zu dem schön gelegenen Dorf *Saarijärvi* vorbei, zu dem jungen Städtchen **Äänekoski** (1,5 km abseits; 11 000 Einw.; Hotel Hirvi, 50 B.; Jugendherberge; Campingplatz) mit Holzindustrie und einem Wasserkraftwerk am Abfluß des *Keitelesees*. 8 km südöstlich das betriebsame Industriestädtchen *Suolahti* (6200 Einw.; Hotel Keitele, 40 B.).

Über *Konginkangas* (etwas abseits gelegen) erreicht man *Viitasaari* (Hotels Pihkuri, 72 B.; Rantasipi Ruuponsaari, 212 B.; Jugendherberge; mehrere Campingplätze), das am Nordende des über 80 km langen, weitverzweigten *Keitelesees* auf einer Insel liegt. Der Ort ist über einen Straßendamm zu erreichen; in seinem Nordteil ein Aussichtsturm. Zu empfehlen ist eine Schiffsfahrt auf dem See, der auch gute Angelmöglichkeiten bietet.

Pihtipudas (Niemenharjun Motelli, 83 B., Hb.) liegt am Nordwestende des Kolimajärvi und an der Nordgrenze Mittelfinnlands. – Am Pyhäjärvi (141 m ü.d.M.) liegt, etwas abseits der Straße, der Grubenort *Pyhäsalmi* mit Eisenerz- und Edelmetallvorkommen. Hier verläßt die E 4 das Gebiet der Seenplatte und führt über *Kärsämäki* und *Leskelä* zu der am Bottnischen Meerbusen gelegenen Stadt **Oulu** (s. dort).

Von Lahti über Mikkeli und Kuopio nach Kajaani (Straße Nr. 5). – Diese durch den mittleren Teil der Seenplatte führende Route geht ebenfalls von **Lahti** (s. dort) aus. Am nördlichen Rand der Stadt führt die Straße Nr. 5 in nordöstlicher Richtung. In *Vierumäki* (rechts abseits) liegt in reizvoller Umgebung die *Staatliche Sportschule* (Hauptgebäude von 1937; Besichtigung möglich). – Die Straße Nr. 5 überquert auf einer Bogenbrücke (schöner Blick) den *Kyminjoki,* der den Päijänne zum Finnischen Meerbusen hin entwässert.

Heinola (16 000 Einw.; Hotel Seurahuone, 41 B.; Jugendherberge; Campingplatz), am Nordufer der *Jyrängönvirta,* einer Stromschnelle des Kyminjoki, seit 1776 Stadt, ist als Erholungsort beliebt und spielt auch als Schul- und Industriezentrum eine Rolle. Neben der schön gelegenen Holzkirche (1811) ein von dem Berliner Architekten Carl Ludwig Engel erbauter Glockenturm (1843).

In *Lusi* führt die Straße Nr. 59 nördlich nach Jyväskylä (s. dort), während die Straße Nr. 5 in nordöstlicher Richtung durch ausgedehnte Wälder und an zahlreichen Seen vorbei der Stadt Mikkeli am Saimaa zustrebt.

40 km nordöstlich von **Mikkeli** (s. dort) zweigt rechts die Straße Nr. 14 nach Savonlinna ab; die Straße Nr. 5 zieht durch waldreiche Landschaft und vorbei an dem Kirchdorf *Joroinen* (Hotel Joronjälki, 106 B.) zu der bedeutenden Industriestadt

Varkaus (25 000 Einw.; Keskus Hotelli, 120 B.; Taipale, 93 B., Sb.; Jugendherberge; Campingplatz), mit Sägewerken, Papier- und Zellulosefabrik, Maschinenfabrik und großen Werften für Binnenschiffe. Besuchenswert ist der gleichzeitig als Wohnhaus dienende neunstöckige Wasserturm von 1954 (schöne Aussicht; im Erdgeschoß ein Kunstmuseum). Von Varkaus bestehen Schiffsverbindungen nach Kuopio und Savonlinna. Dieses ist auch auf einer reizvoll am Ostufer des *Haukivesi* ent-

langführenden Nebenstraße zu erreichen.

Sehr zu empfehlen ist ein AUSFLUG zu den beiden einzigen orthodoxen Klöstern Finnlands. Die Straße Nr. 70 führt von Varkaus nordöstlich nach *Karvio* (55 km). Links biegt eine Straße zum Nonnenkloster **Lintula** in der Gemeinde Palokki ab (Besichtigung; Café; Übernachtungsmöglichkeiten). An der Straße Nr. 70 folgt 8 km weiter die Abzweigung einer Nebenstraße (links) zu dem Mönchskloster **Uusi Valamo** in der Gemeinde Papinniemi, an der Südspitze des Juojärvi. Hier fanden die orthodoxen Mönche eine neue Heimstatt, nachdem sie im Winter 1940, als die Russen in jenes Gebiet vorrückten, ihr altes Kloster Valamo auf einer Insel im Ladogasee hatten verlassen müssen. Sie retteten zahlreiche Ikonen und wertvolles Kirchengerät. Uusi Valamo mit seiner 1976 geweihten Kirche gilt als das größte russisch-orthodoxe Kloster außerhalb der Sowjetunion.

Auf der Straße Nr. 5 erreicht man das Kirchdorf *Leppävirta* (Hotel Kantakievari Leppäkerttu, 120 B., Sb.; Campingplatz) mit einer Steinkirche von 1846, am Nordufer des inselreichen Sees *Unnukka.*

Kuopio (s. dort) liegt auf einer Halbinsel im **Kallavesi,** den die Straße nördlich der Stadt auf einem Damm mit mehreren Brücken überquert. Dahinter links ein Denkmal für General Sandel, der im Jahr 1808 den Russen Widerstand leistete; 2,5 km weiter die Abzweigung der Straße Nr. 17 nach Joensuu. Die Straße Nr. 5 führt über *Siilinjärvi* (Hotel Siilinjärven Kuntoutumiskeskus, 206 B., Sb.) zu der Industriestadt

Iisalmi (22 000 Einw.; Hotels Seurahuone, 80 B.; Koljonvirta, 30 B.; Kaupunginhotelli, 43 B.; Campingplatz) am Nordufer des Porovesi. In der Stadt wurde der Dichter Juhani Aho (1861-1921) geboren, der zur Zeit der beginnenden Industrialisierung den literarischen Realismus in Finnland begründete. Nördlich der Stadt die Holzkirche von Iisalmi-Land.

4 km nördlich von Iisalmi erreicht man eine Straßenteilung: links die Straße Nr. 19 nach Oulu; rechts die Fortsetzung der Straße Nr. 5 nach **Kajaani** (s. dort). – Die Straße Nr. 77 führt von Kajaani am Norduler des Oulujärvi nach **Oulu** (s. dort).

Von Helsinki über Lappeenranta und Joensuu nach Kajaani. – Der östliche Teil der Finnischen Seenplatte wird von einer dritten Route erschlossen, die in ihrem Südteil streckenweise nahe der finnisch-sowjetischen Grenze hinzieht.

Von **Helsinki** (s. dort) nach Lappeenranta am Saimaa gibt es zwei Varianten. Entweder wählt man die E 4 nach Lahti, dann die östlich nach Kouvola ziehende Straße Nr. 12.

Kouvola (30 000 Einw., Hotels Cumulus, 222 B.; Valkeala, 110 B., Sb.; Hilppa, 40 B.; Turistihovi, 65 B.; Jugendherberge; Campingplatz), Verwaltungszentrum der Provinz Kymen lääni und Sitz einer Musikhochschule. – 6,5 km nordwestlich am *Kymenjoki* der Industrieort *Kuusankoski* mit großen Papierwerken. – 47 km nördlich von Kouvola am *Vuohinjärvi* das Freizeitzentrum *Orilampi* (Wassersport, Hallenbad, Tennisplätze u. a.). – Bei Kouvola mündet die Straße Nr. 15 von Kotka am Finnischen Meerbusen in die Straße Nr. 6, der man nun folgt.

Von Helsinki aus kann man auch zunächst die in einiger Entfernung dem Finnischen Meerbusen folgende Straße Nr. 7 wählen. Über **Porvoo** (s. dort) und *Loviisa* (Hotels Zilton, 22 B.; Skandinavia, 36 B., Sb.; Motelli Z, 23 B.), mit Resten der alten Stadtbefestigung, und **Kotka** (35 000 Einw.; Hotels Seurahuone, 74 B.; Kymen Motelli, 63 B.; Ruotsinsalmi, 63 B.), mit großem Exporthafen, erreicht man die Abzweigung der Straße Nr. 15 nach Kouvola, der man nun folgt.

Anjala ist ein kleines Kirchdorf mit einem als Museum eingerichteten Herrengut von 1790 und einer Holzkirche von 1756. – Über den Industrieort *Myllykoski* mit einer Papierfabrik nach Kouvola und weiter auf der Straße Nr. 6 in östlicher Richtung am Nordrand des *Salpausselkä* entlang.

Lappeenranta (s. dort) liegt am Südende des *Saimaa* (s. dort); nach 7 km bei *Lauritsala* überquert man den Saimaa-Kanal.

Imatra (s. bei Lappeenranta), nur 6,5 km von der Grenze zur Sowjetunion entfernt, besitzt große holzverarbeitende Betriebe. – Bei *Särkisalmi* zweigt links die Straße Nr. 14 ab, die einen lohnenden Abstecher nach Savonlinna bildet.

Die Straße Nr. 14 führt nach Nordwesten und erreicht auf landschaftlich reizvoller Strecke den Ort *Punkaniemi* am *Punkasalmi,* der den nördlich gelegenen *Puruvesi* mit dem *Väistönselkä* verbindet. Weiter auf dem schmalen Damm neben der Eisenbahnlinie hin und über den etwa 7 km langen und bis 25 m hohen Hügelrücken *Punkaharju (Natur-schutzgebiet). Der nach beiden Seiten recht steil abfallende Rücken, ein Relikt der Schmelzwasserströme aus der letzten Eiszeit, ist mit Kiefern-, Lärchen- und Birkenwald bedeckt und wird von mehreren Wanderwegen durchzogen. – Bei *Antolla* verläßt man die nach **Savonlinna** (s. dort) weiterführende Straße Nr. 14 und folgt der rechts nach Kerimäki führenden Straße Nr. 71.

Naturschutzgebiet Punkaharju

Kerimäki (Hotel Herttua, 102 B.), am Ostufer des Puruvesi, ist bekannt durch seine riesige Holzkirche (1847 geweiht; 5000 Sitzplätze), die von einem in die USA ausgewanderten Mitglied der Gemeinde gestiftet wurde. Die Kirche soll nur deshalb so riesig geworden sein, weil die auf den Plänen des Stifters in Fuß eingetragenen Maße beim Bau als Meterangaben angesehen wurden. In der Kirche finden einige der Veranstaltungen des 'Musiksommers von Savonlinna' (s. dort) statt. – Bei *Puhos* erreicht man wieder die Straße Nr. 6, die vom Ostufer des Puruvesi kommt.

An den Orten *Onkamo* und *Pyhäselkä* vorbei kommt man nach **Joensuu** (s. dort), der Hauptstadt von Nordkarelien. Von hier bildet die Straße Nr. 17 eine Querverbindung nach Kuopio. – Von Joensuu weiter auf der Straße Nr. 18 bis zu einer Straßenteilung bei *Uura*.

Die Straße Nr. 73 führt über *Eno* (Hotel Pihkanokka, 21 B.) nach *Uimaharju* am Südende des **Pielinen**, eines 1095 qkm großen Sees, dessen Ostufer man nun auf landschaftlich lohnender Strecke folgt.

Lieksa (Hotels Aigabriha, 40 B., Hb.; Kaatrahovi, 18 B.; Jugendherberge; Campingplatz) besitzt ein Freilichtmuseum mit etwa 60 alten Gebäuden und ist als Wassersportzentrum beliebt. – Ein lohnender Ausflug führt zu den Stromschnellen von *Ruuna* (25 km nordöstlich).

Die Straße Nr. 73 folgt weiter dem Ufer des Pielinen und mündet hinter *Nurmes* wieder in die Straße Nr. 18.

Von der genannten Straßenteilung bei Uura führt die Straße Nr. 18 nördlich zu dem Höhenzug des *Karjajanselkä,* der den Pielinen südwestlich begrenzt. Bei *Ahmovaara* rechts eine Straße zu den *Koli-Bergen (s. dort).

In *Juuka,* einem langgestreckten Dorf am Westufer des Pielinen, steht eine Holzkirche mit freistehendem Turm. Der *Pielisjoki* stellt mit mehreren Schleusen die Verbindung zum Saimaa (s. dort) her.

In ihrem weiteren Verlauf überquert die Straße den *Suomenselkä* und erreicht bei **Kajaani** (s. dort) die Straße Nr. 77 nach **Oulu** (s. dort).

Frederikshavn

Staat: Dänemark. – Landschaft: Nordjütland. Amtsbez.: Nordjyllands amt.
Höhe: Meereshöhe. – Einwohnerzahl: 35 000.
Postleitzahl: DK-9900. – Telefonvorwahl: 08.
(i) **Turist-Terminalen,**
Trafikhavnen;
Telefon: 4236 66.
*Wahlkonsulat der
Bundesrepublik Deutschland,*
Rimmensgade 9-11;
Telefon: 4200 11.

HOTELS. – *Jutlandia,* Havnepl. 1, *170 B.; Hoffmanns Hotel,* Danmarksg. 62, 127 B.; *Mariehønen,* Danmarksg. 40, 71 B.; *Park Hotel,* Jernbaneg. 7, 80 B.; *Motel Lisboa,* Sønderg. 248, 82 B.; *Turisthotellet,* Margrethevej 5-7, 44 B. – JUGENDHERBERGE: Buhlsvej 6. – CAMPINGPLATZ: Apholmenvej 40.

Die betriebsame dänische Hafen- und Industriestadt (Werften, Motorenbau) im Norden der Halbinsel Jütland hieß Fladstrand, bevor sie 1818 die Stadtrechte erhielt. Vom befestigten Naturhafen aus gehen Fährverbindungen nach Göteborg, Larvik, Fredrikstad und Oslo.

SEHENSWERTES. – Inmitten der Stadt liegt am Hafen der ehemalige *Pulverturm* (Krudttårnet, 1688), der heute eine Sammlung von Waffen seit etwa 1600 beherbergt. Nördlich des Fischereihafens erstreckt sich der älteste Stadtteil F i s k e r k l y n g e n mit zahlreichen gut erhaltenen Häusern aus dem 17. Jahrhundert. Vom Stadtzentrum 4 km entfernt (Gærumvej/Brønderslevvej) der 58 m hohe *Cloosturm,* 165 m ü.d.M., weite Sicht. In der Nähe am Gærumvej die *Eisenzeitkeller* (Jernalderkældrene) mit örtlichen Funden aus der frühen Eisenzeit. – 3 km südwestlich (Møllehus Allé) steht in einem 50 ha großen Wald- und Parkgelände das Herrenhaus *Bangsbo* (1750), heute Museum, u. a. mit einer Abteilung für Schiffsmodelle und Galionsfiguren sowie einer Sammlung von über 1000 bearbeiteten Steinen, die ältesten aus vorgeschichtlicher Zeit. – Unweit südlich erheben sich die *Pikkerbakken* (Pikkerhügel) mit einem herrlichen Blick auf Frederikshavn, das Hinterland und das Meer.

UMGEBUNG von Frederikshavn – Mit der Fähre erreicht man in 1 St. 40 Min. die Kattegat-Insel **Læsø** (2800 Bew.; 116 qkm; in Vesterø Havn Carlsens Hotel, 12 B.; Sømandshjem, 28 B.; Jugendherberge; Campingplatz; in Østerby Havn Østerby Hotel, 9 B.; Sømandshjem, 14 B.; Campingplatz). Zwei Drittel der Insel sind unbewohnt; im Norden erstreckt sich die bis 28 m hohe Sanddüne **Højsand.** Der Hauptort **Byrum** besitzt ein Heimatmuseum in einem 200 Jahre alten Gehöft. Bei Ebbe werden Ausflüge mit Pferdewagen zu der kleinen Insel *Hornfiskrøn* unternommen.

12 km südlich über die E 3 / A 10 erreicht man den Fischer- und Badeort **Sæby** (17 500 Einw.; Hotel Viking, 44 B.; Dania, 16 B.; Harmonien, 30 B.; Jugendherberge; mehrere Campingplätze); in Strandnähe die zu einem Kloster von 1469 gehörende St. Marienkirche, mit reichem Freskenschmuck (um 1500).

Nördlich führt die A 10 zwischen Feldern, Wald, Heide und Dünen hin; nach etwa 38 km (2,5 km vor Skagen) rechts ein Weg (Wegweiser) zu einem $^1/_2$ km östlich gelegenen Parkplatz; von dort sandiger Fußweg in ca. 10 Minuten zu dem aus den Dünen aufragenden, vom Flugsand halb verschütteten *Turm* der ehemaligen Kirche von Skagen, deren Schiff 1795 abgebrochen wurde.

Versandeter Kirchturm bei Skagen (Nordjütland)

2,5 km weiter auf der A 10 erreicht man **Skagen** (14 000 Einw.; Hotel Skagen, 86 B., Sb.; Brøndums Hotel, 67 B.; Foldens Hotel, 26 B.; in Gamle Skagen Jeckels Hotel, 90 B.; Ruth's Hotel, 110 B.; Ferienwohnungen; Jugendherberge), die an der Nordspitze Jütlands gelegene, als Seebad besonders von Künstlern vielbesuchte nördlichste Stadt Dänemarks. Der neuere Ortsteil zieht sich in den Dünen am Kattegat hin und besitzt einen Fischereihafen (Fischauktionshalle) sowie ein kleines Kunstmuseum mit Gemälden und Skulpturen, ein Freilichtmuseum und ein Rathaus von 1968. Der ältere Ortsteil, Gamle Skagen, liegt an der Skagerrak-Seite.

Die Straße führt von Skagen noch 3,5 km weiter und endet hinter dem 44 m hohen Leuchtturm von *Grenen* an einem Parkplatz (Restaur.) in den Dünen. In der Nähe das Grab des dänischen Dichters Holger Drachmann (1846-1908), des 'Sängers der Meere'. Vom Parkplatz gelangt man mit 'Sandormen' (Traktoren mit Omnibusanhänger), bei Trockenheit auch mit dem eigenen Wagen (links), am lohnendsten aber zu Fuß (15 Min.) zur Nordspitze von Jütland, wo die Wasser von Skagerrak und Kattegat gegeneinander branden (Baden lebensgefährlich!).

Fünen / Fyn

Staat: Dänemark. – Insel Fünen (Fyn).
Amtsbezirk: Fyns amt.
Fläche: 3486 qkm. – Bewohnerzahl: 444 000.

ⓘ **Odense Turistforening,**
Rådhuset,
DK-5000 Odense;
Telefon: (09) 12 75 20.
Middelfart Turistbureau,
Algade 64,
DK-5500 Middelfart;
Telefon: (09) 41 17 88.
Fåborg Turistbureau,
Havnegade 2,
DK-5600 Fåborg;
Telefon: (09) 61 07 07.
Svendborg Turistbureau,
Møllergade 20,
DK-5700 Svendborg;
Telefon: (09) 21 09 80.
Nyborg Turistbureau,
Gammel Torv 4,
DK-5800 Nyborg;
Telefon: (09) 31 02 80.

Fünen (Fyn) ist die zweitgrößte Insel Dänemarks und liegt zwischen Jütland und der Insel Seeland. Aufgrund ihres fruchtbaren Bodens wird sie oft der 'Garten Dänemarks' genannt; sie besitzt zahlreiche Kulturdenkmäler, insbesondere schöne alte Herrensitze. Verwaltungszentrum und kultureller Mittelpunkt ist die Andersen-Stadt Odense.

Von Jütland aus erreicht man Fünen über den **Kleinen Belt** auf einer der beiden großen Brücken: Die ältere (südlich; 1935) ist eine Beton-Stahlkonstruktion (1178 m lang, lichte Höhe 33 m); die neue (nördlich in Sichtweite; 1970) ist die erste Hängebrücke Dänemarks (1080 m lang, Spannweite 600 m, Durchfahrtshöhe 42 m; schöner Ausblick). Man gelangt so nach **Middelfart** (18 000 Einw.; Hotel Stavrby Skov, 80 B.; Melfar, 67 B.; Campingplatz); sehenswert sind die alte Königsburg Schloß Hindsgavl auf der gleichnamigen Halbinsel (westlich vom Zentrum) mit dem 1784 errichteten Hauptgebäude und schönem Park, das Heimatmuseum im 'Henner Frisers Hus' von 1600 und die Kirche mit beachtenswertem Inneren.

Von Middelfart nach **Odense** (s. dort) gelangt man entweder auf der Autobahn (A 1; 45 km) oder auf der alten, landschaftlich reizvolleren Straße (51 km), die die Autobahn nach 12 bzw. 24 km kreuzt und 10 km vor Odense in dieselbe einmündet.

Von Middelfart sind es 40 km bis **Assens** (11 100 Einw.; Hotel Lillebælt, 30 B.; Marcussens Hotel, 13 B.) am Kleinen Belt, einem alten Städtchen mit zahlreichen Fachwerkhäusern aus dem 16. und 17. Jahrhundert sowie einer 60 m langen Kirche (1488) mit beach-

tenswertem Inneren. Von hier bestehen Bootsverbindungen zu den beiden nordwestlich im Kleinen Belt liegenden Inseln *Bågø* (30 Min.) und *Brandsø* ($1^1/_4$ St.).

Von Assens nach Odense, in nordöstlicher Richtung, sind es 39 km. Nach 8 km links der *Øksnebjerg* (85 m) mit einem Gedenkstein für Joh. Rantzau, der 1535 die Lübecker und ein Bauernheer besiegte, sowie einer Windmühle von 1859. Rechts der *Skovsbjerg* (97 m). Lohnender Abstecher links nach *Glambsbjerg, Krengerup* und *Frøbjerg* mit Fünens höchstem Berg (131 m; herrliche Aussicht, Parkplatz).

Fünen ist auch über die Insel Alsen zu erreichen. Die Fähre von *Fynshav* überquert in 45 Minuten den Kleinen Belt und legt in *Bøjden* auf Fünen an. Die Hauptstraße A 8 führt nach 9 km an der $1^1/_2$ km südlich liegenden Stadt **Fåborg** vorbei (18 000 Einw.; Feriehotel Klinten, Ferienwohnungen, Hb.; Fåborg Fjord, 80 B.; Steensgaard Herregårdspension, 30 B.; Jugendherberge; Campingplätze). Der Ort zeigt gut erhaltene alte Häuser und Straßen (Westtor), einen Glokkenturm mit Fünens größtem Glockenspiel sowie ein Museum mit einer umfassenden Gemäldesammlung der 'fünschen Maler' und Skulpturen des in Svendborg geborenen Bildhauers Kai Nielsen (1882–1924). – 2 km östlich die 600 Jahre alte, 1968 renovierte Wassermühle *Kaleko Mølle* (Museum). – Fåborg hat eine Fährverbindung mit Gelting (2 St.), etwa eine Stunde dauert es mit dem Boot zur Insel **Ærø.**

Die A 8 nach Nyborg (48 km) führt hinter Fåborg durch die hügeligen sogenannten **Fünenschen Alpen**. Links der *Lerbjerg* (126 m). 9 km von Fåborg rechts das Schloß *Brahetrolleborg* (z. T. 12. Jh.), mit großem Park, an dessen Eingang der 'Humlehaven' liegt, ein Restaurant und eine Galerie mit moderner Kunst und Antiquitäten. – 9 km weiter links abseits der Straße der im 16. Jahrhundert auf Eichenpfählen in einem See errichtete schöne Herrensitz *Egeskov (Oldtimer-Museum), eines der am besten erhaltenen Wasserschlösser Europas (gebaut 1524 bis 1554), mit herrlichem Park. – Bis Nyborg 25 km.

Die Straße von Fåborg nach Svendborg (26 km) verläßt bald das Ufer der Fåborger Bucht, nach 22 km links der unzugängliche Herrensitz *Hvidkilde* (Mittelbau um 1560). – Weiter nach **Svendborg** (37 450 Einw.; Hotel Svendborg, 100 B.; Royal, 40 B.; Christiansminde, Ferienwohnungen, Sb.; Tre Roser, Ferienwohnungen; Jugendherberge; mehrere Campingplätze), einer hübsch am

Svendsborgsund gelegenen Stadt (Tabak-, Verpackungs- und Werftindustrie). Ein empfehlenswerter Spaziergang führt dem Strand entlang zu dem südwestlich gelegenen Wald C h r i s t i a n s m i n d e, mit herrlicher Aussicht über den Sund auf die Insel Tåsinge. – Sehenswert ist die romanische Kirche St. Nikolai (1220; 1892 restauriert) mit schöner Innenausstattung. Das Stadtmuseum ist in zwei Häusern untergebracht, das eine, 'Anne Hvides Gård', ist der älteste Profanbau der Stadt (1560; renoviert 1978). An verschiedenen Plätzen finden sich Skulpturen des einheimischen Malers und Bildhauers Kai Nielsen (u. a. bei der Nikolaikirche, bei der Bibliothek und der Schwimmhalle).

Von Svendborg führt eine mächtige Brücke (1966; 1200 m lang, Durchfahrtshöhe 33 m) nach Vindeby auf der Insel **Tåsinge** (70 qkm; in Troense: Hotel Troense, 60 B.; Motel Troense, 15 B.; in Vindeby: Park-Pavillonen, 10 B.; Vindebyøre-Ferienzentrum, Hütten- und Campingplatz). 3 km südöstlich das Dorf *Troense* mit malerischer Dorfstraße; 1 km südlich Valdemarsslot, mit Seefahrtsmuseum und schöner Parkanlage. – Vom Turm der Dorfkirche (74 m ü.d.M.) in *Bregninge* weite *Sicht. Im Museum eine Abteilung über Graf Sparre und Elvira Madigan und deren romantisch-tragische Liebe; sie sind auf dem 3 km südlich gelegenen Friedhof von Landet begraben.

Von der Südostseite der Insel Tåsinge führen ein Damm und eine Brücke (1962; 1700 m lang, drittlängste Brücke Dänemarks) über die kleine Insel *Siø* zu der beliebten Ausflugsinsel **Langeland** im Großen Belt (184 qkm; 52 km lang, 3-11 km breit). Ihre Hauptstadt ist **Rudkøbing** an der Westküste (7000 Einw.; Hotel Langeland, 58 B.; Skandinavien, 15 B.; Jugendherberge; Campingplatz). Sehenswert ist die Kirche, ältester Teil spätromanisch (ca. 1100), Turm von 1621; viele alte Häuser und Straßen. Langelands Museum zeigt ein sehenswertes Wikingergrab. – Von *Bagenkop* im Südwesten der Insel (Bagenkop Kro, 12 B.; zwei Campingplätze) Fährverbindung nach Kiel (2¼ St.); von *Lohals* im Nordwesten der Insel nach Korsør (1½ St.).

Von Svendborg besteht eine Bootsverbindung zu der südwestlich im Kleinen Belt liegenden Insel **Ærø** (1¼ St.). Sie ist 88 qkm groß; einzige Stadt ist das im Norden gelegene **Ærøskøbing** (490 Einw.; Hotel Ærøhus, 66 B.; Phønix, 15 B.; Campingplatz und Ferienzentrum). Das altertümliche Städtchen hat 36 unter Denkmalschutz stehende Häuser aus dem 17. und 18. Jh. sowie ein Flaschenschiffmuseum (750 Modell- und Flaschenschiffe). – 13 km von Ærøskøbing an der Ostküste liegt der geschäftige Hafen- und Fischerort **Marstal** (4000 Einw.; Hotel Ærø, 63 B.; Danmark, 22 B.; Jugendherberge; Campingplatz). Im Museum befinden sich u. a. 100 Schiffsmodelle; sehenswert ferner die Kirche von 1737 (Turm 1920) sowie Häuser aus dem 17. Jahrhundert.

Östlich der Svendborg-Brücke führt ein Damm zu der Badeinsel **Thurø** (Hotel-Garni Røgeriet, 27 B.; Campingplätze).

Die Landstraße von Svendborg nach Nyborg (34 km) verläuft inlands und bietet verschiedene Möglichkeiten für lohnende Abstecher. Nach 12 km biegt ein Sträßchen zu dem 4 km entfernt liegenden Badeort *Lundeborg* ab, nach 2 km Abzweigung zu dem Herrensitz *Hesselagergård* (1½ km), 1538 gebaut; kein Zutritt. Nach weiteren 6 km auf der Hauptstraße beim Dorf *Langå* Abzweigung nach links zu dem 2 km entfernten, auf Pfählen gebauten Herrensitz *Rygård* (16. Jh.). – Nur 1 km nördlich von Langå links ein Abstecher zu dem Herrensitz *Glorup* (16. Jh.), mit schönem 15 ha großem Park, sonntags und donnerstags geöffnet. – Nach weiteren 11 km auf der Hauptstraße rechts das Renaissanceschloß *Holckenhavn* (1580-1630), mit reichhaltig ausgestatteter Kapelle; der ca. 12 ha große Park ist dienstags und samstags zugänglich. – 3 km bis **Nyborg** (18000 Einw.; Hotel Hesselet, 86 B., Hb.; Nyborg Strand, 400 B.; Nyborg, 90 B.; zwei Campingplätze), eine schön gelegene Hafenstadt am Großen Belt, von 1200-1430 Reichshauptstadt. Das Königsschloß wurde im 12. Jahrhundert zur Überwachung des Großen Belt gebaut, 1917-23 restauriert; schöne Wehranlagen. Ferner sehenswert eine gotische Kirche aus dem 15. Jahrhundert und das Landtor (1666). – 4½ km bis *Knudshoved,* dann Fähre (50 Min.) über den hier 26 km breiten Belt nach *Halsskov* auf Seeland.

Schloß Nyborg auf Fünen

Von Odense wählt man entweder den direkten Weg nach Nyborg bzw. Knudshoved (29 bzw. $33^1/_2$ km) oder über Kerteminde (Umweg 12 km). Zunächst 9 km auf der A 1, geradeaus nach Nyborg, dann links nach Kerteminde. Noch 9 km bis zum Dorf *Ladby;* $1^1/_2$ km nördlich (Wegw. 'Ladbyskibet') die Fundstelle (1935) eines 22 m langen Wikingerschiffes, überdacht und als Museum eingerichtet. – 5 km bis **Kerteminde** (10 000 Einw.; Tornøes Hotel, 27 B.; Dosseringen, 10 B.; Jugendherberge; zwei Campingplätze). Die alte Fischerstadt liegt schön an der Kerteminder Bucht und besitzt zahlreiche alte Häuser; Stadtmuseum in einem Fachwerkhaus von 1630; Kirche vermutlich von ca. 1200. – Lohnender Ausflug in nördlicher Richtung zur Halbinsel *Hindsholm* mit ihrem im Vergleich zu Fünen rauheren Klima. Reizvolle Landschaft, zunächst hügelig, dann flach zur Nordspitze *Fyns Hoved* abfallend. Die Straße endet nach 16 km bei *Nordskov;* schöne Strände.

Von Kerteminde wieder südöstlich zunächst an der Bucht entlang 13 km bis *Avnslev,* wo man wieder die A 1 erreicht; links nach Nyborg, nach 3 km Straßenteilung. Die Autobahn führt nördlich an der Stadt vorbei zum Fährhafen *Knudshoved* ($8^1/_2$ km).

Gällivare

Staat: Schweden. – Gebiet: Nordschweden. Provinz: Norbottens län. – Landschaft: Lappland. Höhe: 359 m ü.d.M. – Einwohnerzahl: 25 000. Postleitzahl: S-97200. – Telefonvorwahl: 09 70.
(i) **Gällivare Turistbyrå** (März-August), Lasarettgatan 14; Telefon: 1 36 30.

HOTELS. – *Dundret,* 20 B.; *Hotell Polar AB,* 80 B.; *Hotell Vassara,* 83 B.; *Vietas Turistanläggning* (STF), 40 B.; *Saltoluokta Fjällstation* (STF), 87 B. – Feriendörfer *Dundret* und *Tjuonajokk* (Anglerlager). – JUGENDHERBERGE. – CAMPINGPLATZ.

Die nordschwedische Stadt Gällivare verdankt ihre Existenz dem Eisenerz. Sie liegt am Vásarajärvi ('Hammersee'; lappisch Vádtscherjaure), 70 km nördlich des Polarkreises; die Mitternachtssonne scheint hier zwischen 2. Juni und 12. Juli.

ANREISE. – Gällivare erreicht man entweder auf der Straße Nr. 97 über Jokkmokk (96 km), die am Muddus-Nationalpark (östlich) vorbeiführt und bei dem Ort Porjus die Südspitze des Sees Stora Lulevatten berührt, oder von Luleå zunächst auf der E 4 bis Töre (54 km) und dann auf der Straße Nr. 98 bis Överkalix (51 km) und weitere 128 km bis Gällivare.

Die Erzlager im Gebiet von Gällivare sind seit Anfang des 18. Jahrhunderts bekannt. Eine englische Gesellschaft begann sie 1869 auszubeuten und eine

Eisenbahnstrecke nach Luleå zu bauen (1884). Sechs Jahre später verkaufte sie die Anlage an den schwedischen Staat. Er übernahm 1957 auch die bis dahin private Grubengesellschaft Luossavaara-Kiirunavaara AB (LKAB). Die Erzlager werden auf 400 Mio. t geschätzt; der Eisengehalt beträgt 62-70 %. Der Export geht im Sommer meist über Luleå, nur ein geringer Teil wird in Luleå bei der Svenska Stål AB, einer staatlichen Konzernschwester der LKAB, oder anderen schwedischen Stahlwerken weiterverarbeitet.

SEHENSWERTES. – Romantische **Holzkirche** (1881), auch 'Ein-Öre-Kirche' genannt, weil jeder Steuerzahler dafür eine Öre 'opfern' mußte. *Lappeninternat* (im Sommer Jugendherberge); in der Oberstufe des Gymnasiums Sonderfächer für Lappen.

UMGEBUNG von Gällivare. – 5 km südwestlich der Berg **Dundret* mit dem gleichnamigen Freizeitzentrum. Vom Berggipfel (823 m) herrliche Aussicht, Aufstieg in $1^1/_2$ bis $1^3/_4$ St., auch Seilbahn, Hütte; attraktives Wintersportgebiet. – 6 km nördlich der Erzberg **Malmberget** mit den Gipfeln *Välkomman* (617 m), *Kungsryggen* (580 m) und *Kaptenshöjden* (518 m). Am Fuß die Bergarbeitersiedlung *Malmberget* (Malm Hotell, 46 B.); schöne Aussicht zum Dundret. Die Allerheiligenkirche (1944) mußte vor ein paar Jahren verlegt werden, da sie in einem Stollen zu versinken drohte. Ihr Altar besteht aus einem Block Malmberg-Erz. Im Verwaltungsgebäude der LKAB ein Grubenmuseum. Grubenbesichtigung möglich (ca. 250 km unterirdische Stollen und Wege). – 4 km nordöstlich von Malmberget die Eisenerzgruben von *Koskullskulle.*

Gävle

Staat: Schweden. – Gebiet: Mittelschweden. Provinz: Gävleborgs län. – Landschaft: Gästrikland. Höhe: Meereshöhe. – Einwohnerzahl: 87 500. Postleitzahl: S-800 . .-805 . . . – Telefonvorwahl: 0 26.
(i) **Gävle Turistbyrå,** Norra Kungsgatan 1, S-80352 Gävle; Telefon: 18 83 90 und 11 49 55.

HOTELS. – *Grand Central,* Nygatan 45, 300 B.; *Esso Motor Hotel,* Johannelötsvägen 6, 375 B.; *Esso Motor Hotel,* Hemlingby, 215 B., Hb.; *Aveny,* Södre Kungsgatan 31, 60 B.; *Gävle,* Staketgatan 44, 120 B.; *Boulogne,* Byggmastargatan 1, 14 B. JUGENDHERBERGE. – CAMPINGPLATZ.

Die zwischen Stockholm und Sundsvall gelegene betriebsame Handels- und Industriestadt Gävle (spr. Jähwle) ist Verwaltungssitz der Provinz Gävleborgs Län, die aus den Landschaften Gästrikland und Hälsingland besteht. Sie erstreckt sich zu beiden Seiten des Flusses Gävleå, der hier in den Bottnischen Meerbusen einmündet.

Gävle ist die größte und älteste Stadt Norrlands und spielt mit ihren modernen Hafenanlagen für die Ausfuhr von Holz und Erzen eine bedeutende Rolle. Nach einem Brand im Jahr 1869, der die nördlich des Flusses gelegenen Stadtteile zerstörte, wurde Gävle neu aufgebaut.

SEHENSWERTES. – Am Rathausplatz (Rådhus Torget), unmittelbar nördlich des Flusses, steht das *Rathaus* (18. Jh.) und das *Stadthaus* (Stadshuset, 1803-05). Von hier ziehen die breiten, parallel verlaufenden Straßen Rådmansgata und Norra Kungsgata zum hübsch gelegenen *Theater.*

Vom Rathausplatz südwestlich gelangt man durch die Drottninggata zur *Dreifaltigkeitskirche,* dem nach dem Schloß zweitältesten Gebäude der Stadt. Sie wurde 1654 fertiggestellt und 1936-38 sowie 1954 restauriert. Weiter am nördlichen Flußufer hin zum schönen *Stadtgarten* (Stadsträdgården).

Unweit südlich vom Rathausplatz, am anderen Ufer des Flusses, das 1583-93 von König Johann III. erbaute, 1792 erneuerte **Schloß** (heute Sitz des Regierungspräsidenten). Östlich vom Schloß, jenseits der Södra Kungsgata, das sehenswerte **Museum** mit Sammlungen zur Stadtgeschichte, modernen Gemälden und Skulpturen sowie einer prähistorischen Abteilung, die u. a. ein 1948 bei Björke ausgegrabenes Boot von etwa 100 n. Chr., wie es Tacitus in seiner 'Germania' beschreibt, sowie ein von den Wikingern hierher gebrachtes persisches Lämpchen enthält. – Südlich vom Museum an der Södra Centralgata das *Volkshaus* (Folkets hus, 1946). An der südlichen Ausfahrt der sorgfältig renovierte Stadtteil GAMLA GÄVLE (Alt Gävle) mit zahlreichen Holzhäusern aus dem 18. Jahrhundert, wo heute verschiedene Künstler und Handwerker wohnen. – 1 km westlich vom Schloß das *Museum Silvanum* (Forstwirtschaft) mit interessantem Park.

UMGEBUNG von Gävle. – 3 km südöstlich liegt das Gräberfeld von *Järvsta* mit einem Runenstein; östlich von hier an der Gävle-Bucht das kleine Seebad *Furuvik* mit Sand- und Felsstrand (Tier- und Vergnügungspark). – Noch weiter durch den Hafen- und Industrieort *Skutskär* (Holzverarbeitung) und über den beiden Armen des *Dalälv* hinweg, an dessen drei Armen der Ort **Älvkarleby** (10000 Einw.; Turist Hotell, 100 B.; Pensionat Kronsäter, 27 B.; Campingplatz) liegt. Er besitzt eine Kirche aus dem 15. Jahrhundert mit beachtenswerten Wandmalereien sowie eine Lachszuchtanstalt. Die einst imposanten Wasserfälle haben durch den Bau eines Kraftwerks ihren Reiz verloren. Oberhalb des Kraftwerks, gegenüber der Insel Flakö, ein Versuchslaboratorium für Hydraulik mit Modellen von Wasserkraftanlagen. – 8 km nordöstlich das erste Windkraftwerk Schwedens, eine Versuchsanlage mit 23 m hohem Turm.

Von Gävle führt die Straße Nr. 80 westlich in Richtung Falun (s. dort). Nach 3 km der Ort *Valbo* mit einer Kirche aus dem 14. Jahrhundert und einem Runenstein (um 100 n. Chr.). Dann erreicht man *Mackmyra* mit einer stillgelegten Eisenhütte von 1885 und schließlich den am Nordufer des Storsjö gelegenen Industrieort **Sandviken** (71 m ü.d.M.; 43000 Einw.; Stadhotel, 74 B.; Eos Car Hotel, 94 B.; Gillet, 27 B.; Hammaren, 60 B.). Der Ort wird beherrscht von einem 1862 gegründeten großen Stahlwerk, dem ältesten Bessemerwerk Schwedens. – Am Südufer des Storsjö die Kirche von *Årsunda* (um 1450), mit Wandgemälden und einem flämischen Altar aus dem Mittelalter.

Geirangerfjord

Staat: Norwegen. – Gebiet: Mittelnorwegen. Provinz: Møre og Romsdal fylke.

Der **Geirangerfjord und die ihn umgebende Landschaft zählen zu den größten Naturschönheiten, die Norwegen zu bieten hat. Er bildet die östliche Fortsetzung des Sunnylvsfjords, der seinerseits vom Storfjord abzweigt. Die Ufer des Geirangerfjords sind besonders reich an Wasserfällen und schönen Ausblicken.

Die enge und kurvenreiche Straße nach Geiranger am östlichen Ende des Fjords zweigt westlich Grotli von der aus dem Gudbrandsdal (s. dort) kommenden und zum Nordfjord (s. dort) führenden Straße Nr. 15 nördlich ab.

Grotli (870 m ü.d.M.; Høyfjellshotell, 107 B.), ein wichtiger Straßenknoten, ist oft bis weit in den Sommer hinein verschneit. Etwa 15 km westlich beginnt die Straße Nr. 58, der man nun folgt. Zunächst fährt man durch kahle Hochgebirgslandschaft am Nordufer des im Norden von der *Breidalsegga* und im Süden von der *Vassvendegga* eingeschlossenen *Breidalsvann* (880 m ü.d.M.) entlang, dann an zwei kleineren Seen (links) vorbei. Nach 18 km links das oft bis zum August mit Eis bedeckte *Djupvann* (1004 m ü.d.M.), nach weiteren 2 km der mit 1038 m höchste Punkt der vom 1. Juni bis 15. Oktober befahrbaren Paßstraße. Südlich des Sees die steilen Wände der *Grasdalsegga* (1570 m). Am Westende des Sees das Hotel *Djupvashytta* (1020 m ü.d.M.; 30 B.), das auch zum Sommerskilauf besucht wird (Ende Juni Skirennen).

Hier zweigt rechts die normalerweise vom 1. Juni bis 1. Oktober geöffnete, 'Nibbevei' genannte Fahrstraße (bis 12,5 % Steigung

Gebühr) zum Gipfel des **Dalsnibba** (1495 m) ab, die in 10 Serpentinen zum etwa 5 km entfernten Gipfel hinaufführt. Von dort bietet sich eine großartige ****Aussicht** auf die Berge und den tief unten liegenden Geirangerfjord.

Kurz hinter Djupvasshytta und hinter der Wasserscheide zwischen Skagerrak und Atlantik beginnt eine eindrucksvolle Hochgebirgsfahrt. Die ***Straße nach Geiranger** wurde 1885 fertiggestellt und überwindet mit bis zu 8 % Gefälle, 20 z.T. sehr engen Kehren und einigen Brücken einen Höhenunterschied von rund 1000 m, bis sie nach 17 km den in der Luftlinie nur 7 km entfernten Ort Geiranger erreicht. Auf dieser Strecke erlebt man einen plötzlichen Übergang von rauhem Hochgebirgsklima zu der lauen Milde des geschützten Tales. – Nach 2 km links das *Blåfjell* mit der *Jettegryte* ('Riesenkessel'), einem 2,2 m breiten und 9,5 m tiefen Gletschertopf.

Hinter der *Øvre Blåfjellbro* ein großartiger ***Ausblick**: links das *Flydalshorn*, rechts das *Vindåshorn*, dahinter das 1779 m hohe *Såthorn*, später das *Grindalshorn* (1534 m); im Vorblick die von Geiranger in Kurven aufwärts nach Eidsdal ziehende 'Adlerstraße'. Dann über die *Nedre Blåfjellbro;* rechts die Fälle des *Kvandalselv.* Weiter über die erste Talstufe abwärts zur zweiten, dem **Flydal;** links das Flydalshorn, rechts das

Flydalschlucht am Geirangerfjord

Blåhorn (1738 m). Hinter *Ørjeseter* der ***Flydalsjuv** (300 m ü.d.M.; Parkplatz) mit prächtiger Aussicht. Kurz danach bei *Hole* lohnender Abstecher nach *Vesterås,* dann auf einem markierten Fußweg zum ***Storseterfoss,** einem 30 m hohen Wasserfall. – Auf der Hauptstraße folgt hinter Hole das *Hotell Utsikten Bellevue* (72 B.), dann links vor einer Brücke ein Bautastein zur Erinnerung an die Annahme der norwegischen Verfassung von 1814.

Geiranger (Union Turisthotell, 250 B.; Geiranger Hotell, 151 B., Sb.; Meriks Fjord Hotel, 63 B.; Grande Turistheim, 27 B.; mehrere Campingplätze) ist ein vielbesuchter kleiner Hafenplatz und Touristenort in schöner Lage am Ostende vom ****Geirangerfjord.**

Äußerst lohnend sind die in der Saison mehrmals täglich durchgeführten zweistündigen **Rundfahrten** mit dem Motorschiff durch den wegen seiner schroffen Felswände und der über diese herabstürzenden Wasserfälle sehr eindrucksvollen Fjord. Links auf der Höhe der verlassene Hof *Skageflå,* rechts der Wasserfall *Syv Søstre* ('Sieben Schwestern'), der bei reichlicher Wasserführung zur Zeit der Schneeschmelze in sieben Streifen herabrauscht. Links davon der Wasserfall *Friaren* ('Freier'), rechts der *Brudesløret* ('Brautschleier'). – Im Westen mündet der Geirangerfjord in den ***Sunnylvsfjord;** südlich liegt der Ort *Hellesylt,* am Nordende des Fjords links der Ort *Stranda.* Von Hellesylt Fährverbindung nach Geiranger.

Von Geiranger folgt die Straße Nr. 58 dem Nordufer des Fjords; nach 3 km die *Møllgårdene,* mehrere über 200 Jahre alte Häuser. Hier beginnt die 'Adlerstraße'.

Die ***Adlerstraße** verbindet den Geirangerfjord mit dem Norddalsfjord. Zunächst über 11 Serpentinen mit schönen Ausblicken auf den Fjord und die Wasserfälle nach *Korsmyra* (624 m ü.d.M.), wo die Straße ihren höchsten Punkt erreicht. Dann am *Eidsvann* vorbei wieder bergab.

Eidsdal am *Norddalsfjord,* ein Dorf mit Holz- und Konfektionsindustrie, besitzt eine achteckige Kirche von 1782. Zu dem am Nordufer des Fjords gelegenen Ort *Linge* führt eine Fähre. Auf der Straße Nr. 63 gelangt man von Linge westlich nach Ålesund (s. dort), östlich nach Åndalsnes (s. bei Romsdal).

Göta-Kanal / Göta Kanal

Staat: Schweden. – Gebiet: Südschweden. Provinzen: Göteborgs och Bohus län, Älvsborgs län, Skaraborgs län, Östergötlands län, Södermanlands län, Stockholms län. Landschaften: Bohuslän, Västergötland, Östergötland, Södermanland, Uppland.
(i) **Rederi AB Göta Kanal,**
    Hotellplatsen 2,
    S-41106 Göteborg;
    Telefon: (031) 17 76 15.
    Skeppsbron 20,
    S-11130 Stockholm;
    Telefon: (08) 24 04 79 und 21 72 25.
    Reise-Agentur Waldemar Fast,
    Alstertor 21,
    D-2000 Hamburg 1;
    Telefon: (040) 32 21 81.

Passagierschiff im Göta-Kanal

Die dreitägige Fahrt mit einem der alten Schiffe durch den *Göta-Kanal von Göteborg nach Stockholm oder umgekehrt gehört zu den schönsten Erlebnissen einer Schwedenreise. Der Wasserweg ist 560 km lang, 87 km führen durch Kanäle. Um den Höhenunterschied von 91,5 m zu überwinden, müssen 65 Schleusen passiert werden; Schiffsverkehr zwischen Mitte Mai und Anfang September.

Die drei Schiffe, die den Göta-Kanal befahren, sind alt, jedoch den jetzigen Ansprüchen angepaßt. Kraftfahrzeuge werden auf ihnen nicht befördert, doch sorgt die Reederei für den Landtransport. Wegen der lebhaften Nachfrage ist eine frühzeitige Buchung erforderlich. Die Rückreise kann auch mit der Eisenbahn erfolgen.

GESCHICHTE. – Schon Gustav Wasa hatte sich mit dem Gedanken getragen, eine Wasserstraße zwischen Stockholm und Göteborg zu schaffen und so das Kattegat und die Ostsee miteinander zu verbinden. Aber erst *Karl XII.* (1716) machte sich an die Verwirklichung dieser Idee. Die Ingenieure *Swedenborg* und *Polhem* versuchten, die Wasserfälle von Trollhättan durch Schleusen zu umgehen. Der Schutzdamm wurde 1755 durch Treibholz zerstört, und die Arbeit ruhte bis 1793. Der in der Landschaft Västergötland liegende Kanalteil, zwischen Vätter- und Vänersee, ist 61,5 km lang und hat 21 Schleusen. Mit seinem Bau wurde 1810 begonnen. In Östergötland sind es zwischen Motala und der Einmündung in die Ostsee 92,5 km mit 37 Schleusen. Der Kanalbau ist vor allem mit den Namen Freiherr *Baltzar Bogislaus von Platen* und *Daniel Thunberg* verbunden. 1832 konnte die gesamte 385 km lange Strecke zwischen Göteborg und Mem an der Ostsee befahren werden. Damals war der Kanal ein wichtiger Transportweg für die Industrie. heute wird er fast nur noch von Touristenschiffen benutzt.

*Fahrt durch den Göta-Kanal. – Beginnt man die Fahrt in **Göteborg** (s. dort), erreicht man flußaufwärts auf dem Götaälv zunächst die Ruine der Festung *Bohus* und nach ca. 5 Stunden **Trollhättan** (38 m ü.d.M.). Während des Durchschleusens (Höhenunterschied etwa 32 m) bleibt Zeit zur Besichtigung des Kraftwerkes. Am Nachmittag (gegen 16 Uhr), wenn das Schiff bei *Vänersborg* (44 m ü.d.M.) in den großen **Vänersee** einläuft, hat man 6 Schleusen passiert.

Am See rechts das **Schloß Läckö* und der bewaldete *Kinnekulle* (307 m). Am Ostufer des Sees bei *Sjötorp* beginnt die westgötische Linie des Kanals, wo das

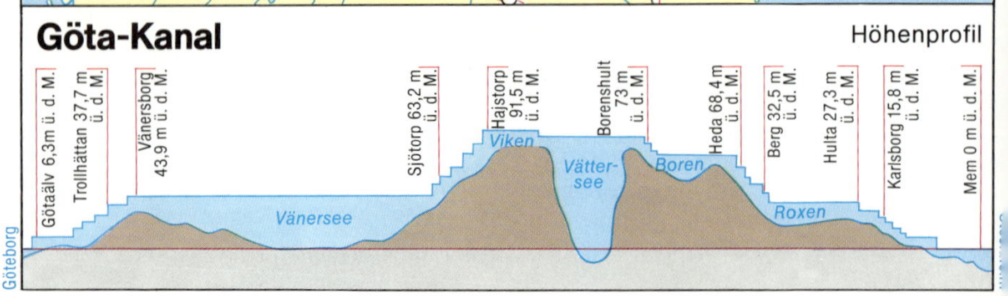

Göta-Kanal

Höhenprofil

Götaälv 6,3 m ü. d. M.	Trollhättan 37,7 m ü. d. M.	Vänersborg 43,9 m ü. d. M.		Sjötorp 63,2 m ü. d. M.	Hajstorp 91,5 m ü. d. M.		Borenshult 73 m ü. d. M.		Heda 68,4 m ü. d. M.	Berg 32,5 m ü. d. M.	Hulta 27,3 m ü. d. M.	Karlsborg 15,8 m ü. d. M.	Mem 0 m ü. d. M.

Viken · Vätter-see · Boren · Roxen

Vänersee

Göteborg

Göta-Kanal

50 km

Schiff noch in der Nacht und den frühen Morgenstunden auf einer Strecke von 36 km mit Hilfe von 20 Schleusen einen Höhenunterschied von 47 m überwindet, bevor er bei *Tåtorp* den Vikensee erreicht, der als Wasserreservoir dieses Kanalteils dient. Bei *Lyrestad* überquert die E 3 den Kanal, der bei *Stora Lanthöjden* (91,5 m ü.d.M.) seinen höchsten Punkt erreicht.

Durch den Vikensee (46 qkm, 25 m tief) und den sich anschließenden B o t - t e n s e e (13 qkm), wo sich rechts der *Vaberg* (226 m) erhebt, fährt man nach *Karlsborg* und in den *Vättersee.* 4 Stunden dauert die Überquerung seines Nordteils, bevor das Schiff bei **Vadstena** (Zeit für eine Stadtrundfahrt und Schloßbesichtigung) die Ostseite erreicht. Dann an der Küste entlang nach **Motala,** wo die östergötische Linie des Kanals beginnt. – Bei der Weiterfahrt am Nordufer des Kanals das Grab von Platens. Durch sechs Schleusen geht es abwärts zum B o r e n s e e (74 m ü.d.M.), dessen östliche Station *Borensberg* das Schiff am späten Nachmittag anläuft. Auf den folgenden 22,2 km bis zum Einlauf in den Roxensee bei der Station *Berg* (32,5 m ü.d.M.) wird das Schiff mittels 16 Schleusen um 41,5 m gesenkt.

Auf der Fahrt in entgegengesetzter Richtung kann man während der Schleusung sehr früh am Morgen einen Ausflug zum südöstlich gelegenen *Vreta-Kloster* (ca. 20 Min.) machen. – Dann 26 km durch den R o x e n s e e (32,5 m ü.d.M.) und den 5 km langen, schmalen A s p l å n g s e e (27 m ü.d.M.); durch 15 Schleusen zu der alten Stadt *Söderköping,* die man gegen 5 Uhr erreicht (beim Start von Stockholm gegen 21 Uhr). – Danach noch 5 km bis *Mem.* Hier mündet der Göta-Kanal in den *Slätbaken,* eine 15 km lange Ostseebucht. An dessen Südseite der Turm der Ruine *Stegeborg.*

Die Fahrt führt weiter durch die Schären und die offene O s t s e e jetzt nach Norden an der Mündung des *Bråvik* und der Stahlstadt *Oxelösund* vorbei, um dann in den langen schmalen H i m m e r f j ä r d einzubiegen. Dieser geht über in den fjordartigen H a l l s f j ä r d und den 5 km langen, 1806-19 erbauten und 1917-24 erweiterten S ö d e r t ä l j e - K a n a l, der die Ostsee mit dem Mälarsee verbindet.

Bei der Industriestadt **Södertälje** passiert das Schiff die letzte Schleuse dieser Reise, um nach einer 39 km langen Fahrt durch den östlichen Teil vom **M ä l a r s e e** am Abend des dritten Tages, gegen 18 Uhr, **Stockholm** (s. dort) zu erreichen.

Göteborg

Staat: Schweden. – Gebiet: Südschweden.
Provinz: Göteborg och Bohus län.
Landschaft: Bohuslän.
Höhe: Meereshöhe. – Einwohnerzahl: 440 000.
Postleitzahl: S-400 . .-41 . . – Telefonvorwahl: 031.
(i) **Göteborgs Turistbyrå,**
Parkgatan 2,
S-41138 Göteborg;
Telefon: 13 60 28 und 13 59 92.
Generalkonsulat der
Bundesrepublik Deutschland,
Drottninggatan 63,
S-41107 Göteborg;
Telefon: 17 83 65.

HOTELS. – *Park Avenue Hotel*, Kungsportsavenyn 36–38, 500 B., Hb.; *Europa*, Köpmansgatan 38, 800 B., Hb., Fußgängertunnel zum Hauptbahnhof; *Rubinen*, Kungsportsavenyn 24, 270 B.; *Windsor*, Kungsportsavenyn 6, 121 B.; *Scandinavia*, Kustgatan 10, 650 B., Hb.; *Opalen*, Engelbrektsg. 73, 335 B.; *Carl Johan*, Karl Johansg. 66–70, 290 B.; *Royal*, Drottninggatan 67, 100 B.; *Eggers*, Drottningtorget 1, 130 B.; *Excelsior*, Karl Gustavsg. 9, 160 B.; *Ritz* (Heilsarmee), Burggreveg. 25, 170 B.; *Victors Hotell*, Skeppsbroplatsen 1, 94 B.; *Heden*, Sten Sturegatan, 294 B.; *Kung Karl*, Nils Ericsonsg. 23, 130 B.; *Lorensberg*, Berzellig. 15, 200 B.; *OK Motor Hotell*, Kaggeledsg. 43, 170 B., Sb.; *Ramada*, Gamla Tingstadsg. 1, 260 B., Hb.; *Onyxen*, Sten Sturegatan 23, 60 B.; *Tre Kronor*, Norra Kustbaneg. 15, 300 B.; *Vasa*, Viktoriag. 6, 65 B.; *Örgryte*, Danska Vägen 70, 142 B.; *Örnen*, Lorensbergsg. 6, 60 B.; *Hallarna*, Partihandelsg., 198 B.; – *Esso Motor Hotel*, Hisings-Backa, Bäckebolsvägen, 378 B., Hb.; – *Esso Motor Hotel*, Mölndal, 7 km südlich, Åbro, 287 B., Hb.

JUGENDHERBERGEN. – *Johannebergsskolan* (10. 6. bis 10. 8.), Olof Rudbecksg. 4, 170 B.; *Torrekulla Turiststation*, Kållered bei Mölndal, 60 B.

CAMPINGPLÄTZE. – Zwei in *Askim*, 10 km südlich von Göteborg, beide mit geh. Sb.; *Torslanda*, 20 km nordwestlich.

RESTAURANTS. – *Johanna*, Södra Hamng. 47; *Fiskekrogen*, Lilla Torget 1; *Valand*, Kungsportsavenyn; *Henriksberg* (Spez. Fisch), Stigbergsg. 7, mit Aussicht auf den Hafen; *White Corner/Pajazzo*, Vasagatan 43; *Trädgardsforeningen*, Liseberg Huvudrestaurant, beide mit Kabaret und Show.

SPORT und FREIZEIT. – Schwimmen, Segeln, Golf, Angeln, Hochseefischerei.

Die südwestschwedische Stadt *Göteborg (spr. Jöteborj; deutsch auch Gotenburg), zu beiden Seiten des Götaälv an der Küste des Kattegat gelegen, ist die zweitgrößte Stadt des Landes, aber sein wichtigster Hafen und Handelsplatz. Sie besitzt eine Universität und eine Technische Hochschule und ist Sitz eines evangelischen Bischofs. Das Verwaltungszentrum der Provinz Göteborgs och Bohus län lebt zu einem erheblichen Teil von Großindustrien wie Schiffbau (der allerdings in den letzten Jahren erheblich zurückgegangen ist), Automobilbau (Volvo), Kugellagerherstellung und Chemie. Passagierschiffe verkehren nach Kiel und Lübeck-Travemünde sowie nach Dänemark.

GESCHICHTE. – Die Stadt ist verhältnismäßig jung; erst am 4. April 1621 erhielt sie von König Gustav II. Adolf den Privilegienbrief. Allerdings hatte es in diesem Gebiet zuvor bereits vier Städte gegeben, die entweder durch Krieg oder durch Feuer zerstört worden waren. Großen Einfluß auf die Stadtgestaltung hatten die ins Land geholten Holländer. Im ersten Göteborger Magistrat saßen zehn Holländer, sieben Schweden und ein Schotte. Schnell entwickelte sich die Stadt zum größten Hafen, vor allem Umschlagplatz für Holz und Eisen. Während der Kontinentalsperre (1806) war sie Hauptlagerplatz für den englischen Handel mit Nordeuropa. In jener Zeit entstand auch die Kaufmannsaristokratie, die der Stadt mehrfach große Zuwendungen machte.

Die Blütezeit als Welthafen beginnt für Göteborg zu Anfang des 20. Jahrhunderts mit der Aufnahme des Atlantikverkehrs. Rund ein Viertel der schwedischen Handelsflotte ist hier beheimatet. Der fast stets eisfreie Hafen mit seinen über 20 km Kaianlagen ist der größte Nordeuropas. Tanker bis zu 225 000 tdw können hier anlegen. Die Göteborger sind offene, liberale Menschen, die sich immer nach Westen orientiert haben; Stockholm liegt für sie in 'Sibirien'. Man sagt von ihnen, daß sie den Regenschirm aufspannen, wenn es in London regnet.

SEHENSWERTES. – Nach holländischem Muster bestanden die Hauptverkehrswege Göteborgs einst aus Kanälen. Die meisten sind inzwischen zugeschüttet und dienen als Straßen (Östra und Västra Hamngatan). Nur der Zentralkanal, *Stora Hamnkanal,* und der ehem. Wallgraben, der die Altstadt im Süden begrenzt, existieren noch. Am Stora Hamnkanal liegt der große viereckige **Gustav Adolfs Torg,** der bis 1854 Stora Torget hieß. In jenem Jahr wurde das dort stehende, von B. E. Fogelberg geschaffene und in München gegossene *Standbild Gustavs II. Adolf* enthüllt. Es handelt sich um die zweite Ausführung; die erste kam nach Bremen, nachdem das Schiff gestrandet war und die Göteborger das von den Helgoländern geforderte Bergegeld nicht bezahlen wollten. An der Nord-

seite des Platzes die *Börse* (1849); sie beherbergt u. a. den Sitzungssaal des Magistrats und ein Museum für den tschechischen Komponisten Friedrich Smetana, der 1856-61 in Göteborg lebte. An der Westseite das **Rathaus** (1672), gebaut von Nicodemus Tessin d. Ä., mit hübschem Innenhof. Der Nordflügel wurde 1935-37 von E. G. Asplund gebaut, das Relief ''Die Winde'' stammt von Eric Grates. Westlich hinter dem Rathaus, an der Norra Hamngata, die von 1748-83 wieder erbaute *Deutsche Kirche* oder *Kristine-Kirche* mit der achteckigen Gruft des schwedischen Feldmarschalls Rutger von Ascheberg (1693), der Gouverneur von Schonen, Halland, Göteborg und Bohuslän war. Etwas weiter, in der Norra Hamngata 12, in dem 1750 errichteten ehemaligen Gebäude der Ostindischen Kompanie

das **Historische Museum** *(Historiska Museet)* mit kulturgeschichtlichen und völkerkundlichen Sammlungen insbesondere aus Westschweden und der Göteborg-Region. Im selben Gebäude das *Archäologische Museum* und das *Ethnographische Museum,* u. a. mit interessanten Sammlungen der Lappen und Eskimos. Etwas nördlich, in der Kronhusgata, liegt das **Kronhus** (1643 bis 1653), Göteborgs ältestes Haus, einst Magazin, Zeughaus und Garnisonkirche. Im Reichssaal wurde 1660 der fünfjährige Karl XI. zum König ausgerufen. Heute befindet sich in Teilen des Gebäudes das *Stadtmuseum.* Nebenan die *Kronhusbodar* (1756-59), als Werkstätten und Läden im Stil der Jahrhundertwende eingerichtet. – Überquert man beim Historischen Museum den Stora Hamnkanal, liegt rechts der

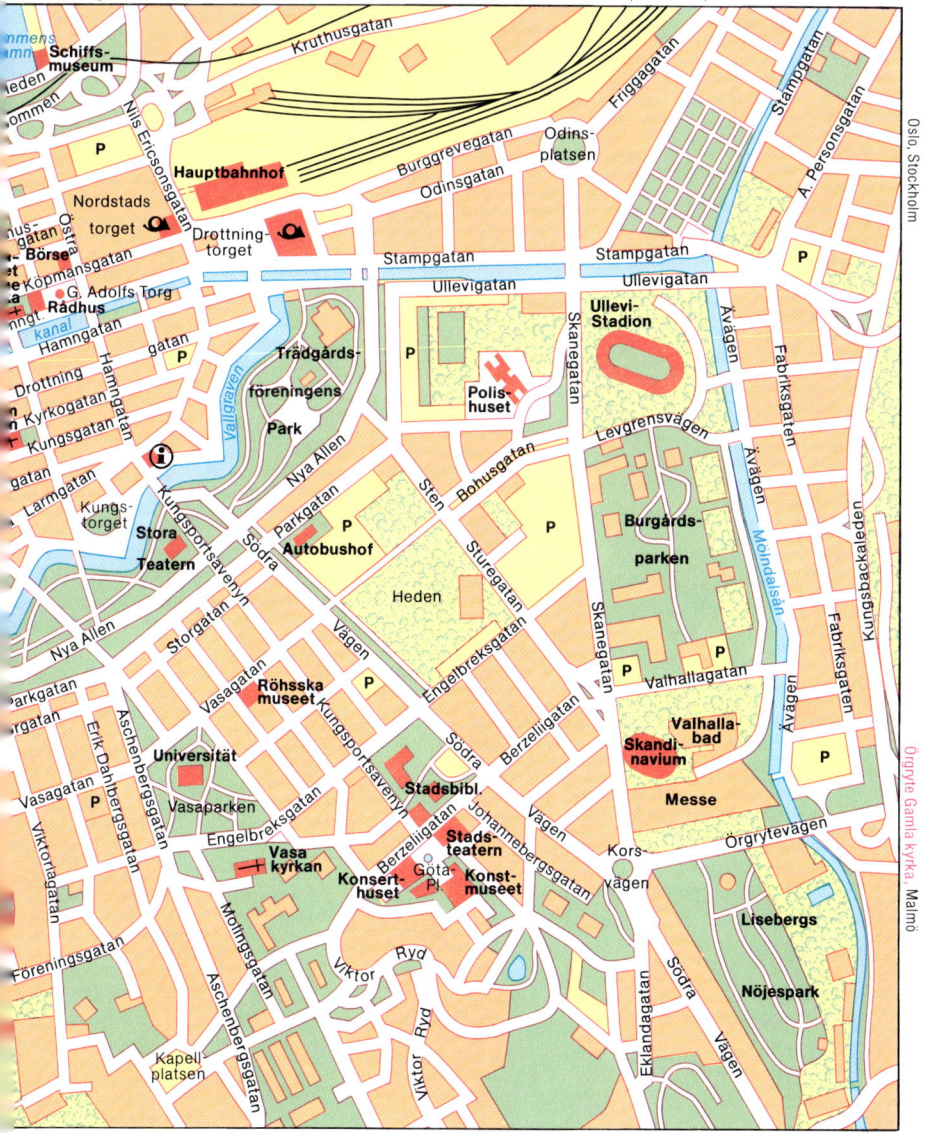

Lilla Torg mit einem Standbild des Textilindustriellen Jonas Alströmer (1685-1761), von Börjesson (1904). Rechts, am Ende der Södra Hamngata in Richtung Hafen, die *Residenz des Landeshauptmanns* (17. Jh.; um 1850 um- und ausgebaut). Folgt man der Västra Hamngata, liegt links an der Kreuzung mit der Kungsgata die 1815 auf den Ruinen zweier ausgebrannter Kirchen aufgebaute *Domkirche.*

Zwischen dem Gustav Adolfs Torg und dem Drottningtorg (Norra Hamngata in östlicher Richtung) liegt die ÖSTRA NORDSTAN, ein Stadtteil, in dem die alten Häuser modernen Zweckbauten weichen mußten. Vom Parkhaus führt ein Tunnel zum **Hauptbahnhof** (am Drottningtorg); gegenüber die *Hauptpost* (1924). Nördlich die Nils Ericsonsgata in Richtung Götaälv, wo am *Gullbergskaj* die Viermastbark "Viking" (1907; heute Seemannschule), das Feuerschiff "Fladen" (1915) und das Vänerschiff "Valborg II" (1902) liegen. Rechts die *Götaälv-Brücke* (1939), die die Verbindung mit der Halbinsel *Hisinge* herstellt (Blick auf Hafen und Werften). 1 km flußaufwärts führt der *Tingstadstunnel* nach Hisinge (E 6 nach Kungälv/Oslo).

Von der Nordostseite des Gustav Adolfs Torg verläuft die Östra Hamngata südlich zu dem Kungsportsplatz mit einem Reiterstandbild Karls IX., von Börjesson (1903). Zwischen ihr und der Västra Hamngata verschiedene Geschäftsstraßen. Südlich des Platzes, jenseits des Wallgrabens, liegt an der Ostseite vom *Kungspark* das **Große Theater** (Stora Teatern, 1859). Gegenüber auf der anderen Seite der **Kungsportsaveny,** kurz 'Avenyn' genannt, der Prachtstraße Göteborgs, die erste Ausführung von Molins *Gürtelkämpfergruppe* ("Bältespännare"), dahinter der schöne *Park des Gartenvereins* (Trädgårdsföreningen) mit großem Palmenhaus und Restaurant (Haupteingang von der Nya Allé). An der Aveny, zwischen Nya Allé und Parkgatan, steht ein 1899 von I. Fallstedt geschaffenes Standbild des Ingenieurs *John Ericsson* (1803-89), der in den USA die Propellerschraube für Dampfschiffe verbesserte und das Panzerschiff "Monitor" baute. Die Aveny endet südöstlich am Götaplatz, dem Kulturzentrum der Stadt. Hauptmerkmal ist der imposante *Poseidon-Brunnen* von Carl Milles (1931). Eine breite Freitreppe führt zum *Kunstmuseum (1921-23) mit der umfassendsten Sammlung skandinavischer Kunst sowie Werken italienischer, französischer und holländischer Meister (u. a. Rembrandt, *Der Falkenjäger,

Kungsportsaveny in Göteborg

um 1665, und *Anbetung der Könige, um 1631; Rubens und van Gogh) sowie modernen Franzosen (Picasso, Cézanne u. a.). Neben dem Museum die *Kunsthalle* und das *Industriemuseum.*

An der Ostseite des Götaplatzes das *Stadttheater* (Stadsteatern; 1934), gegenüber das *Konzerthaus* (Konserthuset; 1935). Nordwestlich des Stadttheaters die *Stadtbibliothek* mit einem sehenswerten Puppenmuseum. Südöstlich des Götaplatzes (Haupteingang Örgrytevägen) der 1923 eröffnete Vergnügungspark **Liseberg.** Jenseits der Straße das *Messegelände (Svenska Mässan),* im Anschluß daran Nordeuropas größte Arena, das *Scandinavium* (1971; bis zu 12000 Sitzplätze), dahinter das *Valhallabad* und noch weiter nördlich (Skånegatan) das große *Ullevi-Stadion.* Östlich des Scandinaviums am Danska Väg die im 13. Jahrhundert erbaute und im 18./19. Jahrhundert erweiterte *Örgryte Gamla kyrka.*

An der die Aveny kreuzenden Vasagata (Nr. 37-39) liegt das 1916 von Carl Westman gebaute *Kunstgewerbemuseum *(Röhsska Konstslöjdmuseet) mit alten und neueren Arbeiten aus Gold und Silber, Textilien, Möbeln, Glas und Porzellan. Am Eingang zwei chinesische Marmorlöwen aus der Ming-Dynastie (1386-1644). – Folgt man der Vasagata, liegt links im *Vasapark* die *Universität,* südlich die *Vasakirche* (1909) und am Westende der Vasagata (Kreuzung mit der Haga Kyrkogata) die *Handelshochschule;* etwas nördlich die *Hagakirche* (1859) und südwestlich auf einem

Hügel ein Rest der früheren Stadtbefestigung, *Skansen Kronan,* mit schöner Aussicht. In dem 1697 gebauten dicken Turm ein *Militärmuseum* mit historischer Waffensammlung und schwedischen Uniformen vom 17. Jahrhundert bis heute. Um den Hügel eine seit 1850 gebaute Arbeitersiedlung.

Nördlich, am Westende der Södra Allégata, der Järntorg mit dem von Tore Strindberg 1927 gebauten Brunnen. An der Außenseite des Beckens verschiedene alte Eisenstempel. Weiter westlich durch die Första Långgata zur *Kirche St. Johannes* (1866), südlich dahinter die auf einem Plateau liegende *Masthuggskirche* (1914; herrliche Sicht auf Stadt und Hafen); dann durch die Stigbergsgata und über den Stigbergsplatz mit dem gut erhaltenen *Gathenhielmska Hus* (1710) zum **Seefahrtsmuseum** *(Sjöfartsmuseet).* Es zeigt die Entwicklung der Seefahrt, der Fischerei und des Schiffbaus von der Wikingerzeit bis heute und enthält auch ein Aquarium. Neben dem Museum der *Seemansturm* (49 m) mit der Skulptur "Frau am Meer" auf der Spitze (Ivar Johnsson). Er wurde zum Gedenken an die im Ersten Weltkrieg umgekommenen Seeleute gebaut (gute Aussicht). Westlich die 933 m lange und 45 m hohe *Älvborgs-Brücke* (1966), die zur Halbinsel Hisinge führt. In der Nähe des Seefahrtsmuseums der *Fischereihafen* (sehenswerte Auktionen werktags ab 7 Uhr). Lohnender Besuch auch in den Fischhallen ('Feskekörka') am Rosenlundskanal.

Göteborgs größter Park, der *Slottskog (Schloßwald), liegt südlich des Seefahrtsmuseums am Dag Hammarskjöldsled. Er zeigt eine herrliche Anlage mit Eichen- und Nadelholzbestand, Teichen (Seehunde), Tiergehegen, schönen Fuß- und Fahrwegen sowie zwei Restaurants; vom Aussichtsturm weiter Rundblick. An der Nordostecke das *Naturhistorische Museum* (u. a. Wale), südöstlich, jenseits des Dag Hammarskjöldsled, der *Botanische Garten* (Botaniska Trädgården), ein frei zugänglicher Naturpark; an seiner Nordostseite das *Sahlgrensche Krankenhaus,* eines der größten Schwedens. – Zwischen dem Slottspark und dem Götaälv liegt der frühere Arbeiterstadtteil MAJORNA, in dem man noch die für Göteborg so typischen *Landshövdingehus* sieht. Da Holzhäuser nur zweigeschossig sein durften, baute man das Erdgeschoß aus Stein. Die Häuser entstanden um 1875.

UMGEBUNG von Göteborg. – Vom Lilla Bommen geht ein Motorboot (ca. 30 Min.) zu der auf einer Insel vor der Flußmündung liegenden Festung *Nya Elfsborg* (1670; reno-

viert 1971). Lohnende Ausflüge in die Schären, beliebtes Ziel ist die äußere Badeinsel *Styrsö.* – 9 km südwestlich an der Mündung des Götaälv das frühere Fischerdorf **Långedrag,** ein heute vielbesuchter Badeplatz (Sommerrestaurant) und attraktiver Wohnort. – *Landvetter,* Göteborgs Flugplatz, liegt an der Straße Nr. 40 in Richtung Borås, 18 km vom Zentrum.

Folgt man der E 6 nach Süden, erreicht man nach 7 km die fast schon mit Göteborg zusammengewachsene Industriestadt **Mölndal** (47 300 Einw.; Hotels s. Göteborg). 2 km östlich das in einem in englischem Stil angelegten schönen Park liegende *Schloß Gunnebo* (1796), westlich die Pferderennbahn *Åby.* – 7 km weiter *Kållered* mit einer z. T. aus dem 13. Jahrhundert stammenden Kirche mit schön bemalter Holzdecke. Bei *Lindome* verläßt man die Provinz Bohuslän und kommt nach *Halland* sowie **Kungsbacka** (40 900 Einw.; Hotel Halland, 121 B.; Gillet, 25 B.). Stadthaus (1935) mit Bibliothek und Theater, Freilichtmuseum im schönen Naturpark Kungsbacksskog. – 5 km östlich auf einer Halbinsel im Rolfså das Schloß *Gåsevadsholm.* – 11 km nordwestlich von Kungsbacka die nunmehr mit dem Festland verbundene idyllische Insel *Särö,* die immer mehr in den Einzugsbereich Göteborgs gerät. – 10 km in südwestlicher Richtung am Ufer des Kungsbackafjords entlang nach *Onsala* mit einer reich bemalten Kirche (17./18. Jh.; 1918/19 restauriert). In der achteckigen Gruft mächtige Marmorsarkophage, in denen der schwedische Seeheld und Kaperkapitän Lars Gathenhielm (1689-1718) und seine Frau Ingela liegen. In den nahe liegenden Kirchställen ein Wagenmuseum. 4 km weiter der Badeort *Gottskär* (Marinhotellet, 20 B.).

8 km südlich von Kungsbacka zweigt links von der E 6 eine Straße zu der 3 km östlich am Westende vom 18 km langen Lyngnersee liegenden Anhöhe *Fjärås bräcka* ab. Die mehrere Kilometer lange Kiesbarriere begrenzt den See. An ihrem Westende ein großes Gräberfeld aus der Eisenzeit und 103 Bautasteine, der größte 4,75 m hoch. – Zurück auf die Hauptstraße, biegt man kurz danach rechts in Richtung Åsa ab. Südwestlich von Torpa liegt nach 3,5 km am Südufer des Kungsbackafjords auf einer Halbinsel das imposante *Schloß Tjolöholm,* 1898-1904 von dem Göteborger Kaufmann James Fredrik Dickson im englischen Renaissancestil erbaut (im Sommer Führungen). – Weitere 6 km auf der Hauptstraße der kleinen Badeort *Åsa* (Motel, 40 B.). Weiter bis *Frillesås,* wo man wieder die E 6 erreicht. Bei Backa zweigt rechts die Straße zum Kernkraftwerk *Ringhals* ab, bei *Åskloster* überquert man den in den *Klosterfjord* mündenden *Viska.* Nach 10 km biegt links die Straße Nr. 41 nach Borås (s. dort) ab. Noch 2 km bis

Varberg (43 550 Einw., Stadshotellet, 214 B.; Gästis, 55 B.; City, 32 B.; Bergklinten, 18 B.; Strandgården, Getterön, 50 B.; Jugendherberge; mehrere Campingplätze). Die Stadtgeschichte reicht bis ins Mittelalter zurück; heute ist Varberg mehr als attraktiver Badeort bekannt. Er verfügt über 6 km lange Klippen- und Sandstrände sowie über eine abwechslungsreiche Natur. Westküstenzentrum der Hochseesportfischerei (tägliche

Ausfahrten). Kennzeichen der Stadt ist die im Westen auf einem ins Meer herausragenden Felsen liegende Festung, im 13. Jahrhundert gebaut, mehrmals verändert. 1645 fiel sie an Schweden. Sie beherbergt das kulturgeschichtliche Museum (besonders sehenswert die Kleidung des Bockstensmannes, einer 1936 östlich der Stadt in Bocksten gefundenen, aus dem Mittelalter stammenden Moorleiche). Zwischen den Festungsanlagen (Besichtigung) Terrassencafé mit wunderschönem Blick aufs Meer. Im Norden der Stadt liegt die Ruine der teilweise aus dem 14. Jahrhundert stammenden Stadtkirche. Im Alten Hafenmagazin eine Glashütte (Besichtigung). – Westlich der Stadt vorgelagert die durch einen Straßendamm mit dem Festland verbundene Insel *Getterö*. – Autofähre nach Grenå in Dänemark (4 1/2 St.). – 7 km südlich von Varberg liegt Hallands größtes Fischerdorf, *Träslövsläge* (Holzkirche mit interessanten Malereien).

Von Göteborg bis zu der schön gelegenen Stadt Alingsås sind es 47 km. Man verläßt Göteborg auf der E 3 in Richtung Nordosten. Im Tal des Säveå entlang passiert man bei *Jonsered* (13 km) die Grenze zur Landschaft *Västergötland,* dann am Südufer vom Aspensee entlang nach *Lerum;* in der Kirche Deckenmalereien von 1750. Nach *Floda* am Ostufer vom Sävelångsee entlang bis *Nääs* mit einem in einem schönen Park auf einer Halbinsel gelegenen Schloß (19. Jh.), das ein 1868 gegründetes Seminar für Kunstgewerbe beherbergt (Besichtigung).

Alingsås (64 m; 28 550 Einw.; Stadshotellet, 90 B.; Gripen, 20 B.) am Nordufer vom Mjörnsee ist eine alte Gerichts- und Industriestadt (Webereien). 1724 gründete Jonas Alströmer mit Christoffer Polhem eine Textilfabrik und rief den schwedischen Textilhandel ins Leben. Am Marktplatz eine Alströmer-Büste (1685-1761) und das ehemalige Warenhaus (1631), jetzt Museum. Im Nolhaga-Schloßpark (Tiergehege, Teiche, alter Buchenbestand) baute Alströmer erstmals in Schweden Kartoffeln und Tabak an. – 9 km nordwestlich bei *Brobacka* fließt der die Seen Anten und Mjörn verbindende Fluß zwischen steilen Bergwänden durch. 2 km bis *Anten,* wo im Sommer jeweils sonntags die Museumseisenbahn (Lokomotive und Wagen von der Jahrhundertwende) nach Gräfsnäs (12 km) abfährt.

Marstrand s. bei Bohuslän.

*Göta-Kanal s. dort.

Gotland

Staat: Schweden. – Insel Gotland.
Provinz: Gotlands län.
Fläche: 3140 qkm. – Bewohnerzahl: 54 000.
(i) **Gotlands Turistförening,**
Skeppsbron 20,
S-621 01 Visby;
Telefon: (0498) 1 90 10;
Strandgatan 9 (nur im Sommer),
Telefon: (0498) 1 09 82.
*Wahlkonsulat der
Bundesrepublik Deutschland,*
Strandgatan 18,
S-621 56 Visby;
Telefon: (0498) 1 77 98.

VERANSTALTUNG. – Musikschauspiel "Petrus de Dacia" (Visby).

*Gotland ist mit einer Länge von 125 km und einer äußersten Breite von 55 km die größte Insel der Ostsee. Bis zum schwedischen Festland sind es etwa 90 km; von der südlich gelegenen Insel Öland ist sie durch einen 55 km breiten, bis zu 200 m tiefen Meeresarm getrennt. Gotland besitzt eine große Zahl bedeutender Kulturdenkmäler, darunter die berühmte Stadtmauer von Visby und die 92 Kirchen, von denen keine nach 1350 gebaut wurde. Im Ostseehandel spielte die Insel über einige Jahrhunderte eine wesentliche Rolle und geriet deswegen auch mehrmals unter Fremdherrschaft. Heute gehört der Tourismus zu den wichtigsten Einnahmequellen. Für den Hochsommer ist die rechtzeitige Buchung von Zimmern, Ferienhäusern und Schiffsplätzen (Pkw) sehr ratsam.

ANREISE. – Die Gotlandsbolaget (Box 8, S-62101 Visby; Telefon: 0498/1 19 00) betreibt den Fährverkehr zwischen der Insel und dem Festland. Die kürzeste Verbindung besteht zwischen *Västervik* bzw. *Grankullavik* (Öland) und Visby (nur im Juni bis Ende August; 3 1/4 bzw. 4 St.). Das ganze Jahr über wird Visby von *Oskarshamn* (ca. 4 1/2 St.) und *Nynäshamn* (55 km südl. von Stockholm; ca. 5 St.) angelaufen. Von Juni bis August auch Verbindungen zwischen *Kopenhagen* bzw. *Helsinki;* und *Slite* (Finnlines). – Im Flugverkehr verbindet die schwedische Inlandsgesellschaft Linjeflyg Gotland mit 25 Flugplätzen in Schweden; die Flugzeit von Stockholm nach Visby beträgt nur 30 Minuten.

Wichtig für ausländische Gotland-Besucher: Der Nordteil der Insel sowie die Inseln Fårö und Gotska Sandö sind militärisches Sperrgebiet. Ausländer dürfen Fårö nur besuchen, wenn sie sich den Gruppenausflügen der beiden Firmen Gotlandsresor AB oder Reso anschließen. Der Aufenthalt in den übrigen Sperrgebieten bedarf (bei mehr als 72 Stunden) der Genehmigung der Polizei oder des Militärkommandos in Visby.

Gotland ist ein 20 bis 30 m hohes Kalksteinplateau ohne größere Binnenseen, Flüsse und Täler; das Wasser versickert schnell im Boden. An der Küste lange Sandstrände oder schroff abfallende Kalksteinfelsen (Klinte). Oft stehen sie wie künstlerisch geformte Wellenbrecher in Strandnähe, Raukar (Singular: Rauk) genannt. Die Eiszeit hinterließ auf Gotland eine große Menge Gneis-, Granit- und Porphyrblöcke. – Wegen des milden Klimas bietet die Insel einen abwechslungsreichen und üppigen Pflanzenwuchs. Saftige Weiden und Felder kennzeichnen das Landschaftsbild, knapp die Hälfte der Insel ist mit Wald bedeckt. Selbst Orchideen gedeihen hier. Die Schafzucht erlebt eine neue

Blüte. Die Industrie beschränkt sich auf Zementwerke und die Montage elektronischer Geräte. 1979 Erdölbohrungen.

GESCHICHTE. – Gotland war mit seiner Hauptstadt Visby lange eine wichtige Station für den Handel zwischen Asien und Europa. Bis zum Anfang des 12. Jahrhunderts lag er hier fest in den Händen der Gotländer, die u. a. den sogenannten 'Hof' in Nowgorod gegründet hatten. Dann ging er mit seiner wachsenden Bedeutung immer mehr auf Russen und vor allem Deutsche über. 1161 erhielten die Gotländer eine Handelslizenz für die deutschen Länder, 1280 schlossen Visby und Lübeck ein Schutzbündnis gegen die Seeräuberei, dem auch Riga beitrat. Die Vormachtstellung Visbys im Ostseehandel wurde 1293 durch den Beschluß der Hanse gebrochen, den 'Hof' in Nowgorod nur noch direkt nach Lübeck einberufen zu lassen. Außerdem kam es zu kriegerischen Auseinandersetzungen zwischen den Bauern und den Stadtbürgern. – 1361 eroberte der dänische König Waldemar Atterdag die Insel – nach der Sage erst durch den Verrat einer verliebten Goldschmiedstochter auch Visby. Schon vier Jahre später fiel die Insel in die Hände der Vitalienbrüder, von Mecklenburg unterstützter Seeräuber. 1398 wurden sie vom Deutschen Ritterorden vertrieben. Dieser verkaufte Gotland 1408 an Erich von Pommern, den Herrscher der vereinigten skandinavischen Königreiche. Ab 1449 war es wieder unter dänischer Oberhoheit. 1524 versuchten die Schweden und ein Jahr später die Lübecker vergeblich, die Insel zu erobern. Erst 1645 fiel Gotland im Frieden von Brömsebro wieder an Schweden. Noch zweimal herrschten Fremde in Visby: von 1676–79 die Dänen und 1808 für 23 Tage die Russen. Vom Glanz und Reichtum früherer Zeiten ist nicht viel übriggeblieben.

Die an der Nordwestküste gelegene Hauptstadt **Visby** (spr. Wihsbüh; 20 000 Einw.; Visby Hotel, 160 B.; Nya Hotell Solhem, 148 B.; Snäckgärdsbaden, 130 B., Sb., Sauna; Fritidsanläggningen Kneippbyn, 105 B.; Donnersplats Hotell, 43 B.; Feriendörfer; Jugendherberge; Campingplätze) ist Sitz des Landeshauptmanns für die Provinz Gotland und eines Bischofs. Man nennt sie die 'Stadt der Rosen und Ruinen'. Innerhalb der Ummauerung hat sie ihr mittelalterliches Bild weitgehend bewahrt. Von den einst 17 Kirchen der Stadt sind zehn nur noch als Ruinen erhalten. In einer einzigen wird noch Gottesdienst gehalten (St. Maria). Von Anfang Juli bis Mitte August wird in der Kirchenruine von St. Nikolaus etwa an jedem zweiten Abend das geistliche Musikschauspiel ''Petrus de Dacia'' von Friedrich Mehler aufgeführt.

SEHENSWERTES. – Eine besondere Sehenswürdigkeit ist die 3500 m lange ****Stadtmauer.** Sie wurde gegen Ende des 13. Jahrhunderts aus Kalkstein gebaut und um 1300 verstärkt. In gleichmäßigen Abständen ragen die insgesamt 44 zwischen 15 und 20 m hohen Türme empor. An zwei Stellen zeigt die Mauer erhebliche Einbrüche. Der an der Ostseite entstand vermutlich 1524 beim Ansturm der Schweden und der an der Westseite ein Jahr später, als die Lübecker angriffen. An der Seeseite wurde der wahrscheinlich schon aus dem 11. Jahrhundert stammende *Pulverturm* (Kruttornet) in die Mauer einbezogen. Nördlich der *Jungfrauenturm* (Jungfrutornet), in den der Sage nach die Tochter eines Goldschmieds eingemauert wurde, nachdem sie aus Liebe zu Waldemar Atterdag die Stadt an den Dänenkönig verraten hatte. Dahinter der Eckturm *Silberkappe* (Silverhättan). Von hier führt die Mauer östlich zum Klint hinauf, biegt beim Haupteinfahrtstor (Norderport) nach Süden ab, folgt der Klintkante bis zum südlichen Stadttor (Söderport) und endet westlich bei

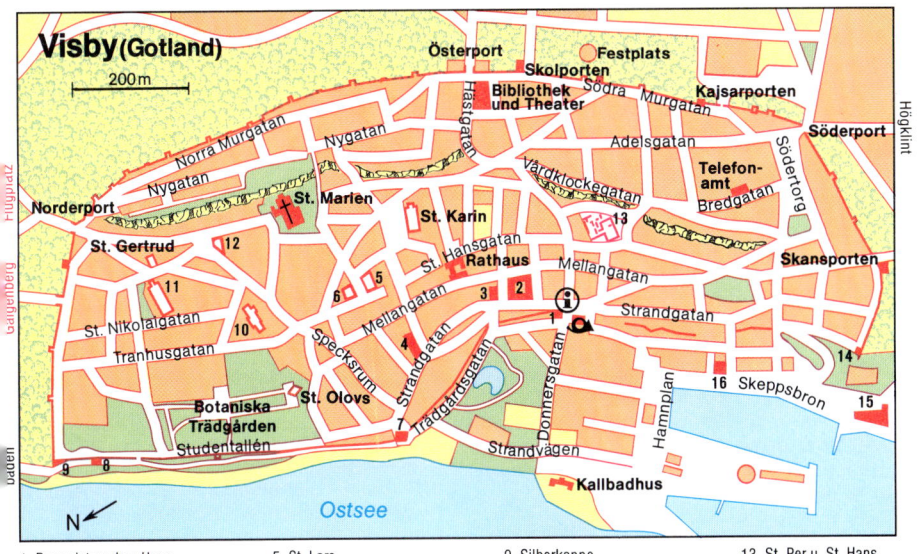

Visby (Gotland)

den Ruinen des Schlosses *Visborg* am Hafen.

Vom Hafen gelangt man durch die Hamngata zum D o n n e r s p l a t s mit dem 1652 von dem Lübecker Kaufmann Burmeister gebauten *Burmeisterska Hus,* welches das Fremdenverkehrsbüro beherbergt. Schräg gegenüber die Post. Weiter durch die S t r a n d g a t a zum *Altertumsmuseum* (Gotlands Fornsal) mit beachtenswerten Sammlungen aus der Wikingerzeit und dem Mittelalter, Grab- und Runensteinen, Waffen und Rüstungen, Möbeln und Kirchenkunst. Daneben das *Liljehornska Hus;* über den Packhusplats hinweg rechts das *Clematishus* und dann bei der Nr. 28 die ehem. *Apotheke* (Gamla Apoteket), ein Staffelgiebelhaus aus dem 13. Jahrhundert (kunstgewerbliche Ausstellung).

Folgt man der Labska Gränd, stößt man auf den S t o r a T o r g (Marktplatz), an dessen Südseite die Ruine der einst zum Franziskanerkloster gehörenden Kirche *St. Katarina* oder *St. Karin* steht, etwa 1230 gebaut. Nördlich an der St. Hansgata die Kirchenruinen von *Drotten* (oder Heilige Dreifaltigkeit) und *St. Lars* (13. Jh.). Ihre mächtigen Türme dienten der Verteidigung. Westlich bergan liegt die **St. Marienkirche** oder **Domkirche,** von den Deutschen erbaut, 1225 geweiht und heute die einzige der alten Visby-Kirchen, in der noch Gottesdienst gehalten wird. Früher diente sie auch als Warenlager und Schatzkammer. Mehrmals wurde sie umgebaut, 1899-1907 und 1945 restauriert. Sie hat drei Türme, einen starken viereckigen und zwei schlankere achteckige. Die südliche Kapelle ist eine private Stiftung zu Ehren des hingerichteten Bürgermeisters Swerting (1350). Im Innern eine in Lübeck aus Walnuß- und Ebenholz gearbeitete Kanzel (1684) und ein aus dem 13. Jahrhundert stammender Taufstein aus rotem Gotlandmarmor.

Die Norra Kyrkogata führt von der Marienkirche nördlich zu der Ruine der in der ersten Hälfte des 13. Jahrhunderts im romanischen Stil erbauten *Heiliggeistkirche* (Helgeandskyrka). Ihre achteckige zweigeschossige Bauweise ist ungewöhnlich für Skandinavien, jedoch stark beeinflußt von den in Deutschland vorkommenden Doppelkirchen. Vermutlich bestand zwischen dem zweiten Stock und einem in unmittelbarer Nähe liegenden Krankenhaus eine Brückenverbindung. Durch eine Seitenstraße vorbei an den Resten der kleinen *St.-Gertrud-Kapelle* (15. Jh.) zur Kirchenruine *St. Nikolaus,* der bedeutendsten Visbys, Schauplatz der "Petrus

Kirchenspiel in Visby auf Gotland

de Dacia"-Aufführung. Die Kirche gehörte zum Dominikanerkloster, mit ihrem Bau wurde etwa 1230 begonnen, 1525 wurde sie von den Lübeckern zerstört. Schönes Rosettenfenster am Giebel. – Südlich zwischen Häusern die Reste der romanischen *St.-Clemens-Kirche.* Sie wurde Mitte des 13. Jahrhunderts gebaut, bei Ausgrabungen wurden jedoch die Grundmauern von drei weiteren Kirchen gefunden; die älteste, im 12. Jahrhundert gebaut war wahrscheinlich eine der ersten Steinkirchen in Visby; schönes Südportal. Rechts neben der Kirche ein altes Waffenhaus, zur Ablage der Waffen vor dem Gottesdienst.

An der Nordwestseite der Stadt der *Botanische Garten* (Botaniska Trädgården), an seinem Südende die Ruine der um 1200 erbauten romanischen *St. Olofskirche.* – Unweit südöstlich vom Donnersplats die geringen Reste der nebeneinander gelegenen Kirchen *St. Per* und *St. Hans.* Bei Ausgrabungen (1917) wurden unter der älteren und kleineren St. Perskirche die Grundmauern von drei weiteren Kirchen gefunden.

UMGEBUNG von Visby. – Sehr empfehlenswert ist ein *Spaziergang durch das Norderport, vorbei an der Kirchenruine von *St. Göran* (13. Jh.), die zu einem Aussätzigenspital gehörte, auf den *Galgenberg* ($^1/_2$ St.), eine mittelalterliche Hinrichtungsstätte mit drei 6 m hohen Steinpfeilern (herrlicher Blick auf die Stadt und das Meer). Nördlich unterhalb am Fuß des Berges die *Trojeborg.* Dieses Steinlabyrinth war vermutlich eine sehr alte Kultstätte. Ihr Name erinnert an die altrömischen Trojaspiele (Trojae ludus). – Im Südosten der Stadt, durch das Österport, auf der *Korsbetning* (Kreuzweide) und bei den Ruinen des *Solbergaklosters* (1246) steht das sogenannte *Valdemarskors* (Waldemarskreuz), $2^1/_2$ m hoch mit lateinischer Inschrift, bei der Grabstätte der 1361 gefallenen gotländischen Bauern. 1905 wurden bei Ausgrabungen 300 bis 400 Skelette sowie Waffen und Rüstungen gefunden. – 4 km südwestlich beim Campingplatz und Feriendorf Kneippby liegt bei der *Villa Villekulla,* durch die Pippi-Langstrumpf-Filme bekannt geworden, ein Kinderspielplatz mit vielen Überraschungen. 4 km weiter der kahle *Högklint* (45 m), weite Sicht auf das Meer und auf Visby; unterhalb des Gipfels der Kalkfelsen *Getsvältan* und eine Höhle. In der Nähe die *Villa Fridhem* des Prinzen Oskar Bernadotte (Pensionat) mit großem Park. – 4 km nordöstlich von Visby (Straße am Strand entlang) das vielbesuchte Strandbad *Snäckgärdsbad.*

AUSFLÜGE. – Auf Gotland liegen die kulturhistorischen Denkmäler dicht beieinander. Keine andere Landschaft Schwedens ist so reichlich damit versehen. Hier sind nur die wichtigsten erwähnt. Der Gotländische Touristenverein (Gotlandsresor AB) veranstaltet im Sommer zahlreiche Fahrten zu den interessantesten Sehenswürdigkeiten der Insel. Im übrigen ist Gotland ein Paradies für Radfahrer (Fahrradverleih); Gotlandsresor bietet u. a. ein Fahrrad- und ein Fahrrad-Camping-Paket an.

Von Visby nach Lickershamn (27 km). – Visby verläßt man auf der Straße Nr. 149 durch das Norderport. Nach 4 km Abzweigung zum Seebad Snäckgärdsbad, weitere 6 km bis zum *Heilkräutergarten* (Krusmyntargården), Abzweigung in Richtung Brissund. Hier werden rund 200 Heilpflanzen gezüchtet. Weiter auf der Straße Nr. 149 sind es 4 km bis *Lummelunda* mit seinem erst in den letzten Jahrzehnten entdeckten Grotten- und Tropfsteinhöhlensystem. In unmittelbarer Nachbarschaft ein Wildgehege, eine Nerzfarm sowie die Reste eines alten Hüttenwerkes (1712 stillgelegt) und ein großes Mühlrad (Durchmesser 10 m). 4 km nördlich an der Straße Nr. 149 die *Lummelunda-Kirche* (Ende 13. Jh.; 1960 restauriert). Noch 9 km bis zum Fischerhafen **Lickershamn** (Feriendorf, 12 Hütten). Ein schmaler 600 m langer Weg auf dem Klint entlang führt zu dem sehenswerten *Rauk 'Jomfru'* (Jungfrau), 11,5 m hoch, herrliche Aussicht.

Von Visby nach Fårösund (55 km). – Durch das Norderport auf der Straße Nr. 148 am Flugplatz vorbei nach **Bro** (12 km) mit *Kirche im romanisch-gotischen Stil (Anfang 13. Jh.) und barokkem Inneren; Glocke (15. Jh.) mit niederdeutscher Inschrift. An der Außenfassade zahlreiche Steine mit Tierabbildungen und symbolischen Zeichen, die von einer älteren Kirche (etwa 5. Jh.) stammen. – 12 km *Tingstäde,* am Nordwestufer des Sees *Tingstäde Träsk* (45 m), Geburtsort des Ingenieurs und Erfinders Christopher Polhem (1661). Stattliche Kirche aus dem 13. Jahrhundert; im See unter dem Wasserspiegel die Reste des Pfahlwerkes 'Bulverk', einer Art Verteidigungsanlage aus der Eisenzeit. – 10 km hinter Tingstäde zweigt rechts die Straße Nr. 147 ab zum 9 km südlich gelegenen Hafen- und Indu-

strieort *Slite* (Slitebadens Hotell, 38 B.; Slite Feriendorf, 50 Hütten), dem Zentrum der gotländischen Zementindustrie; hübscher Blick von der Kirche (1960). – Die Straße Nr. 148 zieht weiter nach *Lärbro* (3 km), dessen Kirche (14. Jh.) einen originellen achteckigen Turm besitzt; im Inneren zahlreiche Skulpturen und Malereien. Neben der Kirche ein Verteidigungsturm (12. Jh.). 3 km nordwestlich die Kirchenruine von *Gann* (13. Jh.) – Von Lärbro weiter an der Kirche von *Rute* (um 1260) vorbei durch das Militärsperrgebiet nach *Bunge* (13 km), mit einer Wehrkirche (Anfang 14. Jh.), reichlich ausgestattet mit Skulpturen und Malereien. Östlich der Kirche ein Freilichtmuseum mit etwa 50 alten Gebäuden. – 2 km bis **Fårösund,** mit kleinem Hafen am $1^1/_2$ km breiten gleichnamigen Sund, der Gotland von der Insel **Fårö** trennt (Fähre). Fårö (Schafinsel) hat mehrere schöne Sandstrände (Sudersandsvik, Ekevik, Norsta Auren) und große Raukar-Felder, mit bis zu 80 Steinen, die 8-10 m hoch sind.

Raukar auf Gotland

Von Visby nach Roma und Dalhem (17 bzw. 24 km). – Durch das Söderport auf der Straße Nr. 143 an der Kirche von *Follingbo* vorbei nach **Roma** mit einer um 1250 erbauten Kirche. Knapp 2 km südöstlich die Ruine des 1164 gegründeten ehemaligen Zisterzienserklosters *Romakloster.* Nach der Reformation abgerissen, diente es als Baumaterial für den nahebei liegenden Königshof. – 7 km **Dalhem** mit einer etwas höher gelegenen, um 1250 erbauten und zu Beginn unseres Jahrhunderts renovierten *Kirche, die zu den interessantesten Gotlands zählt, besonders beachtenswert die Wand- und Glasmalereien. 300 m südlich der Kirche der stillgelegte Bahnhof, jetzt Eisenbahnmuseum. – 17 km bis zum an der Mündung des Flusses Gothemå liegenden Feriendorf Åminne (25 Hütten; Campingplatz).

Von Visby nach Burgsvik (81 km). – Man verläßt Visby durch das Söderport auf der Straße Nr. 140. Nach 3 km rechts die Abzweigung nach Kneippby und zum Högklint. 13 km weiter die Kirche von Tofta (13. Jh.), rechts das Tofta-Strandbad. – 26 km hinter Visby das kleine Seebad Västergarn mit einer Kirche, die ursprünglich Chor einer größeren Anlage (13. Jh.) war. Am Strand der Golfplatz Kronholmen. – 7 km Klintehamn (Pensionat Varvsholm, 70 B.; Klintegårdens Konditoriservering, 30 B.; Gannarve Gästhem, 25 B.), ein Hafen- und Badeort. Von hier fahren Motorboote an der nur von Schafen der alten gotländischen Rasse bevölkerten Insel Lilla Karlsö vorbei zur 12 km südwestlich gelegenen Insel **Stora Karlsö** (51 m) ab. Sie hat ein besonders reiches Vogelleben, insgesamt wurden 250 Arten registriert, u. a. Tordalke, Pilgrimsfalken, Eiderenten, Lummen u. a.; ferner viele seltene Pflanzen (Orchideen). Zahlreiche Raukar und Grotten; die bedeutendste, Stora Förvar, diente in der Steinzeit als Wohnstätte. Beide Inseln stehen unter Naturschutz.

Von Klintehamn entweder auf der küstennäheren Straße Nr. 140 an Fröjel (Kirche 12. Jh., altes Holzkruzifix; nördl. ein Kastell mit herrlicher Aussicht) vorbei nach Burgsvik (39 km) oder den 9 km längeren Weg auf der Straße Nr. 141.

Nach 2 km rechts die Kirche von Klinte (13. Jh.), 20 km bis zum einst wichtigen Handelsplatz Hemse mit romanischer Kirche (um 1200; Malereien aus dem 14. und 15. Jh.). Auf der ebenfalls von Visby kommenden Straße Nr. 142 weiter nach Süden. Nach 2 km die alte Befestigungsanlage 'Smiss Slott'. 10 km bis zu der stattlichen Kirche von Grötlingbo (1340) mit gut erhaltenen mittelalterlichen Glasmalereien, die Kanzel (1548) war ursprünglich für die Domkirche in Visby bestimmt. – 12 km **Burgsvik**, der Hafen- und Badeort am Südufer der gleichnamigen Bucht (Pensionat Björklunda, 80 B., 16 Hütten; Pensionat Holmhällar, 110 B.). 2 km östlich die Kirche von Öja (13. Jh) mit einem sehr schönen *Triumphkruzifix aus der zweiten Hälfte des 13. Jahrhunderts.

Von Burgsvik führt eine Straße nach Süden zunächst am als Museum eingerichteten alten südgotländischen Bauernhof Bottarvegården (5 km) und der Kirche von Vamlingbo vorbei zum Südende der Insel mit der Anhöhe Hoburgen (37 m; Leuchtturm). Eigenartige Klintformationen (vier 'Burgen') mit der eindrucksvollen Rauk 'Hoburgsgubben' (4,5 m); alte Steinbrüche und Grotten. – Hoburgen ist auch auf einem anderen Weg erreichbar: 9,5 km südlich von Burgsvik zweigt eine schmale Straße rechts nach Gervalds ab. Dann durch die kahle schöne Klintlandschaft unmittelbar an der Küste entlang nach Hoburgen. Spuren alter aufgegebener Steinbrüche. – 13 km südöstlich von Burgsvik Holmhällar mit seinen imposanten Raukar. Am Strand alte Fischerhütten aus Stein. 400 m vor der Küste die Insel Heligholmen mit der sagenumwobenen Silbergrotte.

An der Südostküste der Insel (48 km südöstlich von Visby) liegt der neben Visby vielbesuchte Ort **Ljugarn** (Pensionat Lövängen, 75 B.; Ljugarns Badpensionat, 50 B.; Vitvär Feriendorf, 22 Hütten; Jugendherberge; Campingplatz), ein Hafen- und Badeplatz mit kleinem Zollmuseum. $2\frac{1}{2}$ km nordöstlich die bis zu 500 m langen Raukarfelder von Folhammar. – $7\frac{1}{2}$ km südwestlich von Ljugarn die Kirche von Garde (11. Jh.; byzantinische Malereien). 4 km südöstlich auf dem Hügel von Lau eine stattliche Kirche aus dem 13. Jahrhundert. – 6 km südlich von Ljugarn bei Guffride sieben *Steinsetzungen in Schiffsform aus der Bronzezeit, die größten Gotlands. – 16 km nordwestlich an Ala vorbei der Ort Kräklingbo mit Kirche (14. Jh.). Etwa $4\frac{1}{2}$ km südlich mitten im Wald die Torsburg, die älteste vorgeschichtliche Befestigungsanlage Gotlands, wahrscheinlich aus dem 5. Jahrhundert. Sie verläuft um einen steil abfallenden Kalkhügel (68 m), an der Südseite eine $1\frac{1}{2}$ km lange und 4–7 m hohe Mauer; Aussichtsturm.

Gudbrandsdal

Staat: Norwegen. – Gebiet: Südnorwegen. Provinz: Oppland fylke.
ⓘ **Turisttrafikkomiteen for Oppland fylke,**
Kirkegate 74,
N-2600 Lillehammer;
Telefon: (062) 5 35 80.
Nord-Gudbrandsdal
Turist- og Tiltakskontor,
N-2670 Otta;
Telefon: (062) 3 11 00-335.
Midt-Gudbrandsdal Reiselivslag,
N-2640 Vinstra;
Telefon: (062) 8 11 00-329.

Das *Gudbrandsdal, das 'Tal der Täler' genannt, erstreckt sich nordwestlich von Lillehammer den etwa 200 km langen Fluß Lågen aufwärts. Es trennt die östlich gelegenen Gebirgsketten Rondane und Dovrefjell von dem sich westlich erstreckenden imposanten Hochgebirge Jotunheimen. Das Gudbrandsdal ist sowohl im Sommer als auch im Winter eines der beliebtesten Touristengebiete Norwegens. Seine Bewohner (Gudbrandsdøler) haben z.T. die alten Sitten bewahrt. Die Gegend hat mildes Inlandsklima mit langen Trockenperioden.

Rondane von Folldal gesehen

Von **Lillehammer** (180 m; s. dort) folgt die E 6 dem Fluß *Lågen* aufwärts durch das *Gudbrandsdal. 6 km bis *Fåberg* (148 m) an der Mündung des Lågen in den Mjøsensee, rechts der steile *Balbergkamp* (660 m). Links biegt die Straße Nr. 255 nordwestlich ins Gaus- und Espedal ab (Peer-Gynt- und Espedal-Straße). Weiter auf der Hauptstraße nach *Hunder* und dem etwas weiter nördlich liegenden *Hunderfoss-Kraftwerk* (Besichtigung). Es wird gespeist von einem oberhalb liegenden 7 km langen künstlichen See, der durch einen 280 m langen und 16 m hohen Damm (mit Fahrweg) gestaut wird. Fischtreppe und Forellenzucht (ca. 20000 Fische jährlich). Über den Damm zu einer schön gelegenen Camping- und Hüttenanlage. Rechts *Åsletta*, von hier ein Privatweg (Gebühr) zur 8 km nordöstlich gelegenen *Nermo Fjellstue* (56 B.) und nach Hornsjø. 6 km von Hunder rechts am Berg die *Kirche Øyer* (1725; Inneres im Bauernbarock), auf der anderen Seite des Lågen (Brücke) der Ort *Øyer* (181 m; Nordeng Gård, 20 B.; zwei Campingplätze mit Hütten). 12 km bis

Tretten (191 m; 750 Einw.; Øygaren Pensjonat, 33 B.; Glomstad Gård & Pensjonat, 5 km abseits, 50 B.; Optun Gård & Pensjonat, 6 km abseits, 35 B.; zwei Campingplätze; Feriendorf Mageli, 6 km nördlich), am Südende des 17 km langen, fischreichen *Losnasees* (182 m), einer Erweiterung des Lågen, gelegen. Kirche von 1728, alte Deckenmalerei. Westlich zweigt die Straße Nr. 254 ab, die in die Peer-Gynt-Straße einmündet. – Die E 6 führt am Ostufer des Losnasees weiter. Nach 15 km die Straßenkreuzung *Kirkestuen* mit der *Fåvang-Kirche*, einst Stabkirche, im 17. Jahrhundert zur Kreuzkirche umgebaut und 1951 restauriert. 4 km weiter der Ort *Fåvang* (188 m; Campingplatz). Nach 7 km bei *Elstad* zweigt rechts ein 2 km langer Weg zur *Stabkirche Ringebu* ab. Sie wurde um 1200 gebaut, etwa 1630

erweitert und 1921 restauriert und enthält ein geschnitztes Altarbild von 1688. – 3 km bis *Ringebu* (197 m; 1100 Einw.; Bjørge Hotell, 40 B.; Ringebu Turisthotell, 61 B.; Venabu Høyfjellshotell, 18 km nordöstl., 120 B.; Spidsbergseter Fjellstue, Venabygd, 22 km nördl., 50 B.; Campingplatz mit Hütten).

Von hier eine nördliche Abzweigung auf der Straße Nr. 220 bis *Enden* (38 km), dann auf der Straße Nr. 27 und ab *Folldal* (50 km) auf der Straße Nr. 29 entlang der eindrucksvollen Landschaft **Rondane**, der dritthöchsten Gebirgskette Norwegens (z.T. Nationalpark; Rondeslottet, 2183 m; Høgronden, 2114 m), nach Hjerkinn (28 km), wo man die E 6 wieder erreicht.

Die E 6 folgt von Ringebu dem Lauf des Lågen. Nach 10 km das Dorf *Hundorp* (193 m) mit Gudbrandsdalens Volkshochschule; auf ihrem Hof Gräberfelder und Bautasteine aus der Wikingerzeit. Die achteckige *Kirche Sør-Fron* (1800) hat ein elektronisches Glockenspiel. – 8 km bis *Harpefoss* (223 m), Möbel- und Gebrauchskunstausstellung; Kraftwerk (Staudamm 125 m lang und 16 m hoch, Fallhöhe des Wassers 33 m). – 7 km bis

Vinstra (241 m; 2500 Einw.; Vinstra Hotell, 50 B.; Vinstra Motell, 32 B.; Sødorp Gjestgivergård, 32 B.; Furuheim Sommerhotell, 92 B.; Fefor Høifjellshotell, 12 km, 100 B.; zwei Hüttenanlagen, gegenüber der Mündung der Vinstra in den Lågen; sehenswert die Holzkirche von *Sødorp* (1752) und der Peer Gyntgården mit 18 alten Häusern (privat). – Hinter Vinstra wird die Landschaft großartiger. 10 km das *Kvam* (253 m; Vertshuset Sinclair, 20 B.; sechs Campingplätze und Hüttenanlagen), wo 1940 die entscheidende Schlacht um das Gudbrandsdal stattfand. In der Kirche (1952) eine 400 Jahre alte Bibel; die alte Kirche wurde 1940 zerstört. 14 km nördlich (teilweise Privatweg; Gebühr) bis zum *Rondane Høyfjellshotell* (900 m; 125 B.) und dem *Rondablikk*. Südlich von Kvam der *Teigkamp* (1027 m). – Auf der Weiterfahrt (9 km) nach *Sjoa* (285 m; Jugendherberge; drei Campingplätze mit Hütten) rechts der *Torgeirkamp* (1186 m).

Links biegt die Straße Nr. 257 ins **Heidal** ab. Nach 15 km, jenseits des Ortes *Heidal* mit zahlreichen unter Denkmalschutz stehenden Häusern und Gehöften, die Kirche, eine 1938 geweihte Nachbildung des 1933 abgebrannten Gotteshauses von 1752. Daneben, auf dem schönen Hof Bjølstad, eine Kapelle (um 1600) mit Portalteilen einer Stabkirche aus dem 11. Jahrhundert (Kruzifix um 1200).

Auf der E 6 erreicht man nach 8 km *Kringen* (Campingplatz), mit einem Gedenkstein für den Sieg der einheimischen Bauern 1612 über ein Schottenheer, das sich auf dem Weg nach Schweden befand. Irrtümlicherweise war ein Hauptmann Sinclair als sein Führer angesehen worden. Im Nordwesten der *Pillargurikamp* (849 m), von dem aus der Legende nach Pillarguri die Bauern vor den anrückenden Schotten gewarnt hat. – 3 km bis

Am Gjende-Fluß (Gudbrandsdal)

Otta (288 m; 2500 Einw.; Otta Turisthotell, 14 B.; Rapham Feriehjem, 99 B., Hb.; Grand Hotel, 60 B.; sechs Campingplätze mit Hütten) an der Mündung der Otta in den Lågen, einem wichtigen Verkehrsknotenpunkt. Mit dem Auto kann man bis 1 km unterhalb des Gipfels des Pillargurikamp fahren, wo sich eine herrliche Aussicht bietet. Westlich zweigt die Straße Nr. 15 ab, über Vågåmo und Lom zum Nordfjord. Nordöstlich führt eine Straße (13 km) zum Mysuseter Høyfjellspensjonat (50 B.). – Die E 6 folgt weiter dem Lauf des Lågen. Nach 3 km die Kirche von *Sel* (1782). Das zwischen ihr und dem Bahnhof liegende, etwa 500 ha große Gelände ist in den vergangenen 20 Jahren von Moor in fruchtbaren Ackerboden verwandelt worden. Die Höfe Romundgård mit der Sinclair-Hütte, in welcher der schotti-

sche Hauptmann der Legende nach die letzte Nacht vor seinem Tod verbracht haben soll, Laurgård und Jorundgård spielen in dem Roman ''Kristin Lavranstochter'' von Sigrid Undset eine wesentliche Rolle.

Rechts biegt eine Straße (8 km; Gebühr) nach *Mysuseter* ab. Nach 3 km führt ein kurzer Fußweg zu den eigenartigen *Kvitskriuprestinn*, bis zu 6 m hohen, aus Moränenkies bestehenden Pyramiden. Von Mysuseter 10 km Fußweg zur *Rondvassbu Touristenhütte* am Rand des 570 qkm großen **Rondane-Nationalpark**, Ausgangspunkt schöner Wanderungen und Bergbesteigungen.

Auf den folgenden 14 km verengt sich das Tal immer mehr, die Landschaft wird wilder. – In *Rosten* zweigt rechts ein schmaler Fahrweg (10 km) zu der sowohl sommers wie winters gern besuchten Setergruppe *Høvringen* ab (960 m; Høgfjellshotell, 70 B.; Fjellstue, 70 B.; Haukeliseter Fjellstue, 52 B.; Brekkeseter Fjellstue, 65 B.; Putten Seter, 60 B.; Romundgårdseter, 30 B.). – Weiter auf der E 6 nach 8 km *Brennhaug* (449 m). Nordöstlich bietet sich der Blick auf den *Storkuven* (1452 m), südlich auf die Gebirgskette Jetta mit dem aussichtsreichen *Blåhø* (1618 m; Fahrweg von Vågåmo).

9 km bis *Dovre* (485 m; 400 Einw.; Dovre Motell, 112 B.; zwei Campingplätze mit Hütten), Handels- und Verwaltungszentrum der Großgemeinde Dovre (3150 Einw.), mit einer Holzkirche von 1740. Rechts abseits das ehem. königliche Gut *Tofte* (17. und 18. Jh.). – 13 km bis nach

Dombås (659 m; 1200 Einw.; Dombås Turisthotell & Sportell, 180 B.; Dovrefjell Hotell, 161 B., Hb.; Jugendherberge; sechs Campingplätze mit Hütten), einem bedeutenden Verkehrsknotenpunkt. Nordwestlich führt die weiter dem Tal des Lågen folgende E 69 nach Åndalsnes (Romsdal s. dort).

Die Europastraße Nr. 6 verläuft nordöstlich weiter durch das Hinddal und dann hinauf auf das **Dovrefjell,** mit dem höchsten Berg *Snøhetta* (2286 m). Hier geht der Nadelwald in niedrigen Birkenbestand über, der jedoch auch bald verschwindet. Die E 6 folgt dem uralten 'Kongsvei', auf dem in mehreren Jahrhunderten die Könige zur Krönung nach Trondheim zogen. Nach 10 km *Fokstua* (982 m). Links der Straße der Anfang des vogelreichen Hochmoores *Fokstumyren* (Naturschutzgebiet). Rechts Blick auf den *Fokstuhø* (1716 m; Aufstieg $2\frac{1}{2}$–3 St.). Auf der E 6 weiter durch das Moor; rechts der *Falketind* (1684 m), nach 8 km links der langgestreckte *Vålåsjø*. An seinem Ende führt ein kurzer Seitenweg zur *Dovregubbens Hall* (Wirtschaft und Übernachtung). Dann rechts der *Avsjø* und nach weiteren 10 km **Hjerkinn** (956 m; Fjellstue, 80 B.). Dieser Platz, in einem breiten Hochtal des Dovrefjell gelegen, ist mit einer durchschnittlichen Niederschlagsmenge von etwa 217 mm pro Jahr Norwegens trockenster. Westlich ein militärisches Sperrgebiet (Schießfeld). Die Eystein-Kirche wurde 1969 zum Gedenken an König Eystein Magnusson errichtet, der hier im 12. Jahrhundert die erste Hütte bauen ließ. Gedenkmarke für den Königsweg, über den 41 regierende Monarchen gezogen sind. 1 km nördlich der höchste Punkt (1026 m) der Straße. Westlich auf dem Tverfjell die Folldal-Gruben (Erz, Schwefelkies, Kupfer). $1^1/_2$ St. zu Fuß nordöstlich der Hjerkinnhø (1282 m) mit herrlicher Aussicht auf den Snøhetta, die Rondane und Jotunheimen. – Rechts biegt die Straße Nr. 29 nach Folldal (27 km) ab, dort entweder auf der Straße Nr. 27 nach Süden oder weiter über Røros zur schwedischen Grenze (174 km).

Nachdem die E 6 nördlich von Hjerkinn ihren höchsten Punkt erreicht hat, geht es nun im Tal der Driva abwärts durch den **Dovrefjell-Nationalpark**. Er bietet eine reichhaltige Hochgebirgsflora; es gibt Moschusochsen und wilde Rentiere. Nach 12 km die Kongsvold Fjellstue (887 m; Wirtsch.), die jüngste der Fjellstuer auf dem Dovrefjell. $^3/_4$ km hinter der Fjellstue abseits ein Botanischer Garten. – Kongsvold ist Ausgangspunkt für die Besteigung des östlich aufragenden Søndre Knutshø (1690 m; 3-5 St.) sowie für einen Wanderweg (4-5 St.) zur Reinheim Hütte (Schlüssel in Kongsvold), von wo aus man in etwa 4 Stunden den Snøhetta (2286 m) besteigen kann.

Weiter abwärts im Tal der Driva ist die Straße teilweise in den Fels gesprengt. Nach 9 km beginnt östlich der *Vårstig, ein Stück des alten Kongsvei (1182 erstmals erwähnt; heute Fußweg; herrliche Aussicht). – $4^1/_2$ km weiter rechts die Drivstua (680 m), eine ehemalige Fjellstue (Übernachtungsmöglichkeit); dann links Blick ins Åmotsdal. Der spärliche Birkenbestand geht wieder in Nadelwald über. – $9^1/_2$ km hinter Drivstua die Klamm Magalaupet, durch die auf etwa 100 m Länge die Driva schäumt; man erreicht sie über die westlich verlaufende und kurz vorher links abzweigende alte E 6 (Camping). – Danach Rise mit einem Gräberfeld aus der Eisenzeit. In unmittelbarer Nähe der Campingplatz Smedgarden und die Eisenbahnstation Driva. Rechts Fahrweg (Gebühr) in die schöne Gebirgslandschaft von Loseter (1100 m). Nordöstlich erhebt sich der Sisselhø (1621 m; Aufstieg von Oppdal in ca. 5 St.). – Das Tal wird wieder breiter, rechts der steile Ålmenberg (1340 m; Aufstieg von Oppdal 3 St.). Dann erreicht man **Oppdal,** Fremdenverkehrszentrum und Verkehrsknotenpunkt. Die E 6 führt weiter in nordöstlicher Richtung nach Trondheim (122 km). Links zweigt die Straße Nr. 16 ab und führt durch das Sunndal (s. dort) nach Kristiansund (165 km).

Die **Peer-Gynt-Straße** (91 km) bildet zwischen Lillehammer und Vinstra eine 7 km längere empfehlenswerte Alternative zur E 6 (streckenweise Gebühr). – Von Lillehammer auf der E 6 bis Fåberg (6 km), dann biegt die Straße Nr. 255 links ab. Nach 3 km die Fåberg-Kirche (1727; Runenstein), weitere 11 km bis Aulestad mit dem alten Wikinger-

hof, den Bjørnstjerne Bjørnson 1874 erwarb. Der Hof ist jetzt Staatseigentum und wird von Bjørnsons Enkel bewirtschaftet (geöffnet Mai-Sept., Museum). – In Segalstad (2 km) verläuft die Straße Nr. 255 westlich weiter nach Vestre Gausdal; die Peer-Gynt-Straße folgt nun der Straße Nr. 254 nach Norden. 5 km bis Østre Gausdal, mit mittelalterlicher Steinkirche; in der Nähe der größte, jetzt unbewohnte Pfarrhof des Landes.

In Svingvoll (480 m; Campingplatz) zweigt rechts die Straße Nr. 254 nach Tretten (8 km) ab. Die Peer-Gynt-Straße verläuft nordwestlich 8 km bis Skeikampen und Gausdal (800 m; Skeikampen Høifjellshotell, 120 B., Hb.; Gausdal Høifjellshotell, 200 B., Sb., Hb.; Campingplatz) am Fuß des Skeikampen (1123 m; Sessellift, herrliche Aussicht). Über Frøysehøgda (970 m; schöne Sicht über das Gausdal) und Fagerhøy (1018 m) nach Rauhagen, wo man bei 1053 m den höchsten Punkt der Straße erreicht. Weiter Blick, im Norden die Rondane und das Dovrefjell mit dem Snøhetta, im Nordwesten Jotunheimen. Weiter 8 km nach Skærvangen, von wo rechts ein Privatweg (10 km) nach Hundorp an der E 6 abzweigt. 5 km bis zum Touristenzentrum Golå und Wadahl (Golå Høifjellshotel, 157 B., Hb.), das 930 m über den Golåvann liegt (Aussichtsturm). In Vollsdammen lohnt ein Abstecher nach Westen bis Dalseter (21 km). Bei Fefor (Høifjellshotell, 130 B, Sb.) links der See Fefor, rechts der Feforkampen (1175 m), Aufstieg $^3/_4$ St., weiter Blick auf Dovrefjell und Jotunheimen. Von Vollsdammen bis Vinstra sind es noch 10 km.

Die **Espedal-Straße** (117 km) ist eine weitere lohnende Alternative für die E 6 zwischen Lillehammer und Vinstra. Bis Segelstad (22 km) verläuft sie wie die Peer-Gynt-Straße, dann nach Westen bis Vestre Gausdal (400 Einw.), mit einer Kreuzkirche aus Holz von 1784. Von hier zweigt südwestlich eine abwechslungsreiche Straße mit vielen Kurven und schönen Aussichtspunkten (bis 1000 m hoch) nach Fagernes ab, die nur im Sommer befahrbar ist. – Die Espedal-Straße folgt nun den Svatsumdal 22 km bis Svatsum (achteckige Holzkirche von 1860). Nach weiteren 13 km links an der Südspitze des Espedalsvatn das merkwürdige Höhlensystem Helvete (Hölle). Die größte Kammer ist 100×40 m groß. 2 km weiter die stillgelegte Nickelgrube von Vassenden. Bis zur Strand Fjellstue (730 m; Gasthaus; schöner Blick auf den See) sind es 3 km und nach weiteren 13 km stößt man auf den Megrund Gård, das älteste Gehöft im Espedal (um 1785). Bis Espedalen Fjellstue (730 m; Gasthaus; Campingplatz) weitere 4 km, gute Angelmöglichkeiten, Fjellkirche von 1974. Bis 1874 befand sich hier eine Nickelgrube. Bis Dalseter (4 km; Høyfjellshotell, 130 B., Sb., Hb.) mündet die von Vollsdammen kommende Abzweigung der Peer-Gynt-Straße ein. Rechts Blick auf den Ruten (1513 m). 3 km weiter der höchste Punkt der Straße (972 m). Im Westen der Gipfel des Sikkilsdalshø (1783 m) und des Heimdalshø (1848 m), im Norden der Gråhø (1156 m). Links der Stausee Olstappen. Bei Kamfoss ein Staudamm; bei höherem Wasserstand bildet der Überlauf einen schönen Wasserfall. 10 km von Dalseter entfernt mündet die Espedal-Straße bei *Skåbu* in die Straße Nr. 255 ein. Links führt die private Jotunheim-Straße (Gebühr) nach *Bygdin* und rechts die Straße Nr. 255 kurven- und aussichtsreich über *Kvikne* (Kirche von 1764) nach *Vinstra* (26 km).

Hallingdal

Staat: Norwegen. – Gebiet: Südnorwegen. Provinz: Buskerud fylke.

ⓘ **Turisttrafikkomiteen**
for Buskerud fylke,
Storgate 2,
N-3500 Hønefoss;
Telefon: (067) 236 55.
Turistkontoret for
Geilo og Hol,
N-3580 Geilo;
Telefon: (067) 861 00-206.

Das breite Hallingdal erstreckt sich vom Nordende des Sees Krøderen nordwestlich und wird vom Hallingdalselv durchströmt, der hier breit und ruhig dahinfließt. Der Fluß bildet mehrfach seeähnliche Becken, deren größtes das Brommavatn ist. Das Tal ist reich bewaldet, die Höhen kahl mit einzelnen glattgeschliffenen Felsbuckeln.

Im Hallingdal

In *Gulsvik* an der Nordspitze des Sees Krøderen passiert die Reichsstraße Nr. 7 das 'Tor zum Hallingdal', einen Tunnel. Rechts verläuft der *Hallingdalselv*. Nach 11$^1/_2$ km liegt rechts die Kirche von *Flå* (1858). Auf der Weiterfahrt gibt es mehrere Campingplätze und Übernachtungsmöglichkeiten (Stavn, Kolsrud auf einer Insel im Fluß, Bromma, Roløkken), 33 km bis **Nesbyen** (167 m, 1500 Einw.; Østenfor Turisthotell, 134 B., Hb.; Smedsgården, 70 B.; Svenkerud Hotel, 62 B.; Thoen Hotel, 48 B.; in Mykingstølen, 22 km, Ranten Fjellstue, 70 B., Sb.; Venehallet Høyfjellseter, 70 B.; Jugendherberge; drei Campingplätze mit Hütten), auf einem breiten

Schuttkegel gelegen. Westlich das *Hallingdal Folkemuseum* mit 14 alten Gebäuden; Kirche von 1862, neue Kapelle im Stabkirchen-Stil; in der ersten Woche im Juli großer Markt. Verschiedene Ausflugsmöglichkeiten zu schön gelegenen Sennereien (Übernachtungsmöglichkeiten; Straßengebühr). – 21 km bis zum wichtigen Verkehrsknotenpunkt

Gol (207 m; 1800 Einw.; Pers Hotel, 236 B., Hb.; Eidsgård Turisthotell & Motel, 60 B.; Granheim Feriesenter, 96 B., Sb.; Glomsrud Høyfjellseter, 25 km, 70 B.; Solstad Hotel, 2 km, 48 B.; Storefjell Høyfjellshotell, 20 km, 250 B., Hb.; vier Campingplätze mit Hütten). 1600 m langer Sessellift, 450 m Höhenunterschied, schöne Aussicht vom Gipfel. – Nach 1$^1/_2$ km biegt rechts die Straße Nr. 49 nach *Fagernes* ab (52 km). Nach 25 km das Sanderstølen Høyfjellshotell (170 B., Hb.). In Leira mündet die Straße Nr. 49 in die E 68 (Oslo/Hønefoss-Fagernes) ein.

2 km hinter Gol auf der Heslabru über die dem Hallingdalselv zufließende *Hemsila* (hübscher Wasserfall), rechts biegt die Straße Nr. 52 durch das **Hemsedal** ab. – Zunächst an der neuen Kirche von Gol vorbei, nach 7 km über die *Robru*. Jetzt wird das Hemsedal etwas offener. Bei *Granheim* (546 m), 7 km weiter, der 550 m lange *Eikredamm* (1959), von dem aus ein 15 km langer Stollen zum Kraftwerk in Gol führt. Auf der Weiterfahrt nach *Ulsåk* (609 m; Campingplatz) liegt das Kraftwerk *Helmens bru*, zu dem aus dem Gebirge ein 14 km langer Tunnel mit einer Fallhöhe von 540 m führt. Blick auf das *Veslehorn* (1300 m), von dessen Ostseite der *Hydnefoss* 140 m tief herabstürzt, und dahinter das *Storehorn* (1478 m). Von Ulsåk biegt rechts ein Hochgebirgsweg (Gebühr) nach *Lykkja* ab. Er passiert das *Skogshorn* (1728 m), das in 2-3 Stunden bestiegen werden kann. Von Lykkja entweder weiter nach Røn (48 km) und Fagernes oder südlich nach Fjellheim und Gol. – Von Ulsåk sind es auf der Straße Nr. 52 noch 3 km bis zum Ferien- und Wintersportort **Hemsedal** (609 m; Skogstad Hotel, 150 B., Sb.; Hemsedal Turisthotell, 85 B.; Fossheim Pensjon, 102 B.; vier Campingplätze mit Hütten). Sessellift und mehrere Skilifte. – Die Straße führt weiter nach Borlaug, wo sie in die E 68 mündet.

Die Fahrt durch das Hallingdal erfolgt weiter von Gol aus nach Südwesten auf der Reichsstraße Nr. 7, die weitgehend dem Lauf des wilden, zahlreiche Fälle bildenden Hallingdalselv folgt.

Nach 13 km erreicht man *Torpo* (327 m), mit dem Schiff einer Stabkirche aus dem 13. Jahrhundert (schöne Schnitzereien und Deckengemälde). 8 km weiter, in *Gullhagen*, zweigt rechts eine Straße ab, die zunächst an dem neuen alpinen Skizentrum *Svarteberg* (zwei Skilifte) vorbei nach *Leveld* (Kapelle) führt. Von hier aus kann man entweder über den sogenannten *Fanitullvei* nach Hemsedal fahren, oder zum 27 km nordwestlich liegenden *Bergsjø Høyfjellshotell* (1084 m; 60 B.) oder über Hovet zurück zur Hauptstraße. – 3 km hinter Gullhagen liegt **Ål** (437 m; 1500 Einw.; Sundre Hotel, 48 B.; Ål Gjestgiveri, 23 B.; drei Campingplätze mit Hütten), mit einer großen Kirche aus dem 18. Jahrhundert. Hinter Ål verbreitert sich der Hallingdalselv zum *Strandefjord,* an dessen Nordseite man entlangfährt. An seinem Ende bei *Kleivi* das Kraftwerk Hol 3 und auf der anderen Seite des Flusses die Kraftstation Usta. Weiter bis *Hol* (Kirche von 1924), wo rechts die Straße Nr. 288 (Aurlandsvei) abzweigt; sie führt zum Aurlandsfjord (97 km). Diese sehr attraktive Touristenstraße wurde erst 1974 eröffnet und weist zahlreiche Tunnel auf.

Folgt man von Hol weiter der Reichsstraße Nr. 7, die sich durch das bewaldete Ustadal aufwärtszieht, in dem links in einer tiefen Schlucht der *Ustaelv* fließt, erreicht man nach 11 km **Geilo** (spr. Jeilo; 795 m; 2000 Einw.; Highland Hotel, 174 B., Hb.; Bardøla Høyfjellshotell, 180 B., Sb., Hb.; Geilo Hotell, 145 B.; Holms Hotell, 120 B., Hb.; Vestlia Høyfjellshotell/Geilo Sportell, 142 B., Hb.; Ustedalen Høyfjellshotell, 100 B., Hb.; Jugendherberge; vier Campingplätze mit Hütten) in beliebter Ferienort, mit ausgezeichnetem alpinem Skigelände, mehreren Skilifts und einer Sesselbahn zur *Geilohøyda* (1056 m; Restaur.). Südlich die Einmündung der von Kongsberg kommenden Numedalstraße.

3¹⁄₂ km hinter Geilo bei *Fekjo* links 17 aus dem 9. und 10. Jahrhundert stammende, 1923 gefundene Grabhügel. Auf den folgenden 8 km steigt die Straße steil nach *Ustaoset* (991 m; Høyfjellshotell, 145 B., Hb.; Fjellstue & Motell, 50 B.; Solheim Fjellstue, 45 B.; Campingplatz mit Hütten) am Nordufer des *Ustevann* an. Der teilweise schneebedeckte *Hallingskarv* (1933 m; Aufstieg 6-8 St.) im Norden dominiert das Landschaftsbild. Im Süden der *Ustetind* (1376 m; Besteigung 3-4 St.). Die Straße Nr. 7 führt zum Eidfjord.

Halmstad

Staat: Schweden. – Gebiet: Südschweden. Provinz: Hallands län. – Landschaft: Halland. Höhe: Meereshöhe. – Einwohnerzahl: 75000. Postleitzahl: S-30590. – Telefonvorwahl: 035.
(i) **Halmstads Turistbyrå,**
Österbro;
Telefon: 11 15 81 und 11 75 42.
Zweigstelle (Mai-Sept.),
Östra Stranden;
Telefon: 1135 41.
Wahlkonsulat der Bundesrepublik Deutschland,
Storgatan 18;
Telefon: 104320.

HOTELS. – *Hallandia Hotel,* Rådhusgatan 4, 180 B.; *OK Motor Hotel,* Strandvallen 3, 122 B., Sb.; *Hotell Mårtenson,* Storgatan 52, 130 B.; *Hotel Harmonia,* Norra Vägen 7, 58 B.; *Hotell Sara,* Kaptensgatan 12, 30 B. – In Tylösand (9 km westl. an der Küste): *Tylösands Havsbad,* 228 B., Hb.; *Hotell Snäckan,* 40 B.– Drei CAMPINGPLÄTZE.

Halmstad, die Hauptstadt der schwedischen Provinz Halland, liegt nahe der Mündung des Flusses Nissan in die Laholm-Bucht. Diese Situation begünstigte den raschen Aufstieg zu einer bedeutenden Handels- und Hafenstadt. Schon 1307 erhielt Halmstad die Stadtrechte. Nach einem Brand im Jahre 1619 wurde es neu aufgebaut, und das Bild der Altstadt entspricht noch in vieler Hinsicht den damaligen Plänen.

Der Tourismus gewinnt vor allem in den Sommermonaten zunehmend an Bedeutung; der 9 km westlich gelegene Badeort *Tylösand* zählt mit seinen langen *Sandstränden zu den attraktivsten in Schweden.

SEHENSWERTES. – Der Marktplatz (Stora Torg) wird beherrscht von dem Brunnen ''Europa mit dem Stier'' von Carl Milles (1875-1955). An der Südseite des Platzes das **Rathaus** (1938), im Inneren Intarsienarbeiten der Halmstad-Gruppe, eines 1929 gegründeten Zusammenschlusses von sechs Malern, größtenteils aus Halmstad, im Ausland bekannt als die 'schwedischen Surrealisten'. Das Glockenspiel ist um 8, 12, 18 und 21 Uhr zu hören, gleichzeitig wechseln die vier Gruppen darunter. Neben dem Rathaus ein altes Fachwerkgebäude, das einst als Krankenhaus diente. Im Anschluß die *St.-Nikolai-Kirche* (14. Jh.) mit sehenswertem Inneren. Hinter dem Rathaus das ehem. *Schloß* (Anfang 17. Jh.), jetzt Residenz des Landeshauptmannes. An seiner Wasserseite liegt das 1897 gebaute Segelschulschiff ''Najaden'' vertäut. Am Ufer des Nissan die 1971 aufgestellte, 14 m hohe Picasso-Statue ''Frauenkopf''. – Nördlich vom Markt, durch die Storgatan, das am Südende des Norre-Katt-Parks gelegene *Norre Port* (1605), das einzige erhaltene Tor der alten Stadtbefestigung. Die meisten Anlagen wurden 1734 nach einem Stadtbeschluß abgerissen. Nördlich vom Park das *Halland-Museum,* u. a. mit einer sehenswerten Seefahrtsabteilung. – Im Norden der Stadt der bewaldete *Galgenberg* mit einem Aussichtsturm und dem Freilichtmuseum *Hallands Gården* (alte Häuser, Schulmuseum).

UMGEBUNG von Halmstad. – 9 km westlich der bekannte Badeort **Tylösand.** Auf dem Weg dorthin passiert man die Freizeitanlage *Miniland.* Im Maßstab 1:25 sind hier etwa 30

Sehenswürdigkeiten Schwedens aufgebaut, umgeben von einer schönen Parkanlage (Mai-September). Die Kapelle des hl. Olof stammt aus dem 18. Jahrhundert; ursprünglich stand sie in Småland, dort wurde sie 1879 abgerissen und 1949/50 in Tylösand wieder aufgebaut. – 16 km nördlich von Halmstad, über die Küstenstraße, erreicht man das ca. 350 h große Naturschutzgebiet von Haverdalsstrand mit einem 4$^1/_2$ km langen Sandstrand und einer für Schweden seltenen Dünenformation. Von hier weiter über *Ugglarps* (Automobil- und Flugzeugmuseum; Juni-August) nach Falkenberg (24 km).

Die E 6 zieht von Halmstad nördlich durch eine teilweise bewaldete und sanft hügelige Landschaft. Nach 13 km rechts die teilweise aus dem 18. Jahrhundert stammende *Kvibille Kyrka,* 1670 und 1949-53 restauriert. – 3$^1/_2$ km bis zum rechts abseits gelegenen Herrenhof *Fröllinge* (Hauptgebäude von 1623) und über *Skrea* (18 km) nach **Falkenberg** (34000 Einw.; Grand Hotell, 80 B.; MHF-Motellet Tre Hästar, 125 B.; Strandbaden, 142 B.; Skrea Motell, 32 B., an der E 6; Jugendherberge; drei Campingplätze). Die Stadt, an der Mündung des lachsreichen *Ätran* (Angeln vom 1. März bis 7. August erlaubt) ins Kattegat gelegen, wird schon im Mittelalter erwähnt. Die St. Laurentiikyrka (teilweise aus dem 12. Jh.; schöne Decken- und Wandmalereien aus dem 17. und 18. Jh.) ist noch von zahlreichen alten Holzhäusern aus dem 18. und 19. Jahrhundert umgeben. Das Stadthaus wurde 1959 fertig, die alte Zollbrücke ist von 1756 und das Rathaus von 1830. Die Törngrens Töpferei in der Krukmakeregatan ist seit 1786 in Betrieb und im Besitz derselben Familie. Von der alten Festung ist nicht mehr viel übrig; sie wurde 1534 von Engelbrekt und seinen Bauern zerstört. Falkenberg hat einen 8 km langen Sandstrand; vom Hafen aus werden Angelfahrten veranstaltet.

Die E 6 nach Süden folgt ebenfalls der Küste, empfehlenswert ist jedoch die Fahrt im Landesinneren auf der Straße Nr. 117. 13 km von Halmstad beim Gut *St. Fladje* führt links eine Landstraße zu der 1 km östlich jenseits der Eisenbahn gelegenen romanischen Kirche von *Eldsberga* (12. Jh.); 1976 alte Wandmalereien entdeckt). In der Gegend stößt man auf zahlreiche Steingräber aus der Bronzezeit; sie liegen oft auf Hügeln mit weiter Sicht. – Auf der Hauptstraße 10 km bis **Laholm** (20000 Einw.; Stadshotellet, 22 B.; Campingplatz), einem alten Städtchen am Fluß Lagan, das sich seinen bedächtigen Lebensrhythmus bewahrt hat. Bekannt ist es für seine zahlreichen öffentlichen Kunstwerke, darunter ein Springbrunnen mit neuer Skulptur des Italieners Luciano Minguzzi zum Gedenken an die Friedensbemühungen von Graf Folke Bernadotte (1895-1948), Dag Hammarskjöld (1905-1961) und J. F. Kennedy (1917-1963), auf dem Pferdeplatz (Hästtorg) der Pferdebrunnen mit einem Motiv aus der "Sage von dem Pferd" und auf dem Großen Platz (Stora Torg) die Lagafontäne (John Lundqvist). Am Südgiebel des Rathauses (18. Jh.) ein Ritterspiel (Turnier 12 und 18 Uhr). – Beim Schloß (17. Jh.) eine Lachszuchtanstalt; 6 km aufwärts am Lagan der 15 m hohe *Karsefors* (Kraftwerk); 6 km westlich das Seebad *Myllbystrand* (Motell Hallandsgården, 48 B.; Campingplatz) mit einem 12 km langen Sandstrand.

Von Laholm weiter in südliche Richtung. Nach 13 km stößt man in *Östra Karup* (Hallandsås Motell, 51 B.) auf die E 6. 4 km östlich, unweit der Kirche von *Hasslöv,* der *Lugnarohögen,* ein großer Grabhügel aus der Bronzezeit (zugänglich). Nun hat man auch die Grenze von Halland nach Schonen (Skåne) passiert. Folgt man der Straße Nr. 115 nach Westen, kommt man nach 8 km zu dem am Südende der Laholmbucht gelegenen bekannten Badeort **Båstad** (Hemmeslövs Herrgårdspensionat, 300 B., Sb., Ostern bis August; Hotel-Pension Enehall, 120 B., Mai bis Sept.; Hotel Båstad, 48 B.; Malens Havsbad, 260 B., Sb., 1.6.-31.8.); am Nordrücken des Höhenzuges *Hallandsås* gelegen, bekannt für sein mildes Klima. Die Marienkirche stammt aus dem 15. Jahrhundert, ein Großteil wurde beim Brand 1870 zerstört. Der Ort zeigt gut erhaltene alte Bebauung. – 4 km westlich *Norrviken* mit sehenswerten Gartenanlagen.

Von Båstad weiter auf der Straße Nr. 115 über *Hov* nach *Torekov* (Hotel Kattegat, 17 B.; Campingplatz), einem als Seebad vielbesuchten Fischerdorf; gegenüber die kleine Insel *Hallands Väderö* mit reicher Vogelwelt (Bootsverbindung 30 Min.). – Jetzt landeinwärts in südöstlicher Richtung durch eine sanfte, fruchtbare Landschaft nach *Förslövsholm* und weiter südlich nach *Skälderviken,* einem kleinen Seebad an der gleichnamigen Kattegat-Bucht. 2$^1/_2$ km vor dem Ort die Kirche von *Barkåkra* (Ende 12. Jh.). Noch 5 km bis **Ängelholm** (29000 Einw.; Hotell Continental, 40 B.; Motel Ängelholm, 30 B.; Campingplatz), unweit der Mündung des Rönneå in die Skäldervik gelegen. Es hat sich sein Kleinstadtgepräge bewahrt; das Rathaus stammt aus dem 18. Jahrhundert. Heute ist es hauptsächlich ein Bade- und Touristenort; 3 km bis zum schönen Sandstrand. An der Südseite der Bucht Blick auf den Höhenzug Kullen.

Hämeenlinna
(Tavastehus)

Staat: Finnland. – Gebiet: Südfinnland. Provinz: Hämeen lääni (Tavastehus län / Häme). Höhe: 85 m ü.d.M. – Einwohnerzahl: 41000. Postleitzahl: SF-13100. – Telefonvorwahl: 917.
(i) **Kanta-Hämeen Matkailutoimisto,** Raatihuoneenkatu 13; Telefon: 20 23 88 und 20 22 33.

HOTELS. – *Cumulus,* Raatihuoneenkatu 18, 100 B., Hb.; *Vouti,* Raatihuoneekatu 23, 100 B. – *Aulanko,* 5 km nördlich außerhalb, 500 B., Hb. – Zwei JUGENDHERBERGEN. – Zwei CAMPINGPLÄTZE.

VERANSTALTUNG. – *Finlandia*-Skilanglauf (Februar).

Die südfinnische Stadt Hämeenlinna ist das Verwaltungszentrum der Provinz Hämeen lääni. Die schwedisch Tavestehus genannte Stadt liegt reizvoll am langgestreckten Vanajavesi und wird im Süden vom Höhenzug des

Hattelmala begrenzt. Sie wurde 1639 nördlich von Tavastehus slott von Per Brahe gegründet, der auch die aus dem 13. Jahrhundert stammende Festung ausbaute. 1777 verlegte man die Stadt an ihren heutigen Platz. Sie ist Geburtsort des Komponisten Jean Sibelius (1865-1957) und des Dichters Paavo Cajander (1846-1913); auch ging der spätere Präsident J. K. Paasikivi hier zur Schule. In den letzten Jahrzehnten wurde die Industrie (v. a. Holzverarbeitung und Metallwerke) stark ausgebaut.

SEHENSWERTES. – Das Stadtzentrum bildet der Marktplatz (Kauppatori); an seiner Ostseite die *lutherische Kirche* (1789), im Park davor eine Statue des Dichters Paavo Cajander. An der Südseite des Platzes das *Rathaus* (1885). – Nördlich erreichbar durch die Kirkkokatu liegt an der höchsten Stelle der Stadt das *Gymnasium* (Ende des 19. Jh.), in der Nähe der *Sibelius-Park* und das *Sibelius-Haus* (Museum), wo der Komponist seine Kindheit verbrachte. – In der Lukiokatu Nr. 6 das *Stadtmuseum,* u.a. mit einem Großteil der Sammlungen aus dem Museum von Viipuri (schwed. Viborg). – Im Norden der Stadt am Ufer des Vanajavesi die guterhaltene **Burg Hämeenlinna** (schwed. *Tavastehus slott*); Ende des 13. Jahrhunderts von dem schwedischen König Birger Jarl begonnen, 1639 von Per Brahe fertiggestellt. Noch weiter nördlich der Stadtpark mit schöner Aussicht. – In dem östlich des Flusses gelegenen Stadtteil (Viipurintie 2) das *Kunstmuseum.*

Burg Hämeenlinna (Tavastehus)

UMGEBUNG von Hämeenlinna. – 4,5 km nördlich vom Bahnhof der **Nationalpark Aulanko** mit einer großen Freizeitanlage (Reiten, Golf, Rudern, Wintersport) und einer künstlichen Burgruine (im Sommer Märchenaufführungen). Schöne Aussicht vom Turm, unterhalb in einer Höhle eine steinerne Bärengruppe von R. C. Stignell. – 4 km südlich vom Bahnhof die mittelalterliche Steinkirche von *Vanaja*, mit schönem Altar. – 8 km nördlich, an der Straße nach Pälkäne, die alte Kirche von *Hattula*.

Mit der *'Silberlinie' von Hämeenlinna nach Tampere. – Zweimal täglich fahren die Schiffe der 'Silberlinie' von Hämeenlinna ab. Sie nehmen einmal die westliche und einmal die östliche Route und bieten einen nachhaltigen Eindruck von der Harmonie zwischen Wasser und Wald in diesem mittelfinnischen Gebiet. – Von Hämeenlinna zunächst durch den schmalen Vanajavesi; rechts das Hotel Aulanko, dann die Kirche von Hattula. Weiterhin in den *Vanajanselkä*, an dessen Westende (rechts die alte Steinkirche von Sääksmäki) sich die Linie teilt. – Die östliche Route führt nördlich weiter; hinter der Industriestadt **Valkeakoski** durch Schleusen in den *Mallasvesi* (rechts vorn die Kirche von Pälkäne). Nach $4^1/_2$ St. erreicht man an der Nordseite des *Roinesees* den Anlegeplatz *Vehoniemi*. Von dort noch 35 Minuten mit dem Bus bis **Tampere** (s. dort). – Die westliche Route führt vom Westende des Vanajanselkä zuerst nordwestlich durch den *Makkaraselkä* nach *Toijala*. Später bei *Lempäälä* unter der Straße und Eisenbahn von Hämeenlinna nach Tampere hindurch und weiter nach **Tampere** (s. dort).

Von Hämeenlinna über Pälkäne und Kangasala nach Tampere. – Diese der E 79 vorzuziehende Strecke ist mit 83 km drei Kilometer länger als die Hauptstraße. – Hinter Hämeenlinna am Westufer des Vanajavesi entlang, auf der Gegenseite der Aulanko-Park. – Nach 8 km *Hattula* mit einer Backsteinkirche (14./15. Jh.), die während der Zeit des Katholizismus eine weithin bekannte Wallfahrtsstätte war. Sie beherbergt eine große Zahl von Skulpturen, die des heiligen Olav stammt aus Lübeck. Sehenswerte Wandmalereien aus dem 15. Jahrhundert. – 2,5 km weiter die neue Kirche von Hattula. – 12 km bis zur Abzweigung einer Landstraße zur Industriestadt Valkeakoski (25 km). – Nach weiteren 4 km biegt rechts eine Straße nach *Hauho* (12 km) ab, mit der ältesten christlichen Gemeinde der Provinz Häme (1329 erstmals erwähnt; Kirche um 1400, Museum). – 11 km bis zur Einmündung in die Straße Nr. 12; rechts über Hauho (17 km) nach Lahti (88 km); links jetzt am *Pintelesee* entlang nach **Pälkäne** (10 km). Die alte Kirche (um 1400) liegt etwa $1^1/_2$ km nördlich in Richtung Ihari. – Weiter auf der Hauptstraße erreicht man nach 11 km den wunderschön zwischen dem *Roinesee* und dem *Längelmävesi* gelegenen Landrücken *Vehoniemenharju*. – Dann über den die beiden Seen verbindenden *Kaivanto-Kanal,* wenig später an der Westseite der aussichtsreiche *Kaiserberg* (Keisarinharju).

Kangasala (17400 Einw.; Campingplatz), Stadt am Südende des *Vesijärvi*. In der Kirche eine geschnitzte Kanzel von 1661 sowie ein Bild der auf dem 6 km südlich gelegenen ehem. königlichen Gut *Liuksiala* 1612 verstorbenen schwedischen Königin Karin Månsdotter. – Die Hauptstraße folgt dem langgestreckten *Kaukajärvi*. In *Viatala* links eine moderne Friedhofskapelle, danach die alte Kirche von *Messukylä*. Von Kangasala 18 km bis **Tampere** (s. dort).

Von Hämeenlinna auf der E 79 nach Tampere. – Zunächst in nordwestlicher Richtung durch eine bewaldete Hügellandschaft. – Nach 9,5 km zweigt rechts eine Straße nach *Parola* ab. Vor der Eisenbahnkreuzung links abseits ein Freilichtmuseum mit Panzern und Panzerabwehrwaffen seit 1919. Weiter nach *Hattula* (6,5 km). – Die E 79 folgt jetzt in einem größeren Abstand dem Südufer des Lehijärvi; nach 13,5 km links etwas abseits am Nordufer des schmalen *Kalvolanjärvi* die bekannte Glasstadt **Littala** (Fabrikbesichtigung).

Nach 11 km Abzweigung einer Straße, die über den am Südufer des *Makkarselkä* gelegenen Eisenbahnknotenpunkt *Toijala* (Hotel Pirkka, 12 B.) und dann auf der E 80 von Turku über *Lempäälä* ebenfalls nach Tampere führt.

Weiter auf der E 79, die die 205 m lange Hängebrücke Sääksmäen Silta am Westende des *Vanajanselkä* überquert (Restaurant, Badestrand, schöne Aussicht). Kurz darauf rechts die alte Steinkirche von *Sääksmäki*, eine der ältesten Finnlands (um 1550). – Wenig später rechts eine Abzweigung zur 3,5 km entfernt liegenden Industriestadt **Valkeakoski** (22 600 Einw.; Hotels Keski - Häme, 39 B.; Kaupunginhotelli, 22 B., Juli geschl.; Kesähotelli, 48 B., nur 1.6.-15.8.; Jugendherberge; Campingplatz). – Die E 79 stößt nach 21 km auf die von Lempäälä kommende E 80. Weiter auf der Autobahn 15 km bis **Tampere** (s. dort).

Hamina
(Fredrikshamn)

Staat: Finnland. – Gebiet: Südfinnland. Provinz: Kymen lääni (Kymmene län / Kymi). Höhe: Meereshöhe. – Einwohnerzahl: 11 000. Postleitzahl: SF-494 00. – Telefonvorwahl: 9 52.
(i) **Haminan Matkailupalvelu,** Pikkuympyränkatu 5; Telefon: 4 43 20; 4 41 61. Während des Sommers im Flaggenturm; Telefon: 4 15 81.

HOTELS. – *Haminan Seurahuone*, Pikkuympyränkatu 5, 35 B.; *Hamina*, Kaivokatu 4, 29 B. – CAMPINGPLATZ.

Hamina, schwedisch Fredrikshamn, auf einer Halbinsel in der Bucht Vehkalahti am Finnischen Meerbusen gelegen, ist einer der wichtigsten finnischen Exporthäfen (Holzprodukte).

Im 14. Jahrhundert gegründet, erhielt es 1653 die Stadtrechte und 1723 von König Fredrik I. von Schweden (Landgraf von Hessen) den Namen Fredrikshamn. Erst später kam der Name Hamina hinzu. 1809 wurde hier der Friede zwischen Schweden und Rußland unterzeichnet, in dem Schweden ganz Finnland an Rußland abtreten mußte. Bis zur sowjetischen Grenze und dem einzigen für ausländische Pkw benutzbaren Grenzübergang Vaalimaa sind es 43 km, bis Leningrad 261 km (Visum erforderlich).

SEHENSWERTES. – Den Stadtkern bildet ein nach Plänen von 1723 angelegter achteckiger Platz; die umliegenden Straßen verlaufen fast kreisförmig. Vom Platz gehen acht Straßen aus. Hier steht auch das 1798 erbaute *Rathaus,* 1840 nach Plänen von C. L. Engel umgebaut und mit einem Turm versehen, die *Evangelische Kirche* (1843; im Kirchenpark ein Gedenkstein an den Frieden von 1809) und die *Orthodoxe Kirche* (1837). Auf dem westlich gelegenen Marktplatz der achteckige *Flaggenturm* (kleines Museum), Rest einer Festung (1790). Das *Stadtmuseum,* Kadettikoulunkatu 2, befindet sich in dem Haus, in dem 1783 Katarina II. von Rußland und Gustav III. von Schweden verhandelt haben. – Im alten Dorf *Vehkalahti* eine sehenswerte mittelalterliche Kirche (1823 renoviert).

UMGEBUNG von Hamina. – Auf der Hauptstraße Nr. 7 in westlicher Richtung (bis Helsinki 150 km) mündet nach 11 km die vom nördlich gelegenen Kouvola kommende Straße ein. Voraus Blick auf die Industriestadt **Karhula**, nach 7 km erreicht (23 000 Einw.; Hotel Kesti-Karhu, 23 B.; Kymen Motelli, 170 B., Hb.). Das Gebäude der Sunila-Zellstoffabrik wurde nach Plänen von Alvar Aalto gebaut. Sehenswertes Glasmuseum. – Nach 2 km Abzweigung einer 6,5 km langen Straße zu der auf einer mit dem Festland verbundenen Insel im Finnischen Meerbusen liegenden bedeutenden Industrie- und Hafenstadt

Kotka (34 400 Einw.; Hotels Seurahuone, 68 B.; Ruotsinsalmi, 54 B.; Koskisoppi, 70 B., nur 1.5.-31.8.; zwei Jugendherbergen). An der Mündung des größten südfinnischen Flusses, des *Kyminjoki,* gelegen, entwickelte sich die Stadt schnell zu einem großen Exporthafen. Sie beherbergt bedeutende Industrien vor allem im holzverarbeitenden Bereich. Vor der Küste fand 1790 eine schwere Seeschlacht zwischen Schweden und Rußland statt. Am Marktplatz (jeden ersten Donnerstag im Monat großer Markttag) das stattliche Rathaus (E. Huttunen, 1934), südlich der Stadtpark (Kaupunginpuisto) mit der orthodoxen Kirche (1795), dem einzigen nach der Zerstörung durch die britische Flotte (1855) übriggebliebenen Gebäude. – Vom alten Wasserturm (62 m) und dem südöstlich gelegenen Norska-Berg schöne Sicht auf die vorgelagerten Inseln. Vom Hafen Bootsausflüge in die Schären; auf einigen Inseln sind noch alte Festungsanlagen zu sehen. – In der Nähe und etwas abseits (Abzweigung von der Straße zur E 3) die 'Fischerhütte' *Langinkoski*, ein Holzhaus, das der finnische Senat Zar Alexander II. schenkte (schön gelegen, jetzt Museum, von Mittsommer bis Ende Juli Theateraufführungen). – Die Straße Nr. 7 führt westlich weiter über Loviisa und *Porvoo* (s. dort) nach **Helsinki** (s. dort).

Ostwärts von Hamina gelangt man zum Grenzübergang *Vaalimaa* und erreicht nach insgesamt ca. 100 km das jetzt sowjetische **Wyborg** (finn. *Viipuri*), die frühere Hauptstadt der einst finnischen Landschaft Karelien.

Hammerfest

Staat: Norwegen. – Gebiet: Nordnorwegen.
Provinz: Finnmark fylke.
Höhe: Meereshöhe. – Einwohnerzahl: 7600.
Postleitzahl: N-9600. – Telefonvorwahl: 084.
ⓘ **Hammerfest Turistkontor,**
Rådhusplassen;
Telefon: 12185.

HOTELS. – *Grand Rica Hotel,* 120 B.; *Finnmarksbo Gjestehus,* 36 B.; *Brassica/Larsens Gjestgiveri,* 31 B. – JUGENDHERBERGE. – Zwei CAMPING-PLÄTZE.

Die betriebsame norwegische Hafenstadt Hammerfest, auf 70° 39′ 48″ nördlicher Breite und 23° 40′ östlicher Länge, liegt an der Westseite der Insel Kvaløy (339 qkm). Hier geht die Sonne vom 17. Mai bis 28. Juli nicht unter und vom 21. November bis 23. Januar nicht auf.

Panorama von Hammerfest

Wegen des geschützten und eisfreien Hafens von jeher ein bedeutender Handels- und Fischerort, erhielt Hammerfest 1789 die Stadtrechte. 1809 wurde die Stadt von den Engländern bombardiert, 1800 fast völlig von einem Feuer zerstört und im Oktober 1944 nach einer Zwangsevakuierung von den Deutschen dem Erdboden gleichgemacht. Nur die Friedhofskapelle blieb stehen. Aus diesem Trümmerhaufen bauten die Einwohner auf dem schmalen Landstreifen zwischen dem Höhenzug Salen und dem Meer ihre Stadt wieder auf, deren farbenfreudige Häuserfassaden besonders ins Auge fallen.

Hammerfest ist Ausgangspunkt der Eismeerfischerei und besitzt eine bedeutende Fischverarbeitungsindustrie sowie eine Fischereifachschule. Der Fremdenverkehr hat erheblich zugenommen.

SEHENSWERTES. – Am Marktplatz das **Rathaus** (1957), wo man mit einem einmaligen Beitrag Mitglied der ''Royal and Ancient Society of Polar Bears'' werden kann. Auf diese Weise wird der Bau eines Museums finanziert, als 'Quittung' erhält man eine Mitgliedsurkunde. Auf dem Platz eine Büste des hier geborenen Komponisten Ole Olsen (1850-1927). Nördlich durch die Storgate gelangt man zu den Anlegestellen der Eilschiffe und der Lokallinien. – Unweit westlich des Marktes an der Kirkegata die architektonisch beeindruckende **Evangelische Kirche** (1961). Sie hat keine Altartafel; den zeltförmigen Giebel schmückt eine große Glasmalerei (Seitenlänge 8 m) von Jardar Lunde (1962). Im Sommer jeden Abend Kirchenkonzert. Daneben die kleine Holzkapelle, die den Krieg überstanden hat. – Folgt man vom Marktplatz der Strand-

gata nach Nordosten, passiert man zunächst rechts die kleine *Katholische Kirche* (1958), größtenteils von deutschen Freiwilligen gebaut. Das Kreuz schnitzte ein nach Kriegsende in Narvik gefangengehaltener Österreicher. Ein Stück weiter rechts die Schule (1961). Die Straße führt weiter um die Bucht herum zur Landspitze F u g l e n e s mit dem interessanten *Meridianstøtten.* Auf der Granitsäule befindet sich eine bronzene Erdkugel. Sie erinnert an eine von 1816 bis 1852 gemeinsam von Norwegern, Schweden und Russen vorgenommene Gradmessung zur Bestimmung von Größe und Form der Erde. Südlicher Gegenpunkt war eine Stelle bei Ismail an der Donaumündung, 2872 km entfernt. Der Betonklotz daneben stammt von einer 1929 durchgeführten Nachmessung. Von hier schöner Blick auf die Stadt und die sich unmittelbar dahinter erhebenden Berge.

1 Hammerfest Kirche (evang.)
2 Rathaus (Eisbärclub)
3 St. Michaelskirche (kath.)
4 Fischverarbeitungsfabrik
5 Krankenhaus
6 Meridianstøtten

UMGEBUNG von Hammerfest. – Vom Marktplatz 20 Minuten Fußweg zu dem sich am Südende der Stadt erhebenden Bergzug **Salen** ('Sattel'; 86 m). Er ist auch über eine Straße erreichbar, die westlich der Stadt an dem kleinen See *Storvatn* (Campingplatz) vorbeiführt. Von der westlich gelegenen Anhöhe (Steinmal) weiter Blick aufs freie Meer. – Am südlichen Stadtrand links das Freibad *Jansvatn,* 1 km weiter der nördlichste Wald der Welt. Die Straße führt weiter nach Skaidi. Links Blick auf den *Tyven* (419 m; von Hammerfest in $1^1/_2$ St. zu besteigen). Vom Gipfel nach Osten Blick auf die öde Insel und die vielen Teiche, nach Süden und Westen auf das stellenweise schnee- und gletscherbedeckte Gebirge und im Norden auf die unendliche Weite des Eismeeres.

AUSFLUG ZUM NORDKAP. – Eine empfehlenswerte Alternative zum Landweg von Hammerfest zum ****Nordkap** (s. dort) ist die Fahrt mit dem Schiff oder kombiniert mit Schiff und Autobus: Die Eilschiffe der 'Hurtigrute' verlassen Hammerfest täglich um 5.15 Uhr und erreichen Honningsvåg um 11.30 Uhr. Von dort fährt man um 12.45 Uhr mit dem Autobus zum Nordkap (1 St.) und kehrt um 14.45 Uhr nach Honningsvåg zurück, von wo um 17.00 Uhr ein Autobus nach Hammerfest abfährt, der dort um 21.30 Uhr ankommt. – Das Eilschiff in der Gegenrichtung verläßt Honningsvåg erst am folgenden Tag um 5.45 Uhr und ist um 12.00 Uhr wieder in Hammerfest.

Man vergewissere sich rechtzeitig über Fahrzeiten und -preise sowie eventuelle Sonderfahrten bei der Touristeninformation, in Reisebüros oder bei den Reedereien. – Festes Schuhzeug und warme Kleidung nicht vergessen, auch wenn es bei der Abfahrt in Hammerfest hochsommerlich warm sein sollte.

Von Hammerfest werden auch Charterflüge zum Nordkap veranstaltet.

Hardangerfjord

Staat: Norwegen. – Gebiet: Südwestnorwegen.
Provinz: Hordaland fylke.
(i) **Turisttrafikkomiteen for Bergen**
og Vest-Norge,
Bryggen 4,
N-5000 Bergen;
Telefon: (05) 21 51 10.
Voss Turistkontor,
Vangsgt. 81,
N-5700 Voss;
Telefon: (055) 1 17 15.

Der *Hardangerfjord ist von Herøysund bis Odda am Sørfjord fast 120 km lang und bis 830 m tief. Er zählt zu den bekanntesten norwegischen Fjorden, nicht zuletzt wegen des hier herrschenden milden Klimas. An seinen Ufern befinden sich große Obstplantagen; besonders reizvoll sind sie in der zweiten Maihälfte während der Baumblüte; hauptsächlich werden Kirsch- und Apfelbäume gezogen. Die Bewohner der Gegend heißen Háringer.

Der Hauptort des Gebiets, das nördlich des Fjordsystems gelegene **Voss** (57 m; 6000 Einw.; Fleischers Hotel, 124 B., Hb.; Fleischers Motell, 80 B., Hb.; Jarl Hotel, 130 B., Hb.; Vossevangen Hotel, 150 B.; Voss Turistheim, 100 B.; Park Hotel Liland, 96 B.; Rondo Pensjonat, 50 B.; Jugendherberge; vier Campingplätze mit Hütten), ist ein wichtiger Verkehrsknotenpunkt an der Bergenbahn, am Ostende des *Vangsvatn* gelegen, eine bedeutende Industriestadt und beliebter Fremdenverkehrsort, auch für Wintersport; Kirche von etwa 1270, mit beachtenswertem Inneren. Südöstlich der Kirche das im 11. Jahrhundert zum Gedenken an die Christianisierung dieses Gebietes errichtete steinerne Olavskreuz. 1 km westlich des Bahnhofs liegt ein um 1270 erbautes Holzhaus ('Finneloftet'), das älteste nichtkirchliche Holzhaus des Landes (Museum). Im Norden befindet sich der Mølster-Hof mit dem 'Voss Folkemuseum'. Im Nordwesten erstreckt sich *Bavallen,* Norwegens am besten ausgebautes alpines Skizentrum (1080 m lange Kabinenbahn, Höhenunterschied 550 m; Sprungschanze, Rekordweite über 100 m).

Die E 68 nach Südosten führt zum Hardangerfjord. Nach 10 km, am Südende des *Opelandsvatn,* erreicht die Straße bei 262 m ihren höchsten Punkt. 1 km weiter beginnt die etwa 3 km lange, bereits 1863-70 gebaute Straße durch das von gewaltigen Felswänden eingeschlossene Tal **Skjervet.* Links der vom *Granvinelva* gebildete Wasserfall *Skjervefoss.* Jetzt 10 km in mehreren Windungen hinunter nach *Holven* (30 m), mit der *Granvin-Kirche* von 1720. Eine der beiden Kirchenglocken soll die älteste Norwegens sein. Links biegt die Straße Nr. 572 zum Kirchdorf **Ulvik** (Ulvik Turisthotell, 110 B.; Strand Hotel & Motel, 94 B., Sb.; Brakanes Turisthotel, 150 B.; Ulvik Fjord Pensjonat, 40 B.; Bjotveit Hotel, 36 B.; Campingplatz mit Hütten) ab, einem der beliebtesten Ferienorte in Hardanger. Besonders reizvoll die Abfahrt aus 350 m Höhe hinab nach Ulvik. Die Kirche ist von 1858; in der staatlichen Gärtnereischule pflanzte Kristofer Sjursen Hjeltnes 1765 die ersten Kartoffeln in Norwegen an.

Die E 68 folgt von Holven weiter dem Ostufer des *Granvinvatn,* die Trasse ist teilweise in den Fels gesprengt, nach 4 km erreicht sie *Granvin* (250 Einw.; Mælands Turisthotel, 70 B.) an der Nordspitze des Granvinfjords. Weiter am Westufer des Fjords entlang zur Fährstation *Kvanndal* (Campingplatz); hier führt eine Autofähre nach *Utne* (15 Min.) an der Mündung des Sørfjords und *Kinsarvik* (35 Min.). – Nun am Nordufer vom * **Hardangerfjord** hin. Nach 12 km das Industriestädtchen *Ålvik* (1000 Einw.; Edelmetallwerk), mit einem Kraftwerk, das die Fallhöhe (880 m) des *Bjølsegrøvatn* ausnutzt. – Dann durch *Ytre Ålvik,* wo früher der Bjølvefoss herabstürzte. – 12 km weiter überquert die Straße auf der 1937 erbauten **Fyksesund Bru,* einer 344 m langen Hängebrücke (Abstand zwischen den Türmen 230 m, freie Höhe 27,8 m), die Mündung des 11 km langen schmalen F y k s e s u n d s in den Hardangerfjord. – 9 km bis *Øystese* (1500 Einw.; Hardangerfjord Hotell, 170 B., Hb.; Øystese Fjord Hotel, 49 B.; Øystese Pensjonat, 14 B.; Jugendherberge; Campingplatz mit Hütten), ein schön an der gleichnamigen Bucht gelegenes Kirchdorf. Gegenüber der Kirche ein Museum für den Bildhauer Ingebrigt Vik (1867-1927). Nordwestlich das *Torefjell* (1044 m). – Die Straße folgt dem Fjord 6 km bis **Norheimsund** (1500 Einw.; Norheimsund Fjord Hotel, 70 B., Sandven Hotel, 76 B.; Norheimsund Turistheim, 28 B.; drei Campingplätze mit Hütten). Schöner Blick über den Fjord auf die Firnfelder des Folgefonn.

Die E 68 verläßt hinter Norheimsund den Fjord und folgt dem freundlichen S t e i n s d a l. – Nach $2^1/_2$ km rechts der vom *Fosselva* gebildete schöne Wasserfall *Steindalsfoss* (Øvsthusfoss), hinter dessen 30 m tief herabstürzende Wasserwand man sich stellen kann. – Weiter bergan auf einer 3 km langen großartigen Straßenanlage durch die wilde Schlucht **Tokagjelet* (kurvenreich, vier Tunnel, steile Felswände). – Die E 68 führt weiter nach **Bergen** (85 km; s. dort).

In Norheimsund braucht man den Hardangerfjord noch nicht zu verlassen, man kann ihm noch bis Mundheim folgen und dann entweder über Eikelandsosen und Tysse nach Bergen, ein Umweg von 56 km, oder von Eikelandsosen nach Fusa, mit der Fähre nach Hattvik und dann weiter nach Bergen fahren, ein Umweg von 20 km.

Von Norheimsund weiter am Westufer des Fjords hin, 4 km bis zum Kirchdorf *Vikøy* und weitere 4 km bis zu den Höfen *Ystheim* und *Vangdal* (Felszeichnungen mit Schiffen und Tieren). – Nach 3 km rechts der Hof *Berge* mit großem Eichenbestand, der in Norwegen selten ist. Rechts Blick auf den Vesoldo (1046 m). – Nach 2 km das Dorf *Tørvikbygd;* Autofähre nach Jondal (15 Min.). – 5 km südlich der Hof *Ljones;* große Hügelgräber 1 km östlich bei Vikingnes. – 8 km weiter erreicht man *Fosse,* schöner Blick auf den Vesoldo im Nordosten,

über den Fjord zur Folgefonn im Osten und im Norden auf den Hardangerjøkul. Noch 2 km bis zum Kirchdorf **Strandebarm** an der gleichnamigen Bucht, mit schönen Badestränden. In dieser Gegend gab es einst eine blühende Bootsbauindustrie, jetzt bauen nur noch wenige den 'Strandebarmer'. Die Kirche ist von 1876. – Jetzt weiter über *Oma* (Bootswerft) nach *Mundheim,* wo man auf die von Süden kommende Straße Nr. 13 trifft (s. bei Stavanger).

Sie schwenkt jetzt nach Nordwest vom Fjordufer ab und erreicht nach 12 km *Holdhus* (130 m), Kapelle vermutlich von 1726 (sehenswertes Inneres), nach weiteren 6 km *Eikelandsosen* (600 Einw.; Campingplatz). Vor dem Ort rechts der *Koldedalsfoss.* Hier biegt die Straße Nr. 13 rechts nach Tysse ab. – Die Straße Nr. 552 verläuft am Südufer des E i k e l a n d s f j o r d s entlang zur Fährstation *Fusa,* wo man aus man nach *Hattvik* (20 Min.) übersetzt. Dann weiter über *Osøyra* und *Syfteland* nach Bergen.

Dem Hardangerfjord sind zahlreiche Inseln vorgelagert. Einigen von ihnen kann man entweder mit dem Auto oder – empfehlenswerter – mit dem Schiff einen Besuch abstatten.

Von der Mündung des G r a n v i n f j o r d s gelegenen Fährstation *Kvanndal* erreicht man über den U t n e f j o r d *Utne* (wird nicht immer angelaufen) und **Kinsarvik** (Kinsarvik Fjord Hotel, 140 B.) an der Mündung vom * **Sørfjord,** dem der Gegensatz zwischen der freundlichen Uferlandschaft und dem hohen wilden Fjell einen besonderen Reiz verleiht. Das milde Klima begünstigt den Obstbau; Kirsch- und Apfelbäume gedeihen in Fülle, namentlich im mittleren und nördlichen Teil. Am Ostufer des Fjords führt die Straße Nr. 47 etwa 40 km in südlicher Richtung. Nach 10 km *Lofthus* (Ullensvang Turisthotell, 250 B.; Campingplatz), einer der schönsten Punkte im Hardanger, mit Volkshochschule und Obstversuchsgut. Südlich die aus dem 13. Jahrhundert stammende Pfarrkirche von *Ullensvang* (1884 und 1958 restauriert). – Die Straße führt weiter am Fjord entlang durch eine liebliche, obstreiche Landschaft, die Ende Mai zur Zeit der Baumblüte ihren größten Reiz hat. Über dem Westufer erhebt sich das 34 km lange und bis 16 km breite Firnfeld des **Folgefonn** (bis 1654 m). Nach 26 km erreicht man *Tyssedal* (1300 Einw.; Tyssedal Hotel), an der Mündung des gleichnamigen Tales, in dem die *Tyssä* in schönen Fällen herabstürzt, mit Aluminiumfabrik und großem Kraftwerk, das den Strom für die Industrie der Gegend erzeugt; Kapelle von 1965. – Weiter

.

'Trolls Zunge' am Tyssehøfjell mit Blick über das Ringedalsvann zum Folgefonn

durch einen 1520 m langen Tunnel, nach 6 km gelangt man nach **Odda** (10 000 Einw.; Hardanger Hotel, 82 B.; Sørfjordheimen Pensjonat, 55 B.), einer bedeutenden Industriestadt am Süd-ende des Sørfjords. 16 km südlich, am Sandvinvatnet vorbei, der gewaltige Wasserfall *Låtefoss* (164 m hoch).

Von Odda verläuft die schmalere Straße Nr. 550 nördlich zwischen dem sich westlich erhebenden, firnbedeckten *Folgefonn* und dem westlichen Fjord-ufer. Nach 29 km der kleine Ort *Aga* mit dem Freilichtmuseum 'Agatunet', einem gut erhaltenen Bauerngehöft, in dem sich 30-40 Gebäude um ein ehemaliges Richterhaus gruppieren. 16 km weiter nördlich liegt *Utne* (Utne Hotel, 46 B.), mit hübscher Kreuzkirche aus dem Jahr 1858, deren Innenausstattung z. T. aus der früheren mittelalterlichen Kirche stammt; Hardanger folkemuseum. Von hier Fährverbindungen nach Kvanndal und Kinsarvik.

Von Kinsarvik verläuft nordöstlich die Straße Nr. 7 am Südufer vom steilwan-digen **Eidfjord,** dem östlichsten Zweig des Hardangerfjords. Nach 18 km *Brim-nes,* von wo im Sommer eine Fähre (empfehlenswert, wenn in Kinsarvik großer Andrang) über den Eidfjord nach Bruravik führt. Weitere 11 km benötigt man nach dem Ort **Eidfjord** (Vøringfoss Hotell, 102 B.), in großartiger Lage am Südende des Fjords, über dessen Nord-ufer sich der schneebedeckte *Onen* (1621 m) erhebt.

Hardangervidda

Staat: Norwegen. – Gebiet: Südnorwegen. Provinzen: Hordaland fylke, Telemark fylke und Buskerud fylke.

ⓘ **Turistkomiteen for Telemark,**
Kverndalen 8,
N-3700 Skien;
Telefon: (035) 2 12 79.
**Turisttrafikkomiteen
for Buskerud fylke,**
Storgate 2,
N-3500 Hønefoss;
Telefon: (067) 23 6 55.
**Turisttrafikkomiteen for
Bergen og Vest-Norge,**
Bryggen 4,
N-5000 Bergen;
Telefon: (05) 21 51 10.

Die *Hardangervidda ist eine ca. 7500 qkm große Hochfläche mit einer durch-schnittlichen Höhe von 1000–1400 m. Über das Gebiet sind zahlreiche Seen verstreut. Große Wildrenherden wei-den auf den kargen Triften. Hier wer-den noch etwa 100 Sennereien betrie-ben. Die Landschaft – über der Baum-grenze – ist sehr öde, aber höchst ein-drucksvoll. Es sind Bestrebungen im Gange, einen 3200 qkm großen Natio-nalpark einzurichten; fünf weitere Ge-biete sollen unter Naturschutz gestellt werden.

Das Gebiet ist ideal für ausgedehnte Wanderungen und wird von einem Netz von Pfaden überspannt, die meist von einem der fischreichen Seen zum ande-ren führen und dabei die zahlreichen Hütten (während der Hochsaison vom 15. Juli bis 15. August meist überfüllt) miteinander verbinden. Autostraßen und größere Siedlungen fehlen im Inneren völlig.

Den besten Zugang bietet die Straße Nr. 7 von **Geilo** (s. Hallingdal) nach Eidfjord, welche die eigentliche Hardangervidda vom Gebiet des **Hardangerjøkul** trennt, dessen 120 qkm großes Firnfeld (bis 1862 m) sich im Norden erhebt und seinerseits nördlich von der Bergenbahn erschlossen wird. Die Straße Nr. 7 steigt von *Haugastøl* (990 m) bis zu ihrer höchsten Stelle bei der *Dyranut turisthytte* (1246 m; 40 B.). Dann beginnt der Abstieg ins Tal der *Bjoreia*. 20 km hinter Dyranut die Abzweigung eines Sträßchens (Gebühr) zu dem 1 km nördlich in aussichtsreicher Lage über dem Absturz des Måbødals gelegenen *Fosslihotell* (729 m ü.d.M.), von dort großartiger Blick auf den ** **Vøringsfoss,** in dem die Bjoreia in 183 m hohem, senkrechtem Fall in einen engen Kessel hinabstürzt, aus dessen Tiefe unaufhörlich dichter Wasserstaub zum oberen Rand aufsteigt (wunderbares Farbenspiel, besonders nachmittags). Das Fosslihotell ist Ausgangspunkt für mehrere schöne Gebirgswanderungen; besonders empfehlenswert der Übergang über die am Westrand des Hardangerjøkul gelegene *Demmevasshütte* (1280 m) in 13–14$\frac{1}{2}$ St. nach *Finse* (1222 m; Gebirgshotel) an der Bergenbahn (höchste Station des Landes) in einsamer Hochgebirgsgegend am *Finsevann*.

Die Straße Nr. 7, deren großartigster und interessantester Abschnitt nun folgt, führt nach der Abzweigung im wilden Måbødal abwärts, bald durch Tunnel, bald an fast senkrechten Felswänden hin, dann in fünf großen Kehren hinab nach *Måbø* (250 m), von wo sie Eidfjord (s. bei Hardangerfjord) erreicht.

Im Westen fällt die Hardangervidda steil zum Sørfjord (s. bei Hardangerfjord) ab, an dessen Ostufer die Straße Nr. 47 entlangführt. Im Süden reicht die Haukeli-Straße (s. bei Telemark) am nächsten an das Gebiet heran.

Härjedal

Staat: Schweden. – Gebiet: Mittelschweden. Provinz: Jämtlands län. – Landschaften: Jämtland und Härjedalen.

(i) **Jämtland-Härjedalens Turistförening,** Storgatan 16, S-83126 Östersund; Telefon: (063) 127055.

Das *Härjedal zählt mit seinen auf 11776 qkm verteilten rund 13000 Bewohnern zu den am dünnsten besiedelten Gebieten Schwedens. Es verläuft in West-Ost-Richtung zwischen den beiden großen Flüssen Ljunga im Norden und Ljusna im Süden. Im Westen grenzt es an Norwegen. Das Härjedal besteht aus Wäldern und kahlen Hochgebirgsflächen; seine Bewohner lebten fast ausschließlich von der Wald- und Landwirtschaft, jetzt ist der Tourismus zu einem bedeutenden Erwerbszweig geworden. Zahlreiche frühere Sennestationen bildeten die Grundlage für moderne Hotels und Ferienanlagen. Das gesamte Gebiet ist ideal für Fußwanderungen und Wintersport. Das Härjedal bildet die südliche Grenze für die Rentierzucht; zudem gibt es hier Bären und Wölfe. Sehr eindrucksvoll ist auch die vielfältige Flora.

Man erreicht die Landschaft Härjedal über die südlich von Mora am Siljansee kommende Straße Nr. 81. In *Sveg* (Stora Hotellet, 23 B. und 4 Hütten; Mysoxen, 25 B.; Axelssons, 25 B.; zwei Campingplätze) kann man auf die Nebenstraße Nr. 312 einbiegen, die nordwestlich über Glissjöberg und Linsell führt und nach 67 km *Hedeviken* am Nordufer des *Vikarsjö* (413 m ü.d.M.) erreicht. 12 km weiter westlich *Hede* (Wärdshuset Sånfjället, 14 B.). Etwa 18 km südlich erhebt sich der **Sånfjäll** (oder *Sonfjäll),* ein isolierter Gebirgsstock (bis 1277 m ü.d.M.), der sich inmitten von ausgedehnten Wäldern weithin abzeichnet. 2700 ha sind hier als Nationalpark geschützt, dessen höchste Teile oberhalb der Baumgrenze liegen. Sonfjäll wird als Schwedens Bärenberg bezeichnet. – Die Straße Nr. 312 folgt weiter dem bewaldeten Tal der *Ljusna*.

Nach 46 km zweigt südlich die Straße Nr. 311 ab, auf der man über *Tännäs* nach 104 km **Särna** (Turisthotel, 29 Z.), einen am gleichnamigen See schöngelegenen Ort, mit einer 1766 erneuerten alten Holzkirche, erreicht. 3 km südlich die Höhe *Mickeltemplet* (624 m ü.d.M.), mit einem Aussichtsturm. Südwestlich von Särna erhebt sich das große *Fulufjäll* (1040 m ü.d.M.), an dessen Nordabhang der schöne *Njupeskärsfall,* mit 125 m Höhe der höchste Wasserfall Schwedens, herabstürzt (von Särna Straße bis Mörkret 24 km, oder bis Njupåsen 28 km; dann zu einem Parkplatz und noch ca. 1 St. zu Fuß).

Von der Abzweigung nordwestlich noch 15 km auf der Straße Nr. 312 bis **Funäsdalen** (Hotel Funäsdalen, 110 B.; Eriksgårdens Fjällhotell, 70 B.; Grönländaren Tre Hästar, 40 B.), dem als Tourenstützpunkt vielbesuchten Hauptort des westlichen Härjedal. Abzweigung einer Straße, die 15 km nordwestlich im Tal der Ljusna aufwärts bis zu dem schön gelegenen kleinen Ort *Bruksvallarna* (710 m ü.d.M.; Walles Fjällhotell, 80 B.; Ramundbergets Fjällgård, 115 B.; Bruksvallarnas Fjällhotell, 100 B.) führt. Ferner führt von Funäsdalen eine Straße 41 km nordöstlich nach *Ljungdalen* (605 m ü.d.M.); von hier zu Fuß (19 km) zur *Helangsfjällets Turiststation* (1033 m ü.d.M.), am Nordostfuß des **Helagsfjäll** (1796 m), dessen höchster Gipfel den südlichsten Gletscher Schwedens entsendet (Aufstieg etwa 2$\frac{1}{2}$-3 St.). – 13 km westlich von Funäsdalen das am *Tänndalsjö* gelegene kleine Dorf *Tänndalen* (725 m ü.d.M.; Tänndalen Fjällgård, 130 B., Hb.; Tänndalens Turisthotell, 153 B.; Skarvruets Fjällhotell, 70 B.; Campingplatz), südlich das *Rödfjäll* (1245 m), nördlich die *Skarvarna* (1254 m). 12 km weiter nordwestlich **Fjällnäs** (784 m ü.d.M.; Fjällnäs Fjällhotell och Turistgård, 120 B.; Göransgården, 16 B.), in herrlicher Lage am Ostufer des Malmagensees, als höchstgelegener Luftkurort und zum Wintersport viel besucht, umrahmt von über 1000 m hohen Bergen, deren Gipfel man z. T. in schönen Touren erreichen kann. – 8 km weiter die norwegische Grenze.

Helsingborg

Staat: Schweden. – Gebiet: Südschweden.
Provinz: Malmöhus län.
Landschaft: Schonen (Skåne).
Höhe: Meereshöhe. – Einwohnerzahl: 101 000.
Postleitzahl: S-250 ..-260 ... – Telefonvorwahl: 0 42.
ⓘ **Helsingborgs Turistbyrå,**
Rådhuset,
S-25221 Helsingborg;
Telefon: 12 03 10.
Wahlkonsulat der
Bundesrepublik Deutschland,
Kungsgatan 2,
S-25221 Helsingborg;
Telefon: 12 75 10.

HOTELS. – *Grand Hotel*, Stortorget 8–12, 200 B.; *Hotel Kärnan*, Järnvägsgatan 17, 94 B.; *Hotel Helsingborg*, Stortorget, 120 B.; *Hotell Högvakten*, Stortorget 14, 104 B.; *Esso Motor Hotel*, Florettg. 41, 369 B., Hb.; *MHF-Motellet Tre Hästar*, Ängelholmsv. 35, 140 B.; *Hotel Mollberg*, Stortorget 18, 110 B.; *Hotell Savoy*, Prästg. 10, 180 B.; *Hotel Viking*, Fågelsångsg. 1, 50 B.; *Frälsningsarmens Hotell Anglais* (Heilsarmee), Gustaf Adolfs Gata 14, 110 B.; *Hotell Continental*, Järnvägsg. 11, 97 B.; *Hotell Maxim*, Basversksg. 11, 60 B.; *Stadsmotellet Helsingborg*, Hantverkareg. 11, 60 B.; *Hotell Ansgar*, L. Strandg. 5, 60 B.; *Hotell Villa Vingård*, Sehlstedsgatan 1, 57 B. – Zwei JUGENDHERBERGEN. – CAMPINGPLATZ.

Die schwedische Stadt Helsingborg (früher Hälsingborg) war über mehrere Jahrhunderte wegen ihrer strategisch günstigen Lage an der engsten Stelle des Öresunds ständig von Dänen und Schweden heiß umkämpft. 1085 wurde sie erstmals schriftlich erwähnt, 1649 erhielt sie Stadtrecht. Heute ist sie eine lebhafte Hafen-, Handels- und Industriestadt sowie bedeutendste Anlaufstelle für den Verkehr von und nach Dänemark.

SEHENSWERTES. – Kommt man vom dänischen Helsingør über den Öresund, über den Schiffe und Fähren in kurzen Abständen verkehren, nach Helsingborg, fällt der Blick unwillkürlich auf das Wahrzeichen der Stadt, einen weithin sichtbaren 35 m hohen Backsteinturm, **Kärnan** (spr. Tchärnan; der Kern) genannt. Er liegt am oberen Ende des langgestreckten S t o r t o r g (Marktplatz). Von hier führt eine breite, von zwei Türmen (in dem linken ein Fahrstuhl) flankierte Treppe hinauf zur *Konung Oscar II.s Terrass* (Terrassenrestaurant). Hier erhebt sich der alte Verteidigungsturm mit seinen bis zu 4$\frac{1}{2}$ m dicken Grundmauern und einem Umfang von 60 m. 1400 war er Mittelpunkt einer von Valdemar Atterdag gebauten Festung, die an der Stelle einer wahrscheinlich aus dem 10. Jahrhundert stammenden Holzburg errichtet wurde. 1680 wurde die neue Anlage zerstört, nur der Turm blieb erhalten. Von der Höhe des Turmes (190 Stufen) herrlicher *Blick auf die Stadt, über den Sund und auf Dänemark. – Am unteren Ende des Marktplatzes ein Standbild des schwedischen Feldherrn Graf Magnus Stenbock (1664–1717), von J. Börjeson im Jahre 1901 zur Erinnerung an den 1710 nördlich von Helsingborg errungenen Sieg über die Dänen errichtet. Gegenüber das neugotische **Rathaus** (1897) mit einem 70 m hohen Turm. Die Glasmalereien an den Fenstern zeigen Motive aus der Stadtgeschichte. Vor dem Gebäude ein norwegischer und ein dänischer Gedenkstein als Dank für die während der deutschen Besetzung im Zweiten Weltkrieg von Schweden geleistete Hilfe.

Südwestlich des Stortorgs liegt unmittelbar am Fährhafen der Hamntorg

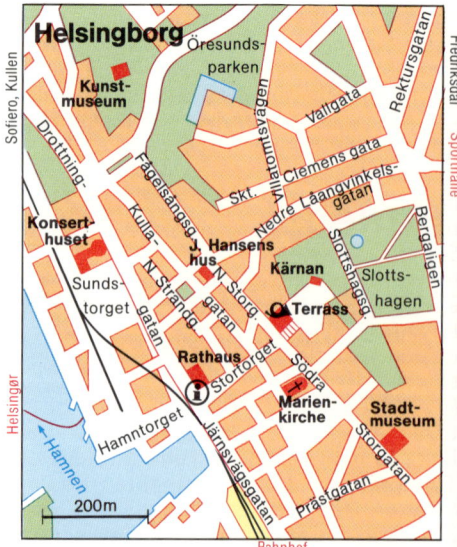

Hafenplatz in Helsingborg

(Hafenplatz) mit dem *Seefahrtsmonument,* einer von einem Merkur gekrönten Säule (C. Milles). Daneben ein unscheinbares Denkmal, das an die Ankunft des französischen Marschalls Jean Baptiste Bernadotte im Jahre 1810 erinnert. Er war vom Reichstag zum Thronfolger gewählt und von dem kinderlosen König Karl XIII. unter dem Namen Karl Johan adoptiert worden. Den Thron bestieg er 1818 als Karl XIV. Johan.

Am oberen Ende des Stortorgs biegt links die Norra Storgata ab, an der (Nr. 21) Helsingborgs ältestes Privathaus, das *Jakob Hansens hus* (1641; 1931 rest.) liegt, ein schöner Fachwerkbau; davor der Gedächtnisbrunnen für den Astronomen Tycho Brahe (1927), an seiner Spitze ein Himmelsglobus. – An der nach Süden führenden Södra Storgata die gotische **Marienkirche** (13 Jh.; im 15. Jh. erneuert), mit einem schönen Altarschrein um 1450, einer prachtvollen Kanzel von 1615 und einer Geschichtstafel von 900 bis zur Gegenwart. Noch weiter südlich (Nr. 31) das *Stadtmuseum* mit reichhaltigen Sammlungen, darunter eine Kunstsammlung, hinter dem Haus eine Freilichtanlage.

Die vom Anfang des Stortorgs nach Südosten führende Järnvägsgata passiert die *Stadtbibliothek* (1965) und den *Hauptbahnhof.* Auf der vom Stortorg nach Nordwesten abzweigenden Drottninggata erreicht man zunächst den St. Jörgens Platz mit der Plastik "Spielende Jugend" (A. Wallenberg); an seiner Westseite das *Konzerthaus* (1932; Sven Markelius), dahinter das *Stadttheater* (1976). Nordöstlich erstreckt sich der **Öresundspark,** mit der ehemaligen Brunnenanlage *Hälsan* ('Sophienquelle'). Auf der anderen Seite des Hälsoväg liegt im *Vikingbergspark* das *Kunstmuseum* mit Sammlungen älterer und moderner Kunst (u. a. Frans Hals' Portrait von Descartes). – Hinter dem Turm Kärnan die schöne Parkanlage *Slottshagen* mit einer Skulptur "Die Jagd", von Chr. Eriksson, und Resten der alten Festung. Geht man weiter nach Nordosten, erreicht man die Stenbocksgata; jenseits liegt das *Fredriksdals Freilichtmuseum* mit einem Herrenhaus von 1787, einigen alten Gebäuden, einem Musikmuseum sowie einem Botanischen Garten und einer Freiluftbühne. Direkt an der Stenbocksgata die *Sporthalle* (Idrottens hus; 5000 Plätze).

UMGEBUNG von Helsingborg. – 4 km südöstlich liegt das bekannte Mineralbad *Ramlösa Brunn* (gegr. 1707). Ramlösa ist in Schweden nicht nur eine Mineralwassermarke, sondern der Inbegriff für Selterswasser. – Folgt man dem Strandväg an der Küste hin nach Nordwesten, passiert man einige Strandbäder und das Naturschutzgebiet *Pålsjö Skog* mit einem kleinen Schloß (17. Jh.) und dem Gästehaus 'Thalassa'. – 5 km sind es bis zum Schloß *Sofiero,* 1865 vom damaligen Prinz Oscar, dem späteren Oscar II., für Prinzessin Sofie gebaut; 1905 bekam es Gustaf VI. Adolf, der Großvater des jetzigen schwedischen Königs Carl XVI. Gustaf, als Hochzeitsgeschenk. Es wurde zur Sommerresidenz des alten Königs, der sich hier besonders der Rhododendronzucht widmete und es auf über 500 Züchtungen brachte. Das Schloß fiel nach seinem Tod (1973) an die Stadt Helsingborg.

Von Helsingborg nach Mölle und zum Kullen. Ein sehr empfehlenswerter Ausflug von 31 km. – Man verläßt Helsingborg über den Strandväg (Straße Nr. 22); an der Küste entlang, vorbei an Pålsjö und dem Schloß Sofiero. Beim Villenort *Laröd* ein kleiner Abstecher links zum Seebad *Hittorp.* Dahinter, 8 km von Helsingborg, links abseits das 1865-78 im holländischen Renaissancestil erbaute Schloß *Kulla Gunnarstorp,* dabei eine alte Burg mit mehreren Wällen und Gräben. Im Park die größte Buche Schonens mit 6 m Umfang. – 6 km bis *Viken,* einem alten Fischerort, der sich zum Seebad entwickelt hat. – Weiter am Ufer des Öresund entlang; nach 6 km erreicht man die Stadt **Höganäs** (22000 Einw.) mit Keramikindustrie. – Auf der Weiterfahrt passiert man die Badeorte *Strandbaden* und *Nyhamnsläge.* – 10 km hinter Höganäs links das Schloß *Krapperup,* eine frühere Burganlage, jetziges Gebäude von 1790; große Rhododendronanlage. – Wenig später, links, der erste Blick auf den Kullen; 3 km bis **Mölle** (Grand Hotel, 100 B.; Hotell Kullaberg, 27 B.; Turisthotellet, 27 B.), am Fuß des Kullen gelegener kleiner, aber vielbesuchter Badeort (kein Sandstrand).

Der *Kullen ist eine 15 km lange ins Kattegat hinausreichende Gneisscholle, deren Umgebung abgesunken ist. Die während der Eiszeit abgeschliffenen Kuppen zeigen abwechslungsreiche Vegetation. Die Seiten des Bergstocks fallen teilweise steil ins Meer ab, sie wurden von den Wellen stark zerklüftet. Höchste Erhebung dieser den Öresund von der Skäldervik trennenden Halbinsel ist der *Håkull* und *Högkull* (188 m). Auf dem Kullen gibt es zahlreiche Wanderwege, einen Golfplatz und ein Hirschgehege. Der nordwestliche Teil steht unter Naturschutz. Von Mölle führt eine Straße (4 km; Gebühr) bergauf und am Hof *Kullagård* vorbei zur äußersten Spitze des Kullen, wo seit 1561 Nordeuropas höchster Leuchtturm steht (74 m ü.d.M.). Das jetzige Leuchtfeuer ist von 1900 und hat eine Reichweite von 43 km; herrliche Aussicht auf das Kattegat. Am Fuß des Kullen zahlreiche Grotten, südlich u. a. die Silbergrotte (Silvergrottan) und die sogenannten Steinhütten (Stenstugorna), an der Nordseite u. a. die Grotten Josephinelust und Djupadal. – 7 km östlich von Mölle, an der Südseite der Skäldervik, der idyllische Bade- und Fischerort *Arild* (Rusthållargården Hotel, 45 B.; Strand Hotell, 30 B.).

Von Mölle nach Ängelholm fährt man zunächst 3 km auf der Straße Nr. 22 zurück und biegt dann bei *Möllehässle* links in eine Landstraße ein. Nach 3 km die teilweise aus dem 12. Jahrhundert stammende Kirche von *Brunnby*. Weiter über *Tunneberga* und dann auf der Straße Nr. 112 an der Burg *Vegeholm* (16. Jh.; auf einer Insel im Vegeå; zwei vierkantige Türme; großer herrlicher Park) vorbei nach **Ängelholm** (31 km; Hotel Continental, 40 B.; Motel Ängelholm, 30 B.; Altes Rathaus, 17. Jh.; Heimatmuseum).

Von Helsingborg nach Landskrona. – Die Straße (parallel die Autobahn E 6) führt vorbei an dem Stahlbad Ramlösa Brunn und dem als Seebad besuchten Fischerdorf *Råå;* dann über eine kleine Hügelkette (schöne Aussicht, im Sund die Insel Ven) nach *Glumslöv* (Hotel Örenäs Slott, 225 B., Sb.), wo 1961/62 ein Karmeliter-Nonnenkloster errichtet wurde (erstes kath. Nonnenkloster in Schweden seit der Reformation). Nach insgesamt 22 km erreicht man

Landskrona (34 000 Einw.; Hotel Öresund, 100 B.), am Öresund gelegene, lebhafte Hafen- und Industriestadt, mit einem Schloß aus dem 16. Jahrhundert (ausgedehntes Zitadellengebiet); Provinzialmuseum und Kunsthalle. In Landkrona schrieb Selma Lagerlöf als Lehrerin (1885-97) ihren Roman "Gösta Berling". – Fährverbindung über den Öresund in ca. 1¼ Stunden nach Kopenhagen. Ferner Motorschiff zu der mitten im Öresund gelegenen schwedischen Insel **Ven** (7,5 qkm); westlich der Schiffsanlagestelle *Bäckviken*, bei der St.-Ibbs-Kirche (13. Jh.), die spärlichen Reste des 1576 von dem Astronomen Tycho Brahe (1546-1601) errichteten Observatoriums *Uranienborg* (nahebei ein kleines Museum).

Helsingør

Staat: Dänemark. – Insel Seeland (Sjælland). Amtsbezirk: Frederiksborg amt. Höhe: Meereshöhe. – Einwohnerzahl: 57 000.

ⓘ **Helsingør Turistbyrå,**
Havnepladsen 3;
Telefon: 21 13 33

HOTELS. – *Marienlyst*, Nordre Strandvej 2, 390 B., Sb.; *Skandia*, Bramjstræde 1, 80 B.; *Meulenborg*, Bøgebakken 5, 50 B., Sb.; *Missionshotellet*, Bramstræde 5, 170 B. – JUGENDHERBERGE. – CAMPINGPLATZ.

VERANSTALTUNG. – *Hamlet-Spiele* auf Schloß Kronborg im August-September.

Die alte dänische Handels- und Hafenstadt Helsingør, die seit 1426 Stadt-

rechte besitzt, liegt an der Nordostseite der Insel Seeland an dem hier nur 4,5 km breiten Öresund, der sie von der schwedischen Stadt Helsingborg trennt. Für die Durchfahrt wurde früher von jedem von Norden kommenden Schiff ein Sundzoll erhoben, der erst 1857 von den seefahrenden Staaten für etwa 60 Mio. Kronen abgelöst worden ist. Neben einer bedeutenden Werft besitzt die Stadt Maschinenfabriken und andere Werke.

SEHENSWERTES. – Gegenüber dem Anlegeplatz der DSB-Fähren liegt der *Bahnhof;* nördlich angrenzend der Hafenplatz mit der 1947 aufgestellten 11¾ m hohen *Schwedensäule* (Sveasøjlen) als Dank Dänemarks für die Anfang des Zweiten Weltkrieges von Schweden geleistete Flüchtlingshilfe. Die nächste Straße südwestlich ist die Stengade, die Hauptstraße Helsingørs, in der neben vielen schönen alten Fachwerk- und Giebelhäusern das **Rathaus** (1855) liegt; die Glasmalereien im Ratssaal zeigen Motive aus der Stadtgeschichte (1936-39; von Poul und Fanny Sæbye). Unweit norwestlich die St.-Olai-Kirche (Grundsteinlegung um 1200; fertiggestellt 1480-1559), seit 1961 Dom. Etwa 150 m weiter westlich bei der St. Annagade die *Marienkirche* (spätes Mittelalter; beachtenswertes Inneres). Hier war von 1660 bis 68 der Komponist Dietrich

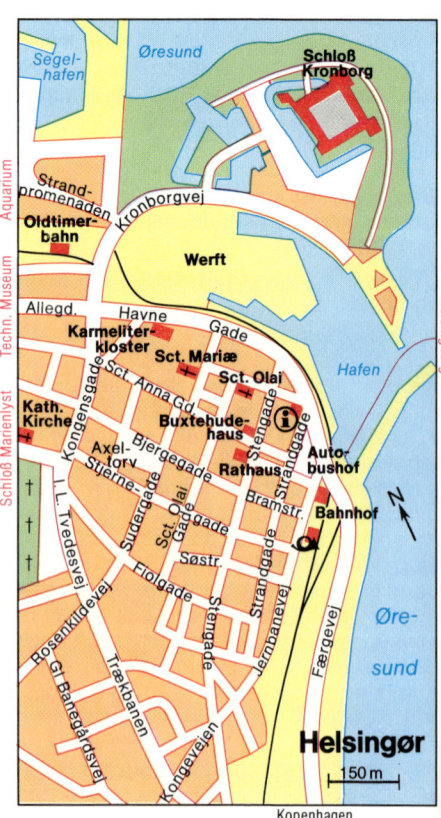

Helsingør

|‹— 150 m —›|

Kopenhagen

Helsingør (Dänemark) – Schloß Kronborg

Buxtehude Organist; er wohnte in der St. Annagade 6. Bis 1851 wurde in der Kirche deutsch gepredigt. Sie bildet den Südflügel eines um 1430 erbauten und noch sehr gut erhaltenen *Karmeliterklosters,* im Hof Bogengänge. Im Westflügel ist die Handwerksabteilung des *Stadtmuseums* untergebracht. – Westlich auf dem Axeltorv ein Brunnendenkmal für König *Erich von Pommern,* der Helsingør das Stadtrecht verlieh (E. Utzon-Frank; 1926).

Nordwestlich durch die Nygade und Marienlyst Allé, rechts die kath. *St. Vincentkirche,* zum *Schloß Marienlyst* (Ende 18 Jh.; der Park als Lustgarten für Kronborg angelegt). In der 3. Etage ist die ursprüngliche Einrichtung (Ludwig XVI.) erhalten; Kunstausstellungen des Stadtmuseums. – Südlich, parallel zur Stengade, verläuft die S t r a n d g a d e, ebenfalls mit vielen schönen alten Häusern, u. a. Nr. 77-79 die *Alte Apotheke* (1577 und 1642) und Nr. 72-74 der *Richterhof* (um 1520). – Im Hause Nordre Strandvej Nr. 23 liegt das **Danmarks Tekniske Museum** mit umfassenden Sammlungen aus Naturwissenschaft und Technik; die Verkehrsabteilung (Auto aus dem Jahr 1866, Flugzeug von 1905) ist am Ole Rømersvej untergebracht. – In *Grønnehave* am Nordhafen fährt im Sommer (sonntags) die Oldtimereisenbahn (alles Material von 1885-1920) nach Gilleleje ab (24 km).

Im Nordosten der Stadt, auf einer Halbinsel im Øresund gelegen, erhebt sich das weithin sichtbare schöne Schloß *Kronborg. Ursprünglich stand hier eine von Erich von Pommern um 1400 gebaute Burg. Das neue Schloß ließ König Frederik II. 1574-85 von den holländischen Architekten Hans van Paescheng und Anthonis van Opbergen bauen. Nach einem katastrophalen Brand (1629) ließ Christian IV. es 1635-40 wieder neu aufbauen; finanziert wurde dieser Bau mit einem erhöhten Sundzoll. Von 1785-1922 war es Garni-

son; 1924 wurde es renoviert. Im Südflügel die *Schloßkapelle,* die den Brand 1629 überstand, mit prachtvoller Renaissance-Innenausstattung, Holzschnitzereien von deutschen Meistern. Im nördlichen Flügel der 63 m lange *Rittersaal.* Im Schloß ist auch das dänische *Handels- und Seefahrtsmuseum* untergebracht. In den *Kasematten* sitzt Dänemarks Barbarossa, Holger Danske (Statue von H. P. Pedersen-Dan). – Vom südwestlichen Turm (Telegraftårnet; 145 Stufen) hat man eine herrliche *Aussicht. – Auf der *Flaggenbatterie,* der 'Terrasse vor dem Schloß bei Helsingør', läßt Shakespeare in seinem hier spielenden ''Hamlet'' den Geist des Dänenkönigs an den Wachen vorüberschreiten. Nach 25jähriger Pause wurde das Stück im Spätsommer 1979 wieder im Schloßhof aufgeführt. – Lohnende Wanderung auf den äußeren Bastionen. – Westlich, an der Strandpromenade, befindet sich das *Øresund-Aquarium,* das in zehn Biotopen Meerestiere aus dem Øresund zeigt.

UMGEBUNG von Helsingør. – 10 km südlich von Helsingør (Küstenstraße) das Dorf *Humlebæk* mit dem *Museum Louisiana* (Knud W. Jensen; 1958). Es besitzt eine gute internationale Sammlung moderner Malerei (seit

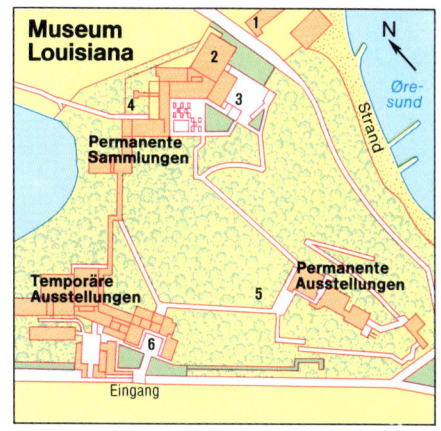

1 Bootshaus   3 Cafeteria   5 Skulpturengarten
2 Konzerthalle   4 Wassergarten   6 Alte Villa

etwa 1950) und in dem schönen alten Park am Øresund hervorragende Skulpturen, u. a. von Hans Arp, Alexander Calder, Max Ernst, Alberto Giacometti, Henry Moore und Jean Tinguely. Periodisch finden Sonderausstellungen aktueller Themenkreise statt, außerdem werden Kammerkonzerte veranstaltet.

Von Helsingør nach Gilleleje (24 km; Juni-Sept. sonntags Oldtimerzug). Die Straße führt vorbei an zahlreichen Badeorten zur Nordspitze der Insel Seeland. Man verläßt Helsingør auf dem Strandvej, nach $1\frac{1}{2}$ km passiert man das Schloß Marielyst; weitere $2\frac{1}{2}$ km bis *Julebæk* mit schönen Strand; danach *Hellebæk* (Hotel Hellebæk Kyst, 90 B.). – Weiter an einigen Fischerdörfern vorbei, dann durch einen Strandwald nach **Hornbæk** (Hotel Trouville, 81 B., Hb.; Bretagne, 75 B.; Campingplatz), einem vielbesuchten Badeort (50 m zum schönen Strand).

Weiter durch die Badeorte *Villingebæk* und *Dronningmølle* (Hulerød Kysthotel, 50 B.; Campingplatz). – 2 km südlich, an der Straße nach Villingerød / Esrum liegen auf einem Heidehügel Park und Museum mit Werken des Malers und Bildhauers Rudolph Tegner (1873-1950); etwa 200 Gemälde und 200 Skulpturen. – Vor Gilleleje rechts der auf einem hohen Steilufer gelegene Leuchtturm *Nakkehoved* (54 m ü.d.M.), weite Aussicht (Campingplatz). – 4 km bis **Gilleleje** (Strand Hotel, 47 B.; Pension Gilleleje, 40 B.; Campingplatz), alter Fischerort (tägl. Fischauktion) und vielbesuchtes Seebad. Von der Mole weite Sicht über das Kattegat bis zur schwedischen Küste. – Etwa 1 km westlich liegt *Gilbjerg Hoved,* der nördlichste Punkt der Insel Seeland.

Von Helsingør nach Hillerød. – Südwestlich auf der Hauptstraße Nr. 6 erreicht man nach 14,5 km *Fredensborg* (Romantisk Hotel Store Kro, 58 B.; Asminderød Kro, 11 B.; Hotelpension Bondehuset, 23 B.), mit dem gleichnamigen Schloß (1720-24; schöner Kuppelsaal), das der königlichen Familie im Frühjahr und Herbst als Aufenthalt dient. Der nordwestlich bis zum Esrumsee reichende *Schloßpark gilt mit seinen Alleen und Bildwerken als eine der schönsten Parkanlagen Dänemarks.

Die Straße Nr. 6 verläuft weiter durch den Südteil des Waldes *Gribskov,* der im Osten von dem 14 qkm großen *Esrumsee* begrenzt wird. 8 km weiter das Zentrum von Nordseeland *Hillerød* (25000 Einw.; Hotel Bauneholm, 43 B.; KFUM Missionshotel, 40 B.). Beachtenswert ist das Nordseeländische Heimatmuseum in der Anlage 'Jægerbakken', das Geldhistorische Museum in der Frederiksborg Bank (Slotsgade 16) sowie das Klostermuseum *Æbelholt* (6 km auf der Straße nach Frederiksværk).

Größte Sehenswürdigkeit von Hillerød ist das in dem kleinen *Frederiksborgsee* auf drei Inseln gelegene **Schloß Frederiksborg,** das 1602-1620 von Christian IV. an Stelle einer Schloßanlage Frederiks II. erbaut wurde (nach Brand von 1859 im alten Stil wiederhergestellt) und der großartigste Bau der dänischen Renaissance ist. Im Vorhof seit 1888 die Nachbildung eines 1658 nach Schweden gebrachten Neptunbrunnens von

Schloß Frederiksborg bei Helsingør

Adrian de Vries (1623). Auf der dritten Insel das eigentliche Schloß, mit drei viergeschossigen Flügeln, seit 1877 mit Hilfe des wissenschaftlichen und künstlerischen Zwecken dienenden Carlsberg-Fonds als *Nationalhistorisches Museum* eingerichtet, das in Gemälden, Bildnissen und anderen Kunstwerken eine Übersicht der dänischen Geschichte und Kultur gibt. Im westlichen Flügel die beim Brand 1859 unversehrt gebliebene *Schloßkirche,* mit beachtenswertem Inneren (eingelegtes Gestühl, prachtvolle Kanzel, Betkammer, schöne Orgel aus Holz).

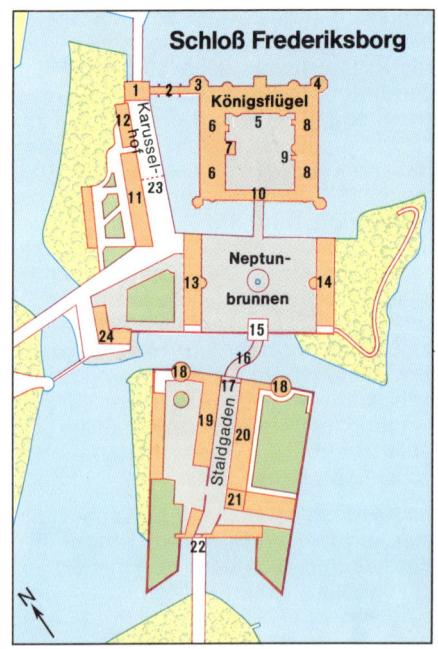

1 Audienzhaus	13 Haus des Schloßherrn
2 Langer Gang	14 Kanzleigebäude
3 Münzturm	15 Torturm
4 Jägerbergturm	16 Südbrücke
5 Große Galerie	17 Portal Christians VI.
6 Kirchenflügel	18 Rundtürme Frederiks II.
7 Kirchturm	19 Königsstall
8 Prinzessinnenflügel	20 Husarenstall
9 Küchenbrunnen	21 Herluf Trolles Turm
10 Terrassengebäude	22 Stadttor
11 Vorratsflügel	23 Ehem. Karusselltor
12 Teestuben	24 Restaurant

Helsinki / Helsingfors

Staat: Finnland. – Gebiet: Südfinnland. Provinz: Uudenmaan lääni (Nylands län / Uusimaa). Höhe: Meereshöhe. – Einwohnerzahl: 500 000. Postleitzahl: SF-0010.. – Telefonvorwahl: 90.

ⓘ Suomen Matkailun Edistämiskeskus *(Finnische Zentrale für Tourismus),* Kluuvikatu 8, 3. Stock, SF-00101 Helsinki 10; Telefon: 65 01 55.

Helsingin Kaupungin Matkailutoimisto *(Fremdenverkehrsamt der Stadt Helsinki),* Pohjoisesplanadi 19, SF-00100 Helsinki; Telefon: 17 40 88 und 1 69 37 57.

Autoliitto *(Finnischer Automobil- und Touringclub),* Kansakuolukatu 10, SF-00100 Helsinki; Telefon: 65 00 22.

BOTSCHAFTEN. – *Bundesrepublik Deutschland,* Fredrikinkatu 61 (Tel.: 6 94 33 55); *Deutsche Demokratische Republik,* Vähäniityntie 9 (Tel. 68 81 38); *Republik Österreich,* Eteläesplanadi 18 (Tel. 63 42 55); *Schweizerische Eidgenossenschaft,* Uudenmaankatu 16 A (Tel. 64 94 22).

GROSSE BUCHHANDLUNGEN. – *Akademische Buchhandlung,* Ecke Pohjoisesplanadi/Keskuskatu; *Suomalainen Kirjakauppa,* Aleksanterinkatu (gegenüber dem Kaufhaus Stockmann).

STADTRUNDFAHRTEN. – Abfahrt: Simonkatu 1 (nahe dem Hauptbahnhof). Die Straßenbahnlinie 3T passiert auf ihrer Fahrt ab Bahnhof einige der wichtigsten Sehenswürdigkeiten und informiert darüber per Lautsprecher auf schwedisch, englisch und deutsch. Eine Tageskarte (24 St.) für alle Bus- und Straßenbahnlinien, die ein gelbes Schild mit zwei schwarzen Pfeilen tragen, erlaubt eine unbegrenzte Anzahl von Fahrten.

HOTELS (Vorbestellung ratsam). – *Hesperia,* Mannerheimintie 50, 550 B., Hb., vielbesuchter Nachtclub; *Inter-Continental,* Mannerheimintie 46, 900 B., Dach-Hb., Nachtclub; *Marski,* Mannerheimintie 10, 280 B., Nachtclub M-Club nur für Mitglieder und Hotelgäste; *Palace,* Eteläranta 10, 100 B.; *Kalastajatorppa,* Kalastajatorpanti 1, 470 B., Hb., 2,8 km vom Zentrum am See, eigener

Strand, Show, Nachtclub Red Room; *President,* Eteläinen Rautatienkatu 4, 1000 B., Hb., Sauna, Nachtclub, Roulette; *Vaakuna,* Asema-aukio 2, am Bahnhof, 510 B.; *Helsinki,* Hallituskatu 12, 150 B.; *Seurahuone,* Kaivokatu 12, am Bahnhof, 217 B.; *Merihotelli,* Hakaniemenranta 4, 154 B., Hb.; *Aurora,* Helsinginkatu 50, 120 B.; *Finn,* Kalevankatu 3 B, 61 B.; *Helka,* P. Rautatiekatu 23, 191 B.; *Torni,* Yrjönkatu 26, 300 B., bekannt gute Küche; *Klaus Kurki,* Bulevardi 2, 105 B.; *Park,* Pohjalankatu 38, 86 B.; *Lähetys-Hospiz,* Annankatu 1, 109 B.; *Marttahotelli,* Uudenmaankatu 24, 73 B.; *Olympia,* Läntinen Brahenkatu 2, 156 B., Hb.; *Ursula,* Paasivuorenkatu 1, 92 B.; *Hospiz,* Vuorikatu 17 B, 353 B. – Vorstadt T a p i o l a : *Tapiola Garden Hotel,* 169 B., Hb. – Vorstadt H a a g a : *Haaga,* Nuijamiestentie 10, 100 B., Hb. – Vorstadt O t a n i e m i : *Dipoli,* nur 1. 6.–31. 8., 686 B., Hb.; *Dipoli Strand Hotel,* 426 B., Hb., Sauna. – Beim Flughafen V a n t a a : *Rantasipi Airport Hotel,* 360 B. – S o m m e r h o t e l s (alle nur 1. 6.–31. 8.): *Academica,* Hietaniemenkatu 14, 392 B., Hb.; *Kustaa Vaasa,* Vaasankatu 10, 160 B.; *Mercur,* Ruusalankatu 5, 90 B.; *Valli,* Rautalammintie 3, 566 B.; *Satakuntatalo,* Lapinrinne 1 A, 100 B.; – 2. 5.–31. 8.: *Kesä-Hospiz,* Paraistentie 19, 142 B.

JUGENDHERBERGEN. – *Stadionin Retkeilymaja,* 186 B., am Olympiastadion; *Kalliolan Retkeilymaja,* Sturenkatu 11 (Mai-August).

CAMPINGPLATZ. – *Rastila,* Vuosaari, 13 km östlich vom Zentrum.

RESTAURANTS in den meisten der gen. Hotels; besonders zu empfehlen die in den obersten Stockwerken der Hotels *Vaakuna, Palace* und *Torni* gelegenen, mit schöner Aussicht auf die Stadt; ferner: *Motti,* Töölöntorinkatu 2; *Havis Amanda,* Unioninkatu 23, im Keller Fischspez.; *Karl König,* Mikonkatu 4, ausgez. Küche; *Adlon,* Fabianinkatu 14, ausgez. Smörgåsbord; *Bellevue,* Rahapanjankatu 3, russ. Spez.; *Kulosaaren Casino,* Hopeasalmenpolku 49, hübsch am Wasser gelegen; *Troikka,* Caloniuksenkatu 3, russ. Spez.; Retaurant im Kaufhaus *Stockmann,* Keskuskatu 2; *Esplanaadinkappeli,* Esplanadinpuisto, am Marktplatz; *Fazer,* Kluuvikatu 3 und City Center, stimmungsvolle Cafés; *Walhalla* (Sommerrestaurant) auf der Insel Suomenlinna; u. a. – Zahlreiche preiswerte Selbstbedienungsrestaurants (Baari).

VERANSTALTUNGEN. – *Helsinkier Sommerkonzerte* (Mitte Juni bis Mitte August; intern. Orchester und Solisten); *Helsinki-Festspiele* (Konzerte, Ausstellungen, Oper und Ballett von internationalem Rang; Ende August bis Anfang September).

Helsinki – Finlandiahalle

*Helsinki, schwedisch Helsingfors, ist die Hauptstadt Finnlands und der Provinz Uusimaa (Nyland). Sie liegt zum größeren Teil auf einer stark zerklüfteten granitenen Halbinsel an der Nordküste des Finnischen Meerbusens, mit vielen vorgelagerten Inseln und Klippen. Mit einer Universität, einer Technischen Hochschule, zwei Wirtschaftshochschulen sowie mehreren anderen wissenschaftlichen und kulturellen Einrichtungen bildet die Stadt das geistige Zentrum des Landes. Zudem ist sie die größte Industriestadt (Schiffbau, Maschinenbau, Porzellan, Textilien) und wichtiger Einfuhrhafen sowie Verwaltungssitz der meisten Großunternehmen (jährliche Internationale Technische Messe). – Das heutige Zentrum Helsinkis wurde in der ersten Hälfte des 19. Jahrhunderts nach dem Grundriß von Johan Albrekt Ehrenström von dem Berliner Architekten Carl Ludwig Engel (1778-1840) im klassizistischen Empirestil gebaut. Die großzügig angelegten Straßen und Boulevards geben der Stadt ein luftiges Gepräge; die hellen Fassaden haben Helsinki den Beinamen 'weiße Stadt des Nordens' verschafft. – Vorbildlich sind die Stadtrandsiedlungen (u. a. Gartenvorstadt Tapiola). – 1982 soll die erste Teilstrecke der U-Bahn in Betrieb genommen werden.

GESCHICHTE. – Helsinki wurde 1550 von Gustav I. Wasa nordöstlich vom heutigen Zentrum an der Mündung des Vantaanjoki (schwed. Vanda) in den Finnischen Meerbusen gegründet, um mit der Handelsstadt Reval (heute Tallin) zu konkurrieren. Ab 1639 wurde es auf Befehl der Königin Christine an eine günstigere Stelle auf der Landzunge Vironniemi verlegt. 1748 wurde mit dem Festungsbau auf der vorgelagerten Insel Suomenlinna begonnen. 1808 konnte die damals noch unbedeutende Stadt dem Angriff der russischen Truppen nicht widerstehen und wurde dem russischen Großfürstentum Finnland einverleibt, zu dessen Hauptstadt sie 1812 von Zar Alexander I. erhoben wurde. 1816 erhielt C. L. Engel den Auftrag, die Stadt wiederaufzubauen, nachdem 1808 ein Drittel den Flammen zum Opfer gefallen war. 1828 wurde auch die Universität von Turku (Åbo) nach Helsinki verlegt.

Nach dem Zusammenbruch des russischen Zarenreiches wurde am 6. 12. 1917 in Helsinki die Republik Finnland ausgerufen. 1918 wurde die Stadt unter Mithilfe deutscher Truppen von bolschewistischen Kampfgruppen befreit und damit endgültig Hauptstadt der selbständigen Republik Finnland. Während des Zweiten Weltkrieges war Helsinik eine der wenigen europäischen Hauptstädte, die nicht von fremden Truppen besetzt wurden. 1952 fanden hier die Olympischen Sommerspiele statt, 1975 die Konferenz für Sicherheit und Zusammenarbeit in Europa (KSZE).

Besuchsordnung

Im allgemeinen gelten die Öffnungszeiten der Sonntage auch für die gesetzlichen Feiertage. Geschlossen sind praktisch alle Einrichtungen am 1. Januar, Karfreitag, Ostersonntag, 1. Mai, Pfingstsonntag, Sommersonnenwende (erster Freitag nach dem 22. Juni), Unabhängigkeitstag (6. Dezember) sowie fast durchgehend zwischen Heilig Abend und Silvester.

Die Namen sind hier in ihrer deutschen Übersetzung aufgeführt, wobei das Stichwort jedoch zumeist dem wichtigsten Teil des finnischen Namens entspricht oder ähnlich ist. Auf Finnisch sind die Adressen genannt.

Aktivitätszentrum der Künstlergesellschaft Helsinki,
Katariinankatu 2;
Di.–Fr. 11–17, Sa. und So. 12–16 Uhr.

Amos-Anderson-Kunstmuseum,
Yrjönkatu 27;
1. 9.–31. 5. Mo.–Fr. 11–17, Sa./So. 12–17 Uhr;
1. 6.–30. 8. Mo.–Fr. 10–16, So. 12–16 Uhr.

Arabia-Nuutajärvi (Glas, Porzellan),
Hämeentie 135; nach Vereinbarung.

Architekturmuseum,
Kasarmikatu 24;
Mo.–So. 10–16 Uhr.

Athenäum (Ateneum) Kunstmuseum,
Kaivokatu 2–4;
Mo., Di., Do.–Sa. 9–17, Mi. 9–20, So. 11–17 Uhr.

Bankmuseum (Union Bank of Finland),
Aleksanterinkatu 30;
Mo.–Fr. 9.15–16.15 Uhr.

Botanischer Garten der Universität,
Unioninkatu 44;
1. 10.–30. 4. Di., Fr., So. 12–15 Uhr; 1. 5.–30. 9. Mo.–Fr. 12–15, So. 12–15 Uhr; Gruppen ganzjährig nach Vereinbarung, Tel. 63 11 50.

Didrichsen-Kunstmuseum,
Kuusilahdenkuja 3 (Busse ab ZOB, Plattform 50);
Mi., So. 14–16 Uhr; auch nach Vereinbarung, Tel. 48 90 55.

Dom,
Senatsplatz (Senaatintori);
Mo.–So. 9–19 Uhr; Krypta nach Vereinbarung, Tel. 62 99 54.

Finnish Design Center,
Kasarmikatu 19 b;
Mo.–Fr. 10–17, Sa. 10–15, So. 12–16 Uhr.

Fotomuseum,
Korkeavuorenkatu 2 b F 72;
Mo.–So. 12–18 Uhr; 1. 6.–31. 8. Sa. geschlossen.

Freunde der Finnischen Handarbeit (Textilien),
Seurasarentie, Meilahti 7;
Mo.–Fr. 9–17, Sa. 9–15 Uhr; auch nach Vereinbarung, Tel. 41 85 30.

Galeria Kluuvi,
Unioninkatu 28 B, 3. Stock;
Di.–Sa. 11–18, So. 12–16 Uhr.

Gallen-Kallela-Museum,
Gallen-Kallelantie 27;
16. 9.–14. 5. Di.–Sa. 10–16, So. 10–17 Uhr;
15. 5.–15. 9. Di.–Do. 10–20, Fr.–So. 10–17 Uhr.

Halle der Kunst (Taidehalli),
Nervanderinkatu 3;
1. 9.–31. 5. Di.–Sa. 11–18, So. 12–17 Uhr; 1. 6.–31. 8. Mo.–Fr. 10–16, So. 12–16 Uhr.

Herttoniemi-Museum (Gut und Bauernhof),
Linnanrakentajantie 14;
So. 12–15 Uhr; auch nach Vereinbarung.

Kriegsmuseum (Sotamuseo),
Maurinkatu 1;
So.–Fr. 11–15 Uhr.

Kunstsalon Strindberg,
Pohjoisesplanadi 33;
Mo.–Fr. 10–17, Sa. 10–14, So. 13–16 Uhr.

Kunstmuseum der Stadt,
Meilahti Gutshof, Tamminiementie 6;
Mi.–So. 11–18.30 Uhr.

Küstenverteidigungsmuseum,
Insel Suomenlinna, Werk Kustanmiekka;
15. 5.–15. 9. 11–17 Uhr.

Linnanmäki-Vergnügungspark,
Tivolintie;
28. 4.–14. 5. sonn- und feiertags 13–22 Uhr; 15. 5.–2. 9. Di.–Fr. 17–22, Sa. 14–22, So. 13 bis 22 Uhr.

Luftfahrtmuseum,
Flughafen Helsinki-Vantaa;
Mi.–Fr. 15–18, Sa., So. 13–18 Uhr.

Mannerheim-Museum,
Kalliolinnantie 14;
Fr., Sa. 11–15, So. 11–16 Uhr.

Marktplatz *(Kauppatori),*
Markt Mo.–Sa. 7–14 Uhr.

Mineralogisches Museum,
Kivimiehentie 1 in Otaniemi (Busse ab ZOB);
So. 12–15 Uhr; auch nach Vereinbarung, Tel. 4693243.

Münzen und Banknoten, Ausstellung der Bank KOP,
Pohjoisesplanadi 29;
Mo.–Fr. 9.15–16.15 Uhr.

Nationalmuseum *(Kansallismuseo),*
Mannerheimintie 34;
Mo.–So. 11–16, Di. auch 18–21 Uhr.

Observatorium Ursa,
Ullanlinnanmäki, Park Kaivopuisto;
15. 2.–30. 4. und 1. 10.–30. 11. an sternklaren Abenden.

Parlamentsgebäude,
Mannerheimintie 30;
Führungen Mo.–Fr. 14 Uhr, Sa. 11, So. 12 und 13 Uhr, auch nach Vereinbarung, Tel. 440051.

Pihlajasaari,
Insel mit Bade- und Freizeitgebiet,
Motorboot ab Laivurinkatu, Tel. 630065,
Ende Mai bis August.

Post- und Telegrafenmuseum,
Tehtaankatu 21 B;
Di. 12–15, Mi. 12–18, Do., Fr. 12–15 Uhr.

Präsidentenpalais,
Pohjoisesplanadi 1;
nach Vereinbarung, nur für Gruppen, Tel. 661133.

Senatsplatz *(Senaatintori),*
Empirezentrum von C. L. Engel.

Seurasaari,
Freilichtmuseum und Naturpark,
Insel Seurasaari, Endstation Bus 24;
Museum Juni bis September tagsüber, Naturpark ganzjährig.

Sportmuseum für Finnland,
Olympiastadion;
Mo.–Fr. und So. 11–14 Uhr.

Stadionturm,
Olympiastadion;
Mo.–So. 9–17 Uhr.

Stadtgärtnerei mit Anlagen,
Hammarskjöldintie 1;
Mo.–Fr. 12–15, Sa. und So. 11–15 Uhr.

Stadtmuseum,
Karamzininkatu 2;
Mo.–So. 12–16, Do. auch 16–20 Uhr.

Stadtmuseum,
Gutshof Tuomarinkylä,
Tuomarinkylä (Bus 64);
Mo.–Mi. 12–16, Do. 12–20, Fr. und So. 12–16 Uhr.

Suomenlinna, historische Seefestung,
Insel Suomenlinna, Fähre ab Markt
6.35–1.35 Uhr stündlich.

Technisches Museum,
Viikintie 1;
1. 4.–30. 9. Mi.–Sa. 12–16, So. 11–16 Uhr;
1. 10.–31. 3. Sa. 12–16, So. 11–16 Uhr.

Temppeliaukio-Kirche,
Lutherinkatu 3;
Mo.–Sa. 10–21, So. 16.30–21 Uhr.

Theatermuseum,
Aleksanterinkatu 12A;
1. 8.–30. 6. Di.–Fr., So. 12–16, Mi. auch 16–18 Uhr.

U-Boot "Vesikko",
Insel Suomenlinna, Bucht Tykistölahti;
Mitte Mai bis etwa Mitte September.

Uspenski-Kathedrale (orthodox),
Kanavakatu 1;
nach Vereinbarung, Tel. 634267.

Zoo Korkeasaari (Freigehege),
Insel Korkeasaari;
Anfang Mai bis etwa Ende September Fähre ab Nordhafen, übrige Monate Fußgängerbrücke von Mustasaari;
Oktober–Februar Mo.–So. 10–16 Uhr;
März Mo.–So. 10–17 Uhr;
April Mo.–So. 10–18 Uhr;
1. 5.–30. 9. Mo.–So. 10–20 Uhr.

Zoologisches Museum,
Pohjoinen Rautatiekatu 13;
1. 9.–31. 5. Mo.–Fr. 9–15, So. 12–16 Uhr; 1. 6.–23. 8. Mo.–Fr. 9–14 Uhr.

Stadtbeschreibung

Helsinkis Herz ist der **Marktplatz** (finn. *Kauppatori*), der montags bis samstags von 7 bis 14 Uhr ein buntes Markttreiben bietet und auch in den kalten Wintermonaten seinen Charme hat. Der Marktplatz liegt an der Nordseite des Südhafens; ein Obelisk erinnert an den Besuch der Zarin Alexandra Feódorowna 1833 in Helsinki. Von hier fahren die Boote nach Suomenlinna und in die Schären ab. An beiden Seiten des Südhafens legen die aus Schweden kommenden Fähren an. An der Nordseite des Platzes das von Engel erbaute *Stadthaus* (1833; finn. Kaupungintalo) mit hellblauer Fassade. Etwas östlich in der Nordostecke des Marktes das *Präsidentenpalais* (finn. Presidentinlinna), dahinter die *Hauptwache.* An der Westseite des Platzes, zwischen den beiden Fahrbahnen der Esplanade, die sog. *Havis Amanda,* ein hübscher Zierbrun-

Helsinki – Südhafen mit Markt und Domkirche

nen von V. Vallgren (1908), dahinter das beliebte Restaurant Esplanadikappeli mit Bühne (Sommerkonzerte). Unweit südlich, an der Wasserseite der Eteläranta, die pittoreske alte *Markthalle* (1891; finn. Kauppahalli). – Östlich vom Markt führt eine Brücke zur Insel K a t a - j a n o k k a, gleich links auf einem Hügel die weithin sichtbare orthodoxe *Uspenski-Kathedrale (1868) mit vergoldeten Kuppeln; im Inneren Ikonen und Gemälde.

Neben der Esplanade bildet die nördlich parallel zu ihr verlaufende A l e k s a n t e - r i n k a t u das Geschäftszentrum Helsinkis. In ihrer Mitte der eindrucksvolle *S e n a t s p l a t z (finn. *Senaatintori*) mit einem Bronzestandbild des Zaren Alexander II., von W. Runeberg (1894). An der Nordseite führt eine imposante breite Treppe zur 10 m höher auf einem Granitfelsen liegenden, 1830 nach den Plänen von Engel begonnenen und 1852 in verändertem Stil vollendeten, lutherischen **Domkirche** (*Nikolaikirche;* finn. Tumiokirkko). Im Inneren Standbilder Luthers, Melanchthons und des finnischen Reformators M. Agricola sowie eine schöne Orgel. An der Westseite des Platzes die **Universität** (finn. *Yliopisto),* 1828-32 von Engel erbaut, 1936 zur Fabianinkatu hin erweitert. Nördlich der Universität die ebenfalls von Engel geplante *Universitätsbibliothek* (1836-45; finn. Yliopiston kirjasto; etwa 1,5 Mio. Bände und 2000 Handschriften, mit der größten Sammlung slawischer Werke in der westlichen Welt). Sie gilt in Helsinki als der schönste Engel-Bau. Gegenüber der Universität das *Regierungspalais* (finn. Valtionenvoston linna), bis 1918

Senatssitz des Großfürstentums, heute u. a. Sitz des Außenministeriums. In seinem Treppenhaus erschoß 1904 Eugen Schauman den russischen Generalgouverneur Nikolai Bobrikoff. – Auf der anderen Seite der Aleksanterinkatu das zweigeschossige *Sederholm-Haus,* das älteste Steingebäude der Stadt. Hinter dem Regierungsgebäude das *Ritterhaus* (finn. Ritarihuone; 1858-61), einst Tagungsstätte der Ritter und des Adels, heute wenig benutzt, teilweise vermietet. Im ersten Stock die Wappenschilder des finnischen Adels. Gegenüber dem Ritterhaus, auf der anderen Seite der Hallituskatu, das Haus der 1831 gegründeten *Finnischen Literaturgesellschaft* (Suomen Kirjallisuuden Seura).

Folgt man vom Senatsplatz der Snellmaninkatu nach Norden, liegt jenseits der Kirkkokatu rechts das ehemalige *Ständehaus* (1891). Über dem Eingang eine Bronzegruppe von Wikström (1903): Zar Alexander I. auf dem Landtag zu Borgå 1809. Gegenüber *Finlands Bank,* davor ein Bronzebild des finnischen Staatsmannes und Philosophen J. V. Snellman (1806-81), der die Gleichberechtigung des Finnischen mit der schwedischen Sprache in der Verwaltung durchsetzte. Nördlich gegenüber der Bank, an der Ecke Rauhankatu, das *Staatsarchiv.* Unweit nordöstlich, Maurinkatu 3, das *Finnische Kriegsmuseum.*

Weiter vom Senatsplatz auf der Aleksanterinkatu nach Westen, wo im Gegensatz zum untern Teil der Straße lebhaftes Treiben herrscht. Bei der Einmündung in die breite Verkehrsader Mannerheimintie in der Mitte der Straße die

Plastik "Drei Schmiede" (1932) von Fr. Nyland; die Splitterschäden stammen von sowjetischen Fliegerbomben. Links das **Kaufhaus Stockmann,** sein Gründer, der Lübecker G. F. Stockmann, etablierte sich in Helsinki 1862 mit einem kleinen Gemischtwarenladen an der Ecke Aleksanterinkatu/Unioninkatu am Senatsplatz. Biegt man links in die Mannerheimintie ein, kommt man bis zur Einmündung der Esplanaden fast ausschließlich an Stockmann-Schaufenstern vorbei.

In der Grünanlage zwischen den beiden Fahrbahnen der Esplanade der halbrunde Bau des *Schwedischen Theaters* (finn. Ruotsalainen Teatteri), einst von Engel gezeichnet, 1863–66 gebaut. Die heutige Ausführung stammt von Jarl Eklund und Eero Saarinen (1936). Dahinter in östlicher Richtung eine Figurengruppe zum Gedenken an den schwedisch-finnischen Dichter Zachris Topelius, von G. Finne (1932) sowie ein Bronzestandbild des finnischen Dichters Eino Leino (1878–1926), geschaffen von Lauri Leppänen (1953). In der Mitte der Esplanade ein Bronzestandbild des Dichters J. L. Runeberg, von seinem Sohn W. Runeberg (1885); auf dem Sokkel die erste Strophe der von Runeberg geschriebenen finnischen Nationalhymne "Unser Land". – An der nördlichen Esplanade, Ecke Kluuvikatu, steht ein Haus, das Anfang der sechziger Jahre Stein für Stein abgetragen wurde, um das morsche Fundament erneuern zu können. Dann wurde es wieder aufgebaut; die Fassade blieb unverändert. In diesem Haus, einst ein Hotel, gab Finnland 1940 zum Ende des Winterkrieges seine Kapitulation bekannt; 1918 hatten hier deutsche Soldaten ihr Hauptquartier. – Schräg gegenüber, an der Ecke Etelä Esplanaadikatu/Fabianinkatu ein ebenfalls von Engel entworfenes kleines *Palais* (1824), das von 1832 bis 1917 dem Generalgouverneur des Zaren als Heimstatt diente. Heute ist es die Festwohnung der Regierung, im Volksmund wird es jedoch Smolna genannt, weil es Anfang 1918 von der finnischen provisorischen Räteregierung besetzt worden war, wie der Smolny in Petrograd.

Die Verlängerung der Esplanade in südwestlicher Richtung ist der Bulevardi. Rechts, hinter der Yrjönkatu ein bis 1829 benutzter Friedhof und die hölzerne *Alte Kirche,* von Engel als Provisorium bis zur Fertigstellung des Domes gebaut, sowie zwei Mahnmale für die finnischen und deutschen Gefallenen im Freiheitskampf von 1918. An der Ecke Yrjönkatu/Lönnrotinkatu ein

Mausoleum, in dem Helsinkis Stadtplaner J. Sederholm ruht. Auf dem Friedhof wurden viele Pestopfer begraben. Gegenüber der Kirche ein Denkmal (Emil Wickström; 1902) für den Arzt und Sprachforscher Elias Lönnrot (1802–84), der die verschiedenen Teile des Nationalepos Kalevala sammelte, z. T. nachdichtete und herausgab. Neben ihm auf dem Denkmal die Kalevala-Figur "Väinämöinen" (entspricht etwa Wieland dem Schmied) und zu seinen Füßen die "Suomen neito" ("Maid Finnland"). In der Yrjönkatu 27 das *Amos-Anderson-Kunstmuseum.* – Weiter auf dem Bulevardi rechts an der Albertinkatu die *Nationaloper;* dann an ihrem Ende links die *Kunstsammlung Sinebrychoff* (Gemälde des 17. und 18. Jh.; Möbel und andere Kunstwerke).

Folgt man der Mannerheimintie an der Einmündung der Aleksanterinkatu nach rechts, passiert man zunächst das *Alte Studentenhaus* (1870; 1978 ausgebrannt) mit zwei Figuren aus dem Kalevala, Väinämöinen und Ilmarinen. Dahinter das *Neue Studentenhaus* (1911) und weiter über die Kaivokatu hinweg. Links der *Autobushof,* rechts vorn das *Hauptpostamt* (1940), davor das Reiterstandbild des Marschalls Mannerheim, von A. Tukiainen (1960). Rechts vom Postamt der **Hauptbahnhof** (1919; finn. *Rautatieasema)* mit dem 48 m hohen Uhrturm. Er ist das bedeutendste Bauwerk E. Saarinens in Finnland. Im Ostflügel ein kleines Eisenbahnmuseum. – Nördlich vom Bahnhofsplatz (finn. Rautatientori) das *Finnische Nationaltheater* (finn. Kansallisteatteri; 1901), davor ein Denkmal des Nationaldichters Aleksis Kivi (Wäinö Aaltonen, 1934). In der anderen Seite des Platzes das ***Ateneum,** Hochschule für Bildende Künste und Museum (Theodor Höijer, 1884-87), mit der bedeutendsten Kunstsammlung des Landes. Im finnischen Teil der Gemäldegalerie sind u.a. A. Edelfelt (1854-1905), E. Järnefelt (1863-1937), P. Halonen (1865-1933) und A. Gallén-Kallela (1865-1935) vertreten; außerdem Werke ausländischer Meister, u.a. Rembrandts "Lesender Mönch", Watteaus "Schaukel" und Bilder von Frans Hals, sowie moderne europäische Kunst. – In der Skulpturenhalle u.a. die Finnen V. Vallgren, W. Aaltonen, W. Runeberg und S. Hildén. Vor dem Eingang ein Bronzedenkmal Albert Edenfelts, von V. Vallgren (1929). – Hinter dem Nationaltheater der *Botanische Garten.*

Nordwestlich der Post erhebt sich an der Mannerheimintie der **Reichstag** (finn. *Eduskuntatalo),* ein Monumentalbau von J. S. Sirén (1930). Davor rechts die Statuen der früheren Präsidenten

Espoo
Hämeenlinna
Messezentrum

Helsinki/ Helsingfors

400 m

Eis-stadion

Schwimm-stadion

Olympia-stadion

Linn m

Lasten-linna

Topenuksenkatu

Nordenskjöldinkatu

Linnankoskenkatu

Mannerheimvägen

Helsinginkatu

Topeliusgatan

Töölönkatu

Sibeliuksenkatu

Sibellus-monument

Töölön-lahti

Ruder-stadion

Mechelininkatu

Runeberginkatu

Taival-lahti

Pohjoinen

Eteläinen

Hesperiankatu
Hesperiankatu

Finlandia-halle

Museokatu

Mannerheimintie

National-museum

Stadtmuse

Felsen-kirche

Parlament

Hietaniemenkatu

Sibelius-Akademie

Arkadiankatu

Arkadiagatan

Sandudsgatan

Hietaniemenkatu

Fredrikinkatu

Lapinlahti

Mechelingatan

Runebergsgatan

Autobus-hof

Annankatu

Eeriksgatan

Lapinlahdenkatu

Albertinkatu

Kalevagatan

A Kirc

Eerikinkatu

Frederiksgatan

Lönnrotinkatu

Porkalagatan

Portkkalankatu

Itämerenkatu

Kalevankatu

Hietalahdenkatu

Oper

Bulevardi

Uudenma

Ruoholahti

Punavuorenkat

Uttergatan

Hietalahti

Agric kir

Pursimiehenk

Tehtaanka

Saukonkatu

Merikatu

Seurasaari

Hanko

P. E. Svinhufvud (1861-1944), K. J. Ståhlberg (1865-1952) und, etwas seitlich im Park, die von K. Kallio (1873-1940). – Ein Stück weiter, auf der linken Seite der Mannerheimintie, das *Nationalmuseum (finn. *Kansallismuseo;* 1912) mit einem hohen Spitzturm. Die interessanten Sammlungen bieten einen umfassenden Einblick in die Kulturgeschichte und Völkerkunde des Landes. Besonders beachtenswert die *Sammlung der finnisch-ugrischen Völker mit zahlreichen Trachten und Gebrauchsgegenständen.

Schräg gegenüber vom Nationalmuseum in einem Park das *Stadtmuseum* und nördlich, am Südufer des Töölönlahti, das *Konzert- und Kongreßgebäude* **Finlandia** (von Alvar Aalto, 1971). – Gut 1 km weiter, an der Einmündung der Helsinginkatu in die Mannerheimintie, die *Alte Messehalle,* dahinter das **Olympiastadion** (1938), dessen Turm (72 m; Fahrstuhl) einen großartigen Blick auf die Stadt bietet. Im Stadion das *Finnische Sportmuseum,* vor dem Eingang eine Bronzeplastik des Läufers Paavo Nurmi (1897-1973), von Aaltonen

Finnisches Nationalmuseum Helsinki
Suomen Kansallismuseo

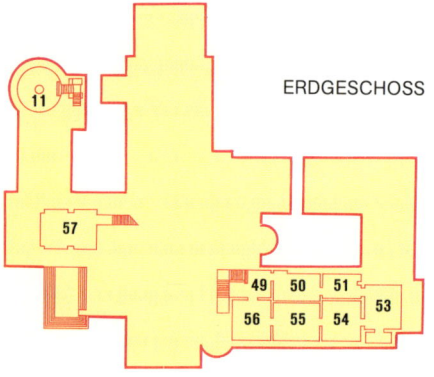

ERDGESCHOSS

ERDGESCHOSS

11	Mittelalterliche kirchliche Textilien
57	Silbersammlung (Münzen, Medaillen)

Finnisch-Ugrische Sammlung
49-51	Lappen (Samen)
53	Ostjaken, Wogulen, Ungarn
54	Wotjaken, Cheremi (Mari), Mordwinen
55	Esten, Woten, Livländer
56	Karelier, Wepsen

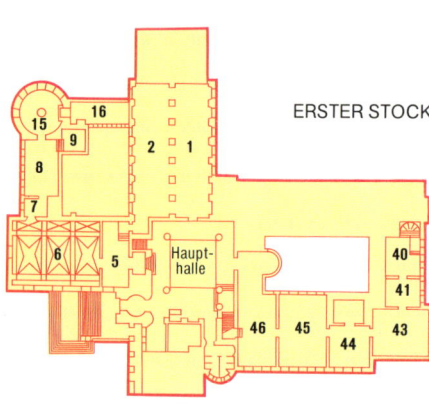

ERSTER STOCK

ERSTER STOCK

Prähistorische Abteilung
1	Steinzeit und Bronzezeit
2	Eisenzeit

Historische Abteilung
5	Mittelalterliche Skulpturen
6	Mittelalterliche Kirchenhalle
7	Grabdenkmäler
8	Lutherische Kirchenkunst (17./18. Jh.)
9	Ikonen
15	Waffen
16-17	Mittelalterliche Gebrauchsgegenstände

Ethnographische Abteilung
40	Jagd (Seehunde u.a.)
41	Fischfang
43	Haushaltsgegenstände
44	Hütte (frühes 19. Jh.) und alte Möbel
45-46	Möbel

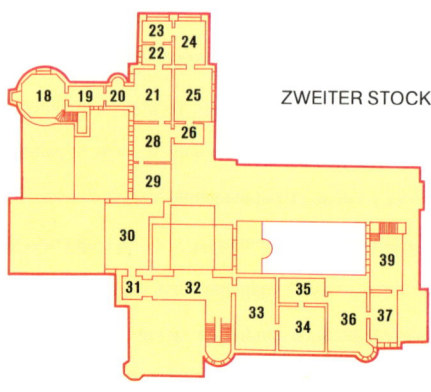

ZWEITER STOCK

ZWEITER STOCK

Historische Abteilung
18	Renaissancezimmer
19	Zunftgegenstände; Zinn, Kupfer
20	Bürgerliches Barock
21	Barockhallle
22	Spätes Barock
24	Glas
25	Rokokoraum vom Gut Jakkarila
26	Rokokoschrank vom Gut Jakkarila; Kleider
28	Gustavianisches Zimmer
29	Empire, Biedermeier und Neo-Rokoko
30	Raum eines Herrschers (Thron mit Baldachin, Bilder u.a.)
32	Jugendstil

Ethnographische Abteilung
33	Westfinnische Volkstrachten
34	Karelische Volkstrachten, Schmuck, Brautausstattungen u.a.
35	Textilien
36	Teppiche
37	Werkzeuge und Geräte zur Textilherstellung
39	Dorfleben; Volkskunde

(1952). Östlich hinter dem Stadion das *Schwimmstadion* und nördlich davon die *Eishalle*. – Östlich von den Sportanlagen, jenseits der Eisenbahnlinie, der Vergnügungspark *Linnanmäki* mit dem Wasserturm; daneben das von Alvar Aalto erbaute *Kulturhaus*. 1 km südlich das *Stadttheater* (1968), südöstlich davon das Gebäude der *Stadtverwaltung*. – Folgt man noch der Mannerheimintie bis etwa auf die Höhe des Olympiastadions, zweigt links die Linnankoskenkatu ab, an deren Ende rechts das sog. *Kinderschloß* (finn. Lastenlinna) liegt; eine Anstalt und Ausbildungszentrum für schwerbehinderte Kinder (Mannerheim-Kinderkrankenhaus).

Die Merkannontie, die links beginnt, führt am Sibeliuspark mit dem **Sibeliusdenkmal** von Eila Hiltunen (1967) vorbei. Es wurde zunächst heftig wegen seiner Abweichung vom Konventionellen kritisiert, als Kompromiß setzte Hiltunen noch die Büste hinzu. – Weiter

Sibeliusdenkmal in Helsinki

am Ufer entlang, passiert man das *Ruderstadion* und erreicht bald den schönen Sandstrand von Hietaniemi. Dahinter der *Friedhof Hietaniemi,* auf seinem höchsten Punkt ein Gedenkkreuz für die Gefallenen. Neben privaten Grabstätten ein Heldenfriedhof. Hier ruht auch Marschall Mannerheim (1867-1951). Hinter einer Hecke die Gräber von 122 in Finnland gefallenen oder verstorbenen deutschen Soldaten. In der Nähe des Eingangs sind die Politiker Risto Ryti, Väinö Tanner, T. M. Kivimäki und E. Linkomies begraben, die für ihren politischen Einsatz während der Kriegsjahre vor ein finnisches Sondergericht gestellt und zu Freiheitsstrafen verurteilt wurden. Dieses Verfahren war eine Bedingung des Waffenstillstandsvertrages.

Nun auf der Hietaniemenkatu in Richtung Stadt. Links das etwas zurückgezogene *Krematorium* (B. Liljeqvist, 1927), dahinter der Urnenhain. Bei der Einmündung in die Michelininkatu ein Stück nach links, dann rechts weiter auf der Arkadiankatu. An der nächsten Kreuzung links die *Finnische* und rechts die *Schwedische Wirtschaftshochschule*. Vor der finnischen der Brunnen *Gewinn* (A. Tukiainen, 1954). Biegt man links in die Fredrikinkatu ein, kommt man bald zu der unterirdischen überkuppelten *Felsenkirche (finn. Taivalahdenkirkko),* 1968/69 von T. u. T. Suomalainen erbaut. Bis zur Kuppelspitze ist sie 13 m hoch. – Bei der Einmündung der Arkadiankatu in die Pohjoinen Rautatiekatu das *Konservatorium* (Sibelius-Akademie), westlich gegenüber das *Zoologische Museum*.

Im südlich vom Markt gelegenen Stadtteil liegt am Ende der Unioninkatu die *Deutsche Kirche,* dahinter der Observatoriumsberg (38 m) mit der *Sternwarte* (Engel, 1833). An seinem Ostabhang, auf einer aussichtsreichen Terrasse, die Plastik ''Die Schiffbrüchigen'' (Robert Stigell, 1897). – Westlich vom Hügel die neugotische *Johanneskirche* (1893) mit zwei 74 m hohen Türmen; zwischen ihr und dem Observatoriumsberg die Kasarmikatu mit dem *Design Center* (Nr. 19). – Unweit südwestlich der Kirche die an ihrem hohen, sehr spitzen Turm erkennbare *Agricola-Kirche* (1934). – Folgt man der Küstenstraße nach Süden, Ehrenströmintie, kommt man bald zur Kalliolinnantie, in deren Nr. 14 Marschall Mannerheim wohnte; das Haus ist heute als *Mannerheim-Museum* eingerichtet. Ein Stück weiter der schön gelegene *Brunnenpark* (finn. Kaivopuisto).

Im Nordosten der Stadt, an der Hämeentie Richtung Lahti, etwa 15 Minuten vom Zentrum, die bedeutende Porzellanmanufaktur *Arabia* (Museum und Führungen). Unweit nordöstlich, an der Mündung des Vantaanjoki, der Platz, an dem Helsinki 1550 gegründet wurde, die VANHAKAUPUNKI (Altstadt). Zunächst an der Vanhankaupunkintie links eine Steinplatte, die an den Standort der ersten Kirche und des ersten Friedhofs erinnert. Ein Stück weiter, rechts, eine Wand aus schwarzem Granit mit einem *Porträt von Gustav Wasa*. Auf der Erde eine Platte mit dem alten Stadtplan. Auf dem höchsten Punkt ein dreikantiger Pfeiler (B. Brunila, 1932) mit einer Kugel an der Spitze.

UMGEBUNG von Helsinki. – Im Südosten der Stadt (Motorboot vom Markt) die Inselgruppe *Suomenlinna (schwed. Sveaborg) mit den Resten der im 18. Jahrhundert gebauten Festung (Museum); in der Kasematten das Restaurant ''Walhalla''. – Südlich, Boot von der Merisatamaranta, westlich des Brunnenparkes, die Freizeitinsel **Pihla-**

jasaari (schwed. *Rönnskär*) mit schönem Sandstrand und Wald.

Im Osten der Stadt, Ausfahrt auf dem Itäväylä in Richtung Porvoo, nach $7^1/_2$ km die Vorstadt **Herttoniemie** mit dem *Topelius-Museum,* zur Erinnerung an den Dichter Zachris Topelius (1818-98). – Auf der Insel **Korkeasaari** (schwed. *Högholmen;* Motorboot vom Nordhafen in 10 Minuten, Fußgängerbrücke vom Freizeitgelände Mustikkamaa) der *Zoologische Garten* und ein Sommerrestaurant.

Im Westen der Stadt auf der mit dem Festland durch eine Fußgängerbrücke verbundenen Insel **Seurasaari** (schwed. *Fölisö*) ein Freilichtmuseum mit alten Bauernhäusern, der Kirche von Karuna (1686) und anderen finnischen Holzbauten. Zu erreichen über die Mannerheimintie, dann durch die Linnankoskenkatu, rechts ein Stück auf der Paciuksenkatu, dann links in die Seurasaarentie bis zur Brücke. In der Nähe, Meilahti 7, das alte Holzhaus der *Freunde der finnischen Handarbeit* mit einer Ausstellung von Rya-Teppichen und anderen Textilien, in der man beim Weben und Knüpfen zuschauen kann. – In der Tamminiementie 6, Verlängerung der Seurasaarentie, die *Kunstsammlungen* der Stadt Helsinki. – Auf der anderen Seite der Bucht, auf der Westtangente (Länsiväylä) in Richtung Hanko, 6 km vom Stadtzentrum, die schon zu Espoo gehörende Gartenstadt **Tapiola** (schwed. *Hagalund*), die – obwohl in den fünfziger Jahren gebaut – immer noch als Beispiel mustergültiger Wohnkultur gilt; ca. 16 000 Einwohner. Nordöstlich auf der Halbinsel *Otaniemi* die Technische Hochschule von Helsinki mit dem architektonisch eigenwilligen Gebäude der Studentenschaft 'Dipoli' (A. Ruusuvuori und R. Paatelainen, 1966).

Von Helsinki nach Hanko (schwed. *Hangö;* 135 km). – Ausfahrt von Helsinki auf der Westtangente (Länsiväylä) nach Südwesten. Nach 3 km über eine 500 m lange Brücke zur Insel *Lauttasaari* (Campingplatz), nach weiteren 3 km wieder über eine Brücke zum Festland an der Gartenstadt Tapiola vorbei 14 km nach *Stensvik.* – 5 km weiter biegt die Straße Nr. 50 rechts nach **Espoo**, mit alter Kirche (8 km), jetzt Zentrum eines Ballungsraums mit über 120 000 Einwohnern, ab. – 7 km *Kyrkslätt* (rechts, 1 km) mit einer ursprünglich aus dem 14. Jahrhundert stammenden Steinkirche (1958/59 renoviert) und dem landschaftlich reizvoll liegenden *Hvitträsk,* einem architektonisch interessanten Gebäudekomplex mit dem Atelier des Architekten Eliel Saarinen (Museum; Restaurant). Südlich der Hauptstraße die Halbinsel *Porkkala,* die z.T. bis 1956 sowjetischer Stützpunkt war. – 9 km Abzweigung einer Straße rechts nach *Siuntio* (schwed. Sjundeå; 11 km) mit einer Kirche von 1460 (alter Wappenschmuck). – Weiter auf der Straße Nr. 51; 38 km bis *Karjaa* (schwed. Karis; Hotel Seurahuone, 18 B.) mit einer von C. L. Engel 1828-31 renovierten Steinkirche aus dem 14. Jahrhundert. – Südwestlich weiter auf der Straße Nr. 53 am Höhenzug Salpausselkä hin; nach 4 km biegt links eine Landstraße zum 7 km entfernten Ort *Snappertuna* ab; 1 km südlich der Kirche die sehenswerten

Reste der im 14. Jahrhundert erbauten Burg *Raseborg.* – Die Straße Nr. 53 führt weiter am Bahnhof *Raasepori* vorbei, links eine andere Straße nach Snappertuna. Vor Ekenäs links die Kasernen der Brigade Dragsvik, der einzigen schwedischsprachigen Brigade Finnlands (Kommandosprache finnisch). – 14 km bis **Ekenäs** (finn. *Tammisaari;* 7500 Einw.; Kongressihotelli, 37 B., Hb.; Marine, 70 B.; Gästis, 20 B.; Jugendherberge; Campingplatz) mit einer etwa zu 80 % schwedisch sprechenden Bevölkerung. Das hübsche alte Städtchen ist sehr schön auf einer Landzunge gelegen. Im Sommer beliebter Urlaubsort, schöner Strand. Steinkirche aus dem 17. Jahrhundert. – $1^1/_2$ km hinter Ekenäs zweigt die Straße Nr. 52 rechts nach Turku ab; die Straße Nr. 53 verläuft weiter nach Südwesten. – Auf den verbleibenden 35 km bis Hanko sind verschiedentlich die Reste von Verteidigungsanlagen erkennbar. Sie stammen aus der Zeit nach dem Winterkrieg 1939/40, als Finnland das Gebiet um Hanko an die Sowjetunion verpachten mußte.

Hanko (schwed. *Hangö;* 10 000 Einw.; Hotel Regatta, 80 B.; Silversand, 40 B.; Jugendherberge; Campingplatz), am Ende einer Halbinsel gelegen, Finnlands südlichste Stadt, ist gleichermaßen Handels-, Industrie- und Touristenstadt sowie Finnlands einziger Freihafen (Eisenbahnfährhafen), im Juli internationale Segelregatta und Tennisturnier, im Sommer Freiluftkonzerte und -theateraufführungen; 5 km Badestrand. – Kirche von 1892 am Vådberg, daneben 50 m hoher Wasserturm mit weitem Blick über die Stadt auf das Meer. – Sowjetisches Kriegerdenkmal (1960), bei dem über 400 Gefallene liegen. Auf den vorgelagerten Inseln ehemalige Befestigungsanlagen, im 18. Jahrhundert von den Schweden angelegt, 1854 von den Russen zerstört. Am Osthafen ein Festungsmuseum. – Etwa die Hälfte der Bevölkerung ist schwedischsprachig.

Von Helsinki über Lohja und Ekenäs nach Turku (219 km; etwa 50 km länger als die direkte Strecke nach Turku). – In Helsinki über die Mannerheimintie auf die Autobahn nach Turku. 44 km bis zum Ende der Autobahn, dann südwestlich auf der Straße Nr. 53 an einem See vorbei 14 km nach **Lohja** (schwed. *Lojo;* 13 700 Einw.; Gasthaus Laurinporti, 31 B.; Kaupunginhotelli, 18 B.; Jugendherberge; Campingplatz), ein schön in waldreicher Landschaft am *Lohjanjärvi* (31 m ü.d.M.; 110 qkm; bis 58 m tief) gelegenes Städtchen; Wasserturm mit Café, günstigenfalls Blick bis Tallinn. In der aus dem 14. Jahrhundert stammenden Feldsteinkirche (1886-89 renoviert) beachtenswerte Wandmalereien aus dem 16. Jahrhundert. – 19 km nordwestlich *Sammatti,* auf dem Friedhof das Grab E. Lönnrots, des Sammlers und Herausgebers des Nationalepos "Kalevala", 1802 auf dem Hof Paikkari (4 km nördl.) geboren. – Die Straße Nr. 53 führt von Lohja südwestlich weiter, nach 10 km stößt die von Siuntio kommende Straße hinzu. – 23 km bis *Karjaa.* – 18 km bis *Ekenäs* (finn. Tammisaari). Lohnender Abstecher nach Hanko. – Nach Turku von Ekenäs weiter auf der Straße Nr. 52 durch eine flache, stark bewaldete Landschaft. – 14 km *Tenala* mit einer bereits im 14. Jahrhundert erwähnten Kirche; lohnender Abstecher auf einer reizvollen Straße über eine Insel und an einer Meeresbucht entlang nach *Bromarv,* 19 km in südwestlicher Richtung, in dessen Nähe 1714 Peter der Große in der Bucht von *Rilaks* die schwedische Flotte besiegte. – Weiter auf der Straße Nr. 52 nach 21 km an *Perniö* (Kirche aus dem 14./15. Jh.) vorbei 22 km nach **Salo** (Kaupunginhotelli, 55 B.; Salo, 42 B.), wo man auf die rechts von Helsinki kommende E 3 stößt, der man nun westlich folgt. – 53 km **Turku** (s. dort).

Ferner von Helsinki Schiffs- und Busausflüge (4 Tage) nach *Leningrad* während der Sommersaison.

Hønefoss

Staat: Norwegen. – Gebiet: Südnorwegen. Provinz: Buskerud fylke.
Höhe: 97 m ü.d.M. – Einwohnerzahl: 12000.
Postleitzahl: N-3500. – Telefonvorwahl: 067.
ⓘ **Turistkontoret for Ringerike,**
Rutebilstasjon;
Telefon: 21577.

HOTELS. – *Grand Hotell,* 37 B.; *Klækken Turisthotell,* 123 B., Sb. (5 km östl.). – JUGENDHERBERGE. – CAMPINGPLATZ bei der Jugendherberge.

Die norwegische Stadt Hønefoss, am Zusammenfluß der Begna (Ådalselv) und des Randselv gelegen, ist das Industrie- und Verwaltungszentrum des Bezirks Ringerike und wichtiger Verkehrsknotenpunkt. Die Begna teilt die Stadt in einen Nord- und einen Südteil, inmitten der Stadt bildet sie den Doppelfall Hønefoss (Kraftwerk), der jedoch nur noch bei hohem Wasserstand sehenswert ist.

Die Fälle bildeten die Grundlage der industriellen Entwicklung der Stadt; 1668 gab es hier 23 Sägewerke. Neben der Holzveredlungsindustrie beherbergt sie außerdem Konfektions-, Ski- und Werkzeughersteller.

SEHENSWERTES IN DER UMGEBUNG. – Von Hønefoss lohnt sich ein Abstecher (15 km; Gebühr) nach Osten über Klækken zum *Ringkollen (701 m) mit herrlicher Aussicht; meteorologische Station. – 4 km südlich von Hønefoss an der E 68 *Norderhov* mit mittelalterlicher Kirche, in welcher der Pfarrer Jonas Ramus und seine Frau Anna Kolbjørnsdatter begraben liegen. Die Frau war der Legende nach 1716 gegnerische Schweden in einen Hinterhalt gelockt, wobei der schwedische Oberst Löwen gefangengenommen wurde. Erinnerungen im Ringerike-Museum im alten Pfarrhof. – Nach 10 km beginnt eine 3 km lange schöne Strecke am **Steinsfjord** hin (links). Dann überquert die Straße den *Kroksund,* der den Steinsfjord mit dem **Tyrifjord** (62 m ü.d.M.) verbindet, am Ende der Brücke rechts das Sundøya Restaurant. Dahinter *Sundvollen* (15 km von Hønefoss; 76 m ü.d. M.; Sundvollen Hotell, 140 B.), ein beliebter Ausflugsort am Nordostende

des Tyrifjords. Seitenstraße (4 km; Gebühr) oder mit dem Tonnenlift (norw. Tønneheis; 1266 m) zu der südlich aufragenden *Krokkleiva (443 m), darunter die Kleivstua (Restaurant; 24 B.) mit dem schönen sog. Königinnen-Ausblick (Dronningens Utsikt). Ein noch schöneres Bild bietet sich von einem 25 Minuten Fußweg entfernt liegenden Felsvorsprung, dem *Kongens Utsikt (379 m).

Nach weiteren $3\frac{1}{2}$ km auf der E 68 rechts das Tyrifjord Restaurant. Danach mehrere schöne Ausblicke auf den Fjord, $9\frac{1}{2}$ km bis *Skaret* (252 m) mit herrlichem Blick auf den Tyri- und Steinsfjord. Von Süden kommt die Straße Nr. 285 von Drammen ($20\frac{1}{2}$ km). Die E 68 verläßt das Fjordufer in östlicher Richtung und steigt 3 km weit kurvenreich nach *Sollihøgda* (341 m) an. Herrliche Aussicht auf den untenliegenden Tyrifjord. – Von hier sind es über Sandvika (E 18) noch 28 km bis Oslo.

Die Straße Nr. 7 biegt in Hønefoss nach Nordwesten ab. Rechts die große Steinbrücke der Bergenbahn; leicht ansteigend durch das S o k n a d a l und durch *Sokna* (24 km; 143 m) nach *Hamremoen* (14 km; 135 m); alter, auf Pfosten ruhender Lebensmittelspeicher. – 5 km bis *Noresund,* wo links eine Seitenstraße zum *Norefjell* ($9\frac{1}{2}$ km; Gebühr; Fjellhvil Hotell, 96 B.) abzweigt. Beliebtes Skigebiet, 1952 für die Olympischen Spiele angelegt (2 Skilifts; Sessellift von 750 m auf 1000 m). – Die Hauptstraße verläuft nun am Ostufer des schönen *Krøderensees* (43 qkm, 41 km lang, 119 m tief) entlang. Nach 22 km durch *Ørgenvika,* rechts oben das Ende des 2312 m langen Haverstingtunnels der Bergenbahn. 13 km bis Gulsvik, dem Tor zum Hallingdal (s. dort).

Die E 68 verläßt Hønefoss auf ihrem Weg ins Valdres (s. dort) in nördlicher Richtung. Bis Bjørgo besteht eine Alternative: auf der Straße Nr. 35 am Ostufer des Randsfjords entlang, ein Umweg von 37 km.

2 km hinter der Stadt bei *Hov* zweigt die Straße Nr. 35 rechts ab. Die E 68 folgt dem Tal der *Begna (Ådalselv)* z. T. durch Wald und erreicht nach 29 km bei Finsand (155 m) den *Sperillensee (148 m ü.d.M., 23 km lang, bis zu 2 km breit, bis 108 m tief). Jetzt 26 km am Ostufer des Sees entlang, kurz hinter dem Campingplatz *Buttingsrud* Blick auf die Kirche von *Viker* auf der anderen Seite. Vor Nes hübsche Sicht auf die Kirche mit ihrem spitzen Turm (1860).

Nes i Ådal (150 m; 250 Einw.), ein Kirchdorf am rechten Ufer der Begna oberhalb ihrer Mündung in den Sperillensee. Links biegt die Straße Nr. 243 nach *Hedal* ab (25 km) mit einer Stabkirche (13. Jh.; 1738 zur Kreuzkirche umgebaut, 1901 restauriert; wertvolles Inventar). – Von Hedal entweder auf einer unbefestigten Straße (Gebühr) nach Nesbyen (47 km) oder zurück zur E 68 bei Begndal ($6\frac{1}{2}$ km).

Die E 68 folgt von Nes weiter dem linken Ufer der Begna durch eine bewaldete Landschaft. Wenige Kilometer später passiert sie die Provinzgrenze zwischen Buskerud und Oppland und erreicht somit das Valdres.

Wählt man die Strecke entlang dem Randsfjord für die Fahrt ins Valdres (Bjørgo), biegt man bei Hov, 2 km nördlich von Hønefoss, rechts in die Straße Nr. 35 ein. Bis *Jevnaker* (13 km) gibt es eine schöne Alternative, reizvolle Landschaft, große Höfe, mehrere hübsche Ausblicke, von Hønefoss nach Klækken (5 km) und dann links in die Straße Nr. 241 einbiegen (9 km).

Jevnaker (141 m; 3000 Einw.) am Südende vom **Randsfjord** (136 qkm, 73 km lang, bis 108 m tief), des viertgrößten Sees in Norwegen. Am Ort Glashütten: *Hadelands Glassverk (1765; Besichtigung) und Randsfjords Glassverk (1949) sowie Konfektions- und Maschinenindustrie. – Die Straße Nr. 35 führt weiter am Ostufer entlang; die Westuferstraße (Nr. 245) ist nicht so gut ausgebaut, jedoch landschaftlich abwechslungsreicher, bis Dokka 87 km. – 25 km bis *Tingelstad,* Seitenstraße zur unweit östlich gelegenen *Halvdanshaugen* mit der mittelalterlichen romanischen, heute nicht mehr benützten Kirche und dem Hadeland Folkemuseum. – 4 km weiter *Brandbu* (178 m; 2000 Einw.), das auch von der Straße Nr. 4 passiert wird (74 km bis Oslo, 55 km bis Gjøvik). – 5$^1/_2$ km südlich von Brandbu (zuerst 3$^1/_2$ km auf der Straße Nr. 4, dann rechts) der Ort *Gran,* mit zwei alten Kirchen (um 1100). – Weiter auf der Straße Nr. 35 über *Røykenvik* (4 km), rechts der *Brandbukampen* (522 m; weite Aussicht), *Hov i Land* (37 km; 134 m) mit einer Kirche von 1781 und *Fluberg* (11 km; 155 m) mit einer Kirche von 1703 (Altarbild, 1752, eine Rubens-Kopie) nach *Singvoll* (2 km), wo rechts die Straße Nr. 33 nach Gjøvik abzweigt (28 km). – Dann durch *Odnes* (Sprungschanze; Rekordmarke 108 m) nach

Dokka (14 km; 148 m; 2000 Einw.; Centrum Hotel, 21 B.), Zentrum des Bezirks Nordre Land. Landesmuseum mit 15 alten Häusern. Hier mündet der Dokkaelv in die *Etna,* und die linke Randsfjord-Uferstraße (Nr. 245) von Jevnaker stößt wieder auf die Straße Nr. 35, die jetzt dem Tal der Etna folgt. – 5 km weiter die Kirche von *Nordsinni* (1758 in Haugnar gebaut, 1898 nach Nordsinni gebracht, 1961 restauriert, hübsches Inneres). – Nach 8 km bei *Møllerstugufossen* ungefähr 4000 Jahre alte Felszeichnungen, 12 Abbildungen. – In *Tonsåsen* (16 km; 624 m) mündet links die von Bagn kommende Straße ein. – Die Straße Nr. 35 erreicht bald bei 726 m ihren höchsten Punkt, um dann bis *Bjørgo* (12 km) wieder auf 510 m zu fallen. Hier, inmitten des waldreichen Valdres, erreicht man wieder die von Hønefoss kommende E 68.

Inarisee / Inarijärvi (Enareträsk)

Staat: Finnland. – Gebiet: Nordfinnland. Provinz: Lapin lääni (Lapplands län / Lappland).

Der *Inarisee ist Finnlands drittgrößter See. Er hat bei einer Länge von 80 km und einer Breite von 41 km mit 1100 qkm die doppelte Fläche des Bodensees. Ganz exakt läßt sich die Größe des Inarijärvi mit allen seinen Buchten und Verzweigungen nicht be-

Am Inarisee (Finnisch-Lappland)

stimmen. Die Zahl der Inseln wird im allgemeinen mit 3000 angegeben. Diese bizarre Welt zu beiden Seiten des 69. Breitengrads gehört zu Finnlands faszinierendsten Landschaften.

Die Ufer des Inarijärvi sind felsig, als Bäume trifft man Fichten, Kiefern und Birken – alle in polaren Zwergformen – an. Am Nordwestufer des Sees, nordöstlich von *Partakko* (Straße Kaamanen–Sevettijärvi) stößt die Baumgrenze der Fichte an den See. Das Klima ist hier bis weit ins Frühjahr hinein von arktischer Härte, weil das skandinavische Gebirge einen Schild gegen die Temperaturen des an Norwegens Küsten entlangziehenden Golfstroms bildet. Oft verschwindet die Eisdecke des Inarisees erst im Juni. Hier geht der Spätwinter fast bruchlos in den Frühsommer über, als Frühlingszeit können höchstens eine oder zwei Wochen gelten.

Wer auf der Straße Nr. 4 in Richtung Norwegen unterwegs ist, erhält auf dem Streckenabschnitt Ivalo-Inari einen Eindruck von der besonderen Welt des Inarijärvi. Wer einen Aufenthalt mit mindestens einer Übernachtung einplanen kann, sollte unbedingt an einer Bootsfahrt auf dem See teilnehmen, etwa zur Insel *Ukkokivi,* zu heidnischen Zeiten die heiligste der Sameninseln auf dem See.

Der Inarijärvi erstreckt sich von Südwesten nach Nordosten und wird nur an drei Seiten von Straßen berührt: die bereits erwähnte Straße Nr. 4 kommt von Süden (Sodankylä), passiert das Südwestufer und biegt hinter Inari nach Norden ab. Bei und hinter dem Ort *Kaamanen* verzweigt sie sich; die eigentliche Straße Nr. 4 führt Richtung Westen nach *Karigasniemi* und an die norwegische Grenze, die Straße Nr. 970 führt Richtung Norden nach *Utsjoki* und von da am Fluß *Tenojoki* entlang nach *Nuorgam;* eine einfache Landstraße verläuft von Kaamanen nach Nordosten über Partakko und das Skoltsamendorf *Sevettijärvi* und erreicht nach etwa 130 km die norwegische Grenze, 10 km vor Neiden; auch nach Nordosten führt von *Ivalo* aus die Straße Nr. 9681 zum Ort *Nellimö* und dann zur sowjetischen Grenze (kein Übergang). Weder mit dem Auto noch zu Fuß kann man an die Grenze herankommen, weil ein Gebiet von etwa einem Kilometer Breite auf finnischer Seite passierscheinpflichtig ist und von Grenzern bewacht wird. Zwischen Finnland und der Sowjetunion besteht ein Grenzabkommen, das beiden Partnern zum Schutz der Grenze gewisse Auflagen macht.

Die stark zergliederte Nordostseite des Inarisees kann nicht befahren werden. Das teilweise sumpfige Gebiet erschließt sich auch dem Wanderer nicht. Man muß über große Erfahrungen und gute körperliche Verfassung verfügen, wenn man sich hier durchschlagen will. Dörfer gibt es in diesem Gebiet nicht, nur einzelne Häuser und Hütten.

Gute Angelmöglichkeiten gibt es an den Ufern des Sees, an denen seiner Inseln und auch auf dem offenen See. Über die erforderlichen Angelgenehmigungen erhält man in den Orten und den Ferienhotels Auskunft. Nichtbeachtung der Vorschriften mag in diesem dünnbesiedelten Gebiet oft ohne Folgen bleiben, der Verachtung der ansässigen Bevölkerung kann man aber gewiß sein.

Die Gemeinde Inari ist mit 17000 qkm Finnlands flächengrößte. Von den etwa 7000 Einwohnern ist jeder fünfte ein Same (Lappe). Im Ort Inari gibt es je eine Schule für Samen und für 'richtige' Finnen.

In erster Linie sehenswert ist die ursprüngliche Landschaft, die auf weiten Strecken nichts vom Einfluß des Menschen spüren läßt. Darum sind die Ausflugsziele oft nur ein mehr oder weniger willkürlich gewählter Punkt, weil man es ganz einfach nicht mehr gewohnt ist, ziellos durch die Gegend zu laufen.

Ivalo (Hotel Ivalo, 50 B.; Campingplatz mit Hütten, südlich außerhalb), an dem von einer großen Brücke überspannten *Ivalojoki,* besitzt Finnlands nördlichsten Flughafen. Auf halber Strecke zwischen Ivalo und Inari der *Karhunpesäkivi* ('Bärenhöhlenstein'); hier Café, Rastplatz und Telefon; Angelgelegenheit.

Inari (Hotels Saariselän Retkeilykeskus, 236 B.; Laanihovi, 50 B.; Matkailuhotelli, 33 B.) an der Mündung des fischreichen *Joenjoki* in den Inarisee besitzt eine Volkshochschule für Samen (Lappen). Beim Forstamt ein *Freilichtmuseum für Samenkultur* (Lappensiedlung) mit vier Abteilungen. Ein Spaziergang in nordöstlicher Richtung (etwa 7,5 km) führt zu der alten Samenkirche von *Pielppajärvi* (urspr. 17. Jh.), die 1762 neu erbaut wurde. Früher mußten die Samen (Lappen) ihre Toten auf Inseln im See bestatten, da die noch im letzten Jahrhundert zahlreichen Bären Gräber aufzuwühlen pflegten.

Ein Ausflug auf den Flüssen *Ivalojoki* und *Lemmenjoki* ist ein großartiges Naturerlebnis. Goldsucher allerdings wird man kaum antreffen; denn die Funde sind dort so selten geworden, daß niemand mehr vom Goldwaschen leben kann.

Jämtland

Staat: Schweden. – Gebiet: Mittelschweden. Provinz: Jämtlands län.

ⓘ **Jämtland-Härjedalens Turistförening,** Storgatan 16, S-83126 Östersund; Telefon: (063) 127055. *Härjedalsfjells Turistbyrå*, Rörosvägen 17, S-82095 Funäsdalen; Telefon (0684) 21420.

VERANSTALTUNGEN. – In jedem Sommer finden Veranstaltungen, wie die geologische und die botanische Woche statt, ebenso Musik- und Tanzwochen. Die genauen Zeiten sind bei den Touristeninformationen zu erfragen.

Jämtland, eine gebirgige, an Norwegen grenzende Provinz Mittelschwedens, wird als eine der letzten Wildmarken Europas (unberührtes Naturgebiet, Wildnis) angesehen. Lediglich 1,4 % der Bodenfläche dieser waldreichen Landschaft sind bebaut. Weite, grüne Wiesen, kristallklare Gewässer und schneebedeckte Berggipfel prägen das Sommer wie Winter gleichermaßen reizvolle Jämtland, wo noch heute vom Aussterben bedrohte Tiere wie Bär, Vielfraß und seltene Marderarten ungestört leben können. In den rund 3000 Gewässern gibt es zahlreiche Fischarten, die Sportangler anziehen. Hier werden für die Gebirgsflüsse die Monate Juli und August als die geeignetsten zum Fischen und Angeln

empfohlen, in den Waldgewässern dagegen der Juni.

Hauptort der Provinz Jämtland ist die Stadt **Östersund** (s. dort) am Storsjö. Die Straße Nr. 14 zieht von hier westlich zur norwegischen Grenze.

Järpen (324 m ü.d.M.; Hotel Sundets Fjällgård, 40 B.) ist ein reger Industrieort am Indalsälv (Kraftwerk), der den nördlich gelegenen *Kallsjö* entwässert. Die Umgebung ist reich an Wäldern; westlich jenseits des Indalsälv ergießt sich der 14 m hohe *Ristafall* in den Åreälv. Der kalkhaltige Boden läßt hier seltene Moose und andere niedere Pflanzen gedeihen.

Åre (378 m ü.d.M.; Hotel Årevidden, 201 B.; Sunwing, 137 B.; Diplomat, 100 B.; Wärdhuset Karolinen, 91 B.; Lundsgården, 81 B.; Fjällgården, 75 B.; Kläppens, 50 B.) ist ein vielbesuchtes Bergsteiger- und Wintersportzentrum mit alter Steinkirche (wohl 13. Jh.; Sankt-Olofs-Bild). Eine Großkabinenbahn führt auf etwa 1300 m; mehrere Sessel- und Schlepplifte. Standseilbahn zum *Östra Platå* (557 m); von dort zwei Doppelsessellifte zum *Mörvikshummel* (887 m; Gasthof). Der nördlich aufragende **Åreskutan** (1420 m) bietet eine eindrucksvolle Aussicht. – 8 km westlich von Åre liegt der Wintersportort **Duved** (384 m ü.d.M.; Hotel Duvedgården, 35 B.); Lifte zum *Mullfjäll* (1031 m).

Westlich von Duved zweigt die Straße Nr. 322 nach Nordwesten ab und führt zu dem in einem Naturschutzgebiet gelegenen ∗∗**Tännfors,** einem der großartigsten Wasserfälle des Nordens, mit dem der Indalsälv in 60 m Breite und einer Fallhöhe von 32 m in den *Nornsee* stürzt.

Tännfors-Wasserfall in Jämtland

Storlien (592 m ü.d.M.; Högfjällshotell, 500 B.; Storvallens Stughotell, 115 B., Ferienhäuser; Storlien Hotell, 162 B.) mit Schwedens höchstgelegener Eisenbahnstation, liegt in einem beliebten Wintersportgebiet mit zahlreichen Liften. Im Sommer lohnende Kanufahrten auf den umliegenden Gewässern. 4 km

westlich erreicht man die schwedisch-norwegische Grenze.

Strömsund (288 m ü.d.M.; Grand Hotell, 60 B.) ist von Östersund auf der nordöstlich führenden Straße Nr. 88 zu erreichen. Der stattliche Ort ist von fruchtbarer Landschaft umgeben; südlich des *Russfjärd.* 2,5 km nordöstlich am *Grelsgård* ein Aussichtsturm mit Blick bis zu den norwegischen Grenzbergen. – Nordwestlich zieht sich die als *Ströms Vattudal* bezeichnete Seenkette bis zur norwegischen Grenze. Das vom *Faxälv* durchflossene Seensystem ist ein Dorado für Sportangler. Nahe der Grenze ein Naturschutzgebiet mit dem 55 m hohen und 10 m breiten *Hällingsåfall.* – Nördlich von hier (Nebenstraße von Gäddede) der Ort *Ankarede,* ein alter Versammlungsplatz der Lappen, mit einer Kapelle von 1896. Die alljährlich im Mittsommer stattfindende Messe der Samen zieht viele Besucher an.

Östlich von Östersund (Straße Nr. 87) liegt im Ragundatal **Hammarstrand** (Hotell Lergodset, 44 B.; Campingplatz) am Fuß des *Kullstaberges.* Von dessen Aussichtsplattform schöner Blick u. a. auf den *Indalsälv,* der bis vor etwa 200 Jahren ein See mit 15 m höherem Wasserspiegel war. Der See verschwand innerhalb von vier Stunden in der Nacht vom 6. auf den 7. Juni 1796, als ein Flößerkanal geöffnet wurde.

Joensuu

Staat: Finnland.   –   Gebiet: Ostfinnland.
Provinz: Pohjois-Karjalan läani (Norra Karelens län / Nordkarelien).
Höhe: 79 m ü.d.M. – Einwohnerzahl: 44000.
Postleitzahl: SF 80100. – Telefonvorwahl: 973.
ⓘ **Verkehrsamt Joensuu,**
   Koskikatu 1;
   Telefon: 25111 und 201318.
   Touristendienst für Nordkarelien,
   Koskikatu 1;
   Telefon: 25111 (Vermittlung
   von Sommerhütten).

HOTELS. – *Kimmel,* Itäranta 1, 300 B., Sb.; *Pohjois-Karjala,* Torikatu 20, 120 B.; *Karelia,* Kauppakatu 25, 57 B.; *Pielishovi,* Kauppakatu 32, 26 B.; *Wanha-Jokela,* 24 B. – Moottorihotelli, in Lehmo, nördlich außerhalb, 40 B. – CAMPINGPLATZ.

VERANSTALTUNGEN. – *Sirmakka,* Festival der karelischen Musik (Juni); in Ilomantsi-Hattuvaara *Orthodoxes Festival* (28. und 29. Juni, 19. und 20. Juli in der Kirche, im August in Ilomantsi-Mustalahti; *Huttujuhlat,* traditionelles Ortsfestival mit Sommertheater (September).

Joensuu am Nordostrand der Finnischen Seenplatte wurde 1848 an der Mündung des Pielisjoki in den Pyhäselkä gegründet. Heute ist die Stadt das Bildungs-, Verwaltungs- und Handelszentrum von Nordkarelien und eine der jüngsten Universitätsstädte des Landes.

SEHENSWERTES. – Im **Rathaus** (E. Saarinen, 1914) mit seinem kräftigen Turm ist auch das *Stadttheater* untergebracht. Zwischen Rathaus und M a r k t -

Joensuu aus der Vogelschau

platz der Freiheitspark. Unweit vom Rathaus am Fluß der Pavillon, von dem die Schiffe nach Savonlinna und Koli sowie Kreuzfahrten ausgehen. Die Straße Saarikatu führt auf einer Brücke über die Inseln Niskasaari und Ilosaari, wo ein Badestrand und das **Karelische Haus** liegen. Dieses Haus wurde 1954 von einer Stiftung zur Förderung der karelischen Kultur erbaut und beherbergt ein interessantes Museum. – Ein wenig weiter flußaufwärts auf der Seite der ursprünglichen Stadt liegt die *Bücherei* mit einem Kunstmuseum. Sehenswert ist im Stadtgebiet außerdem noch die orthodoxe **St.-Nikolaos-Kirche.** Gleichfalls auf der Stadtseite liegt an der Flußmündung die drehbare *Freilichtbühne Hasanniemi,* daran schließen sich ein Campingplatz und eine Wanderherberge an. Unmittelbar am Campingplatz ein Badestrand, ein Hallenbad dicht am Sportplatz auf der Seite, die der Wanderherberge gegenüberliegt.

UMGEBUNG von Joensuu. – 17 km westlich der Stadt, nahe bei Liperi, am Ufer des Orivesi das *Feriendorf Harila.* – 71 km östlich (Straße Nr. 74) **Ilomantsi** (Hotel Ruukki, 20 B.; Campingplatz) mit einer orthodoxen Kirche. Südöstlich der *Naturpark Petkeljärvi.* – Etwa 72 km westlich, zwischen Joensuu und Varkaus, die orthodoxen Klöster *Uusi Valamo* und *Lintulahti* (s. Finnische Seenplatte). – **Koli-Berge** (s. dort).

Jönköping

Staat: Schweden. – Gebiet: Südschweden. Provinz: Jönköping län. – Landschaft: Småland. Höhe: 91 m ü.d.M. – Einwohnerzahl: 110000. Postleitzahl: S-55.... – Telefonvorwahl: 036.
ⓘ **Turistinformation Jönköping,**
Kyrkogatan 6;
Telefon: 16 90 50.
*Wahlkonsulat der
Bundesrepublik Deutschland,*
Västra Storgatan 10,
S-55117 Jönköping;
Telefon: 12 28 40.

HOTELS. – *Ramada,* Huskvarna, Strandvei 1, 226 B.; *Stora Hotellet,* 200 B.; *Sunds Herrgårdspensjonat,* Lekeryd, 100 B.; *Portalen,* Västra Storgata 9,

300 B.; *City Hotel,* Västra Storgata 23-25, 100 B.; *Grand Hotel,* Hovrättstorget, 100 B.; *Esso Motor Hotel,* Rosenlund, 360 B.

VERANSTALTUNGEN. – *Eine grüne Welt* (ganzjährige Gartenbauausstellung); *Scandinavian Game Fair* (Pferde-, Hunde-, Jagd- und Fischereiausstellung im Mai); Internationale Fachmesse für Forst- und Sägewerkstechnik (Juni).

Die schwedische Stadt Jönköping (spr. Jöntchöping) liegt malerisch an der Südspitze des Vätersees. Stadtrechte erhielt sie 1284 von Magnus Ladulas. Heute ist Jönköping das Zentrum für Land- und Forstwirtschaft und, nach der Eingemeindung von Huskvarna und Gränna, Großkommune. Der Regierungspräsident der gleichnamigen Provinz hat hier seinen Sitz. Die mehrmals durch Brand zerstörte Stadt wurde nach 1835 zu großen Teilen neu erbaut.

SEHENSWERTES. – Im alten Stadtkern zwischen dem Vättersee und den kleinen Seen Munksjö und Rocksjö sind die alten Bauten teilweise erhalten. Hier stehen am Hovrättstorget das 1639-55 aufgeführte *Landgerichtsgebäude* (Göta Hovrätt) und das Ende des 17. Jahrhunderts erbaute ehemalige *Rathaus.* Nordöstlich davon die 1649-73 erbaute Kristinakirche und südöstlich das 1956 eingerichtete *Provinzmuseum* (Länsmuseet), u. a. mit Keramik, Eisengeräten aus Småland sowie einem Archiv für naive Kunst.

Das *Zündholzmuseum* ist in den westlich vom Bahnhof gelegenen Gebäuden der 1844 von J. E. Lundström gegründeten Streichholzfabrik (Tändstickfabrik) untergebracht, die 1852 mit der Herstellung von Sicherheitszündhölzern begann und damit Weltruf erlangte. Noch weiter westlich erstreckt sich auf einem großen Areal der *Stadtpark* mit einem *Vogelmuseum* (etwa 1400 verschiedene Arten sowie reiche Eiersammlung). Im ebenfalls im Stadtpark liegenden *Freilichtmuseum* kulturhistorisch wertvolle Holzhäuser aus Småland (15.-18. Jh.). Beachtenswert auch die *Bäckabykirche* im westlichen Parkteil und der *Glokkenturm* von Solberga (18. Jh.).

UMGEBUNG von Jönköping. – 14 km südlich liegt der aus Magneteisenstein bestehende **Taberg** (343 m). Hier wurde früher Erz abgebaut. Jetzt ist hier ein Naturschutzgebiet (beliebtes Ausflugsziel). Bei gutem Wetter hat man von der Spitze aus eine bis 80 km weite Sicht. – 15 km nordwestlich von Jönköping steht die *Habokirche.* Die große, rote Holzkirche wurde die 16. Jahrhunderts aufgeführt. In ihrem Inneren mit starken Farben im Bauernbarock ausgeführt, alles bedeckende Wandmalereien (biblische Motive).

Jostedalsbre

Staat: Norwegen. – Gebiet: Westnorwegen.
Provinz: Sogn og Fjordane fylke.
Höhe: bis 2038 m ü.d.M.

Der *Jostedalsbre, zwischen dem Sognefjord (südlich) und dem Nordfjord (nördlich) gelegen, ist mit fast 100 km Länge das größte Inlandsfirnfeld des festländischen Europa. Im geographischen Sinne ist es eine Art Inlandeis wie das von Grönland.

Mit den angrenzenden Firnfeldern umfaßt der Jostedalsbre eine Fläche von über 1000 qkm. Nur wenige niedrige Felshöcker durchbrechen die Eismasse, deren Dicke auf etwa 500 m geschätzt wird. In die umliegenden Täler senken sich 26 größere Gletscherzungen, von denen der Tundbergdalsbre in Europa nur vom Aletschgletscher in der Schweiz übertroffen wird. Da das Eis der Gletscher wie fast überall in Norwegen seit Jahrzehnten im Rückgang ist, sind die Aufstiege zum Firnfeld teilweise beschwerlicher und steiler geworden.

Bei *Røneid am *Lusterfjord* zweigt von der Straße Nr. 55, die an dessen nördlichen Ufer entlangführt, die Straße Nr. 604 in das Jostedal ab. Das Tal ist ein in Nord-Süd-Richtung verlaufender Spalt in dem mächtigen Gebirgsplateau, westlich begrenzt vom Jostedalsbre. Die Straße (zahlreiche Engstellen) folgt dem Lauf des reißenden Jostedalselv und durchquert mehrere Talkessel.

Jostedal (201 m; 25 km von Røneid) besitzt eine Holzkirche von 1660. Die Straße führt weiter über die *Høgebru;* bei *Gjerde* zweigt links ein Sträßchen in das Krundal ab, der man bis Bergset folgt. Südlich überragt die *Høgenipa* (1535 m) das Tal.

Eine großartige, aber beschwerliche Wanderung (Führer erforderlich) führt von *Bergset*

Bøydal-Gletscher (Jostedalsbre)

in 3 St., am *Bjørnestegbre* vorbei, zum Firnfeld des *Jostedalsbre und auf diesem zum *Høgste Breakullen* (1953 m). Nun weiter in nordwestlicher Richtung; nach etwa 1 St. öffnet sich ein eindrucksvoller Ausblick auf die Berge am Nordfjord. Es folgt der teils beschwerliche Abstieg durch das Kvanndal nach *Nesdal,* nahe dem südlichen Ende des *Loenvatn.*

Von der zuvor genannten Abzweigung bei Gjerde führt die Straße Nr. 604 weiter nach Norden. Bei *Elvekrok* (340 m) links der *Nigardsbre,** zu dem eine Privatstraße führt.

Nordwestlich vom Jostedalsbre führt die Straße Nr. 60 am **Innvikfjord** entlang. Nahe an dessen Ostende liegt der Ort *Olden* mit einer Kirche von 1746-49 (1971 restauriert). Hier zweigt eine Straße nach Süden in das schöne Olderdal ab, auf der man, am 11 km langen *Oldenvatn** und zahlreichen Wasserfällen vorbei, *Briksdal* (150 m) erreicht. Auf einem Fußpfad gelangt man in etwa 1 St. zum ****Briksdalsbre,** einem Arm des Jostedalsbre, der mit seinen blauen Eismassen über dem Buschwald aufragt.

Jotunheimen

Staat: Norwegen. – Gebiet: Westnorwegen.
Provinzen: Oppland fylke und Sogn og Fjordane
                 fylke.
Höhe: bis 2468 m ü.d.M.

*Jotunheimen ist die ausgedehnteste der wenigen alpenähnlichen Landschaften des norwegischen Hochplateaus. Sie zieht sich vom Sognefjord im Westen bis zum Gudbrandsdal im Nordosten. Der Name wurde von norwegischen Studenten geprägt und erinnert an die 'Frost- und Reif-Riesen' der Edda. Die Berge dieser Landschaft erreichen meist nur 1800-2000 m, aber auch die höchsten Gipfel von Skandinavien (*Galdhøpig, 2468 m; *Glittertind, 2452 m) erheben sich hier. Da die Täler mit geringen Ausnahmen über der Waldgrenze liegen, wirken sie recht kahl. Prächtige Ausblicke auf Fels- und Firnfelder vermitteln ein großartiges Naturerlebnis.

Man erreicht das Gebiet am besten über die von Lillehammer nach Trondheim führende E 6. Von dieser zweigt bei *Otta* westlich die Straße Nr. 15 zum Nordfjord (s. dort) ab. Man folgt ihr im Ottadal aufwärts, über **Vågåmo,** mit der 1270 erstmals erwähnten Kirche von *Vågå* (Taufstein von 1050), und am Südufer des *Vågåvatn* entlang über *Randen* bis **Lom** (Stabkirche). Hier folgt man der zum Sognefjord (s. dort) führenden Straße Nr. 55 im B ø v e r d a l. Südöstlich erstreckt sich **Jotunheimen.** Das Gebiet kann von mehreren im Tal gelegenen Ausgangspunkten erwandert werden.

Bei *Galdesand* zweigt links eine steile Straße ab, die in 21 aussichtsreichen Kehren zur *Juvvashytta* (14 km) führt. Diese Berghütte in baumloser Felsregion ist der höchste mit dem Auto erreichbare Punkt in Norwegen (1817 m).

Von der Juvvashytta kann man in etwa 4 St. den *Galdhøpig, den höchsten Berg Skandinaviens, ersteigen (Führer erforderlich). Vom 2468 m hohen Gipfel bietet sich eine großartige Aussicht; östlich jenseits von V i s d a l ragt der *Glittertind (2452 m) auf, dessen Gipfel von einer mächtigen Firnhaube bedeckt ist.

Gjendesheim-Touristenhütte (Jotunheimen)

Hinter Galdesand führt die Straße Nr. 55 im L e i r d a l weiter und an der prachtvoll gelegenen *Jotunheimen Fjellstue* (125 B.) vorbei. Im B r e i s e t e r d a l aufwärts zieht die Strecke nun durch großartige Hochgebirgslandschaft zum **Sognefjell,** einem uralten Gebirgsübergang. Links der eindrucksvolle Glet-

Sognefjell (Jotunheimen)

scher *Smørstabbre. Hinter der Paßhöhe (1440 m) an einigen Bergseen und am aussichtsreichen *Oscarshaug vorbei zum Hotel *Turtagrø,* Ausgangspunkt für Wanderungen in die Gebirgsgruppe *Hurrungane *(Horunger),* die großartigste von Jotunheimen.

Eine lohnende Tour im Bereich der Hurrungane ist der Besuch des **Skagastølsbotn** mit dem *Skagastølsbre* (1350 m), hinter die *Skagastølstinder* aufragen. Für die Wanderung sind etwa 3 St. vorzusehen; wer den 2404 m hohen *Store Skagatølstind* ersteigen will (schwierige Tour), benötigt nochmals etwa 4 St. – Von Turtagrø östlich kann man in 4–5 Stunden den *Fanaråk (2075 m) ersteigen; nordwestlich in 2½ Stunden auf den *Klypenåsi (1145 m). Für alle Touren ist ein Führer erforderlich.

Von Turtagrø führt die Straße in Windungen abwärts und erreicht bei Hauge den Lusterfjord (s. bei Sognefjord).

Der Süden von Jotunheimen besitzt eine beachtliche Zahl von schönen Seen.

Von dem am Südufer des Vågåvatn gelegenen Ort *Randen* führt die Straße Nr. 51 am *Lemonsjø* vorbei und unter der aussichtsreichen *Rindehøvda* (155 m) hin. An kleinen See entlang fährt man im S j o d a l aufwärts bis *Maurvangen.* Unweit westlich der *Gjendesee. Jenseits des z. T. sumpfigen Plateaus *Valdresflya* bei *Bygdin* der gleichnamige See (rechts) und der *Vinstervatn* (links).

Auf dem **Bygdinsee** verkehren Motorboote zwischen Bygdin und dem *Eidsbugaren Høyfjellshotel* (Høyfjellmuseum). Von dort führt eine Straße (3,5 km) über eine aussichtsreiche Höhe zum *Tyinholmen Hotel* am Nordufer vom 35 qkm großen *Tyinsee (Motorbootfahrten), dessen Ufer nicht besiedelt sind. An seinem südlichen Ufer das *Tyin Høyfjellshotel,* in aussichtsreicher Lage.

Jütland / Jylland

Staat: Dänemark. – Landschaft: Halbinsel Jütland (Jylland; dänisches Festland).
Amtsbezirke: Sønderjyllands amt, Ribe amt, Vejle amt, Ringkøbing amt, Århus amt, Viborg amt und Nordjyllands amt.

Die Halbinsel Jütland (Jylland), der größte Landesteil von Dänemark, schließt nördlich von Flensburg an das deutsche Bundesland Schleswig-Holstein an und erstreckt sich, umgeben von Nordsee, Skagerrak und Kattegat, nach Norden. Die Südgrenze zur Bundesrepublik Deutschland bildet Dänemarks einzige Landgrenze. Für den Touristen ist Jütland in seiner Vielfalt attraktiv; neben den beliebten Badestränden bieten auch Heide, Wald und größere Städte abwechslungsreiche Urlaubsmöglichkeiten.

Jütland, einst ein reines Agrar- und Fischerland, ist heute bereits stark industrialisiert, obwohl die Landwirtschaft hier nach wie vor ihre größte Ausbreitung hat (Schweinefleisch-Export). Das noch im vorigen Jahrhundert gut zur Hälfte von Heide überwucherte Land ist fruchtbar gemacht und besiedelt worden. Die Landflucht aus Jütland nach Kopenhagen konnte im letzten Jahrzehnt gestoppt und zuletzt sogar teilweise rückgängig gemacht werden: Heute ist es attraktiv, wieder in die kleineren Städte zurückzukehren.

Das dänisch-deutsche Grenzgebiet gilt heute als Musterbeispiel europäischer Verständigung. Der Grenzverlauf, lange heftig umstritten, hat durch die Volksabstimmung von 1920 seine heutige Gestalt gefunden; die deutsche Minderheit in Dänemark hat ebenso wie die dänische Minorität südlich der Grenze in den letzten Jahren ein friedliches Miteinander erlebt.

Es gibt zwei empfehlenswerte Routen, die zusammen mit einer Reihe lohnender Abstecher das Land dem Reisenden erschließen. Die eine folgt in einigem Abstand der Westküste; die andere führt in Ostjütland nordwärts bis Frederikshavn, von wo man mit dem Fährschiff nach Göteborg in Schweden übersetzen kann.

Von Tønder nach Holstebro (Straße Nr. 11). – Vom Grenzort *Sæd* erreicht man **Tønder** (deutsch *Tondern;* 7500 Einw.; Missjonshotellet, 90 B.; Jugendherberge; Campingplatz), das schon 1130 von dem arabischen Geographen Idrisi als 'guter Hafen' erwähnt wird. Im 16. Jahrhundert errichtete man eine Reihe von Deichen, um sich vor den zahlreichen Überschwemmungen zu schützen. So erklärt es sich, daß der einstige Hafenort heute mehr als zehn Kilometer von der Küste entfernt ist. Große Tradition hat die Herstellung von Spitzen, die noch heute sehr gefragt sind. In Tønder sind zahlreiche alte Bauwerke erhalten, so das Deichgrafenhaus in der Vestergade und die Große Apotheke in der Østergade. Der Turm der reich ausgeschmückten Christuskirche stammt noch von dem älteren Gotteshaus. Das Kulturmuseum besitzt sehenswerte Sammlungen von Fliesen und Klöppelspitzen.

Unweit westlich der Stadt liegt der vermutlich noch ältere Vorort *Møgeltønder,* dessen Kirche in ihren ältesten Teilen aus der Zeit um 1200 stammt. Ihre Orgel ist eine der ältesten des Landes. Durch die von alten Häusern flankierte Slotsgade gelangt man nördlich zum *Schloß Schackenborg.* Der große Schloßpark geht auf das 17. Jahrhundert zurück, die

Gebäude selbst stammen in ihrer heutigen Form aus dem 19. Jahrhundert.

Bei *Brede* lohnt ein Abstecher nach **Løgumkloster** (2000 Einw.; Hotel Løgumkloster, 30 B.; Centre - Hotel, 11 B.; Jugendherberge). Das 1144 gegründete ehemalige Zisterzienserkloster dient heute als Bibel-Volkshochschule und kirchliches Veranstaltungszentrum. Von den alten Klostergebäuden ist nur noch ein Teil des Ostflügels erhalten. Die turmlose *Kirche, 1173-1300 in romanisch-gotischem Mischstil erbaut, enthält einen Flügelaltar (um 1500) und einen bemalten Reliquienschrank von 1300. – Gegenüber dem Refugium in einem etwa 25 m hohen Turm ein Glockenspiel (8, 11, 15 und 21 Uhr).

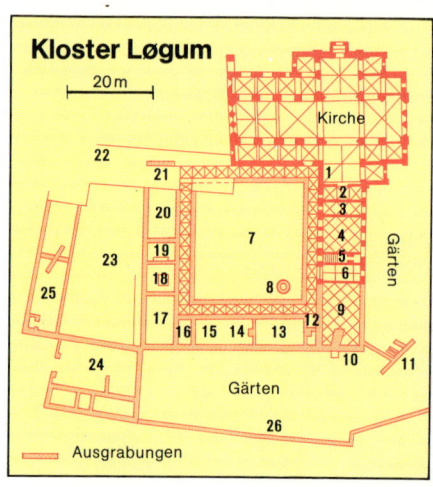

Kloster Løgum

20 m

Kirche

Gärten

Gärten

Ausgrabungen

1 Ehem. Treppe zum Mönchsschlafsaal
2 Sakristei; darüber Schatzkammer
3 Bibliothek
4 Kapitelsaal
5 Treppe zum Mönchsschlafsaal; darunter Archiv
6 Durchgang zum Garten
7 Kreuzhof und Kreuzgang
8 Brunnen
9 Studier- und Arbeitssaal der Mönche
10 Heizanlage
11 Abortanlage der Mönche
12 Treppe zum Obergeschoß
13 Mönchsspeisesaal
14 Küche
15 Wärmeraum ?
16 Sprechraum des Cellerars
17 Laienbrüderspeisesaal; darüber Schlafraum
18 Vorratshaus
19 Vorratshaus
20 Verwendung unklar
21 Haupteingang zur Klausur
22 'Das Schloß' (Abtswohnung ?); heute Gerichtsgebäude
23 Laienbrüderhof
24 Krankenstube und Abortanlage der Laienbrüder; Werkstätten; Speicher
25 Werkstätten und Stall ?
26 Südliche Klostermauer

An der Westküste Südjütlands befinden sich mächtige Deichanlagen, die das Land vor den einst verheerenden Sturmfluten schützen (im Jahr 1634 ertranken in einer einzigen Nacht über 6000 Menschen, und 50 000 Stück Vieh kamen um). Man erreicht die Küste auf einer bei *Skærbæk* abzweigenden Straße.

Ein 5 km langer Damm führt auf die beliebte Badeinsel **Rømø** (deutsch *Röm;* 99,7 qkm), die durch das Lister Tief von der deutschen Insel Sylt getrennt ist. Der Sandstrand der Westküste zählt zu den besten von Dänemark. Der Osten der Insel ist mit Heidekraut bewachsen. In **Toftum** im Norden der Insel befindet sich im *Kommandogård* ein Heimatmuseum. Im Süden der Insel die *Seemannskirche* mit Renaissancekanzel, Barockaltar und fünf Schiffsmodellen. Auf dem Friedhof Grabsteine von Walfängerkapitänen aus dem 17. und 18. Jahrhundert. Von *Havneby* besteht eine Fährverbindung mit Sylt. Im Watt brüten mehrere seltene Vogelarten.

Die Hauptstraße führt nördlich von Skærbæk an *Brøns* vorbei, wo eine mächtige Kirche aus rheinischem Tuff mit interessanten Fresken steht. – Bei **Ribe** (s. dort) rechts die Abzweigung einer hübschen Landstraße nach *Gram,* dessen Schloß an einem kleinen See liegt und von einem prächtigen Park umgeben ist. Eine schmale Straße führt weiter nach *Fole* (Kirche aus dem 13. Jh.).

Hinter Ribe führt eine Straße nordöstlich nach **Vejen,** wo sich im *Billingland* eine interessante Sammlung ferngesteuerter Flugzeug- und Schiffsmodelle befindet. – Von der Straße Nr. 11 zweigt bei *Gredstedbro* die Straße nach **Esbjerg** (s. dort) ab.

Varde (10 000 Einw.; Hotel Varde, 70 B.; Dania, 35 B), ein betriebsames Industriestädtchen mit alten Häusern, besitzt ein interessantes Provinzmuseum mit Gebrauchsgegenständen seit der Renaissance u. a.

Die westlich von Varde beginnende und sich weit nach Norden erstreckende Strandregion ist besonders attraktiv. Hier befindet sich bei *Blåvand* der *Blåvands Huk,* der westlichste Punkt von Dänemark. Auf der Strecke dorthin passiert man *Oksbøl,* dessen romanische Kirche Fresken aus dem 13. Jahrhundert besitzt. Das Hinterland der Westküste ist durch Anpflanzungen ('Plantagen') gegen den Flugsand geschützt. In der Blåbjerg-Plantage liegt die 64 m hohe Düne *Blåbjerg* (lohnender Blick über die Umgebung). Auf der Küstenstraße fährt man nun auf der Landzunge Holmsland entlang, die das Meer vom *Ringkøbing-Fjord* trennt. **Hvide Sande** (Hotels Holmsland Klit, 56 B.; Sjømandshjemmet, 32 B.; Skodbjerge, 65 B.) ist als Touristenzentrum wie auch als Fischereihafen von Bedeutung.

Die Straße Nr. 11 erreicht bei *Skjern* die Abzweigung einer Straße nach **Ringkøbing** (6300 Einw.; Hotel Fjordgården, 103 B.; Jugendherberge; zwei Campingplätze), das eine gedrungene Backsteinkirche aus dem späten Mittelalter besitzt. Im Museum u. a. eine große Münzensammlung und die Grönland-Sammlung des Forschers Mylius Erichsen. – 9 km nordwestlich am Strand das von Dünen umgebene Fremdenverkehrszentrum *Søndervig* (Hotel Klitten, 55 B.; Strandkroen, 32 B.; zwei Campingplätze). – Von Ringkøbing auf der nördlich führenden Straße Nr. 16 nach *Hee* mit einer Granitkirche (im 19. Jh. restauriert) sowie dem Freizeitpark 'Sommerland West', Tierpark und Vogelreservat. Noch weiter nordwestlich (Nebenstraße) im Norden des *Stadil Fjords* der Ort *Stadil.* In der Kirche ein berühmter 'goldener' Renaissance-Altar (um 1625), in dessen Mittelfeld ein vergoldetes

Bronzerelief aus der Zeit um 1200 eingelassen ist. – An der Straße Nr. 16 folgt *Ulfborg* mit interessanter Kirche und der Burg *Nørre Vosborg,* die durch bis zu 6 m hohe Wälle vor Belagerung und Überschwemmung gleichermaßen geschützt war. Von Ringkøbing stellt die Straße Nr. 15 die Verbindung zur Straße Nr. 11 und weiter nach **Herning** (33 000 Einw.; Hotel Eyde, 163 B.; Princess, 62 B.; Missionshotel, 67 B.; Inge Marie, 70 B.; Jugendherberge; Campingplatz) her. Die Stadt hatte 1840 erst 21 Einwohner, ist aber heute ein wichtiges Handels- und Industriezentrum (bes. Textilwerke). Sehenswert ist der Angligården, eine ehemalige Fabrik, die heute eine Fachschule und ein Kunstmuseum enthält. Um den Innenhof des kreisrunden Gebäudes läuft ein 200 m langer Keramikfries von C. H. Pedersen. – Von Herning führt die Straße Nr. 18 nordwestlich nach Holstebro, wo sie in die Straße Nr. 11 einmündet.

Holstebro (25 000 Einw.; Hotel Schaumburg, 65 B.; Krabbes Hotel, 28 B.; Bel Air, 92 B.; Jugendherberge; Campingplatz), an der *Storå* gelegen, wird bereits 1274 erstmals erwähnt. Neben zahlreichen Museen, von denen das Kunstmuseum in Slugten besonders sehenswert ist, besitzt die Stadt die originelle Nørrelandskirche (1969 geweiht; Glockenspiel), deren Gebäude sich um einen Innenhof gruppieren. – Nach Westen gelangt man durch Heidelandschaft zur Küste.

Die Straße Nr. 11 passiert die Orte *Vejrum* (alte Kirche) und *Struer* und erreicht unweit nördlich den **Limfjord** (s. dort).

Von Holstebro nordöstlich führt eine Nebenstraße nach *Vinderup* (Vinderup Hotel, 50 B.); unweit östlich die Kirche von *Sahl* mit einem schönen 'goldenen' Altar und weiter Aussicht vom Kirchturm. Nahebei der 1000 h große Naturpark **Hjerl Hede** am Flyndersee, mit dem Freilichtmuseum *Den gamle Landsby* (etwa 30 alte Gebäude).

Nordöstlich von Vinderup der Ort *Håsum,* wo eine Straße zu den Kirchen von *Lem* und *Lihme* (älteste Granitquaderkirche Nordjütlands) abzweigt. – Nordwestlich von Håsum die Burg *Spøttrup,* deren ältester Teil, der Südflügel, um 1450 errichtet wurde. Ein Teil der Räume wurde spätbarock ausgestattet; 1937 wurde die Anlage restauriert. Die von doppelten Wallgräben umgebene Burg besitzt einen Park mit Heilkräutersammlung.

Skive (17 000 Einw.; Hotel Hilltop, 142 B.; Gammel Skivehus, 138 B.; zwei Campingplätze) liegt am gleichnamigen Fjord, der die Halbinsel Salling östlich begrenzt. Die Alte Kirche (12. Jh.) enthält Fresken aus dem 16. Jahrhundert.

Von Kruså nach Frederikshavn (E 3). – Die Strecke beginnt bei dem Grenzort *Kruså* (deutsch Krusau). Nordöstlich, über eine Nebenstraße zu erreichen, liegt am *Nybøl Nor,* einer Ausbuchtung der Flensburger Förde,

Gråsten (deutsch *Gravenstein;* 3000 Einw.; Hotel Egely, 22 B.; drei Campingplätze), die Sommerresidenz der dänischen Königin. Das Schloß, 1709 erbaut und 1759 nach einem Brand erneuert, besitzt eine in reichem Barock ausgestattete Schloßkirche.

Der Ort ist von einem ausgedehnten Wald- und Seengebiet umgeben, in dem sich zahlreiche steinzeitliche Gräber befinden. 8 km südöstlich liegt *Broager* auf der gleichnamigen Halbinsel. Die Kirche mit zwei imposanten, aussichtsreichen Türmen birgt Fresken aus dem 13. bis 16. Jahrhundert.

Dybbøl (deutsch Düppel) ist bekannt durch die Erstürmung der **Düppeler Schanzen,** mit der die Preußen 1864 den Zugang nach Alsen (s. dort) erzwangen. Die viermal wiederaufgebaute Düppeler Windmühle ist zum Symbol für den nationalen dänischen Widerstand geworden.

Åbenrå (deutsch *Apenrade;* 20000 Einw.; Grand Hotel, 75 B.; Hvide Hus, 98 B.; Jugendherberge; Campingplatz) liegt hübsch am gleichnamigen Fjord. Die Fischerstadt mit dem größten Hafen Südjütlands hat in den alten Vierteln den Charme vergangener Tage bewahrt. Im Museum u.a. eine Seefahrtsabteilung und eine Sammlung von Flaschenschiffen.

Die hübsche Nordküste des Fjords ist über Nebenstraßen zugänglich; im hügeligen Løjtland die *Løjt-Kirche* mit einem vierflügeligen spätgotischen Flügelaltar und unversehrten Fresken aus der Zeit um 1530. – Nördlich davon der *Knivsberg,* die Erinnerungsstätte der deutschen Nordschleswiger, mit weitem Blick über die Bucht.

Die E 3 führt zwischen Åbenrå und Haderslev in einiger Entfernung von der Küste hin, deren Strände vor dem waldreichen Hinterland zu den beliebtesten in Jütland zählen. Die Ostsee ist weit weniger rauh als die Nordsee.

Haderslev (deutsch *Hadersleben;* 21000 Einw.; Motel Haderslev, 66 B.; Hotel Harmonien, 48 B.; Norden, 80 B.; Jugendherberge; Campingplatz) am schmalen gleichnamigen Fjord war schon im 12. Jahrhundert ein lebhafter Handelsplatz. Das Stadtbild wird beherrscht von dem teilweise aus dem 13. Jahrhundert stammenden Dom. Das reiche Inventar umfaßt u.a. ein bronzenes Taufbecken und eine Barockkanzel; auf dem Altar ein moderner Schrein mit Apostelfiguren aus Alabaster (15. Jh.); Kruzifix aus dem 13. Jahrhundert. Im Westen der Altstadt die St.-Severin-Kirche; im Osten der Stadt ein Freilichtmuseum mit prähistorischen und volkskundlichen Sammlungen.

3 km östlich der Stadt auf dem Weg nach Årøsund liegt die Kirche von *Starup,* deren älteste Teile aus dem 11. oder 12. Jahrhundert stammen. Zur Insel **Årø** besteht eine Fährverbindung von *Årøsund* aus.

Die E 3 passiert *Christiansfeld.* Der 1773 von den Herrnhutern gegründete Ort hat in seinem alten Kern die ursprüngliche Einheitlichkeit bewahrt. Die schmucklose Kirche (1776) hat weder Altar noch Kanzel, statt dessen nur einen liturgischen Tisch. – Nordöstlich von Christiansfeld die vielbesuchte *Skamlingshöhe* mit mehreren Gedenksteinen und weiter Aussicht bis Fünen.

Kolding (42000 Einw.; Hotel Saxildhus, 59 B.; Kolding, 69 B.; Motel Tre Roser, 71 B.; Jugendherberge; mehrere Campingplätze) am gleichnamigen Fjord ist ein altes Handels- und Verkehrszentrum. Die Burg Koldinghus wurde zu Beginn des 13. Jahrhunderts als Grenzfeste angelegt. Der sie umgebende Schloßsee war früher ein Teil des Fjords. 1808 durch Feuer zerstört, wurde die Burg erst 1933 vollständig restauriert. Im Innern eine Sammlung von Kunst, Handwerk und Kriegsgerät. Der 'Liebessteg' am Schloßsee entlang ist ein romantischer Spazierweg. Im Stadtzentrum einige guterhaltene Häuser aus dem 16. und 17. Jahrhundert. – Im Südosten der Stadt liegt der Geographische Park mit Pflanzen aus aller Welt, darunter Europas größter Bambushain und riesige Bäume aus Kalifornien.

Nördlich von Kolding zweigt östlich die E 66 (Aubobahn) ab, die über den Kleinen Belt und nach Fünen (s. dort) führt. Kurz vor der Brücke über den Kleinen Belt links eine Straße nach Fredericia.

Fredericia (36000 Einw.; Hotel Krab-i-Ly Kro, 50 B.; Landsoldaten, 122 B.; Ny Missionshotel, 65 B.; Jugendherberge; Campingplatz) wurde um die Mitte des 17. Jahrhunderts auf regelmäßigem Grundriß angelegt, um die Verbindung zu den Inseln zu sichern. Erst als 1909 die Befestigungsanlagen geschleift wurden, begann die Stadt sich auszudehnen. Das Bronzedenkmal 'Der tapfere Landsoldat' erinnert an den Sieg über Schleswig-Holstein im Jahr 1849.

Nördlich von Fredericia erstreckt sich die Dünenlandschaft *Trelde Næs;* an der Küste der Badeort *Hvidbjerg* (Hotel Tambohus Kro, 20 B.) mit breitem Sandstrand und bis zu 27 m hohen weißen Dünen.

Die E 3 führt von Kolding nach **Vejle** (50000 Einw.; Hotel Australia, 170 B.; Missionshotellet Caleb, 120 B.), einer Industriestadt in hübscher Tallage. Die Nicolaj-Kirche (Glockenspiel) stammt aus dem 13. Jahrhundert. – Westlich der Stadt die Kirche von *Skibet* mit einem romanischen Tympanon im Westgiebel und spätromanischen Wandmalereien an der Ostwand des Chores. – 6 km östlich der Stadt liegt am *Vejle-Fjord* das beliebte Ausflugsgebiet *Munkebjerg* (93 m; Hotel Munkebjerg, 226 B., Sb.), eine hügelige, zerklüftete Waldlandschaft mit schöner Aussicht.

Nordwestlich von Vejle, am schönsten durch das *Grejsdal* (waldreiche Hänge, zahlreiche Aussichtspunkte), erreichbar, liegt **Jelling,** mit zwei Königsgrabhügeln, in denen 1978 die sterblichen Überreste von König Gorm dem Alten († um 935) und seiner Gemahlin Thyra Danebod gefunden wurden. Zwischen den Gräbern und zwei Runensteinen ein kleines, im 11. Jahrhundert begonnenes Kirchlein, in dem sich die ältesten Fresken des Landes befinden. Der kleinere der beiden Runensteine wurde von Gorm für seine Frau errichtet, der größere von deren Sohn Harald Blauzahn, dem 'Täufer der Dänen', für seine Eltern. Von der Holzkirche, die er hier errichtete, liegen Reste unter dem Chor der heutigen Kirche. – Nördlich von Jelling der *Givskud-Safaripark* mit Gehegen für Löwen, Elefanten, Büffel, Affen u. a.

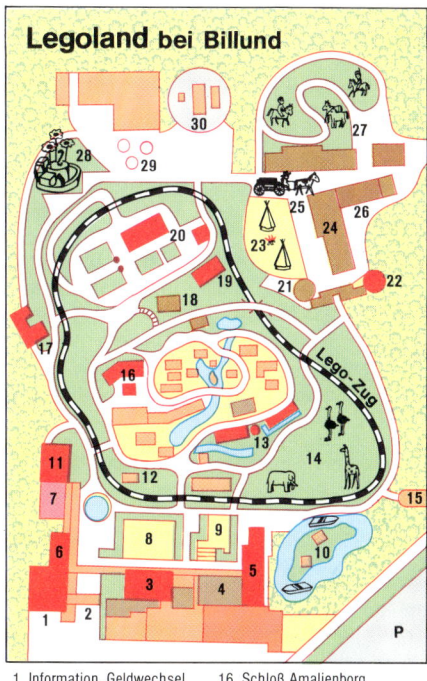

Legoland bei Billund

Nr.		Nr.	
1	Information, Geldwechsel	16	Schloß Amalienborg
2	Eingang	17	Bekannte dänische Schlösser
3	Restaurant	18	Norwegische Stabkirche
4	Cafeteria	19	Jagdschloß 'Eremitagen'
5	Pädagogische Ausstellungen	20	Kinder-Verkehrsschule
6	Lego-Shop	21	Goldmine
7	Kindertheater	22	Präsidenten der USA
8	Freilichtbühne		(Mount Rushmore)
9	Vesperplatz	23	Lagerfeuer
10	Lego-Boote,	24	Western Saloon
	Tiroler Landschaft	25	Lego-Kutsche
11	Puppenausstellung	26	Sheriff-Büro
12	Cape Kennedy (Canaveral)	27	Pony-Reiten
13	Amsterdam	28	Kohlraupen-Karussell
14	Lego-Safari	29	Bistro (Erfrischungen)
15	Lego-Kopter	30	Miniautos für Kinder

Runensteine auf dem Friedhof von Jelling

28 km westlich von Vejle liegt *Billund* (Hotel Billund Kro, 20 B.) mit der Miniaturstadt *Legoland.* Sie umfaßt aus Plastikbausteinen errichtete Nachbildungen bekannter Bau-

Kinderparadies Legoland bei Billund

werke, eine Wildweststadt, eine Puppensammlung u. v. a.

Hinter Vejle teilt sich die Strecke. Während die Straße Nr. 13 nördlich direkt nach Silkeborg führt, schwenkt die E 3 nach Nordosten.

Horsens (44 000 Einw.; Jørgensens Hotel, 110 B.; Bygholm Parkhotel, 61 B.; Thorsvang Motel, 20 B.; Missionshotellet, 85 B.; Jugendherberge; zwei Campingplätze) am Ende des gleichnamigen Fjords ist aus einer frühmittelalterlichen Festungsanlage hervorgegangen. Im 18. Jahrhundert war Horsens eine bedeutende Handelsstadt, wovon noch zahlreiche Patrizierhäuser zeugen. Im Zentrum der Altstadt die Vor Frelser kirke (Erlöserkirche) aus dem frühen 13. Jahrhundert mit einer geschnitzten Barockkanzel. Die nahe Klosterkirche ist der einzige Überrest eines ehemaligen Franziskanerklosters; Chorgestühl und Flügelaltar stammen aus dem 15. Jahrhundert. Im Westen der Stadt das ehemalige Herrenhaus Bygholm (heute Hotel), in dessen Park sich die Ruinen einer Königsburg von Erik Menved aus dem Jahr 1313 befinden. – Südöstlich der

Stadt das Freilichtmuseum *Glud,* das älteste von Dänemark.

Skanderborg (11 000 Einw.; Hotel Skanderborghus, 82 B.; Slotskroen, 25 B.; Jugendherberge; zwei Campingplätze), eine reizvoll am gleichnamigen See gelegene Stadt, entstand um das Schloß, das im Mittelalter oft königliche Residenz war. Von ihm sind nur die Schloßkirche und der anstoßende Rundturm erhalten, der Rest des Baukörpers wurde ab 1767 abgetragen. Die Stadtkirche stammt aus dem 12. Jahrhundert.

Westlich von Skanderborg liegt am *Mossø* der Ort *Emborg* mit den spärlichen Resten des 1172 gegründeten Zisterzienserklosters *Øm,* das 1560 abgerissen wurde. Etwas abseits ein kleines Museum mit Ausgrabungsfunden.

Zwischen Skanderborg und Silkeborg erhebt sich in einer besonders schönen Landschaft der *Himmelbjerg (147 m),* der vom Julsø aus steil ansteigt. Die zahlreichen Aussichtspunkte sind durch Waldwege verbunden; auf dem Gipfel ein 25 m hoher Aussichtsturm. Im 19. Jahrhundert fanden hier politische und kirchliche Versammlungen statt, an die mehrere Denkmäler erinnern. Auf dem *Julsø* kann man mit dem alten Raddampfer "Hjejlen" nach Silkeborg fahren.

Silkeborg (30 000 Einw.; Hotel Dania, 80 B.; Impala, 79 B.; Scandinavia, 39 B.; Missionshotellet Ansgar, 95 B.; Jugendherberge; mehrere Campingplätze) am gleichnamigen See gelangte zu großer Bedeutung, als sich hier im 19. Jahrhundert die Papierindustrie entwickelte. Im Kunstmuseum befindet sich eine bedeutende Sammlung moderner Malerei und Grafik. Das Silkeborger Herrenhaus (um 1770) beherbergt ein Museum, in dem der sog. Tollundmann, eine etwa 2000 Jahre alte Moorleiche, besonders beachtenswert ist. – Südlich der Stadt, bei *Bryrup,* eine Oldtimer-Eisenbahn.

Von Skanderborg führt die E 3 nach **Århus** (s. dort). Hier lohnt ein Abstecher in die nordöstlich vorspringende Halbinsel Djursland.

Die Straße Nr. 15 folgt zunächst dem Ufer der *Kalø-Bucht.* An der Ostspitze der Halbinsel **Djursland** liegt am *Kattegat* der auch als Seebad geschätzte Fährhafen **Grenå** (12 000 Einw.; Hotel du Nord, 120 B.; Dagmar, 39 B.; Grenå Sjømandshjem, 25 B.; zwei Campingplätze) mit alter Kirche und dem Djurslandmuseum, einem Fachwerkhaus um 1750. – Lohnender Schiffsausflug zu der unter Naturschutz stehenden Insel *Anholt.*

Die Straße Nr. 16 führt von Grenå westlich in das Landesinnere und nach Randers. **Gammel Estrup,** ein imposantes Herrenhaus, stammt in seiner heutigen Form aus dem 16. und 17. Jahrhundert. In ihm ist das *Jütische Herrenhausmuseum* untergebracht.

Randers (60 000 Einw.; Hotel Kongens Ege, 168 B.; Randers, 150 B.; Viking, 42 B.; Jugendherberge; Campingplatz) liegt tief im Landesinneren an der Mündung der *Gudenå* in den *Randers-Fjord.* Im Mittelalter ein kirchliches Zentrum mit drei Klöstern, blühte die Stadt im 18. Jahrhundert erneut auf und entwickelte sich später zu einem bedeutenden Industrieort. Im Stadtinneren sind zahlreiche alte Häuser aus dem 15. und 16. Jahrhundert erhalten; das älteste Steinhaus ist der am Rathausplatz stehende Hof der Paaske-Söhne. Die St.-Mortens-Kirche stammt aus dem 15. Jahrhundert; das Heiliggeisthaus (um 1435) ist der Rest eines um 1550 aufgehobenen Klosters. Im Kulturhaus das sehenswerte Museum mit kulturhistorischen Sammlungen und Bibliothek.

Randers ist beliebter Zielort von Kanutouren auf der *Gudenå,* dem mit 170 km längsten Fluß Dänemarks. Entlang dem bei Tørring entspringenden Fluß gibt es zahlreiche Bootsvermieter.

Von Randers nach Hobro bildet die E 3 die direkte Verbindung. In *Råsted* eine Kirche aus dem frühen 12. Jahrhundert, die einen hervorragend erhaltenen Freskenzyklus aus der Zeit um 1130 (1939-1942 restauriert) enthält.

Lohnender ist von Randers die Nebenstraße über Mariager nach Hobro. **Mariager** (Motel Landganger, 12 B.) in malerischer Lage am gleichnamigen Fjord, der sich bis Hobro ins Landesinnere erstreckt, ist mit 1600 Einwohnern die kleinste Stadt Dänemarks. Von dem alten Kloster und von der gotischen Kirche sind nur Teile erhalten. In der Kirche der sog. 'Sarg Christi', eine geschnitzte Truhe mit einer Figur im Inneren. – Südlich der Stadt der Grabhügel *Hohøj.* – Zwischen Mariager und der südwestlich an der Straße Nr. 10 gelegenen Ortschaft *Handest* verkehrt im Sommer sonntags eine Museumseisenbahn.

Hobro (10 000 Einw.; Hotel Alpina, 30 B.; Grand Hotel, 30 B.; Jugendherberge; Campingplatz) liegt am Westende des Mariager-Fjords. Das Museum enthält eine Wikinger-Sammlung. Die neugotische Kirche entstand nach Plänen von M. G. B. Bindesbøll, dem Erbauer des Thorvaldsen-Museums in Kopenhagen. – 3 km südwestlich außerhalb die rekonstruierte Wikingerburg *Fyrkat* aus der Zeit um 1000 n. Chr. Ausgrabungsfunde im Museum von Hobro.

Nun führt die E 3 durch den großen Wald Rold Skov (s. bei Ålborg) nach **Ålborg** (s. dort). Von hier führt die Hauptstrecke weiter nach **Frederikshavn** (s. dort), während die Straße Nr. 14 nördlich in Richtung Hirtshals verläuft.

Hjørring (20 000 Einw.; Hotel Phønix, 125 B.; Pension Kirkedal, 16 B.; Hotel Garni, 27 B.; Bristol, 24 B.; Jugendherberge; zwei Campingplätze) ist ein alter Marktort. Im Friedhof der romanischen Katharinenkirche acht 2000 Jahre alte Steingräber. Das Vendsyssel-Mu-

seum ist u. a. im alten Propsteigebäude untergebracht. Am südwestlichen Stadtrand ein
Freilichtmuseum.

Hirtshals (Hirtshals Kro og Motel, 41 B.;
Strandlyst, 90 B.), ein beliebter Badeort am
Skagerrak, ist zugleich wichtiger Hafen für
den Schiffsverkehr nach Norwegen. Im Skagerrak fand am 31. Mai und 1. Juni 1916 eine
erbitterte Seeschlacht zwischen Deutschen
und Engländern statt.

Panorama von Jyväskylä

Jyväskylä

Staat: Finnland. –   Gebiet: Südfinnland.
Provinz: Keski-Suomen lääni (Mellersta Finlands
         län / Mittelfinnland).
Höhe: 85 m ü.d.M. – Einwohnerzahl: 65000.
Postleitzahl: SF-40100. – Telefonvorwahl: 9 41.
(i) **Kaupungin Matkailutoimisto**
    (Städtisches Fremdenverkehrsamt),
    Vapaudenkatu 38;
    Telefon: 29 40 83.
    Zweigstelle im Aussichtsturm Vesilinna,
    Sportpark Harju;
    Telefon: 29 40 87.

HOTELS. – *Jyväshovi,* Kauppakatu 35, 256 B., Sb.;
Cumulus, Väinönkatu 5, 152 B., Sb.; *Raatihotelli,*
Asemakatu 2, 118 B., Sb.; *Milton,* Asema-aukio,
75 B.; *Seurahuone,* Kauppakatu 32, 40 B.

FERIEN- und SOMMERHOTELS. – *Rantasipi,* Freizeitgelände Laajavuori, 500 B., Sb., Badestrand;
Amis, Sepänkatu 3, 1. Juni bis 6. August, 380 B.;
Rentukka, Taitoniekantie 9, 1. Juni bis 31 August,
271 B.

VERANSTALTUNGEN. – *Jyväskylä-Winter* (im Januar oder Februar), *Jyväskylä-Sommer* (Ende
Juni/Anfang Juli), beides kulturelle und künstlerische Ereignisse von hohem Niveau mit zahlreichen
Debatten in Weltsprachen, deren Themen sich auch
auf gesellschaftskritische und allgemeinpolitische
Fragen erstrecken; *Finlandia-Marathonlauf* (Mai);
Finnradrennen (Juli); *Rallye der Tausend Seen* (Juli
oder August).

SPORT und FREIZEIT. – Schwimmen, Reiten, Angeln, Kanusport, Fallschirmspringen.

**Die 1837 gegründete finnische Stadt
Jyväskylä liegt hübsch am Nordufer
des kleinen Sees Jyväsjärvi, der mit
dem sich südlich erstreckenden Päi-
jännesee, dem zweitgrößten See
Finnlands, durch den schmalen Sund
Aijälänsalmi in Verbindung steht.**

Jyväskylä ist ein wichtiger Verkehrsknotenpunkt, Sitz zahlreicher Fabriken
(Holzveredlung und Metallindustrie)
sowie Verwaltungs- und Kulturzentrum
Mittelfinnlands. 1858 wurde hier die erste finnischsprachige höhere Schule
gegründet. Neben anderen höheren
Schulen besitzt die Stadt eine 1934 gegründete, aus einem Lehrerseminar
hervorgegangene Universität. Die Mischung von Holzhäusern und modernen
Steinbauten gibt dem Stadtbild ein besonderes Gepräge; außerdem weist es
eine ungewöhnlich große Anzahl von
Gebäuden auf, die der berühmte finni-

sche Architekt Alvar Aalto entworfen
hat.

SEHENSWERTES. – Nordwestlich von
dem kleinen Hafen liegt im *Kirkkopuisto*
(Kirchpark) die im gotischen Stil gehal-
tene *Stadtkirche* von 1880; Denkmal für
die finnische Schriftstellerin Minna
Canth (1844-97). In Richtung zum Hafen
und zum Jyväsjärvi zwei Gebäude von
Alvar Aalto: das *Polizeipräsidium* (1970)
und ein *Behördenbau* (1978). An der
Kauppakatu in Richtung Kalevankatu
Alvar Aaltos *Stadttheater* (1925). In der
Rajakatu die *Orthodoxe Kirche* (1954).

In der Cygnaenskatu, etwa 1 km westlich der Stadtkirche, das ebenfalls von
Alvar Aalto entworfene *Mittelfinnische
Provinzialmuseum* (Keski-Suomen Museo; 1961), mit Sammlungen zur Stadtgeschichte sowie ethnologischen und
kunsthandwerklichen Exponaten. Unweit südöstlich die Gebäude der *Universität* (Neubauten von Alvar Aalto) mit
dem Universitätsmuseum (Yliopiston
Museo; Sammlungen zur Geschichte
des Erziehungswesens). In der Semi-
naarinkatu 7 ein *Alvar-Aalto-Museum*
mit Erinnerungen an den Architekten,
der das Gebäude selbst entworfen hat.

1 Gymnasium   6 Rathaus
2 Aussichts- und   7 Amtsgebäude
  Wasserturm   8 Stadtbibliothek
3 Stadttheater   9 Mittelfinnisches
4 Stadtkirche   Museum
5 Polizeipräsidium   10 Alvar-Aalto-Museum

Der inmitten der Stadt im Park Harjapu-
isto gelegene *Wasserturm* (Informa-
tionszentrale; Café) sowie der Park auf
dem Hügel *Syrjänharju* im Nordosten
der Stadt bieten hübsche Aussichten.
Die Bodenformationen beider Hügel
zeigen Merkmale eines eiszeitlichen
Oser (finn. harju).

UMGEBUNG von Jyväskylä. – 70 km westlich
an der Straße nach Virrat, am Nordende des
Sees Keuruunselkä, das Dorf *Keuruu* mit alter
Holzkirche (1756-58). – Vom Hafen (nahe
beim Hauptbahnhof) Fahrten mit einem
schnellen Tragflügelboot nach Lahti über die
Seen Jyväsjärvi und Päijänne, Dauer 3 Stunden.

Der langgestreckte **Päijänne** (78 m ü.d.M.,
bis 93 m tief) hat bei etwa 140 km Länge und
bis 28 km Breite eine Fläche von 1111 qkm
und ist damit nach dem Saimaa (s. dort) Finnlands zweitgrößter See. Das teilweise felsige
Ufer ist durch zahlreiche Buchten und Halbinseln stark gegliedert. Im Norden umrahmt
bergiges Waldland den Päijänne, während
die Ufer nach Süden hin stärker abfallen.

Kajaani (Kajana)

Staat: Finnland. – Gebiet: Zentralfinnland.
Provinz: Oulun lääni (Uleåborgs län / Oulu).
Höhe: 127 m ü.d.M. – Einwohnerzahl: 33000.
Postleitzahl: SF-87100. – Telefonvorwahl: 986.
(i) **Kainuun Matkapalvelu,**
　　Pohjolankatu 21 B;
　　Telefon: 25079.

HOTELS. – *Kajaani,* Leiripolku 2, 150 B., Sb., Badestrand; *Seurahuone,* Kauppakatu 21, 70 B.; *Valjus,*
Kauppakatu 20, 60 B., Sb.; *Vanha Välskäri,* Kauppakatu 21, 60 B.

Die finnische Stadt Kajaani, Mittel-
punkt der Landschaft Kainuu, die etwa
die Mitte zwischen dem Bottnischen
Meerbusen und der sowjetischen
Grenze einnimmt, liegt am Südufer des
hier durch ein Kraftwerk genutzten und
unweit nordwestlich in den See Oulu-
järvi (124 m ü.d.M., mit 1002 qkm Flä-
che fast doppelt so groß wie der Bo-
densee) mündenden Kajaaninjoki.

Der Ursprung der Stadt geht auf den
Handel mit Teer zurück, der im Osten
von Kainuu aufgekauft und auf sogenannten Teerschiffen auf dem Wasserwege zu den Häfen am Bottnischen
Meerbusen verfrachtet wurde, von wo er
als Stockholm-Teer nach Schweden
und später bis nach England verkauft
und zum Kalfatern von Schiffen verwendet wurde. Heute besitzt die Gegend
holzverarbeitende Industrie; mehrere
Tausend ihrer Bewohner arbeiten aber
auch jenseits der Grenze in sowjetischen Kombinaten.

Seit 1833 lebte in Kajaani als Kreisarzt
der Dichter Elias Lönnrot (1802-84), der

von hier aus das Land bereiste, um bei
Runensängern Bruchstücke des finnischen Nationalepos ''Kalevala'' zu
sammeln, die er zusammenstellte und
durch Nachdichtungen ergänzte.

SEHENSWERTES. – Am Ufer des Koivu-
koski der Marktplatz mit dem neuen
Rathaus (1906); das alte Rathaus, ein
Holzbau, der 1831 nach Entwürfen von
Carl Ludwig Engel erbaut wurde, liegt
am Vanha tori. Nordöstlich auf der kleinen Insel Linnasaari die 1937 restaurierte Ruine der 1607-66 erbauten, 1716
von den Russen eroberten und zerstörten Festung *Kajaneborg,* wo der schwedische Geschichtsschreiber und Dichter Johannes Messenius (1579-1636)
1620-35 als Strafgefangener lebte und
eine Reimchronik Finnlands schrieb.
Ferner eine orthodoxe Kirche; vom
Wasserturm schöne Aussicht.

UMGEBUNG von Kajaani. – 12 km nordwestlich liegt in *Paltaniemi* am Südufer des *Palta-*
selkä, einer weiten Bucht des Oulujärvi, die
Holzkirche von *Paltamo* (1726), mit Wand-
und Deckengemälden von Mikael Toppelius
(† 1821). Nahebei erinnert der sogenannte
'Stall des Kaisers' an den Besuch Alexan-
ders I. in Finnland. Paltamo ist der Geburtsort des großen finnischen Lyrikers Eino
Leino (1878-1926).

Kalmar

Staat: Schweden. – Gebiet: Südschweden.
Provinz: Kalmar län. – Landschaft: Småland.
Höhe: Meereshöhe. – Einwohnerzahl: 54000.
Postleitzahl: S-39.... – Telefonvorwahl: 0480.
(i) **Kalmar Läns Turisttrafikförbund,**
　　Box 86,
　　S-39121 Kalmar;
　　Telefon: 28270.
　　Wahlkonsulat der
　　Bundesrepublik Deutschland,
　　Östra Sjögatan 22,
　　S-39231 Kalmar;
　　Telefon: 21769.

HOTELS. – *Witt,* Södra Langgatan 42, 142 B., Hb.;
Hotell Continental, Larmgatan 10, 90 B.; *Slottsho-*
tellet, Slottsvägen 7, 60 B.; *Esso Motor Hotel,* Dra-
gonvägen 7, 313 B.; *Villa Lindö,* Lindölundsgatan
18, 15 B.

Die schwedische Stadt Kalmar, die
Hauptstadt der gleichnamigen Provinz
in Südostschweden, liegt am Kalmar-
sund, der das Festland von der Insel
Öland trennt. Sie ist eine der ältesten
Städte Schwedens. Bereits in der Wi-
kingerzeit war Kalmar durch die gün-
stige Lage am Sund Handels- und Um-
schlagplatz. Sie erreichte im frühen
Mittelalter den Rang der Hauptstadt
des Nordens. Als Seefestung gegen
Dänemark im 11. Jahrhundert ange-
legt, war die Stadt Mitglied der Hanse.
Im Jahre 1397 wurde hier die Kalmarer

Union beschlossen, die Dänemark, Schweden und Norwegen zu einem Königreich unter Erich von Pommern vereinte und die bis 1523 bestand. Der Festungscharakter der Stadt wechselte endgültig mit Beginn des 18. Jahrhundert. Die Einwohner beschäftigten sich seitdem vorwiegend mit Handel, Seefahrt und Handwerk. Die moderne Industrie umfaßt u. a. Lebensmittelbetriebe, Werften, Maschinenbau, Kraftfahrzeuge (Volvo-Zweigwerk) und Baufirmen.

SEHENSWERTES. – Mittelpunkt der nach 1647 infolge eines Großbrandes zu großen Teilen neu erbauten Stadt auf der Insel **Kvarnholmen** ist der Stortorg (Marktplatz), an dem der *Dom* und das *Rathaus* stehen. Beide barocke Bauwerke wurden in der zweiten Hälfte des 17. Jahrhunderts nach Plänen von Nicodemus Tessin dem Älteren erbaut. Südlich vom Markt am Eingang zum Hafen, als Teil der noch heute in Resten bestehenden Stadtmauer, liegt das *Stadttor Kavaljeren* (1697). Unweit davon befindet sich in der Langgatan (Nr. 40) das älteste Steinhaus auf Kvarnholmen. Südwestlich vom Stadttor der Lille Torg mit dem alten *Bischofshof* (Domprostgården), dem *Bürgermeisterhof* (Borgmästaregården) und der *Provinz-Residenz* (Länsresidenset) aus dem Jahre 1676. Die an der Südseite des Marktplatzes verlaufende Storgatan führt im Südwesten zum Larmtorg, auf dem ein 1928 errichtetes *Brunnendenkmal* an Gustav Wasa erinnert, der am 31. Mai 1520 südwestlich von Kalmar bei Stensö landete. An der Westseite das *Theater* (1863). Unweit nördlich davon der 65 m hohe *Wasserturm* (Vattentornet), der eine schöne Aussicht über Kalmar und Öland bietet. Vom Theater gelangt man zu einer der Brücken, die Kvarnholmen mit dem Festland verbinden.

Jenseits davon erstreckt sich der *Stadtpark* mit einem Sommerrestaurant. An dem den Stadtpark im Nordwesten begrenzenden Slottsvägen liegt das *Kunstmuseum*. Ebenfalls in der Nähe des Schlosses der *Krusenstiern-Hof* (Krusenstiernska gården), ein Bürgerheim aus dem 18. Jahrhundert. Das von Mauern und Wällen umgebene, am Wasser gelegene mittelalterliche *Schloß ist ein großer fünftürmiger Bau, von dem erste Teile bereits Anfang des 11. Jahrhunderts angelegt wurden. Erweitert wurde es im 16. und restauriert Ende des 19. Jahrhunderts. Als Festung konnte es von 1307 bis zu Beginn des Kalmarer Krieges (1611) 24 Belagerungen widerstehen. Im Schloßhof befindet sich ein Renaissancebrunnen, im Südflügel die 1592 vollendete Schloßkirche. Im Nordturm kann das alte *Königsgemach von Erik IV. besichtigt werden. Es weist reiche Intarsientäfelung und Jagdszenen aus dem 16. Jahrhundert auf. Sehenswert ist auch der Rautensaal und der Goldene Saal (Gyllene salen) aus der Zeit Johann III. In einem Großteil der Räume Sammlungen des Kalmarer *Provinzmuseums* (Länsmuseet).

Im Norden von Kalmar wurde 1972 die *Ölandbrücke (Ölandsbro) eingeweiht. Sie ist mit 6070 m Europas längste Brücke und verbindet Kalmar mit **Öland** (s. dort).

Kalmar (Schweden) – Schloß

Karlskrona

Staat: Schweden. – Gebiet: Südschweden.
Provinz: Blekinge län. – Landschaft: Blekinge.
Höhe: Meereshöhe. – Einwohnerzahl: 60 300.
Postleitzahl: S-37.... – Telefonvorwahl: 04 55.
ⓘ **Turistinformation,**
Stortorget 6,
S-37131 Karlskrona;
Telefon: 8 30 00.

HOTELS. – *Stadshotellet,* Ronnebygatan 37-39,
160 B.; *Siesta,* Borgmästaregatan 5, 29 B.; *Wen-
ström,* V. Köpmangatan 12, 52 B.; *OK-Motel,* 48 B. –
JUGENDHERBERGE. – Mehrere CAMPINGPLÄT-
ZE.

**Die schwedische Stadt Karlskrona,
Hauptstadt der Provinz Blekinge, liegt
im Süden Schwedens an der Ostsee
nahe dem Eingang zum Kalmarsund
auf einer Reihe von Inseln, die durch
Brücken miteinander verbunden sind.
Die traditionsreiche Seefahrerstadt
aus der Großmachtzeit Schwedens
wurde 1680 in Zusammenhang mit der
Errichtung des schwedischen Flotten-
hauptquartiers auf der Insel Trossö
angelegt. Im 18. Jahrhundert war
Karlskrona Schwedens zweitgrößte
Stadt. Sie verlor jedoch in der Folgezeit
an Bedeutung. Heute ist Karlskrona
eine Stadt mit beachtlicher Industrie
(Telefonfabrik, Werften, Kunststoffin-
dustrie, Bau von Atomreaktoren, Glüh-
lampenwerke). Auch beherbergt
Karlskrona Schwedens größte Kühl-
häuser sowie einen Teil der fischver-
arbeitenden Industrie.**

SEHENSWERTES. – Der Stortorg ist
der zentrale Platz. Hier stehen das neo-
klassizistische *Rathaus,* die barocke

'Der alte Rosenbom' in Karlskrona

Frederikskirche (1744) sowie die runde
Dreifaltigkeitskirche (1709); letztere
wurde von der deutschen Gemeinde gestiftet. Beide Kirchen wurden nach Plänen von Nicodemus Tessin dem Jüngeren errichtet. – Auf dem mit der *Statue
Karls XI.* von Börjeson (1897) geschmückten Platz wird vier Tage vor
dem Mittsommerabend der farbenfrohe
Blumenmarkt abgehalten, wobei Kränze
und Sträuße mit Blumen von Hängen
und Wiesen der Provinz Blekinge verkauft werden. Weiter südlich am Admi-
ralitätstorg das *Blekinge Museum* mit
kulturhistorischen Sammlungen und
einer barocken Gartenanlage auf der
Terrasse. Ebenfalls hier ein hölzerner
Glockenturm, 1700 errichtet und 1856
erneuert. Auch in südlicher Richtung
das **Marinemuseum,* u.a. mit einer
Sammlung berühmter Galionsfiguren
vom Ende des 17. Jahrhunderts. – Am
Rande des Werftgeländes die *Admirali-
tätskirche* (1685), Schwedens größte
Holzkirche. Davor steht die originelle
Holzfigur *Der alte Rosenbom,* bekannt
aus Selma Lagerlöfs Buch ''Die wundersame Reise des kleinen Nils Holgersson''. – Im östlichen Stadtteil Björkhol-
men pittoreske *Seemannshäuschen* aus
Holz vom Anfang des 17. Jahrhunderts.
– Im Vänö-Park befindet sich ein *Freilichtmuseum.*

UMGEBUNG von Karlskrona. – 28 km östlich
liegt **Ronneby,** ein Kurort (Stahlbad) mit
12 000 Einwohnern. Die Heilig-Kreuz-Kirche
(Heliga Kors kyrka) stammt aus dem 11. Jahrhundert; Kalkmalereien aus dem 14./15.
Jahrhundert wurden bei einer Renovierung
freigelegt. In der Kirche wird eine Tür mit
Brandstellen und Axtspuren aufbewahrt. Sie
soll aus dem Jahre 1564 stammen, als die
Soldaten Eriks XIV. Ronneby einnahmen und
ein Blutbad veranstalteten. Unweit der Kirche
liegt der Stadtteil Bergslagen mit dem Heimatmuseum Möllebackagården. In Silverfor-
sen ein alter Blekingehof, wo Kaffee ausge-
schenkt wird. Ungewöhnlich der Björke-
torpssten, ein Runenstein etwa aus dem Jahr
700. Weitere Grabstellen bei *Hjörtahammar.*

Karlshamn (Esso Motor Hotel, 195 B.), 61 km
östlich von Karlskrona, ist eine bedeutende
Hafenstadt mit 18 000 Einwohnern. In der Altstadt sieht man Holzhäuser aus dem 17. und
18. Jahrhundert, u.a. das Asschierska huset
(Asschierskahaus), als ehemaliges Rathaus
1682 erbaut, sowie den Skottsberskagården
(Skottsberska Hof), einen vorzüglich erhaltenen Kaufmannshof von etwa 1760. Ein Museum befindet sich in Smithskagården. Das
Denkmal ''Die Auswanderer Kristina und Karl
Oskar'' von Axel Olsson im Hamnpark erinnert an die Rolle Karlshamns im 18. Jahrhundert, als viele Schweden das Land verließen,
um nach Amerika auszuwandern. –
Festungsanlagen von 1675 auf der Insel Kastelholm vor der Hafeneinfahrt. Im Osten
der Stadt das Freizeitgebiet *Väggapark.* In

der Nähe liegt der *Mörrumså,* das lachsreichste Gewässer Schwedens. Westlich der Stadt das Kernkraftwerk Karlshamn.

Karlstad

Staat: Schweden. – Gebiet: Mittelschweden.
Provinz: Örebro län. – Landschaft: Värmland.
Höhe:ˉ 45 m ü.d.M. – Einwohnerzahl: 72000.
Postleitzahl: S-65.... – Telefonvorwahl: 054.
ⓘ **Turistinformation,**
Bibliotekshuset,
Västra Torggatan 26,
S-65224 Karlstad;
Telefon: 100345.
*Wahlkonsulat der
Bundesrepublik Deutschland,*
Rattgatan 6,
S-65341 Karlstad;
Telefon: 115710.

HOTELS. – *Stadshotellet,* Kungsgatan 22, 250 B., Sb.; *Grand Hotel,* Västra Torggatan 8, 111 B.; *Savoy Hotel,* Västra Torggatan 1 A, 130 B.; *OK Motorhotell,* Östra Infarten, 210 B., Sb.; *Ritz,* Västra Torggatan 20, 100 B.; *Gösta Berling,* Drottningsgatan 1, 110 B.; *Esso Motorhotel,* Sandbäcksgatan 6, 195 B., Sb. – JUGENDHERBERGE.

Karlstad, Kultur- und Handelszentrum Värmlands, liegt im Delta des Klarälv, an der Mündung des 500 km langen Wasserlaufs in den Vänersee. Die jetzige Provinzhauptstadt und Sitz eines Bischofs ist nach Karl IX. benannt, der dem bereits im frühen Mittelalter bestehenden Handels- und Thingplatz auf der Insel Thingvalla 1584 das Stadtrecht verlieh. 1905 fanden hier die Verhandlungen über die Auflösung der Union zwischen Schweden und Norwegen statt. Karlstad ist Verwaltungszentrum und wichtige Industriestadt, dominierend ist die holzverarbeitende Industrie.

SEHENSWERTES. – Die Älvgatan ist mit ihren alten Bürgerhäusern ein Rest des alten Karlstad vor dem großen Brand von 1865, auch die *Domkirche* (1723-30) und der *Bischofssitz* (1780) stammen noch aus dieser Zeit. – Auf dem Stora Torg erinnert das *Friedensmonument* von Ivar Johnsson an die Auflösung der schwedisch-norwegischen Union im Jahre 1905. An der Westseite des Marktes liegt das 1869 erbaute *Rathaus.* Unweit östlich in der Kungsgatan das *Alte Gymnasium,* das heute die Diözesenbibliothek enthält und seinerzeit einer der ansehnlichsten Schulbauten Schwedens war. Westlich vom Stora Torg, am Residenstorg, die Residenz des Landeshauptmanns, davor ein 1926 errichtetes *Bronzestandbild Karls IX.,* der der Stadt seinen Namen gab. Weiter südwestlich das *Stadthaus* von 1963. Ebenfalls im Südwesten der *Marienbergsskogen,* eine Anlage mit Tierpark, Freilichtmuseum, Theater und Vergnügungspark.

Im Norden der Stadt liegt der Park Sandgrund. Er umschließt das *Värmlandmuseum* mit kunst- und kulturhistorischen Sammlungen sowie aktuellen Ausstellungen. – Im Nordosten überspannt mit 12 Bogen die *Östra Bro* den Klarälv. Diese längste Steinbrücke Schwedens wurde 1761-1770 gebaut.

UMGEBUNG von Karlstad. – 8 km südwestlich auf einer in den Vänersee hineinragenden Halbinsel der Ort **Skoghall** mit Holzlagern, Sägewerken, Zellstoff- und anderen Fabriken. 5 km östlich von Skoghall die alte *Holzkirche von Hammarö* mit Malereien, Sakrament- und Altarschrein aus dem Mittelalter.

In *Alster,* 6 km nördlich von Karlstad, das Gut (Alster herregård), auf dem der bekannte Lyriker Gustav Fröding (1860-1911) seine Kindheit verbrachte. Hier steht in einem Hain der *Frödingsstenen* (Frödingsstein).

45 km östlich von Karlstad liegt am Vänersee die Hafenstadt **Kristinehamn** (s. bei Vänersee) mit einer 15 m hohen Picasso-Skulptur.

Picasso-Skulptur bei Kristinehamn

Zu den Frykenseen. – Man folgt der Straße Nr. 61 zunächst am rechten Ufer des Klarälv durch eine größtenteils bewaldete Landschaft. 13 km hinter Karlstad links ein kleiner See, dann eine Straßenteilung: links die Fortsetzung der Straße Nr. 61, rechts die dem Klarälvtal folgende Straße Nr. 62. Auf der Straße Nr. 61 erreicht man nach 7,5 km die Abzweigung einer Landstraße zu dem 3 km südwestlich gelegenen Ort *Kil,* einem wichtigen Eisenbahnknotenpunkt, von wo eine Bahnlinie nördlich nach Torsby führt.

Hinter dieser Abzweigung erreicht man das Südende der drei *Frykenseen (62 m ü.d.M.; insges. 71 km lang; Schiffsfahrten), deren Umgebung durch Selma Lagerlöfs Roman ''Gösta Berling'' bekannt geworden ist. Dann rechts die Kirche St. Kil. 6,5 km jenseits der Abzweigung nach Kil über den *Norsälv,* den Abfluß der Frykenseen, und zu einer Straßenteilung; hier rechts auf der Straße Nr. 234 im freundlichen F r y k s d a l hin, an zahlreichen Höfen und kleinen Seen vorbei. – Westlich abseits die Kirche von Frykerud (1799; moderne Glasmalereien).

Nach 25 km erreicht man *Västra Ämtervik,* reizvoll über dem 27 km langen *Mellan Fryken* (Mittlerer Frykensee) gelegenes Kirchdorf; gegenüber am Ostufer die Kirche von Östra Ämtervik. – 1 km hinter der Kirche von Västra Ämtervik links die Abzweigung einer in Richtung Arvika bergan zum *Kringerås* (272 m) führenden Landstraße, die prächtige Ausblicke über das Fryksdal bietet (lohnender Abstecher von ca. 5 km). – Weiter in einiger Entfernung vom Seeufer hin.

Nach 6,5 km über den *Rottnaälv,* der den Mellan Fryken mit dem schönen *Rottnensee* (Finnfallet-Skigebiet) verbindet. Bald darauf

Rottneros. Bei der Weiterfahrt rechts das gleichnamige Herrenhaus, das 'Ekeby' der Gösta-Berling-Saga, mit schönem *Park (große Skulpturensammlung; das Hauptgebäude nach einem Brande 1929 neu errichtet). Nach weiteren 5,5 km erreicht man

Sunne (Hotel Länsmansgården, 65 B.; Gästis, 70 B.), Gösta Berlings 'Broby', ein als Sommerfrische viel besuchter freundlicher Industrieort am Sund zwischen dem Mittleren und Oberen Frykensee, mit einer 1888 erbauten, erhöht gelegenen Kirche. 9 km südöstlich abseits das Gut *Mårbacka,* das heute einer Stiftung gehörende und zugängliche frühere Heim der Dichterin Selma Lagerlöf (1858-1940), deren Grab sich auf dem 6 km südwestlich vom Gut gelegenen Kirchhof von Östra Ämtervik befindet.

Von Sunne entweder weiter auf der Straße Nr. 234 am Ostufer des waldumgebenen *Övre Fryken* (Oberen Frykensees) hin über Lysvik nach Torsby (41 km) oder lohnender auf einer Landstraße am Westufer entlang an dem Herrenhof *Stöpfors* (14 km) und dann an dem aussichtsreichen *Tåssebergsklätten* (342 m) vorbei nach Torsby.

Kemi

Staat: Finnland. – Gebiet: Nordfinnland.
Provinz: Lapin lääni (Lapplands län / Lappland).
Höhe: Meereshöhe. – Einwohnerzahl: 28 000.
Postleitzahl: SF-94100. – Telefonvorwahl: 9 80.
ⓘ **Informationsbüro,**
im Rathaus (nur im Sommer);
Telefon: 2 36 11.

HOTELS. – *Merihovi,* Keskuspuistokatu 6-8, 73 B.; *Nestor,* Meripuistokatu 9, 30 B.; Motel *Reissumies,* Eteläntie 4, 26 B. – Motel *Käpylä,* in Laurila, nörd-

lich außerhalb, 60 B. – JUGENDHERBERGE. – CAMPINGPLATZ.

Die finnische Stadt Kemi liegt am Nordende des Bottnischen Meerbusens bei der Mündung des Flusses Kemijoki. 1869 mit den Stadtrechten ausgestattet, wuchs der Ort im Zuge der Industrialisierung auch zu einem wichtigen Hafen. Von großer Bedeutung sind die holzverarbeitenden Betriebe.

Der Kemijoki war einst außerordentlich fischreich; vor allem der Lachs, das Wappentier der Stadt, trat zur Laichzeit in großen Schwärmen auf. Industrie und Wasserkraftwerke haben inzwischen den Lebensraum für die Fische eingeengt.

SEHENSWERTES. – Die Stadt ist von großzügig angelegten, breiten Straßen durchzogen. Das 1939 erbaute *Rathaus* (finn. Kaupungintalo) beherbergt ein Panorama-Café (Aussicht). Die neuzeitliche *Backsteinkirche* im Kirchpark entstand 1902. Im Kulturzentrum befindet sich die *Kunstgalerie* mit Werken finnischer Künstler; das Museumsgebäude ist ein altes Bauernhaus im nordösterbottnischen Stil mit dazugehöriger Räucherkate.

UMGEBUNG von Kemi. – Nördlich der Stadt am Kemijoki liegt das große *Isohaara-Kraftwerk.* – Etwa 9 km nördlich vom Zentrum die aus dem 16. Jh. stammende Feldsteinkirche von *Kemi-Land;* an der gewölbten Holzdecke Bilder aus der Leidensgeschichte Jesu; unter dem Boden des Chors die Mumie des Pfarrers Nikolaus Rungius († 1629). – Landschaftlich reizvoll ist die Fahrt am Kemijoki aufwärts nach Rovaniemi (s. dort).

Kirkenes

Staat: Norwegen. – Gebiet: Nordnorwegen.
Provinz: Finnmark fylke.
Höhe: Meereshöhe. – Einwohnerzahl: 5000.
Postleitzahl: N-9900. – Telefonvorwahl: 0 85.
ⓘ **Turistkontor,**
Parkvejen 1;
Telefon: 9 22 94.
*Wahlkonsulat der
Bundesrepublik Deutschland,*
Dr. Wesselsgate 8;
Telefon: 9 16 44; privat 9 12 45.

HOTELS. – *Kirkenes Rica Turisthotell,* 117 B.; *Kirkenes Gjestgiveri,* 30 B.; *Sollia Gjestgiveri,* 16 B.; *Stenby's Overnatting,* 12 B. – CAMPINGPLATZ.

Die norwegische Hafen- und Industriestadt Kirkenes liegt an der Südseite des Varangerfjords auf einer Landspitze zwischen dem Langfjord und der breiten Mündungsbucht des Pasvikelv. Ein wichtiger Erwerbszweig ist der Abbau und die Verarbeitung von Eisen-

Kirkenes

Langfjorden

Joh. Knudtzens Gate

Hurtig-rute

Rathaus

Kirche

Auto-bushof

Dr. Wessels Gate

Behrens Plass

Kriegs-gedenkstätte

Arbeidergate

Hagenesveien

Bootshafen

Prestevveien

Krankenhaus

Pasvikveien

Gate

Solheimsveien

Industrie-anlagen

Egebergs

Bibliothek

Storhaugen 57 m

Sport-anlagen

Prestevveien

Pasvikveien

Pasvikveien

Føstevatn

Tana, Flugplatz

erz. Ein eindrucksvolles Erlebnis ist die Mitternachtssonne (ab 20. Mai zwei Monate lang).

SEHENSWERTES. – Im Zentrum der Stadt zahlreiche moderne Geschäftshäuser. Zwei *Labyrinthe* aus Stein, vermutlich aus dem Mittelalter, vielleicht aber schon aus der Eisenzeit, befinden sich nördlich außerhalb der Stadt auf der Halbinsel *Holmengrå* bzw. auf der kleinen Insel *Kjøøya*.

UMGEBUNG von Kirkenes. – Nördlich der Stadt dringt von Osten her der **Varangerfjord**

Kirkenes in Nordnorwegen

in das Land ein und trennt mit dem *Tanafjord* zusammen die Halbinsel **Varanger** vom Festland. Von Kirkenes gibt es eine Schiffsverbindung nach Vadsø an der Nordseite des Varangerfjords.

Vadsø (6000 Einw.; Vadsø Hotell, 67 B.), im Süden der Varanger-Halbinsel, ist Verwaltungssitz der Provinz Finnmarken sowie lebhafter Exporthafen für Fisch und Fischprodukte. Mehrmals wöchentlich besteht durch die 'Hurtigrute' Schiffsverbindung nach Hammerfest. Auf der vorgelagerten Insel *Vadsøya* steht ein von Amundsen und Nobile (1926 bzw. 1928) benutzter Luftschiff-Ankermast.

Von Kirkenes und von Vadsø besteht eine Schiffsverbindung nach Vardø, der östlichsten Stadt von Norwegen.

Vardø (3500 Einw.; Vardø Hotell, 36 B.) wurde 1788 zur Stadt erhoben. Der Nordhafen, von zwei Molen geschützt, beherbergt eine stattliche Fischereiflotte, die die wichtigste Einnahmequelle der Bevölkerung bildet. Auf großen Gestellen wird Stockfisch getrocknet. Am 21. Juli 1893 verließ Frithjof Nansen mit seinem Schiff ''Fram'' den Hafen und gelangte auf seiner Expedition bis 86°4' nördlicher Breite. 1896 betrat er in Vardø wieder norwegischen Boden. – Im Westen der Stadt liegt die 1737 ausgebaute Festung *Vardøhus*. Vom *Vardefjell,* einer 59 m hohen Felshöhe, hat man einen schönen Blick über Stadt und Insel sowie auf die öden Felshöhen der inneren Varanger-Halbinsel.

Kiruna – Panorama bei Nacht

Kiruna

Staat: Schweden. – Gebiet: Nordschweden.
Provinz: Norrbottens län.
Landschaft: Nordlappland (Norra Lappland).
Höhe: 506 m ü.d.M. – Einwohnerzahl: 30000.
Postleitzahl: S-981.... – Telefonvorwahl: 0980.

(i) **Kiruna Turistbyrå,**
Mangigatan 12,
S-98131 Kiruna;
Telefon: 1 86 60.

HOTELS. – *Ferrum,* Köpmangatan 1, 208 B.; *Kebne,*
Mangigatan 4, 54 B. – JUGENDHERBERGE.

Kiruna, die nördlichste Stadt Schwedens, liegt auf dem gleichen Breitengrad wie Mittelgrönland und ist das Zentrum eines Gemeindegebietes, das sowohl an Norwegen wie an Finnland grenzt und mit 20000 qkm Fläche die größte Kommune des Landes bildet. Von Mitte Mai bis Mitte Juli scheint hier die Mitternachtssonne. Aus der einstigen Lappensiedlung entwickelte sich um 1900 mit dem beginnenden Erzabbau eine Ortschaft, die 1948, als die Einwohnerzahl auf 11000 angestiegen war, das Stadtrecht erhielt.

SEHENSWERTES. – Südöstlich vom Bahnhof liegt das 1963 eingeweihte *Stadthaus* mit einem Glockenspiel und einer Kunstsammlung. Die von Gustav Wickman 1912 erbaute *Holzkirche* schmückt ein Altarbild, das Prinz Eugen von Schweden gemalt hat; ferner eine Altargruppe aus Holz von Christian Eriksson und Ossian Elgström. Die unterirdischen *Erzgruben im Kiirunavaara können täglich besichtigt werden. Geophysikalisches Observatorium (Nordlichtforschung).

UMGEBUNG von Kiruna. – Innerhalb der Gemeindegrenze, jedoch ca. 90 km westlich vom Zentrum entfernt, erhebt sich der höchste Berg Schwedens, der *Kebnekaise (2117 m). Die Besteigung seines Südgipfels erfordert ca. 8 bis 9 Stunden und ist nur erfahrenen Berggängern mit entsprechender Ausrüstung anzuraten. In einem Hochtal am Abhang des *Keipack* (789 m) liegt die *Touristenstation Kebnekaise.* – 45 km nördlich von Kiruna eine *Raketenanlage,* die 1965 von der europäischen Raumforschungsorganisation eingeweiht wurde und dem Abschuß von Forschungsraketen dient. Andere wissen-

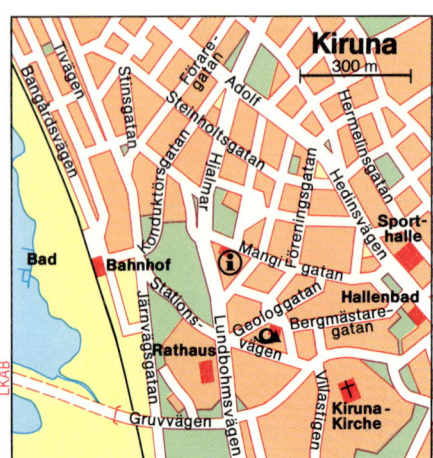

Kebnekaise von Nikkaluokta gesehen

schaftliche Zentren sind die *Glaziologische Forschungsstation* im Tarfalatal und die *Naturwissenschaftliche Forschungsstation* in Abisko. Bei Abisko (s. dort), 95 km von Kiruna, erstreckt sich entlang den Ufern des Torneträsk der **Abisko-Nationalpark,** ein großes Naturschutzgebiet. – Mit der Lapplandbahn nach Narvik (Norwegen) s. bei Abisko.

Kokkola (Gamlakarleby)

Staat: Finnland. – Gebiet: Westfinnland. Provinz: Vaasan lääni (Vasa län / Vaasa). Höhe: Meereshöhe. – Einwohnerzahl: 33000. Postleitzahl: SF-67100. – Telefonvorwahl: 968.
ⓘ **Keski-Pohjanmaan Matkailutoimisto,** Pitkänsillankatu 39; Telefon: 11902.

HOTELS. – *Vaakuna,* Rantakatu 16, 150 B., Sb.; *Grand Hotel,* Pitkänsillankatu 20 B, 150 B.; *Milton,* Rautatiekatu 6, 85 B.; *Seurahuone,* Torikatu 24, 75 B. – JUGENDHERBERGE. – Zwei CAMPING-PLÄTZE.

VERANSTALTUNGEN. – *Festival der Volksmusik* (in Kaustinen, 40 km südöstlich; Juli); *Venezianisches Wochenende* mit Theater, Konzerten, Ausstellungen u. a. (August).

Kokkola, 1620 gegründet und eine der ältesten Städte Finnlands, war bis in das 20. Jahrhundert fast ausschließlich schwedischsprachig und nur unter dem Namen Gamlakarleby bekannt. Erst mit der zunehmenden Industrialisierung verwischte sich die Sprachgrenze, und das Finnische gewann an Bedeutung. Ursprünglich direkt am Meer erbaut, liegt die Stadt heute, bedingt durch die Hebung der Küste, etwa 5 km landeinwärts. Der Hafen ist der tiefste an der finnischen Westküste.

GESCHICHTE. – Im Jahre 1620 gründete Per Brahe auf Anordnung des schwedischen Königs Gustav II. Adolf die Stadt. Die verkehrsgünstige Lage brachte in der Zeit zwischen 1750 und 1860 eine große Blüte von Handel und Seefahrt. Im *Krimkrieg* (1854-56) büßte Kokkola einen großen Teil seiner Handelsflotte ein.

SEHENSWERTES. – Am M a n n e r h e i m i n a u k i o (Mannerheimplatz) steht das 1845 von Engel erbaute *Rathaus;* die *Kirche* wurde 1960 errichtet. In einem Holzhaus von 1696 ist *Renlunds Historisches Museum* mit Sammlungen zur Stadtgeschichte und Schiffsmodellen untergebracht. Die Kunstgalerie Renlund umfaßt Werke finnischer Meister. Am Ufer des Kaupunginsalmi der *Englische Park* (Englantilainen puisto), der an einen vergeblichen Angriff der Engländer im Jahr 1854 während des Krimkriegs erinnert. Eine englische Barkasse ist noch zu sehen. Die Altstadt zeigt ein geschlossenes Bild.

UMGEBUNG von Kokkola. – Südlich der Stadt erstreckt sich eine geschichtsträchtige Gegend, die nicht nur für Finnland von Bedeutung ist, sondern für die ganze Geschichte des Königreichs Schweden-Finnland, das 1808/09 durch einen siegreichen Feldzug des Zaren Alexander I. auseinandergerissen wurde.

Für die Weiterfahrt nach Süden ist die Straße über *Öja* und *Risöhäll* zu empfehlen, weil sie über Inseln führt und an Buchten vorbeizieht, die immer wieder den Blick auf den Bottnischen Meerbusen freigeben. Nach etwa 40 km erreicht man

Jakobstad (Hotel Pool, 100 B., Sb.; Kaupunginhotelli, 120 B.; Jugendherberge; Campingplatz), eine Stadt von etwa 20000 Einwohnern, die 1652 von Ebba Brahe, Witwe des Grafen und Heerführers Jacob de la Gardie, gegründet wurde. Das Gebiet um die Gemeinde Pedersöre, auf dem das heutige Jakobstad liegt, war im 17. Jh. Lehen der Familie de la Gardie. Königin Kristina von Schweden zog das Lehen wieder ein, sicherte aber dem Reichsmarschall Privilegien für eine Stadtgründung zu. Nachdem Gardie gestorben war, führte Ebba Brahe, deren jüngster Bruder Per Brahe Gamlakarleby und Nykarleby gegründet hat, die Stadtgründung durch und wählte als Namen den Vornamen ihres verstorbenen Mannes. – Jakobstad ist überwiegend schwedischsprachig, auf finnisch hat es den Namen *Pietarsaari,* der vom ursprünglichen Gemeindenamen Pedersöre abgeleitet ist. In Jakobstad befindet sich Skandinaviens älteste Tabakfabrik, Strengberg Oy, mit einem *Tabakmuseum.* Die Stadt ist Geburtsort von *J. L. Runeberg* (1804 bis 1874), einem der bedeutendsten Dichter schwedischer Zunge im 19. Jh. Sein berühmtestes Werk sind die Gesänge vom Fähnrich Stahl, eine Glorifizierung des schwedischfinnischen Kampfes gegen die russische Invasion 1808/09. Da dieser Kampf unter schwedischem Oberkommando stattfand – die Finnen stellten die Soldaten und die Korporale, Schweden hingegen die Offiziere –, ist das Epos auch für die schwedische Geschichtsbetrachtung von Bedeutung.

Die Kirche in *Pedersöre* wurde vermutlich schon im 14. Jh. erbaut, damals als viereckige Grausteinkirche. Sie wurde zum bautechnischen Vorbild auch für die Holzkirchen mit spitzem Turm, die während des 17. Jh. in Nord- und Ostfinnland entstanden. Von 1787 bis 1975 baute Jacob Rijf sie zu einer Kreuzkirche um. Der Schulpark in Jakobstad bedeckt das Gebiet, auf dem vor 200 Jahren die Familie Strengberg in Gewächshäusern Tabak zu züchten versuchte. Dieser Tradition des Ungewöhnlichen ist man in Jakobstad insofern treu geblieben, als der Schulpark heute mehr als 1000 verschiedene Pflanzenarten aufweist. – 10 km von der Stadtmitte entfernt liegt der Sandstrand von *Fäboda.*

20 km südlich von Jakobstad liegt die ebenfalls 1620 gegründete Stadt **Nykarleby,** die 1640 von Per Brahe zum Platz der ersten weiterführenden Schule in Österbotten gewählt wurde. Die kleine Stadt ist auch heute noch überwiegend schwedischsprachig, ihr finnischer Name *Uusikaarlepy* ist die finnische Übersetzung des ursprünglichen Namens. In Nykarleby wurde 1818 Zacharias Topelius geboren, neben Runeberg der bedeutendste finnlandschwedische Dichter des 19. Jh. Nahe bei Nykarleby gelang es im schwedisch-russischen Krieg von 1808/09 dem General von Döbeln, einen Sieg über die Russen zu erkämpfen.

Koli-Berge / Koli

Staat: Finnland. – Gebiet: Ostfinnland.
Provinz: Pohjois-Karjalan lääni (Norra Karelens län
/ Nordkarelien).

**Die *Koli-Berge bieten eines der reiz-
vollsten Landschaftsbilder in Finnland.
Sie erheben sich am südwestlichen
Ufer des Pielinensees, der die Finnische Seenplatte im Nordosten ab-
schließt.**

Von der aus Richtung Joensuu kommenden Straße Nr. 18 zweigt bei *Ahmovaara* eine Straße ab, die durch felsige,
teilweise bewaldete Gegend führt und
an einem Parkplatz beim *Touristenhotel
Koli* (84 B.; finn. Rauchsauna, Sb.) endet. Von der Südseite des Hotels führt
ein Treppenweg auf den felsigen
Ukko-Koli (347 m), der eine prächtige
Aussicht auf den 253 m tiefer gelegenen
Pielinen mit seinen zahlreichen bewaldeten Inseln bietet. Südlich erheben
sich zwei weitere zum Koli-Gebirge gehörende Gipfel: der 339 m hohe *Akka-
Koli* und der 334 m hohe *Paha-Koli*.
Nördlich vom Ukko-Koli der *Ipatti*
(316 m).

Die Umgebung des Hotels wird von über
20 km Wanderwegen durchzogen und
besitzt auch einige Einrichtungen für
den Wintersport. 10 km nördlich das Ferienzentrum *Loma-Koli* mit Hotel, Bungalows und Campingplatz. – *Lieksa* s.
Finnische Seenplatte.

Kongsberg

Staat: Norwegen. – Gebiet: Südnorwegen.
Provinz: Buskerud fylke.
Höhe: 170 m ü.d.M. – Einwohnerzahl: 20000.
Postleitzahl: N-3600. – Telefonvorwahl: 03.
ⓘ Turistkontor,
Storgate 36;
Telefon: 73 15 26.

HOTELS. – *Grand Hotell*, 166 B.; *Gyldenløve Hotell*,
59 B.; *Norge Hotell*, 20 B.; *Gamle Kongsberg*, 12 B.;
Fulsebakke Gård, 35 B. – JUGENDHERBERGE. –
Zwei CAMPINGPLÄTZE.

**Die südnorwegische Stadt Kongsberg
verdankt ihre Gründung und frühe
Blüte den nahen Silberminen. Unter
Christian IV. wurden 1624 die Silbergruben in Betrieb genommen; erst
1957 wurde die Ausbeutung eingestellt. Die nach Bergen zweitälteste
Stadt des Landes liegt zu beiden Seiten
des hier mehrere Stromschnellen bildenden Lågen im südlichen Numedal.**

SEHENSWERTES. – Im rechts des Flusses gelegenen Stadtteil erhebt sich am
Marktplatz die große **Holzkirche**. Sie
wurde 1741-61 erbaut und besitzt eine

Kongsberg vom Funkelia-Sessellift

schöne Orgel sowie Altarsilber. Nördlich gegenüber steht ein Denkmal für
Christian IV. An der Hyttegate, östlich
der Kirche, ein kleines *Museum der Silbergruben.* Jenseits des von der *Nybro*
überspannten Flusses das *Lågdalsmu-
seum* mit Altertümern aus der näheren
Umgebung. – 7 km südlich außerhalb
kann man die alten **Silbergruben** besichtigen. Die *Kongensgrube* bei *Sag-
grenda* führt 2300 m in den Berg hinein
und ist durch eine Grubenbahn erschlossen.

UMGEBUNG von Kongsberg. – An den alten
Silberbergwerken vorbei und dann auf der
E 76 westlich gelangt man in das **Heddal** und
erreicht über *Notodden* (9000 Einw.) nach
rund 38 km die *Stabkirche von Heddal (s. bei
Telemark).

Sehr lohnend ist eine Fahrt durch das **Numedal** aufwärts nach Geilo. Durch das besonders in seinem oberen Teil großartige Tal
strömt der *Lågen*, der in der mittleren Hardangervidda (s. dort) entspringt. Man verläßt
Kongsberg in nördlicher Richtung auf der
Straße Nr. 8. Hinter *Flesberg* (31 km) verengt
sich das Tal. Beim Bahnhof *Djupdal* (46 km)
überquert man den in einer tiefen Schlucht
fließenden Lågen und fährt an der alten Kirche von *Rollag*, später am *Mykstufoss-Kraft-
werk* vorbei.

Eine zweite Kraftwerksanlage (Nore I und II)
befindet sich bei **Rødberg.** Sie wird von den
beiden nördlich in einem Seitental gelegenen
Seen *Pålsbufjord* und *Tunnhovdfjord* gespeist. Kurz vor *Vasstulen* erreicht die Straße
mit 1100 m ihren höchsten Punkt. Links ist
das *Sigridfjell* (1231 m) sichtbar. Nach Über-
windung von zwei weiteren Höhen erreicht
man den im Ustadal gelegenen Ort **Geilo**
(spr. Jeilo; Hotels: Bardøla Høyfjellshotell,
180 B.; Highland Hotel, 174 B.; Geilo Hotell,
145 B.; Holms, 120 B.; Geilo Høyfjellspensjonat, 32 B.; Jugendherberge; Campingplatz),
einen geschätzten Ferienort und Winter-
sportplatz mit mehreren Skiliften. Auf die
1056 m hohe *Geilohøgda* führt eine Sesselbahn; bei der Bergstation ein Restaurant.
Nordwestlich erhebt sich der *Prestholtskarv*
(1857 m; Straße bis auf 1350 m Höhe).

Kopenhagen / København

Staat: Dänemark. – Insel Seeland (Sjælland).
Amtsbezirk: Københavns amt.
Höhe: Meereshöhe.
Einwohnerzahl: 800 000, mit Vororten 1,4 Mio.
Postleitzahl: DK-1000-2900.
Telefonvorwahl: 01, 02 (Vororte).

(i) **Danmarks Turistråd**
(Dänischer Fremdenverkehrsrat),
H. C. Andersens Boulevard 22,
DK-1553 København V;
Telefon: (01) 11 14 15.
Zimmervermittlung,
Kiosk P,
Hauptbahnhof;
So. geschlossen.
Forende Danske Motorejere *(FDM;*
Dänischer Automobilclub),
FDM-Huset, Blegdamsvej 124,
DK-2100 København Ø;
Telefon: (01) 38 21 12.
Studenteninformation DIS,
Skindergade 28,
DK-1159 København K;
Telefon: (01) 110 0 44.
Jugendinformationscenter Use It,
Magstræde 14,
DK-1204 København K;
Telefon: (01) 15 65 18.

BOTSCHAFTEN. – *Bundesrepublik Deutschland,* Stockholmsgade 57, Tel. (01) 26 16 22; *Deutsche Demokratische Republik,* Svanemøllevej 48, Tel. (01) 29 22 77; *Republik Österreich,* Grønningen 5, Tel. (01) 12 46 23; *Schweizerische Eidgenossenschaft,* Amaliegade 14, Tel. (01) 14 17 96.

HOTELS. – Im Z e n t r u m : *Sheraton Copenhagen,* Vester Søgade 6, 846 B.; *Astoria,* Banegårdspladsen 4, 140 B.; *Cosmopole,* Colbjørnsensgade 11, 235 B.; *Angleterre,* Kongens Nytorv 34, 246 B.; *Royal,* Hammerichsgade 1, 500 B.; *Scandinavia,* Amager Boulevard 70, 1061 B.; *Plaza,* Bernstorffsgade 4, 171 B.; *Palace Hotel,* Rådhuspladsen 57, 255 B.; *Kong Frederik,* Vester Voldgade 25–27, 210 B.; *Codan,* St. Annæ Plads 21, 240 B.; *Richmond,* Vester Farimagsgade 33, 229 B.; *Merkur,* Vester Farimagsgade 17, 215 B.; *Grand Hotel,* Vesterbrogade 9, 260 B.; *Nyhavn Hotel,* Nyhavn 71, 123 B.; *Alexandra,* H. C. Andersens Boulevard 8, 116 B.; *Copenhagen Admiral,* Toldbogade 24, 815 B.; *Webers Hotel,* Vesterbrogade 11 b, 138 B.; *Imperial,* Vester Farimagsgade 9, 331 B.; *Triton,* Helgolandsgade 7, 250 B.; *Østerport,* Oslo Plads 5, 116 B.; *Park Hotel,* Jarmers Plads 3, 120 B.; *City,* Peder Skrams Gade 24, 160 B.; *Missionshotellet,* Løngangsstræde 27, 300 B.; *Centrum,* Helgolandsgade 14, 220 B.; *Viking,* Bredgade 65, 159 B.; *Missionshotellet Hebron,* Helgolandsgade 4, 160 B.; *Absalon,* Helgolandsgade 19, 295 B.; *Missionshotellet Ansgar,* Colbjørnsensgade 29, 131 B.
Im N o r d e n : *Hellerup Parkhotel,* Hellerup, Strandvejen 203, 128 B.; *Gentofte,* Gentofte, Gentoftegade 29, 127 B.
Im W e s t e n : *Tre Falke,* Falkonér Allé 9, 295 B.; *Esso Motor Hotel,* Hvidovre, Kettevej 4, 333 B.; *Glostrup Park Hotel,* Glostrup, Hovedvejen 41, 110 B.; *Broadway,* Vesterbrogade 97, 70 B.
Im S ü d e n : *SAS Globetrotter Hotel,* Engvej 171, 265 B., *Danhotel,* Kastruplundgade 15, 511 B., *Bel Air,* Løjtegårdsvej 99, 426 B., alle beim Flughafen Kastrup; *Scandis,* Brydes Allé 21, 216 B.

JUGENDHERBERGEN. – Herbergvejen 8, DK-2700 Brønshøj, 336 B., 29 Familienzimmer; Rådvad, DK-2800 Lyngby, 94 B.; *Vesterbro Ungdomsgård,* Absalongade 8, DK-1658 København V, 160 B.; *Sleep In,* Bellahøj.

CAMPINGPLÄTZE. – *Absalon,* Korsdalsvej, DK-2160 Rødovre; *Bellahøj,* Hvidkildevej, DK-2400 København NV; *Nærum,* Ravnebakken, DK-2850 Nærum; *Strandmøllen,* Strandvejen, DK-2930 Klampenborg; *Sundbyvester,* Kongelundsvej 54, DK-2300 Sundbyvester.

RESTAURANTS. – *Luxusrestaurants: H.C. Andersens Märchenrestaurant* (Seepavillon), Gyldenløvesgade 54; *Reine Pédauque,* Kongens Nytorv 34; *Royal Bel Etage,* Hammerichsgade 1; *Langelinie Pavillonen,* Langelinie; *Hellerup Park Hotel,* Strandvejen 203; *Sct. Gertruds Kloster,* Hauser Plads 32. – Feinschmeckerrestaurants: *Anatole,* Gothersgade 35; *Børskælderen,* Børsgade; *Den Sorte Ravn,* Nyhavn 14; *Pakhuskælderen,* Nyhavn 71; *Skovshoved Hotel,* Strandvejen 267. – Fischspezialitäten: *Fiskekælderen,* Ved Stranden 18; *Fiskehusets Restaurant,* Gammel Strand 34; *Krogs Fiskerestaurant,* Gammel Strand 38. – Vegetarische Küche: *Den Grønne Køkken,* Larsbjørnsstræde 10.

THEATER und KONZERT. – Schauspiel, Oper und Ballett im *Königlichen Theater,* Kongens Nytorv (in den Sommermonaten geschlossen); zahlreiche kleine Privattheater mit dänischen Aufführungen; regelmäßige Konzerte im *Königlichen Musikkonservatorium,* Niels Brocksgade 1, im *Rundfunk-*

Chinesischer Turm im Tivoli-Vergnügungspark

Konzertsaal, Julius Thomsensgade, und im *Kunstmuseum Louisiana.* Außerdem im Sommer zahlreiche Kirchen- und Freilichtkonzerte, im **Tivoli** (geöffnet Anfang Mai bis Mitte September) Konzerte im Konzertsaal, außerdem auf verschiedenen Freilichtbühnen Pantomime, Artistik, Puppentheater und Konzerte.

JAZZ, FOLK, POP. – *Montmartre,* Nørregade 41; *Vingården,* Nikolaj Plads 21; *Vognporten,* Magstræde 14; *Musikkaféen,* Magstræde 14; *Vognhjulet,* Thorsgade 67.

BARS, DISKOTHEKEN, VARIÉTÉ. – *Kakadu Bar,* Colbjørnsensgade 6; *Valencia,* Vesterbrogade 32; *Wonder Bar,* Studiestræde 69; *Club de Paris,* Kompagnistræde 21; *No. 1,* Amagertorv 23.

SHOPPING. – Kopenhagens Einkaufszentrum ist die Fußgängerzone **Strøget** mit ihren zahlreichen Nebengassen. Auf Strøget finden sich neben Großkaufhäusern zahllose kleine Shops mit einem vielseitigen Warenangebot. Besonders attraktiv: *Porzellan* (Kgl. Porzellanfabrik, Bing & Grøndahl), *Möbel* (Designerausstellung 'Den Permanente' am Rathausplatz; Illum Bolighus), *Pelze* (Birger Christensen, A. C. Bang), *Silber* (Georg Jensen), *Zinn* (Just Andersen) und *Strickwaren.* – Bei Warenverschickung ins Ausland (möglichst versichern lassen!) wird die Mehrwertsteuer (dän. MOMS) rückerstattet.

Kunstauktionen bei Arne Bruun Rasmussen, Bredgade 33; zahllose *Antiquitätengeschäfte* im 'Lateinerviertel' um die Universität und in Nyhavn.

Flohmarkt jeden Samstagvormittag auf dem Israels Plads.

**Kopenhagen, die Hauptstadt des Königreiches Dänemark, liegt am Ostufer der Insel Seeland am Öresund. Die Stadt, die das geistige und kulturelle Zentrum von Dänemark darstellt, verbindet skandinavische Eleganz mit mitteleuropäischer Lebensfreude. Besonders im Sommer kann man das pulsierende Leben dieser Stadt fühlen. Man besucht Kopenhagen nicht nur wegen einzelner Sehenswürdigkeiten, sondern wegen der Atmosphäre, die diese Stadt ausstrahlt.

Kopenhagen, Regierungssitz und Residenz, ist eine bedeutende Handels-, Verwaltungs- und Industriestadt. Der einst wichtige Hafen ist von Göteborg und Hamburg überrundet worden. Dagegen ist der Kopenhagener Flughafen Kastrup die 'Drehscheibe' für den Flugverkehr zwischen Skandinavien und den europäischen und überseeischen Ländern.

Der Besucher Kopenhagens wird es genießen, daß er in der Innenstadt auf engstem Raum Sehenswertes und Einkaufsmöglichkeiten finden kann, wobei es am klügsten ist, das Auto stehenzulassen und zu Fuß zu gehen. Die ausgiebige Besichtigung der Innenstadt sollte jedoch unbedingt mit Ausflügen in die modernen und mondänen Vororte sowie in die naturschöne Umgebung verbunden werden, die mit der S-Bahn (5.00-0.30 Uhr) leicht erreicht werden können.

GESCHICHTE. – Der 1043 als *Havn* erstmals erwähnte Ort wurde, nachdem Bischof Absalon von Roskilde hier die Festung Slotsholmen hatte errichten lassen (Reste sind noch unter Christiansborg zu sehen), rasch ein wichtiger Handelsplatz. König Christoph von Bayern machte Kopenhagen zur Haupt- und Residenzstadt (1445), unter dem populären König Christian IV. (1588-1648) wurde die Stadt mit stattlichen Bauten versehen und stärker befestigt. Die Wälle, die 1658 und 1659 den Schweden, 1700 den englisch-holländischen und schwedischen Flotten sowie 1801 und 1809 den Engländern (Beschießung Kopenhagens) Widerstand boten, wurden erst im vergangenen Jahrhundert geschleift und auf den Überresten Parks angelegt. Seit 1479 ist Kopenhagen Universitätsstadt.

Besuchsordnung

STADTGEBIET

Amalienborg-Schloß
(Amalienborg Slot),
Frederiksgade 22;
nicht zugänglich.

Botanischer Garten, Palmenhaus
(Botanisk Haves Palmehus),
Gothersgade 130;
ganzjährig, Mo.–So. 10–15 Uhr;
Kaktustreibhaus Sa. und So. 13–15 Uhr.

Brauereimuseum Carlsberg,
Valby Langgade 1;
1. 5. bis 31. 10. Mo.–Fr. 10–16 Uhr; 1. 11. bis 30. 4.
Mo.–Fr. 12–15 Uhr.

Brøste-Sammlung
(Brøstes Samling),
Christianshavn,
Overgaden oven Vandet 10;
ganzjährig Mo.–So. 10–16 Uhr.

Christiansborg-Schloß
(Christiansborg Slot),
Christiansborg Slotsplads;
Repräsentationsräume und *Rittersaal* 1. 6. bis 31. 8.
englische Führungen täglich außer Mo. 12, 14 und
16 Uhr; 1. 6. bis 31. 8. deutsche Führungen täglich
außer Mo. 12, 14 und 15 Uhr; 1. 9. bis 31. 5. englische
Führungen täglich außer Mo. 14 Uhr. Sa. 14 Uhr.
Mittelalterliche Ruinen (Absalons Burg; 1167) 1. 6.
bis 31. 8. täglich 10–16 Uhr; 1. 9. bis 31. 5. täglich
außer Sa. 10–16 Uhr.
Sitzungssäle des Parlaments
ganzjährig So. 10–16 Uhr. Führungen zur vollen
Stunde, außerhalb der Sitzungen Juni bis Sept. täglich außer Sa. 10–16 Uhr.

David-Sammlung
(Davids Samling),
Kronprinsessegade 30;
ganzjährig Di.–So. 13–16 Uhr.

Eisenbahnmuseum
(Jernbanemuseet),
Sølvgade 40;
1. 4. bis 31. 10. Mi. 12–16 Uhr, Sa. 12–15 Uhr.

Erlöserkirche
(Vor Frelsers Kirke),
Prinsessegade;
1. 5. bis 30. 9. Mo.–Sa. 10–15.40 Uhr, So. 12–15.40
Uhr; 1. 10. bis 30. 4. Mo.–Sa. 10–13.40 Uhr, So.
12–13.40 Uhr.

Festung
(Kastellet),
Langelinie;
ganzjährig täglich 6–22 Uhr.

Feuerschiff XVII
(Fyrskib XVII),
Nyhavn;
ganzjährig; geöffnet, wenn Flagge gehißt und
Gangway herabgelassen.

Filmmuseum
(Det Danske Filmmuseum),
Store Søndervolstræde;
ganzjährig Mo.–Fr. 12–16 Uhr; 1. 9. bis 31. 5. Di.
und Do. auch 18.30–21 Uhr.

Frauenkirche
(Vor Frue Kirke),
Nørregade 6;
ganzjährig Mo.–Sa. 9–17, So. 12–16 Uhr.

Freiheitsmuseum
(Frihedsmuseet),
Churchillparken;
1. 5. bis 15. 9. Di.–Sa. 10–16 Uhr; So. 10–17 Uhr;
16. 9. bis 30. 4. Di.–Sa. 11–15 Uhr, So. 11–16 Uhr.

Geologisches Museum
(Geologisk Museum),
Øster Voldgade 7;
ganzjährig Di.–Sa. 13–16 Uhr, So. 10–12 Uhr.

Glyptothek, s. Ny-Carlsberg-Glyptothek.

Grundtvig-Kirche
(Grundtvigs Kirke),
På Bjerget;
1. 3. bis 31. 10. Mo.–Sa. 8–17.45 Uhr, 1. 11. bis 28. 2.
Mo.–Sa. 8–16.45 Uhr; 15. 5. bis 15. 9. So. 12–16
Uhr, 16. 9. bis 14. 5. So. 12–13 Uhr.

Hirschsprung-Sammlung
(Hirschsprungske Samling),
Stockholmsgade 20;
ganzjährig Di.–So. 13–16 Uhr; 1. 10. bis 30. 4. Mi.
auch 19–22 Uhr.

Holmenskirche
(Holmens Kirke),
Holmens Kanal;
15. 5. bis 15. 9. Mo.–Fr. 9–14 Uhr, Sa. 9–12 Uhr;
16. 9. bis 14. 5. Mo.–Sa. 9–12 Uhr.

Königliche Bibliothek
(Kongelige Bibliotek),
Christians Brygge 8;
ganzjährig Mo.–Sa. 9–19 Uhr.

Königliche Hofstallungen
(Kongelige Stalde og Kareter),
Christiansborg Ridebane;
1. 5. bis 31. 10. Fr.–So. 14–16 Uhr; 1. 11. bis 30. 4.
Sa. und So. 14–16 Uhr.

Kunstgewerbemuseum
(Kunstindustrimuseet),
Bredgade 68;
ganzjährig Di.–So. 13–16 Uhr; 1. 9. bis 31. 3. Di.
13–21 Uhr.

Literarisches Museum Bakkehus
(Bakkehusmuseet),
Rahbeks Allé 23;
ganzjährig Mi., Do., Sa. und So. 11–15 Uhr.

Marmorkirche / Frederikskirche
(Marmorkirken / Frederikskirken),
Frederiksgade 1;
1. 5. bis 30. 9. Mo.–Fr. 9–16 Uhr, Sa. 9–12 Uhr; 1. 10.
bis 30. 4. Mo.–Fr. 9–15 Uhr, Sa. 9–12 Uhr.

Medizinhistorisches Museum
(Medicinsk-historisk Museum),
Bredgade 62;
ganzjährig Di., Do. und So. 11–14 Uhr; Führungen
zur vollen Stunde.

Motorschiffmuseum
(B & W Museum),
Strandgade 4;
ganzjährig Mo.–Fr. 10–13 Uhr, jeden ersten So. im
Monat 10–13 Uhr.

Museum der St.-Ansgar-Kirche
(Museet ved Sct. Ansgars Kirke),
Bredgade 64;
Sa. 11–15 Uhr, So. 11–13 Uhr; auch nach Überein-
kunft, Tel. 13 37 62.

Museum der Kriegsmarine
(Orlogsmuseet),
Qvinti Lynette, Refshalevej;
z. Z. wegen Umbaus geschlossen.

**Musikhistorisches Museum und
Carl-Claudius-Sammlung**
*(Musikhistorisk Museum og
Carl Claudius' Samling),*
Åbenrå 34;
ganzjährig Di., Mi. und Fr.–So. 13–16 Uhr.

Nationalmuseum
(National Museet),
Frederiksholms Kanal 12;
*Dänemarks Urgeschichte, Mittelalter, Renaissance
und Barock* sowie *klassische Antike* und *Münzka-
binett* 16. 6. bis 15. 9. Mo. und Mi.–So. 10–16 Uhr;
16. 9. bis 15. 6. Mo. und Mi.–Fr. 11–15 Uhr, Sa. und
So. 12–16 Uhr.
Dänische Bauernkultur 16. 6. bis 15. 9. Di.–Sa.
13–16 Uhr, So. 10–16 Uhr; 16. 9. bis 15. 6. Di.–Sa.
13–15 Uhr, So. 12–16 Uhr.
Ethnographische Sammlung 16. 6. bis 15. 9.
Di.–So. 10–16 Uhr; 16. 9. bis 15. 6. Di.–Fr. 11–15
Uhr, Sa. und So. 12–16 Uhr. *'Plüschmöbelheim'* 16.
6. bis 15. 9. Sa. und So. 10–16 Uhr; 16. 9. bis 15. 6.
Sa. und So. 12–16 Uhr.

Ny-Carlsberg-Glyptothek
(Ny Carlsberg Glyptotek),
Dantes Plads;
1. 5. bis 30. 9. Di.–So. 10–16 Uhr; 1. 10. bis 30. 4.
Di.–Sa. 12–15, So. 10–16 Uhr.

Jens Olsens Weltuhr
(Jens Olsens Verdensur),
astronom. Uhrwerk im Rathaus;
1. 4. bis 31. 10. Mo.–Fr. und So. 10–16 Uhr, Sa.
10–13 Uhr; 1. 11. bis 31. 3. Mo.–Fr. 10–16 Uhr, Sa.
10–13 Uhr.

St.-Petri-Kirche / Deutsche Kirche
(Sct. Petri Kirke),
Nørregade / Sankt Peders Stræde;
ganzjährig Gruppenführungen Di. und Mi. 10–11
Uhr, Tel. 13 38 34; 1. 6. bis 31. 8. Fr. und Sa. 10–12
Uhr, So. 11–12 Uhr.

Post- und Telegraphenmuseum
(Post- og Telegrafmuseet),
Vesterbrogade 59;
1. 5. bis 31. 10. Do. und So. 10–16 Uhr; 1. 11. bis
30. 4. Do. und So. 13–15 Uhr.

Puppentheatermuseum
(Dukketeatermuseet),
Købmagergade 52;
ganzjährig Mo.–Fr. 12.30–17.30 Uhr, Sa. 10–13
Uhr.

Rathaus
(Rådhus),
Rådhuspladsen;
ganzjährig Mo.–Fr. 10–15 Uhr, Sa. 10–12 Uhr; 1. 4.
bis 31. 10. auch So. 10–15 Uhr; mehrere Führungen
täglich.

Rosenborg-Schloß *(Kronschatz),*
Østervoldgade 4 A;
1. 5. bis 21. 10. täglich 11–15 Uhr; 23. 10. bis 30. 4. Di.
und Fr. 11–13 Uhr, So. 11–14 Uhr.
Die Abteilung im Schloß Amalienborg wurde 1982
geschlossen.

Runder Turm
(Rundetårn),
Købmagergade;
1. 4. bis 31. 10. Mo.–Sa. 10–17 Uhr, So. 12–16 Uhr,
täglich auch 19–22 Uhr; 1. 11. bis 31. 3. Mo.–Sa.
11–16 Uhr, So. 12–16 Uhr;
Observatorium z. Z. geschlossen.

Spielzeugmuseum
(Legetøjsmuseet),
Teglgårdstræde 13;
ganzjährig Mi.–So. 10–16 Uhr.

Staatliches Kunstmuseum
(Statens Museum for Kunst),
Sølvgade;
ganzjährig Di.–So. 10–17 Uhr.

Stadtmuseum und Søren-Kierkegaard-Sammlung
(Bymuseum og Søren Kierkegård-Samlingen),
Vesterbrogade 59;
1. 4. bis 31. 10. Di.–So. 10–16 Uhr; 1. 11. bis 31. 3.
Di.–So. 13–16 Uhr; ganzjährig Di. auch 19–21 Uhr.

Tabakspfeifenmuseum Larsen
(Tobaksmuseet),
Amagertorv 9;
ganzjährig Mo.–Fr. 10–16 Uhr, Sa. 10–13 Uhr.

Theatermuseum
(Teatermuseet),
Christiansborg Ridebane 18;
1. 6. bis 30. 9. Mi., Fr. und So. 14–16 Uhr; 1. 10. bis
31. 5. Mi. und So. 14–16 Uhr.

Thorvaldsen-Museum
(Thorvaldsens Museum),
Slotsholmen, beim Schloß Christiansborg;
1. 5. bis 30. 9. Mo.–So. 10–16 Uhr;
1. 10. bis 30. 4. Mo. und Mi.–So. 10–15 Uhr.

Tivoli-Vergnügungspark,
Haupteingang Vesterbrogade;
1. 5. bis 16. 9. täglich 10–24 Uhr.

Louis Tussauds Wachsfigurenmuseum
(Louis Tussauds Voksmuseum),
H. C. Andersens Boulevard 22;
1. 5. bis 19. 9. Mo.–So. 10–24 Uhr, 20. 9. bis 30. 4.
Mo.–So. 10–17 Uhr.

Zeughausmuseum
(Tøjhusmuseet),
Tøjhusgade 3;
1. 5. bis 30. 9. Mo.–Sa. 13–16 Uhr, So. 10–16 Uhr;
1. 10. bis 30. 4. Mo.–Sa. 13–15 Uhr, So. 11–16 Uhr.

Zoologischer Garten
(Zoologisk Have),
Roskildevej 32;
ganzjährig täglich 9 Uhr bis Sonnenuntergang (spätestens 19 Uhr).

Zoologisches Museum
(Zoologisk Museum),
Universitetsparken 15;
1. 5. bis 30. 9 Mo.–So. 10–16 Uhr; 1. 10. bis 30. 4.
Mo.–Fr. 13–16 Uhr, Sa. und So. 10–16 Uhr.

UMGEBUNG

Amagermuseum
(Amagermuseet),
Hovedgaden 12, Store Magleby;
15. 5. bis 15. 9. Di.–So. 10–17 Uhr; 16. 9. bis 14. 5.
Mi. und So. 11–15 Uhr.

Aquarium
(Danmarks Akvarium),
Strandvejen, Charlottenlund;
1. 3. bis 31. 10. Mo., Di. und Do.–So. 10–18 Uhr, Mi.
10–20 Uhr; 1. 11. bis 28. 2. Mo., Di. und Do.–So.
10–16 Uhr, Mi. 10–20 Uhr.

Dragør-Museum,
Havnepladsen, Dragør;
1. 5. bis 30. 9. Di.–Fr. 14–17 Uhr, Sa. und So. 12–18
Uhr.

Freilandmuseum
(Frilandsmuseet),
Kongevejen 100, Sorgenfri, Lyngby;
15. 4. bis 30. 9. Di.–So. 10–17 Uhr; 1. 10. bis 14. 10.
Di.–So. 10–15 Uhr; 15. 10. bis 14. 4. So. 10–15 Uhr.

Mølsteds Museum,
Blegerstræde 1, Dragør;
1. 5. bis 30. 9. Sa. und So. 14–17 Uhr.

Nationalmuseum, Abt. Brede
(Nationalmuseet),
I. C. Modesvegsvej, Brede;
Mai bis Sept. Mo.–So. 10–17 Uhr.

Ordrupgaard-Sammlung (franz. Impressionisten)
(Ordrupgaardsamlingen)
Vilvordevej 110, Charlottenlund;
ganzjährig Di.–So. 13–17 Uhr, Mi. auch 19–22 Uhr.

Stadtbeschreibung

Durch die ALTSTADT zieht sich die
1,8 km lange Fußgängerzone *Strøget,
die den Rathausplatz mit dem Kongens
Nytorv verbindet. Ein lohnender Rund-
gang durch die Altstadt kann auf dem
Nytorv inmitten der Fußgängerzone
(nicht zu verwechseln mit dem Kongens
Nytorv) beginnen, wo das ehem. *Gerichtsgebäude* steht, das als reinstes
Werk des dänischen Klassizismus gilt.
Über den Gammel Torv und durch die
Nørregade gelangt man nördlich zur **Vor
Frue Kirke** *(Frauenkirche).* Die heutige
Kirche ist die sechste an gleicher Stelle.
Nachdem die fünfte Kirche beim Bom-
bardement der Stadt 1807 abgebrannt
war, schuf C. F. Hansen in den Jahren
1811-1829 den klassizistischen Bau. Im
gewölbten zweistöckigen Innenraum
zahlreiche Arbeiten von Thorvaldsen,
hinter dem Altar die bekannte Christusfigur, an den Wänden die zwölf Apostel,
außerdem ein Taufbecken mit kniendem
Engel. Der charakteristische, im Grundriß quadratische Turm ist flach gedeckt
und trägt ein leuchtendes Kreuz. Nördlich der Kirche, hinter dem Bispe-
torv (Reformationsdenkmal), liegt das
Hauptgebäude der **Universität,** die
Christian I. 1478 stiftete und die 1537
neu organisiert wurde. Das Gebäude
(1831-36) mischt neuklassische, neugotische und spätrömische Formen und ist
im Stil von englischen Universitätsbau-
ten beeinflußt. In der Vorhalle mytholo-
gische Fresken von Constantin Hansen.
Rechts neben der Universität deren alte
Bibliothek. – Jenseits der Nørregade die
1816 erneuerte, ursprünglich spätgotische *St.-Petri-Kirche,* die älteste Kirche
Kopenhagens, mit 78 m hohem Turm
von 1756. Sie ist seit 1586 Kirche der
deutschen Gemeinde. Hübscher 'Kräu-
tergarten' mit Grabmälern.

Von der Nørregade durch eine der
Quergassen zur parallel verlaufenden
Fiolstræde, mit vielen Buch- und An-
tiquitätenläden. An der Krystalgade
die *Synagoge* aus gelbem Backstein; an
ihr vorbei zur Købmagergade (Fuß-

Kopenhagen – Rathausplatz

gängerzone, Einkaufsstraße). Dort der *Regensen* (1623), ein Studentenwohnheim mit hübschem Bogengang; gegenüber der **Runde Turm** *(Rundetårn)*, ein 36 m hoher Turm von 15 m Durchmesser, der als Observatorium erbaut wurde und eine kleine Sammlung des schwedischen Astronomen Tycho Brahe enthält. Zur Plattform, die einen herrlichen Rundblick über Kopenhagens grüne Dächer bietet, führt ein stufenloser, breiter Schneckengang (209 m lang). Ihn ritt Peter der Große 1716 hinauf; Kaiserin Katharina ließ sich in einem Pferdewagen auf den Turm fahren. Der Runde Turm ist jener aus Andersens "Feuerzeug": "Augen so groß wie der Runde Turm…". Der Turm ist eigentlich Teil der *Trinitatis-Kirche* (1656; mit Dachreiter von 1728). Der Rundgang führt weiter zum **Gråbrødretorv** (über die Skindergade und Kejsergade), einem der charmantesten Plätze Kopenhagens mit alten, bunten Häusern, teils aus dem 18. Jahrhundert. An schönen Sommertagen treffen sich hier Studenten, Tagträumer und andere Menschen mit Freizeit. Durch den Strøget kehrt man zum Nytorv zurück.

Der verkehrsreiche **Rathausplatz,** dessen Umgestaltung bevorsteht, wird beherrscht von dem 1892-1905 erbauten *Rathaus,** das teils der italienischen Renaissance, teils mittelalterlicher dänischer Architektur nachempfunden ist und einen 106 m hohen Turm besitzt. Das Gebäude ist reich mit Skulpturen und Malereien geschmückt; über dem Hauptportal eine Figur des Bischofs Absalon in vergoldetem Kupfer, in der großen Festhalle die Büsten des Erbauers M. Nyrop († 1921), des Bildhauers B. Thorvaldsen (1770-1844), des Märchendichters H. C. Andersen (1805-1875) und des Physikers Niels Bohr (1885-1962). Die von Jens Olsen berechnete und konstruierte *Weltuhr* (1955) im Haupteingang zeigt außer Daten und Uhrzeiten auch astronomische Konstellationen an. – Vor dem Rathaus der *Drachenbrunnen* (1904) und die *Lurenbläser,* zwei Bronzefiguren auf 12 m hoher Steinsäule.

Überquert man den H. C. Andersens Boulevard, kommt man zunächst zum neuen *Haus der Industriellenvereinigung* (mit Kunstgewerbeausstellung *Den Permanente*), dahinter der weltberühmte Vergnügungspark *Tivoli (Haupteingang in der Vesterbrogade), dessen Besuch besonders am Abend sehr zu empfehlen ist. Der immer festlich geschmückte Park hat als Treffpunkt der Kopenhagener vom Kinder- bis zum Pensionistenalter und Tausender Fremder eine einzigartige, lebensfrohe Atmosphäre. Der bunte Trubel wirkt nie vulgär, sondern echt und fröhlich.

Der Tivoli-Konzertsaal ist ganzjährig geöffnet, der Park nur von Mai bis Mitte September. Im Tivoli Konzerte, Artistik, Pantomime, Restaurants, Cafés, Schießbuden, Karussells und zahllose weitere Vergnügungsstätten. Feuerwerk meist Mittwoch, Samstag und Sonntag nachts. Der Park schließt um Mitternacht.

Vergnügungspark Tivoli Kopenhagen

GASTSTÄTTEN

1 A Hereford Beefstouw	10 Nimb	19 Bernstorff
2 Grøften	11 Balkonen	20 Vise Vers Huset (Volksmusik)
3 Slukefter (Jazz)	12 Bodega	21 Paraplyen
4 Paletten	13 Promenaden	22 Viften
5 Københavner-Kroen	14 Belle Terrasse	23 Chinesischer Turm
6 Perlen	15 See-Café	24 Waffelbäckerei
7 Paafuglen	16 Gyngen	25 Italia
8 Konditorei	17 Færgekroen	26 Taverna (Tanz)
9 Divan 1	18 Divan 2	27 Bixen

Den H. C. Andersens Boulevard entlang gelangt man, vorbei am *Wachsfigurenkabinett* (Tussaud's Museum), zu Kopenhagens hervorragendster Kunstsammlung, der ****Ny Carlsberg Glyptotek** *(Ny-Carlsberg-Glyptothek)* am D a n t e P l a d s; davor die von der Stadt Rom geschenkte antike *Dante-Säule.* Es ist die Sammlung des Brauers Carl Jacobsen, die dieser 1888 der Öffentlichkeit vermacht hat – zusammen mit einem ansehnlichen Geldbetrag, der zum Ausbau der Sammlung angelegt wurde. Die Glyptothek entstand in zwei Phasen; der erste Teil 1892-97 als dreiflügelige Anlage mit reich dekorierter Backstein-Schauseite zum Dante-Platz hin, der zweite 1901 bis 1906. Ihr Zentrum ist ein marmorner Säulensaal mit Oberlicht im Stil eines antiken Tempelhofes.

INNERES der Glyptothek. – Das Vordergebäude enthält die **moderne Abteilung.** Links der Eingangshalle die Säle dänischer Bildhauer, vornehmlich der beiden Thorvaldsenschüler H. W. Bissen

(1798-1868) und J. A. Jerichau (1816-1883); rechts die französischen Säle, mit einer in ihrer Vollständigkeit nur in Frankreich selbst wiederzufindenden Sammlung von Werken Aug. Rodins (1840-1917). Mittel- und Obergeschoß des Vorderbaues enthalten neben weiterer Plastik (bedeutende Bronzesammlung von E. Degas) eine Gemäldesammlung französischer und dänischer Meister des 19. und 20. Jahrhunderts (Impressionisten). – Der Wintergarten enthält neben anderen Bildnissen die Brunnengruppe 'Wassermutter mit Kindern', von Kai Nielsen (1882-1924).

Die **Antikenabteilung** im Hintergebäude, die größtenteils mit Unterstützung der deutschen Altertumsforscher W. Helbig und P. Arndt zusammengebracht wurde, kann als eine der vorzüglichsten diesseits der Alpen gelten; ihr Reichtum an römischen Porträtstatuen und -büsten wird selbst in Rom nicht übertroffen. Auch die ägyptische und etruskische Abteilung sind bedeutend. In der Ägyptischen Sammlung sind alle Perioden der ägyptischen Bildnerei vertreten. Unter den griechischen Bildwerken befinden sich ausgezeichnete Originale der archaischen Kunst des VI. und V. Jahrhunderts v. Chr. und der Blüte der Kunst zur Zeit des Phidias, Polyklet, Praxiteles und Lysipp.

Gegenüber der Glyptothek gelangt man durch die N y V e s t e r G a d e zum

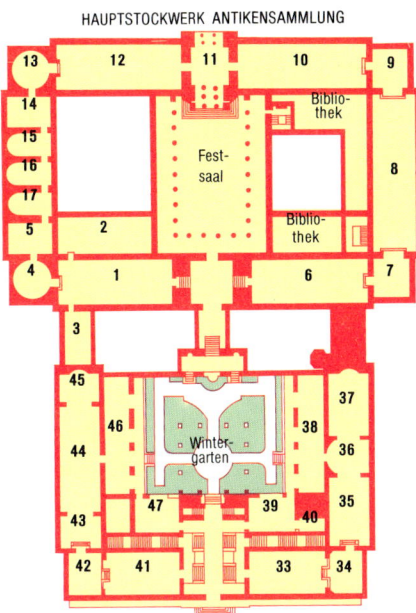

HAUPTSTOCKWERK ANTIKENSAMMLUNG

ERDGESCHOSS MODERNE SAMMLUNG

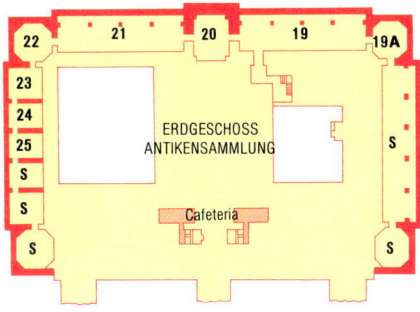

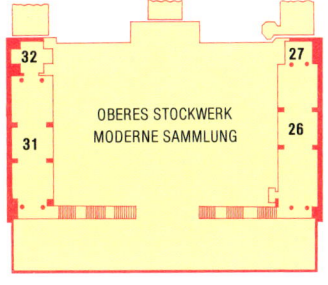

Ny-Carlsberg-Glyptothek Kopenhagen
Ny Carlsberg Glyptotek   København

HAUPTSTOCKWERK DER ANTIKENSAMMLUNG
Eingang durch den Wintergarten

1-4	Ägyptische Kunst
5	Altorientalische Kunst
6-9	Griechische archaische, klassische und hellenistische Kunst
10	Griechische Bildnisse
11-17	Römische Bildnisse

ERDGESCHOSS DER MODERNEN SAMMLUNG
Eingang durch die Vorhalle oder den Wintergarten

33-37	Französische Bildhauer (Carpeaux und Rodin)
38	Cafeteria
39	Kataloge, Postkarten
40	Fahrstuhl
41-46	Dänische Bildhauer des 19.-20. Jahrhunderts (H.V. Bissen, J. A. Jerichau, K. Nielsen, G. Henning)
47	Skulpturen von C. Meunier

ERDGESCHOSS DER ANTIKENSAMMLUNG
Eingang durch den Festsaal

19-23	Etruskische Kunst
24-25	Palmyra-Sammlung
S	Studiensammlungen

ZWISCHENSTOCKWERK DER MODERNEN SAMMLUNG
Treppen von der Vorhalle oder Fahrstuhl von Raum 40

28-30	Französische Impressionisten und deren Nachfolger
48-52	Dänische Malerei von J. Juel bis W. Marstrand (18.-19. Jh.)
53	Bildwerke von H. E. Freund
54-55	Dänische Malerei von Th. Philipsen bis N. L. Stevns und E. Weie, K. Isakson und G. Henning (19.-20. Jh.)

OBERES STOCKWERK DER MODERNEN SAMMLUNG
Treppen von der Vorhalle oder Fahrstuhl von Raum 40

26	Französische Malerei von David bis Manet; Bronzen von Degas
27	Französische Bildhauerei
31-32	Französische Malerei von Gauguin bis Vuillard; Bronzen von Rodin

*Nationalmuseum, hübsch am Frede-rikholms Kanal gelegen, mit einer äu-ßerst beachtenswerten *Dänischen Sammlung mit vorgeschichtlicher Ab-teilung und geschichtlicher Sammlung (hier interessante Ausstellungsstücke aus Grönland). Ferner eine bedeutende *Ethnographische Sammlung, die einen Einblick ins Leben der Polarvölker gibt, eine Antikensammlung und eine Münz-sammlung sowie thematisch wech-selnde Ausstellungen. Zum Gebäude-komplex des Nationalmuseums gehört auch das *Prinzen-Palais* (1741-44), das von französischem Stil geprägte frühe-ste dänische Rokoko-Palais.

Nun über den Kanal zur Schloßinsel **Slotsholmen** mit dem **Schloß Chri-stiansborg,** dem Sitz von Regierung und Parlament (Folketing). Von der ältesten, an gleicher Stelle angelegten Befesti-gungsanlage (von Bischof Absalon 1167 errichtet) sind die Ruinen unter dem Schloß zu besichtigen.

Den Grundstein für den ersten Bau an der Stelle der alten Burg legte Christian VI. 1733. Das noch nicht völlig fertige Schloß brannte 1794 ab. Nur die Reit-bahnanlage dieses großen Vierflügelbaus im Stil des Wiener Barocks ist erhalten. In den ersten 20 Jahren des 19. Jahrhunderts entstand dann die zweite Ausführung des Schlosses unter Frederik VI. 1849 zog der neue Reichstag in das Gebäude ein, das nur selten als Königsresidenz diente. 1884 fiel auch dieser Bau einem Brand zum Opfer. Zu den erhaltenen Teilen zählt die Schloßkirche. Das 'drit-te' Christiansborg wurde nach einem Entwurf Thor-vald Jørgensoens 1907 bis 1916 erbaut. Als Demon-stration der dänischen Staatsauffassung sollte das Gebäude Königssitz, das Oberste Gericht und die (damals) zwei Kammern des Reichstages vereini-gen. Da der König jedoch auf Amalienborg zu blei-ben wünschte, zog das Außenministerium in die freien Räume ein.

Im INNEREN des Schlosses königliche und ministe-rielle Repräsentationsräume, auf dem Schloßplatz ein Reiterstandbild Frederiks VII. Folketing und Repräsentationsräume sind mit Führung zu besich-tigen. In der *Schloßkirche* (1826), in kühlem, klas-sisch-römischem Stil, eine Kuppel mit Thorvald-sen-Engelfiguren. Im Reitbahn-Komplex (wo jeden Morgen die königlichen Pferde zugeritten werden) befindet sich das alte Hoftheater (heute Theatermuseum), in der Mitte der Reitbahn ein Denkmal Christians IX.

Jenseits der Tøjhusgade das **Zeughaus** mit dem Militärmuseum, daneben die **Königliche Bibliothek** (1,7 Mio. Bände; 52 000 Handschriften) mit wechselnden Ausstellungen und einem kleinen Park. Auf dem gleichen Gelände befand sich früher ein Hafenbassin.

Nordwestlich neben dem Schloß liegt das **Thorvaldsen-Museum** mit Werken des größten dänischen Bildhauers Ber-tel Thorvaldsen (1770-1844). Es wurde 1839-48 nach Entwürfen von Gottlieb Bindesbøll in historizistischem Stil er-baut. Das Bilderfries an der Kanalseite des Hauses stellt Thorvaldsens Rück-kehr aus Rom 1838 dar. Im Museum ne-ben Thorvaldsens Werken auch seine eigene Kunstsammlung und eine De-monstration der Arbeitsmethode des Künstlers. – Auf der gegenüberliegen-den Seite des Kanales, am Gammel Strand, die Statue einer alten Fisch-verkäuferin – und vor ihr, jeden Vormit-tag, ihre lebendigen Ebenbilder; Fisch-verkäuferinnen, die das Privileg haben, hier ihre Ware anbieten zu dürfen.

Südöstlich von Christiansborg liegt, dem Hafen zugewandt, die 1619/20 er-richtete *Börse, ein malerischer Bau in

Kopenhagen – Gammel Strand

Börse in Kopenhagen

niederländischem Renaissancestil mit einem Turm (54 m), dessen Spitze die ineinander verschlungenen Schwänze von vier Lindwürmern bilden. Am anderen Kanalufer die anfangs des 17. Jahrhunderts erbaute **Holmenskirche,** die einst eine Ankerschmiede war, mit einem Barockaltar aus unbemalter Eiche von Abel Schröder, der auch die Kanzel schnitzte. Das 'Königsportal' wurde aus dem Dom von Roskilde in die Holmenskirche übertragen (Orgelkonzerte). In einer Seitenkapelle die Grabmäler Nils Juels († 1697) und Peder Tordenskjolds.

Über die *Knippelsbro,* eine Klappbrücke von 29 m Spannweite, gelangt man in den Stadtteil CHRISTIANSHAVN. Der von mehreren Kanälen durchzogene alte Teil hat Amsterdamer Gepräge. In der St. Annæ Gade die **Erlöserkirche** *'Vor Frelser Kirke)* mit einem prachtvollen Barockaltar, einem schönen Taufbecken und einer reich geschnitzten Orgel. Der charakteristische Turm mit außenliegender Wendeltreppe und einer Christusfigur auf einer Weltkugel bietet weite Aussicht. Hübsche Häuser in der Strandgade; dort auch die *Christianskirche,* flankiert von zwei Pavillons.

In der alten Kaserne an der Bådsmands Stræde der *'Freistaat Christiania',* der 1971 seine 'Unabhängigkeit' proklamierte, von 1973 bis 1975 als soziales Experiment offiziellen Anstrich erhielt und seither in gesetzlosem Zustand weiterexistiert (Drogenszene), obwohl die Behörden das Recht hätten, das Gelände zu räumen – ein unkonventionelles Beispiel für die (gar nicht immer so große) berühmte dänische Toleranz.

Vom Rathausplatz geht die nach Osten führende, allgemein *Strøget genannte Fußgängerzone ab, die aus einer Reihe ineinander übergehender kurzer Straßen besteht und am Kongens Nytorv endet. Der Strøget wird von zahlreichen Läden, Boutiquen und Straßencafés gesäumt. Unweit östlich vom Rathausplatz weitet sich die Fußgängerzone und bildet die Plätze Gamle Torv und Nytorv. Am letzteren stehen alte Patrizierhäuser aus der Zeit um 1800; am Strøget folgt weiterhin links die *Helligåndskirke* (Heiliggeistkirche) mit dem einst zu einem Kloster gehörenden *Helligåndshus,* dem einzigen mittelalterlichen Bauwerk der Stadt. Am Amagertorv (Haus Nr. 6) das angeblich älteste Privathaus der Stadt, 1616 von Bürgermeister Hansen in niederländischem Barock erbaut (schönes Sandsteinportal). In ihm befindet sich heute die Verkaufsstelle der Königlichen Porzellanmanufaktur. Nr. 10 das Kaufhaus 'Illums Bolighus' (dän. Kunsthandwerk). Am *Storchenbrunnen* vorbei erreicht man *Kongens Nytorv,* den gegen Ende des 17. Jahrhunderts angelegten, 3,3 ha großen Platz, in dessen Mitte ein Reiterstandbild Christians V. steht. An seiner Südseite das 1872-74 im Stil der Spätrenaissance errichtete **Königliche Theater;** vor dem Eingang die Bronzedenkmäler des dänischen Lustspieldichters Ludwig Holberg und des Tragödiendichters Adam Oehlenschläger.

Das Schloß *Charlottenborg* an der Ostseite des Platzes ist seit 1754 Sitz der Königlichen Kunstakademie. Hinter dem Schloß öffnet sich der Blick auf den von altertümlichen Giebelhäusern eingefaßten **Nyhavn,** an dessen oberem Ende ein Riesenanker als Erinnerungsstätte an gefallene dänische Seeleute dient. Der Nyhavn, von wo Boote zur Stadtrundfahrt abgehen, war einst das 'verrufene' Viertel Kopenhagens. Heute sind die zahlreichen kleinen bunten Häuser an der linken Kanalseite ein besonders charmantes Stück der Stadt, mit Gasthäusern, Bars, Tätowierstuben. Vom Nyhavn Tragflügelboote nach Malmö (35 Min.). – Am oberen Ende des Nyhavns die Bredgade; an alten Palais vorbei zur **Frederiks-** oder **Marmorkirche,** 1749 begonnen, aber wegen Geldmangel erst 1894 vollendet. An der Außenseite der von einer 84 m hohen Kuppel gekrönten Kirche Standbilder von Männern der Bibel- und Kirchengeschichte, u. a. der hl. Ansgar, der Apostel des Nordens, und der Reformator Grundtvig. Im Inneren u.a. ein Elfenbeinkruzifix, ein deutsches Eichenrelief der Kreuzabnahme und Grundtvigs siebenarmiger Goldleuchter. Gegenüber

København

500 m

Fredrik Bajers Plads

De gamles By

Simeons- kirche

Guldbergsgade

Fensmarksgade

Sjællandsgade

NØRREBRO

Nørre Alle

Tagensvej

St. Johannes

Nørre Alle

Blegdamsvej

Blegdamsvej

Møllegade

Stefansgade

Bleikes Alle

Jagtvej

Nørrebrogade

Assistens
Kirkegård

Hørsholmsg

Mosaik Kgd.

Skt. Hans Torv

Fælledvej

Ravnsborggade

Sortedam Dossering

Sortedams Sø

Øster S

Ryesgade

Fredensg

Hans Tavsens Gade

Skraments- kirche

Nørrebrogade

Daniel- kirche

Blågårdsgade

Dronning Louises Bro

Frederiksbo

Vendersgad

Rantzausgade

Jagtvej

Rantzausgade

Korsgade

Korsgade

Peblinge Dossering

Peblinge Sø

Nørre Søgade

Nansensgade

Åboulevard

Griffenfelds Gade

Griffenfelds Gade

Ågade

Rolighedsvej

Betlehems- kirche

Nørre Søgade

Orsteds Parken

FREDERIKSBERG

Bülowsvej

Rosenørns Alle

Radio- huset

Gyldenløvesgade

Jarmers Plads
Spielz mus

Thorvaldsens vej

Forum

Vester Søgade

Skt. Jørgens Sø

H. C. Andersens Boule

Vester Vo

Landbo- højskolen

H. C. Ørsteds Vej

Danasvej

Vodroffsvej

Nyropsgade

Spielz mus

Bülowsvej

Amalievej

Niels Ebbesens Vej

Kampmannsgade

Vester Søgade

Vester Farimagsgade

Hammerichsgade

Zirkus

Gammel

Skt. Knuds Vej

H. C. Ørsteds Vej

Immanuels- kirche

Skt. Jørgens Sø

Svineryggen

Nyropsgade

Tussa Mus

Kongevej

Madvigs Alle

Vodroffsvej

Vesterport

Kunstgewerbe Museum

Bernstorffsgad

Gammel

Kongevej

Neues Theater

Vesterbrogade

Haupt- bahnhof

Platanvej

Frederiksberg

Alle

Stadtmuseum

Maria- kirche

Viktoriagade

Isted Gade

Reventlowsgade

Falkonercentret

Storm P. Museet

Roskilde
Zoologisk Have

Vesterbrogade

VESTERBRO

Dannebrogs.

Absalonsgade

Gasværksvej

Sønder Boulevard Halmtorvet

Ingerslevsgade

Tietgensga

Enghave vej

Matthæusgade

St. Matthæus- kirche

Isted Gade

gade

Rødby

Rødby

b

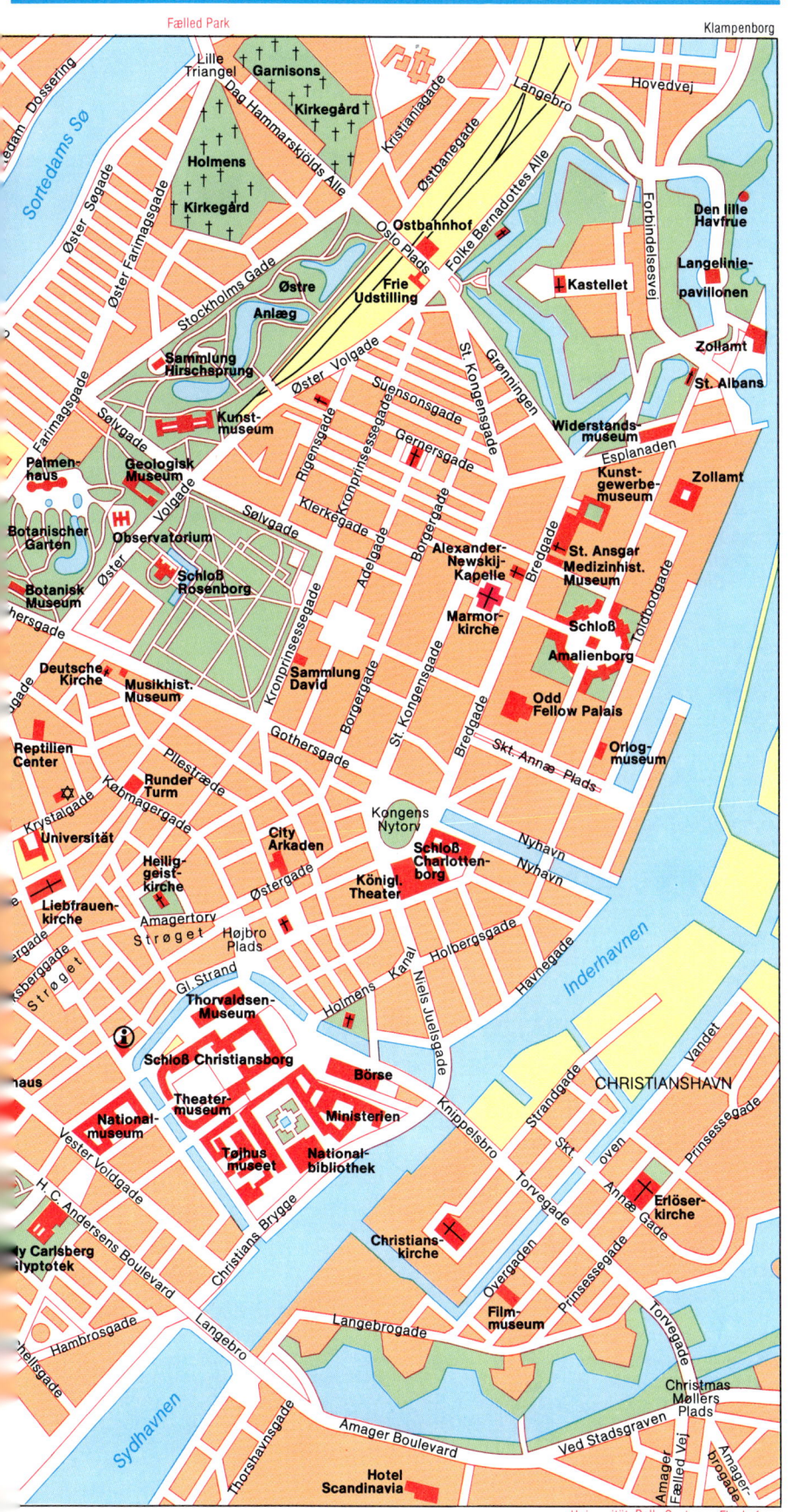

der Marmorkirche durch die Frederiksgade zum Schloß *Amalienborg, dem
Sitz der dänischen Königin. Der weite,
achteckige *Schloßplatz ist von vier
Flügeln, ehemals getrennten Adelspalä-
sten, umgeben. In der Platzmitte ein
*Reiterstandbild Frederiks V. (1771). Im
Südosten des Platzes das Palais Christians IX., heute Wohnsitz der königlichen Familie (mit Schauräumen); daneben das Palais Frederiks VIII. (heute für
Königinmutter Ingrid), dann das Chri-
stian-VIII.-Palais (Erbprinz Knud) und
schließlich das Palais Christians VII., wo
sich die königlichen Repräsentations-
und Festräume befinden (Wachablö-
sung täglich um 12 Uhr, bei Anwesen-
heit der Königin mit Musik). Die Kopenhagener Gardesoldaten mit blauer Uni-
form und hoher schwarzer Pelzmütze
sind zu einem Wahrzeichen der Stadt
geworden.

Zurück zur Bredgade; vorbei an der russischen Alexander-Newskij-Kirche mit
drei vergoldeten Zwiebelkuppeln; dann
am Landgericht, dem ehemaligen
Opernhaus, das später auch als Militär-
akademie, als Kaserne und von 1884 bis
1918 (nach dem Brand Christianborgs)
als Sitz des Reichstages Verwendung
fand. Auf der Gegenseite der Straße die
Ansgar-Kirche, die älteste katholische
Kirche Kopenhagens und seit 1942
Bischofskirche (hübsche Ansgar-Skulp-
tur an der Außenseite). Daneben das
Kunstgewerbemuseum mit internationalen Kunsthandwerkssammlungen
aus Vergangenheit und Gegenwart; beachtenswerte Holzschnitzereien des 16.
und 17. Jahrhunderts. Die Bredgade
mündet nun auf Esplanaden. Ehe
man rechts zum Kastell weitergeht,
sollte man ein paar Schritte nach links
machen, zu der charakteristischen
Wohnsiedlung Nyboder, im 17. und 18.
Jahrhundert mit einheitlichen, niedrigen, gelben Häusern angelegt, um
Wohnungen für Matrosen zu schaffen.
Die Häuser St. Paulsgade 20-40 sind die
ältesten (17. Jh.).

Das **Kastell**, die ehemalige Zitadelle
Frederikshavn, stammt in seinen ältesten Teilen aus dem Jahr 1625. Als Dänemark 1658 seine Besitzungen östlich
des Öresund verlor und Kopenhagen
damit Grenzstadt wurde, wurde die Verteidigungsanlage verstärkt. Die inneren
Gebäude sind erhalten, darunter die
beiden hübschen Tore. Im angrenzenden großen Park das Freiheitsmuseum
zur Erinnerung an den dänischen Widerstand gegen den Nationalsozialis-
mus 1940-45, die verspielte englische
St.-Alban-Kirche und der 1908 errichtete Gefion-Brunnen: die Göttin Gefion
pflügt mit ihren Stieren die Insel Seeland

Die Kleine Meerjungfrau in Kopenhagen

aus dem schwedischen Boden heraus.
Am Brunnen vorbei zur Promenade
*Langelinie, hin zur Bronzefigur der
*Kleinen Meerjungfrau (Den lille Hav-
frue), von Edv. Eriksen nach dem Ander-
sen-Märchen entworfen. An der Langelinie ein Bootsanlegeplatz.

An der Westecke der Kastellanlagen der
Bahnhof Østerport, gegenüber die Freie
Kunstausstellung (Den frie Udstilling).
An der Nordwestseite des Parks Østre
Anlæg die Stockholmsgade (in Nr. 20
die Hirschsprungsche Bildersammlung
mit dänischer Kunst aus dem 19. Jh.),
stadtauswärts durch die Dag Ham-
marskjölds Allé zum Falled Park
(Stadion). Am Westrand des Parks (Universitetsparken) das moderne Zoologische Museum.

Nördlich und westlich der Altstadt liegen mehrere ausgedehnte Parks, die einen Besuch verdienen. Nordwestlich
vom Rathausplatz der romantische
Ørsteds Park, der auf Resten der einstigen Befestigung angelegt wurde und
deshalb hügelig ist. Durch die Rømers-
gade, vorbei am Israels Plads, wo am
Samstag Flohmarkt ist, weiter zum Botanischen Garten mit botanischem Museum, Palmenhaus, dem Geologischen
Museum und der Technischen Hochschule. Nun die Gothersgade hinunter
zum Kongens Have (Rosenborg Have),
der 'Liegewiese' der Kopenhagener im
Sommer, mit mehreren Standbildern
und dem Herkulespavillon (im Sommer
Marionettentheater). Im oberen Teil des
Parks liegt das Schloß *Rosenborg, von
Christian IV. 1610-1626 als Lustschloß
errichtet und bis Mitte des 18. Jahrhunderts Frühjahrs- und Herbstresidenz

dänischer Könige, ab 1833 königliches Familienmuseum und als *Chronologische Sammlung der dänischen Könige der Öffentlichkeit zugänglich gemacht. Besonders beachtenswert das *Marmorzimmer Frederiks III., die Kronjuwelen und Reichsinsignien und der *Bankett- oder Rittersaal.

Schräg gegenüber vom Nordausgang des Parks die Østre Anlæg, eine weitere ausgedehnte Grünanlage, mit dem *Kunstmuseum (Statens Museum for Kunst, 1891-96).

In der **Gemäldesammlung** ein Ausschnitt europäischer Kunst vom 13. bis zum 18. Jahrhundert. In der italienischen Abteilung bedeutende Werke u. a. von Tizian und Tintoretto; die holländische und flämische Schule ist durch Rubens und Rembrandt vertreten. In der deutschen Sammlung Lucas Cranach d. Ä., seine Werkstatt und seine Nachfolger. Außerdem eine besonders reichhaltige Sammlung dänischer Biedermeiermalerei, auch Werke der ersten Jahrzehnte des 20. Jahrhunderts, dagegen kaum moderne. Beachtenswert ferner eine dem Museum geschenkte Privatsammlung mit Werken von u. a. Braque, Matisse und Picasso. Das Kupferstichkabinett, aus der Kgl. Bibliothek ausgegliedert, umfaßt ca. 100 000 Blätter.

In Kopenhagens westlichem Stadtteil FREDERIKSBERG (über die Vesterbrogade und die Frederiksberg Allé erreichbar) liegt der ausgedehnte Park **Frederiksberg Have,** im Südteil das in italienischem Stil erbaute gleichnamige Schloß mit ockergelber Fassade. Westlich davon der Zoologische Garten (mit Kinderzoo; Aussichtsturm). In der südlich anschließenden Vorstadt VALBY der große Gebäudekomplex der Carlsberg-Brauereien (Besichtigung). Am Ny Carlsberg Vej der **Elefantenturm,** ein Kühlturm, der auf vier massiven Granitelefanten ruht – ein originelles Stück dänischer Industriearchitektur.

In Bispebjerg, 6 km nordwestlich vom Zentrum (Bot. Garten–Sølvgade–Tagensvej), die von P. V. Jensen-Klint erbaute Grundtvigskirche, eines der wichtigsten dänischen Bauwerke des 20. Jahrhunderts (1921-40). Vom Stil der typischen dänischen Landkirchen inspiriert, entwarf der Architekt ein erhöht stehendes, mächtiges Kirchengebäude aus gelben Backstein. Die Westfront ähnelt einer riesigen Orgel. Der hohe, helle Kirchenraum wird auch für Konzerte verwendet, die Kirche besitzt eine der größten Orgeln Skandinaviens.

UMGEBUNG von Kopenhagen. – Der südöstliche Teil Kopenhagens liegt auf der durch Brücken mit Seeland verbundenen Insel **Amager,** auf der sich das moderne Ausstellungszentrum Bella Center und der Flughafen Kastrup befinden. An der Ostküste der Insel das Fischerstädtchen **Dragør,** beliebter Badeort mit gut erhaltenen Häusern aus dem 18. Jahrhundert. Hübsche Spazierwege durch den Ort, in dem man sich bemüht, den Charakter des Stadtbildes unverfälscht zu erhalten.

Über die Autobahn Lyngbyvej kommt man nach Kongens Lyngby und Sorgenfri mit dem Schloß Sorgenfri, der Abteilung des Nationalmuseums in Brede (wechselnde Ausstellungen) und dem äußerst sehenswerten **Freilichtmuseum** (Frilandsmuseet), einem Park von 36 ha mit alten Bauernhäusern, Wohnhäusern und Mühlen aus allen Teilen Dänemarks (auch Färöer). Jedes Gebäude ist mit altem Originalgerät eingerichtet.

Eine empfehlenswerte Spazierfahrt führt nördlich über die Østerbrogade und den Strandvej stadtauswärts, vorbei an der Brauerei Tuborg (dort steht die größte Bierflasche der Welt; 26 m hoch, faßt sie den Inhalt von 1 425 000 normalen Bierflaschen), durch Hellerup und Charlottenlund (dort das Aquarium mit 3000 Fischen aus allen Weltteilen sowie die Trabrennbahn) zum *Dyrehave (Wild-Freigehege), dem endlosen, wilden Park, in dem man Rehe und Hirsche grasen sehen kann, Pilze suchen, mit dem Rad oder Pferdewagen fahren, reiten oder spazierengehen. In dem etwa 860 ha großen, herrlichen Buchenwald das königliche Jagdschloß Eremitage, noch heute in Verwendung; von dort prächtiger Blick über den Öresund nach Schweden. Am Südrand des Parks das Vergnügungszentrum **Bakken,** das volkstümlichere und etwas rauhere Pendant zum Tivoli. Am Südostrand des Parks der Villen- und Badeort **Klampenborg.** – Am Strandvej weiter zu den eleganten Wohnorten Skodsborg, Vedbæk, Rungsted. – Zum Kunstmuseum Louisiana und nach **Helsingør** s. dort.

Von Kopenhagen südwärts fährt man über die Autobahn, vorbei an den modernen Wohnblocksiedlungen Albertslund, Brøndby Strand, Ishøj, durch flache, waldlose und landschaftlich wenig reizvolle Gegend nach **Køge** (35 000 Einw.; Hotel Hvide Hus, Strandvejen 111, 202 B.; Jugendherberge; zwei Campingplätze), einer Hafenstadt in der Køge-Bucht mit zahlreichen hübschen Fachwerkhäusern, das älteste von 1527, und der St.-Nikolaj-Kirche, mit schöner geschnitzter Kanzel und Altar (1624). – 7 km südlich das Renaissanceschloß Vallø, 1586 begonnen, seit 1738 adeliges Damenstift. Das vornehme dreigeschossige Gebäude mit zwei mächtigen Türmen, einem runden und einem viereckigen, brannte 1893 aus, wobei das gesamte Interieur zerstört wurde. Das Schloß ist von breiten Gräben und einem hübschen Park umgeben.

Kristiansand

Staat: Norwegen. – Gebiet: Südnorwegen.
Provinz: Vest-Agder fylke.
Höhe: Meereshöhe. – Einwohnerzahl: 60 000.
Postleitzahl: N-4600. – Telefonvorwahl: 042.

ⓘ **Turistkontor,**
Gyldenløvesgate 31;
Telefon: 2 60 65.
Wahlkonsulat der
Bundesrepublik Deutschland,
Ägirsveien 3;
Telefon: 2 15 40; privat 2 15 43.

HOTELS. – *Caledonien,* 400 B.; *Ernst,* 150 B.; *Fregatten,* 110 B.; *Christian Quart,* 200 B.; *Metropole,* 21 B.; *Bondeheimen,* 46 B.; *Norge,* 130 B.

JUGENDHERBERGE. – Roligheden (3 km südöstlich). – Zwei CAMPINGPLÄTZE.

Die südnorwegische Hafenstadt Kristiansand liegt auf einer fast quadratischen, ebenen Halbinsel an der Mündung des Torridalselv, der vom Unterlauf der Otra gebildet wird, in den Skagerrak. Die Stadt wurde 1641 von Christian IV. gegründet, brannte in den folgenden Jahrhunderten (zuletzt 1892) ab und wurde auf regelmäßigem schachbrettartigen Grundriß neu erbaut. Sie ist Verwaltungszentrum des Bezirks Vest-Agder und Sitz eines Bischofs. Industrie und Schiffahrt bieten die meisten Arbeitsplätze.

SEHENSWERTES. – An dem im Zentrum der Stadt gelegenen Torget (Marktplatz) erhebt sich die **Domkirche,** 1882-85 im neugotischen Stil errichtet. Im beachtenswerten Inneren (nur 9-14 Uhr zugänglich) ein schöner Altar. In den nahen Anlagen steht ein *Denkmal* für den in der Stadt geborenen Dichter *H. Wergeland* (1808-45) von Vigeland. An der Ostseite des Marktes befindet sich ein *Bronzestandbild* des norwegischen Königs *Håkon VII.* (1872-1957).

Südwestlich am Stadtrand der *Vestre havn* (Westhafen), dessen Südseite von der kleinen Halbinsel *Langmannsholm* begrenzt wird. Auf ihr befindet sich in einer ehemaligen Pulverkammer die **Vigeland-Sammlung** mit etwa 130 Skulpturen des Künstlers. Östlich zwischen Langmannsholm und *Odderøy* der *Fischereihafen.* Auf Odderøy sind Teile alter Befestigungsanlagen erhalten.

An der Südostseite der Halbinsel erstrecken sich die Anlagen des *Østre havn* (Osthafen), mit dem kleinen, aus dem 17. Jh. stammenden *Fort Christiansholm.*

Nordöstlich etwas außerhalb liegt das **Vest-Agder fylkesmuseum** (Provinzmuseum).

Das Freilichtmuseum ist das größte des Landes. Es zeigt alte *Bauernhäuser* aus Vest-Agder und dem Setesdal, eine Stadtstraße sowie in mehreren Ausstellungsräumen Möbel, Textilien, Glas, Steingut und altes Kirchengerät.

Einen Besuch verdient außerdem der **Naturpark Ravnedal,** der nordwestlich etwas außerhalb jenseits des parkähnlichen *Baneheia* (mehrere Badeseen) liegt. Von der den Naturpark überragenden Felswand schöner Ausblick.

UMGEBUNG von Kristiansand. – 45 km westlich von Kristiansand, über die E 18 erreichbar, liegt zu beiden Seiten des *Mandalselv* die südlichste Stadt Norwegens, **Mandal** (6500 Einw.; Hotels: Solborg Turisthotell, 105 B.; Bondeheimen, 41 B.; Jugendherberge, 48 B.). Die Stadt besitzt mehrere stattliche alte Bürgerhäuser und eine 1821 erbaute große Holzkirche. Vom nördlich sich erhebenden Felshügel *Uranienborg* lohnende Aussicht. – 28 km südwestlich von Mandal bildet das **Kap Lindesnes** (38 m) die Südspitze des norwegischen Festlandes (57°58'43" nördl. Breite). Hier wurde 1655 das erste norwegische Leuchtfeuer errichtet.

Wer sich für Eisenbahn-Oldtimer interessiert, sollte von Kristiansand aus nördlich über *Vennesla* nach **Grovane** fahren. Von hier verkehrt sonntags auf einer 5 km langen Teilstrecke der ehemalige Setesdalbahn ein Dampfzug aus dem Jahre 1894.

Nordöstlich von Kristiansand lohnt eine Fahrt nach den Küstenorten Grimstad und Arendal (E 18; bis Arendal 72 km).

Die Straße überquert zunächst auf einer 1956 eingeweihten *Hängebrücke* von 608 m Länge den buchtenreichen *Topdalsfjord* und führt 11 km hinter der Stadt am *Dyrepark* (Tierpark) vorbei. Hier sind fast alle skandinavischen Tierarten vertreten; außerdem bekannte Kamelzucht.

Über *Lillesand* (1500 Einw.; Hotel Norge, 40 B.) und das Gut *Norholmen,* den einstigen Wohnsitz von Knut Hamsun (Museum), erreicht man das in fruchtbarer Umgebung gelegene Städtchen **Grimstad** (2500 Einw.; Müllerhotell Helmershus, 70 B.). Nahe der Landungsbrücke, in der Østregate, die ehem. Ibsen-Apotheke, wo der Dramatiker 1847-50 als Apotheker tätig war und sein Erstlingswerk "Catilina" schuf. Die Räume sind in ein Museum umgewandelt.

Arendal (12000 Einw.; Hotels: Phønix, 146 B.; Central, 71 B.; Ritz Pensjonat, 27 B.; Bondeheimen, 24 B.), das Verwaltungszentrum der Provinz Aust-Agder, liegt höchst malerisch am Abhang einer Anhöhe und ist durch seinen bedeutenden Hafen und Werften bekannt. Sehenswert ist das im Süden der Stadt befindliche Rathaus, nächst dem Stiftsgård in Trondheim (s. dort) das größte Holzgebäude des Landes. – Vor der Stadt die beiden Inseln *Hisøy* und *Tromøy* (Brücke), diese mit einer Kirche aus dem 13. Jh. und einem Aussichtspunkt auf der Höhe Vardåsen.

Setesdal (s. dort).

Kristianstad

Staat: Schweden. – Gebiet: Südschweden. Provinz: Kristianstads län. Landschaft: Schonen (Skåne). Höhe: 5 m ü.d.M. – Einwohnerzahl: 45000. Postleitzahl: S-291... – Telefonvorwahl: 044.

ⓘ **Turistinformation,**
Västra Storgatan 14,
S-29132 Kristianstad;
Telefon: 121988 und 115500.

HOTELS. – *Grand Hotel,* Östra Storgatan 14-18, 135 B.; *Aston,* Vallgatan 35, 28 B.; *Turisten,* V. Storgatan 17, 70 B.; *Sirius,* V. Boulevarden 35, 30 B.

Das im Südosten Schwedens am Wasserlauf Helgeå gelegene Kristianstad wurde auf Beschluß des dänischen Königs Christian IV. im Jahre 1614 gegründet. Die Stadt sollte zugleich starke Festung sein – sie wurde deshalb mit Wällen und Bastionen umgeben – um das damals noch dänische Schonen (Skåne) gegen schwedische Angriffe zu schützen. Der Stadtplan wird als eine städtebauliche Rarität bezeichnet, da der Stadtkern mit seinem rechtwinkligen Straßennetz dem Festungsgrundriß folgt. In Kristianstad wurden auch zum erstenmal in Nordeuropa die städtebaulichen Ideen der Renaissance verwirklicht.

SEHENSWERTES. – Am Stora Torg steht in einer Nische gegenüber dem *Rathaus* (1891) eine *Statue Christians IV.* mit seinen Grußworten an die Bürger der Stadt "Frid med Eder" (Friede sei mit Euch). Ebenfalls am Marktplatz das 1884 von Oskar II. eingeweihte Haus der Freimaurer, das *Bürgermeisterhaus,* das, 1640 gebaut, um 1800 seine jetzige Gestalt erhielt; weiter das *Stora Kronohuset* (1840-41), ein schöner weißer Empirebau, in dem sich ursprünglich ein Gericht und ein Artillerieregiment die Räume teilten und das heute noch militärischen Zwecken dient. Ebenfalls am Stora Torg die *Dreifaltigkeitskirche,* die größte und schönste Renaissancekirche Nordeuropas, aufgeführt 1617-28, mit prachtvoller Orgel und zum größten Teil gut erhaltenem geschnitztem Gestühl.

Östlich der Kirche das *Stadtmuseum* mit kulturgeschichtlichen Funden und Kunstsammlungen im alten Zeughaus. In der Tivoligatan ein *Gerberhof* von 1660 sowie einige Wohnhäuser aus dem 17. Jahrhundert. – Durch das 1760 errichtete Stadttor *Norreport* kommt man zu den zur gleichen Zeit gebauten Kasernen, in denen ein Regiment lag, das an den Feldzügen gegen Napoleon teilgenommen hatte. Ein Gedenkstein erinnert an die Schlachten von Großbeeren, Dennewitz und Leipzig im Jahre 1813. In der Östra Storgatan befindet sich ein *Filmmuseum,* eingerichtet in den Atelierräumen, in denen von 1909 bis 1911 die ersten schwedischen Filme gedreht wurden. – In der Västra Storgata 40 das *Cardellhaus* (1760) mit einem schön geschnitzten Türrahmen. Hier wohnte General Cardell, von dem erzählt wird, daß er die Storgatan absperren ließ, um nicht durch den Verkehr in seiner Mittagsruhe gestört zu werden.

In der Storgatan 39 wohnte um 1700 Karl XII. und von 1711-14 der landflüchtige polnische König Stanislaus Leszczynski. – Erwähnenswert auch der **Tivolipark,** eine große Anlage mit Theater und Restaurant, sowie der *Wasserturm* (1966), von dem aus man eine herrliche Aussicht über die Umgebung von Kristianstad hat.

UMGEBUNG von Kristianstad. – 3 km südwestlich die *Lillhöhusborgruin,* die Geburtstätte von Herluf Trolle, einem bekannten dänischen Adligen. – 6 km südlich die *Norra Åsum Kirke,* vom dänischen Bischof Absalon 1200 errichtet. – Interessante mittelalterliche Kirchen in *Färlöv, Kiaby, Vittskövle, Fjälkinge.* – In südlicher Richtung der *Wasserfall Forsaker* mit einer Fallhöhe von 10 m in schönem Waldgebiet. Hier liegen auch ein Schwimmbad und 25 Ferienhütten. – Nordöstlich von Kristianstad in 17 km Entfernung der *Kongsgård,* ein Schloß, das im Mittelalter Mönchskloster war (Hotel und Restaurant). Weitere Schlösser in *Ovesholm* (10 km) mit schönem englischen Park und *Maltesholm* (20 km), am Linderödså gelegen; *Trolle Ljungby* (13 km) wurde um 1600 gebaut, aus der gleichen Zeit stammen auch die Schlösser in *Vittskövle* (20 km) und *Råbelöv* (9 km), am gleichnamigen See gelegen. – Im Ivösee die *Insel Ivö* mit Kaolingewinnung und Porzellanindustrie.

Kuopio

Staat: Finnland. – Gebiet: Zentralfinnland. Provinz: Kuopion lääni (Kuopios län / Kuopio). Höhe: 80 m ü.d.M. – Einwohnerzahl: 72000. Postleitzahl: SF-70100. – Telefonvorwahl: 971.
(i) **Kuopion Kaupungin Matkailutoimisto** *(Städtisches Verkehrsamt),* Haapaniemenkatu 17; Telefon: 114101. *Wahlkonsulat der Bundesrepublik Deutschland,* c/o Savon Sellu Oy, Postfach 57, SF-70101 Kuopio 10; Telefon: 34 12 55.

HOTELS. – *Iso-Valkeinen* (Motel), Päiväranta, 348 B., Sb.; *Cumulus,* Asemakatu 32, 253 B., Sb.; *Puijonsarvi,* Minna Canthinkatu 16, 104 B.; *Atlas,* Haapaniemenkatu 22, 91 B.; *Savonia,* Sammakkolammentie 2, 80 B.; *Kalla,* Vuorikatu 25, 76 B.; *Kuopio,* Haapaniemenkatu 20, 61 B.; *Kaupunginhotelli,* Maaherrankatu 5, 60 B.; *Hospitsi,* Myllykatu 4, 39 B.

FERIEN- und SOMMERHOTELS: *Tekma,* Talvaanpankontie 14, 1. Juni - 31. August, 206 B.; *Kartanohotelli,* Rauhalahti, 1. Juni - 31. August, 25 B. – Mehrere CAMPINGPLÄTZE.

VERANSTALTUNGEN. – *Puijo Wintersportfest,* März; *Kuopio Tanz- und Musikfestival,* Juni; *Motocross* im Juli; *Int. Leichtathletikspiele* im Sommer.

SPORT und FREIZEIT. – Tennis, Squash, Bowling, Reiten, Bogenschießen, Segelfliegen, Wandern, Schwimmen, Wasserski, Segeln, Rudern und Kanufahren. Im Winter Abfahrts- und Langlauf.

Die mittelfinnische Stadt Kuopio liegt schön auf einer in den Kallavesi hineinragenden, nördlich von der Puijo-Höhe überragten Halbinsel. Die Stadt ist Wirtschafts- und Kulturzentrum der gleichnamigen Provinz sowie Sitz eines evangelischen Bischofs und des

Kuopio – Panorama von der Puijo-Höhe

Erzbischofs der Orthodoxen Kirche Finnlands. Kuopio ist seit 1972 die jüngste Universitätsstadt des Landes. Es ist Mittelpunkt des Schiffs- und Landverkehrs in der flachen, aber durch Wald und Wasser abwechslungsreichen Landschaft Savo.

1652 erhielt Kuopio von Per Brahe erstmals die Stadtrechte, die ihm nach vorübergehendem Rückgang 1782 von König Gustav III. endgültig verliehen wurden. Im Krieg von 1808/09 ergab sich die Stadt zunächst kampflos der russischen Armee, wurde aber später von einer finnischen Einheit unter Führung von Oberst Sandels in einem Überraschungsangriff zurückerobert.

In Kuopio wirkte als Rektor des Gymnasiums von 1843-1849 eine der hervorragendsten Persönlichkeiten Finnlands im 19. Jahrhundert, der Philosoph, Politiker und Staatsmann J.V. Snellman. Er erreichte es 1863 bei Alexander II., daß Finnisch neben Schwedisch und dem kaum benutzten Russisch Amtssprache im Großfürstentum Finnland wurde.

SEHENSWERTES. – Der Marktplatz (Kauppatori), wo man die Spezialität der Landschaft, das mit Brot überbackene Fisch-Fleisch-Gericht Kalakukko bekommen kann, bildet den Mittelpunkt der Stadt. Hier erhebt sich das Rathaus (1884) von F.A. Sjöström, ihm gegenüber die Markthalle, dahinter, jenseits der Kauppakatu, das Gymnasium (1825). Durch die Kauppakatu gelangt man zu dem östlich auf einer kleinen

Anhöhe gelegenen **Dom** (1815 von Pehr Granstedt nach Plänen von Jacob Rijf vollendet). Östlich anschließend der Snellman-Park (Snellmanin puisto), mit einer Bronzestatue des bedeutenden finnischen Hegelianers J.V. Snellman. Nördlich vom Park, in der Kauppakatu, das Stadtmuseum (kulturgeschichtliche Sammlungen) sowie die Stadtbücherei. An der Ostseite des Snellman-Parks führt die Straße Maaherrankatu vorbei; an ihrem Nordende links in einer kleinen Anlage ein Denkmal der bedeutenden finnischen Schriftstellerin Minna Canth (1844-1897).

Im Südwesten der Stadt, am Nordwestrand einer großen Sportanlage, ein modernes Kinderheim und Kinderkrankenhaus (Savon Lastenlinna, eine Namensanalogie zur 'Kinderburg' in Helsinki). – Im Südosten der Stadt die orthodoxe **Kirche St. Nikolaos** (1903), Sitz des Erzbischofs, dem zwei Diözesen unterstehen, die je etwa 30 000 Mitglieder haben Bistum Karelien mit 14 Gemeinden und Bistum Helsinki mit 11 Gemeinden. – Südlich der Kirche die schmale Halbinsel Väinölänniemi, mit Parkanlagen Sportplätzen, Badestrand und an der Südspitze dem Sommerrestaurant Peränniemi Kasino. Am Anfang der Halbinsel steht eine Statue von Hannes Kolehmainen, der bei den Olympischen Spielen 1920 den Marathonlauf gewann.

Im Westen der Stadt, nahe der Sportanlage Valkeinen (Freizeitangeln) das moderne Stadttheater. Unweit nördlich davon, am kleinen See Mustinlampi, Hal

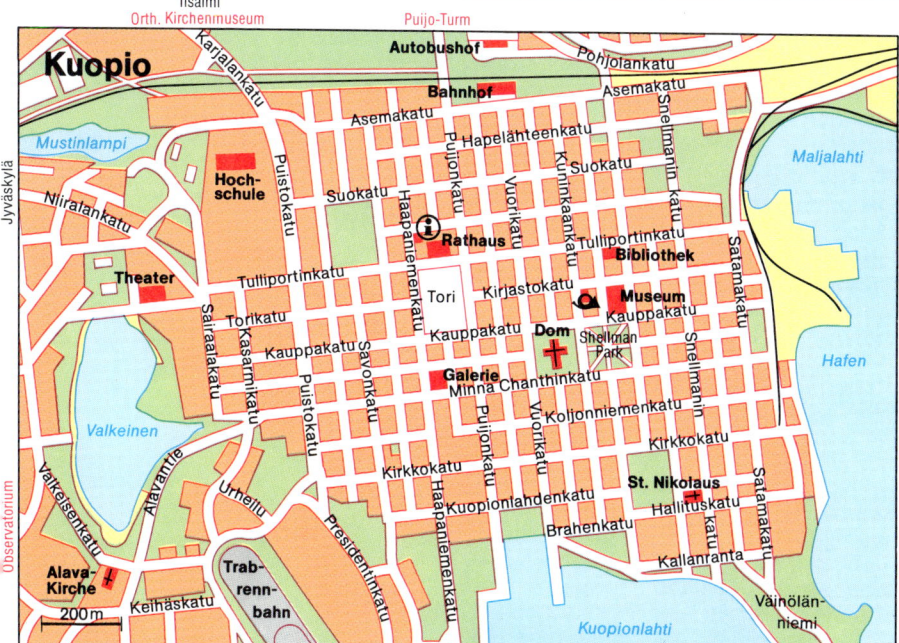

lenbad und Bowlinghalle. Unweit östlich die Straße Karjalankatu, an der das *Orthodoxe Kirchenmuseum (1969) liegt. Dieses Museum gehört zu einem Gebäudekomplex, der auch die Wohnung des Erzbischofs sowie ein Priesterseminar und die Verwaltung der Orthodoxen Kirche Finnlands, der zweiten finnischen Volkskirche, beherbergt. – Nordwestlich davon, in den Straßen Vuorikatu, Kirkkokatu und Savonkatu Häuser in finnischer Holzbauweise, wie sie im 18. Jahrhundert entwickelt wurde.

UMGEBUNG von Kuopio. – Unmittelbar bei der Stadt auf der bewaldeten **Puijo-Höhe** (finn. *Puijomäki*) ein 75 m hoher *Aussichtsturm (1963), der sich 225 m über den Spiegel des Sees Kallavesi erhebt. Er besitzt zwei Aussichtsplattformen und ein Restaurant (65 m) mit langsam rotierendem Fußboden (360 Grad in einer Stunde). – Wasserbusse nach *Ritoniemi* (Feriendorf) auf der Insel *Soisalo*.

Kuusamo

Staat: Finnland. – Gebiet: Nordostfinnland.
Provinz: Lapin lääni (Lapplands län/Lappland).
Höhe: 255 m ü.d.M. – Einwohnerzahl: 18 000.
Postleitzahl: SF-93600. – Telefonvorwahl: 9 89.
ⓘ **Kuusamon Lomat Oy**
  (Fremdenverkehrsbüro),
  Kitkantie 20;
  Telefon: 26 62 und 24 12.

HOTELS. – *Kuusamo*, Kirkkotie 23 A, 132 B., Sb.; *Otsola*, Ouluntie 3, 80 B.; *Koillis-Pohja*, Kitronintie 1, 38 B.; *Ylämaa*, Ouluntie 2, 30 B.; *Ukkoherra* (Motel), 23 B. – In K i t k a : *Kitkapirtti*, 1. November bis 14. Februar geschlossen, 20 B. – Am R u k a t u n t u r i (25 km nördlich): *Rukahovi*, 1.–31. Mai geschlossen, 255 B., Sb.

Das nordostfinnische Kirchdorf Kuusamo liegt am Nordwestende des von bewaldeten Höhen umgebenen Kuusamojärvi. Das ausgedehnte Gebiet, das zur Großgemeinde Kuusamo gehört, wird wegen seiner zahlreichen Seen und Flüsse im Sommer viel zum Fischfang besucht; im Winter bietet es gute Skigebiete (große Sprungschanze, Skilift am Rukatunturi).

Rund ein Drittel der Bevölkerung lebt von Land- und Forstwirtschaft (auch Rentierzucht). Die meist kleineren Industriebetriebe verarbeiten Holz oder Lebensmittel. Etwa die Hälfte der Einwohner der Gemeinde wohnt im eigentlichen Ort, der in seiner Bebauung wenig geschlossen wirkt. Er eignet sich sehr als Stützpunkt für Fahrten oder Wanderungen in die Umgebung mit ihren vielen Naturschönheiten.

SEHENSWERTES IN DER UMGEBUNG. – Ein besonderes Gepräge erhält die Landschaft durch den Gegensatz zwischen ausgedehnten Wasser- und

See Kuusamojärvi

Sumpfflächen und felsigen Partien. An den Seen sieht man oft Ufer aus steil abfallenden Granitfelsen; die Flüsse zwängen sich vielerorts durch tiefe Schluchten, in denen sie Stromschnellen bilden.

Ein lohnender Ausflug führt zuerst 25 km nördlich auf der nach Kemijärvi führenden Straße Nr. 5 zum aussichtsreichen **Rukatunturi** (482 m; Sessellift, Sprungschanze, Auffahrt sehr lohnend). Von hier folgt man der Straße Nr. 5 noch 10 km und biegt dann rechts ab auf die Straße Nr. 950. Nach 5 km Abzweigung östlich, vorbei an der Siedlung Säkkilänvaara, nach *Juuma* mit den Stromschnellen von *Jyrävä* (gute Angelmöglichkeiten). Nach weiteren 9 km auf der Straße 950 erreicht man *Käylä*. Dort abermals rechts und noch 15 km in Richtung Liikasenvaara zu der vom *Oulankajoki* gebildeten Stromschnelle **Kiutaköngäs,** wo der Fluß zwischen steilen Felswänden auf einer Länge von 600 m ein Gefälle von 14 m hat.

Hier kreuzt die Straße den *Bärenpfad* (Karhunkierros), einen etwa 70 km langen, bezeichneten Wanderpfad, mit Schutzhütten etc., der am Rukatunturi endet. Geübte Wanderer können die Wanderung dort beginnen, weniger trainierte sollten sie von der Bushaltestelle Suorajärvi an der Straße Nr. 950 antreten, weil das Gelände dort geringere Anforderungen stellt. Da die Streckenführung sich nie zu weit von Siedlungen entfernt, kann die Tour unterwegs jederzeit abgebrochen werden.

Lahti

Staat: Finnland. – Gebiet: Südfinnland.
Provinz: Hämeen lääni (Tavastehus län/Häme).
Höhe: 90 m ü.d.M. – Einwohnerzahl: 100 000.
Postleitzahl: SF-15100. – Telefonvorwahl: 9 18.
ⓘ **Lahden Kaupungin Matkailutoimisto**
(*Städtisches Fremdenverkehrsamt*),
Kaupungintalo, Rathaus;
Telefon: 18 25 80.

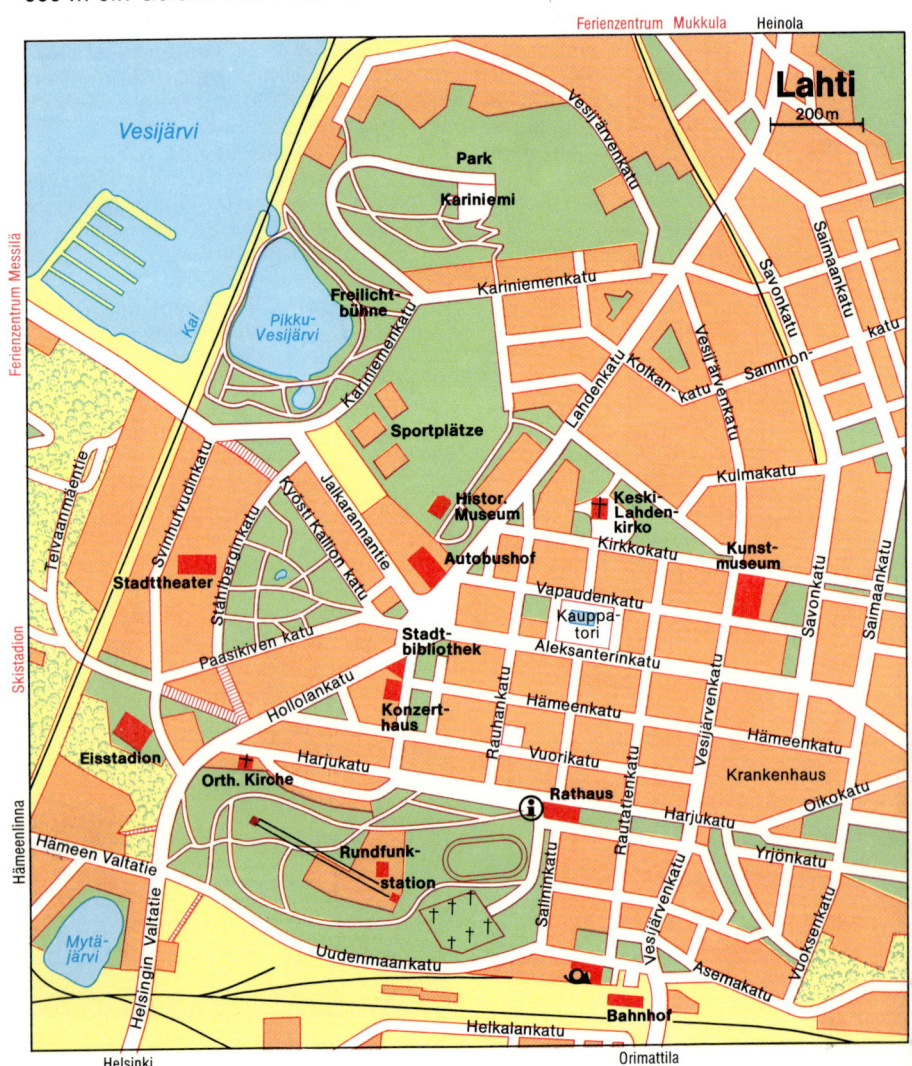

HOTELS. – *Lahden Seurahuone,* Aleksanterinkatu 14, 210 B., Sb.; *Musta Kissa,* Rautatienkatu 21, 180 B.; *Lahti,* Hämeenkatu 4, 164 B.; *Valtakulma,* Rauhankatu 14, 150 B.; *Jukola,* Hämeenkatu 20, 180 B.; *Lahden Kauppahotelli,* Rautatienkatu 12, 60 B. – A u ß e r h a l b : *Tallukka,* Tallukantie 1, Vääksy, 285 B., Sb.; *Kartanohotelli Messilä,* 98 B.; *Mukkulan Kesähotelli,* 1. Mai bis 31. August, Ritaniemenkatu 10, 200 B.

VERANSTALTUNGEN. – *Finlandia-Lauf,* Skilanglauf, Februar; *Salpausselkä-Winterspiele,* März; *Schlittschuh-Marathon,* März; Internationales *Orgelfestival,* August.

Die etwa 100 km nordöstlich von Helsinki nahe dem Südende des 24 km langen, von bewaldeten Höhen umgebenen Vesijärvi (82 m ü.d.M.; 113 qkm) am Nordwestrand des Salpausselkä-Höhenzugs gelegene Stadt Lahti ist die fünftgrößte Finnlands und verdankt ihren raschen Aufschwung der verkehrsgünstigen Lage. Heute besitzt sie eine bedeutende Industrie (mehrere große Möbelfabriken, Glas-, Textil-, Metall- und Elektroindustrie). Ferner wird Lahti zum Wintersport viel be-

Wasserturm in Lahti

sucht. Außerdem besitzt die Stadt einen großen Sender des finnischen Rundfunks sowie eine Musikhochschule.

SEHENSWERTES. – Den Mittelpunkt der Stadt bildet der große, von Geschäftshäusern umsäumte Marktplatz (Kauppatori); an der Nordseite eine Holzkirche von 1890. In der Kirkkokatu, Nr. 4, die neue *Zentralkirche,* 1978 nach einem Entwurf von Alvar Aalto fertiggestellt. Westlich, am Ende der Kirkkokatu, das Gut Lahti mit dem **Historischen Museum,** das u. a. Gemälde und vorgeschichtliche Funde aus dem Besitz des Museums der ehemals finnischen Stadt *Viipuri* (heute Wyborg) enthält. – Südlich vom Markt das 1912 von E. Saarinen erbaute *Rathaus;* nahebei das an die Befreiung der Stadt von kommunistischen Kampfgruppen erinnernde Freiheitsdenkmal. Nordwestlich vom Rathaus die 1954 erbaute *Konzerthalle;* südwestlich vom Rathaus auf dem alten *Friedhof* ein

Denkmal für die beim Befreiungskampf 1918 gefallenen deutschen Soldaten.

Unweit südöstlich, am Bahnhofsplatz, ein Denkmal für Marschall Mannerheim, von Veikko Leppanen (1959).

Südwestlich vom Marktplatz, Harjukatu 5, die *Orthodoxe Kirche,* 1954 als Nachbildung der Kirche des hl. Elia in Viipuri errichtet. – Nordöstlich, im Stadtteil Metsäpelto, Ilmarisentie 1, die *Joutjärvi-Kirche* (1962, von Unto Ojonen). – Ferner sehenswert das *Kunstmuseum* (Vesijarvenkatu 11), das *Rundfunkmuseum* und das *Skimuseum.*

UMGEBUNG von Lahti. – Im Stadtteil Kiveriö der 50 m hohe *Wasserturm* (finn. Mustankallioumäki; Café in 40 m Höhe). – Im Westen der Stadt das *Skistadion,* mit einer Großschanze (90 m; Aussichtsplattform) und drei weiteren Schanzen (70, 35 und 25 m), Loipen sowie einer 1000 m langen beleuchteten Sägemehlbahn. – 11 km nordwestlich von Lahti erhebt sich der **Tiirismaa** (223 m; Rundfunksender), ein Skizentrum mit zwei Skiliften und einer Slalomstrecke. Der Berg gehört zu den Ausläufern des S a l p a u s s e l k ä ('Landrücken'), einer mächtigen eiszeitlichen Endmoräne, die in zwei parallelen Höhenrücken das Seengebiet Mittelfinnlands im Süden begrenzt und sich nordöstlich in einer Länge von 550 km bis Karelien hinzieht. – 5 km nördlich am Ostufer des Vesijärvi das Freizeit- und Ferienzentrum *Mukkula.* – 6,5 km nordöstlich an der Straße nach Heinola das Freizeitgebiet *Takkula.* – 8 km nordwestlich am Westufer des Vesijärvi das Ferienzentrum *Messila.*

Weitere 8,5 km nordwestlich *Hollola,* mit alter Kirche (14. Jh.), im Inneren mittelalterliche Holzschnitzereien, nahebei ein Heimatmuseum.

Lahti ist Ausgangspunkt für die Fahrten mit dem Tragflächenboot nach **Jyväskylä** (s. dort); die einfache Fahrt dauert ca. 3 St. – Eine kürzere Fahrt (25 Min.) kann man zur Schleuse von *Vääksy* unternehmen. Im Hochsommer werden außerdem Dampferfahrten veranstaltet. Es besteht auch eine Schiffsverbindung nach Heinola (s. bei Finnische Seenplatte).

Lappeenranta
(Villmanstrand)

Staat: Finnland. – Gebiet: Südostfinnland.
Provinz: Kymen lääni (Kymmene län / Kymi).
Höhe: 76 m ü.d.M. – Einwohnerzahl: 54000.
Postleitzahl: SF-53100. – Telefonvorwahl: 953.
🛈 **Kaupungin Matkailutoimisto**
(Städtisches Fremdenverkehrsamt),
Valtakatu 23;
Telefon: 13120.

HOTELS. – *Patria,* Kauppakatu 21, 120 B.; *Polar,* Helsingintie, 117 B.; *Kylpylaitos-Spa,* Ainonkatu 17, 60 B.; *Viikinkihovi,* Valtakatu 41, 82 B.; *Hos-*

piz, Valtakatu 40, 91 B.; *Karelia-Park,* Korpraalinkuja 1, 260 B. (nur 1.6-31 8.). – JUGENDHERBERGE. – CAMPINGPLATZ.

RESTAURANTS. – *Sirmakka,* Valtakatu 36; *Prinsessa Armaada,* im Hafen, in einem alten Saimaa-Frachtschiff.

VERANSTALTUNGEN. – *Volkstanz* und *Volksmusik* (Juni); *Humppa,* Tanzmarathon (Juli); dreimal wöchentlich *Freilichtkonzerte* und periodische *Freilichttheater-Aufführungen* in den drei Sommermonaten.

SPORT und FREIZEIT. – Tennis, Golf, Kegeln.

Die 1649 von Königin Kristina am Südufer des Lappvesi gegründete finnische Stadt Lappeenranta (Villmanstrand) ist der südlichste Ausgangspunkt des Saimaa-Schiffsverkehrs. Wegen seiner exponierten Lage an der Grenze zum Russischen Reich erhielt Lappeenranta schon im 17. Jahrhundert eine Garnison, und so ist die Stadt Finnlands einzige, in deren Geschichte, Entwicklung und Stadtbild Kavalle

Saimaschiffe in Lappeenranta

risten lange Zeit hindurch eine dominierende Rolle spielten. Lappeenranta gilt als eine der weltoffensten und meistbesuchten Städte Finnlands.

GESCHICHTE. – Der aus einem mittelalterlichen Handelsplatz hervorgegangene Ort war 1741 Schauplatz einer entscheidenden Schlacht, in der ein schwedisch-finnisches Heer von den Russen geschlagen wurde. Im Frieden von Åbo (Turku) fiel Lappeenranta 1743 an Rußland, wo es bis 1811 verblieb. Aus dem 17./18. Jh. und der russischen Zeit stammen die stellenweise noch erhaltenen Wälle der einstigen Stadtbefestigung. – Nach der Entdekkung einer radioaktiven Mineralquelle (1824) entwickelte sich der Kurbetrieb, der vor allem russische Adlige anzog. Seit 1974 sind die Kureinrichtungen ganzjährig zugänglich; behandelt werden Herz- und Kreislauferkrankungen und Rheuma.

Lappeenranta ist der nördliche Endpunkt vom *Saimaa-Kanal,* der von mehreren schwedischen Königen geplant, aber erst von Zar Alexander II. in Angriff genommen und 1856 vollendet wurde. Der Kanal führte bis Ende 1944 ausschließlich durch finnisches Gebiet. Dann wurde er geschlossen, weil er fast in seiner gesamten Länge, einschließlich Viipuri, dem Endhafen am Finni

schen Meerbusen, auf dem Gebiet lag, das Finnland an die Sowjetunion abtreten mußte. In den sechziger Jahren verpachtete die Sowjetunion den Kanalstreifen an Finnland, und die Finnen schufen auf der alten Trasse einen neuen Kanal mit modernen Schleusenanlagen.

SEHENSWERTES. – Hauptstraße ist die von Norden nach Süden verlaufende Kauppakatu. Unweit östlich ihrer Kreuzung mit der Valtakatu liegt etwa in der Mitte der Stadt nahe dem Marktplatz im Park *Keskuspuisto* die 1749 erbaute *Kirche* der alten Landgemeinde Lappee, mit freistehendem *Glockenturm* (1864). In der Nähe ein Soldatenfriedhof für die im Krieg gegen die Sowjetunion 1941-44 gefallenen Karelier, mit einem Denkmal von Väinö Aaltonen (1951). Unweit nordwestlich der Kirche, Ecke Kauppakatu und Raastuvankatu, das 1829 nach Plänen von C. L. Engel erbaute hölzerne **Rathaus.** – Folgt man der Kauppakatu nach Norden, sieht man links auf einer Anhöhe (130 m ü.d.M., 60 m über dem Saimaa) die *Stadtkirche* (1924). Noch weiter nördlich am Anfang einer in den Saimaa vorspringenden Halbinsel, links an der Straße, im *Alten Park* ein *Denkmal* zur Erinnerung an die Schlacht von 1741, bei der eine russische Armee die schwedisch-finnische entscheidend schlug. Nordwestlich hinter dem Denkmal Reste alter Wallanlagen; in der Festung ein *Museum für Südkarelien.* Nordöstlich vom Denkmal, auf der anderen Straßenseite, die *Orthodoxe Kirche* (1785). – Unweit östlich eine Bucht, die den Hafen von Lappeenranta bildet. Am Südufer der Bucht die *Kuranstalt.* Am Nordende der Ainonkatu das Oldtimer-Schiff "Prinsessa Armaada" (Restaurant). Im Osten der Bucht der Kimpinen-Park mit Badestrand. – Östlich der Stadt in Fahrtrichtung Imatra rechts der *Wasserturm* (Café), der eine weite Aussicht bietet.

UMGEBUNG von Lappeenranta. – Die Stadt ist Ausgangspunkt lohnender Schiffsausflüge über den **Saimaa** (s. dort). Eine Linie führt nach *Mikkeli* (s. dort), eine andere nach *Savonlinna* (s. dort). Kreuzfahrten von einigen Stunden bis zu mehreren Tagen ergänzen das Angebot. Im Sommer Fahrten zum Saimaa-Kanal und zur sowjetischen Grenze durch den Saimaa-Kanal nach Wyborg (früher Viipuri) und Helsinki (s. dort) sowie nach Leningrad (auch im Autobus; UdSSR-Visumsvorschriften beachten!).

Imatra (40 000 Einw.; Valtionhotelli, 125 B.; Imatra, 72 B.; Niskahovi, 143 B.) liegt etwa 40 km östlich von Lappeenranta. Wegen ihrer Wasserfälle war die Stadt schon im vorigen Jahrhundert ein beliebtes Reiseziel, da auch Richard Wagner anlockte. Hier fällt der Vuoksen – eine Verbindung zwischen Saimaa und Finnischem Meerbusen – auf kurzer Strecke um 18 m, und das Wasser hat sich mit der Kraft seines Falles eine 20 m breite Rinne in den Granit gegraben. Das Wasser dient jetzt, umgeleitet, der Stromerzeugung, nur am frühen Sonntagnachmittag werden die Schleusen für das alte Bett geöffnet. Direkt an den Stromschnellen entstand zur Zarenzeit das Valtionhotelli und begründete Imatras Stellung als Knotenpunkt des Ferienverkehrs. Am westlichen Ufer ein großes *Touristenzentrum:* Campingplatz, Bungalows, Wanderherbergen, Reitschule, Bootshafen, Trimm-Dich-Pfade, Badestrände.

Lappland

Staaten: Norwegen (Lapland), Schweden (Lappland), Finnland (Lappi) und Sowjetunion (Laplandija).

Unter Lappland versteht man geographisch den nördlichen Teil Skandinaviens, an dem politisch Norwegen, Schweden, Finnland und die Sowjetunion Anteil haben und der von den Skandinaviern selbst meist als 'Nordkalotte' bezeichnet wird. Das Gesamtgebiet von Lappland umfaßt eine Fläche von etwa 260 000 qkm, die sich von den norwegischen und nordschwedischen Bergen nach Osten hin senkt und im Süden größtenteils von Wald, im Norden von baumloser Tundra und Sümpfen bedeckt ist. Die Bevölkerung zählt etwa 380 000 Einwohner, von denen 30 000-32 000 eigentliche Samen (Lappen) sind.

Das Klima ist abgesehen von den Küstengebieten kontinental, mit kurzen Sommern (viele Mücken) und langen kalten Wintern. Da Lappland größtenteils nördlich des Polarkreises liegt, scheint im Sommer die *Mitternachtssonne,* wogegen im Winter die lichtarme *Polarnacht* herrscht. – In der Tierwelt spielt das Ren eine besondere Rolle. Braunbären kommen nur noch selten vor, und der Luchs ist mit dem Vordringen der Zivilisation fast ganz verschwunden. Im Winter dringen Wölfe bis zu den Siedlungen vor. – Wer in Lappland wandern will, versehe sich mit festem Schuhwerk (evtl. Gummistiefel), guten Karten, einem Kompaß und ausreichendem Proviant; Lappland ist schön, aber es hat seinen eigenen Charakter. Von Alleingängen sei dringend abgeraten.

Das ökologische Gleichgewicht Lapplands ist sehr empfindlich und verlangt von den Besuchern größte Rücksichtnahme. So dauert es z.B. Jahrzehnte, bis der Rost eine Blechdose vernichtet hat, weil die Korrosion nur in den wenigen frostfreien Monaten fortschreitet. Während der trockenen Sommermonate ist äußerste Vorsicht mit offenem Feuer geboten. Während dieser Zeit bestehen bestimmte Alarmstufen, die das Feueranzünden einschränken. Der Lapplandbesucher ist verpflichtet, sich über die jeweilige Alarmsituation zu informieren, weil Unkenntnis nicht vor einer empfindlich hohen Geldstrafe schützt. Bei jedem Wetter Lagerplatz stets nur dann verlassen, wenn das offene Feuer bis zur letzten Glut gelöscht ist!

Nicht auszuschließen sind in Lappland Kollisionen mit Elchen und Rentieren, gerade auf breiten Straßen, denn die Tiere bevorzugen diese, weil hier ein wenig Wind weht und die Mücken ihnen darum weniger arg zusetzen. Wenn ein Tier verendend liegenbleibt, soll man – sofern man ein Messer bei sich und genügend Selbstüberwindung in sich hat – den Tod selbst herbeiführen. Bringt man das nicht fertig, so benachrichtigt man den nächsten Einheimischen und fährt mit ihm zur Unfallstelle, damit er das Tier tötet. Dann informiert man den nächsten Polizei- oder Grenzposten. *Elche* sind herrenloses Gut; dennoch hat man kein Recht auf das durch Unfall umgekommene Tier, weil nur Inhaber einer Abschußgenehmigung den Elch verwerten dürfen, wobei auch veterinärpolizeiliche Vorschriften zu beachten sind.

Rentiere haben stets einen Eigentümer, weswegen man sich des Diebstahls schuldig macht, wenn man ein totgefahrenes Tier schlachtet.

Bei Unfällen dieser Art wird nur der Verlauf zu Protokoll genommen und dann ohne Untersuchung der Schuldfrage zu den Akten gelegt. Der Autofahrer wird auf keinen Fall zum Schadenersatz herangezogen, weil der Besitzer des Tiers seinen Anspruch gegen den Staat geltend machen kann. Da der vom Unfall betroffene Autofahrer weder straf- noch zivilrechtliche Folgen befürchten muß, kann er ohne Sorge die eben beschriebene Prozedur nach dem Unfall einhalten. Entzug durch Flucht führt in der Regel zu schlimmen Weiterungen. Jeder Einheimische wird die charakteristische Beule am Unfallwagen richtig deuten, und der 'Einöd-Telegraf' wird sie schnell mit dem Unfall, der vor Stunden oder Tagen in wenigen Dutzend oder hundert Kilometern Entfernung geschehen ist, in Verbindung bringen.

Lappenhütten in Arvidsjaur (Nordschweden)

Die **Samen** *(Lappen),* von denen man in ganz Lappland 30 000-32 000, davon in Nordnorwegen allein ca. 20 000, in Schweden ca. 8500 zählt, nennen sich selbst *sameh* oder *sabmek* (Mehrzahl), was 'Sumpfleute' bedeutet. Ihre Herkunft liegt im Dunkeln; sie haben einen kleinen Wuchs, runden Schädel, breites Gesicht, gelbliche Haut und dunkles Haar. Ihre Sprache ist dem Finnischen verwandt. Obwohl die christliche Mission bei ihnen schon im 17. Jahrhundert begann, haben sich bis in die heutige Zeit noch manche heidnischen Bräuche erhalten. Man unterscheidet im allgemeinen drei Gruppen von Lappen: die an Zahl immer geringer werdenden nomadisierenden Bergsamen, die mit ihren Rentierherden regelmäßige Wanderungen zwischen den Wald- und Bergregionen unternehmen, ferner die mit ihren Herden in bestimmten Gebieten seßhaften Waldsamen und die vom Fischfang lebenden ärmeren See- oder Fischsamen. Die Tracht der Samen, die sich bei Männern und Frauen nur wenig unterscheidet, besteht aus einem knielangen Rock aus blauem oder braunem Tuch, der mit roten und gelben Borten besetzt ist, und enganliegenden Tuchhosen. Dazu gehört eine Mütze aus gleichem Stoff (bei den norwegischen Samen vierzipfelig, bei den schwedischen hochgeformt mit rotem Wollbusch). Die Schuhe sind aus weichem Leder, mit aufgebogener Spitze (*gabmagak,* Pelzstiefel *skalkomager*). Im Winter ist der ganze Anzug aus Rentierfell. Die Tracht sowie die Schnitzereien aus Rentierhorn werden häufig zum Touristengeschäft. – Die Wohnungen der Samen sind meist kleine Holz- und Erdhütten (*gammen,* lappisch *darfe goattek*), bei den Wanderlappen auch Leinwandzelte, die oben eine Öffnung für den Rauchabzug haben. – Im Winter ist in abgelegenen Gegenden neben den Schneeschuhen die *pulka* oder *akja* das Hauptverkehrsmittel, ein bootförmiger Schlitten, vor den mit einer einzigen Leine ein Rentier gespannt wird.

Hauptbesitz der Samen sind die **Rentiere** (skandinavisch *ren,* finn. *poro*), eine kälteliebende Hirschart, bei der beide Geschlechter Geweihe tragen; die Zahl der Tiere in Lappland wird auf etwa 500 000 geschätzt. Ein einzelner Same muß für seinen Lebensunterhalt mindestens 100-200 Stück haben, doch überschreitet sein Besitz selten die Zahl von 500. Mit 800 Tieren ist er ein reicher Mann, doch kommen auch Herden von mehreren tausend Stück vor, die aber dann einer zusammen wandernden

Familie gehören. Eigentümlich ist das Knacken der Hufgelenke, das beim Wandern einer Herde auf hartem Boden deutlich hörbar wird. Rentierfleisch ist eine Delikatesse, die jeder Skandinavienbesucher einmal kosten sollte. Da eine von Rentieren abgeweidete Gegend lange Jahre zur Erholung braucht, benötigen die Herden für ihre Ernährung sehr ausgedehnte Gebiete. – Neben der Rentierhaltung betreiben die Samen auch häufig noch andere Viehwirtschaft und etwas Ackerbau.

NORWEGISCH-LAPPLAND (norweg. **Lapland**). – Zu Norwegisch-Lappland gehören die Provinzen Troms und Finnmarken, deren Küsten von Fjorden und Sunden stark zerrissen sind. Während im Bezirk Troms noch Ackerbau möglich und reiches Weideland vorhanden ist, wird die Gegend, je weiter

Lappenkind in Kautokeino (Nordnorwegen)

man nach Nordosten vordringt, immer kahler und abweisender. Von den hohen Berggruppen im Westen geht das Land nach Osten in niedrige Plateauflächen über, aus denen nur noch vereinzelte abgerundete kahle Kuppen aufragen. Hauptstädte der beiden Bezirke sind Tromsø (s. dort) und Vadsø (s. bei Kirkenes).

Im westlichen Finnmarken liegt am *Altafjord* der wichtige Handelsort **Alta** (Alta Hotell, 120 B.; Altafjord Vertshus, 97 B.), früher *Bossekop in Alta* ('Walfischbucht', von dem lappischen Wort 'Bosso' = Walfisch) genannt. Die Bevöl-

Lappen mit Rentieren in Nordfinnland

kerung lebt vor allem vom Lachsfang und der Ausbeutung der Schiefervorkommen. Die Gegend um den Fjord, wo es im Sommer überraschend warm werden kann, zeigt einen auffallend reichen Pflanzenwuchs.

Von Alta südlich (Straße Nr. 93; etwa 130 km) liegt in der *Finnmarksvidda* der vorwiegend von Samen (Lappen) bewohnte Ort **Kautokeino** (1600 Einw.; Kautokeino Turisthotell, 92 B.; Kautokeino Fjellstue, 32 B.; Jugendherberge; Campingplatz) mit einer Kirche von 1958 (die alte Kirche von 1703 wurde 1944 zerstört) und einer Schule.

Von Alta führt die Straße Nr. 6 nordöstlich zu dem kleinen Ort *Kistrand*, mit hübscher kleiner Holzkirche, am **Porsangerfjord,** der sich von Honningsvåg auf der Insel Magerøy (s. bei Nordkap) etwa 120 km nach Süden erstreckt. Die Straße umzieht das Ende des Fjords und führt weiter nach **Kirkenes** (s. dort).

SCHWEDISCH-LAPPLAND (schwed. Lappland).

– Dieses Gebiet ist die nördlichste und mit 120 000 qkm größte, aber am dünnsten bevölkerte Landschaft Schwedens, mit einer nordsüdlichen Ausdehnung von etwa 600 km und einer durchschnittlichen Breite von 250 km. Das Land steigt hier von Osten nach Westen in mehreren plateauartigen Stufen an. Nahe der norwegischen Grenze zieht sich ein wildes und wenig berührtes Hochgebirge hin, das im **Kebnekaise* (s. bei Kiruna) eine Höhe von 2117 m erreicht. Eine Anzahl fischreicher Ströme (u. a. Umeälv, Skellefteälv, Piteälv, Luleälv, Kalixälv und Torneälv) haben hier ihren Ursprung und fließen in südöstlicher Richtung dem Bottnischen Meerbusen zu. Der größte Teil des Gebietes ist mit Sümpfen und Wald bedeckt, der nach Osten und Norden zu immer lichter wird und schließlich in Krüppelbirken übergeht. – Haupterwerbszweig der Bewohner sind Waldwirtschaft sowie etwas Ackerbau und Viehzucht. Dazu kommt noch der Erzabbau in Gällivare und Kiruna. Mehrere Straßen sowie die Erzbahn von Luleå nach Narvik durchziehen das Gebiet.

Jokkmokk (Hotel Gästis, 50 B.; Engelmark, 26 B.) ist ein ehemaliges Samendorf, jetzt Hauptort der gleichnamigen Kommune mit 3200 Einwohnern, die sich etwa zur Hälfte oberhalb der Baumgrenze erstreckt. Der Ursprung des Ortes geht auf einen von Karl IX. gegründeten Sammelplatz der Samen am Talvatissee zurück, wo im Februar Samenreichstag, Kirchenfeiern und Markt abgehalten wurden. Einige Traditionen, wie der Markt, haben sich bis zur Gegenwart erhalten. Die alte Kirche von 1753 (1972 abgebrannt) wurde 1974/75 rekonstruiert. Im Museum von Jokkmokk eindrucksvolle Sammlungen zur Samen- und Siedlerkultur. Auf Verkaufsausstellungen kann man handgefertigte Arbeiten der Samen erwerben. 1942 wurde im Ort eine Lappenhochschule gegründet, daneben gibt es eine Nomadenschule.

UMGEBUNG von Jokkmokk. – Auto- und Wanderweg führen auf den *Storknabben,* den Mitternachtssonnenberg. 1 km nördlich der *Kaitum-Wasserfall.* – Etwa 7 km südlich der Stadt verläuft der **Polarkreis** (schwed. *Polcirkeln*). – 12 km südlich *Kåivovallen,* eine alte Sommerniederlassung für die Samen und ihre Rentiere. Die Gebirge bei Jokkmokk sind sowohl für Anfänger als auch für routinierte Gebirgswanderer geeignet.

Riksgränsen in 552 m Höhe ist Touristenort (Sporthotel Lapplandia, 218 B.) und letzte schwedische Station der Lapplandbahn (s. bei Abisko). Es ist das führende Sommer-Skizentrum (Sessellift) mit oft 15-20°C Wärme bei 0°C Schneetemperatur. Die Mitternachtssonne scheint hier vom 25. Mai bis 17. Juli. – In der Nähe der Touristenort *Björkliden* am See *Torneträsk* mit gutem Skiterrain und Sessellift zum *Njulla* (1199 m) in 750 m Höhe. Der Torneträsk am oberen Ende des *Torneälv* ist von hohen Felsen umgeben. An seinem Nordufer liegen zerstreut Samen-Siedlungen.

Der **Kungsleden* **(Königspfad),** ein 393 km langer Wanderweg (Wanderzeit 22-25 Tage; nur für Geübte; Karten, Kompaß, Gummistiefel usw.), führt durch die lappländische Gebirgswelt und ist mit Gebirgsstationen und Berghütten zur Übernachtung ausgebaut. Er reicht von Abisko (s. dort) im Norden über das Kebnekaise-Hochmassiv (s. bei Kiruna) bis ins südliche Lappland nach *Tärnaby*. Abisko hat eine Gebirgsstation. Der *Abisko-Nationalpark* mit seiner ungewöhnlichen Vegetation lohnt einen Besuch genauso wie die *Schlucht am Njulla,* zu dem ein Sessellift hinaufführt.

Wanderer auf dem Kungsleden

Stora Sjöfallet, *Nationalpark* mit Wasserfall am *Stora Luleälv,* ist Schwedens drittgrößtes Naturschutzgebiet. Hier ist das Quellgebiet des Stora Luleälv, ein von Tälern durchzogenes Gebirge mit dem höchsten Gipfel der Umgebung, dem *Akka* (2015 m). Der Nationalpark, 1909 eingerichtet, erstreckt sich von den Nadelwäldern im Osten quer über das Hochgebirge mit unterschiedlicher Höhenlage und abwechslungsreicher Fauna und Flora. Ursprünglich wurden 1500 qkm unter Naturschutz gestellt. Nach zehn Jahren mußte aber der Kern um das Seengebiet (120 qkm) ausgenommen werden, um Staumöglichkeiten für das *Wasserkraftwerk Porjus* zu schaffen. Der Wasserfall, der dem Nationalpark den Namen gegeben hat, ist da entstanden, wo das Wasser vom Gebirgssee *Kårtjejaure* in den *Langas-See* stürzt. Bei Hochwasser ist der Wasserfall am schönsten.

Lappenkirche in Saltoluokta (Nordschweden)

Durch Stora Sjöfallet führt der Wanderweg Kungsleden (s. zuvor). Jagen und Fischen sind nicht erlaubt.

*****Sarek** ist eine ausgeprägte Hochgebirgslandschaft mit einem *Nationalpark* (1950 qkm) zwischen *Stora* und *Lilla Luleälv;* etwa einhundert Gletscher. Allein 87 Gipfel sind über 1800 m hoch, und 8 weitere erreichen mehr als 2000 Meter. Dazwischen liegen Plateaus und Täler. *Rapadalen* ist der bekannteste Taleinschnitt am *Laidaure-See.* Hier ist Jagd und Fischen nicht erlaubt. Schlittenhunde dürfen vom 1. 1. bis 30. 4. benutzt werden, im übrigen ist das Mitbringen von Hunden nicht gestattet. Durch das Rapatal fließt der *Rapaälv,* der das Schmelzwasser von ca. 30 Gletschern aufnimmt und die Sedimente im Delta von Laidaure absetzt. Dieses Gebiet ist bekannt geworden durch den Kontrast zwischen der kargen Hochgebirgswelt und dem reichen Pflanzen- und Tierleben im Tal. Im Westen liegt *Alkavare,* wo noch im späten 17. Jahrhundert Silber gewonnen wurde; Reste der Gruben sind noch zu sehen, außerdem eine *Kapelle* von 1788. – Das Naturschutzgebiet von Sarek wurde bereits 1909 errichtet, um die sehr ausgeprägte Hochgebirgs-

landschaft in ihrer Unberührtheit zu erhalten. Für eine Gebirgswanderung durch Sarek, die mehr als eine Woche erfordert, ist Gebirgserfahrung und eine vollständige Ausrüstung unentbehrlich. Zelt und Proviant sind für mindestens eine Woche erforderlich.

Tärnaby (Tärnaby Turisthotell, 90 B.; Laisalidens Fjällhotell, 46 B.; Sånninggården, 43 B.) liegt mitten in einer herrlichen Gebirgslandschaft, 38 km von der norwegischen Grenze entfernt, am Südhang des *Luxfjäll* (824 m). In dem auf Skitouristen eingestellten Ort befinden sich ein Lappen-Museum und eine Nomadenschule. – 12 km westlich gelangt man auf einem markierten Wanderweg (auch Straße) zum See *Västensjö* und zum *Gieravardo* mit schöner Aussicht. Der Nachbarort *Hemavan* hat ebenfalls gutes Skigelände und hat sich deshalb zu einem Touristenort entwickelt. Von Hemavan hat man meilenweite Aussicht u. a. auf Norwegens Grenzberge Jofjället und Okstindern. Im Sommer können Kanus und Segelflugzeuge gemietet werden. Das Fischen in den Seen unterhalb des Ortes ist gestattet. – Etwa 60 km nordöstlich von Tärnaby (Straße nur von Sorsele) liegt das kleine Dorf *Ammarnäs* (Hotel Ammarnäsgården, 50 B. und 25 Hütten; Jonsstugan, 66 B.) mit einer alten Lappenkirche; Angeln, Skiwandern, Abfahrten.

Vilhelmina (Hotell Wilhelmina, 81 B.; Vilhelmina Kyrkstad, 138 B.) mitten im südlichen Lappland ist Sitz der offiziellen Lappenvertretung und besitzt ein interessantes Lappenmuseum. Ein lohnender Ausflug führt nordwestlich über *Laxbäcken* mit einer Landwirtschaftsschule 95 km zu dem am Südufer des *Kultsjö* (540 m) in großartiger Gebirgsumrahmung (Berge über 1500 m) gelegenen Dorf **Saxnäs** (Pension Saxnäsgården mit Ferienhäuschen); hier kann man fischen, wandern und Skilaufen.

FINNISCH-LAPPLAND (finn. **Lappi**), ein waldbedecktes Hügel- und Sumpfland von etwa 94 000 qkm, ähnelt in vieler Beziehung dem schwedischen Lappland, doch sind die Höhen geringer. Nur im äußersten Nordwesten, wo ein schmaler Zipfel noch in das skandinavische Hochgebirge hineinragt, erreicht der *Haltiatunturi,* der höchste Berg Finnlands, eine Höhe von 1324 m. – Fast ganz Finnisch-Lappland ist mit Wald bedeckt; im Süden herrscht die Fichte vor, jenseits vom großen **Inarisee** (s. dort) gibt es nur noch Kiefern und Birken. In einzelnen höheren Lagen findet man auch hier baumlose, flechtenbedeckte Tundra. Durch mehrere Straßen und die Errichtung guter Unterkunftsmöglichkeiten ist das Gebiet heute auch für den Fremden leichter zugänglich. Verwaltungszentrum ist **Rovaniemi** (s. dort) unweit südlich des Polarkreises.

Die Verkehrsachse in Süd-Nord-Richtung ist die von Kemi (s. dort) über Rovaniemi (s. dort) und den Ort *Sodankylä* (Hotel Kantakievari Luosto, 26 B.; Kantakievari, 24 B.), mit einer Holzkirche von 1689, nach Ivalo am Südende des Inarisees (s. dort) führende **Eismeerstraße** (bis hier Straße Nr. 4), die sich von Ivalo nordöstlich fortsetzt und an der noch 54 km entfernten finnisch-sowjetischen Grenze endet (früher bis zum ehem. finnischen Eismeerhafen Petsamo; heute sowj. Petschenga). – Die Straße Nr. 4 führt weiter nach Kaamanen und dann nordwestlich zur norwegischen Grenze bei Karigasniemi; nördlich die Straße über Utsjoki, dann am Grenzfluß Tenojoki entlang und jenseits der norwegischen Grenze zu dem Eismeerhafen Berlevåg.

Larvik

Staat: Norwegen. – Gebiet: Südnorwegen.
Provinz: Vestfold fylke.
Höhe: Meereshöhe. – Einwohnerzahl: 9000.
Postleitzahl: N-3251. – Telefonvorwahl: 034.
ⓘ **Turistkontor;**
Telefon: 8 26 23.

HOTELS. – *Grand Hotel*, 222 B.; *Victoria*, 37 B.; *Lilleskogen Turistheim*, 42 B.; *Holms Motel*, 54 B.

Die einstige Grafschaftshauptstadt Larvik liegt reizvoll an der norwegischen Südküste. Südlich der Stadt dringt der Larvikfjord in das Land ein; nördlich erstreckt sich der etwa 20 km lange See Farrisvatn.

Larvik besitzt zwei Heilquellen: Kong Håkons kilde, eine schwefelhaltige Kochsalzquelle, deren Wasser unter dem Namen 'Farris' versandt wird, und eine Eisenquelle. Es besteht jedoch kein Kurbetrieb. Die Stadt ist Geburtsort des Anthropologen Thor Heyerdahl (geb. 1914), der durch die Fahrten mit dem Balsaholz-Floß ''Kon-Tiki'' von Peru nach Polynesien sowie mit den Papyrus- bzw. Schilfbooten ''Ra'' (1969/70) und ''Tigris'' (1978) berühmt wurde.

SEHENSWERTES. – Mittelpunkt der Stadt ist der Torget (Marktplatz). Nordwestlich von diesem erstreckt sich am Stadtrand der *Bøkeskogen,* ein prachtvoller Buchenwald mit einem Aussichtshügel und einer etwa 1500 Jahre alten Nekropole. Nordöstlich des Waldgebiets der Stadtteil *Farris Bad* mit einem schönen Park.

Im Südosten der Stadt steht auf dem *Herregårdsbakken* der **Herregård,** ein großer Holzbau, der 1670-80 als Residenz der Grafen von Larvik errichtet wurde und heute das Stadtmuseum beherbergt. Südlich jenseits der Eisenbahn die 1674-77 erbaute **Kirche.** In ihr befindet sich, links vom Altar, ein Gemälde von Lucas Cranach d. Ä. mit einer Darstellung Martin Luthers. Von der Kirche schöner Blick über den Fjord.

Unweit nordwestlich der Kirche, am Hafen, ist im alten Zollamt ein kleines *Seefahrtsmuseum* untergebracht. – Auf der parallel zur Eisenbahnlinie verlaufenden Storgata gelangt man nun westlich zum *Bødkerfjellet,* einem aussichtsreichen Hügel, auf dem sich ein privates *Museum* mit Sammlungen zur Eisenindustrie befindet, die in Larvik von 1640 bis 1868 einige Bedeutung hatte (u. a. Ofenplatten und Gußformen).

UMGEBUNG von Larvik. – 7,5 km südlich das Seebad **Stavern** (Wassilioff Turisthotell, 50 B.; Auserød Pensjonat, 66 B.) mit hübscher Kirche von 1756; auf dem Friedhof das Grab des Dichters Ionas Lie (1833-1908) und seiner Frau.

7 km östlich von Larvik befindet sich in *Tjølling* eine weitere interessante Kirche. Sie stammt aus der Romanik und besitzt eine Renaissance-Kanzel und ein Baptisterium aus dem Rokoko (Taufstein um 1700).

Lillehammer

Staat: Norwegen. – Gebiet: Südostnorwegen.
Provinz: Oppland fylke.
Höhe: 180 m ü.d.M. – Einwohnerzahl: 22000.
Postleitzahl: N-2600. – Telefonvorwahl: 062.
ⓘ **Turistkontor,**
Storgata 56;
Telefon: 5 10 98.

HOTELS. – *Turisthotel, 260 B., Sb., Hb.; *Oppland Turisthotel*, 140 B., Hb.; *Victoria*, 220 B.; *Kronen*, 140 B.; *Langseth*, 88 B., Sb.; *Sommerhotell*, 300 B.; *Ersgård*, 48 B. – Am Hornsjø (27 km nordöstlich): *Hornsjø Høifjellshotell*, 401 B., Sb. – Sjusjøen (22 km östlich): *Sjusjøen Høifjellshotell*, 140 B., Sb., Hb.; *Sjusjøen Panorama Hotell*, 80 B.; *Rustad Fjellstue*, 98 B. – Nordseter (14 km nordöstlich): *Nevra Høifjellshotell*, 120 B., Sb.; *Nordseter Høifjellshotell*, 83 B. – Hunder (24 km nördlich): *Nermo Fjellstue*, 78 B.; *Pellestova*, 75 B. – Mehrere CAMPINGPLÄTZE in der Umgebung.

FREIZEIT und SPORT. – Reiten, Schwimmen, Diskothek.

WINTERSPORT. – Eisbahn, Curlingbahn, Schlittenfahren, ausgezeichnetes Gelände für Langlauftouren (220 km Loipen), Sessellift auf den Kanten (500 m) und Skilift am Bergebakken (nördlich; 520 m) mit mehreren guten Pisten. Skischule. In Nordseter (850 m): 200 km Loipen, zwei Skilifte und ein Skiseil, Skischule. In Sjusjøen (850 m): größte Hüttenstadt Norwegens, 120 km Loipen, Skilift.

Der Hauptort des norwegischen Verwaltungsbezirks Oppland liegt hübsch

über dem Mjøsensee, am Anfang des Gudbrandsdales und wird durch die Mesna in zwei Hälften geteilt. Die Stadt ist eines der bekanntesten Fremdenverkehrszentren in Norwegen und wird als Sommerfrische sowie wegen der

guten Skigelände in der Umgebung (Lifte; beleuchtete Pisten) auch zum Wintersport viel besucht.

SEHENSWERTES. – Die Hauptsehenswürdigkeiten von Lillehammer sind die

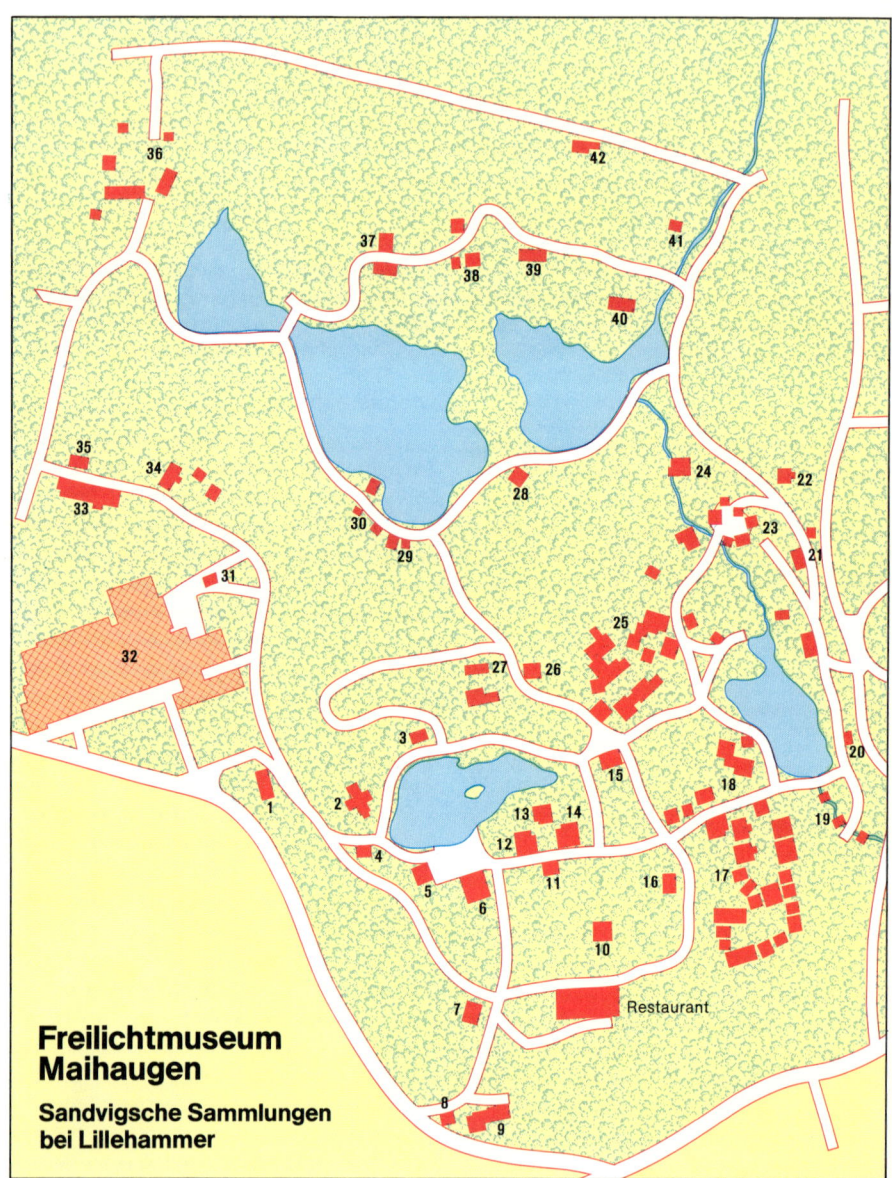

Freilichtmuseum Maihaugen

Sandvigsche Sammlungen bei Lillehammer

1 Haupteingang, Kasse, Souvenirverkauf
2 Kirche von Garmo (um 1200) aus dem Gudbrandsdal
3 Rauchofenhaus (um 1700) aus Hesta im Romsdal
4 Tolstad Haus (15. Jh.) aus Tolstadløkken, Vågå
5 Hauptmannshof oder Witwensitz (Mitte 17.Jh.) von Mytting, Ringebu
6 Pfarrhof von Vågå (Mitte 17. Jh.)
7 'Gästehaus'
8 Werkstatt
9 Wachtmeister
10 Zeughaus (Mitte 18. Jh.) aus Toftemoen, Dovre
11 Vorratshaus von Dagsgård
12 Lykre-Haus (Mitte 18. Jh.), erstes Haus des Museums

13 Vigenstad-Haus (Anfang 18. Jh.)
14 Hjeltar-Haus (um 1600)
15 Schulhaus (Mitte 19. Jh.) aus Skjåk
16 Verwaltungsgebäude mit Haftlokal
17 Bjørnstad-Hof (um 1700) aus Bjørnstad, Vågå
18 Isum-Anlage, Kapelle und Pfarrhof aus Isum, Sør-Fron
19 Mühlen
20 Schmiede
21 Gelbgießerwerkstatt (Herstellung von Gürtelwaren)
22 Skrefsrud-Hütte
23 Knutslykkja Hof (um 1800)
24 Färberei
25 Hof Øygården (18. Jh.) aus Øygården, Skjåk
26 Peer-Gynt-Hütte
27 Meviken

28 Knuvelhütte aus Fåberg
29 Fischerhütten
30 Fischerkapelle (Mitte 15 Jh.) aus Fåberg
31 Toilette
32 Alte Werkstätten und Konzerthalle
33 Kirkestuen/Sommerrestaurant
34 Wechselstation
35 Töpferwerkstatt
36 Valbjøralm aus Vågå
37 Barhusalm (um 1800) aus Gausdal
38 Øygårdsålm (um 1700) aus Skjåk
39 Korpbergalm (um 1700) aus Nord-Fron
40 Kleivalm (um 1600) aus Vågå
41 Almhütte aus Lesja und Almhütte aus Ringebu
42 Lundealm (Mitte 19. Jh.) aus Ringebu

Blick auf Lillehammer

am Südostrand der Stadt im Park **Maihaugen** gelegenen *Sandvigschen Sammlungen.* Das 1887 von dem Zahnarzt Anders Sandvig (1862-1950) gegründete **Freilichtmuseum** umfaßt über 100 Gebäude. Sämtliche Häuser sind in ihrer ursprünglichen Gestalt hier aufgebaut und mit altem Hausrat ausgestattet worden. Neben der Entwicklung des Wohnhausbaues sieht man ganze Höfe aus der Blütezeit der alten Bauernkultur (18. Jh.) sowie in einem größeren Gebäude zahlreiche alte Werkstätten verschiedener Handwerke. Der älteste Bau ist die Stabkirche von Garmo. Von den übrigen Gebäuden sei noch die um 1700 erbaute Peer Gynts Stue, die angebliche Wohnstätte der von Ibsen als Vorbild für sein Versdrama gewählten Gestalt, hervorgehoben. – Ferner beachtenswert die *Städtische Gemäldesammlung* (Malerisamling; norweg. Maler) am Markt (Stortorget).

UMGEBUNG von Lillehammer. – Vom Nordufer der Mesna Sessellift zum *Kanten* (Restaur.).

Östliche Höhen: Vom Park Maihaugen südöstlich bergauf, vorbei am Langseth Hotell (350 m) und an dem kleinen See *Bädshaugtjern* (585 m); bald darauf über den *Bustokelv,* den Abfluß des *Sødre Mesna-Sees* (512 m; rechts) in den *Nordre Mesna-See* (511 m; links). Hinter Mesnalien (520 m) wendet sich die Straße nach Norden und steigt weiter an. Rechts der *Sjusjø* (795 m), bald darauf der Ort **Sjusjøen** (830 m) mit Hotels und zahlreichen Hütten sowie Sommerhäuschen. Von hier weiter auf einem schmalen, aber fahrbaren Weg; nach 6 km links und am Südufer des *Mellsjø* (893 m) entlang. Man erreicht die Einmündung in eine von Lillehammer kommende Straße, auf der man nach links **Nordseter** (786 m) erreicht; von dort lohnender Aufstieg in $1^1/_4$ St. zum aussichtsreichen *Neverjell* (1086 m). Von Nordseter zieht die Straße wieder durch Wald abwärts nach Lillehammer.

Durch das Gausdal. – Man verläßt Lillehammer in südwestlicher Richtung und überquert auf einer langen Brücke das schmale Nordende des *Mjøsensees.* Dann

rechts auf die Straße Nr. 253 und am Westufer des Mjøsensees hin; links *Jørstadmoent* und der Flugplatz. Bei der Kirche (1724) von *Fåberg* links auf die Straße Nr. 255, der man nun in dem von der *Gausa* durchflossenen G a u s d a l aufwärts folgt (östlich parallel verläuft am Talhang eine zweite lohnende Straße). In **Follebu** (310 m) zweigt rechts ein 2 km langer Fahrweg zu der hochgelegenen alten Steinkirche (422 m) ab. – 1 km hinter Follebu rechts der stattliche Hof *Aulestad,* der ehem. Wohnsitz des Dichters Bjørnstjerne Bjørnson (1832-1910), mit Erinnerungen an ihn. Von *Segalstad bru* führt links die Fortsetzung der Straße Nr. 255 durch das immer enger werdende Tal nach **Vestre Gausdal** (Kirche von 1784); rechts steigt die Straße Nr. 254 im Østre Gausdal weiter an. Man erreicht *Svingvoll* (480 m), von wo man links auf die 'Peer-Gynt-Straße' (s. Gudbrandsdal) oder rechts über Tretten in das Gudbrandsdal gelangen kann.

Limfjord

Staat: Dänemark. – Landschaft: Jütland (Jylland). Amtsbezirke: Viborg amt und Nordjyllands amt.
ⓘ **Fremdenverkehrsbüro Lemvig,**
Toldbodgade,
DK-7620 Lemvig;
Telefon: (07) 820372.
Fremdenverkehrsbüro Nykøbing,
Havnen,
DK- 7900 Nykøbing;
Telefon: (07) 720488.
Fremdenverkehrsbüro Thisted,
Store Torv,
DK-7700 Thisted;
Telefon: (07) 921900.

Der Limfjord, ein 180 km langes Gewässer zwischen Nordsee und Kattegat, trennt die Nørrejyske Ø, die Insel Nordjütland, vom übrigen Jütland. Er ist mit seiner naturschönen Landschaft und dem ruhigen Wasser ein ideales Gebiet für Segler. Zahlreiche Hafenstädte und Ankerplätze am Limfjord laden zu einem 'Wasserurlaub' ein.

Bei den örtlichen Touristenbüros ist die Broschüre ''Limfjord zur See'' erhältlich, die alle Ankerplätze verzeichnet. Der Autofahrer sollte beachten, daß

Fischerboot im Limfjord

der Limfjord nur an bestimmten Stellen überquert werden kann: Es gibt Brücken beim Oddesund, beim Vilsund und Sallingsund (Insel Mors) und beim Aggersund sowie eine Brücke und einen Tunnel bei Ålborg. Außerdem mehrere Fähren mit Überfahrtszeiten von wenigen Minuten, davon je eine am West- und am Ostende des Limfjord.

Der westliche Eingang zum Limfjord aus der Nordsee ist der *Thyborøn Kanal* (Fähre), an dessen Nordseite sich das beliebte Ferien- und Badegebiet um *Agger* und Vestervig erstreckt. *Vestervig* war im 11. Jahrhundert Bischofssitz für Vendsyssel, den nördlichsten Teil Jütlands. Heute ist es ein kleines Dorf mit nicht einmal 1000 Einwohnern. Die Kirche erinnert noch an die stolzen, alten Tage, wenn auch die einst prachtvolle dreischiffige Basilika im Lauf der Jahrhunderte durch Umbauten und Restaurationen gelitten hat, ehe eine Umgestaltung in den zwanziger Jahren die Kirche wieder dem Original annäherte. Sie enthält einige romanische Grabsteine, darunter den ältesten datierten Dänemarks (1210).

Vestervig verlor schon früh seine Bedeutung, weil sein Hafen versandete. Ebenso ging es zahlreichen weiteren Orten in diesem Abschnitt. Die Versandung wechselte mit Sturmfluten ab, die den angeschwemmten Boden wieder zerrissen; fruchtbares Land und mehrere Städte verschwanden. Die winzige Kirche und der Feuerturm von *Lodbjerg,* einsam in den Dünen gelegen, sind Zeugen des Verfalls. Heute wird die Landzunge *Agger Tange* durch Deich- und Buhnenanlagen nach holländischem Vorbild geschützt.

Am Südufer der *Nissum Bredning* am Westrand des Limfjords liegt **Lemvig** (6500 Einw.; Scandinavian Holiday Center, 148 Apartements, Sb.; Missionshotellet, 66 B.; Hotel Nørre Vinkel, 72 B.; Campingplatz), eine hübsche Stadt im hügeligen Terrain, mit gotischer Kirche und einem interessanten Museum. Die Umgebung ist ein Paradies für Naturliebhaber mit Wäldern, Moosen und Heide, mit den Sanddünen der Westküste (12 km westlich von Lemvig bei Ferring der 43 m hohe *Bovbjerg Klint*) und einer speziellen Fauna mit zahlreichen seltenen Schwimmvögeln.

Von Lemvig kann man auf einer schönen Straße am Fjord entlang die Straße Nr. 11 erreichen, die auf einer Brücke den *Oddesund* überquert. So kommt man ohne Fähre auf die Halbinsel Thyholm. Die Straße Nr. 11 führt nun am Nordwestrand des Limfjord weiter nach Thisted, der Hauptstadt von Thyholm (11000 Einw.; Missionshotel Merci, 50 B.; Strandhotel, 40 B.; Camping-

platz). Die Stadt hat eine Bibliothek mit Malereien von Jens Skovgaard und ein Museum mit sehenswerter historischer Sammlung zu bieten.

22 km nördlich von Thisted liegt die Fischer- und Hafenstadt *Hanstholm* am Nordwestzipfel von Thyholm, südlich davon der Badeort *Klitmøller,* der seinen Namen nach alten Wassermühlen erhalten hat, die heute verschwunden sind (sehr guter Strand). Hinter Thisted zieht sich die Straße Nr. 11 weiter in Richtung Osten nach *Fjerritslev, Brovst* und *Åbybro,* wo sie nördlich abbiegt, während dem Limfjord folgend die Straße Nr. 17 südöstlich **Ålborg** (s. dort) erreicht. Die Strecke ist durch Plantagen, Wälder und kleine Fjorde aufgelockert; in weniger als einer halben Stunde Fahrzeit ist jeweils die Nordseeküste erreichbar. Sehenswert ist am Eingang der *Jammerbucht* der *Skarreklit,* ein 15 m hoher Flintsockel, der heute etwa 100 m weit im Meer liegt, einst aber an der Küste stand.

Im Limfjord selbst liegen zahlreiche kleinere und größere Inseln, deren wichtigste **Mors** ist. Mors kann man südlich über den Sallingsund und vom Norden her über den Vilsund auf Brücken erreichen; außerdem gibt es Fähren über den Neessund und den Feggesund. Mors besticht in erster Linie durch seine herrliche Landschaft, besonders sehenswert ist der *Hanklit,* ein 65 m hoher Molererdfelsen, der fast lotrecht zur Küste abfällt und Relikte von Tieren und Pflanzen aus der Tertiärzeit birgt. Die Erdlager sind durch Eiszeitgletscher zu phantastischen Formen geschliffen worden. An der Nordspitze von Mors liegt der *Feggeklit;* es ist der Platz, an dem der Sage nach Hamlet seinen Stiefvater König Fegge getötet haben soll.

Hauptort von Mors ist **Nykøbing** (10000 Einw.; Hotel Bendix, 56 B.; Sallingslund Færgekro, 82 B.), das durch Austernzucht und Heringfang bekannt wurde. Im Kloster von *Dueholm* ist das historische Museum von Mors untergebracht, vom alten Gebäude (einem Johanniterkloster von 1370) ist nur noch ein Haus erhalten.

Östlich von Mors liegt die kleine Insel **Fur**, in deren Museum zahlreiche Fossilien zu sehen sind. Die *Stendalshöhe* bietet einen Rundblick über die faszinierende Natur der Insel.

Hinter Ålborg zieht sich der Limfjord in einem schmalen Kanal, dem *Langerak,* zur Ålborg-Bucht im Kattegat hin. An der Mündung des Langerak in das Kattegat eine Fähre von *Hals* (Hotel Garni, 31 B.) aus, einem naturschönen Badeort, von dessen Befestigung der Pulverturm und das Zeughaus noch erhalten sind.

Linköping

Staat: Schweden. – Gebiet: Südschweden.
Provinz: Östergötland län.
Landschaft: Östergötland.
Höhe: 40 m ü.d.M. – Einwohnerzahl: 110000.
Postleitzahl: S-58... – Telefonvorwahl: 013.

(i) **Linköpings Turistbyrå,**
Stora Torget,
S-58223 Linköping;
Telefon: 120279
(nur Juni-August).

HOTELS. – *Stora Hotellet,* Stora Torget 9, 104 B.;
Diplomat Roxen, Skägetorp Centrum, 180 B., Sb.;
Frimurarehotellet, St. Larsgatan 14, 200 B.; *Esso
Motor Hotel,* Rydsvägen, 158 B., Sb.; *Park Hotell,*
Järnsvägsgatan 6, 75 B.; *Hotel du Nord,* Repslagaregatan 5, 26 B.; *Östergyllen,* Hamngatan 2 B, 65 B.

**Linköping (spr. Lintchöping), die
Hauptstadt der Provinz Östergötland,
Sitz eines Bischofs und einer Universität, liegt am Westufer der unweit nördlich in den Roxensee mündenden
Stångå, an der Strecke von Stockholm
nach Göteborg. Der Name der Stadt
taucht erstmals in alten Schriften in
Zusammenhang mit der Gründung des
Klosters Vreta im Jahre 1120 auf. Bei
einem Kirchentreffen in Linköping
wurde Schweden 1152 zur Provinz der
Römischen Kirche erklärt. Hier am Ufer
der Stångå besiegte 1598 Herzog Karl
von Södermanland (Karl IX., der Verteidiger der Reformation) den katholischen Sohn Johannes III., den polnischen König Sigismund, dessen adlige
Anhänger 1600 auf dem Marktplatz von
Linköping hingerichtet wurden (Blutgericht von Linköping).**

SEHENSWERTES. – Der zentrale Platz
von Linköping ist der Stora Torg mit
dem *Folkungabrunnen* (1927). Er ist
eines der bekanntesten Werke von
Carl Milles, mit der Skulptur Folke Filbyters, die an die Folkungasage erinnert.
Östlich die *St.-Lars-Kirche* mit einem
Turm aus dem 12. Jahrhundert. Sie beherbergt einige Bilder von Pehr Hörberg
(1746-1816), der durch seine naiv-romantische Malweise und koloristische
Begabung einen hervorragenden Platz
unter den Künstlern seiner Zeit einnimmt. Die *Domkirche befindet sich
nordwestlich vom Stora Torg. Es ist ein
um 1150 im romanischen Stil begonnener (Nordportal), durch Um- und Ausbau im gotischen Stil vollendeter Bau
mit einem 105 m hohen Turm von 1886.
Der spätgotische Chor ist ein Werk des
Meisters Gerlach von Köln. Rechts vom

Altar steht der Marmorsarkophag des
evangelischen Bischofs Terserus
(† 1678), im südlichen Querschiff ein altes Altargemälde des niederländischen
Meisters van Heemskerck († 1574), das
Johann III. im Jahre 1581 für 1200 Tonnen Weizen gekauft hat. Nördlich vom
Dom liegen *Bischofssitz* (1733) und
Stiftsbibliothek, letztere mit zahlreichen
alten Handschriften und seltenen Drukken. Südwestlich vom Dom in den Anlagen des *Kungträdgården* ist das vor
1500 gebaute und 1931/32 restaurierte
Schloß zu finden. Hier residiert heute
der Landeshauptmann.

Im Norden der Stadt am Vasatorg –
vom Dom aus durch die Gråbrödragatan
zu erreichen – liegen das *Stadtmuseum*
und das *Östergötland Museum,* letzteres mit ethnographischen Sammlungen
und Bildern von Cranach in einer guten
Gemäldegalerie. – Im Osten der Stadt
am Ufer des Stångå erinnert das *Stångebrodenkmal* an die Schlacht von
1598. Die Stångebro, die das beiderseits
des Flusses gelegene Linköping miteinander verbindet, wurde 1655 fertiggestellt. Mit einer ungewöhnlichen Anlage
kann der alte Stadtteil **Gamla Linköping**
aufwarten. Hierher wurden von 1950 an
erhaltenswerte Bauten in ihrer Mehrzahl
Holzhäuser, aus dem Zentrum der Stadt
versetzt. Dazu kamen auch einige kulturhistorisch wertvolle Gebäude aus der
Provinz Östergötland. Gamla Linköping
ist heute Heimstatt für nicht wenige
Kunsthandwerker.

UMGEBUNG von Linköping. – Empfehlenswert ist eine Fahrt auf dem **Kinda-Kanal,** der
den Roxensee mit einigen südlich gelegenen, von der Stångå durchströmten Seen
verbindet. Er weist auf einer Länge von 80 km
15 Schleusen auf. Die Fahrt führt an verschiedenen Landsitzen vorbei (u. a. am *Erlangsee* der stattliche Herrensitz Sturefors
von 1704) und endet in *Horn,* am Südende
des *Åsundsees.*

Etwa 8 km östlich von Linköping liegt die aus
dem 12. Jahrhundert stammende und 1940
restaurierte Rundkirche von **Vårdsberg,** mit
Gewölbemalereien aus dem 16. Jahrhundert.
– Gut 6 km östlich die Kirche von *Askeby* mit
den Resten eines Nonnenklosters aus dem
12. Jahrhundert. – Etwa 7 km in nordwestlicher Richtung die *Karga Kirche,* die auf Veranlassung von König Sverker († 1156) an dem
alten *Kultplatz Allguvi* (Aller Götter Heiligtum) errichtet wurde. Die Kirche ist mit vielen
Malereien geschmückt. Die Bilder im Langschiff stammen von Meister Amund, die im
Chor von seinem Lehrherrn, dem Risingemeister. – 11 km nordwestlich an der Straße
nach Motala liegt die **Vreta-Klosterkyrka,**
eine ehemalige Zisterzienserinnenkirche aus
dem 13. Jahrhundert (1915-22 wiederhergestellt), mit zahlreichen Grabmälern im Inneren; nördlich neben der Kirche die Grundmauern des Klosters.

Lofoten
(Lofotinseln)

Staat: Norwegen. – Gebiet: Nordnorwegen.
Provinz: Nordland fylke.
Fläche: 1308 qkm. – Bewohnerzahl: 27 000.
Telefonvorwahl: 088.

(i) **Lofoten Reiselivsforening,**
Abt. Vågan,
N-83000 Svolvær;
Telefon: 7 10 53.
Lofoten Reiselivsforening,
Abt. Vestvågøy,
N-8340 Stamsund;
Telefon: 8 93 94.
Lofoten Reiselivsforening,
Abt. Flakstad,
N-8330 Ramberg;
Telefon: 9 31 50.

FREIZEIT und SPORT. – Angeln von der Mole und
aus dem Ruderboot, Hochseefischerei, Bergsteigen, Jagd.

ANREISE. – Mit dem Schiff nach Svolvær von Bodø
(6 St.), Skutvik (2 St.) oder Narvik (9 St.); außerdem
werden die Lofoten von den Küstendampfern angelaufen. Ferner bestehen Flugverbindungen von
Bodø und Evenes (Narvik) nach Svolvær und anderen Orten.

Die ****Lofoten (norweg. nur in der Ein-
zahl gebraucht, -en ist der angehängte
Artikel; nur im deutschen Sprachge-
brauch Mehrzahl mit Artikel) bestehen
aus einer durch den an seiner Mündung etwa 80 km breiten Vestfjord vom
Festland getrennten, fast 150 km langen bergigen Inselkette, die sich von
Nordosten nach Südwesten in den
Ozean hinauszieht. Die vier großen Inseln Austvågøy, Vestvågøy, Moskenesøy und Flakstadøy sowie einige
mittlere schließen sich so nahe anein-
ander an, daß sie aus der Ferne den
Eindruck eines langgestreckten zackigen Gebirgskammes machen. Ein
Schwarm von Holmen und Schären
umgibt die Hauptinseln. Überall öffnen
sich Buchten und Fjorde mit bis zu
1000 m ansteigenden Felswänden. Die
Berge haben alpine Formen und eigentümliche steile Gipfel (bis 1266 m), die
oben kahl und z. T. schneebedeckt
sind.**

Der Baumwuchs ist spärlich. Nahe dem
Meeresufer gibt es Sümpfe und Land-
seen, Wiesen und sogar einige Felder.
Das Klima ist feucht, aber im Winter
mild. Der Haupterwerbszweig der Bevölkerung ist der Fischfang und die damit verbundene Industrie. Daneben wird
stellenweise noch etwas Schafzucht betrieben, neuerdings hat man Nerzfar-
men eingerichtet. In den Sommermonaten spielt auch der Fremdenverkehr eine
Rolle; Vermietung von Fischerhütten
('rorbuer'), teils im alten Stil (sehr einfach), teils modernisiert, zu erstaunlich
niedrigen Preisen.

Der **Fischfang** auf den Lofoten, zu dem
Tausende von Fischern mit ihren Booten hier zusammenkommen, findet von
Mitte Januar bis Mitte April statt. Den
Hauptanteil der Fänge bildet der Dorsch
oder Kabeljau (norweg. 'torsk'). Von Anfang Januar streicht der sonst die Tiefen
des Atlantischen Ozeans bewohnende
Raubfisch in langen, mehrere Meter tiefen Zügen zum Laichen an die Küste.
Die Tiefe, in der sich die Züge bewegen,
ist von der Wassertemperatur abhängig
und beträgt 100-300 m. – Am Lande
werden die gefangenen Dorsche aufge-
schnitten ('rundfisk') oder ganz gespal-
ten ('klippet'), wobei Köpfe und Einge-
weide entfernt werden. Dann hängt man
sie zum Trocknen entweder auf Holzge-
stelle ('hjeller'), wo sie bis zum Juni
bleiben ('tørrfisk' = Stockfisch); oder sie
werden gesalzen und auf den Felsen
ausgebreitet ('klippfisk'), dann in Hau-
fen zusammengesetzt, die man zum
Schutz gegen die Feuchtigkeit überdacht. Zum Teil werden die Fische auch
nicht getrocknet, sondern gesalzen in
Fässer gelegt ('laberdan'). Die abge-
schnittenen Köpfe werden in Guanofa-
briken zu Dünger, der Rogen zu Konserven und die Leber zu Lebertran verarbeitet. – Nach Beendigung des Winter-
fanges ziehen die meisten Fischer nördlich nach Finnmarken zur Sommer-
oder 'Lodde'-Fischerei.

Hauptort und Verwaltungszentrum der
Lofoten ist das an der Südküste der Insel
Austvågøy gelegene Städtchen
Svolvær (Lofoten Nordic Hotell, 98 B.;
Havly, 75 B.; Jugendherberge), mit etwa
4000 Einwohnern, deren Zahl aber wäh-
rend der Fischsaison auf ein vielfaches
ansteigt. Es ist zentraler Fischereihafen,
Verkehrsknotenpunkt und bedeutend-
ster Handelsort der Inseln. Werke der
zahlreichen Maler, die auf den Lofoten
Motive suchen, findet man im 'Kunstnernes Hus' auf *Svinøy.* Auf der kleinen
Insel *Gunnarholm* (Straßenbrücke von
Svolvær), der Landebrücke gegenüber,
das Grab des Nordlandmalers Gunnar
Berg (geb. 1864 in Svolvær, † 1894 in
Berlin). – Der nördlich aufragende steile
Blåtind (597 m; hin und zurück für Geübte 5 St.) bietet eine prächtige Aussicht
und von Ende Mai bis Mitte Juli den Anblick der Mitternachtssonne. – Eine lohnende Motorbootfahrt (2 St.) führt zum
Südende der schon zu den Vesterålen
(s. dort) gehörenden Insel *Hinnøy,* wo
man den **Digermulkollen* (Aufstieg
1¼ St.) ersteigen sollte. Die Fahrt führt
auch durch den Südteil des die Lofoten
von den Vesterålen trennenden, etwa
8 km langen **Raftsundes.* Vom Raft-
sund führt eine enge Felseneinfahrt
westlich in den schmalen ****Trollfjord,** in
dessen Hintergrund die schneebedeck-

ten *Higravtinder* (1161 m) und die zakkigen *Trolltinder* (bis 1045 m) aufragen, die aus dem fast stets eisbedeckten 3 km langen Bergsee *Trollfjordvatn* aufsteigen. Die beliebteste Tagestour zum Trollfjord führt von Svolvær mit dem Bus über Fiskebøl nach Stokmarknes und von dort mit dem Eilschiff über den Trollfjord zurück. 10 km südwestlich von Svolvær (Autobus) liegt der reizvoll gelegene Ort **Kabelvåg** (Hospits, 12 B.; mehrere Campingplätze), mit einem Fischereimuseum, dem Lofotaquarium, das Fische und Seetiere des Vestfjords enthält, und der Kirche von Vågan, der größten Holzkirche nördlich von Trondheim.

An der vom *Vågekalle* (942 m; Aufstieg 3$\frac{1}{2}$ St.) überragten Südwestspitze der Insel Austvågøy liegt *Festvåg,* von da kurze Fähre (12 Min.) nach der typischen Fischereisiedlung *Henningsvær* auf einer Gruppe kleiner Inseln, wo sich im Winter eine große Fischereiflotte versammelt.

An der Südostküste der großen Lofoteninsel **Vestvågøy** liegt **Stamsund** (SAS Lofoten Hotell, 55 B.; Sb.; Havly Hospits, 12 B.; Jugendherberge), einer der bedeutendsten Fischereiorte des Archipels, Verkehrszentrum der Westlofoten. – Am Südwestende von Vestvågøy der Fischerhafen *Ballstad* unter dem Ballstadaksla (466 m).

An der Nordwestküste der Insel **Flakstadøy** liegt der kleine Ort **Ramberg** (Gjestgiveri, 16 B., 10 Hütten), das Ver-

Nusfjord auf der Lofotinsel Flakstadøy

waltungszentrum dieser Insel. Unweit östlich die Kirche (1780) von Flakstad, ursprünglich aus Treibholz erbaut.

Der Hauptort der Insel **Moskenesøy** ist die Fischersiedlung *Reine* (Havly Hospits, 11 B.) am Kirkefjord, Lieblingsaufenthalt von Malern und Bergsteigern. 10 km südwestlich der kleine Ort *Å,* der Endpunkt der Lofotenstraße. Von

den Anhöhen über dem Ort Blick auf den Gezeitenstrom *Moskenesstraum* zwischen dem Kap Lofotodden und der Insel Mosken, der von Jules Verne und Edgar Allan Poe als 'Mahlstrom' beschrieben wurde.

Von Reine aus Bootsfahrten zu der südwestlich gelegenen kleinen Insel **Værøy.** Im Süden dieser Insel erhebt sich das ***Mostadgebirge** *(Mostadfjellet)* steil über dem alten, verlassenen Ort Mostad. Diese Berge sind ein Vogelparadies, in dem von Mai bis August über 1 Mio. Vögel brüten, in ihrer Mehrzahl Papageientaucher, aber auch Larventaucher, Lummen, Scharben, Stummelmöwen und Seeadler. Man erreicht die Vogelberge mit dem Mietboot (20 Min.) vom Ort Værøy. – Auf der Insel gibt es die letzten Exemplare einer merkwürdigen Hunderasse mit sechs Zehen, Papageientaucherhund genannt, da er zur Jagd auf diese Vögel benutzt wird.

Ebenfalls von Reine (5 St.), aber auch von Bodø (5 St.) und Værøy (2$\frac{1}{4}$ St.) führen Bootsfahrten zu der eigenartigen, fast 100 km vom Festland entfernten Inselgruppe **Røst** (Havly Hospits, 22 B.), mit hochaufragenden ***Vogelfelsen** (Vedøy, Storfjell, Stavøy, Felsengruppe Nykan). Hier findet sich eine der zahlreichsten Ansammlungen von Seevögeln in der Welt, die neben ca. 3 Mio. Papageientauchern auch seltene Arten, wie die große und die kleine Sturmschwalbe sowie Eissturmvögel umfaßt. Besuch mit Booten von Røstland, während der Saison auch Hubschrauberflüge von Bodø aus.

Lolland

Staat: Dänemark. – Insel Lolland (Laaland). Amtsbezirk: Storstrøms amt.
Fläche: 1214 qkm. – Bewohnerzahl: 80 000.
ⓘ **Fremdenverkehrsbüro Maribo,**
Jernbanegade 8,
DK-4930 Maribo;
Telefon: (03) 88 04 96.
Fremdenverkehrsbüro Nakskov,
Axeltorv,
DK-4800 Nakskov;
Telefon: (03) 92 21 72.
Fremdenverkehrsbüro Nysted,
Adelgade 65,
DK-4880 Nysted;
Telefon: (03) 87 19 85.
Fremdenverkehrsbüro Rødby,
Havnegade 19,
DK-4970 Rødby;
Telefon: (03) 90 50 43.
Fremdenverkehrsbüro Sakskøbing,
Torvet 1,
DK-4990 Sakskøbing;
Telefon: (03) 89 40 10.

Lolland, westlich von Falster gelegen, die drittgrößte dänische Insel (wenn man Grönland nicht mitrechnet) nach

Seeland und Fünen, ist auch heute noch ein industriell wenig erschlossenes Gebiet, die größten Unternehmen konzentrieren sich auf den Raum um Nakskov. Der wichtigste Gewerbezweig ist der Zuckerrübenanbau, mit Zuckerfabriken in Nakskov und Sakskøbing. Die Fischerei, die früher eine bedeutende Rolle gespielt hat, ist stark zurückgegangen. Der Fährverkehr hat Lolland auch dem Tourismus erschlossen. Bei den Dänen heißen die Inseln Lolland, Falster, Møn und die danebenliegenden Kleininseln 'Südseeinseln'.

Lolland stellt die Verbindung zwischen der Bundesrepublik Deutschland und Dänemarks Hauptstadt Kopenhagen dar. Die Direktverbindung in den Norden hat den romantischen Namen ''Vogelfluglinie'' bekommen. Zwei Brücken über den Guldborgsund verbinden Lolland mit Falster. In den Süden führt die Fähre zwischen Rødby und Puttgarden, für die man im Sommer stets Plätze reservieren lassen sollte, um lästige Wartezeiten zu vermeiden. Eine weitere Fährlinie von Tårs bei Nakskov aus verbindet Lolland mit Langeland und Fünen.

Fahrt durch Lolland. – Von Puttgarden kommend erreicht die Fähre *Rødbyhavn,* von wo aus die E 4 in Richtung Kopenhagen weiterführt; bis Sakskøbing als Autobahn, dann als gute Hauptstraße, ehe sie bei Rønnede auf Seeland wieder zur Autobahn wird. Man kann Lolland, auch wenn man die dänischen Geschwindigkeitsbeschränkungen einhält (Übertretungen sind teuer, auch für Touristen) in einer guten halben Stunde durchqueren. Will man sich etwas mehr Zeit gönnen, kann man bereits in **Rødby** (5000 Einw.; Danhotel, 80 B.; Euro Motel, Sadinge, 74 B.) Station machen. Einst war Rødby Hafenstadt (man kann noch ein Fachwerkpackhaus sehen, bei dem einst die Schiffe anlegten), durch umfassende Deicharbeiten wurde die oftmals überschwemmte Stadt jedoch vom Meer abgeschnitten. Die Sturmflutsäule in der Nørregade zeigt den Wasserstand bei der großen Überschwemmung von 1872. Etwa 6 km nordwestlich von Rødby liegt die Kirche von *Tirsted,* eine romanische Backsteinkirche mit bemerkenswertem Turm und Fresken aus dem 15. Jahrhundert.

Folgt man der E 4, kommt man 17 km hinter dem Hafen nach Maribo, kurz davor biegt links die A 7 ab, die nach Nakskov führt. Dieser Weg führt zunächst an der *Østofte Kirche* vorbei, einer romanischen Backsteinkirche, die in der Gotik

Turm und Vorhalle erhielt, im 15. Jahrhundert das Schiffsgewölbe und 1656 einen Querflügel. Im Chor gut erhaltene Fresken von etwa 1400 mit Szenen aus dem Alten Testament. In *Stokkemarke* eine Kirche mit monumentalem Turm.

Am Nakskov Fjord liegt **Nakskov** (16 000 Einw., Hotel Harmonien, 54 B.), Industriestadt mit der größten Zuckerfabrik Dänemarks und einer Schiffswerft. Die Kirche St. Nicolai ist eine gotische Kirche mit barockem dreistufigem Altar. Im Stadtkern gibt es schmale mittelalterliche Gassen, alte Höfe zwischen dem Hafen und Axeltorv. Auf dem Marktplatz die alte Apotheke und Theisens gård (Fachwerkhaus). Von Tårs, 13 km nordwestlich von Nakskov, Fährverbindung nach Spodsbjerg (Langeland), Fahrtdauer 1 St. 20 Minuten.

An der Südküste Lollands liegen die schönsten Badestrände der Insel, von Maglehøj Strand bis hinunter nach Drummeholm. Es sind vorwiegend Sandstrände, mit Kies direkt an der Wasserlinie.

Von Nakskov nach Norden kommt man zur *Løjtofte Kirche,* einer kleinen, turmlosen romanischen Kirche mit einem prächtigen Taufbecken und einer Sandsteinskulptur aus dem Jahre 1100, einem Werk des Majestas-Meisters aus Gotland. Die Straße führt weiter nach *Kong Svends Høj,* einem jungsteinzeitlichen Ganggrab, und dann nach *Kragenæs,* von wo man mit Autofähren die Inseln Fejø und Femø erreichen kann (gute Segelmöglichkeiten).

Statt nach Kragenæs abzubiegen, kann man seinen Weg auch auf der Landstraße fortsetzen und kommt dann an *Ravnsborg* vorbei, einer alten Burgruine mit hübschem Blick auf das Smålandsmeer. 13 km weiter erreicht die Straße *Bandholm* (Autofähre nach Askø), den Hafen Maribos. Zwischen Maribo und Bandholm dampft jedes Sommerwochenende ein kleiner Museumszug mit historischen Wagen. Südlich von Bandholm liegt der **Knuthenborg Safari Park,** Skandinaviens größter Herrenhofpark (600 ha), im vorigen Jahrhundert in englischem Stil auf dem Knuthenborg-Gut angelegt und 1970 in ein Wildtier-Freigehege umgebaut. Der Park, der von einer 8 km langen Mauer umgeben ist, die nur durch vier Tore unterbrochen wird, bietet eine einzigartige Sammlung von etwa 500 Arten von Laub- und Nadelbäumen aus allen Erdteilen, sieben Miniaturschlösser und Dänemarks größten Bestand an Antilopen, Giraffen, Zebras, Kamelen, Nashörnern, Elefanten, Straußen und Affen. Eine Autostraße führt durch den Safaripark und auch durch das Gehege mit den bengalischen Königstigern; für Kinder ist auch ein Kinderzoo mit Ponyreiten eingerichtet.

Kurz hinter Knuthenborg trifft die Landstraße wieder auf die A 7, die nach Maribo zurückführt.

Maribo (5000 Einw., Hotel Hvide Hus, 94 B., Sb.; Ebsenshotel, 28 B.; Jugendherberge; Camping) liegt im Herzen Lollands in hübscher Umgebung am Søndersø. Die Stadt wurde im 15. Jahrhundert um das Maribo-Kloster angelegt. Vom Kloster sind heute nur noch Ruinen erhalten, die unmittelbar nördlich der Kirche in einer Grünanlage zu sehen sind; hübscher Blick zum See. Der Dom von Maribo wurde zwischen 1413 und

Domkirche in Maribo auf Lolland

1470 als Klosterkirche des Birgittinerordens angelegt. Die Kirche hat zwei Chöre, einen für die Mönche und einen für die Nonnen des Ordens. Der Plan der Kirche entspricht in den Hauptzügen jenem, den die hl. Birgitta für das Mutterkloster ihres Ordens im schwedischen Vadstena entworfen hatte. Maribo war die älteste Tochtergründung Vadstenas. Entgegen den Vorschriften hat der Dom in Maribo ein breites und überhöhtes Mittelschiff. Im südlichen Seitenschiff

steht ein Triumphkruzifix vom Ende des 15. Jahrhunderts und eine bemalte Kanzel aus der Hochrenaissance. – Sehenswert ferner das Stiftsmuseum mit historischer Abteilung und Kunstsammlung sowie ein Freilichtmuseum mit Häusern und Höfen, die Lolland-Falsters alte Bauernkultur repräsentieren. – Entlang der *Maribo-Seen* bietet sich Gelegenheit für schöne Spaziergänge (an der Nordseite Herrenhof Engestofte, gegenüber Søholt mit französischem Garten). Besonders schön ist der *Røgbøllesee,* an dessen Ufern alte Eichen stehen.

Von Maribo aus führt die E 4 nach *Sakskøbing* weiter (4400 Einw., Hotel Sakskøbing, 39 B.). 4 km nordöstlich liegt das Renaissanceschlößchen *Berritsgård,* mit achteckigem, kupfergedecktem Turm. In schöner Landschaft am Sakskøbing Fjord liegt *Orebygård.* 4 km nordwestlich von der Stadt ein Herrenhof aus dem 16. Jahrhundert, im Stil der Spätrenaissance 1872-74 umgebaut. Hinter Sakskøbing endet die Autobahn. Die E 4 führt weiter nach *Guldborg* und über die Brücke nach Falster. Die A 7 zweigt rechts in südöstliche Richtung ab und führt nach Nykøbing Falster. Kurz nach der Abzweigung liegt rechts der Steinzeitdolmen *Radsted,* dahinter der prächtige Herrenhof *Krenkerup,* der bereits zur Zeit Königin Margaretes Erwähnung fand. Kurz vor Nykøbing führt eine Straße rechts südwestlich nach Nysted (17 km). Auf dem Weg kommt man am *Frejlev Wald* vorbei (Erinnerungen an die Bronzezeit, Heiligtum).

Nysted ist Dänemarks südlichste Stadt, gleichzeitig eine der kleinsten (1230 Einw.; Hotel Den Gamle Gård, 60 B., Sb.). Die hübsche Ostseestadt, die 1409 die Stadtrechte erhielt, ist rund um das Schloß Ålholm gewachsen, ein ansehnliches Gebäude, im 12. Jahrhundert angelegt, das an eine Seeräuberburg erinnert. Der älteste Teil ist der Nordost-Turm. Auf dem Stubberuphof beim Schloß befindet sich das Automobilmuseum, Dänemarks größte Kollektion von Oldtimern, mit Autos von den neunziger Jahren bis 1936. Jedes Auto ist nicht nur gut gepflegt, sondern auch fahrtüchtig. Auf 600 qm Ausstellungsarenal fährt außerdem eine Modelleisenbahn durch Landschaften, die die Schweiz, Italien und die Bundesrepublik Deutschland darstellen sollen. Ein Dampfzug fährt zum Badestrand. – In der Stadt selbst, die ihre alte Struktur bewahrt hat, ist die gotische Kirche zu erwähnen. Sie stammt aus dem 15. Jahrhundert, der schwere Turm mit hoher, kupferner Spitze ist etwas jünger.

Sucht man von Nysted aus eine neue Verbindung zu den Hauptverkehrswegen, kann man über eine Landstraße westwärts nach 21 km wieder die Autobahn erreichen. Auf dem Weg passiert man *Holeby,* eines der kleinsten Städtchen Dänemarks, aber wegen seiner weiten Ausdehnung dennoch jenes mit der längsten Hauptstraße.

Luleå

Staat: Schweden. – Gebiet: Nordschweden. Provinz: Norrbottens län.–Landschaft: Norrbotten. Höhe: Meereshöhe. – Einwohnerzahl: 68000. Postleitzahl: S-95... – Telefonvorwahl: 0920.

ⓘ **Turistbyrå**
Storgatan 35,
S-95131 Luleå;
Telefon: 93000.
Wahlkonsulat der
Bundesrepublik Deutschland,
Timotejstigen 7,
S-95400 Luleå;
Telefon: 53852.

HOTELS. – *SAS Globetrotter Hotel,* 343 B., Sb.; *Stadshotellet,* Storgatan 15, 200 B.; *Savoy Hotel,* Storgatan 59, 149 B.; *Esso Motor Hotel,* Mjöllkudden, 331 B., Sb.

Die schwedische Hafenstadt Luleå am Nordende des Bottnischen Meerbusens ist die größte Stadt Norrbottens und Sitz des Oberpräsidenten sowie eines Bischofs. Sie ist zugleich Eingangstor zur Gebirgswelt Lapplands und den Tundren der Nordkalotte. Bemerkenswert auch die Fauna und Flora auf den Schären (mehr als 300 Inseln) vor Luleå. Obwohl Luleå nur 110 km vom Polarkreis entfernt liegt, ist das Klima mild. Die Durchschnittstemperatur liegt lediglich um 2°C unter der im südschwedischen Malmö. Hinzu kommt, daß Luleå im Juli mit 300 bis 310 die höchste Anzahl von Sonnenstunden in Schweden hat. Im Sommer ist die Stadt neben Narvik der Hauptausfuhrhafen für die mit der Lapplandbahn von Gällivare und Kiruna herangebrachten Eisenerze. Bis Mai ist der Hafen von Luleå in der Regel zugefroren.

Alte Lagerhäuser am Kai in Luleå

Luleå wurde 1621 von Gustav Adolf gegründet, aber 1649 an die jetzige Stelle auf einer vorspringenden Halbinsel am Luleälv verlegt. Die alten Häuser sind größtenteils durch Brände vernichtet worden. Noch 1940 hatte die Stadt infolge der langsamen Entwicklung nur 14000 Einwohner. Dann wurde jedoch auf der Insel Svartö das staatliche Eisenwerk errichtet (Norrbottens Järnwerk AS), was zur Folge hatte, daß sich die Einwohnerzahl bereits nach zehn Jahren verdoppelt hatte und in der Folgezeit weiter kontinuierlich anstieg.

SEHENSWERTES. – Im Zentrum der Altstadt die neue **Domkirche** (1887-93) und das zehnstöckige *Rathaus* (1957). Nahebei östlich an der Storgatan, der Hauptgeschäftsstraße, das neuzeitliche Shoppingcenter. Am Westende der Storgatan erstreckt sich der *Hermelinspark.* Am Südrand *Norrbottens Museum,* in dem lappländisches Brauch- und Volkstum durch interessante Sammlungen repräsentiert wird. Westlich vom Museum liegt die *Länsresidens* (Provinzverwaltung) und unweit nordwestlich die Halbinsel *Gültzauudden* mit gutem Badestrand, Tennis- und Spielplätzen sowie Restaurants. Im Sommer werden an jedem Donnerstag Freilichtprogramme aufgeführt.

UMGEBUNG von Luleå. – Etwa 10 km westlich, wo die Stadt ursprünglich gegründet wurde, liegt **Kyrkstaden,** die Kirchenstadt. Die kleinen Holzhäuser dienten den Kirchgängern, damit sie bei den großen Entfernungen die Möglichkeit hatten zu übernachten und Pferd und Wagen unterzubringen. Mit fast 500 Kirchhütten (kyrkstugor) ist es die größte Kirchenstadt Schwedens. Die Kirche selbst stammt aus dem Anfang des 14. Jahrhunderts. Sie hat einen Altar (1520) aus Antwerpen und ist reich dekoriert. – 40 km nordwestlich von Luleå, den Luleälv aufwärts, liegt **Boden** (28000 Einw.; Hotels Bodensia, 95 B.), eine Garnisonsstadt und Eisenbahnknotenpunkt. Hier kreuzen sich die Nord-Süd-Eisenbahn und die Erzbahn Luleå-Gällivare. Der etwas militärische Einschlag der Stadt ist nicht ohne Tradition. 1901 bekam Boden eine Festung, die größtenteils in den Felsen gesprengt wurde. Hier befindet sich auch ein Armeemuseum.

80 km nordöstlich von Luleå liegt an der Mündung des *Kalixälv* die Stadt **Kalix** (Hotel Valhall, 95 B.). Sie vereint alte Bauerntraditionen mit früher Industrialisierung. In der alten Kirche von 1472 sind der spätmittelalterliche Altarschrein, der Taufstein und das moderne Altarfenster von Pär Andersson sehenswert. An der Straße nach Lappträsk (nördlich) der Englundsgården. Seine Einrichtung zeigt, wie Bauern im 19. Jahrhundert hier lebten. Im Gemeindehaus das Kalix-Museum. Zeugnisse dafür, wie sich die höherstehende Kultur am Ende des 19. Jahrhunderts entwickelte und darstellte, sind

die Herrenhöfe *Björknäs, Filipsborg* und *Grytnäs* an der Mündung des Kalixälv. Etwa 10 km hinter Kalix beginnt ein bis zum Polarkreis reichendes Sperrgebiet. Die Durchfahrt ist gewissen Beschränkungen unterworfen. Camping ist nicht möglich.

Piteå (10 000 Einw.; Hotel Cristofer, 52 B.; Stadshotellet, 73 B.), 58 km südwestlich von Luleå, ist eine Hafen- und Industriestadt an der Mündung des Piteälv. Die Stadt wurde 1621 von Gustaf Adolf ursprünglich da gegründet, wo jetzt *Öjebyn* liegt, 1666 wurde sie sechs Kilometer weiter an die Flußmündung verlegt. Die Kirche in Öjebyn aus dem 15. Jahrhundert ist umgeben von Kirchhütten aus dem 17. Jahrhundert. Die Holzkirche in Piteå stammt von 1648 (1950/51 restauriert). Ihre Kanzel (1702) gleicht denen in den Kirchen von Gammelstad und Öjebyn. Die alten Holzhäuser konzentrieren sich in der Hauptsache am Markt, wo auch das Rathaus aus der Mitte des vorigen Jahrhunderts steht. Sechs Kilometer südöstlich auf Pitholmen beginnt *Havsbaden,* ein 10 km langer Badestrand.

Domkirche in Lund

Lund

Staat: Schweden. – Gebiet: Südschweden.
Provinz: Malmöhus län.
Landschaft: Schonen (Skåne).
Höhe: 92 m ü.d.M. – Einwohnerzahl: 77 000.
Postleitzahl: S-22... – Telefonvorwahl: 0 45.

ⓘ **Lunds Turist Trafikföreningen,**
St. Petri kyrkogatan 4,
S-22221 Lund;
Telefon: 12 45 90.

HOTELS. – *Lundia,* Knut den Stores gata 2, 145 B.; *Sparta,* Tunavägen 39, 250 B. (1. Juni-31. August).

Die südschwedische Stadt Lund liegt in der Provinz Schonen, etwa 20 km nordöstlich von der großen Hafenstadt Malmö. Lund ist Sitz einer 1666 gegründeten Universität, einer Technischen Hochschule sowie eines Bischofs. Vom 12. bis zum 15. Jahrhundert wurde die Stadt als Sitz eines dänischen Erzbischofs auch 'Metropolis Daniä' genannt und war die größte Stadt Skandinaviens.

SEHENSWERTES. – In der Mitte der Stadt der Stor Torg mit der modernen *Stadthalle.* Nördlich die um 1080 von dem Dänenkönig Knut dem Heiligen gegründete *Domkirche,* die älteste und bedeutendste romanische Kirche Schwedens. Der heutige Bau stammt aus dem 12. Jahrhundert; der Doppelturm – im Volksmund 'Lunder Jungen' (Lunna påga) genannt – war früher weithin sichtbar. Heute liegt die Domkirche im Herzen der Stadt. Sie erinnert daran, daß Lund das älteste Erzbistum in Skandinavien mit einst 27 Kirchen und 8 Klöstern war.

Im INNEREN der Domkirche ein prachtvoll geschnitzter Altarschrein, die Arbeit eines norddeut-

schen Meisters aus dem 14. Jahrhundert. Das vollständige, schön geschnitzte Chorgestühl stammt aus dem 15. Jahrhundert und wurde ursprünglich für die Mönche des alten Klosters angefertigt, das früher zum Dom gehörte. In der Apsis ein Christusmosaik (1925) von Joakim Skovgaard. In der *Krypta liegt neben dem Grabmal des Erzbischofs Birger († 1519) das des Erzbischofs Herman. Der Brunnen mit satirischen niederdeutschen Inschriften ist ein Werk des westfälischen Meisters van Düren, der von 1512 bis 1527 in Lund lebte. Die Decke der Krypta ruht auf Steinpfeilern. Die eingemeißelten Figuren stellen der Sage nach den Riesen Finn dar, den der Dom für den heiligen Laurentius erbaut haben soll. Beachtenswert ist im Seitenschiff die *Astronomische Uhr* aus dem 14. Jahrhundert, die zweimal täglich (werktags 12 und 15 Uhr, sonntags 13 und 15 Uhr) einen Figurenumlauf zeigt.

Nördlich vom Dom erstreckt sich der Park *Lundagård,* in dem sich ein Teil des Universitätslebens abspielt. An seiner Südostecke das ***Historische Museum** mit vorgeschichtlichen und kirchlichen Altertümern. Der jetzt im Park benutzte Bau, das Kungshuset oder *Lundagårdshuset,* wurde in der zweiten Hälfte des 16. Jahrhunderts als Residenz für den dänischen König Frederik II. errichtet. Die Geschichte erzählt, daß hier der Schwedenkönig Karl XII. die eichene Wendeltreppe hinaufgeritten sein soll, als er, von seinen Feldzügen auf dem Kontinent kommend, sein Lager in Lund aufschlug. Am Ende der Sandgatan in nördlicher Richtung sieht man das *Bischofspalais* und dahinter die *Universitätsbibliothek.* Sie beherbergt alte Handschriften aus dem 12. Jahrhundert und ca. 2,5 Millionen Bücher aus allen Wissensgebieten. An die Bibliothek anschließend das größte Krankenhausgelände Schwedens, östlich davon die *Technische Hochschule.* Nordöstlich

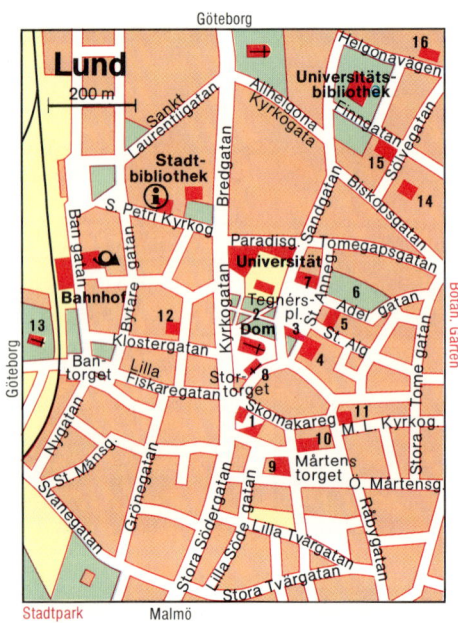

Göteborg

Lund

200 m

Universitäts-
bibliothek

Sankt
Laurentiigatan

Allhelgona
Kyrkogata

Finndatan

Stadt-
bibliothek

Bredgatan

Sandgatan

Biskopsgatan

Paradisg.

Tomegapsgatan

Universität

S. Petri Kyrkog.

Bangatan

Bytare-
gatan

Bahnhof

Tegnérs-
pl.

Adelgatan

Magle St. Algatan

Kyrkogatan

Klostergatan

Dom

Ban-
torget

Lilla
Fiskaregatan

Stor-
torget

St. Mångsg.

Grönegatan

Stora Södergatan

Lilla Södergatan

Skomakareg.

Mårtens
torget

M. L. Kyrkog.

Ö. Mårtensg.

Stora Råbygatan

Lilla Tvärgatan

Stora Tvärgatan

Göteborg

Nygatan

Skånegatan

Botan. Garten

Stadtpark

Malmö

1 Rathaus und Stadthalle
2 Lundagård
3 Historisches Museum
4 Domkapitelhaus
5 Kulturhistorisches
  Museum
6 Museumspark 'Kulturen'
7 Akademischer Verein
8 Laurentiuskapelle

9 Krognohaus
10 Kunsthalle
11 Volkshaus/Stadttheater
12 Tegnérhaus
13 Klosterkirche St. Peter
14 Antikenmuseum
15 Archiv für dekorative
   Kunst
16 Zoologisches Museum

Lyngenfjord

Staat: Norwegen. – Gebiet: Nordnorwegen.
Provinz: Troms fylke.
ⓘ **Skibotn Varesenter,**
N-9048 Skibotn;
Telefon: Skibotn 60.
Lyngseidet Turistinformasjon,
Centrum Kiosk;
N-9060 Lyngseidet;
Telefon: Lyngseidet 119.

Der ✱✱Lyngenfjord ist wohl der großartigste Fjord des Nordlandes. Er erstreckt sich vom Vorgebirge Lyngstuen (395 m) an der Nordspitze der Lyngenhalbinsel, die ihn im Westen vom Ullsfjord trennt und ein unmittelbar aus dem Meer aufsteigendes schnee- und gletscherbedecktes Granitgebirge alpinen Charakters darstellt, etwa 80 km nach Süden.

Von Tromsø erreicht man den Lyngenfjord südöstlich auf der E 78 bis *Nordkjosbotn,* von da aufwärts in dem bergumrahmten birkenbestandenen Tal des *Nordkjoselvs* zu dem Ort *Øvergård,* dann wieder abwärts, mit Vorblick auf den Fjord, nach *Oteren,* am Südende des *Storfjords,* des südlichen Armes des Lyngenfjords; südöstlich der gezackte Rücken des *Mannfjell* (1533 m). Nun zieht sich die E 78 unweit vom Ostufer des Storfjords hin. Vorbei an der Abzweigung einer Straße in das vom *Storfjordelv* durchflossene schöne S i g n a l d a l erreicht man nach Überquerung des *Skibotnelvs* die Straßenteilung *Olderbakken,* von wo man der unmittelbar am Ostufer vom ✱✱ **L y n g e n f j o r d** entlangführenden Reichsstraße Nr. 6 folgt. Von *Skibotn* aus schöner Blick auf das Ostufer mit dem vergletscherten Jeggevarre hinter dem Pollfjell. In *Odden,* mit gutem Ausblick auf die Gletscher am nördlichen Westufer, biegt die Straße nach Südosten um und zieht sich am Westufer des von steilen Höhen umrahmten, etwa 20 km langen ✱K å f j o r d s hin bis zu seinem Ende in *Kåfjordbotn.*

Nun nordwestlich zurück am östlichen Fjordufer entlang nach **Olderdal** (Alskog Gjestgiveri, 40 B.). Von hier kann man entweder die landschaftlich sehr schöne Strecke am Ostufer des Fjords, die immer wieder herrliche Ausblicke bietet, in Richtung Rotsund weiter verfolgen, oder in $3/4$ St. mit der Fähre nach **Lyngseidet** (Gjestgiveri, 22 B.) am Westufer des Fjords übersetzen. Von dort lohnender Aufstieg in je 4 St. auf den *Goalsevarre* (1289 m) und den *Rørnestind* (1250 m). Südlich am Westufer erreicht man das nördlich vom *Pollfjell* (1280 m) überragte **Furuflaten;** von dort Aufstieg in 4-5 St. auf den *Njallasvarre* (1530 m) mit großartigem Blick auf die Gletscher des westlich liegenden

von der Bibliothek ist das *Zoologische Museum* zu finden. In südwestlicher Richtung, die Sölvegatan entlang, geht es zum *Archiv für Dekorative Kunst,* wo der Besucher ein Kunstwerk vom Entwurf bis zur endgültigen Fertigstellung verfolgen kann.

In südöstlicher Richtung der *Botanische Garten,* der 7000 Pflanzen aus aller Welt aufweist. Westlich davon das ✱**Kulturhistorische Museum,** eines der größten und schönsten Freilichtmuseen Schwedens. Hier hat man Bauernhöfe, Pfarr- und Stadthäuser aus ganz Südschweden wiederaufgebaut, darunter eine alte Kirche aus Bosebo in Småland. Ferner gibt es Sammlungen von Keramik, Porzellan, Textilien und Volkskunst. In unmittelbarer Nähe der Tegnérplatz mit einem Denkmal des Dichters der Frithjofsaga, *Essaia Tegnér.* Seine Wohnung an der Stora Gräbrödersgatan ist als Museum eingerichtet. In südlicher Richtung der M å r t e n s t o r g e t, ein Markt, auf dem Obst, Gemüse und Blumen angeboten werden. Am Markt selbst das mittelalterliche *Krognoshuset* mit der *Kunsthalle* (1957) im Hintergrund, in der moderne schwedische Kunst gezeigt wird, wo aber auch internationale Ausstellungen von Rang stattfinden.

UMGEBUNG von Lund. – 13 km südöstlich der Stadt liegt *Dalby* mit einer der ältesten Steinkirchen des Nordens (Krypta aus dem 12. Jh.).

Jiekkevarre (1833 m), eines der höchsten Berge im nördlichen Norwegen, 1898 von Hastings erstmals erstiegen. Von hier zurück nach Oteren an der Hauptstraße von Tromsø.

UMGEBUNG des Lyngenfjords. – Ausflug nach Finnland zum **Kilpisjärvi** und zum *Saanatunturi. – Von der Straßenteilung Olderbakken führt die E 78 südöstlich zu dem in Finnland gelegenen See Kilpisjärvi. Man folgt zunächst südwestlich dem vorerst weiten und bewaldeten Tal des fischreichen Skibotnelvs; rechts das kleine *Øvrevann*. Später an der Winterzollstation *Helligskogen* vorbei. Weiterhin folgt die *Norwegische Sommerzollstation*. Kurz dahinter über die **norwegisch-finnische Grenze** und auf der finnischen Straße Nr. 21 (E 78) wellig weiter; im Vorblick rechts der Kilpisjärvi. Nach 5 km die *Finnische Grenzstation* (Zollamt).

Weiter unweit vom Ufer des an der schwedischen Grenze gelegenen fischreichen **Kilpisjärvi** (476 m ü.d.M.; 39 qkm), an dessen Nordwestspitze ein runder Grenzstein die 'Dreiländerecke' zwischen Schweden, Norwegen und Finnland bezeichnet (Motorboot vom Turisthotel); links die charakteristische Silhouette des Saanatunturi. 3 km hinter der Grenzstation links an der Straße ein Wanderheim; von hier lohnender Aufstieg (feste Schuhe erforderlich) in 2 bis 2¹/₂ Stunden zum Gipfel des merkwürdig geformten *Saanatunturi (1024 m), des 'Heiligen Bergs der Lappen', der eine umfassende Rundsicht

Saanatunturi am Kilpisjärvi

bietet: im Westen die z. T. schneebedeckten norwegischen Berge, im Süden der Kilpisjärvi, im Osten die wellige Waldlandschaft Finnlands und im Norden der schwer zugängliche Haltiatunturi (1324 m), der höchste Berg Finnlands (von Kilpisjärvi ca. 120 km Wanderung, organisierte Tour m. F.).

5 km hinter dem Wanderheim rechts abseits das *Turisthotel Kilpisjärvi* (70 B.), mit einem Hauptgebäude und mehreren Bungalows. – Die Straße Nr. 21 führt südöstlich weiter an der schwedischen Grenze hin nach Muonio; von dort nach Tornio oder Rovaniemi (s. dort).

Mälarsee / Mälaren

Staat: Schweden. – Gebiet: Ostschweden. Provinzen: Stockholms län, Södermanlands län, Uppsala län und Västmanlands län.
Landschaften: Södermanland, Uppland und Västmanland.

Der *Mälarsee umschließt die westliche Umgebung von Stockholm. Er ist nach dem Vänern und Vättern der drittgrößte See Schwedens. Mit einer Länge von 117 km erstreckt er sich durch die Provinzen Västmanland, Södermanland, Uppsala und Stockholm bis zur Ostsee. Der Mälarsee hat bei einer Wasserfläche von 1140 qkm und einer Tiefe bis zu 64 m eine sehr unregelmäßige Form, die durch eine Vielzahl von Buchten und Wasserarmen charakterisiert wird. Seine größten Zuflüsse sind Eskilstunaå, Arbogaå, Hedström, Kolbäckså, Svartå, Örsundaå und Fyriså.

Früher war der Mälarsee eine Ostseebucht, gilt aber seit dem 12. Jahrhundert wegen Veränderung des Wasserstandes als Binnensee. Der See ist seit 1943 reguliert. Damit sollen in erster Linie Überschwemmungen vermieden werden, aber auch Niedrigwasser, das die Schiffahrt behindern würde. Heute können Fahrzeuge mit einem Tiefgang von 5,5 m von der Ostsee durch den Södertälje-Kanal und Hammarbyleden nach Stockholm fahren. An den Ufern des Mälarsees liegen zahlreiche Schlösser und Herrensitze.

Strängnäs (Uffhälls Wärdshus, 26 B.; Rogge, 55 B.) ist ein kleines Städtchen aus dem 13. Jahrhundert. Hier wurde 1523 Gustav Vasa zum König gewählt. Der Bau der Domkirche dauerte vom Ende des 13. Jahrhunderts bis zum Ende des 15. Jahrhunderts, als sie unter Bischof Rogge ihr endgültiges Gesicht erhielt. Die Gewölbemalereien im Kirchenschiff entstanden im 14. und die Malereien im Chor in der zweiten Hälfte des 15. Jahrhunderts. Der figurenreiche Hochaltarschrein (1490) wurde in Brüssel gearbeitet. Links seitlich vor dem Altar die prachtvolle, vergoldete Ritterrüstung Karls IX., dessen Grabmal ebenfalls in der Domkirche zu finden ist. Weitere Grabsteine von Isabella, der Tochter Johanns III. und der Bischöfe Thomas und Rogge. Die früher zur Domkirche gehörende Druckerei (17. Jh.) ist im Strängnäs Museum untergebracht. Unweit der Kirche das mittelalterliche Konsistorialhaus und das Paulinska Haus, gebaut auf Veranlassung von Laurentius Paulinus Gothus, Bischof von Strängnäs in den Jahren 1609-37.

Lohnend ist auch ein Besuch im alten Handwerkshof Grassagården, der im Sommer für Besucher zugänglich ist. Obwohl die Garnisonsstadt Strängnäs heute vor allem Verwaltungs- und Bildungszentrum für das umliegende Gebiet ist, hat sie durch die zahlreichen engen Gassen und die roten Holzhäuser ihr reizvolles altertümliches Gepräge bewahrt.

Eskilstuna (70 000 Einw.; Stadshotellet, 183 B.; Vita Hästen, 32 B.; Smeden, 138 B.) liegt am Eskilstunaå, einem Wasserlauf, der den Mälarsee und den Hjälmarsee miteinander verbindet. Hier entstanden recht früh die Handelsplätze Tuna und Fors. Der Legende nach liegt bei Tuna der heilige Eskil, der Apostel von Södermanland, begraben.

Die Anfänge der Eisenindustrie in diesem Gebiet reichen zurück bis ins 16. Jahrhundert. 1654 folgte der Livländer Reinhold Rademacher einem Ruf Karls X. Gustav, um bei Fors eine große Eisenschmiede einzurichten. Sie wurde dann die Wiege für die spätere stahlverarbeitende Industrie. Den Plan der Schmiede entwarf der Architekt Jean de la Vallée, der auch für die Stadtplanung von Eskilstuna zuständig war.

Der Fristadstorg ist das Zentrum der Stadt. Hier steht das Rathaus (1897) und auf dem Platz selbst ein Brunnen ("Ehre und Freude der Arbeit" von Ivar Johnson). Die Skulptur "Schmiede" ist von Allan Ebeling. Die Klosterkirche auf der anderen Seite entstand nach Plänen von Otar Hökerberg. Sie wurde 1929 geweiht. Unweit davon die Forskirche aus dem 12. Jahrhundert, später jedoch umgebaut und restauriert. Beachtenswert im Inneren der Kirche die ungewöhnlichen Holzskulpturen und Wappenschilder. – Die sechs besterhaltenen Rademacher-Schmieden in der Rademachergatan 50 gehören zum Freilichtmuseum (mit Volkspark und Tiergarten). Die moderne Industrie wird hier durch Ausstellungen repräsentiert – vor allem Bestecke werden gezeigt, denn nicht umsonst hat Eskilstuna im Volksmund den Beinamen 'Messerstadt'. Im Park im Monat Juli täglich Theatervorstellungen. Zu nennen wären auch das Technische Industriemuseum und das Kunstmuseum mit vorwiegend nordischer Kunst.

Insel Björkö, *Schloß Gripsholm, Mariefred s. bei Stockholm; **Västerås** s. dort.

Malmö

Staat: Schweden. – Gebiet: Südschweden.
Provinz: Malmöhus län.
Landschaft: Schonen (Skåne).
Höhe: Meereshöhe. – Einwohnerzahl: 260 000.
Postleitzahl: S-21.... – Telefonvorwahl: 0 40.

ⓘ **Turistbyrå,**
   Hamngatan 1,
   S-21122 Malmö;
   Telefon: 10 38 30.

HOTELS. – *Savoy,* Norra Vallgatan 62, 150 B.; *Scandinavia,* Drottninggatan 1, 366 B.; *St. Jörgen,* Stora Nygatan 35, 465 B.; *Garden Hotel,* Baltzarsgatan 20, 260 B.; *Kramer,* Stortorget, 150 B.; *Tea-*

terhotellet, Rönngatan 3, 100 B.; *Esso Motor Hotel,* Segesvängen, 336 B.; *Frälsningsarméns Hotell Anglais,* Stortorget 15, 110 B.; *Winn,* Jörgen Kocksgatan 3, 100 B.; *Horn,* Köpenhamnsvägen 60, 32 B.; *Hembygden,* Isak Slaktaregatan 7, 42 B.; *Adlon,* Mäster Johansgatan 13, 180 B. – JUGENDHERBERGE. – CAMPINGPLATZ.

Die im südlichen Schonen (Skåne) am Öresund gelegene Provinzhauptstadt Malmö ist die drittgrößte Stadt Schwedens. Die der dänischen Hauptstadt Kopenhagen gegenüberliegende Hafenstadt bildet ein bedeutendes Industriezentrum (Maschinenbau, Werften, Textil- und Zementindustrie).

GESCHICHTE. – Malmö entstand in der zweiten Hälfte des 13. Jahrhunderts nicht zuletzt wegen der günstigen, geschützt liegenden Ankerplätze in der seichten Lomma-Bucht, wo Hanseschiffe Herings-

Stadion, Messehallen

fang betrieben. Die ersten Befestigungsanlagen entstanden unter dem Dänenkönig Erich von Pommern, der auch Malmö 1473 das Stadtwappen gab. Die schwedische Zeit begann mit dem Frieden von Roskilde (1658). Durch den Bau des Hafens und dank der Rührigkeit des Kaufmanns Franz Suell (Standbild in der Norra Vallgatan) nahm die Stadt im 18. Jahrhundert großen wirtschaftlichen Aufschwung, der mit dem Bau der Eisenbahnlinie nach Stockholm im 19. Jahrhundert noch verstärkt wurde.

SEHENSWERTES. – Das Zentrum bildet die südlich des Hafens gelegene, von Kanälen umschlossene ALTSTADT mit zum Teil in ursprünglicher Form bewahrtem Grundriß, besonders um den Stortorg herum. Auf dem Marktplatz ein 1896 errichtetes *Reiterstandbild Karls X. Gustav,* der Schonen mit Schweden vereinigte (1658). An der Ost-

seite des Platzes liegt das 1546 in niederländischem Renaissancestil erbaute **Rathaus** (umgebaut 1864-69). Im ersten Stock der Knutssaal, einst Versammlungsraum der einflußreichen Knutsgilde, und der Landtingsaal mit Bildnissen dänischer und schwedischer Könige. An der Nordostecke des Platzes die *Residenz* des Landeshauptmanns (1730 errichtet, später umgebaut). Zwischen Rathaus und Residenz hindurch gelangt man zur **Peterskirche** *(St. Petri kyrka),* einem stattlichen Backsteinbau aus dem 14. Jahrhundert, der ohne Zweifel nach dem Vorbild der Marienkirche in Lübeck entstand. Im Innern eine Kanzel von 1599, der barocke Altaraufsatz (1611) und links vom Eingang die Krä-

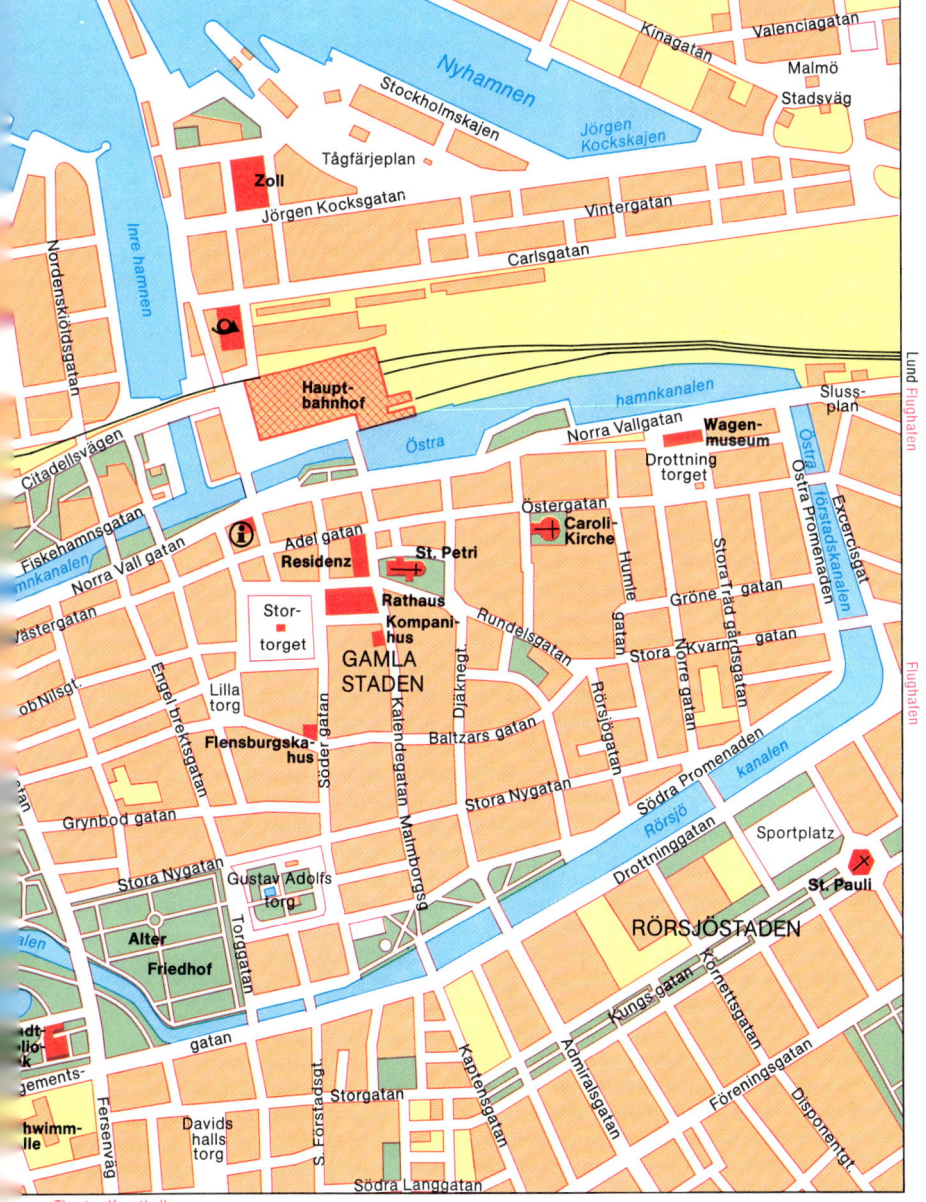

Karl X. Gustav auf dem Marktplatz in Malmö

merkapelle mit spätgotischen Wandmalereien und einem Taufstein von 1601. Unweit südwestlich vom Stortorg der hübsche Lilla torg mit Häusern aus dem 16. bis 18. Jahrhundert. – An alten Bürgerhäusern sind erwähnenswert das *Flensburska hus* (1595; Södergatan 9), das *Jörgen Kocks hus* (1525; Gasthaus) und das *Rosenvingeska hus* (1534) in der Västergatan 2 bzw. 5 sowie *Tunnelns hus* (Ulfeldtska hus; 1519; Adelgatan 4), das *Diedenska hus* (1620) und das *Thottska hus* (1558), Östergatan 6 bzw. 8. Das *Kompaniehaus* am Stortorg, das ursprünglich für eine Handelsfirma Anfang des 16. Jahrhunderts gebaut worden war, wird nun für verschiedene Zusammenkünfte benutzt.

Im Westen der Stadt der schöne *Kungspark* mit einem Sommerrestaurant. Vom Kungspark führt eine Brücke direkt in den Schloßpark mit dem von Gräben umgebenen **Schloß Malmöhus,** 1537-42 erbaut und nach einem Brand 1870 restauriert. Es enthält heute das *Stadtmuseum* mit archäologischen und kulturgeschichtlichen Sammlungen. – Einige Schritte entfernt das *Technische Museum* mit Verkehrsmitteln aller Art. An der Südostseite des Schloßparks die *Stadtbibliothek.* Von hier in südlicher Richtung kommt man zum **Stadttheater,** einem 1942-44 errichteten Bau, der mit 1700 Sitzplätzen den größten Bühnensaal Skandinaviens enthält. Besichtigungen sind möglich. Noch weiter südlich der **Pildammspark** mit einer *Freilichtbühne,* das *Stadion* (1958) und die *Messehallen.* – Östlich vom Zentrum am Drottningtorget das *Wagenmuseum* im ehemaligen Rathaus.

Im Südosten der Stadt, an der Admiralsgata, der *Folkets Park,* ein Vergnügungspark mit zahlreichen Restaurants. – Im Südwesten am Öresund der Badestrand von *Ribersborg* und *Limhamn*

(Campingplatz; Fähre zum dänischen Fischerdorf Dragør).

Im Sommer täglich Stadtrundfahrten ab Gustav Adolfs Torg sowie Hafen- und Kanalrundfahrten.

UMGEBUNG von Malmö. – 14 km östlich der Stadt liegt das gut erhaltene **Schloß Torup** (16. Jh.) mit schönem Park. Das Schloß ist im Besitz der Gemeinde Malmö. In den Sommermonaten finden Führungen statt.

Mikkeli (Sankt Michel)

Staat: Finnland. – Gebiet: Südfinnland. Provinz: Mikkelin lääni (Sankt Michels län/Mikkeli). Höhe: 80 m ü.d.M. – Einwohnerzahl: 29000. Postleitzahl: SF-50100. – Telefonvorwahl: 955.
ⓘ **Mikkelin Matkailu Oy,** Hallituskatu 3a; Telefon: 13938 und 12781.

HOTELS. – *Varsavuori,* Kirkonvarkaus, 250 B., Sb.; *Nuijamies,* Porrassalmenkatu 21, 69 B.; *Kaleva,* Hallituskatu 5, 60 B.; *Seurahuone,* Hallituskatu 9, 45 B.; *Pillinki,* Porrassalmenkatu 16, 17 B.; *Tekuila,* Raviradantie 1, 138 B. (2. Mai-30. August). – JUGENDHERBERGE. – CAMPINGPLATZ.

VERANSTALTUNGEN. – *Sommertheater* Freilichtbühne Naisvuori; *Fest der Krebse und Maränen* (erste Wochenende August).

FREIZEIT und SPORT. – Mikkeli hat acht Sandstrände; Segeln, Wasserski und Kanusport; Tennis, Bowling, Golf und Segelfliegen, im Winter Slalom.

Die finnische Stadt Mikkeli liegt an einer westlichen Verzweigung des Saimaasees und ist Hauptstadt der Provinz Mikkelin lääni. Wie der schwedische Name St. Michel zeigt, wurde sie nach dem Erzengel Michael benannt. Nachweislich war die Gegend von Mikkeli schon vor mehr als tausend Jahren bewohnt. Hier entstand die erste christliche Gemeinde der Landschaft Savo, woran heute die kleine aus Stein gebaute Sakristei der Holzkirche von Savilahti erinnert.

GESCHICHTE. – Das Kirchdorf St. Michel erhielt 1745 Markt- und 1838 Stadtrechte. 1834 wurde es Provinzhauptstadt und 1945 Bischofssitz. Mikkeli wurde schon im 17. Jahrhundert Garnisonstadt. In den drei Feldzügen des Zweiten Weltkrieges (Winterkrieg 1939/40 und Fortsetzungskrieg 1941-1944 gegen sowjetische sowie Lapplandkrieg 1944/45 gegen deutsche Streitkräfte) war Mikkeli Hauptquartier des finnischen Marschalls C. G. Mannerheim, woran das Freiheitskreuz (ein finnischer Orden) und die Marschallsstäbe im Stadtwappen erinnern.
1872 erhielt Mikkeli ein Gymnasium, und in der zweiten Hälfte des 19. Jahrhunderts entwickelte sich mit der Industrie das Wirtschaftsleben überhaupt. Heute ist Mikkeli Sitz von Betrieben der Holzveredlung, der Textil- sowie der Metall- und Lebensmittelverarbeitung.

SEHENSWERTES. – Die aus Backstein erbaute *Kirche* stammt aus dem Jahre 1897, die *Provinzialverwaltung* von 1843, das *Rathaus* von 1912, die *Holz-*

kirche der Landgemeinde von 1816. Von dem sich mitten in der Stadt erhebenden Hügel *Naisvuori* ein schöner Rundblick (Aussichtsturm; im Fels ein Hallenbad). Nordöstlich, am Nordende der Porrassalmenkatu, die ein kleines *Kirchenmuseum* beherbergende Sakristei (Kivisakasti) einer 1320 in Savilahti erbauten Kirche; südwestlich, in der Otavankatu 11, das *Savo-Landschaftsmuseum* (historische und ethnologische Sammlungen). Ferner beachtenswert das *Provinzialarchiv* (Urkunden vom 15 Jh. an) und das *Hauptquartiersmuseum.* Am südöstlichen Stadtrand eine geologisch interessante *Gletschermühle,* die vor etwa 10000 Jahren während einer eiszeitlichen Abschmelzperiode an den Ausläufern des Oser Kaihunharju entstand.

UMGEBUNG. – Mikkeli hat Schiffsverbindungen zum nahegelegenen Ferienzentrum *Pistohiekka* (Hüttendorf) sowie nach Lappeenranta und Savonlinna. – Etwa 5 km nördlich der Stadt der auf beiden Seiten von Wasser umgebene Oser *Pikku-Punkaharju.* – 6 km südlich, an der Straße Nr. 13, der schmale Sund *Porrassalmi* und noch 18 km weiter, bei dem Ort *Ristiina,* die Reste einer von Per Brahe gegründeten, niemals vollendeten Burg *Brahelinna.*

Mjøsensee / Mjøsa

Staat: Norwegen. – Gebiet: Südostnorwegen.
Provinzen: Oppland fylke, Hedmark fylke und Akershus fylke.
Höhe: 124 m ü.d.M.
ⓘ **Reiselivslaget for Hamar**
   og Hedemarken,
   Brygga,
   N-2301 Hamar;
   Telefon: (065) 2 12 17.
   Gjøvik Turistkontor,
   Kauffeldtgården,
   N-2800 Gjøvik;
   Telefon: (061) 7 16 88.

Der Mjøsensee (Mjøsa), der größte See Norwegens, erstreckt sich von Eidsvoll etwa 100 km nördlich bis Lillehammer, umrahmt von einer fruchtbaren Landschaft. Bei einer Breite bis 15 km hat er eine Fläche von 362,4 qkm (Gardasee 370 qkm), erreicht eine Tiefe von 443 m und ist reich an Forellen.

RUNDFAHRT. – Von Oslo erreicht man den See auf der Europastraße 6. Von dem Städtchen **Eidsvoll** am rechten Ufer der breiten klaren *Vorma* gibt es zwischen Mitte Juni und Mitte August eine Schiffsverbindung über den Mjøsensee nach Lillehammer (ca. 6 St.) Hinter *Minnesund* überquert die E 6 auf einer Straßenbrücke die hier aus dem See fließende Vorma (hübscher Ausblick) und folgt etwas ansteigend auf schöner

Strecke dem Ostufer des Mjøsa. Man erreicht *Espa,* einen kleinen Ort an der malerischen *Korsødegårdsbucht.* Bald darauf entfernt sich die E 6 bis Hamar vom See. Wer näher am Ufer bleiben will, wähle die westlich parallel verlaufende Straße Nr. 222 über *Stange;* 3 km westlich die Kirche (Stange kirke), neben Ringsaker die schönste im Hedmark, gegründet um 1250, im 17. Jahrhundert umgebaut. Zwischen ihr und dem Seeufer, z. T. auch direkt an diesem, liegen zahlreiche wohlhabende *Bauerngüter* (storgårder), deren oft aus dem 18. Jahrhundert stammende Gebäude vom Reichtum dieser fruchtbaren Gegend zeugen.

Man erreicht **Hamar** (Hotel Victoria, 142 B.; Triangelen, 56 B.; Olrud Turisthotell, 230 B.; Ormseter Ungdomssenter, 62 B.), am Nordufer der Akersvik und am Eingang des sich etwa 15 km nach Norden erstreckenden *Furnesfjords* gelegene Stadt von 16000 Einwohnern, Hauptort des Verwaltungsbezirks Hedmark. Westlich außerhalb der Stadt liegt auf der Halbinsel *Storhamarodde* (Domkirkeodde) die Ruine der im 12. Jahrhundert erbauten Domkirche und das Hedmarksmuseum (mit mehreren alten Holzbauten (der älteste von 1583), einem Freilichttheater und einem Restaurant; nahebei ein Zeltplatz. Unweit nördlich das einzige Eisenbahnmuseum (Jernbanemuseet) des Landes.

28 km östlich von Hamar liegt an der Glomma die ehemals befestigte Stadt **Elverum** (188 m ü.d.M.; 7500 Einw.), mit dem sehenswerten Glomdalsmuseum (80 alte Bauernhäuser aus dem wohlhabenden Østerdal, mit alter Einrichtung) und dem Norwegischen Forstwirtschaftsmuseum (Forstwirtschaft, Fischerei, Jagd).

Die E 6 erreicht hinter *Brumunddal* das Nordende des Furnesfjords und wendet sich nach Westen. Bei dem hübsch gelegenen Ort *Ringsaker,* mit alter Kirche, die einen altflämischen bemalten Schnitzaltar enthält, erreicht sie wieder den Mjøsensee. Nun fährt man über *Moelv* entlang des langgestreckten, schmalen Nordarms des Sees bis Lillehammer.

Von Hamar aus kann man mit der Fähre zwischen der großen Halbinsel *Nes* (rechts) und der *Helgøy* ('Heiligeninsel') hindurch nach **Gjøvik** (16000 Einw.; Strand Hotel, 150 B., Sb., Hb.; Grand Hotel, 48 B.; Park Inn, 37 B.; Jugendherberge), dem Hauptort der Landschaft Toten am Westufer des Mjøsensees, übersetzen. Von Gjøvik aus kann man nördlich auf der Straße Nr. 4 ebenfalls

Lillehammer erreichen. Südlich verläuft die Straße Nr. 33 am Westufer des Mjøsa. Westlich von *Kapp* (1100 Einw.) das 'Toten-Museum', ein Bauernhof aus dem Jahre 1790. Nördlich vom Ort *Skreia* (900 Einw.) liegt auf einer Halbinsel die 1967 restaurierte Kirche von *Balke* (um 1200). Die Straße verläuft nun dicht am Ufer, im Westen der Höhenrücken *Skreia* (*Skreikamp,* 708 m). Bei dem Hof Björnstad kann man nördlich zum *Eisenwerk Feiring* (Feiring jernverk) abbiegen, einer 1797 gegründeten Verhüttungsanlage, in der man anhand der Einrichtungen (24 Gebäude; Pochwerk, Hochofen etc.) den Stand der Technik in der Frühzeit der Industrie studieren kann. In Minnesund erreicht man wieder den Ausgangspunkt der Rundfahrt.

Mo i Rana

Staat: Norwegen. – Gebiet: Nordnorwegen. Provinz: Nordland fylke.
Höhe: Meereshöhe. – Einwohnerzahl: 12000.
Postleitzahl: N-8600.– Telefonvorwahl: 078.
(i) **Turistkontor,**
Jernbaneplassen;
Telefon: 5 04 21.

HOTELS. – *Meyergården,* 250 B.; *Holmen,* 50 B., Hb.; *Mofjell Turistgård,* 120 B.; *Williams Gjestgiveri,* 17 B. – JUGENDHERBERGE. – Zwei CAMPING-PLÄTZE.

SPORT und FREIZEIT. – Angeln.

Die norwegische Stadt Mo (spr. Mu) i Rana ist eine betriebsame Industrie- und Handelsstadt am östlichen Ende des Nordrana genannten Fjords. Das Stadtbild wird geprägt von den ausgedehnten Stahl- und Walzwerken der A/S Norsk Jernverk (Hüttenbetrieb), die u. a. die im Dunderlandsdal geförderten Eisenerze verarbeiten.

SEHENSWERTES. – Die im Nordosten der Stadt gelegenen *Hüttenwerke* können in der Saison besichtigt werden. – Im Stadtzentrum steht die *Kirche* von 1832, mit einem Altarbild von 1786. – Nahe dem westlich gelegenen Bahnhof das *Stadtmuseum* mit Sammlungen zu Stadtgeschichte, Kunsthandwerk, Bergbau und Geologie. Nahebei das Freilichtmuseum *Stenneset.* – Südlich über der Stadt das **Mofjell** (410 m), auf das eine Kabinenbahn führt. Von der Höhe bietet sich eine prächtige Aussicht (besonders gegen Sonnenuntergang) über die Stadt und das Gletschergebiet Svartisen.

UMGEBUNG von Mo i Rana. – Die landschaftlich reizvolle E 6 verläßt die Stadt in nordöstlicher Richtung und überquert nach 2,5 km die *Rana.* Bei *Reinforshei* im Fluß eine Lachstreppe.

Røssvoll (13 km) besitzt eine kleine runde Holzkirche. Hier zweigt links eine Straße ab, die am Flughafen von Mo vorbeiführt und nach 10 km den Ort *Grønli* erreicht. Nun noch 800 m Fußweg zum Hof Grønli, in unmittelbarer Nähe einer Grotte.

Die **Grønligrotte,** etwa 1200 m lang, ist die bekannteste der insgesamt 120 Grotten, die in dieser Gegend entdeckt worden sind. Ihre Besichtigung (Führung) erfordert wegen des ungesicherten Weges erhöhte Vorsicht.

Die Straße endet nach insgesamt 32 km am *Svartisvatn,* über dem sich das große Firn- und Gletscherfeld des Svartisen erhebt. Man überquert den See mit einem Motorboot und erreicht dann nach 45 Min. Fußmarsch den Fuß des Gletschers.

Der gewaltige *Svartisen ('Schwarzeis') ist mit einer Ausdehnung von ca. 460 qkm Norwegens zweitgrößtes Gletschergebiet. Aus dem durchschnittlich 1200-1400 m hohen Plateau ragen einzelne Höhen auf, so der *Snetind* (1599 m), *Sniptind* (1591 m) und *Istind* (1577 m).

Südwestlich von Mo i Rana (E 6; 91 km) liegt an der Mündung des Vefsnelv in den *Vefsnfjord* die freundliche Stadt **Mosjøen** (10000 Einw.; Hotel Lyngengården, 50 B.; Stenhaugs Gjestgiveri, 46 B.; Fru Haugans Hotell, 120 B.; Karlsens Hospits, 26 B.) mit Webereien und einem Aluminiumwerk. Die Kirche im Stadtteil Dolstad ist die älteste auf achteckigem Grundriß errichtete des Landes (1734). Nahebei ein Freilichtmuseum mit 10 alten Häusern. Von der Anhöhe *Haravoll* lohnende Aussicht über Stadt und Fjord.

Molde

Staat: Norwegen. – Gebiet: Westnorwegen. Provinz: Møre og Romsdal fylke.
Höhe: Meereshöhe. – Einwohnerzahl: 20000.
Postleitzahl: N-6400. – Telefonvorwahl: 072.
(i) **Informasjonskiosk,**
Rådhustaket;
Telefon: 5 20 60.

HOTELS. – *Alexandra,* 207 B., Hb.; *Romsdalsheimen,* 50 B.; *Nobel,* 48 B.; *Knausen Pensjonat Motell,* 150 B.– JUGENDHERBERGE. – CAMPING-PLATZ.

SPORT und FREIZEIT. – Angeln; Bootsverleih.

VERANSTALTUNG. – Internationales Jazz-Festival (August).

Die westnorwegische Provinzhauptstadt Molde liegt am Nordufer des Moldefjords, im Norden und Westen durch einen Höhenzug geschützt. Die Umgebung überrascht durch reiche Vegetation (viele Rosen). Im Sommer ist die Stadt Mittelpunkt eines lebhaften Fremdenverkehrs.

Der im 15. Jahrhundert gegründete und 1742 zur Stadt erhobene Ort Molde wurde im Zweiten Weltkrieg weitgehend zerstört, aber seither modern wiederaufgebaut. Die wichtigsten Industriezweige sind Textilfabrikation und

Kirche in Molde

Schiffsausrüstung; außerdem ist Molde ein bedeutendes Bildungszentrum.

SEHENSWERTES. – Im Zentrum steht das *Rathaus* (1966) und unmittelbar östlich davon die 1957 neu erbaute *Kirche* mit einem Altarbild von Axel Ender (19. Jh.). Im Westen der Stadt der hügelige Waldpark * **Rekneshaug** (Denkmal für den Schriftsteller Alexander Kjelland, 1849-1906), in dessen hinterem Teil sich das *Romsdal-Museum* mit zahlreichen alten Häusern aus dem Romsdal befindet. Nordöstlich vom Park das *Stadion* mit Hallenbad.

UMGEBUNG von Molde. – Südlich der Stadt liegt im Fjord die kleine Insel **Hjertøya** (Motorboot vom Hafen) mit einem kleinen *Fischereimuseum*.

Lohnende Spaziergänge bilden die am Fjordufer entlangziehenden Alleen, besonders nach Osten am * **Fannestrand** entlang. – Schöne Aussichtspunkte sind der *Tusten* (696 m; Aufstieg 3 St.) und der **Varden** ('Steinhaufen'; 407 m), zu dem eine Fahrstraße führt (4 km).

28 km nördlich der Stadt (Straße Nr. 67) ist die **Trollkirche** sehenswert, eine 70 m lange und bis 7 m hohe Höhle mit einem Wasserfall in einer Kalksteinader der *Tverfjelle*. Für die Besichtigung ist festes Schuhwerk und eine Taschenlampe erforderlich.

Møn (Möen)

Staat: Dänemark. – Insel Möen (Møn). Amtsbezirk: Storstrøms amt. Fläche: 216 qkm. – Bewohnerzahl: 13000.
(i) **Fremdenverkehrsverein Møn,** Storegade 5, DK-4780 Stege; Telefon: (03) 81 44 11.

Die dänische Insel Møn liegt östlich des Storstrømmen, der die Inseln Seeland und Falster trennt. Die weißen Kreidefelsen am Ostrand der Insel zählen zu Dänemarks größten Touristenattraktionen; Møn ist darüber hinaus durch alte Kirchen, eine einzigartige Natur und gute Badestrände interessant. Die Insel ist von Seeland her durch eine Brücke von Kalvehave aus zu erreichen; von Falster kommend nimmt man die Fähre in Stubbekøbing zur Insel Bogø, von der ein Damm nach Møn führt.

Auf Møn finden sich zahlreiche vorgeschichtliche Zeugnisse, vor allem eine Anzahl von Kammergräbern aus der Jungsteinzeit. Diese 'Hünengräber' wurden in der Volkssage mit zwei Riesen in Verbindung gebracht: 'Grøn Jæger', der grüne Riese, war Herrscher über Westmøn, während der Riese 'Upsal', der Klippenkönig, im Osten hauste. Dieser Klippenkönig galt noch lange als Beschützer der Insel, da er feindliche Schiffe an der Steilküste zerschellen ließ.

Fahrt durch Møn. – Von Seeland aus führt die Brücke über den *Ulvsund* nach Møn. Nach zwei Kilometern zweigt rechts eine Nebenstraße ab, die durch reizvolle Landschaft (bei Borren schöner Ausblick über den Sund) zu den jungsteinzeitlichen Gräbern *Kong Askers Høj* und *Klekkende Høj* (besterhaltenes Ganggrab, 9 m lang und 1,25 m hoch) führt. Folgt man der Hauptstraße aus Seeland, erreicht man nach 11 km den Hauptort von Møn,

Stege (4000 Einw.; Hotel Skydevænget, 51 B.; Camping). Stege entstand um eine Burg, die Valdemar I. um 1175 errichten ließ. Im 15. Jahrhundert wurden um die Stadt Mauer und Graben gezogen, von den drei Stadttoren ist Mølleporten erhalten geblieben. Es ist neben einem Tor in Fåborg das einzige erhaltene mittelalterliche Stadttor Dänemarks. Die Kirche St. Hans, errichtet um 1250, wurde um 1460 um einen dreischiffigen Chor erweitert; reiche Freskomalereien.

Von Stege aus führt die Hauptstraße zum Ostrand der Insel weiter; nach Norden führt ein Weg zur Halbinsel Ulvshale, dem ersten großen Naturschutzgebiet des Landes (seltene Vogelarten, unberührter Wald). Dieser wenig besuchte Teil Møns weist einige der schönsten Badestrände der Insel auf.

Die Straße von Stege ostwärts führt zunächst bei der *Keldby-Kirche* vorbei, mit reichen Fresken, deren älteste im Chor aus dem 13. Jahrhundert stammen; an den Wänden phantasievolle Darstellungen der Bibelgeschichte, im Gewölbe Werke des Elmelunde-Meisters, dessen

Bildern man in den Kirchen Møns immer wieder begegnet. Seine naiven, humorvollen Malereien enthalten viele volkstümliche Einzelheiten, etwa die Darstellung der Weihnachtsnacht, wo Josef für das neugeborene Jesuskind Grütze kocht. Südlich von Keldby *Keldbylille* mit Museum.

Die Straße führt weiter nach *Elmelunde* (8 km hinter Stege); die Kirche, als Seezeichen weithin sichtbar, in der typischen Form ostdänischer Landkirchen, ist mit den Fresken des heimischen Meisters geschmückt (Jesu Kindheit, Jüngstes Gericht, Einzug in Jerusalem, aber auch Pflug- und Erntearbeiten). 10 km weiter kommt man zum Ziel der Fahrt, dem Kreidefelsen

***Møns Klint,** der an seiner höchsten Stelle 128 m emporragt und besonders bei Sonnenschein in seinem strahlenden Weiß in scharfem Kontrast zum tiefblauen Meer am Fuß des Felsens ein unvergeßliches Naturerlebnis bietet. Das letzte Stück der Straße zum Felsen ist mautpflichtig (Hotel Hundsøgård, 65 B., und Sommerhotel Store Klint; Camping). Rund um das Felsenterrain sind Spazierwege angelegt (ca. 1 St. Dauer), zwei steile Treppen führen von *Storeklint* und *Jydeleje* hinab zum Meer, an dessen Strand man Fossilien von Meerestieren und -pflanzen finden kann. Das Terrain ist von einem lichten Buchenwald, dessen Unterholz seltene Pflanzen enthält, bewachsen. Die 102 m hohe Spitze *Sommerspiret* bietet die beste Aussicht, starke Echowirkung beim

Møns Klint

Taleren. Am Parkplatz ein archäologisches und geologisches Museum.

Von Møns Klint aus sollte man auf einen kurzen Abstecher nach Norden nicht verzichten, wo das romantische Lustschlößchen *Liselund* liegt. Der Landeshauptmann der Insel, Antoine de la Calmette, hat es um 1795 seiner Frau bauen lassen und ihm ihren Namen gegeben. Er war auf seinen zahlreichen Reisen vom französischen Baustil und der 'Zurück zur Natur'-Romantik angesteckt worden und ließ das Schlößchen daher betont einfach im Stil eines Bauernhauses bauen. Dafür bietet der dazugehörige Schloßpark romantische Nebenbauten, von künstlichen Seen und Kanälen bis zu einem 'Schweizer Haus' und einem 'chinesischen' Teepavillon. Im 'Schweizer Haus' hat H. C. Andersen das Märchen vom Feuerzeug geschrieben. Einige weitere Gebäude sind durch einen Felsrutsch 1905 zerstört worden.

Der Rückweg führt von Møns Klint über dieselbe Straße zurück nach Stege, wo man nach Süden abbiegen kann und nach 7 km in *Æbelnæs* nochmals auf ein steinzeitliches Ganggrab trifft.

Im Süden der Insel liegt *Grøn Jægers Høj,* der Hügel des 'grünen Riesen', ebenfalls mit Grabstelle. Daneben *Fanefjord,* dessen Kirche die reichhaltigsten Malereien (um 1500) des Elmelundemeisters aufzuweisen hat. Die Bilder haben Züge einer 'Biblia pauperum', deren Systematik jedoch nicht eingehalten ist. Darstellungen des Alten und Neuen Testaments mischen sich mit außerbiblischen Abbildungen aus dem Legendenkreis. In der Kirche außerdem hochgotische Fresken am Chorbogen (um 1350; Christophorus, hl. Martin, Ritter und Apostelsymbole).

Will man nicht zurück nach Seeland, kann man auf der Hauptstraße über einen Damm auf die Insel Bogø (925 Bew.) weiterfahren, die einst die 'Insel der Mühlen' genannt wurde; jetzt ist nur noch eine erhalten, *Bogø Mølle,* eine Windmühle holländischer Herkunft. Von *Nyby* eine kleine Fähre nach Falster (12 Min. Fahrdauer).

Narvik

Staat: Norwegen. – Gebiet: Nordnorwegen.
Provinz: Nordland fylke.
Höhe: Meereshöhe. – Einwohnerzahl: 15 000.
Postleitzahl: N-8500. – Telefonvorwahl: 082.
ⓘ **Turistkontor,**
     Kongensgate 66;
     Telefon: 4 33 09.
     Wahlkonsulat der
     Bundesrepublik Deutschland,
     Fagernes veien 3;
     Telefon 4 43 90; privat 4 29 82.

Narvik – Panorama

HOTELS. – *Grand Hotel Royal,* 230 B.; *Victoria Royal,* 78 B.; *Malm Pensjon,* 50 B.; *Nordstjernen,* 50 B.; *Breidablikk Gjestgiveri,* 48 B. – JUGEND-HERBERGE. – CAMPINGPLATZ.

SPORT und FREIZEIT. – Angeln; Fjordrundfahrten.

SCHIFFSVERBINDUNG zu den Lofoten (s. dort).

Die nordnorwegische Hafenstadt Narvik liegt am westlichen Ende einer Halbinsel, die nördlich vom Rombaksfjord, südlich vom Beisfjord umschlossen wird. Beide sind Verzweigungen des Ofotfjordes, durch welchen Narvik mit dem Atlantik verbunden ist.

Der 1902 zur Stadt erhobene Ort ist als Endpunkt der aus dem schwedischen Erzrevier bei Kiruna kommenden Ofotbahn (Lapplandbahn) sowie als eisfreier Hafen von großer wirtschaftlicher Bedeutung. Im Zweiten Weltkrieg erlitt die zwischen Deutschen und Alliierten hart umkämpfte Stadt schwere Schäden. Beim Wiederaufbau wurden die alten Holzhäuser durch Steinbauten ersetzt.

SEHENSWERTES. – Durch den gewaltigen, 1977 modernisierten und erweiter-

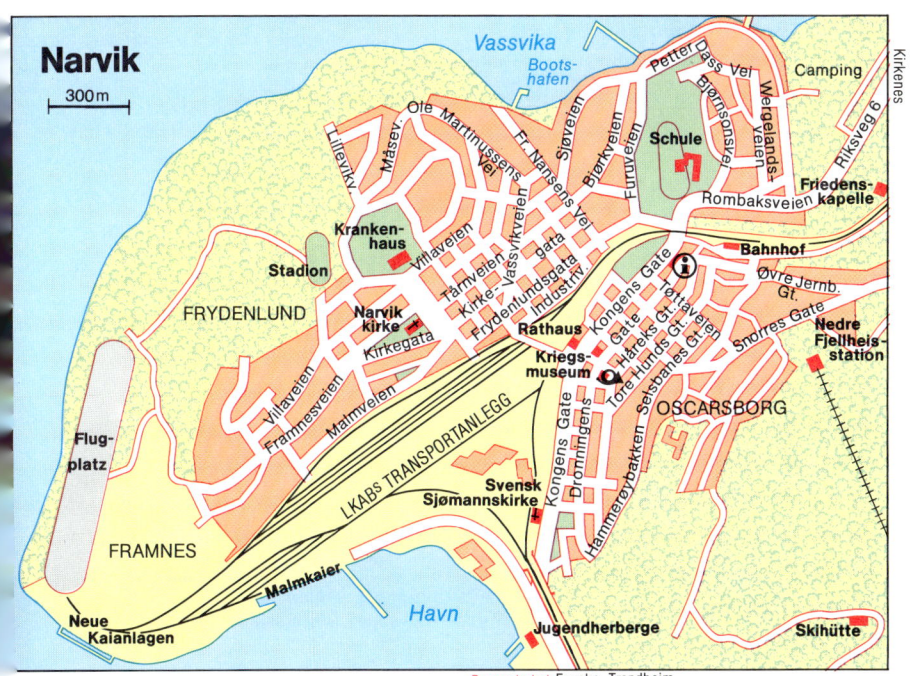

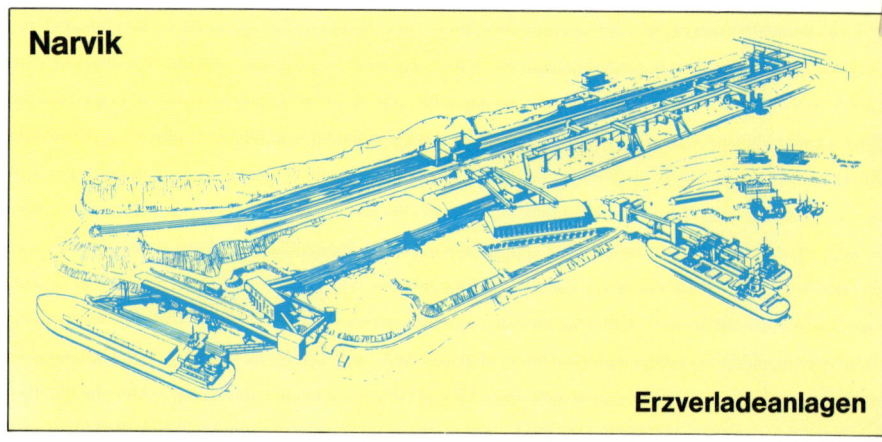

Narvik

Erzverladeanlagen

ten *Erzhafen** wird die Stadt in zwei Hälften geteilt. Das aus Schweden mit der Eisenbahn ankommende Erz wird über lange Fördereinrichtungen zu verschiedenen Lagern und zum *Malmkai* (Erzkai) gebracht. Durch den Ausbau des Hafens können heute Erzfrachter mit bis zu 350 000 t Fassungsvermögen beladen werden. Die Jahresumschlagskapazität liegt bei 30 Millionen Tonnen. Südlich an die Verladeanlagen angrenzend ein kleiner Park mit einer hübschen Plastik (Kindergruppe).

Östlich der Hafenanlagen verläuft die Kongensgate, die Hauptstraße der Stadt. Am Torg (Marktplatz) das 1961 errichtete *Rathaus,* davor ein großer Wegweiser mit 23 Tafeln, der u. a. die Entfernungen zum Nordpol, nach Hamburg, Wien und Rom angibt. Nahebei ein *Kriegsmuseum.* Am Südende der Kongensgate die *Schwedische Seemannskirche* mit einer Bibliothek. Schräg gegenüber erinnert ein Denkmal an die norwegischen Panzerschiffe 'Norge' und 'Eidsvold', die bei den Kämpfen 1940 gesunken sind. Nördlich jenseits der Eisenbahn der *Gulbransonspark,* westlich davon einige etwa 4000 Jahre alte *Felszeichnungen.* – Weit im Osten der Stadt liegt der *Friedhof,* auf dem neben alliierten auch 1473 deutsche Soldaten bestattet wurden.

Ein lohnender Aussichtspunkt ist der 102 m hohe *Frammeåsen* (20 Min. westlich der Stadt) mit Blick auf den Ofotfjord und den Kongsbaktind.

UMGEBUNG von Narvik. – Südöstlich erhebt sich das 1250 m hohe **Fagernesfjell.** Bis in 700 m Höhe führt eine Schwebebahn (an der Bergstation ein Restaurant). Der Berg bietet eine großartige Aussicht; von Ende Mai bis Mitte Juli Mitternachtssonne.

Von Narvik mit der Eisenbahn nach Abisko (auch neue Straße). – Der auf norwegischem Territorium verlaufende Streckenteil wird 'Ofotbahn' genannt, in Schwe-

den heißt die Linie 'Lapplandbahn'. Die 1903 fertiggestellte Eisenbahnlinie dient vor allem dem Erztransport aus den Eisenerzrevieren von Kiruna und Gällivare (beide in Schweden) nach Narvik. Bei gutem Wetter ist ein Ausflug nach Schwedisch-Lappland mit dieser Bahnlinie sehr lohnend, der in knapp zwei Stunden vom Fjord in die öde arktische Hochgebirgsregion führt. Die sehr lohnende Aussicht bietet sich nur auf der linken Seite (in Fahrtrichtung). Außer zahlreichen Erztransporten fahren auch Züge für den Personenverkehr.

Von Narvik steigt die Strecke bereits erheblich an, während sie auf aussichtsreicher Strecke dem Südufer des *Rombaksfjords* folgt. Hinter Rombak eine weitere Steigung; es bietet sich ein eindrucksvoller Rückblick auf den *Rombaksbotn* und das Ende des Fjords. Die Strecke führt durch zahlreiche Tunnels und über Viadukte; die Landschaft wird zunehmend ärmer an Vegetation. – Hinter *Bjørnfjell,* der letzten norwegischen Station, überquert die Bahn die Wasserscheide zwischen Eismeer und Ostsee (525 m ü.d.M.) und wenig später die **norwegisch-schwedische Grenze.** 2 km weiter in der großartiger Bergwelt gelegene schwedische Ort **Riksgränsen** mit dem Sporthotel *Lapplandia* inmitten eines geschätzten Skigebietes. Fortsetzung der Strecke nach Abisko s. dort.

Lofoten und **Vesterålen** s. dort.

Nordfjord

Staat: Norwegen. – Gebiet: Westnorwegen.
Provinz: Sogn og Fjordane fylke.
Telefonvorwahl: 057.
ⓘ **Stryn Reisebyrå,**
N-6880 Stryn;
Telefon: 7 15 26.
Loen Turistinformasjon,
N-6878 Loen;
Telefon: 7 76 77.
Olden Turistinformasjon,
N-6870 Olden;
Telefon: 7 31 05.
Fjordane Reisebyrå,
N-6860 Sandane;
Telefon: 6 60 00.
Måløy Informasjonskiosk,
N-6700 Måløy;
Telefon: 5 13 03.

FREIZEIT und SPORT. – Segeln, Fischen, Bergsteigen.

Der *Nordfjord erstreckt sich fast auf dem 62.** Breitengrad, nördlich parallel zum Sognefjord, auf über 90 km Länge von Måløy bis Olden und ist bis 565 m tief. Seine einzelnen Teile haben verschiedene Namen; die Bezeichnung 'Nordfjord' galt früher der ganzen Landschaft. Den größten Reiz haben die inneren Verzweigungen des Fjordes, die in der Gegenüberstellung von weiten Wasserflächen, mächtigem Hochgebirge und Gletschern eine einzigartige Wirkung erzielen.

Man erreicht von Süden kommend über Lillehammer auf der Europastraße 6 Otta, von wo man westlich auf der Reichsstraße Nr. 15 über Lom nach *Stryn* am Nordufer vom **Innvikfjord,** der westlichsten Verzweigung des Nordfjords, gelangt. Man überquert den *Strynselv* und folgt der Straße Nr. 60 am steilen Nordufer des Fjords entlang nach **Loen** (Hotel Alexandra, 373 B., Hb.; Pensjonat, 56 B.; Richard's Motell, 40 B.; Sb.; Gjestehus, 24 B.) am Eingang des hübschen **Loendals**, mit kleiner achteckiger Holzkirche (1937). Aufstieg m. F. in 6 St. zum *Skåla* (1937 m).

Strynsvatn

Südöstlich führt von Loen eine 14 km lange schmale Straße am Ostufer des malerischen *Loenvatn* (43 m ü.d.M., 10,2 qkm, bis 193 m tief) über die *Bødal turiststasjon* nach *Kjenndal*, am Nordfuß des *Nonsnibba* (1823 m); über dem Westufer des Loenvann das schneebedeckte *Ramme-* oder *Ravnefjell* (2003 m), ein nördlicher Ausläufer der ausgedehnten Firnfelder des Jostedalsbre (s. dort). Östlich von Kjenndal erhebt sich die *Lodalskappa.*

Die Straße Nr. 60 folgt von Loen weiter dem Fjordufer und führt nach **Olden** (Fjordhotell, 80 B.; Yris Pensjonat, 20 B.) am Südende des Fjords, mit Kir-che von 1746/49 (1971 restauriert). – Von hier führt eine Straße 4$^1/_2$ km südlich durch das schöne Oldertal nach *Eide,* am Nordufer des 11 km langen *Oldenvann* (37 m ü.d.M., 8,4 qkm, bis 90 m tief), und weiter am Seeufer hin (auch Motorboot) an zahlreichen Wasserfällen vorbei (rechts und links schneebedeckte Berge) 13 km zum Südende des Sees nach *Rustøy.* Von dort sind es noch 5$^1/_2$ km (schmaler Fahrweg mit Ausweichstellen) nach *Briksdal* (150 m ü.d.M.; Gastwirtschaft), von wo ein Fußpfad in etwa 1 St. zum **Briksdalsbre,** einem Arm des Firnfeldes Jostedalsbre, führt, der mit seinen blauen Eismassen über dem Buschwald aufragt.

Die Reichsstraße Nr. 60 zieht von Olden weiter am südlichen Fjordufer entlang. Nach 17 km folgt *Innvik,* mit Blick südlich auf den schneebedeckten *Storlaugpik* (1556 m) und die *Ceciliekruna* (1775 m).

Man erreicht *Utvik,* einen weit zerstreuten freundlichen Ort mit Kirche. Nun verläßt die Straße das Fjordufer und führt in Kehren mit prächtigen Ausblicken auf den Fjord bergan zum *Utvikfjell* (640 m ü.d.M.; Hotel), das eine prächtige Rundsicht bietet; südlich der Jostedalsbre. Dann wieder abwärts zur Straßenteilung *Byrkjelo,* wo man die Reichsstraße Nr. 14 erreicht; links führt sie zum Sognefjord (s. dort), rechts zu dem hübsch am Ostende vom **Gloppenfjord,** einem weiteren Seitenarm des Nordfjords, gelegenen Ort **Sandane** (2000 Einw.; Hotel Sivertsens, 80 B.; Firdaheimen, 37 B.). Hier befindet sich das Nordfjord folkemuseum (16 alte Gebäude); am Westufer des Fjords die Kirche von Gjemmestad und mehrere Grabhügel aus der Eisenzeit, am Ostufer einer der größten Grabhügel in Vestland, der *Tinghogjen* (50 m breit, 7 m hoch; der Punkt mit der letzten Abendsonne am Mittsommertag).

Nun fährt man am Ostufer des Gloppenfjords entlang bis zu seiner Mündung in den **Utfjord,** einen weiteren Teil des Nordfjords. Rechts der kleine Flugplatz von Sandane. Von *Anda* an der Landspitze kann man mit der Autofähre in 10 Minuten *Lote* am nördlichen Fjordufer erreichen.

Man folgt nun der Straße Nr. 14 nordwestlich nach **Nordfjordeid** (1700 Einw., Nordfjord Hotell, 110 B.; Heimen, 80 B.), wobei man die Landzunge überquert, die den **Hundvikfjord** vom **Eidsfjord** trennt. Nun geht es westlich am Nordufer des Eidsfjords entlang. Hinter *Stårheim,* Geburtsort des Volksdichters Mathias Orheims (1884-1958; Hütte mit

Innvikfjord südlich von Stryn

genannten Insel und wird als die nördlichste Spitze Europas besucht, obwohl das Kap Knivskjelodden noch etwas nördlicher (71°11′ 8″ nördl. Br.) endet und das zwischen Laksefjord und Tanafjord gelegene Vorgebirge Nordkinn (auch Nordkyn oder Kinnarodden, 234 m) die äußerste Spitze des Festlands ist (71°8′ 1″ nördl. Br. u. 27°40′ 9″ östl. L. von Gr., 68 km östlich vom Nordkap).

Die Insel **Magerøy** liegt als nördlichster Vorposten vor dem skandinavischen Festland. Zwischen tief einschneidenden Fjorden schieben sich ihre gewaltigen zerrissenen Halbinseln ins Eismeer vor, deren 300-400 m hohe, oben abgeplattete Vorgebirge meist steil abfallen. Nur selten bemerkt man in der Einöde eine Spur von Pflanzenwuchs. – Zu Schiff oder mit der Fähre erreicht man die an der Südostküste der Insel Magerøy gelegene Hafenstadt **Honningsvåg** (Nordkapp Hotell, 250 B.), von wo Autobusse und Taxis zum ****Nordkap** fahren. Am vordersten Absturz ein Restaurant (Nordkap-Diplom, Sonderbriefmarken und Sonderstempel). Ein Pfeil zeigt die Nordrichtung an und eine Granitsäule erinnert an den Besuch König Oskars II. im Jahre 1873. Die Aussicht umfaßt bei gutem Wetter nach Westen, Norden und Osten das freie Eismeer. Im Südwesten erblickt man die Hjelmsøy und die Rolvsøy; im Osten in der Ferne Nordkinn; im Süden die Hochfläche der Magerøy mit ihren Schneefeldern, Teichen und dürftigem Pflanzenwuchs. Das Nordkap steht seit 1929 unter Naturschutz; das Sammeln

Erinnerungen) erreicht man den Hauptarm des Fjordsystems, den eigentlichen **Nordfjord.** Über Bryggja erreicht man *Almenningen,* mit Blick auf Europas höchste Klippe, den 860 m hohen, senkrecht aus der See aufsteigenden *Hornelen,* im Volksglauben der Tanzplatz von Hexen und Trollen. Bald darauf führt eine 1224 m lange Brücke über den Ulvesund nach **Måløy** (Hagens Hotel, 80 B.) auf der Insel Vagsøy. Interessant der Kannestein, ein sanduhrförmig erodierter Felsen am Strand 11 km von Måløy, und der alte Handelsplatz auf dem *Vagsberg,* mit 7 historischen Gebäuden. Von Hagens Hotell aus Bootsfahrt nach Vingen (gegenüber Hornelen) mit der größten Anzahl von **Steinritzungen* ('Helleristningsfelt'; 2000 Figuren, meist Hirsche) im Norden.

Nordkap / Nordkapp

Staat: Norwegen. – Gebiet: Nordnorwegen. Provinz: Finnmark fylke.

ANREISE. – Mit dem Kraftfahrzeug erreicht man von Tromsø aus der Reichsstraße Nr. 6, die zunächst meist entlang der Küste führt, über Alta den Ort *Olderfjord,* von dort führt die Straße Nr. 95 über die Porsanger-Halbinsel nach *Kåfjord.* In Kåfjord Autofähre (³/₄ St.; je nach Saison 6-11mal täglich) nach *Honningsvåg.* – Von Lakselv (Flugplatz) auch Bus nach Kåfjord. – Für die lohnende Fahrt mit dem Schiff von Hammerfest nach Honningsvåg bietet sich nur noch die Möglichkeit der Mitfahrt mit dem von Bergen nach Kirkenes fahrenden Eilschiff ('Hurtigrute'; ca. 6 St., begrenztes Fassungsvermögen). Von Honningsvåg Omnibus oder Taxi zum Nordkap. – Von Hammerfest auch Flugverbindung nach Honningsvåg.

Das ****Nordkap (307 m ü.d.M.; 71° 10′ 21″ nördl. Breite, 25°47′ 40″östl. Länge), ein grauschwarzer, von tiefen Rissen durchfurchter Schieferfelsen, ist der steile nördliche Absturz der Magerøy**

Nordkap

von Pflanzen ist daher verboten. – Die Mitternachtssonne sieht man hier vom 14. Mai bis 30. Juli; sie erreicht ihren tiefsten Stand um 23 Uhr 35 Mitteleuropäischer Zeit.

Norrköping

Staat: Schweden. – Gebiet: Ostschweden. Provinz: Östergötlands län.
Landschaft: Östergötland.
Höhe: Meereshöhe. – Einwohnerzahl: 120000.
Postleitzahl: S-60.... – Telefonvorwahl: 011.
ⓘ Norrköpings kommunes fritidsnämnden, Hospitalsgatan 30,
S-60227 Norrköping;
Telefon: 12 96 20, 12 39 10 und 18 52 82.
Wahlkonsulat der
Bundesrepublik Deutschland,
c/o Göta Lantmän, Fleminggatan 9,
S-60224 Norrköping;
Telefon: 12 47 15.

HOTELS. – Ritz, Vattengränden 11, 130 B.; Standard Hotell, Slottsgatan 99, 245 B.; Esso Motor Hotel, Järngatan, 315 B.; Centric, Gamla Rådstugugatan 18-20, 46 B.; Casa, Trädgårdsgatan 6 A, 26 B.; Mobilen, Odenslund, 250 B.; Strand Hotell, Drottningsgatan 2, 32 B.; Frälsningsarméns Studiehem, Bredgatan 46, 45 B. – JUGENDHERBERGE. – CAMPINGPLATZ.

Die schwedische Hafenstadt Norrköping (spr. Norrtchöping) liegt da, wo der Motalaström in die fast 50 km tief ins Land einschneidende Ostseebucht Bråvik mündet. Die Bucht bildet eine natürliche Grenze zwischen der Waldlandschaft Kolmårdens im Norden und dem fruchtbaren Ackerland Vikbolandets im Süden. Norrköping besitzt lebhaften Handel (bedeutender Hafen) und eine rege Industrie (Metall, Textilien).

SEHENSWERTES. – Östlich vom Bahnhof die Reste der Johannisborg. Obwohl nur noch das Burgtor und die angrenzenden Mauern stehen, vermitteln sie dennoch ein Bild davon, wie die aus dem 17. Jahrhundert stammende Anlage ausgesehen hat. Der Torturm wurde 1934 restauriert. Südlich vom Bahnhof der Karl Johans Park mit sehenswerter Kakteenpflanzung. Die 25000 Gewächse werden jedes Jahr durch eine neue Art bereichert. Im Park ein Denkmal Karl XIV. Johan (1846), ein Werk des Bildhauers Schwanthaler. Am Park das Stadthaus und südwestlich vom Bahnhof auf einer Anhöhe die neugotische Matteuskyrka von 1892.

Am Südufer des Motalaström liegt der Tyska Torget, der Deutsche Markt, mit der Hedwigskirche. Sie wurde 1673 für den deutschen Teil der Bevölkerung gebaut (im 18. Jh. umgebaut); das Altarbild malte Pehr Hörberg. – An der Südseite des Platzes steht das **Rathaus** (1907-1910); das Glockenspiel auf dem 68 m hohen Turm spielt täglich um 12 und um 17 Uhr. Der Stadtturm an der Hauptstraße, der Dronningsgata, wurde 1750 gebaut und ist das Wahrzeichen der Stadt. Von hier aus verkündete einst der Feuerwächter die vollen Stunden. Zu den ältesten Kirchen Norrköpings zählt die **Östra-Eneby-Kirche** (12. Jh.) mit ihren mittelalterlichen Deckengemälden, wertvollen Gobelins und einem schönen Taufstein, dessen Becken aus Kolmårdsmarmor gearbeitet ist.

Der Gamla Torget war vor 1655 der Platz, an dem das Rathaus und die Gildenhalle der Bürgerschaft stand. Heute ist der Platz von schönen Häusern aus dem frühen 19. Jahrhundert umgeben. Hier steht auch das von Carl Milles geschaffene Denkmal Louis de Geers. Es ist zur Hütte Holmen gewandt, die der betriebsame Holländer im 17. Jahrhundert gegründet hat. Den Gelbton, in dem der Hüttenturm gehalten ist, nennt man Norrköpingsfarbe. – An der Södra Promenade die Neue Stadtbibliothek; am Kristinaplatz das Norrköping Museum mit Abteilungen für alte und moderne Kunst; ein Färbereimuseum – Färgargården – in der St. Persgatan und das Handwerksmuseum in der Lidaleden. In Gammalt Hantverk sind Werkzeuge aus 40 Handwerksberufen zu sehen. – Im Westen der Stadt der Volkspark und der Park Himmelstalund, mit noch erhaltenen Kurgebäuden und einem 200 Jahre alten Theater.

UMGEBUNG von Norrköping. – Gut 5 km nordwestlich an der Straße nach Svärtinge der Herrenhof Ringstad. In der Nähe Gräberfelder und Reste einer Wikingerburg aus dem 7. Jahrhundert, in der man den gleichnamigen Königshof aus den Helgieliedern der Edda zu erkennen glaubt. – 29 km nordwestlich von Norrköping **Finspång** mit moderner

Industrie in einem alten Bergbaugebiet und einem Schloß von 1668. Etwa 10 km in nordöstlicher Richtung von Finspång *Rejmyra* mit einer Glashütte, in der auch Glaswaren verkauft werden. – Zum *Schloß Lövstad* 10 km von Norrköping in südwestlicher Richtung.

Der **Kolmården** ist der Grenzwald zwischen Södermanland und Östergötland nördlich der langgezogenen Bucht Bråviken. Das waldreiche Hügelland erstreckt sich in einer Länge von ca. 100 km von Westen nach Osten. Im Fels dominiert der rötliche Gneis, jedoch auch roter und schwarzer Granit kommen vor. Von hier kommt auch der Stein, der im vorigen Jahrhundert für den Bau des schwedischen Reichstages auf Helgeandsholmen in Stockholm gebrochen wurde. Etwas Eisen und Kupfer sind ebenfalls zu finden. Der berühmte grüne Marmor im östlichen Teil von Kolmården wurde in Abständen über mehrere hundert Jahre gebrochen, und zwar von 1673 bis 1960. Östlich erstreckt sich der an Größe ständig zunehmende *Tierpark*. Ganz in der Nähe liegt *Fagervik,* ein Siedlungsplatz aus der Steinzeit. – Quer durch Kolmården vom Gasthof in Krokek bis hin zum Utterbergs-Kastell verlief die *Eriksgatan,* der Hauptweg zwischen Götaland und Svealand. Vorgänger der Gasthöfe war das *Vårfrueklostret* in Kolmården. Das Kloster diente zugleich Wandernden und Reisenden als Herberge. Daneben entstand aus den Steinen der Klosterruine eine Kapelle und 1747 schließlich die alte Kirche von *Krokek,* deren Ruinen auch heute noch stehen.

Söderköping (6000 Einw.; Stadshotellet, 132 B.) 15 km südöstlich von Norrköping, wurde im 13. Jahrhundert als Lübecker Handelskolonie gegründet. Die Deutschen führten hier, ebenso wie in Sänninge, eine große Kirche auf. Der Bau der St.-Laurentii-Kirche konnte Ende des 15. Jahrhunderts abgeschlossen werden (nach etwa 200 Jahren). – Bei Ausgrabungen u. a. in der Storgatan und der Vintervadsgatan wurden Handels- und Handwerkshöfe freigelegt und Gerätschaften gefunden, die erkennen lassen, daß Söderköping im Mittelalter zeitweise einer der wichtigsten Handelsplätze Schwedens war. 1567 wurde die Stadt teilweise von dänischen Soldaten zerstört, danach aber in Stein wiederaufgebaut. Johann III. bestimmte Norrköping zum Verwaltungszentrum und sorgte für einen Aufschwung des Bergbaus. Dadurch ging der Handel zurück, und die Deutschen verließen die Stadt. Das neue Söderköping setzte nun auf den Fischfang in den Schären. Auf den Inseln Björkeskär und Viskär entstand eine Handelsniederlassung, die 80 Jahre lang, bis 1731, das Fischfangmonopol an der Küste von Östergötland hatte. Bekannt wurde später auch das Brunnenwasser aus der St.-Rangnhildquelle, das auch kommerziell genutzt wurde. Sehenswert in Söderköping ist das Drothemsviertel mit der gleichnamigen Kirche. Das gleiche gilt für die teilweise altertümliche Bebauung um die St.-Laurentii-Kirche mit dem Glockenturm von 1582 und dem alten Schulhaus. Alte Häuser aus der Umgebung der Stadt wurden im Freilichtmuseum auf dem Gilleskullen erneut aufgebaut. Eine schöne Aussicht hat man vom *Ramunderberg* mit der Burg gleichen Namens.

Nyköping

Staat: Schweden. – Gebiet: Ostschweden.
Provinz: Södermanlands län.
Landschaft: Södermanland.
Höhe: Meereshöhe. – Einwohnerzahl: 35000.
Postleitzahl: S-61100. – Telefonvorwahl: 0155.

(i) **Turistbyrå,**
Stora Torget;
Telefon: 81274.

HOTELS. – *Nya Hotellet,* V. Storgate 15 A, 137 B.; *Esso Motor Hotel,* Gumsbacken, 201 B.; *Excellent,* Fruängsgate 43, 15 B.; *Tuna Motell,* 40 B.; *Ekeby,* Bergshammar, 20 B.; *Viktoria,* Fruängsgate 21, 45 B.

Nyköping (spr. Nütchöping), die an der Nyköpingså unweit ihrer Mündung in die Ostsee gelegene Hauptstadt von Södermanland, war im Mittelalter eine der wichtigsten Städte des Landes sowie vom 13. bis zum 16. Jahrhundert Schauplatz von 15 Reichstagen und besitzt heute eine lebhafte Industrie (Möbel, Glühlampen, Automobilfabriken u. a.).

SEHENSWERTES. – Am Stora Torg, dem Hauptplatz der Stadt, das *Rathaus* (1720), die *Residenz* des Landeshauptmanns (1803) und die alte, im 18. Jahrhundert erneuerte Kirche *St. Nikolai.* Unweit südlich (durch die Slottsgate; Wegw.) liegt am rechten Ufer der Nyköpingså das wahrscheinlich schon aus der Zeit der Folkungerkönige stammende, 1665 abgebrannte und später teilweise wiederaufgebaute umfangreiche **Schloß Nyköpinghus,** wo König Birger Jarl 1318 seine beiden Brüder gefangensetzte und verhungern ließ. Erhalten blieb das Haupttor *Vasaporten* und der *Herzog-Karl-Turm* (Kungstornet) an der Westseite, in dem ein Modell des Schlosses gezeigt wird; Sörmlandsmuseum. Nordwestlich gegenüber dem Schloß das *Kunstmuseum.* Im Südosten der Stadt die im 17. Jahrhundert erneuerte *Allerheiligenkirche* (Allhelgona kyrka).

UMGEBUNG von Nyköping. – Lohnende Ausflüge in das nördlich gelegene Seengebiet mit dem *Yngarensee,* dem *Långhalsensee* und dem *Båvensee.*

13 km südöstlich (Autobahn) die Hafenstadt **Oxelösund** (15000 Einw.; Hotell Ankaret, 188 B.; Stiftsgården Stärnholm, 75 B.), mit großem Stahlwerk und architektonisch interessanter Kirche (1975). – 28 km westlich an der Küste die schwedische Atomversuchsstation *Studsvik.*

Nach 7 km auf der Autobahn Richtung Stockholm Ausfahrt (Straße Nr. 223) zu dem 15 km nördlich liegenden großen Grabhügel *Uppsa-Kulle* (10 m hoch); noch 11 km weiter nördlich die Kirche von *Ludgo,* die einen Altar von B. Precht und zwei westeuropäische (französische oder flämische) Steinskulpturen aus dem 15. Jahrhundert enthält. – Nach weiteren 20 km bis zum Ende der Autobahn und 1¹/₂ km Landstraße rechts Abzweigung der Provinzialstraße Nr. 218 zu dem 6 km südlich an der Ostsee liegenden Badeort *Trosa* (große Fischräucherei; Hotell Strömsborg, 60 B.). – Nach weiteren 3¹/₂ km auf der Hauptstraße rechts abseits (2 km; Wegweiser) das 1719-28 erbaute, als königliche Sommerresidenz dienende Schloß *Tullgarn* (schöner Park).

Odense

Staat: Dänemark. – Insel Fünen (Fyn). Amtsbezirk: Fyns amt.
Höhe: 25 m ü.d.M. – Einwohnerzahl: 168 000.
Postleitzahl: DK-5000. – Telefonvorwahl: 09.
ⓘ **Odense Turistforening**
(Verkehrsverein Odense),
Radhuset;
Telefon: 12 75 20.
Wahlkonsulat der
Bundesrepublik Deutschland.
Slotsgade 18 – 22;
Telefon: 14 14 14.

HOTELS. – *Hotel H. C. Andersen*, Claus Bergsgade 7, 300 B.; *Hotel Windsor*, Vinegade 45, 110 B.; *Motel Brasilia*, Blommenslyst, 120 B.; *Grand Hotel*, Jernbanegade 18, 234 B.; *Frederik VIs Kro*, Rugårdsvej 590, 81 B.; *Ansgar Missionshotel*, Østre Stationsvej 32, 80 B.; *Ydes Hotel*, Hans Tausensgade 11, 46 B.

JUGENDHERBERGE. – *Kragsbjerggården*, Kragsbjergvej 121.

CAMPINGPLÄTZE. – *Autocamping Hunderup*, Odensevej 102; *Blommenslyst*, Middelfartvej 494.

RESTAURANTS. – *Den gamle Kro*, Overgade 23; *Næsbylund Kro*, Bogensevej 105; *Næsbyhoved Skov Restaurant*, Kanalvej 52; *Skoven*, Hunderup Skov; *Rode*, Ø. Stationsvej 34; *Under Lindetræet*, Ramsherred 2; *Franck-A*, Jernbanegade 4.

Odense, die Stadt von H. C. Andersen, liegt auf der dänischen Insel Fünen an der wichtigen Verbindungsstraße E 66 und A 1, die von Kopenhagen nach Jütland führt. Die drittgrößte Stadt Dänemarks (nach Kopenhagen und Århus) liegt am Flüßchen Odenseå, der unweit nördlich in den Odensefjord mündet. Die wichtige Handels- und Industriestadt ist eine der ältesten Städte des Landes. Seit 1966 ist sie auch Universitätsstadt.

GESCHICHTE. – In den Urkunden entdeckt man den Namen Odense erstmals 988: Damals erhielt der Bischof der Stadt einen Schutzbrief des deutschen Kaisers Otto. Ursprünglich war Odense vermutlich Kultstätte des Gottes Odin (Wotan), daher auch der Name der Stadt. 1086 wurde in der St.-Alban-Kirche der dänische König Knud ermordet; der Papst sprach ihn 15 Jahre später heilig. Odense, im Mittelalter Kirchen- und Pilgerzentrum, überstand die Verweltlichung nach der Reformation und blieb eine wichtige Handelsstadt. Zu Beginn des 19. Jahrhunderts wurde das 15 km entfernte Kerteminde Hafenstadt Odenses. Die Altstadt wurde nach und nach von Geschäftshäusern besetzt, so daß heute zwar das alte Straßennetz, aber nur noch wenige alte Gebäude erhalten sind. Der berühmteste Sohn der Stadt ist ohne Zweifel der Märchendichter Hans Christian Andersen (die Buchstaben-

abkürzung H. C. für die Vornamen wird im Dänischen "ho-ze" gesprochen, bei "Andersen" ist das "d" stumm), der hier am 2. April 1805 geboren wurde, um berühmt zu werden aber nach Kopenhagen zog, weil er sich in seiner Heimatstadt verkannt fühlte, was im Märchen vom häßlichen kleinen Entchen symbolisiert wird.

SEHENSWERTES. – H. C. Andersen soll in einem Haus in der Hans Jensens Stræde geboren worden sein, das man als Andersen-Museum restauriert und eingerichtet hat. Dieses **H.C. Andersens Hus** ist ein einstöckiges Fachwerkhaus, mit Möbeln, Bildern, Manuskripten, Dokumenten und Büchern des Dichters. Vom 3. bis zum 15. Lebensjahr wohnte Andersen im *H. C. Andersens Barndomshjem* (Munkemøllestræde), das – ebenfalls als Museum eingerichtet – ein gutes Bild davon vermittelt, wie die 'kleinen Leute' zu Beginn des 19. Jahrhunderts gelebt haben.

Hans-Christian-Andersen-Denkmal in Odense

Vom Jugendheim Andersens kommt man nach wenigen Schritten (durch den H.-C.-Andersen-Park, mit Statue des Dichters) zum Dom von Odense, der **Kirche St. Knud.** Sie ist nach dem dänischen Heiligen benannt, der ihren Bau selbst begonnen hatte. Seine Kirche brannte jedoch im 12. Jahrhundert ab. Nach einem weiteren Großbrand begann Bischof Giscio im 13. Jahrhundert einen Neubau, der fast 200 Jahre in Anspruch nahm. An der gotischen Kirche ist besonders die Krypta mit den Gräbern König Knuds und seines Bruders Benedikt zu beachten. Im Innern der

Kirche hinter dem Hochaltar ein riesiger Altarschrein mit herrlichen Schnitzarbeiten von Claus Berg, außerdem ein bronzenes Taufbecken von 1620 und eine Kanzel von 1750; Glockenspiel.

Gegenüber dem Dom liegt das **Rathaus** (Verkehrsverein), dessen älterer Teil Ende des vorigen Jahrhunderts im Stil italienischer gotischer Rathäuser erbaut wurde; Ergänzungsbau 1939-55 aus Stahlbeton mit roten Fliesen. Das Rathaus ist mit zahlreichen Kunstwerken ausgeschmückt (interessante Skulptur "Frühling in Fünen"). Vor dem

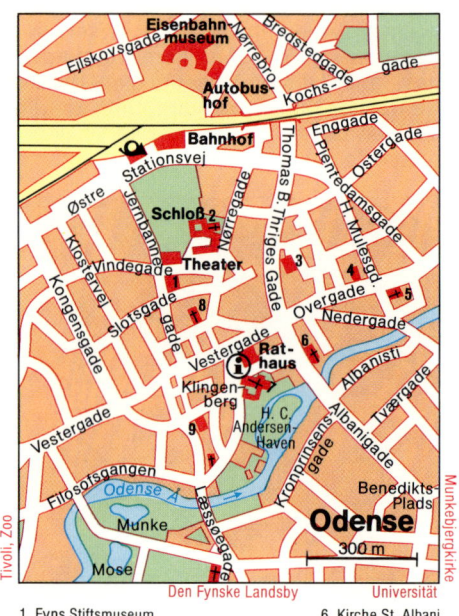

Odense

300 m

1 Fyns Stiftsmuseum
2 Kirche St. Hans
3 H.-C.-Andersen-Haus
4 Møntergården (Museum)
5 Vor Frue kirke

6 Kirche St. Albani
7 Kirche St. Knud
8 Gråbrødrekloster
9 H.-C.-Andersen-Geburtshaus

Rathaus eine Knud-Statue von Utzon Franck. – Über den Albanitorv kommt man zur katholischen *Albanikirche,* dann weiter durch die Overgade zum *Møntergården,* dem alten Münzhof, der als kulturhistorisches Museum eingerichtet ist. Zu dem Komplex gehören weitere Häuser aus dem 16. und 17. Jahrhundert und ein Magazingebäude aus der Barockzeit (Sammlung von Steingut- und Silbergeschirr und zur Geschichte Odenses). Kurz hinter dem Münzhof trifft man auf die **Vor Frue kirke,** eine spätromanische einschiffige Backsteinkirche mit einer teilweise erhaltenen spätromanischen Rundbogenfenstergruppe an der Ostwand. Die Kanzel ist von 1639, der Turm stammt aus dem 15. Jahrhundert.

Beim Park *Kongens Have* liegt die **Kirche St. Hans** (älteste Teile aus dem 13., Chor aus dem 15. Jh.). Die Kirche war

früher Teil eines Johanniterklosters. An der Nordwand ein großes Kruzifix aus dem 15. Jahrhundert, das Taufbecken ist spätromanisch. An der Südwestwand befindet sich an der Außenseite eine Kanzel, die vom Inneren der Kirche zugänglich ist (Dänemarks einzige Außenkanzel). Die alten Gebäude des Johanniterklosters wurden unter Frederik IV. in ein *Barockschloß* umgebaut, das hinter der Kirche St. Hans in Kongens Have liegt. Frederik VII. ließ das Schloß um 1841 in klassizistischem Stil umgestalten.

An der Jernbanegade, die vom *Bahnhof* ins Zentrum führt, befindet sich das **Kunstmuseum** mit einer Sammlung fünenscher Malerkunst sowie einer vorgeschichtlichen Abteilung. Beim Bahnhof ein *Eisenbahnmuseum.*

Von den moderneren Kirchen Odenses sind vor allem zwei zu erwähnen: die Fredenskirke und die Kirche in Munkebjerg. Die *Fredenskirke* am Skibshusvej hat der Architekt Jensen Klint in den Jahren 1916-20 gebaut; der Entwurf galt ursprünglich einer nie verwirklichten Kirche in Århus. Die Kirche, eine Paraphrase gotischer Backsteinkirchen, ist eine Vorstudie zu Jensen Klints berühmter Grundtvigkirche in Kopenhagen. Die *Munkebjerg-Kirche* (Østerbæksvej) ist Resultat eines Wettbewerbs von 1942. Das preisgekrönte Projekt sah einen ungewöhnlichen, vieleckigen Kirchenbau vor. Der Widerstand der Einwohnerschaft verhinderte den Bau bis 1962, als eine andere Architektengruppe im großen und ganzen der alten Vorlage folgte. Inzwischen war der unkonventionelle Baustil allgemein akzeptiert worden. Der sechseckige Betonbau wirkt wie ein großes Zelt. Der Glockenturm steht frei daneben.

UMGEBUNG von Odense. – Im *Hunderup Skov* liegt 4 km südlich vom Zentrum Odenses Freilichtmuseum **Den fynske Landsby,** die Rekonstruktion von 20 Gebäuden aus dem alten Fünen (Höfe, Häuser, Schmiede, Mühle, Gasthof, Ziegelei). Das Museum wirkt wie ein Dorf von 1750, nach alten Methoden wird die Landwirtschaft betrieben. Zahlreiche kulturelle Aktivitäten. – Auf dem *Odense å* kann man Bootsfahrten unternehmen.

Im Südwesten der Stadt ein *Zoologischer Garten* und der *Vergnügungspark Tivoli.* Am Südrand von Odense liegt **Dalum,** dessen Kirche einst Teil eines Benediktinerklosters war, das um 1200 von Odense hierher verlegt wurde. Interessante Wandfresken. Weiter östlich *Fraugde* mit dem Herrenhof *Fraugdegård,* einem Fachwerkgebäude aus dem 16. Jahrhundert; Ende des 17. Jahrhunderts war Dänemarks berühmtester Kirchendichter Thomas Kingo (später Bischof) Besitzer des Hofes.

Öland

Staat: Schweden. – Insel Öland.
Provinz: Kalmar län.
Fläche: 1345,6 qkm. – Bewohnerzahl: 23000.
Postleitzahl: S-380... – Telefonvorwahl: 0485.

(i) **Borgholms Turistbyrå,**
Box 115,
S-38070 Borgholm;
Telefon: 12340.
Böda Turistbyrå,
S-38074 Löttorp;
Telefon: 22360.
(nur Juni-August).
Färjestadens Turistbyrå,
S-38060 Färjestaden;
Telefon: 30260 und 30175
(nur Mai-Sept.).

Öland, der Südostküste Schwedens vorgelagert und durch den Kalmarsund vom Festland getrennt, ist Schwedens zweitgrößte Insel. Ihre Bewohner verteilen sich auf zwei Landgemeinden und eine Stadt – Borgholm. Natur und Landschaft unterscheiden sich wesentlich vom Festland. Da die Insel an ihrer breitesten Stelle nur 16 km mißt, weht immer ein leichter Seewind. Die sonderbarste Landschaft ist die Alvarsteppe, auf der der Kalkfelsen sichtbar oder nur von einer sehr dünnen Erdschicht bedeckt ist.

Die Stora Alvar erstreckt sich von Vickleby bis hinunter nach Ottenby mit 40 km Länge und 10 km Breite. Diese baumlose Kalksteinsteppe setzt sich zusammen aus Felsen, Karst, Grasheide und flachen Mooren. Hier auf Süd-Öland liegen jedoch auch die fruchtbarsten Anbaugebiete der Insel, so z.B. bei Mörbylånga. Das Landschaftsbild in Mittel-Öland zwischen Borgholm und Färjestaden hat ein anderes Gepräge. Laub- und Nadelwald dominieren am Kalmarsund und ein breiter Gürtel von Haselgebüsch und blumenreichen Waldwiesen im Innern der Insel. Nord-Öland wiederum hat nach Westen Felsküste, während am Ostufer Landzungen und flache Buchten miteinander abwechseln. Dazwischen Wiesen und etwas Steppe mit Wacholderbestand und in der Höhe von Boda Nadelwald von einer Küste zur anderen. Öland wird nicht umsonst eine alte Kulturlandschaft genannt. Beeindruckend sind die Gräberfelder und die Fluchtburgen, die in der Zeit der Völkerwanderung zur Verteidigung der Siedlungsgebiete angelegt wurden. Im 12. und 13. Jahrhundert befestigte man die Kirchen durch Verteidigungstürme, manchmal sogar mit einem Ost- und einem Westturm. Obwohl die meisten Kirchen im 19. Jahrhundert gebaut wurden, gibt es dennoch Beispiele der mittelalterlichen Baukunst. Von ver-

schwundener Zeit erzählen z.B. die Steinwälle, die Fischerhütten, die Windmühlen und die Reihendörfer. Die Windmühlen sind zum Symbol der Insel geworden. Es gibt noch nahezu 400. In der Regel sind die kleinen Stoppelmühlen für den Bedarf eines Hofes gedacht. Heute stehen alle Mühlen unter Denkmalschutz. Landwirtschaft (Viehzucht) ist noch immer Haupterwerbszweig auf Öland und beschäftigt etwa 40 % der Bevölkerung.

SEHENSWERTES. – Im Norden der Insel, 2 km von dem kleinen Fischerdorf

Windmühlen auf Öland

Byxelkrok, *Neptuni åkrar.* Diese eigentümliche Strandformation besteht aus losen Steinen und ist nur im Hochsommer mit Blumen bewachsen. Von hier hat man Aussicht auf den Felsen *Blaue Jungfrau.* Auf dem Strandwall ein aus 35 Gräbern bestehendes Gräberfeld, zu dem auch ein Schiffsgrab aus der Wikingerzeit gehört. – Nach Norden, Osten und Süden erstreckt sich der *Kronopark* über ein ca. 6000 ha großes Gebiet mit mehr als 50 verschiedenen Baumarten. Ein Teil des Parkes ist der *Trollskogen,* ein vom Sturm zerzauster, bizarrer Kiefernwald. In Richtung Süden am Westufer die *Källa Ödekyrka.* Diese Wehrkirche aus dem 13. Jahrhundert hat ihren burgähnlichen Charakter nach außen hin bewahrt. Sie war St. Olof geweiht und diente Reisenden und anderen Leuten, die vom nahegelegenen Hafen Källahamn kamen, als Herberge. Westlich im Inneren, südlich der neuen Kirche von Källa, das Gräberfeld *Vi Alvar,* mit Richterringen und Opfersteinen aus der Eisenzeit. In *Jordhamn* an der Westküste ein sogenanntes 'Skurverk', von einer Windmühle getriebene Einrichtung zum Schleifen von Kalksteinen. Auch weiter südlich in *Sandvik* wird Kalkstein verarbeitet, außerdem steht dort Schwedens größte holländische Windmühle. Südlich das Naturschutzgebiet *Knisa Mosse,* mit reicher Vogelfauna. An einer Straßengabelung (südwestlich nach Borgholm, südöstlich nach Egby) die Kirche von *Föra,* mit Wehrturm (12. Jh.) und dem Martinskreuz (außen; 15. Jh.). Über die Seebäder *Bruddestad* und *Äleklinta* (z. T. Steilküsten) erreicht man an der Westküste *Köpingsvik,* mit den überhängenden Kalksteinfelsen Köpings Klint, auf denen sich Grabstätten und Richterringe befinden; 300 m von der Kirche ein 3 m hoher Runenstein. – 4 km westlich liegt Borgholm.

Borgholm (6500 Einw.; Strand Hotell, 284 B., Hb.; Halltorp Ölands Gästgiveri, 18 B.; Borgholm, 40 B.), die als Seebad besuchte einzige Stadt der Insel. 1 km südwestlich der Stadt liegt erhöht die großartige Ruine von *Schloß Borgholm,* das an Stelle einer alten Burg 1572 begonnen, später umgebaut und 1806 durch Feuer zerstört wurde. Von den Wällen hat man einen schönen Ausblick über die Insel und den Kalmarsund. – In der Tullgatan 22 das geschichtliche Museum Ölands Forngård; am Hafen, in der Strandgatan, das archäologische Museum Kronomagasinet, in einem Gebäude von 1819.

3 km weiter in südlicher Richtung kommt man nach *Solliden.* Das Schloß, 1903-1906 für die damalige Königin Victoria erbaut, dient heute dem schwedischen Königspaar als Sommerresidenz. In großen Teilen des schönen Parks ist die ursprüngliche Vegetation zu finden, dazwischen jedoch ein holländischer Rosengarten und viele für diese Umgebung ungewöhnliche Laubbäume. Der Park ist während der Sommermonate täglich von 12 bis 14 Uhr zugänglich. – 12 km östlich von Borgholm steht die kleinste Kirche der Insel, die *Egby Kyrka.* Trotz des Umbaus (1818), als der Turm aufgesetzt wurde, ist der ursprünglich romanische Charakter bewahrt. Beachtenswert sind im Innern das Taufbecken und der steinerne Altar aus dem 12. Jahrhundert. Die barocke Kanzel und der Altaraufsatz stammen etwa aus der Zeit um 1750. – 15 km südöstlich von Borgholm liegt Ölands besterhaltene Kirche aus dem Mittelalter, die im 12. Jahrhundert im romanischen Stil errichtete *Gärdslösa Kyrka.* Sie erhielt Ende des 13. Jahrhunderts einen gotischen Chor. Seine Wände sind mit Malereien alttestamentarischer Motive geschmückt. Fragmente von Fresken aus dem 14. Jahrhundert finden sich ebenfalls. Reich bemalt auch die Kanzel (1666) und der Altar in schönem Rokoko (1764).

Himmelsberga, 23 km südöstlich von Borgholm, lohnt einen Besuch wegen der als Museum eingerichteten typischen Ölandshöfe mit altem Hausrat

und entsprechenden Gerätschaften. Die Gebäude haben schönes altes Fachwerk, meist aus Eichenholz. Während der *Norrgården* (1842) mehr herrschaftlichen Charakter trägt, ist *Karls-Olsgården* eine torfgedeckte Kate vom Ende des 18. Jahrhunderts mit Wandmalereien in der guten Stube. – *Ismantorpsborg,* 27 km südöstlich von Borgholm, ist die eigentümlichste Fluchtburg auf Öland und wahrscheinlich in der Zeit der Völkerwanderung gebaut. Sie hat einen Durchmesser von etwa 125 m. Innerhalb der wohlerhaltenen Ringmauern liegen 88 Hausfundamente. Aufgrund der neun Zugänge (sehr ungewöhnlich) nimmt man an, daß es sich hier in erster Linie um eine alte Kultstätte handelt. – *Karums Alvar,* 17 km in südlicher Richtung von Borgholm, ist ein großes Gräberfeld aus der Eisenzeit mit dem Schiffsgrab Arche Noah, dessen 30 m langer Umriß mit Steinen markiert ist. Nahebei zwei Kalksteinhügel, wo der Sage nach Odin sein Pferd Sleipnir angebunden haben soll. – In *Lerkaka,* 25 km südlich von Borgholm, steht eine schöne Reihe von fünf gut erhaltenen Windmühlen. Nahebei ein großer Runenstein.

Am Westufer gegenüber von Kalmar der kleine Hafenplatz *Färjestaden.* Unweit nördlich, in Möllstorp, beginnt die 6070 m lange *Öland-Brücke,* die mit 153 Pfeilern die Verbindung über den Sund nach Svinö (Kalmar) herstellt. – 500 m vom Brückenkopf der schöne *Zoo* (Ölands Djurpark). – 8 km nördlich von Färjestaden die *Gråborg.* Diese größte Fluchtburg der Insel, gebaut wahrscheinlich in der Zeit der Völkerwanderung, wurde bis zum Mittelalter benutzt. Ihre bis zu 6 m hohen Ringmauern umschließen eine ellipsenförmige, 220 m lange und 165 m breite Fläche. Reste eines eindrucksvollen Torgewölbes stehen noch. In der Nähe die Ruine der St.-Knut-Kapelle (13. Jh.).

4 km von Färjestaden in Richtung Süden, dem Wegweiser mit der Bezeichnung Runsten folgend, kommt man zum *Karlevisten.* Dieser älteste Runenstein auf Öland trägt eine lange Inschrift, die besagt, daß der Stein von Sibbe dem Weisen, einem dänischen Seekönig (vermutlich ohne Land) am Ende des Jahres 1000 gesetzt wurde. – 6 km nordöstlich vom kleinen Hafenplatz *Mörbylånga* kommt man zur Kirche von *Resmo,* um 1150 im romanischen Stil gebaut; Fresken aus der gleichen Zeit im Chor. Der obere Teil des Ostturms wurde 1826 abgerissen, ein Teil der Treppe und die Südmauer sind erhalten. – *Mysinge Hög,* ein Grabhügel aus der

Ölandbrücke – Straßenbrücke über den Kalmarsund

Bronzezeit, liegt 5 km östlich von Mörbylånga. Von hier aus bietet sich eine
herrliche Aussicht über die Stora Alvar.
Hier befinden sich auch Steinkammergräber aus der jüngeren Steinzeit, die
einzigen dieser Art in Ostschweden. In
den Grabkammern, bestehend aus neun
großen Granitblöcken, fanden vor etwa
4000 Jahren ca. 30 Menschen ihre letzte
Ruhestätte.

Im Süden der Insel Öland liegt an der
Westküste der kleine Hafenplatz *Degerhamn.* Von hier 3 km in nördlicher Richtung erreicht man *Gettlinge Gravfält,*
ein großes Gräberfeld aus der Eisenzeit
mit zwei Kalksteinhügeln, die die Gräber
von Anführern markieren. Nahebei ein
Schiffsgrab, ein Richterring und eine
Reihe Begräbnisstätten verschiedenen
Typs. – Im Osten von Degerhamn (9 km)
das *Seby Gravfält* aus der Eisenzeit. Auf
dem Gräberfeld Reste von Kalksteinhügeln, die sich markant in der Landschaft
abzeichnen. 1 km vom Gräberfeld steht
am Wegrand ein großer Runenstein mit
der Inschrift: "Ingjald und Näf und Sven
haben den Stein zu Ehren ihres Vaters
Rodmar aufstellen lassen." – Weiter
südöstlich von Degerhamn (16 km) die
Eketorps Borg. Diese Fluchtburg hat,
wie auch die übrigen auf Öland, eine
Ringmauer, die einen fast kreisrunden
Grundriß zeigt. Die ursprüngliche Anlage aus dem 4. Jahrhundert wurde
während der Völkerwanderungszeit erweitert und entwickelte sich nahezu zu
einer kleinen befestigten Stadt, die mehrere hundert Jahre lang bewohnt war.
Ihre Bevölkerung lebte von Landwirtschaft und Viehzucht. Im westlichen Teil
der Burg sind die Hausfundamente freigelegt. Am Ende der Wikingerzeit bauten sich die Bewohner Holzhäuser, die
sie bis weit ins Mittelalter benutzten.
Funde zeigen, daß sich die Einwohner

inzwischen zu Handelsleuten und Seefahrern entwickelt hatten.

Stora Alvaret, die baumlose Kalksteinsteppe, breitet sich bis zum Südzip-
fel der Insel aus. Hier blühen im Frühling
in einzelnen Gebieten Tausende von
Orchideen, während sich andernorts
vor allem Thymian und Heidekraut in
wunderbaren Farben abwechseln. Dominierend ist das Fingerkraut, jedoch
wachsen hier auch so seltene Blumen
wie die große Sandlilie und die kleine
blaue Kugelblume. Unter Naturschutz
steht, wie viele andere Pflanzen auch,
das Frühlingsteufelsauge, das sich mit
seinen gelben Blüten an den Uferwiesen
ausbreitet. – Ganz im Süden von Öland
liegt *Ottenby,* im 13. Jahrhundert Klo-
stergut, von Gustav Vasa dann der
Krone unterstellt und danach königliches Gut. Das Gutsgebäude ist von
1804. Nördlich vom Hof, vom Weg sichtbar, liegt ein Gräberfeld aus der Eisenzeit. 2 km weiter westlich zwei hohe
Kalksteinhügel, die *Königssteine.* Die
Grenze von Kungsgården bildet eine
Mauer quer von Strand zu Strand. Sie
entstand 1653 zum Schutz der bäuerlichen Felder im Norden vor den königlichen Hirschen. – Draußen auf der Landzunge steht der höchste Leuchtturm
Schwedens, der *Långe Jan,* 42 m hoch,
aufgeführt 1785. Dicht dabei eine *Vo-
gelwarte* und ein *Vogelmuseum.*

Örebro

Staat: Schweden. – Gebiet: Mittelschweden.
Provinz: Örebro län. – Landschaft: Närke.
Höhe: 24 m ü.d.M. – Einwohnerzahl: 115000.
Postleitzahl: S-700... – Telefonvorwahl: 019.
ⓘ **Turistbyrå,**
Drottninggatan 7,
S-70210 Örebro;
Telefon: 130760.

HOTELS in Örebro. – *Stora Hotellet,* Drottninggatan 1, 153 B.; *Grev Rosen,* Södra Grev Rosengatan, 115 B.; *Esso Motor Hotel,* Västhagagatan 1, 347 B.; *Bergsmannen,* Drottninggatan 42, 103 B.; *Anglé Hotell,* Klostergatan 17, 40 B.; *Linden,* Köpmangatan 5, 22 B.; *Ansgar,* Järnvägsgatan 10, 70 B.; *Ritz och Royal,* Drottninggatan 22-24, 65 B. – JUGEND-HERBERGE. – CAMPINGPLATZ.

Die schwedische Stadt Örebro, Hauptstadt von Närke, liegt in der Ebene zu beiden Seiten der Svartå unweit vom Westende des Hjälmarsees und hat Tradition als Handelszentrum, da sie von altersher Verbindungsglied zwischen Bergbaugebiet und Bauernland war. Ausschlaggebend hierfür war die Furt in der Svartå, die schon Ende des 13. Jahrhunderts auf Veranlassung von Birger Jarl durch einen 25 m hohen Turm geschützt wurde. Er war zur Beobachtung und Verteidigung des Svartå-Übergangs gedacht. Der Turm wurde Grundstock für den Bau des Schlosses, das als Schauplatz wichtiger Reichstage wiederholt im Brennpunkt bedeutender Ereignisse stand.

SEHENSWERTES. – Das Zentrum der Stadt bildet der S t o r t o r g. In der an seinem Westende liegenden **Nikolaikirche** (18. Jh.) wurde 1810 der französische Marschall Bernadotte zum Thronfolger von Schweden gewählt. Sie enthält auch das Grab von Schwedens legendärem Volkshelden Engelbrekt. Sein Bronzestandbild von Qvarnström (1865) steht gegenüber der Kirche vor dem neugoti-

Renaissanceschloß in Örebro

schen **Rathaus** (1856-62). Westlich der Nikolaikirche am Ufer der Svartå das *Konzerthaus* und im gleichen Gebäude die *Stadtbibliothek.* – Südlich durch die Drottninggata kommt man zum *Medborgarhus* (Bürgerhaus; 1964) mit einem Jugendklub und dem Hjalmar-Bergman-Theater, benannt nach dem großen Dichter der Stadt.

Unweit nördlich vom Stortorg (durch die Kungsgata) erhebt sich auf einer Insel im Fluß das ehrwürdige **Schloß,** ein in seiner jetzigen Gestalt aus dem 16. Jahrhundert stammender viertürmiger Renaissancebau (1897-1900 restaur.), mit den Amtsräumen der Provinzialregierung. Südöstlich vom Schloß der *Schloßpark,* mit dem Sommerrestaurant *Strömparterren;* an der Ostseite des Parks die *Kunsthalle* (wechselnde Ausstellungen) und das *Örebro Läns Museum* (kulturgeschichtliche Sammlungen). – Vom Schloß gelangt man auf dem am Südufer der Svartå hinziehenden Kanalväg zum hübschen *Stadtpark.* An seiner Ostseite, am Ufer des Flusses, das Kulturreservat W a d k ö p i n g, mit mehreren altschwedischen Holzhäusern, u.a. *Kungsstuga* (Königshaus; 15. oder 16. Jh.) und *Borgarstuga* (Bürgerhaus; 17. Jh.).

Im Norden an der Storgata die *Olaus-Petri-Kirche* (1912). Davor das Bronzedenkmal der Brüder Laurentius und Olaus Petri (von Nils Sjörgren), der Hauptgestalten der Reformation unter Gustav Vasa in Schweden. Noch weiter nordöstlich der 60 m hohe pilzförmige Wasserturm *Svampen* mit Restaurant und weiter Aussicht über das Land.

UMGEBUNG von Örebro. – Im Südwesten der Stadt an der Straße nach Karlstad das *Freibad Gustavsvik.* – Wenige Kilometer östlich vom Zentrum Örebros das *Vogelreservat Oset,* das sich über 45 ha Land und 85 ha Wasserfläche erstreckt (Brut- und Raststätten für viele Vogelarten). – 10 km in nordöstlicher

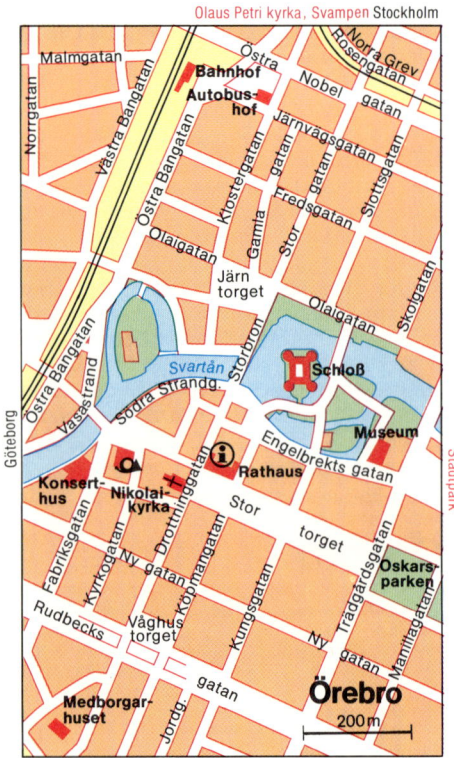

Olaus Petri kyrka, Svampen Stockholm
Malmgatan
Norrgatan
Östra
Östra Bangatan
Bahnhof
Autobushof
Västra Bangatan
Nobel
Järnvägsgatan
Norra Grev Rosengatan
gatan
Klostergatan
Gamla
Stor
Fredsgatan
Slottsgatan
Olaigatan
Järn
torget
Olaigatan
Skolgatan
Göteborg
Östra Bangatan
Vasastrand
Svartån
Södra Strandg.
Storbron
Schloß
Museum
Engelbrekts gatan
Stadtpark
Konzerthus
Nikolaikyrka
Drottninggatan
Rathaus
Stor
torget
Fabriksgatan
Kyrkogatan
Ny gatan
Köpmangatan
Oskarsparken
Trädgårdsgatan
Manillagatan
Rudbecks
Väghus torget
Kungsgatan
Ny gatan
Jordg.
Medborgarhuset
gatan
Örebro
200 m
Norrköping

Richtung am alten Fellingsbrovägen liegt der *Nastasten*. Die Inschrift auf dem Runenstein lautet: "Tored ließ diesen Stein für Lydbjörn setzen, seinen guten Sohn". – 15 km von Örebro in gleicher Richtung kommt man zu *Ekebergs Herregård*. Hier holte sich Gustav Vasa seine zweite Frau Margareta Leijonhufvud. Der Ekbergmarmor, u.a. der für das Stadthaus und das Dramatische Theater in Stockholm, wurde im nahegelegenen **Glanshammar** gebrochen, dessen Kirche aus der Mitte des 12. Jh. stammt. Es ist eine der reichsten Kirchen der Provinz mit wunderschönen Renaissancemalereien und einem sehenswerten Prozessionskruzifix. 200 m westlich der Kirche die alten *Silbergruben,* auf die der Name des Ortes zurückgeht. Der Abbau wurde etwa 1530 eingestellt. Nordöstlich der Kirche ein Schiffsgrab als Teil eines Gräberfeldes am Weg nach Fellingsbro.

3 km westlich vom Stadtzentrum liegt der alte Herrenhof *Karlslundsgård* aus dem 16. Jahrhundert. Zum heute der Kommune gehörenden Hof gehört eines der ältesten Kraftwerke Schwedens. Einige Räume werden für wechselnde Ausstellungen verwendet.

Die **Mosjö kyrka** liegt ca. 17 km von Örebro in südlicher Richtung. Sie stammt aus dem Mittelalter und gehört zu den Kirchen, an denen keine nennenswerten Veränderungen vorgenommen wurden. In der Kirche selbst eine Nachbildung der 75 cm großen Mosjömadonna aus dem 12. Jahrhundert, deren Original im Statens historiska museum in Stockholm aufbewahrt wird. Diese Holzskulptur in der Tracht einer nordischen Göttin wird als eine der ältesten Madonnenskulpturen betrachtet. Östlich der Kirche Gräber und Richterring.

Arboga, etwa 40 km östlich von Örebro an der Arbogaå gelegen, wurde auf Grund der Schiffbarmachung des Flusses im 12. Jahrhundert gegründet und war bald lebhafter Handelsplatz mit Franziskanerkloster und Heiliggeisthaus. Arboga gehörte bis Anfang des 17. Jahrhunderts zu den bekanntesten Städten Schwedens, verlor jedoch mehr und mehr an Bedeutung als Handelsort durch die Gründung der Bergbausiedlungen Nora und Lindesberg (1643) und den Bau des Hjälmar-Kanals. Im Zentrum ist das altertümliche Milieu größtenteils erhalten. Alte Kaufmanns- und Handwerkerhäuser dominieren. Die St.-Nikolai-Kirche, in der sogenannte Landesversammlungen abgehalten wurden, stammt aus dem Mittelalter und wurde 1921 wiederhergestellt. Sie enthält einen schönen Schrein, eine deutsche Arbeit aus dem 16. Jahrhundert, und alte Wandmalereien. Vor der Kirche ein 1935 errichtetes Standbild des Volkshelden Engelbrekt, der hier 1435 auf einem Reichstag zum Reichshauptmann (riksövitsman) gewählt wurde. Westlich der Kirche das Rathaus (18. Jh.).

Der **Hjälmarsee** (483 qkm; bis 28 m tief) erstreckt sich östlich bis Södermanland und hat durch den *Hjälmarkanal* und die Arbogaå Verbindung mit dem Mälarsee. 1877-1888 wurde der Wasserspiegel um 1,8 m gesenkt und so etwa 27000 ha Erdreich landwirtschaftlich nutzbar gemacht. Der fischreiche See wird von vielen Vogelarten bevölkert; Vogelturm bei *Segersjöviken*.

Oslo

Staat: Norwegen. – Gebiet: Südnorwegen. Provinz: Oslo fylke.
Höhe: Meereshöhe. – Einwohnerzahl: 460000.
Postleitzahl: N-Oslo. – Telefonvorwahl: 02.
Landslaget for Reiselivet i Norge *(Norwegische Zentrale für Fremdenverkehr),* H. Heyerdahlsgate 1 VIII, N-Oslo 1;
Telefon: 427044.
Reisetrafikkforeningen for Oslo og Omegn *(Fremdenverkehrsverein für Oslo und Umgebung),* Zentrale, Rådmannsgården, Rådhusgata 19, N-Oslo 1;
Telefon: 427170.
Turistinformasjonskontoret, Rathaus;
Telefon: 427170 und 414863.
Zimmernachweis (Innkvarteringssentralen), am Hauptbahnhof, Oslo Østbane.
Norges Automobil-Forbund (NAF; *Norwegischer Automobilverband),* Storgatan 2–6, N-Oslo 1;
Telefon: 337080.
Kongelig Norsk Automobilklub (KNA; *Königlich Norwegischer Automobilclub),* Parkveien 68, N-Oslo 2;
Telefon: 562690.

BOTSCHAFTEN. – *Bundesrepublik Deutschland,* Oscars gate 45, N-Oslo 2, Tel. 563290; *Deutsche Demokratische Republik,* Drammensveien 111 B, N-Oslo 2, Tel. 551283; *Republik Österreich,* Sophus Lies gate 2, N-Oslo 2, Tel. 563384; *Schweizerische Eidgenossenschaft,* Drammensveien 6, N-Oslo 2, Tel. 417017.

STADTRUNDFAHRTEN: Abfahrt beim Rathaus.

HAFENRUNDFAHRTEN: Abfahrt Rathauskai.

HOTELS. – *Scandinavia,* Holbergsgate 30, 967 B., Hb., S., acht Restaurants, Einkaufsarkaden, Tiefgarage; *Grand Hotell,* Karl Johansgate 31, 525 B., Hb., S., besuchtes Restaurant; *Continental,* Stortingsgata 24–26, 270 B., besuchtes Restaurant; *Bristol,* Kristian IVs gate 7, 220 B.; *Astoria,* Akersgate 21, 175 B.; *KNA-Hotellet,* Parkveien 68, 225 B.; *Stefanhotellet,* Rosenkrantzgate 1, 200 B.; *Gabelhus,* Gabelsgate 16, 100 B.; *Viking,* Biskop Gunnerusgate 3, 468 B.; *Ambassadeur,* Camilla Coletts vei 15, 50 B., Sb., S.; *Linne Hotell,* Statsråd Mathiesens vei 12, 120 B.; *Carlton Rica,* Parkveien 78, 86 B.; *Ritz,* Frederik Stangs gate 3, 68 B.; *IMI Hotel,* Staffeldtsgate 4, 106 B.; *Norum,* Bygdøy Allé 53, 90 B.; *Forbushotellet,* Holbergs plass 1, 137 B.; *Nobel,* Karl Johansgate 33, 104 B.; *Majorstuen Hotell,* Bogstadveien 34, 74 B.; *Müllerhotell West,* Skovveien 15, 100 B.; *Saga,* Eilert Sundtsgate 39, 63 B.; *Savoy,* Universitetsgata 11, 100 B.; *Norrøna,* Grensen 19, 61 B.; *Ansgar,* Møllergata 26, 80 B.; *Bondeheimen,* Rosenkrantzgate 8, 100 B.; *Det Nye City Hotell,* Skippergate 19 (Eingang Prinsengate), 90 B.; *Fønix,* Dronningens gate 19, 94 B.; *Standard Hotell,* Pilestredet 27, 80 B.; *Hotell-Pension Hall,* Fritzners gate 21, 67 B.

In der Umgebung: *SAS Globetrotter Hotell,* Forneburparken, beim Flughafen, 7 km südwestlich vom Zentrum, 276 B.; *Smestad Hotell,* Sørkedalsveien 93, 5,5 km nordwestlich, 53 B.; *Midstuen Hotell,* Ankervei 6, 7 km vom Zentrum, 150 B.; *Nye Helsfyr Hotell,* Strømsveien 108, 9 km südöstlich vom Zentrum, 225 B.; *Holmenkollen Park Hotell,* Kongeveien 26, 9 km nordwestlich am Holmenkollen, 400 B.; *Voksenåsen Hotell,* Ullveien 4, ca. 12 km nordwestlich vom Zentrum Richtung Tryvannsbøgda, 117 B. – *Esso Motor Hotell,* in Høvik, 11 km südwestlich vom Zentrum, 115 B.

Oslo – Rathaus am Hafen

Sommerhotels: *Anker Sommerhotell,* Storgate 55, 500 B.; *Panorama Sommerhotell,* Songsveien 218, 770 B.; *Bibelskolens Sommerhotell,* Staffeldtsgate 4, 120 B.; *Nord-Norske Studentog Elevhjem,* John Collets Allé 110, z. Z. geschlossen wegen Umbau; *Fjellhaug Sommerhotell,* Sinsenveien 15, 210 B.; *Vettakollen Hotell,* Huldreveien 14, 64 B.; *Holtekilen Sommerhotell,* Michelets vei 55, Stabekk, 100 B.

JUGENDHERBERGE. – *Haraldsheim,* Haraldsheimveien 4, Grefsen, 5 km nordöstlich, 263 B.

CAMPINGPLÄTZE. – *Bogstad,* am See Bogstadvanvet, 10 km nordwestlich, mit Hütten; *Ekeberg,* Ekebergsletta, 4 km südöstlich vom Zentrum mit Blick auf die Stadt.

RESTAURANTS. – *Blom,* Künstlerrestaurant mit bemerkenswerter Innenausstattung, Karl Johansgate 41; *Frascati,* französisch, Stortingsgate 20; *La P'tite Cuisine chez Ben Joseph,* französisch, Solligate 2; *Cossack,* russisch, Kongensgate 6; *Coq d'Or,* Skovveien 15; *King George Steakhouse,* Torggata 11; *Theatercaféen,* Stortingsgate 24–26; *Cheese Inn,* Käsespezialitäten, Vikaterrassen, Ruseløkkveien 3; *Najaden,* Seefahrtsmuseum, Bygdøy. – Aussichtsrestaurants: *Frognerseteren* (vielbesucht); *Holmenkollen.*

WINTERSPORT. – Die Umgebung von Oslo, Oslomarka genannt, mit Nordmarka, Krogskogen, Vestmarka, Østmarka u. a., ist ein gutes Skigebiet, in dem von Januar bis März verhältnismäßig sichere Schneeverhältnisse herrschen. Die Nordmarka ist durch die Holmenkollbahn am besten erschlossen. Es gibt 2200 km gespurte *Loipen,* davon 153 km mit Flutlicht. *Abfahrten* mit Liften befinden sich in Tryvannskleiva, Rødkleiva, Wyllerløypa, Kirkerudbakken, Ingierkollen, Grefsenkleiva, Fjellstadbakken, Trollvannskleiva, Vardåsen und Varingskollen. Das besterschlossene alpine Gelände liegt am *Norefjell* (2¹/₂ Autostunden nordwestlich, über Hønefoss und Noresund), mit vier Liften bis 1800 m Höhe ü.d.M. – Ferner Skischulen, im Stadtgebiet 130 Eisbahnen (3 mit Kunsteis) und Curling in Bygdøy.

Die von 1624 bis 1877 Christiania und von 1877 bis 1924 Kristiania genannte Stadt, die Haupt- und Residenzstadt des Königreichs Norwegen sowie Hauptort der Verwaltungsbezirke Oslo

und Akershus, liegt in herrlicher Gegend am Fuß bewaldeter Höhen, am Nordende des tief ins Land einschneidenden Oslofjords, in der der kleine Akerselv mündet. Oslo ist Sitz der Regierung, einer Universität, mehrerer Hochschulen sowie eines evangelischen und eines katholischen Bischofs (seit 1953). – Der Hafen ist der bedeutendste des Landes und Ausgangspunkt vieler Schiffahrtslinien; große Handelsflotte. Die Industrie umfaßt vor allem Metallwerke, Nahrungsmittelfabriken, Bekleidungsherstellung, Werften.

GESCHICHTE. – Oslo, die älteste Hauptstadt Skandinaviens, wurde wahrscheinlich 1050 von König Harald Hårdråde gegründet; jedoch war vermutlich schon vorher ein Schiffslandeplatz mit kleiner Siedlung vorhanden. Nachdem Haralds Sohn Olav Kyrre den Ort zum Bischofssitz erhoben und eine Domkirche errichtet hatte, blieb Oslo längere Zeit der kirchliche Mittelpunkt des Landes, während die Könige in Bergen residierten. Erst Håkon V. verlegte um 1300 seinen Wohnsitz von Bergen hierher und begann den Bau der Festung Akershus. Um diese Zeit legte auch die Hanse hier eine Niederlassung an. Nach dem großen Brande von 1624 ließ Christian IV. von Dänemark im Norden der Festung Akershus die Stadt neu errichten und gab ihr seinen Namen. Erst nach der Trennung Norwegens von Dänemark im Jahre 1814 wurde Kristiania wieder Hauptstadt und Residenzstadt und nahm unter der Regierung Karl Johanns einen neuen Aufschwung. Am 1. Januar 1925 erhielt die Stadt wieder den alten Namen Oslo.

Besuchsordnung

STADTGEBIET

Akershus, Schloß und Festung, Eingang Rådhusgata;
2. 5. bis 15. 9. Mo.-Sa. 10-16 Uhr, So. 12.30-16 Uhr, im Juli schon ab 11 Uhr. 16. 9. bis 31. 10. So. 12.30-16 Uhr.
Führungen: 15. 4. bis 1. 5. sonntags 13 und 15 Uhr 2. 5. bis 15. 9. werktags um 11, 13 und 15 Uhr, sonntags um 13 und 15 Uhr, 16. 9. bis 31. 10. sonntags um 13 und 15 Uhr.

Bogstad Hovedgård, Herrenhof von 1756, Sørkedalen (10 km vom Zentrum); Mai bis Sept. So. 12–18 Uhr, Führungen stündlich.

Fram-Museum,
Bygdøynes;
15. 4. bis 1. 5. Mo.–So. 12–15 Uhr, 2. 5. bis 15. 5. Mo.–So. 11–17 Uhr, 16. 5.–31. 8. Mo.–So. 10–18 Uhr, Sept. Mo.–So. 11–17, Okt. Mo.–So. 12–15 Uhr.

Gamle Akers Kirke,
Akersbakken 26;
15. 5. bis 31. 8. Di. 12–14 Uhr, Do. 12–14 und 19–20 Uhr, So. 11 Uhr Gottesdienst, sonst nach Vereinbarung, Tel. 46 11 68.

Historisches Museum
(Historisk Museum),
Frederiksgate 2;
15. 5. bis 14. 9. Di.–So. 11–15 Uhr; 15. 9. bis 14. 5. Di. bis So. 12–15 Uhr.

Kon-Tiki Museum,
Bygdøynes;
16. 4. bis 15. 5. Mo.–So. 11–17 Uhr; 16. 5. bis 31. 8. Mo.–So. 10–18 Uhr; 1. 9. bis 30. 9. Mo.–So. 11–17 Uhr; 1. 10. bis 15. 4. Mo.–So. 11–16 Uhr.

Kunstgewerbemuseum
(Kunstindustrimuseet)
St. Olavs gate 1;
ganzjährig Di.–So. 11–15 Uhr; 15. 9. bis 1. 12. und 15. 1. bis 1. 5. Di. und Do. auch 19–21 Uhr.

Künstlerhaus
(Kunstnernes Hus),
Wergelandsveien 17;
ganzjährig Di.–Sa. 10–18 Uhr, So. 12–18 Uhr.

Künstlerverband
(Kunstnerforbundet),
Kjeld Stubs gate 3;
1. 9. bis 30. 6. Mo.–Fr. 10–17 Uhr, Sa. 10–15 Uhr, So. 12–16 Uhr; 1. 7. bis 30. 8. Mo.–Fr. 10–16 Uhr, Sa. 10–14 Uhr.

Munch-Museum,
Tøyengata 53;
ganzjährig Di.–Sa. 10–20 Uhr, So. 12–20 Uhr.

Nationalgalerie
(Nasjonalgalleriet);
Universitetsgate 13;
ganzjährig Mo.–Fr. 10–16 Uhr, Sa. 10–15 Uhr, So. 12–15 Uhr, Mi./Do. auch 18–20 Uhr.

Naturhistorische Museen
(Universitetes Naturhistoriske Museer),
Sars gate 1, Tøyen;
Botanischer Garten 1. 5. bis 30. 9. Mo.–Fr. 7–20 Uhr, Sa./So. 10–20 Uhr; 1. 10. bis 31. 3. Mo.–Fr. 7–17 Uhr, Sa./So. 10–17 Uhr; 1. bis 30. 4. Mo.–Fr. 7–18 Uhr, Sa./So. 10–18 Uhr.
Treibhäuser ganzjährig Di.–So. 12–15 Uhr.
Mineralogisches, Geologisches, Paläontologisches und Zoologisches Museum ganzjährig Di.–So. 12–15 Uhr.

Norwegisches Museum für Technik und Industrie
(Norsk Teknisk Museum),
Fyrstikkallén 1, Etterstad;
ganzjährig Mo., Mi., Fr., Sa. 10–16 Uhr, Di. und Do. 10–21 Uhr, So. 10–17 Uhr.

Norwegisches Seefahrtsmuseum
(Norsk Sjøfartsmuseum),
Bygdøynes;
1. 10. bis 15. 4. Mo., Mi., Fr., Sa. 10.30–16 Uhr, Di. und Do. 10.30–19 Uhr, So. 10.30–17 Uhr; 16. 4. bis 30. 9. Mo.–So. 10–20 Uhr.

Norwegisches Volksmuseum
(Norsk Folkemuseum),
Museumsveien 10, Bygdøy;
21. 9. bis 23. 5. Mo.–Sa. 11–16 Uhr, So. 12–15 Uhr; 24. 5. bis 20. 9. Mo.–Sa. 10–17 Uhr, So. 12–17 Uhr.

Norwegisches Zollmuseum
(Norsk Tollmuseum)
Schweigaardsgate 15;
z. Z. geschlossen.

Oscarshall,
Oscarshallveien,
Bygdøy;
3. 6. bis 30. 9. So. 11–16 Uhr.

Osloer Kunstverein
(Oslo Kunstforening)
Gebäude von 1626 in der Rådhusgate 19;
ganzjährig Di. Mi., Fr. 11–16 Uhr, Do. 11–19 Uhr, Sa. 11–15 Uhr, So. 12–16 Uhr.

Oslo Ladegård
(Stadtmodelle u. a.),
Oslo gate 13;
2. 5. bis 30. 9. So. 12–13 Uhr.

Parlamentsgebäude
(Stortingsbygningen)
Karl Johans gate;
von Anfang Juni bis Mitte September Führungen Mo.–Sa. um 11, 12 und 13 Uhr.

Postmuseum
(Postmuseet),
Dronningensgate 15;
ganzjährig Mo.–Fr. 10–15 Uhr, So. 12–15 Uhr.

Rathaus
(Rådhuset),
Rådhusplassen;
1. 10. bis 31. 3. Mo.–Sa. 11–14 Uhr, So. 12–15 Uhr; 1. 4. bis 30. 9. Mo.–Sa. 10–14 Uhr, Mo. und Mi. auch 18–20 Uhr, So. 12–15 Uhr.

Königliches Schloß
(Det Kongelige Slott),
Drammensveien 1;
Zutritt nur zur Parkanlage.

Skimuseum
(Skimuseet),
Holmenkollbakken;
20. 3. bis 30. 4. Sa. und So. 10–16 Uhr; Mai Mo.–So. 10–18 Uhr; 1. 6. bis 23. 6. Mo.–So. 10–20 Uhr; 24. 6. bis 15. 8. Mo.–So. 10–22 Uhr; 16. 8. bis 31. 8. Mo.–So. 10–20 Uhr; September Mo.–So. 10–18 Uhr; Okt./Nov. Sa. und So. 10–16 Uhr.

Universitätsaula
(Wandgemälde von Edvard Munch),
Karl Johansgate 47;
20. 6. bis 20. 8., sonst auf Vereinbarung, Tel. 33 00 70/756.

Verein Junger Künstler
(Unge Kunstneres Samfund),
Rådhusgata 19;
21. 8. bis 24. 5. Di., Mi., Fr. 11–17 Uhr, Do. 11–19 Uhr, So. 12–16 Uhr;
25. 5. bis 20. 8. Di.–So. 12–16 Uhr.

Verteidigungsmuseum
(Forsvarsmuseet),
Festung Akershus;
1. 6. bis 14. 10. Mi., Fr., Sa. 10–15 Uhr, Di. und Do. 10–20 Uhr, So. 11–16 Uhr; 15. 10. bis 31. 5. Di., Mi., Fr., Sa. 12–15 Uhr, Mo. und Do. 12–20, So. 12–16 Uhr.

Emanuel-Vigeland-Museum,
Grimelundsveien 8, Slemdal;
ganzjährig So. 12–15 Uhr.

Gustav-Vigeland-Museum
(Vigeland-Museet),
Nobelsgate 32;
ganzjährig Di.–So. 13–19 Uhr; Konzerte im Hof.

Vigeland-Park
(Vigelandsparken),
Frogner;
ganzjährig Tag und Nacht geöffnet.

Widerstandsmuseum
(Norges Hjemmefrontmuseum),
Festung Akershus;
1. 10. bis 14. 4. Mo.–Sa. 10–15 Uhr, So. 11–16 Uhr;
15. 4. bis 30. 9. Mo.–Sa. 10–16 Uhr, So. 11–16 Uhr.

Wikingerschiffhaus
(Vikingskiphuset),
Huk Aveny 35, Bygdøy;
1. 11. bis 31. 3. Mo.–So. 11–15 Uhr; April Mo.–So.
11–16 Uhr; 2. 5. bis 31. 8. Mo.–So. 10–18 Uhr; Sept.
Mo.–So. 11–17 Uhr; Okt. Mo.–So. 11–16 Uhr.

UMGEBUNG

Amundsens Wohnhaus,
'Uranienborg', Bålerud;
15. 5. bis 15. 9. Mo.–So. 11–17 Uhr, stündlich Führungen.

Eidsvollsminnet
(Gedenkstätte für die Verfassung von 1814),
Eidsvoll;
1. 10. bis 30. 4. Mo.–So. 12–14 Uhr; 1. 5. bis 15. 6.
Mo.–So. 10–15 Uhr; 16. 6. bis 15. 8. Mo.–So. 10–17
Uhr; 16. 8. bis 30. 9. Mo.–So. 10–15 Uhr.

Henie-Onstad-Kunstzentrum,
Høvikodden;
ganzjährig Mo.–So. 11–22 Uhr.

Haslum-Kirche
(Haslum Kirke),
Gamle Ringeriksvei 84;
1. 6. bis 19. 8. Mo.–Sa. 14–20 Uhr, So. 13–17 Uhr.

Tanum-Kirche
(Tanum Kirke),
Tanumveien;
23. 6. bis 20. 8. Mo.–Fr. 12–18 Uhr, Sa. 10–13 Uhr,
So. 13–16 Uhr.

Stadtbeschreibung

Hauptgeschäftsstraße (z. T. Fußgängerzone) von Oslo ist die vom *Hauptbahnhof* (Østbanestasjonen) in nordwestlicher Richtung zum Königlichen Schloß führende K a r l J o h a n s g a t e. Auf halben Wege zwischen Bahnhofsplatz und Eidsvollplatz öffnet sich rechts der meist kurz T o r g e t genannte S t o r t o r g (Großer Markt), mit einem Standbild Christians IV. (C. L. Jacobsen 1874). An der Südostseite des Platzes die 1697 geweihte, 1849-50 von dem Hamburger Baumeister A. de Châteauneuf wiederhergestellte' und 1948-50 im Innern renovierte **Domkirke** *(Domkirche),* am Haupteingang Bronzetüren von 1938; im Innern besonders beachtenswert die Deckengemälde von H. L. Mohr (1936-50), Kanzel und Altar von 1699, die Orgelfassade von 1727 sowie die Glasfenster von E. Vigeland (1910-16). In der 1949-50 angebauten *Erlöser-Kapelle* eine schöne Silberskulptur von Arrigo Minerbi 'Das letzte Mahl'.

Jenseits der beiden zum Stortorg führenden Seitenstraßen beginnt der belebteste Teil der Karl Johansgate, mit vielen Läden. Hinter der Kreuzung mit der Akersgata links das 1861-66 errichtete *Stortingsgebäude* (Parlament); im Sitzungssal ein die Beratung der Verfassung zu Eidsvoll im Jahre 1814 darstellendes großes Gemälde, von O. Wergeland. Südlich vom Stortingsgebäude an der Akersgata ein Denkmal für den Dichter *J. H. Wessel* (1742-85); gegenüber die *Freimaurerloge.* – Auf dem an das Parlament anschließenden baumbestandenen E i d s v o l l p l a s s ein Standbild des Dichters *Henrik Wergeland* (1808-45), von Bergslien. In der hier die Karl Johansgate kreuzenden Rosenkrantzgate (Nr. 10) das *Oslo Nye Teater* (Schauspiele, Revuen usw.). – Nordwestlich vom Eidsvollplatz das nach Plänen von H. Bull 1895-99 aufgeführte **Nationaltheater** *(Nationalteatret);* davor die Bronzestandbilder *Ibsens* und *Bjørnsons,* von St. Sinding, dahinter ein Standbild des Schauspielers *J. Brun,* und der Eingang zum Untergrundbahnhof mehrerer Stadtschnellbahnen (u. a. zum Holmenkollen). Schräg gegenüber vom Nationaltheater das *Norske Teatret,* für klassische Stücke und moderne in- und ausländische Dramatik. Nordöstlich vom Nationaltheater in den Anlagen an der Karl Johansgate ein Standbild des Dichters *Ludvig Holberg,* des in Bergen geborenen Schöpfers des dänisch-norwegischen Lustspiels.

Unweit südlich vom Theater erhebt sich am F r i d t j o f N a n s e n s p l a s s das von Arnstein Arneberg und Magnus Poulsson erbaute monumentale *Rathaus (Rådhus;* 1931-50), das Wahrzeichen der Stadt; im östlichen der beiden Türme ein Glockenspiel (38 Glocken), in dem sehenswerten Innern reicher moderner Freskenschmuck. Hinter dem Rathaus befindet sich die Anlegestelle der Motorboote nach *Bygdøy* und anderen Punkten des Oslofjords. – Nordöstlich vom Theater liegen auf der anderen Seite der Karl Johansgate die 1839-54 aufgeführten Gebäude der 1811 von Frederik VI. von Dänemark gegründeten **Universität.** Vor dem Mittelgebäude Standbilder des Rechtsgelehrten *A. M. Schweigaard* (1808-70; links) und des Historikers *P. A. Munch* (1810-63; rechts). In dem 1911 hinzugefügten hinteren Anbau die Aula, mit eindrucksvollen *Wandbildern* von Edvard Munch (1926). – Die nicht in Oslo beheimateten Studenten wohnen meist am Sognsve im Norden der Stadt in der sog. Studentenstadt, einer Anzahl gleichgerichteter Häuser, die während der Semesterferien als Hotels dienen; hier befinde sich, auf die einzelnen Räume verteilt, eine umfangreiche Kunstsammlung mit Werken von Edvard Munch, Per Krohg u. a. Westlich vom Sognsvei im Stadtteil Blindern zahlreiche neue Universitätsgebäude.

In der östlich an der Universität vorbeiführenden Universitetsgata (Nr. 13) das *Staatliche Kunstmuseum (Nationalgalleriet), ein 1879-81 errichteter sowie 1907 und 1924 erweiterter Bau, dessen Gemäldegalerie einen guten Überblick über die norwegische Malerei vom 19. Jahrhundert bis zur Gegenwart gewährt. Besonders zahlreich sind die Werke von J.C. Dahl (1788-1857), T. Fearnley (1802-42), H.F. Gude (1825 bis 1903), H.O. Heyerdahl (1857-1913), C. Krohg (1852-1925), G.P. Munthe (1849-1929), E. Peterssen (1852-1928) und A. Tidemand (1814-1876). Ein besonderer Saal zeigt Werke Edvard Munchs. Daneben findet man Werke dänischer und schwedischer Meister, ferner Gemälde von Rubens, Rembrandt, Lucas Cranach und El Greco u. a. sowie eine gute Sammlung modemer Franzosen (z.B. Cézanne, Degas, Gauguin, Manet, Matisse, Picasso). – Hinter dem Kunstmuseum das 1903 vollendete *Historische Museum (Historisk Museum; Eingang Frederiksgate Nr. 2), mit den Universitätssammlungen für Geschichte und Völkerkunde; unter den nordischen Altertümern besonders beachtenswert die reiche Sammlung der sog. Wikingerzeit (um 800-1050); ferner eine gute Sammlung der Eskimo- und Sibirvölker und ein Münzkabinett.

Am Nordwestende der Karl Johansgate erhebt sich auf einer Anhöhe das vom Schloßpark umgebene Königliche Schloß (Det Kongelige Slott), ein langgestreckter nüchterner Bau aus den Jahren 1825-48 (unzugänglich). Vor dem Schloß ein Reiterbild Karls XIV. Johann, von B. Bergslien (1875). Weiter vorn im Park, nach der Karl Johansgate zu, ein eigenartiges Denkmal des Mathematikers N. H. Abel (1802-29), von G. Vigeland; im Schloßpark rechts hinter dem Schloß ein Bronzestandbild der Schriftstellerin Camilla Collet (1813-95), ebenfalls von Vigeland. – An der Südseite des Schloßparks führt der Drammensvei entlang; an seiner Kreuzung mit dem Parkvei rechts das norwegische Nobelinstitut; der Nobel-Friedenspreis wird jährlich in der Aula der Universität an eine vom norwegischen Storting vorgeschlagene Persönlichkeit verliehen. Unweit westlich, am Drammensvei (Ecke Observatoriegate), die 1913 vollendete Universitätsbibliothek (Anbauten von 1933 und 1945; etwa 3 Mill. Bän-

de). Von hier führt der Frognervei nordwestlich zum Frognerpark.

Vom Stortingsgebäude zieht die Akersgata nordöstlich am Oslo tinghus (1903) und am modernen Regierungsgebäude (1957-59; Akersgt. 42-44) vorbei zur Dreifaltigkeitskirche (Trefoldighedskirke; 1853-58; schöne Glasgemälde von Fr. Haavardsholm und eine der ältesten Orgeln des Landes). Östlich dahinter der 1929 errichtete Neubau der 1780 gestifteten Deichmanschen Bibliothek (Stadtbibliothek; ca. 850 000 Bände) und die schwedische Margaretakirche (1926). Südöstlich von hier, am Youngs- oder Nytorg, die Norske Opera (Folketeatret; 1958), das größte Theater der Stadt (Oper, Ballett). – Am Nordende der Akersgata die St.-Olavs-Kirche (1853; kath.). Gegenüber der Kirche (St. Olavsgate 1) das Kunstgewerbemuseum (Kunstindustrimuseet), das einen Einblick in die Entwicklung des nordischen Kunstgewerbes gewährt (u. a. Wandteppiche, besonders beachtenswert der sog. *Baldishol-Teppich, um 1180, aus der Baldisholkirche in Hedemarken; ferner Metall- und Glasarbeiten, Möbel u.a.). Mit dem Museum ist eine Kunst- und Handwerksschule verbunden. – Nördlich von hier erstreckt sich zwischen Ulleväls- und Akersveien der besuchenswerte Erlöser-Friedhof (Vär Frelsers Gravlund); etwa in der Mitte das Grab Bjørnsons, etwas unterhalb das Grab Ibsens, rechts höher oben die Gräber des Malers H.F. Gude und des Dichters Wergeland. – Am Nordende des Akersvei steht rechts die Alte Akerskirche (Gamle Akerskirke), eine schon vor 1150 erwähnte, vielleicht von Olav Kyrre gegründete Basilika anglo-normannischer Art (1861 wiederhergestellt). – Nördlich vom Erlöser-Friedhof (durch Ullevälsvei) erstrecken sich die schönen Parkanlagen auf St. Hanshaugen.

In dem alten Stadtteil südlich vom Stortingsgebäude und der Karl Johansgate haben mehrere große Banken und Geschäftshäuser ihren Sitz. Südwestlich vom Ostbahnhof die 1827 erbaute, 1910 erweiterte Börse; weiter westlich am Bankplass der große Granitbau der Norges Bank (1904). – An der Westseite dieses Stadtteils liegt über dem Oslofjord die Ende des 13. Jahrhunderts von Häkon V. begonnene *Festung Akershus. Vom Eingang am Festningsplass gelangt man hinauf zur eigentlichen Burg, wo einige Kasematten, Säle, die Schloßkirche (in der Krypta die letzte Ruhestätte König Häkons VII., 1872 bis 1957) usw. gezeigt werden. Im Museum der Heimatfront Norwegens Erinnerun-

Holmenkollen   Blindern (Universität)

Sørkedalsveien

Valkyriegata

Kirkeveien

Schønings gate

Sthms gate

Fagerborggata

Pilestredet

MAJORSTUEN

Sorgenfrigata

Industrigata

Rosenborg gata

Stens Park

Middelthuns gate

Majorstuveien

Bogstadveien

Rosenborgveien

Vigeland-Anlage

Neubergata

Fagerborg-Kirche

Frogner-Park

Amaldus Nielsens plass

Professor Dahls gate

Josefines gate

Bi Sta

Kirkeveien

Industri gata

Hegdehaugsveien

THOMANS BYEN

Stadtmuseum

Halvdan Svartes gate

Nordraaks gate

Vigeland-Museum

Tidemands gate

Eckersbergs gate

Gyldenløves gate

Ellert Sundts gate

Hoftegata

Uranienborg veien

Oscars gate

Parkveien

Welha gate

Nobels gate

Frognerveien

FROGNER

Uranienborg-Kirche

Riddervolds plass

Camilla Colletts vei

Slottparken

Wergelandsveien

Gimleveien

Heftyes gate

Ridtervolds gate

Nord

Elisenbergveien

Bygdøy allé

Colbjørnsens gate

Oscars gate

Schloß

Carl Johan

Thomas Heftyes gate

Sophus Lies gate

Frognerveien

Bygdøy allé

Drammensveien

Nobel-Institut

Drammensveien

Lokkeveien

Dr. Mauds gt

veien

ℹ

Kon

SKILLEBEKK

Niels Juels gate

Drammensveien

Solli plass

terrasse

Parkveien

Huitfeldts gate

Ruseløkk-veien

Drammensveien

Frognerstranda

Olaf Bulls plass

Universitäts-bibliothek

Observatorium

Munkedamsveien

Munkedamsveien

West-bahnhof

Ra pl

Dokkveien

Henie-Onstad-Kunstzentrum
Flughafen, Messe, Bygdøy, Drammen

Frognerkilen

Filipstadveien

Pipervi

BYGDØY

Oslofjord

Seefahrts-museum

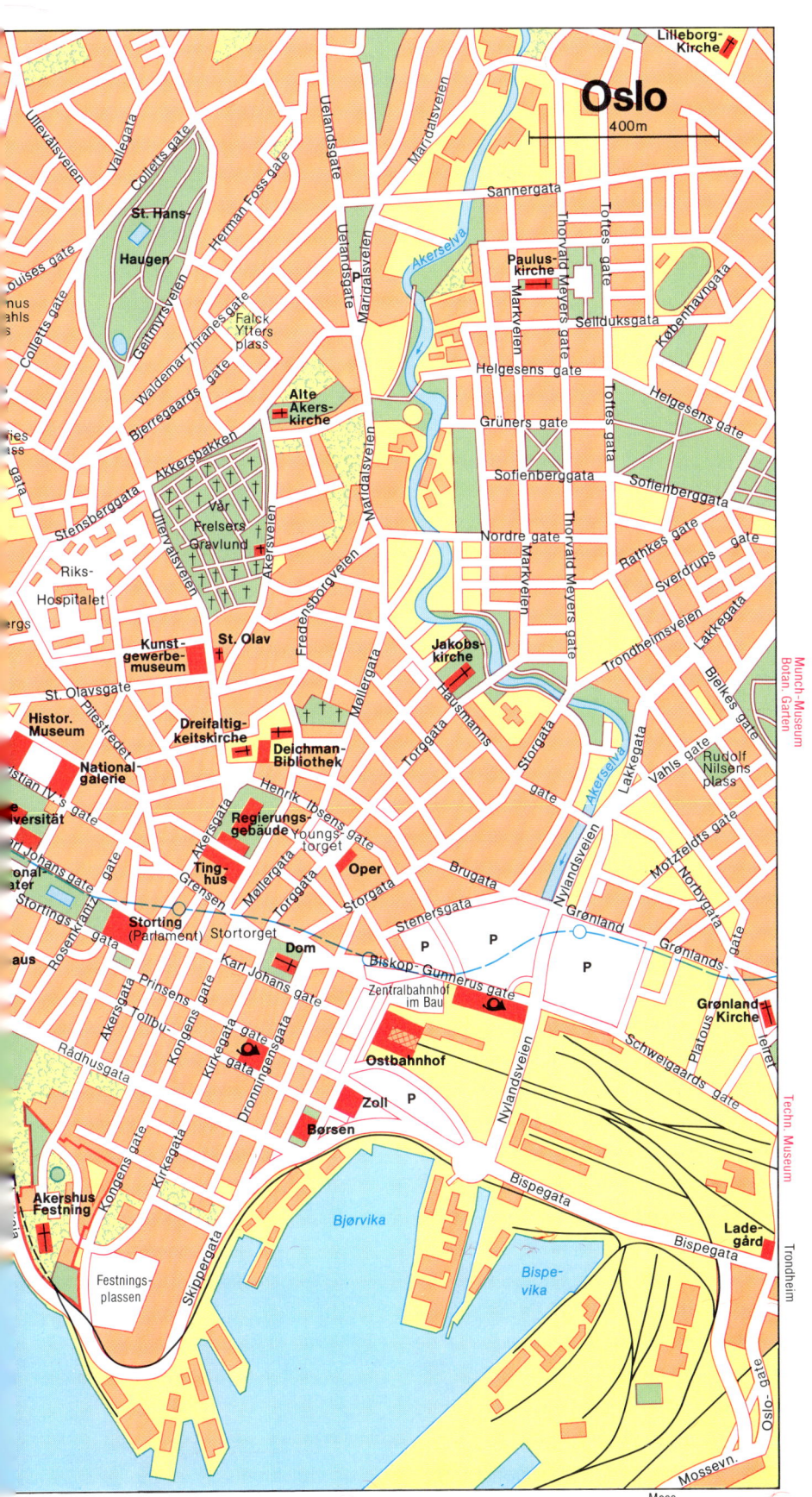

Oslo

400m

Moss

U-Bahn (Tunnelbanen)

gen an die Kriegsjahre 1940-45. Im Arsenalgebäude auf dem unteren Akershusgelände wurde 1978 das *Norwegische Verteidigungsmuseum* eröffnet, das nach Fertigstellung eine Übersicht über die Verteidigung Norwegens von der Wikingerzeit bis heute geben wird.

Im Nordwesten der Stadt (Zufahrt durch den Drammens- und Frognervei) erstreckt sich der schöne **Frognerpark** (Haupteingang Kirkeveien; mehrere Restaurants; vielbesuchtes Freibad), mit der eigenartigen Vigeland-Anlage und dem in einem alten Herrenhaus untergebrachten *Stadtmuseum* (Oslo Bymuseum). Südwestlich vom Stadtmuseum, jenseits der Halvdan Svartesgate, befindet sich das als Museum eingerichtete Atelier des großen norwegischen Bildhauers *Gustav Vigeland* (1869-1943). Er schuf als größte Sehenswürdigkeit des Parks die ***Vigeland-Anlage,** eine etwa 600 m lange großartige Zusammenstel-

Vigeland-Skulpturen im Osloer Frognerpark

lung von Skulpturen, für die der Künstler 40 Jahre arbeitete. Allein die Vigeland-Brücke wird von 58 Bronzegruppen umrahmt; die einen Lebenszyklus darstellende Brunnengruppe ist der älteste Teil der Anlage. Der aus einem einzigen Steinblock gehauene 17 m hohe *Monolith umfaßt 121 in sich verschlungene menschliche Körper. Den Abschluß der Anlage bildet das 1933/34 gearbeitete sog. Lebensrad. – Westlich, vor dem Colosseum-Kino (Fr. Nansen vei 6), eine Bronzeplastik *Charlie Chaplins* (Nils Aas, 1976).

Am östlichen Stadtrand der *Botanische Garten* (Botanisk Have; Eingang Trondheimsveien). Auf der Höhe über dem Garten das *Zoologische Museum* und das *Mineralogisch-Geologische Museum,* mit dem *Paläontologischen Museum.* An der Südseite des Gartens (Tø-

yengata 53) das ***Munch-Museum,** mit Gemälden, graphischen Blättern und Zeichnungen (insges. 23864 Nummern) Edvard Munchs (1863-1944), des wohl bedeutendsten Malers Norwegens. – Noch weiter südöstlich, in der Fyrstikkallé 1, das *Museum für Technik und Wissenschaft.* – Südöstlich vom Bahnhof, Oslogate 13, der 1957–68 restaurierte Barockbau *Oslo Ladegarden* (Stadtmodelle u. a.).

UMGEBUNG von Oslo. – 3 km südlich vom Ostbahnhof der **Ekeberg,** mit dem besuchten *Ekeberg-Park* (Reitschule; Restaurant) und der *Seemannsschule* (im Innern Fresken von Per Krohg); schöner Blick (besonders bei Morgenbeleuchtung) über den Hafen von Oslo. Zwischen der Seemannsschule und dem Kongsveien ein Gebiet mit ca. 5000 Jahre alten *Steinzeichnungen* (helleristningene).

Im Westen von Oslo (Straße 6 km; Motorboote vom Rådhusplass) erstreckt sich die Halbinsel **Bygdøy,** die mit dem Volksmuseum, den Wikingerschiffen u.a. einen schönen Ausflug bietet. – Das ***Norwegische Volksmuseum** *(Norsk Folkemuseum)* umfaßt mehrere Museumsgebäude, mit Sammlungen von Gebrauchsgegenständen, Möbeln (u.a. das Arbeitszimmer Ibsens), kirchlicher Kunst und einer Lappland-Abteilung, ferner die *Alte Stadt* (Gamle byen), mit alten städtischen Häusern sowie ein sich über ein großes Parkgelände erstreckendes *Freilichtmuseum,* mit alten, nach Landschaften geordneten Holzbauten (besonders beachtenswert die 1885 hierher übertragene *Stabkirche von dem Ort Gol, aus dem 12. Jahrhundert, und die aus der Zeit um 1300 stammenden Raulandstue aus dem Numedal).

Südlich vom Volksmuseum in einem großen Gebäude (Vikingskiphuset) die ***Wikingerschiffe,** drei seetüchtige Boote aus dem 9. Jahrhundert, wie sie von den Wikingern auf ihren weiten Fahrten sowie als letzte Ruhestätte für ihre Häuptlinge verwendet wurden. Das 1903 nördlich von Tønsberg entdeckte *Osebergschiff* (21,50 m lang und etwas über 5 m breit), der hervorragendste und umfangreichste Fund aus der vorchristlichen Zeit des Nordens, um 800 erbaut und im 9. Jahrhundert zur Bestattung verwendet, war das wohl nur zu kürzeren Fahrten bestimmte Prunkboot einer Häuptlingsfrau. Besonders beachtenswert die als *Osebergsammlung bezeichneten, im Schiff gefundenen überaus reichen Beigaben. Das 1880 bei Gokstad ausgegrabene *Gokstadschiff* (23,30 m lang und 5,24 m breit), das im Gegensatz zum Osebergschiff ein Seeboot und daher weniger reich verziert war, hat ebenfalls als Grabstätte gedient. Es ist als Segel- und Ruderschiff eingerichtet (an der obersten Planke wurden die Schilde der Krieger aufgehängt). Eine genaue Nachbildung dieses Schiffs segelte 1893 in sechs Wochen nach Amerika. Das 1867 etwa 10 km oberhalb von Frederikstad ausgegrabene *Tuneschiff,* das am schlechtesten erhalten ist (nur Reste vom

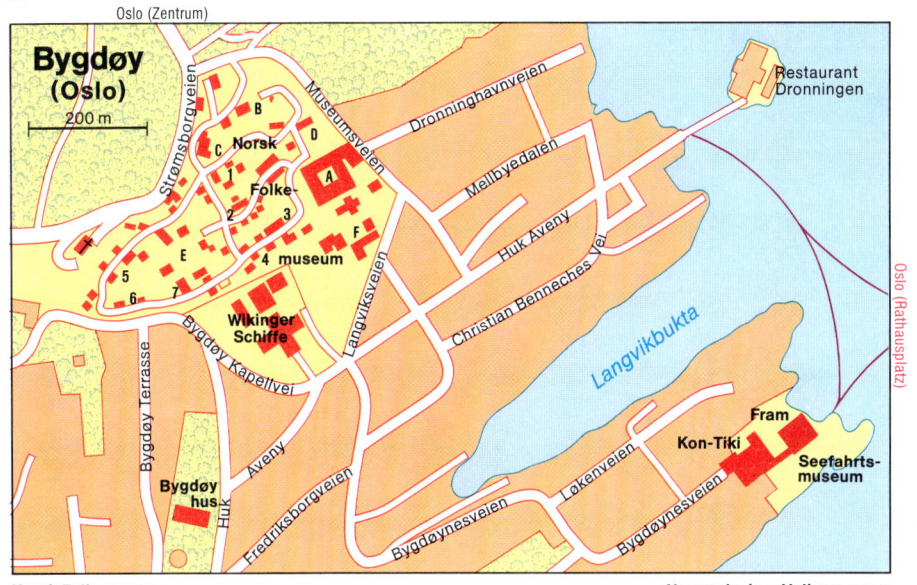

Oslo (Zentrum)

Bygdøy
(Oslo)

200 m

Norsk Folke-museum

Wikinger Schiffe

Bygdøy hus

Restaurant Dronningen

Langvikbukta

Fram
Kon-Tiki
Seefahrts-museum

Oslo (Rathausplatz)

Norsk Folkemuseum

A Hauptgebäude
  (Möbel, Geräte)
B Stabkirche Gol
C Restaurant

D Theater
E Festplatz
F Gamle byen
  (Alte Stadthäuser)

Norwegisches Volksmuseum

BAUERNHÄUSER
1 Østerdalen
2 Numedal
3 Telemark

4 Hallingdal
5 Vestlandet
6 Jæren
7 Østlandet

Schiffsboden), war von derselben Bauart wie die beiden anderen Schiffe.

An der Südostseite der Insel (Anlegestelle der Motorboote) das *Fram-Haus, in dem das Polarschiff "Fram" ausgestellt ist, mit dem Fridtjof Nansen 1893-96 seine Drift im Nordpolarmeer durchführte, und das Seefahrtsmuseum; vor dem Museum das Polarschiff "Gjøa", mit dem R. Amundsen 1903-06 die Nordwestpassage erzwang. – Nahebei in einem Gebäude das aus Balsaholz bestehende Floß *"Kon-Tiki", mit dem der norwegische Anthropologe Thor Heyerdahl und fünf andere Männer vom 28.4. bis 7.8. 1947 vom peruanischen Hafen Callao zu den ostpolynesischen Inseln segelten; außerdem ein 9,50 m hohes Standbild von den Osterinseln sowie vorgeschichtliche Boote, eine Unterwasserausstellung und die Nachbildung einer Familienhöhle von den Osterinseln. Ferner sieht man das etwa 14 m lange Papyrusboot Ra II, mit dem Thor Heyerdal und eine Mannschaft aus acht Nationen 1970 den Atlantik bezwangen.

12 km südwestlich vom Zentrum (Ausfahrt E 18) auf Høvikodden das **Sonja Henie – Niels Onstad Kunstzentrum** (1966-68; Gemälde des 20. Jh.; Restaur.).

Von Oslo führt ein sehr lohnender Ausflug nach *Holmenkollen (529 m), den waldbedeckten Höhen im Nordwesten der Stadt, die wegen ihrer schönen Aussicht eines der besuchtesten Ziele der näheren Umgebung und im Winter das Skigebiet der Hauptstadt sind (gute Straße bis Frognerseteren 13 km; elektrische Bahn vom Nationaltheater dorthin in 35 Min.). – Mit dem Kraftfahrzeug verläßt man Oslo am besten auf dem Drammensvei, biegt dann rechts in die Frognervei ein, fährt auf dem Kirkevei am Frognerpark entlang und an der Kreuzung mit dem Bogstadvei links weiter; nun erst parallel zur Holmenkol-Bahn, dann rechts und ansteigend in Kehren durch Wald sowie an zahlreichen Villen vorüber. – 11 km hinter der Stadtmitte links die große, hoch aufragende **Holmenkollen-Sprungschanze,** die man auf einem Fußweg in etwa 7 Minuten erreichen kann (auch Zufahrt). Im Sprungturm ein Aufzug; im Schanzentisch ein Restaurant (Cafeteria) und ein Skimuseum (Skimuseet), mit einer umfangreichen Sammlung von Skiern aller Arten sowie Teilen der Polarausrüstungen der Forscher Fridtjof Nansen und Roald Amundsen. – Die Straße führt an einer kleinen Kapelle vorbei weiter aufwärts. – 1 km nach der Schanze links die Abzweigung des Voksenkollvei; an diesem 1 km abseits eine *Aussichtsplatte (469 m), mit einem Bronzestandbild des Wegbaudirektors Hans Krag. Von Voksenkollen zur Tryvannshøgda etwa 10 Minuten. – Die Hauptstraße erreicht 1 km jenseits dieser Abzweigung das vielbesuchte Restaurant Frognerseteren (486 m), mit prächtigem Blick auf Oslo. Gegenüber dem Restaurant einige alte Holzbauten aus Telemarken und dem Hallingdal. Von hier zu Fuß in 20 bis 25 Minuten nordwestlich zur Tryvannshøgda (529 m), dem höchsten Punkt von Holmenkollen, mit dem 118,5 m hohen Tryvannstårnet (1962; Fahrstuhl, weite Rundsicht).

Ein anderer lohnender Ausflug (9 km) führt von Oslo zu dem im Nordosten der Stadt gelegenen **Grefsenkollen** (Grefsenås; 364 m), der eine prächtige Aussicht auf Stadt und Fjord bietet.

8,5 km östlich von Oslo (Strømsveien 286; Ausfahrt E 6 Richtung Trondheim; auch Bus Nr. 66, Richtung Lillestrøm, vom Olaf Bulls plass) liegt bei dem Bauernhof Alfaset ein deutscher Soldatenfriedhof mit 3112 Gräbern von Gefallenen des Zweiten Weltkrieges und 96 Gräbern von Gefallenen des Ersten Weltkrieges.

Oslofjord

Staat: Norwegen. – Gebiet: Südnorwegen.
Provinzen: Oslo fylke, Buskerud fylke, Vestfold
fylke, Akershus fylke und Ostfold fylke.

ⓘ **Reisetrafikkforeningen for Oslo og Omegn,**
Radhusgata 19,
N-Oslo 1;
Telefon: (02) 42 71 70.
Drammen Turistinformasjon,
Kirkegata 5,
N-3000 Drammen;
Telefon: (03) 83 40 94.
Tønsberg Informasjon,
Honnørbryggen,
Hotell Klubben,
N-3100 Tønsberg;
Telefon: (033) 1 62 39.
Larvik Turistkontor,
P. B. 200,
N-3251 Larvik;
Telefon: (034) 8 26 23.
Moss Turistinformasjon,
Chrystiesgt. 3,
N-1500 Moss;
Telefon: (032) 5 54 51.
Fredrikstad Turistkontor,
Turistsentered,
N-1600 Fredrikstad;
Telefon: (032) 20 33 0.
Halden Turistkontor,
Tollboden,
N-1751 Halden;
Telefon: (031) 8 24 87.

Der *Oslofjord zieht sich vom Skagerrak nördlich über mehr als 100 km bis
zur norwegischen Hauptstadt hin; er
besteht aus mehreren breiten, mit Inseln durchsetzten Becken und strom-
artigen Engen. Seine felsigen Ufer sind
mäßig hoch und von zahlreichen Ort-
schaften belebt. Das Westufer war eines der frühesten Siedlungsgebiete
(Wikingerschiffe), aber auch die schönen Städte am Ostufer können auf eine
lange Tradition zurückblicken. Die
Strände, am Ostufer auch mit feinem
Sand, und die Schären bilden bevor-
zugte Ausflugsgebiete für die Osloer.

Neben Land- und Forstwirtschaft hat
sich rege Industrie entwickelt, außerdem beherbergen die Küstenorte eine
große Handelsflotte.

An der **Vestfold** genannten Westküste
des Fjords erreicht man über *Sandvika*
an der Mündung des Sandvikelvs und
vorbei an der alten Kirche von *Tanum*
sowie *Skaugum*, dem Wohnsitz des
Kronprinzen, die Stadt **Drammen**
(51 000 Einw.; Park Hotel, 200 B.; Central, 75 B.), den malerisch an der Mündung des wasserreichen Dramselvs in
den Dramsfjord gelegenen Hauptort des
Verwaltungsbezirks Buskerud. Der Ort
hat bedeutende Industriebetriebe und
ist Ausfuhrhafen für Holz, Zellulose und
Papier sowie Norwegens größter Einfuhrhafen für Kraftfahrzeuge. Am Markt
(Brageners Torg) der hübsche moderne
St.-Hallvardsbrunnen. Im Stadtteil B r a-
g e r n e s eine weithin sichtbare Kirche
von 1871. Von hier führt eine Straße
(Gebühr) in einem ca. 1700 m langen
Spiraltunnel (sechs Umläufe, Radius
35 m, Steigung 10 %) hinauf zum aussichtsreichen *Bragernesås* (293 m;
Sommerrestaurant Äspaviljongen); unweit nordöstlich der einsame Waldsee
Klopptjern (218 m). In dem am Südufer
des Dramselvs gelegenen Stadtteil
S t r o m s ø Drammens Museum (Stadtgeschichte; Bezirk Buskerud; Hof Marienlyst, 18. Jh.) und Kirche von 1667
(1840 umgebaut).

Entweder am Westufer des Dramsfjords
entlang über *Svelvik* oder landeinwärts
auf der Hauptstraße erreicht man den
Ort *Sande* an der Sandebukt, an deren
Südufer man nach *Holmestrand* (9000
Einw.), mit Aluminiumwerk, Kirche von
1674 und Kalksteinbruch, gelangt.

Oslofjord – Eldorado für Segler und Bootsfahrer

Der erste Ort am eigentlichen Oslofjord ist die Hafenstadt **Horten** (15000 Einw.; Central Hotel, 27 B.; Baggerød, 40 B.), wo sich bis zum Ende des Zweiten Weltkriegs in *Karl Johansvern* (Marinemuseum) das Hauptquartier der norwegischen Marine befand. Von hier Autofähre in ca. 45 Minuten nach Moss am Ostufer des Fjords.

In der Nähe die mittelalterliche Kirche von *Borre,* mit prächtiger Barockeinrichtung, sowie in den Borrebergen ein kleiner Nationalpark mit Nordeuropas größter Anzahl von *Königsgräbern* (Ynglingeætten; 6 große und 21 kleinere Grabhügel). Südöstlich am Fjord der bekannte Badeort *Åsgårdstrand,* wo der Maler Edvard Munch mehrere Jahre lebte (Gedenkmuseum).

Südlich, am Nordende des schmalen Tønsbergfjords, liegt **Tønsberg** (13000 Einw.; Klubben Hotel, 175 B.; Maritim, 50 B.; Grand Hotel, 77 B.), eine schon im 11. Jahrhundert erwähnte Stadt, jetzt Hauptort des Verwaltungsbezirks Vestfold, mit einer ansehnlichen Handelsflotte und einer Seemannsschule. Von hier gingen früher die Walfänger auf Fahrt (Fang 1951 zum Schutz der Tiere eingestellt). Bei der Einfahrt links ein Denkmal für den norwegischen Polarforscher Roald Amundsen (1872 bis 1928), der 1911 den Südpol erreichte, 1926 mit einem halbstarren Luftschiff den Nordpol überflog und 1928 von einem Flug nach Spitzbergen nicht zurückkehrte. Im Westen der Stadt der felsige Schloßberg (Slottsfjellet; 63 m), mit einem Aussichtsturm und den Grundmauern der Tunsberghus-Festung (schöner Blick auf den Hafen). Ferner beachtenswert das Vestfold-Bezirksmuseum (an der Ausfahrtsstraße nach Larvik), mit einer arktischen Abteilung (Walfang), der Dom (1858) und die St. Olavskirche, die größte Rundkirche des Nordens. – Südlich führt eine Nebenstraße über die den Tønsbergfjord vom Oslofjord trennenden, durch eine große Brücke verbundenen langgestreckten Inseln Nøtterøy und Tjøme, mit schönen Badestränden.

Südöstlich abseits der Hauptstraße die als Seebad besuchte ehemalige Walfängerstadt **Sandefjord** (7000 Einw.; Hotel Atlantic, 65 B., Kong Carl, 45 B.), an dem gleichnamigen Fjord gelegen, mit einem Walfangmuseum und einem Seefahrtsmuseum; Walfängermonument am Hafen; im Süden der Stadt die Anlagen des Kurbades (Schwefel- und Salzquellen).

Südwestlich die am Nordende des gleichnamigen Fjords hübsch gelegene Stadt **Larvik** (s. dort). – Südlich das Seebad *Stavern* (s. bei Larvik), mit der ehemaligen Seefestung Frederiksvern, sowie die kleineren Badeorte *Helgeroa* und *Nevlunghamn.*

In **Østfold,** an der Ostseite des Oslofjords, erreicht man von Oslo vorbei an dem abseits liegenden hübschen Badeort *Drøbak* (schöne Holzkirche von 1736) die Stadt **Moss** (26000 Einw.; Hotell Refsnes-Gods, 107 B.) am *Mossesund,* der die vorgelagerte Insel Jeløy vom Festland trennt (Brücke). In Moss wurde 1814 der Unionsvertrag zwischen Norwegen und Schweden geschlossen. Autofähre in ca. 45 Minuten nach Horten am Westufer des Fjords. – Südlich am Fjordufer liegt das Seebad *Larkollen.*

Auf der Hauptstraße erreicht man bald darauf **Sarpsborg** (14000 Einw.; St. Olav Hotell, 85 B.; Saga, 120 B.; Victoria, 30 B.), das auf eine Gründung Olavs des Heiligen (11. Jh.) zurückgeht, mit lebhafter Industrie (Papier, Zellulose, Elektrotechnik). Beachtenswert sind das Borgarsyssel Museum (u.a. alte Häuser und eine Kirchenruine aus dem 12. Jh.) sowie die schöne Kulås-Park. Südwestlich auf einer Nebenstraße (Reichsstraße 109) gelangt man nach der an der Mündung der *Glomma* gelegenen Handels- und Industriestadt **Frederiksstad** (30000 Einw.; City Hotell, 226 B.; Victoria, 82 B.; Kulturzentrum). Am linken Flußufer (824 m lange Brücke) die ehemals befestigte Altstadt *Gamlebyen,* mit sehenswerten alten Militärgebäuden, die z.T. kunstgewerbliche Werkstätten enthalten; Kirche von 1778 und ein Denkmal König Frederiks II., der 1567 die Stadt gründete. – Westlich von Vikene Fährverbindung zu der als Seebad (Segelschule) besuchten Insel Hankø, mit schönem Nadelwald.

Von Sarpsborg weiter auf der Hauptstraße, vorbei an der Kirche von *Tune* (1060, später mehrfach umgebaut) nach **Halden** (27000 Einw.; Park Hotell, 45 B.; Grand Hotell, 60 B.) an der schwedischen Grenze. Die 1665-1927 Frederikshald genannte Stadt wurde mehrmals erfolgreich gegen die Schweden verteidigt und nach einem Brande 1826 planmäßig wiederaufgebaut. Sie hat vielseitige Industriebetriebe (u.a. Holzveredelung, Schuhfabriken) und ist Mittelpunkt des Holzhandels für Ostnorwegen. Auf den Höhen im Südosten der Stadt liegt die 1661-71 angelegte Festung *Fredriksten* (113 m; schöner Ausblick), auf die eine 1860 errichtete eiserne Pyramide an den hier 1718 bei der Belagerung gefallenen König Karl XII. von Schweden erinnert. Hier befindet sich auch das Stadtmuseum 'Haldens Minder'. Sehenswert ist ferner Fredriks-

Svinesund-Brücke zwischen Norwegen und Schweden bei Halden

halds Theater (1830; Barockbühne); am Ostrand der Stadt befindet sich das Institut für Atomenergie mit einem 1959 in Betrieb genommenen Reaktor.

Östersund

Staat: Schweden. – Gebiet: Mittelschweden. Provinz: Jämtlands län. – Landschaft: Jämtland. Höhe: 292 m ü.d.M. – Einwohnerzahl: 40000. Postleitzahl: S-831... – Telefonvorwahl: 063.
ⓘ **Turistbyrå,**
　　Rådhusgatan 29,
　　S-83100 Östersund;
　　Telefon: 110320 und 143601.

HOTELS. – *Winn,* Prästgatan 16, 270 B.; *OK Motor Hotell,* Körfältets Centrum, 136 B.; *Esso Motor Hotel,* Krondikesvei 97, 288 B., Hb.; *Östersund,* Kyrkgatan 70, 100 B.; *Zäta,* Prästgatan 32, 60 B.; *Älgen,* Storgatan 61, 35 B. – Mehrere CAMPINGPLÄTZE.

VERANSTALTUNGEN. – *Musikwoche* (Juli); *Expo Norr* (Messe; Juli).

SPORT und FREIZEIT. – Tennis, Golf, Angeln.

Östersund, die einzige Stadt in Jämtland, ist Verwaltungs-, Wirtschafts- und Kulturzentrum dieser Provinz. Die terrassenförmig am Ostufer des Storsjö ansteigende Stadt wurde 1786 von Gustav III. gegründet und zeigt in ihrer Anlage auch heute noch das ursprüngliche rechtwinklige Staßensystem. Ihr gegenüber liegt die bergige Insel Frösö.

SEHENSWERTES. – An der R å d h u s - g a t a, der Hauptstraße der Stadt, steht das 1912 von F.B. Wallberg erbaute *Rathaus.* Schräg gegenüber befinden

sich das *Stadtmuseum* und die *Alte Kirche* von 1846. Die *Neue Kirche* wurde 1940 nach Plänen von L.I. Wahlman errichtet; im Chor befinden sich Fresken von H. Linnqvist. – Westlich parallel zur Rådhusgata verläuft die S t o r g a t a, die von Häusern aus dem 19. Jahrhundert gesäumt ist.

Im Norden der Stadt, in einem 1928-30 von F.B. Wallberg aufgeführten Gebäude, das *Jämtland läns Museum* mit kulturhistorischen Sammlungen und einer kleinen Kunsthalle. Unweit nordwestlich das Freilichtmuseum **Fornbyn Jamtli** mit alten Holzhäusern aus Jämtland und Härjedalen.

UMGEBUNG von Östersund. – Im 448 qkm großen, bis 74 m tiefen *Storsjö liegt, durch zwei Brücken mit Östersund verbunden, die fruchtbare Insel **Frösö.** Bei der alten Frösö bru ein *Runenstein* aus dem 11. Jahrhundert. Eine schöne Aussicht über den See und die weiten Wälder bietet der 468 m hohe *Östberg.* – 6,5 km westlich von der Brücke die in ihren ältesten Teilen aus dem 12. Jahrhundert stammende, 1898 neu erbaute *Kirche* mit freistehendem Glockenturm. Auf dem Friedhof das Grab des Komponisten W. Petersen-Berger, dessen Landhaus Sommarhagen in unmittelbarer Nähe liegt. Nahebei ein Tierpark. – 1 km westlich von der Kirche der Hof *Stocke* mit dem Aussichtsturm *Stocketitt* (Blick bis zu den norwegischen Grenzbergen).

Mit der Autofähre gelangt man von Frösö auf die Insel *Andersö,* die, wie auch Skansholmen und Isö, Naturschutzgebiet ist. Hier befinden sich Reste der Verteidigungsanlagen aus dem 17. Jahrhundert. – Südlich gegenüber der Insel am Seeufer die Kirche von

Sunne mit Resten eines Kastells, das König Sverre 1178 errichten ließ, nachdem er die Jämten auf dem zugefrorenen Storsjö besiegt hatte.

Oulu (Uleåborg)

Staat: Finnland. – Gebiet: Nordfinnland.
Provinz: Oulun lääni (Uleåborgs län / Oulu).
Höhe: Meereshöhe. – Einwohnerzahl: 100000.
Postleitzahl: SF-90100.– Telefonvorwahl: 981.

① Kaupungin Matkailutoimisto
(Städtisches Fremdenverkehrsamt),
Kirkkokatu 2,
Telefon: 153 30 und 151 21.
Wahlkonsulat der
Bundesrepublik Deutschland,
Hailuodontie 5;
Telefon: 22 53 44.

HOTELS. – *Vaakuna,* Hallituskatu 1, 430 B., Sb.; *Arina,* Pakkahuoneenkatu 16, 95 B.; *Hospiz,* Asemakatu 31, 60 B.; *Tulli-Hotelli,* Rautatienkatu 11, 60 B.; *Kauppahotelli,* Asemakatu 7, 120 B.; *Otokylä,* Haapanatie 2, 176 B. (1. 6.–31. 8.); *Oulas,* Rautatienkatu 8, 46 B. – JUGENDHERBERGE. – Zwei CAMPINGPLÄTZE.

VERANSTALTUNGEN. – *Skiwettbewerbe* (März); *Winterspiele* (März); *Oulu-Rennen* (Mai); *Handelsmesse* (Juni); *Oulu-Regatta* (Juli); *Rockfestival* (Juli); *Pohjola-Autorallye* (November).

FREIZEIT und SPORT. – Golf; Reiten; Tennis; Skilauf.

Die industriereiche nordfinnische Provinzhauptstadt Oulu, schwedisch Uleåborg, liegt an der Mündung des Oulujoki in den Bottnischen Meerbusen. Oulu ist Bischofssitz und seit 1959 Universitätsstadt.

GESCHICHTE. – Der schwedische König Johann III. ließ gegen Ende des 16. Jahrhunderts auf einer Insel in der Flußmündung eine Burg (finn. 'linna') erbauen. Um die Insel Linnansaari entwickelte sich der Ort, der 1610 Stadtrechte erhielt. 1822 vernichtete ein Großbrand fast die ganze Stadt; sie wurde nach Plänen von C. L. Engel wiederaufgebaut.

SEHENSWERTES. – Am Nordende der belebten Kirkkokatu liegt die 1830-32 nach einem Entwurf von C. L. Engel erbaute **Domkirche** (1932 im Innern renoviert und ausgemalt); links vom Eingang ein Denkmal für die im Freiheitskampf 1918 gefallenen Söhne der Stadt, von Wäinö Aaltonen. In den Anlagen vor der Kirche eine Bronzebüste des in Oulu geborenen finnisch-schwedischen Dichters und Bischofs F. M. Franzén (1772-1847), von E. Stenberg. An der Nordseite der Anlagen (Linnankatu Nr. 3) das Gebäude der *Provinzialverwaltung* (finn. Lääninhallitus), von 1888. – Vom Nordende der Kirkkokatu gelangt man über eine kleine Brücke in den auf einer Insel gelegenen schönen Park **Ainola.** Im Westteil der Insel in einem stattlichen Gebäude von 1930 die *Stadtbibliothek* (finn. Kirjasto) und das *Landschaftsmuseum* mit historischen und

ethnographischen Sammlungen; davor ein Gedenkstein für die in Oulu geborene Schriftstellerin *Saara Wacklin* (1790-1846). Nördlich der *Botanische Garten* und ein *Sommertheater.*

Südwestlich von der Kirche, an der Hallituskatu, das **Stadthaus** (finn. *Kaupungintalo;* 1894); dahinter an der Torikatu das alte Stadthaus (jetzt Polizeipräsidium). – Westlich von hier liegt am Ufer des Oulujoki der weite Marktplatz (finn. Kauppatori), mit dem *Theater* (1974; Kongreßhalle); nördlich der Autobushof. – Unweit östlich vom Markt führen zwei Brücken zur *Schloßinsel* (finn. Linnansaari), auf der man noch

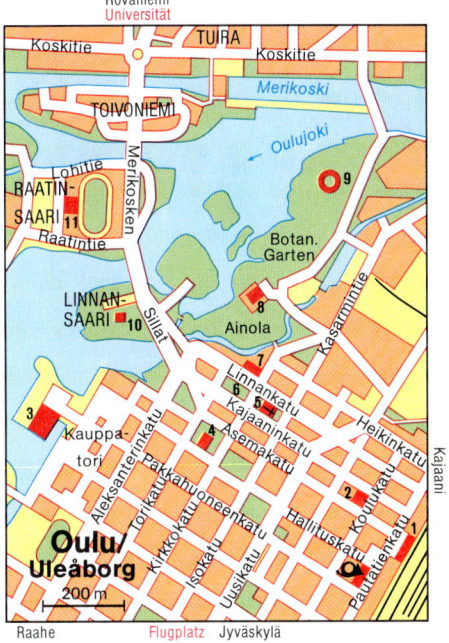

1 Bahnhof
2 Kunstmuseum
3 Theater und Kongreßhalle
4 Stadthaus
5 Domkirche
6 Franzeninpark
7 Provinzialverwaltung
8 Landschaftsmuseum; Stadtbibliothek
9 Sommertheater
10 Burgruine
11 Hallenbad

geringe Reste einer 1590 erbauten, 1793 durch eine Explosion zerstörten Burg erkennen kann (Sommercafé). Die Straße führt weiter über einen zweiten Arm des Oulujoki zur Insel *Raatinsaari,* mit Parkanlagen, Stadion, Hallenbad und mehreren Hochhäusern. Auf einer weiteren Brücke gelangt man nördlich zur Insel *Toivoniemi,* mit einem nach Plänen von Prof. Alvar Aalto erbauten modernen Wohnviertel, an dessen Ostseite ein den *Merikoski,* die unterste Stromschnelle des Oulujoki, ausnützendes Kraftwerk liegt. Eine vierte Brücke führt schließlich zu der am Nordufer des Flusses gelegenen Vorstadt *Tuira,* mit mehreren Schulen. – Im Norden der Stadt (Puolivälinkangas) der *Wasserturm* (Aussichtsplattform).

Moderne Wohnhäuser in Oulu

Pallastunturi

Staat: Finnland. – Gebiet: Nordfinnland.
Provinz: Lapin lääni (Lapplands län / Lappland).
Fremdenverkehrsamt Sodankylä,
Kantakievarintalo,
SF-99600 Sodankylä;
Telefon: (93) 1 17 44.

UMGEBUNG von Oulu. – Rund 20 km nördlich liegt in Küstennähe der Ort *Haukipudas* (Hotel Samantta, 47 B.) mit einer Holzkirche von 1762; im Inneren Wandmalereien des bekannten finnischen Kirchenmalers Mikael Toppelius. – 13 km südöstlich von Oulu am linken Ufer des Oulujoki das **Freilichtmuseum Turkansaari** (auch Bootsverbindung von Oulu) mit über 20 alten Gebäuden, u.a. eine Kirche von 1694. Die Fortsetzung der Straße führt nach *Muhos,* wo die älteste Holzkirche Finnlands (1634) steht; 6 km flußaufwärts das Kraftwerk Pyhäkoski.

Raahe (schwed. *Brahestad;* 14 000 Einw.; Hotel Tiiranlinna, 160 B.), 75 km südwestlich von Oulu an der Küste gelegen, wurde 1649 von Per Brahe gegründet. Auf dem Pekkatori das Standbild des Stadtgründers, eine Kopie des in Turku befindlichen Originals. Die Stadt wurde nach einem Brand 1810 wiederaufgebaut und besitzt noch einige Häuser aus jener Zeit. Das sehenswerte Museum, 1862 eröffnet, zeigt u.a. eine Seefahrtssammlung sowie Gegenstände, welche die Seeleute von ihren Fahrten mitgebracht haben. Die Kirche, 1912 von J. Stenbeck erbaut, besitzt eine Altartafel des Malers E. Järnefelt (1863-1937).

Die Berggruppe des Pallastunturi, der mit seinen baumlosen Hängen zu den beliebtesten Skigebieten Finnlands gehört, liegt im Nordwesten nahe der schwedischen Grenze, in der Mitte einer vom YlläStunturi (740 m) im Süden zum Ounastunturi (738 m) im Norden verlaufenden Bergkette. Der höchste Gipfel ist der Taivaskero (821 m); nordwestlich erhebt sich der Laukukero (777 m), östlich der Palkaskero.

Von **Muonio** (Äkäskero Hotel, 114 B.; Olostunturi, 115 B.), einem stattlichen Kirchdorf an der Mündung des *Jerisjoki* in den *Muonionjoki,* folgt man zuerst der östlich nach Rovaniemi führenden Straße Nr. 79. – Nach 7 km rechts der aussichtsreiche *Olostunturi* (524 m; Fußweg zum Gipfel). – 5 km weiter zweigt man bei Särkijärvi von der Hauptstraße links ab und fährt auf schöner Bergstrecke aufwärts. – Nach 15 km an einer Straßenteilung links (rechts ein Sträßchen zum Pallasjärvi, 4 km) und noch 7 km bergauf zu dem herrlich gelegenen *Pallastunturi-Turisthotel* (78 B.; naturwissenschaftliches Museum) am Fuße des Taivaskero, mit gutem Skigebiet (Lift). Hier scheint vom 27.5. bis 16.7. die Mitternachtssonne. – Ein abgesteckter Wanderweg führt

Mitternachtssonne nördlich des Polarkreises
Stand der Sonne
fotografiert auf der norwegischen Insel Loppa
(ca. 100 km westsüdwestlich von Hammerfest)
in Abständen von je einer Stunde
zwischen 21. Juli 19 Uhr und 22. Juli 18 Uhr.

Pallastunturi in Nordfinnland

60 km nordwestlich (5 Unterkunftshütten) nach *Enontekiö* (Hetta; Hotel Hetta, 20 B.), mit moderner Kirche und Silberschmiede. Auf dieser Wanderung durchquert man den *Pallastunturi-Ounastunturi-Nationalpark* (500 qkm), der einen guten Eindruck von der kargen lappländischen Gebirgsnatur bietet.

Polarkreis
(Polsirkelen / Polcirkeln / Napapiiri)

Staaten: Norwegen, Schweden und Finnland.

Die Polarkreise sind die Breitenkreise von 66,5° nördlicher Breite und 66,5° südlicher Breite. Der nördliche Polarkreis, mit dem allein wir es hier zu tun haben, ist die Breite, von welcher nach Norden die Tageslänge im Sommer so zunimmt, daß die Sonne nicht mehr unter den Horizont sinkt und das Phä-

nomen der Mitternachtssonne entsteht. Außerdem trennt der nördliche Polarkreis die nördliche gemäßigte Klimazone von der Polarzone. – In Norwegen verläuft der Polarkreis (Polsirkelen) nördlich von Mo i Rana, in Schweden (Polcirkeln) nahe bei Jokkmokk und in Finnland (Napapiiri) unweit nördlich von Rovaniemi.

Die unterschiedliche Tages- und Nachtlänge auf allen Breiten außer dem Äquator entsteht dadurch, daß die Erdachse gegenüber der Ebene ihrer Umlaufbahn um 23,5° geneigt ist.

Am Tag der Sommersonnenwende, dem 22. Juni, erreicht der gedachte Lauf der Sonne am nördlichen Polarkreis seine größte nördliche Deklination, so daß die Sonne um Mitternacht noch am Himmel steht. Diese **Mitternachtssonne** ist bei klarem Himmel ein überwältigender Anblick, aber auch wenn der Sonnenball glutrot durch Dunst und Wolken scheint, entstehen stimmungsvolle Bilder.

Genau auf dem Polarkreis ist dieses Phänomen des Polartages nur in einer Nacht zu beobachten, nach Norden nimmt seine Dauer stetig zu. Am Nordpol müßte der Polartag genau ein halbes Jahr betragen, ist aber wegen der Strahlenbeugung in der Erdatmosphäre sogar noch etwas länger. Ebenso spielt die Höhe des Standorts eine Rolle, da die Daten für die Mitternachtssonne astronomisch auf Meereshöhe bezogen sind; von einem Berg aus kann man die Mitternachtssonne also auch etwas südlich des Polarkreises sehen.

Panorama 360°

Polarkreis in Nordnorwegen

Die norwegischen, schwedischen und finnischen Gebiete nördlich des Polarkreises, also das eigentliche 'Land der Mitternachtssonne', wird in Skandinavien auch als **Nordkalotten** (finn. *Pohjoiskalotti*) bezeichnet.

Der Polarkreis ist auch die ungefähre Südgrenze für das ∗**Nordlicht.** Dieses Phänomen entsteht durch elektrische Korpuskularstrahlung der Sonne, die vom magnetischen Feld der Erde eingefangen wird und in Höhen zwischen 70 und 1000 km Leuchtprozesse in der dünnen, ionisierten Atmosphäre auslöst. Es entstehen bläulich strahlende Bögen, Strahlenkronen und vorhangartige Flächen, die in fortwährender Bewegung über das Firmament zucken und einen unvergeßlichen Anblick bieten.

Pori (Björneborg)

Staat: Finnland. – Gebiet: Südwestfinnland. Provinz: Turun ja Porin lääni (Abo och Björneborgs län / Turku-Pori).
Höhe: 15 m ü.d.M. – Einwohnerzahl: 81 000.
Postleitzahl: SF-28100. – Telefonvorwahl: 9 39.
ⓘ **Kaupungin Matkailutoimisto**
(Städtisches Fremdenverkehrsamt),
Antinkatu 5;
Telefon: 1 57 80.

HOTELS. – *Juhana Herttua,* Itäpuisto 1, 68 B.; *Satakunta,* Gallen-Kallelankatu 7, 111 B.; *Cumulus,* Itsenäisyydenkatu 37, 120 B.; Sb.; *Karhun Kruunu,* Keskusaukio 2, 114 B.; *Otava,* Valtakatu 15, 48 B.– Am Strand von Yteri: *Rantasipi Yteri,* 306 B., Sb. – Südlich außerhalb: *Raumantien Motelli,* Niittymaa, 18 B.

FERIEN- und SOMMERHOTELS. – *Etappi,* Korpraalintie 36 (15. Mai-15. August), 160 B.; *Tekunkorpi,* Korventie 52 (2. Mai-28. August), 80 B.

VERANSTALTUNGEN. – *Pori Jazz Festival* (Juli); *Weißfisch-Festival* (Ende August); *Pori-Tage* (Ende September).

FREIZEIT und SPORT. – Tennis, Bowling, Squash, Reiten, Angeln, Schwimmen, Rudern, Segeln, Skilauf.

Die alte südwestfinnische Handels- und Industriestadt Pori liegt größtenteils am Südufer des Kokemäenjoki, etwa 20 km von dessen Mündung in den Bottnischen Meerbusen. Der Ort lag ursprünglich weiter flußaufwärts, wurde 1365 zum ersten und 1558 zum zweiten Mal verlegt, weil die Flußmündung im Zuge der Landhebung und durch mitgeführten Sand ständig weiter nach Westen wanderte. 1558 verlieh Herzog Johan, ein Sohn des Schwedenkönigs Gustav Wasa, Pori die Stadtrechte. Der letzte große Brand (1852) machte es notwendig, die Stadt neu zu planen. Sie entstand um zwei Esplanaden herum, die einander rechtwinklig kreuzen. Von wirtschaftlicher Bedeutung sind neben den beiden Frachthäfen und dem Fischereihafen einige Betriebe der Holzveredlung und Metallverarbeitung.

Markt in Pori (Südwestfinnland)

SEHENSWERTES. – Die interessantesten Sehenswürdigkeiten liegen am Nordende der Esplanade Pohjoispuisto, am Ufer des Kokemäenjoki. Auf der Westseite liegt das **Museum** (gegr. 1888) für die Landschaft Satakunta, dessen Sammlungen rund 35 000 Einzelstücke umfassen. Dicht dabei das **Stadttheater** (1884), das die Tradition des 1872 gegründeten finnischsprachigen Theaters fortführt. Direkt an der Esplanade das **Rathaus,** errichtet 1895 von August Krook als Kaufmannspalais für die Familie Junnelius in venezianischem Stil. Östlich davon in einem kleinen Park die 1863 von G. T. Chiewitz erbaute *Kirche* von Mittel-Pori in neugotischem Stil mit einem 72 m hohen Turm. Die Altartafel von R. W. Ekman hat die Auferstehung Christi als Motiv. – Das *Hallenbad* liegt an der Straße Paanakedonkatu, die von der Kirche zur Ausfallstraße nach Tampere führt.

Westlich des Stadtkerns der Alte Friedhof und dahinter der Neue Friedhof mit
dem *Juselius-Mausoleum* (Josef Sten-
bäck, 1902). Der Industrielle F. A. Juse-
lius ließ dieses Mausoleum für seine
Tochter erbauen, die im Alter von elf
Jahren starb. Die Fresken wurden von
dem bekannten finnischen National-
romantiker Akseli Gallen-Kallela gemalt,
verdarben aber und wurden durch Malereien ersetzt, die Akselis Sohn Jorma
nach den Entwürfen des Vaters anfertig-
te. – An der Nordseite des Flusses, beim
Ausfluß des Luotsimäenhaara, auf einer
Halbinsel der Park *Kirjurinluoto,* Haupt-
stätte des Jazz-Festivals, mit der Bühne
des Sommertheaters.

UMGEBUNG von Pori. – Ein besonders lohnender Ausflug ist eine Fahrt auf der Straße 265 zum Sandstrand von **Yteri** und nach
Mäntyluoto sowie auf einem Damm zur Insel
Reposaari. Unterwegs passiert man den
Wasserturm von Kaana mit einem Aussichtscafé. Am Strand von Yteri ein Hotel, ein
Campingplatz sowie Ferienhütten. Auf Reposaari eine Kirche in norwegischem Stil sowie im Hafen ein Denkmal für das 1927 bei einem Sturm untergegangene Kanonenboot
S 2. – Von Pori nach Helsinki führt die Straße
Nr. 2. Etwa 7 km hinter Pori geht in nördlicher Richtung eine Stichstraße nach *Ulvila.*
Hier befand sich die spätere Stadt Pori bis
1558, woran die Kirche (1429) erinnert.

Rauma erreicht man auf der Fahrt die Straße
Nr. 8 entlang nach Süden. Diese Stadt hat besondere Traditionen, und nicht wenige ihrer
30 000 Einwohner sprechen auch einen besonderen Dialekt, den man in übrigen Finnland nicht versteht. Der Ort wurde im 13.
Jahrhundert gegründet und erhielt 1442 von
König Kristoffer Stadtrechte. Um 1550 wurde
Rauma vorübergehend entvölkert, weil die
Bewohner den Befehl bekamen, in die Neu-
gründung Helsinki umzuziehen. Nach einigen Jahren durften sie zurückkehren. Im 17.
Jahrhundert entwickelte sich die Schiffahrt
stark, und die Seeleute aus Rauma lernten in
fremden Ländern das Spitzenklöppeln, das
auch heute noch in der Stadt eine feste Tradition hat.

Der Lageplan der aus Holz erbauten Altstadt stammt aus dem 16. Jahrhundert, die
Häuser wurden hauptsächlich im 18. und 19.
Jahrhundert erbaut. In oder an der Altstadt
liegen die auf ein Franziskanerkloster des 15.
Jahrhunderts zurückgehende Kirche vom
heiligen Kreuz sowie die Ruinen der Dreifaltigkeitskirche (14. Jh.). Im Zentrum der Altstadt mit zahlreichen Spezialgeschäften im
früheren Rathaus (C. H. R. Schröder, 1776)
das Museum. Südlich der Altstadt liegen das
Hallenbad und der Wasserturm mit Panora-
marestaurant, daneben die Skulptur ''Durch
Schwierigkeiten zum Sieg'' (Aila Salo, 1976).
Nordwestlich jenseits der Bahnschienen
liegt das Freizeitgebiet von *Otanlahti* mit
Sportanlagen, einem Schwimmbad, eine
Badeanstalt und Saunen. Der Campingplatz
von Poroholma schließt sich unmittelbar an
dieses Gebiet an. Hier befindet sich die Anlegestelle des Motorboots, das im Sommer regelmäßig Rundfahrten in die Inselwelt vor
Rauma durchführt.

Porvoo / Borgå

Staat: Finnland. –   Gebiet: Südfinnland.
Provinz: Uudenmaan lääni (Nylands län / Uusimaa).
Höhe: Meereshöhe. –   Einwohnerzahl: 20 000.
Postleitzahl: SF-06100. – Telefonvorwahl: 9 15.
(i) **Kaupungin Matkailutoimisto**
(Städtisches Fremdenverkehrsamt),
   Rauhankatu 20;
   Telefon: 14 01 45.

HOTELS. – *Seurahovi,* Rauhankatu 27, 58 B.; *Her-
levi,* Runeberginkatu 33, 46 B.; *Grand Hotel,* Raatihuoneenkatu 8, 25 B. – Gutshotel *Haikko,* südwestlich außerhalb, 300 B., Sb. – JUGENDHERBERGE. –
CAMPINGPLATZ.

VERANSTALTUNGEN. – Radrennen (Juni); *Por-
voo-Tag* (Juni); *Postmäki-Festival* mit Theater,
Volksmusik und Volkstanz (Juli).

SPORT und FREIZEIT. – Tennis, Squash, Reiten.

**Die südfinnische Stadt Porvoo, schwe-
disch Borgå, 50 km nordöstlich von
Helsinki hübsch am linken Ufer des
Porvoonjoki (schwed. Borgåå) nahe
bei dessen Mündung in eine Bucht des
Finnischen Meerbusens gelegen,
wurde 1346 von dem schwedischen
König Magnus Eriksson gegründet und
ist noch heute zu etwa 45 % schwedischsprachig. 1508 brannten die Dänen die Stadt nieder; 1723 wurde Porvoo Bischofssitz, und 1809 nahm Zar
Alexander I., der durch den Frieden
von Frederikshamn Großfürst von
Finnland geworden war, hier die Huldigung der Stände entgegen. Porvoo ist
als Künstlerstadt bekannt, in der die
Bildhauer W. Runeberg und V. Vallgren
geboren wurden und eine Reihe anderer Künstler lebten. Für die Wirtschaft
ist seit den sechziger Jahren der Ölhafen von Sköldvik bedeutend, in dessen
Nähe sich zahlreiche Industriebetriebe
angesiedelt haben.**

SEHENSWERTES. – Im Norden von Porvoo liegt über dem Fluß auf einem Hügel, an dem die enge Altstadt mit ihren
winkeligen Gassen ansteigt, der kleine

Porvoo in Südfinnland

gotische **Dom** (1414-18; 1978 renoviert), dessen weiße, mit rotem Backsteinornament verzierte Giebelwand dem Fluß zugekehrt ist. In dem im Rokokostil ausgeschmückten Innern seit 1909 ein Bronzestandbild des Zaren Alexander I., von W. Runeberg, zur Erinnerung an den 1809 in Porvoo abgehaltenen Landtag, auf dem der Zar die Unantastbarkeit der finnischen Verfassung und Religion garantierte sowie die Huldigung der Stände entgegennahm. Südöstlich neben dem Dom der Glockenturm und eine kleine finnische Holzkirche (1740); südlich das sog. *Dichterheim* (1765). Unweit nördlich vom Dom das *Bischofshaus* (1927) und das ehem. *Gymnasium* (1739; heute Sitz des Domkapitels).

Vom Dom gelangt man bergab zu dem an einen Platz gelegenen **Stadtmuseum** (ehem. Rathaus; 1764). In dem Eckhaus östlich daneben die Skulpturensammlung des Bildhauers Ville Vallgren (1855-1940) sowie Werke des Malers Albert Edelfelt (1854-1905). – Etwa 500 m südlich, an der Runeberginkatu, ein Bronzestandbild J. L. Runebergs, eine verkleinerte Nachbildung des in Helsinki stehenden Denkmals. Noch weiter südlich, an der Ecke Runeberginkatu-Aleksantarinkatu, steht *Runebergs Heim,* das im alten Stil eingerichtete Wohnhaus des Nationaldichters Johann Ludwig Runeberg (1804-77), der 1837-57 am hiesigen Gymnasium wirkte und von 1863 bis zu seinem Tod gelähmt war. Auf dem am Westufer des Porvoonjoki an der Straße nach Helsinki gelegenen *Friedhof* die Gräber J. L. Runebergs und des jugendlichen Patrioten Eugen Schauman, der 1904 in Helsinki den russischen General Bobrikow erschoß und sich dann selbst das Leben nahm.

UMGEBUNG von Porvoo. – Im Süden der Stadt erstreckt sich ein reizvoller Schärengürtel. – Etwa 10 km nordöstlich der Gutshof *Sannäs* (1836/37 erbaut), der heute unter Denkmalschutz steht und ein Kongreßzentrum enthält.

40 km östlich von Porvoo liegt **Loviisa** (schwed. *Lovisa;* 9000 Einw.; Hotel Zilton, 22 B.; Skandinavia, 36 B., Sb.; Motelli Z, 23 B.; Seurahuone, 20 B.) malerisch am Nordende des Lovisavik, einer tief ins Land einschneidenden Bucht des Finnischen Meerbusens. Die noch heute überwiegend schwedischsprachige Stadt, 1745 gegründet, hieß ursprünglich Degerby und erhielt 1752 ihren heutigen Namen nach der schwedischen Königin Luise Ulrike, der Schwester Friedrichs des Großen. Im Zentrum der auch als Kurort besuchten Stadt die 1862-65 in neugotischem Stil erbaute große Kirche und das Rathaus (1856). Nördlich der Stadtmitte die Trabrennbahn, in deren Nähe sich im ehemaligen Amtssitz des Ortskommandan-

ten das Stadtmuseum befindet. Am Stadtrand noch Reste der alten Befestigungsanlagen. – 12 km südöstlich, auf der *Insel Hästholm,* ein Kernkraftwerk.

Ribe

Staat: Dänemark. – Landschaft: Jütland (Jylland). Amtsbezirk: Ribe amt.
Höhe: 10 m ü. d. M. – Einwohnerzahl: 8000.
Postleitzahl: DK-6760. – Telefonvorwahl: 05.
(i) **Fremdenverkehrsamt,** Overdammen 5; Telefon: 42 15 00.

HOTELS. – *Dagmar,* Torvet 1, 80 B.; *Klubbens Hotel,* Skolegade 6, 50 B.; *Sønderjylland,* Sønderportsgade 22, 10 B. – JUGENDHERBERGE *Hovedengen.* – CAMPINGPLÄTZE: *Ribe, Farupvej* und *Villebøl.*

RESTAURANTS. – *Backhaus,* Grydergade; *Klubbens Kro,* Skolegade; *Stenbohus,* Torvet.

***Ribe ist Dänemarks älteste Stadt (auch wenn Viborg ihr diesen Ruf streitig machen möchte). Das Straßenbild Ribes ist auch heute noch durch die große Zeit des Mittelalters geprägt, in der die Stadt die wichtigste in Westjütland war. Kleine, alte Fachwerkhäuser und die schmalen, gewundenen Gassen geben der Kleinstadt in Südwestjütland einen besonderen Reiz.**

GESCHICHTE. – Schon um 850, als der Name der Stadt erstmals urkundlich erwähnt wurde, war Ribe eine bedeutende Handelsstadt. In Ribe stand die erste Kirche auf dem Gebiet des heutigen Dänemark: Der fränkische Mönch Ansgar, den Kaiser Ludwig der Fromme ausgesandt hatte, um den Norden zu missionieren, baute hier eine Holzkirche, als ihm König Horich der Jüngere seine Gunst schenkte. Es war im Jahre 862, und Ansgar war inzwischen Erzbischof von Hamburg-Bremen geworden. 948 wurde Ribe auf dem Kirchentag von Ingelheim zum Bischofssitz erhoben. König Niels baute 1115 vor die Stadttore eine Burg, aber Ribe war mehr geistliches als weltliches Zentrum. Im ausgehenden Mittelalter beherbergte Ribe vier Klöster und sechs Kirchen. In der Reformation kam der Rückschlag: Ribe verarmte und wurde zu einem unbedeutenden Landstädtchen, dessen Aufstieg erst wieder nach dem Ersten Weltkrieg begann, als Nordschleswig (Südjütland) wieder an Dänemark fiel.

SEHENSWERTES. – Die Industrialisierung Ribes hat das Stadtbild nicht zerstört – die modernen Bauten sind am Stadtrand angesiedelt. So ist ein Bummel durch die Altstadt auch heute noch ein Spaziergang in die Vergangenheit, der nur durch den Autoverkehr in den engen Gassen gestört wird. – Der **Dom** liegt am M a r k t p l a t z , er ist vor 1134 begonnen und vermutlich 1225 vollendet worden. Der romanisch-gotische Bau wurde teils aus grauem Naturstein vom Rhein und teils aus dänischem Backstein errichtet.

Der 50 m hohe **Turm,** sehr charakteristisch durch seine quadratische Form ohne Spitze, ist von den Bürgern im 13. Jahrhundert zu Verteidigungszwekken gebaut worden; er bietet heute einen hervorragenden Rundblick über die flache Umgebung. Das große Gewicht des Turmes hat die Kirche selbst gefährdet, da Ribe auf unsicherem Schwemmland gebaut ist; erst eine durchgreifende Restaurierung um die Jahrhundertwende hat den Bau statisch gesichert.

Das ursprünglich flach gedeckte Langhaus wurde im 13. Jahrhundert gewölbt. Im ganzen INNEREN des Domes dominieren einfache, schwere Formen; der Raum wirkt hell und offen. Der Dom ist fünfschiffig, über dem Chor wölbt sich Dänemarks einzige gemauerte romanische Kuppel. Drei Portale im Westen, Süden und Norden sind gut erhalten bzw. restauriert, das Südportal wird im Volksmund Katzenkopftür genannt – nach dem gotischen Löwenkopf an der Bronzetür. Das Portal wird durch je zwei Granitsäulen eingerahmt, deren äußere auf je einem menschenverschlingenden Löwen ruht. Das Tympanon des Südportales zeigt ein romanisches Relief mit einer Darstellung der Kreuzabnahme, vermutlich von 1150. Im Dreiecksrelief über dem Portal eine Darstellung des 'himmlischen Jerusalem'.

Das *Glockenspiel* spielt um 8 und 18 Uhr den Psalm "Den yndigste rose" und um 12 und 15 Uhr die Volksweise von der Königin Dagmar.

Die *Innenstadt Ribes bietet eine einzigartige Sammlung alter Fachwerkhäuser, besonders beachtenswert *Puggård,* das älteste erhaltene weltliche Gebäude der Stadt. Am Straßeneck, zwi-

Fachwerkhaus in Ribe

schen der Sønderportgade und der Puggårdsgade, kann man den letzten Rest der alten Straßenbeleuchtung sehen: eine kleine Rolle unter dem Dachvorsprung unter der Gaslampe war dazu da, die Tranlampe hochzuziehen. – Von der Sønderportgade durch die Skolegade erreicht man *Hans Tausens Hus,* einst Teil des bischöflichen Hauses, in dem heute ein archäologisches Museum untergebracht ist. In der Puggårdgade liegt der Adelssitz *Tårnborg,* ein Steinhaus mit Türmchen aus dem

Jahre 1550. Das gotische **Rathaus** (1528) beherbergt ein kleines Stadtmuseum; im *Kunstmuseum* sind Werke dänischer Maler vom 18. Jahrhundert bis in die Gegenwart zu sehen.

Eine besondere Attraktion stellen die Storchennester auf manchem alten Schornstein dar. Allerdings werden die Störche, die in Südwestjütland eine ihrer letzten Zufluchtstätten haben, auch hier immer seltener, so daß sich Ribe nicht mehr ganz zu Recht 'Stadt der Störche' nennt.

Bei der Dagmarbrücke liegen die **Kirche St. Catharinen** und das angebaute **Kloster** aus dem Jahr 1228; es zählt zu Dänemarks schönsten Klostergebäuden. Das Kloster wurde von den Dominikanern – schwarze Brüder genannt – gebaut. Im geschlossenen Hof mit den offenen Arkaden des Kreuzganges herrscht eine Atmosphäre von Beschaulichkeit. Die Catharinenkirche ist 1928-32 gründlich renoviert worden und hat dabei die Form des 15. Jahrhunderts zurückerhalten. Die Kirche hatte sich im Lauf von 500 Jahren auf der einen Seite um 60 cm gesenkt. Durch Fundamentierungsarbeiten gelang es, das Gebäude innerhalb von sechs Tagen in die waagerechte Stellung zurückgleiten zu lassen. – Auf einem Hügel im Nordwesten der Stadt liegen die freigelegten Reste des ehemaligen Schlosses *Riberhus* aus dem 12. Jahrhundert (Gräber, Ruinenreste und eine Statue von Königin Dagmar). Vom Hügel aus bietet sich ein hübscher Blick über die Stadt.

Ribe liegt am Flüßchen *Ribe å,* das unweit der Stadt ins Meer mündet. Bei Sturmwind aus dem Westen wird das aufgewühlte Meer landeinwärts gedrängt, und es kann auch noch in Ribe zu schweren Überschwemmungen kommen – trotz umfassender Deichanlagen. Auf Skibbroen steht die *Sturmflutsäule,* die anzeigt, wie hoch das Wasser bei den Überschwemmungen von 1634 bis 1911 gestiegen ist. Der Ribe å treibt die Wassermühle *Ydermøllen* am Nederdammen. Im Sommer Möglichkeit für Schiffstouren auf dem Fluß (reichhaltiges Vogelleben).

UMGEBUNG von Ribe. – 10 km entfernt liegt die kleine Insel **Mandø,** die kleinste bewohnte Insel im Wattenmeer, mit Kirche, Heimatmuseum, ornithologischer Sammlung und Gasthaus. Der Großteil der Insel (6 qkm; 109 Bew.) besteht aus Marschland, umgeben von Dämmen. Im Westen bis zu 12 m hohe Dünen. Bei Ebbe kann man vom Festland nach Mandø waten; von Vester Vedsted ist auch eine Straße auf dem Meeresboden angelegt, die von Wasser bedeckt ist, wenn die Flut kommt. Man versuche nicht, mit dem eigenen Auto diesen Weg zu benützen, sondern nehme den Postwagen, der Passagiere und Güter befördert. Sein Fahrer weiß, wann und wo er passieren kann.

Hviding, 6 km von Ribe, war einst ein bedeutender Handels- und Hafenplatz, ehe er im 13. Jahrhundert von Ribe völlig in den Schatten gestellt wurde. Die Kirche stammt aus dem 12. Jahrhundert und wurde im 16. Jahrhundert erweitert. Sehenswert ist ein spätgotischer Flügelaltar mit einer seltenen Kreuzigungsdarstellung, die von einem Rosenkranz umgeben ist.

Romsdal

Staat: Norwegen. – Gebiet: Westnorwegen. Provinz: Møre og Romsdal fylke.

Das *Romsdal, eines der schönsten Täler Norwegens, erstreckt sich im westlichen Teil des Landes von Åndalsnes am großartigen *Romsdalsfjord südwestlich in das Landesinnere. Das von dem Fluß Rauma durchströmte Tal ist etwa 60 km lang.

Blick auf das Romsdalshorn

Man erreicht das Tal entweder von Åndalsnes aus oder von Südosten her durch das Gudbrandsdal (s. dort), von dessen Talschluß die E 69 über die Wasserscheide zwischen Atlantik und Skagerrak in das obere Romsdal führt. Hinter dem Gasthof *Stugaflåten,* dem letzten Hof im Gudbrandsdal, passiert man die Provinzgrenze zwischen Oppland (südöstlich) und Møre og Romsdal (nordwestlich). Das ***R o m s d a l,** dem man nun abwärts folgt, verengt sich zunehmend; von der kurvenreichen Straße bieten sich hübsche Ausblicke auf die brausende *Rauma.* Diese hat sich beim ***Slettafoss** eine wilde Schlucht durch die Felsmassen gegraben.

In **Verma** (273 m) befindet sich ein Denkstein zur Erinnerung an die Eröff-

nung der Eisenbahnlinie im Jahre 1924. Hier überquert die Eisenbahn auf der 76 m langen und 59 m hohen *Kyllingbru* den Fluß, an dem sich nahebei das Vermafoss-Kraftwerk befindet.

Nach wenigen Kilometern erreicht die Straße die Talsohle. Zu beiden Seiten erheben sich schroffe Bergflanken; bei *Flatmark* (127 m) links der 1676 m hohe *Døntind.*

Die Kirche von *Kors* wurde 1919 aus Teilen der alten Kirche von Flatmark errichtet. Die Altarwand, ein Werk des 'Akanthusmeisters' Jacob Klukstad, ist sehenswert.

In einer Talweitung unter dem mächtigen *Kalskråtind* (1799 m) liegt **Marstein;** nördlich ragt das die Landschaft beherrschende *Romsdalshorn (1550 m) auf, westlich die 1794 m hohen *Trolltinder ('Hexenzinnen'). deren fast senkrechte Felswände erst 1966 erstmals durchstiegen worden sind. Die hohen Berge bringen es mit sich, daß im Tal beinahe fünf Monate im Jahr die Sonne nicht zu sehen ist.

An der *Sogge bru* zweigt links die ***Trollstigvei** genannte Straße ab, die durch das *I s t e r d a l nach Valldal führt. Auf der *Stigfoss bru* überquert man den ***Stigfoss** und gelangt zur *Trollstigheimen Fjellstue* auf der Paßhöhe, hinter welcher die Straße abwärts nach *Valldal* am großartigen ***Tafjord** führt.

Bei der *Grøtør bru* zweigt eine Nebenstraße zur Kirche von *Grytten* ab; die E 69 führt nach Åndalsnes.

Åndalsnes (3000 Einw.; Hotels: Grand Hotell Bellevue, 130 B.; Rauma Pensjonat, 20 B.; Gjerset Pensjonat, 20 B.; Jugendherberge, 75 B.) am malerischen ***Romsdalsfjord** ist ein lebhafter Fremdenort und besitzt einen wichtigen Hafen sowie Werften u. a. für Erdöl-Bohrinseln.

Røros

Staat: Norwegen. – Gebiet: Ostnorwegen. Provinz: Sør-Trøndelag fylke. Höhe: 628 m ü.d.M. – Einwohnerzahl: 3300. Postleitzahl: N-7460. – Telefonvorwahl: 074.
ⓘ **Turistkontor,** Bergmannsplassen; Telefon: 1 1165.

HOTELS. – *Bergstadens Turisthotell,* 160 B., Hb.; *Fjellheimen Turiststasjon,* 36 B.; *Ertzscheidergården,* 28 B.; *Høsjøen Pensjonat,* 14 B.; *Henningsgården Turiststasjon,* 20 B. – JUGENDHERBERGE. – CAMPINGPLATZ.

Die Bergbaustadt Røros wurde 1644 gegründet, nachdem in der Umgebung große Vorkommen von Kupfererzen entdeckt worden waren. Im 17. Jahrhundert arbeiteten zahlreiche Berg-

leute deutscher Abstammung in den Minen; Direktor war damals der Schwarzwälder Oskar Schwatz.

SEHENSWERTES. – In der Stadt gibt es mehrere bis 250 Jahre alte *Bergmannshäuser,* vor allem an der B e r g m a n n s - g a t a, der Hauptstraße von Røros. An deren Nordende die *Kobberverks samlinger,* ein kleines Museum mit Exponaten zur Kupfergewinnung und -verarbeitung.

Nordwestlich parallel zur Bergmannsgata verläuft die K j e r k g a t a. An ihr erhebt sich die **Kirche,** 1784 errichtet und einst das einzige Steingebäude der alten Stadt.

Am westlichen Stadtrand liegt der kleine See *Doktortjønna.* An seinem Nordufer lohnt das **Rørosmuseet,** das einen guten Überblick über das Leben der Bergleute und Bauern bietet, einen Besuch.

UMGEBUNG von Røros. – Etwa 8 km östlich der Stadt befindet sich die **Christianus-Quintus-Grube,** eine alte Kupfermine, die im Sommer Besuchern offen steht. Das Turistkontor von Røros arrangiert Autobusfahrten und Führungen.

Roskilde

Staat: Dänemark. – Insel Seeland (Sjælland). Amtsbezirk: Roskilde amt. Höhe: Meereshöhe. – Einwohnerzahl: 50 000. Postleitzahl: DK-4000. – Telefonvorwahl: 03.
ⓘ **Fremdenverkehrsverein,** Fondens Bro (beim Dom); Telefon: 35 27 00.

HOTELS. – *Lindenborg Kro,* Holbækvej 90, Gevninge, 27 B.; *Prindsen,* Algade 13, 62 B.; *Viking,* Holbækvej 32, 51 B.; *BP Motel,* Motelvej, 58 B.; *Risø,* Frederiksborgvej, Himmelev, 40 B.; *Søfrid Hotel,* Søfrydvej 10, Jyllinge, 15 B.

JUGENDHERBERGE. – *Hørgarden,* Horhusvej.

CAMPINGPLATZ. – *Vigen Strandpark Camping,* 4 km nördlich von Roskilde (A 6).

RESTAURANTS. – *Byparken,* Frederiksborgvej; *Palæ Cafeen,* Stændertorvet 8; *Toppen,* Bymarken 37; *Club 42,* Skomagergade 42.

VERANSTALTUNGEN. – *Roskilde Festival,* Nordeuropas größtes Pop-, Jazz- und Folkmusic-Festival (letztes Juni-Wochenende); samstags *Flohmarkt* am Stændertorv.

FREIZEIT und SPORT. – Kajaktouren durch den Roskildefjord und Isefjord, zahlreiche Langtouren möglich; Segelklub, zahlreiche Ankerplätze für Jachten im Roskildefjord.

Die dänische Stadt Roskilde liegt im Westen Seelands, am Roskildefjord, der tief in die dänische Hauptinsel einschneidet. Die Stadt, 30 km von Kopenhagen entfernt, war im Mittelalter zeitweise Königssitz; im Dom stehen

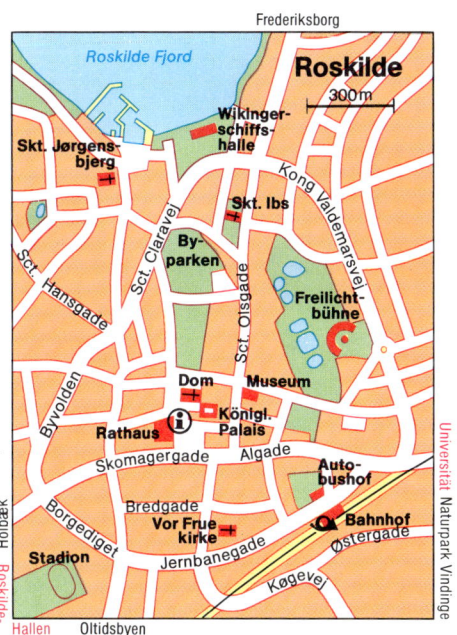

die Sarkophage von 38 dänischen Königen. Heute ist Roskilde Seelands größte Provinzstadt und Sitz einer Universität.

Von Kopenhagen ist Roskilde mit Auto oder Bahn in einer knappen halben Stunde erreichbar. Ein Besuch in der alten Stadt lohnt sich bestimmt.

GESCHICHTE. – Roskilde ist eine der ältesten Städte Dänemarks. Schon 960 stand am Nordrand der Terrasse, von der aus das Land gegen den Fjord abfällt, eine Holzkirche. Harald Blauzahn, der Herrscher, der die Dänen taufen ließ, soll sie gestiftet haben. So berichtet es zumindest die Überlieferung, für die es allerdings keine Beweise gibt. Sicher ist hingegen, daß man um 1030 daran ging, die Holzkirche in Stein neu zu errichten. Im 11. Jahrhundert war Roskilde Königs- und Bischofssitz, in den folgenden Jahrhunderten erlebte die Stadt ihre Blütezeit; sie war vor allem Zentrum des Klerus, der über große Macht und Reichtum verfügte – besonders, nachdem König Valdemar einen jungen Priester mit Pariser Schulung zum Bischof wählen ließ: Absalon aus dem Geschlecht der Hvide. 1168 schenkte Valdemar seinen Günstling die Stadt und Burg Havn – Absalon wurde damit zum eigentlichen Gründer Kopenhagens, denn um die heutige Hauptstadt handelte es sich bei dem damals völlig unbedeutenden Fischerdorf. Das Machtzentrum lag in Roskilde. Die Wende kam mit der Reformation. 11 Pfarrkirchen und alle Klöster wurden eingezogen und das wirtschaftliche und geistige Leben in Roskilde verfielen. Dennoch errang die Stadt nochmals Bedeutung: 1658 wurde im Dom zu Roskilde der Friedensvertrag zwischen Dänemark und Schweden unterschrieben, in dem Dänemark seine Besitzungen jenseits von Kattegat und Öresund verlor. Einige große Brände im 18. Jahrhundert zerstörten viel vom alten Stadtbild. Wirtschaftlich begann der Wiederaufstieg Roskildes erst Mitte des letzten Jahrhunderts, nachdem 1847 eine Eisenbahnlinie zwischen der seeländischen Provinzstadt und Kopenhagen eingerichtet worden war. Heute gehört Roskilde außer auf industriellem auch auf wissenschaftlichem Gebiet zu den wichtigsten Zentren in Dänemark. Hier sind u. a. das auf Sozialwissenschaften ausgerichtete "Roskilde Universitätscenter" (RUC) und die Atomversuchsstation in Risø angesiedelt.

Am Dom in Roskilde

SEHENSWERTES. – In Roskilde steht eines der Nationaldenkmäler Dänemarks, der ***Dom St. Lucas.** Das imposante Bauwerk, das – leicht erhöht – über den Fjord blickt, stammt in seinen Grundzügen aus den Jahren Bischof Absalons und wurde um 1170 begonnen. Es steht an der gleichen Stelle wie drei Vorgängerbauten, darunter die Holzkirche König Harald Blauzahns. Unter Absalon wurde der Dom als romanische Querschiffsbasilika von Osten her begonnen, um 1200 jedoch unter dem Einfluß nordfranzösischer Gotik einer Revision unterzogen. Die aus rotem Backstein errichtete Kirche, die derart stilistisch Romanik mit früher Gotik mischt, ist äußerlich durch den Anbau zahlreicher Grabkapellen geprägt. Der Dom dient den dänischen Königen der vergangenen 400 Jahre als letzte Ruhestätte. Die beiden Westtürme wurden im 14. Jahrhundert angebaut, ihre schlanken, mit Kupfer verkleideten Helme stammen aus den Jahren 1635/36. Das Königsportal zwischen den beiden Westtürmen wird nur bei fürstlichen Begräbnissen geöffnet, Besucher gehen durch den Nebeneingang an der Südseite.

Im *INNEREN der dreischiffigen Basilika verdient vor allem das herrliche geschnitzte *Chorgestühl aus der Mitte des 15. Jahrhunderts Beachtung. Über den Stühlen befinden sich Holzreliefs mit Darstellungen aus dem Alten (Südseite) und Neuen Testament (Nordseite). Interessant die Himmelfahrts-Darstellung im neutestamentarischen Teil: Der in den Himmel aufgefahrene Christus hat im Boden Fußabdrücke hinterlassen; am oberen Bildrand sind seine Beine noch zu sehen. – Der große vergoldete Flügelaltar im Hochchor ist eine Schnitzarbeit aus Antwerpen aus dem 16. Jahrhundert, die ursprünglich für die Schloßkirche in Frederiksborg erworben wurde. Christian IV. hat sie jedoch Roskilde geschenkt. Der Altar ist nach einem Brand im Jahre 1968 vorbildlich restauriert worden. In der mittleren der drei Kapellen im Nordseitenschiff steht eine Johannes-Figur aus dem frühen 16. Jahrhundert; auf der Empore der Königsstuhl mit reicher Verzierung aus dem 17. Jahrhundert. Beachtenswert weiter die Kanzel aus Sandstein, Alabaster, Marmor und schwarzem Kalkstein und das bronzene Taufbecken von 1602.

In den **Grabkapellen**, die an die Basilika angebaut und von innen zugänglich sind, stehen die Särge von 38 dänischen Herrschern, von Margarethe I. (✝ 1412), die die Kronen dreier nordischer Reiche trug, bis zu Frederik IX., der 1972 bestattet wurde.

Die Königsgräber bieten einen einzigartigen Vergleich der Grabmalkunst vom frühen 15. bis ins 20. Jahrhundert. Das wertvollste Stück ist die Liegefigur der Königin Margarethe hinter dem Hochaltar, eine gotische Alabasterarbeit. Die Grabkapelle Christians IV. an der Nordseite mit einem mächtigen Spitzbogengewölbe zeigt Wandmalereien von Wilhelm Marstrand und eine Bronzestatue des Königs von Thorvaldsen. An der Nordseite ferner die Kapellen Christians IX., der hl. Birgitte und des hl. Andreas. In der Dreikönigskapelle an der Südseite trägt eine Granitsäule das Rippengewölbe. Auf der Säule sind die Körpergrößen verschiedener Könige abzulesen – als Größten mit einer Länge von etwa 2,10 m hat sich Christian I., unter dessen Herrschaft die Kapelle erbaut wurde, selbst eintragen lassen. Sein Skelett mißt allerdings nur 1,88 m. An der Südseite liegt auch die rein klassizistische Kapelle für Frederik V., deren Architekt sich durch das Pantheon in Rom inspirieren ließ und eine Kuppel und hochsitzende Fenster entworfen hat, die der Kapelle starkes Licht geben, sowie das Kapitelhaus.
Von den mittelalterlichen Kalkmalereien sind im Dom von Roskilde leider nur spärliche Reste erhalten geblieben.

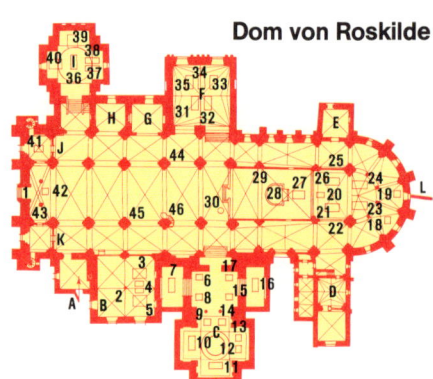

Dom von Roskilde

A	Eingang
B	Kapelle Christians I.
C	Kapelle Frederiks V.
D	Kapitelhaus
E	Oluf-Mortensens-Vorhalle
F	Kapelle Christians IV.
G	St.-Andreas-Kapelle
H	St.-Birgitte-Kapelle
I	Kapelle Christians IX.
J	Nördliche Turmkapelle
K	Südliche Turmkapelle
L	Absalonsbogen

1 Hauptportal
2 Königssäule
3 Grabmal für Christian III. und Königin Dorothea
4 Gräber für Christian I. und Königin Dorothea
5 Grabmal für Frederik II. und Königin Sophie
6 Sarg für Caroline Amalie
7 Sarkophag für Sophie Magdalene
8 Sarg für Christian VIII.
9 Sarg für Marie Sophie Frederikke
10 Sarkophag für Königin Louise
11 Sarkophag für Frederik V.
12 Sarg für Juliane Marie
13 Sarg für Christian VII.
14 Sarg für Frederik VI.
15 Sarg für Louise Charlotte
16 Sarkophag für Christian VI.
17 Sarg für Frederik VII.
18 Helhestens Sten
19 Grabstein für Bischof Peder Jensen Lodehats
20 Grabmal für Herzog Christopher
21 Sarkophag für Frederik IV.
22 Pfeiler mit Gebeinen von Svend Estridsen
23 Sarkophag für Christian V.
24 Sarkophag für Charlotte Amalie
25 Pfeiler mit Gebeinen von Estrid (Schwester Knuds des Großen)
26 Sarkophag für Königin Louise
27 Sarkophag für Königin Margarethe
28 Hochaltar
29 Chorgestühl von 1420
30 Taufstein
31 Sarkophag für Frederik III.
32 Sarkophag für Sophie Amalie
33 Sarg für Ane Cathrine
34 Sarg für Christian IV.
35 Sarg für Prinz Christian
36 Sarg für Frederik IX.
37 Sarkophag für Königin Alexandrine
38 Sarkophag für Christian X.
39 Doppelsarkophag für Christian XI. und Königin Louise
40 Doppelsarkophag für Frederik VIII. und Königin Louise
41 Sarkophag für Anne Sophie Reventlow
42 Kirsten Kimer, Per Døver und St. Jørgen
43 Rüstung von Vincentz Hahn
44 Königsempore
45 Orgel
46 Kanzel

Durch den Absalonbogen (1210-1220 erbaut, also erst nach Absalons Tod) ist der Dom mit dem *Palais* verbunden, in dem früher die Ständeversammlungen gehalten wurden, und das nun als Bischofsresidenz dient. Das Gebäude aus dem 18. Jahrhundert hat eine hübsche Hof- und Treppenpartie.

Außer dem Dom beherbergt Roskilde auch einige der ältesten Kirchen Dänemarks, etwa die im Süden der Altstadt gelegene Frauenkirche *Vor Frue kirke,* in der Mauerreste einer Kirche aus dem 11. Jahrhundert zu sehen sind. Sie wurde um 1080 von Bischof Sven Normand errichtet, berichtet uns der dänische Geschichtsschreiber Saxo († 1220). Zahlreiche Restaurierungen haben den Charakter der Kirche stark verändert. Die Kirche *St. Jørgensbjerg* liegt außerhalb der eigentlichen Altstadt auf einem Hügel nahe dem Fjord. Chor und Schiff stammen aus der Zeit um 1100, das zugemauerte Nordportal ist noch älter und stammt von einem Bau, der durch Münzfunde auf 1040 datiert wurde. Vom Hügel aus hat man einen herrlichen Ausblick auf das Meer.

An der St. Olsgade liegt das *Museum* mit Volkstrachten, Volkskunst und Funden aus dem Mittelalter; am Frederiksborgvej, in direkter Verlängerung dazu, steht die hübsche katholische *St. Laurentiuskirche.*

Im Norden der Stadt, am Fjordufer, liegt Roskildes zweiter Hauptanziehungspunkt: das *Wikingerschiffsmuseum,* das 1969 für das Publikum geöffnet wurde. Es nennt sich selbst das 'arbeitende Museum'; denn die Restaurierungsarbeiten an den ausgestellten Schiffen sind noch nicht abgeschlossen. So kann das Publikum miterleben, wie in einem Museum gearbeitet wird.

Im Jahre 1957 hatte man an einer schmalen Stelle im Roskildefjord die Wracks von **fünf Wikingerschiffen** entdeckt, 1962 wurden sie gehoben und dann in langjähriger Arbeit zusammengesetzt und hergerichtet. Die Schiffe waren zwischen 1000 und 1050 im Roskildefjord versenkt und mit Steinen überworfen worden, um eine 'Passagesperre' zu errichten, die die Handelsstadt schützen sollte – vermutlich vor Angriffen norwegischer Wikinger, die zu jener Zeit Dänemark heimsuchten. Die Fischer Roskildes kannten die Sperre schon lange, aber man glaubte, sie sei viel jüngeren Ursprungs. So erzählte die örtliche Überlieferung, daß der unterseeische Steinrücken ein Schiff der Königin Margarethe I. verberge. Erst bei Unterwasserausgrabungen des dänischen Nationalmuseums erkannte man, daß die Sperre aus der Wikingerzeit stammte, und daß sie aus mehreren Schiffen bestand. 1962 wurde die Sperre dann trockengelegt und die fünf Schiffe wurden ausgegraben: es waren – in Tausende Teile zerfallen – ein *Ozeanschiff* (das einzige seiner Art, das gefunden wurde; ein Frachtschiff für die Handelsfahrt nach England, Island und Grönland), ein *Handelsschiff* (ein kleines Schiff, das auf der Ostsee, der Nordsee und auch auf Flüssen eingesetzt wurde, für höchstens 6 Mann Besatzung und die Waren, die unter Häuten mittschiffs verstaut waren), ein *Kriegsschiff* (lang und schmal, für Segel oder 24 Ruderer), eine *Fähre* (auch als Fischerboot

in Verwendung) und ein *Langschiff,* das 28 m lang ist, so daß man ursprünglich glaubte, es handle sich um zwei Boote – der gefürchtete Schiffstyp der Wikingerzeit, sehr seetüchtig und gleichzeitig leicht an Land zu setzen, schnell und wendig. Von diesem Schiff sind nur 20 % erhalten. Kunsthistorisch sind die Wikingerschiffe von Roskilde wenig bedeutend, historisch und volkskundlich dagegen äußerst interessant.

UMGEBUNG von Roskilde. – Mit dem kohlegeheizten Museumsschiff "Skjelskør" kann man am Wochenende Rundfahrten durch den Roskildefjord machen; Abfahrt vom Hafen. – Am Ostufer des Fjords liegt der Strandpark *Vigen* (Camping, 4 km von Roskilde); südöstlich der Stadt der **Naturpark Vindige** mit ausgedehnten Freigehehen. – 10 km südwestlich von Roskilde liegt **Schloß Ledreborg** bei Lejre, ein großzügiges Herrenhaus aus dem 18. Jahrhundert mit prunkvoller Schloßkapelle und großem Park in englischfranzösischem Stil.

4 km nordwestlich von Lejre beginnt die Eisenzeit: Im historisch-archäologischen Versuchszentrum *Oldtidsbyen will man die Vergangenheit wieder aufleben lassen. Es geht um die 'soziale und materielle Kultur der Vorzeit'. Die größte Attraktion ist das 'Eisenzeitdorf' mit Töpferei, Weberei, Färberei, Ziegelerzeugung, Schmiede, Holzwerkstätte und Haustieren, alles im Stil jener Zeit. In den Ferien versuchen freiwillige 'Eisenzeitfamilien', ihr Leben den Bedingungen der Vorzeit anzupassen und auf alle modernen Hilfsmittel zu verzichten. Im 'Feuertal' kann man mitgebrachtes Fleisch oder Brot über urzeitlichen Feuerstellen rösten.

Rovaniemi

Staat: Finnland. – Gebiet: Nordfinnland. Provinz: Lapin lääni (Lapplands län / Lappland). Höhe: 95 m ü.d.M. – Einwohnerzahl: 30000. Postleitzahl: SF-96200. – Telefonvorwahl: 991.

(i) **Kaupungin Matkailutoimisto** *(Städtisches Fremdenverkehrsamt),* Aallonkatu 2; Telefon: 1 62 70.

HOTELS. – *Pohjanhovi,* Pohjanpuistikko 2, 450 B., Sb.; *City-Hotelli,* Pekankatu 9, 152 B.; *Polar Rovaniemi,* Valtakatu 23, 101 B., Sb.; *Lapinportti,* Kairatie 2, 40 B., Sb. – Außerhalb: *Rova Motelli,* Kemintie, 143 B.; *Polar Ounasvaara,* 75 B., Sb.; *Pohtimolampi,* 150 B.

FERIEN- und SOMMERHOTELS. – *Domus Arctica,* Ratakatu 6-12, 1. Juni-31. August, 360 B.; *Kesähotelli,* Kairantie 75, 9. Juni-31. Juli, 108 B.; *Oppipoika,* Korkalonkatu 33, 8. Juni-9. August, 40 B. Sb.

VERANSTALTUNGEN. – *Ounasvaara-Winterspiele,* 24. und 25. März; *Mitternachtssonnen-Festival* auf dem Berg Ounasvaara, 23. Juni; *Arctic Yacht Race* für leichte Boote auf dem See Iso Vietonen, 50 km nordwestlich der Stadt, Juni; *Ars Arctica,* Ende Juni bis Ende Juli.

SPORT und FREIZEIT. – Tennis, Golf, Reiten, Jagd, Angeln, Schwimmen, Rudern und Segeln; im Winter Abfahrts- und Langlauf, Fahrten mit Rentierschlitten.

Rovaniemi ist das Verwaltungszentrum der finnischen Provinz Lappland, die mit über 90 000 qkm Finnlands bei

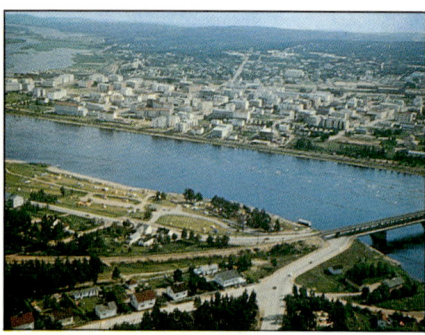

Rovaniemi aus der Vogelschau

weitem größte ist. Es entstand am Zusammenfluß von Kemijoki (mit 510 km Finnlands längster Fluß) und Ounasjoki (320 km). Rovaniemi ist die einzige Stadt Lapplands und als Hauptort der Provinz auch Zentrum von Wirtschaft und Kultur.

Der Ort war schon im 16. Jahrhundert bekannt, als die Steuereintreiber der schwedischen und russischen Herrscher auch auf der Nordkalotte aufzutauchen begannen. Mit dem Ansteigen des Holzbedarfs durch die Industrialisierung nahm die Bedeutung Rovaniemis erheblich zu, weil hier zwei der wichtigsten Flößwege aus dem Inneren Lapplands zusammentreffen und sich vor dem Abfließen in die Ostsee vereinen. Der Ort wurde 1929 aus der umgebenden Landgemeinde herausgelöst und 1938 zur Provinzhauptstadt Finnisch-Lapplands gemacht. 1960 erhielt Rovaniemi Stadtrechte; man erwog jetzt, der Stadt mehr Entwicklungsmöglichkeiten dadurch zu verschaffen, daß man die Landgemeinde in die Stadtgemeinde eingliedert.

Rovaniemi bestand wie andere Orte der nördlichen Regionen bis in die Gegenwart hinein fast nur aus Holzhäusern. Im Winter 1944/45 brannte die Stadt im Verlauf der Kampfhandlungen zwischen finnischen und deutschen Truppen zu mehr als vier Fünfteln ab. Mit dem Wiederaufbau wurde Alvar Aalto betraut, der als neuen Grundriß für die Führung der Hauptstraßen die Grundlinien des Rentiergeweihs wählte. Die nach dem Krieg entstandenen Häuser sind fast durchweg aus Stein gebaut, und einige öffentliche Bauten können in funktionaler Konzeption und der Landschaft angepaßtem Stil für die ganze Nordkalotte als Vorbild gelten.

Rovaniemi wird jährlich von etwa 400000 Touristen besucht, weswegen das Dienstleistungsgewerbe für die Entwicklung der Stadt eine erhebliche Rolle spielt.

SEHENSWERTES. – Im Südosten von Rovaniemi liegen unweit der großen doppelstöckigen Straßen- und Eisenbahnbrücke die Gebäude der *Provin-*

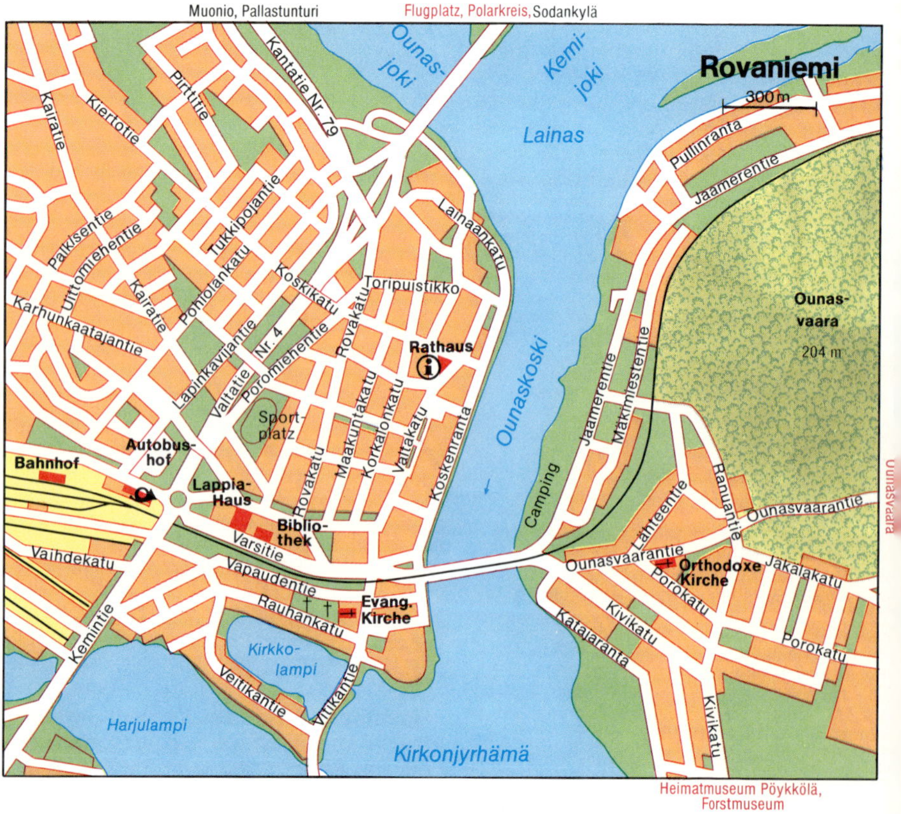
Muonio, Pallastunturi
Flugplatz, Polarkreis, Sodankylä
Rovaniemi
300 m
Ounasjoki
Kemijoki
Lainas
Kantatie Nr. 79
Pirttitie
Kiertotie
Kairatie
Pulliinranta
Jaamerentie
Lainaankatu
Tukkipolantie
Palkisentie
Uittomiehentie
Koskikatu
Toripuistikko
Karhunkaatajantie
Kairatie
Pohjolankatu
Lapinkavijantie
Nr. 4
Poromiehentie
Rovakatu
Rathaus
Ounasvaara
204 m
Ounaskoski
Valtatie
Sportplatz
Maakuntakatu
Korkalonkatu
Valtakatu
Koskenranta
Jaamerentie
Mäkirinteentie
Autobushof
Bahnhof
Lappia-Haus
Rovakatu
Bibliothek
Camping
Ranuantie
Lähteentie
Ounasvaarantie
Varsitie
Vaihdekatu
Vapaudentie
Ounasvaarantie
Orthodoxe Kirche
Jäkäläkatu
Rauhankatu
Evang. Kirche
Porokatu
Kivikatu
Katajaranta
Porokatu
Kemintie
Kirkkolampi
Veitikantie
Viitakantie
Harjulampi
Kivikatu
Kirkonjyrhämä
Kemi
Ounasvaara
Heimatmuseum Pöykkölä, Forstmuseum

zialregierung. Etwas südlich, jenseits der Eisenbahn, die *Evangelische Kirche* (1950, Bertil Liljequist), mit dem Altarfresko 'Lebensquelle' von Lennart Segerstrah; links vom Eingang erinnert ein Gedenkstein an den Standplatz der alten Kirche (1817-1944). Hinter der Kirche der Friedhof, mit einem großen Denkmal für die finnischen Gefallenen von 1939 bis 1945. Gegenüber der Kirche ein Denkmal für die finnischen Freiheitskämpfer von 1918. – In der Hallituskatu 11 die **Lappia-Halle** (1975, Alvar Aalto), mit Theater- und Kongreßsaal sowie dem *Lappländischen Provinzmuseum* (Sammlungen zur Tradition der Samen und Zigeuner und zur Ornithologie). Nebenan, in der Hallituskatu 9, die *Stadtbibliothek* (1965, Alvar Aalto), mit Mineraliensammlung und Ausstellungssaal. – Im Stadtteil am Ostufer der Ounaskoski-Stromschnellen die *Orthodoxe Kirche* (1957, Toivo Paatela und Ilmari Ahonen), mit wertvollen Ikonen aus dem Kloster Valamo.

Im Nordwesten der Stadt steht am Ufer des Kemijoki das Hotel Pohjanhovi. Unweit nördlich in den Anlagen am Kemijoki das Bronzestandbild eines Holzschälers, von Kallervo Kallio (1939-52). – Etwa 4 km südlich vom Zentrum, ebenfalls am Kemijoki, das *Heimatmuseum Poykkölä* (alte Bauernhäuser, bäuerliche Kultur des 19. Jh.) und das *Lappländische Forstmuseum,* das die Bedeutung der von Kalervo Kallio verewigten Holzarbeiter für das Gebiet anschaulich macht.

UMGEBUNG von Rovaniemi. – Südöstlich von Rovaniemi erhebt sich am linken Ufer des Kemijoki der **Ounasvaara** (204 m), mit einem Aussichtscafé, einer Skihütte und einer großen Sprungschanze. Vom 18. bis 28. Juni ist vom Gipfel des Berges die Mitternachtssonne zu sehen. – 8 km nördlich kreuzt die Straße nach Kemijärvi den **Polarkreis** (finn. *Napapiiri; s.* dort). An dieser

Polarkreis bei Rovaniemi

Stelle befindet sich ein Blockhaus mit Café und Poststelle (Sonderstempel); man kann ein Polarkreiszertifikat erwerben. In der Nähe das im Oktober 1979 eröffnete *SOS-Kinderdorf "Lappland"*. – 19 km nordöstlich von Rovaniemi (nach 6 km von dem Fahrweg nach Norvajärvi rechts ab, nach weiteren 4,5 km wieder links) liegt am Ufer des *Norvajärvi* auf einer Halbinsel ein deutscher Soldatenfriedhof mit fast 3000 Gefallenen des Zweiten Weltkriegs (Grabkapelle von Otto Kindt, 1964). – 30 km von Rovaniemi in Richtung Aavasaksa liegt das Touristik- und Sportzentrum *Pohtimolampi* (Hotel, 150 B.; Restaurant), mit Skilift und Rentierführerschule für Touristen.

Saimasee / Saimaa (Saima)

Staat: Finnland. – Gebiet: Südostfinnland. Provinzen: Kymen lääni (Kymmene län / Kymi) und Mikkelin lääni (Sankt Michels län / Mikkeli).

Der *Saimasee, der 'See der tausend Inseln', ist der südlichste Teil eines weitverzweigten Wassersystems, das den ganzen Osten der finnischen Seenplatte umfaßt und durch zahlreiche Sunde und Ströme verbunden ist. Der See ist besonders reich an Fischen.

Passagierschiff auf dem Saimasee

Der eigentliche ***Saimasee,** 76 m ü.d.M. gelegen und bis 90 m tief, bedeckt ohne die zahllosen Inseln eine Fläche von etwa 1300 qkm, während die ganze zugehörige Seenplatte annähernd 7000 qkm umfaßt. Den niedrigen Rand des Saimaa bildet der Endmoränenwall als Salpausselkä, der den direkten Abfluß des Sees nach Süden verhindert.

Das ganze Seensystem, dessen tiefdunkles, an flachen Stellen gelblich erscheinendes Wasser seinen Ursprung in den zahlreichen Mooren des Landes hat, wird durch den Vuoksi entwässert, der nördlich der Stadt Imatra den Saimaa verläßt und nach einem Lauf von 150 km in den Ladogasee mündet. Die hügeligen Ufer und die meisten Inseln

Saimasee – Charakteristische finnische Seenlandschaft aus der Luft

sind fast überall von Nadelwald, weiter nördlich auch von Birkenwald bedeckt.

Eine Reihe von Veranstaltern, größtenteils in Lappeenranta (s. dort), führt im Sommer ein- und mehrtägige Kreuzfahrten auf dem Saimaa durch.

Savonlinna (Nyslott)

Staat: Finnland. – Gebiet: Südostfinnland. Prov.: Mikkelin lääni (Sankt Michels län / Mikkeli). Höhe: 76 m ü.d.M. – Einwohnerzahl: 29000. Postleitzahl: SF-57130. – Telefonvorwahl: 957.

ⓘ **Kaupungin Matkailutoimisto**
(Städtisches Fremdenverkehrsamt),
Olavinkatu 35;
Telefon: 13492/93.

HOTELS. – *Casino,* Kasinosaari, 213 B., Sb.; *Tott,* Satamakatu 1, 102 B.; *Rauhalinna,* Lehtiniemi, 18 B. (1.6.-31.8.); *Knut Posse,* Kasinosaari, 110 B. (1.6.-30.8.); *Malakias,* Pihlajavedenkatu 6, 440 B. (1.6.-31.8.); *Elefantti,* Keskussairaalantie 2, 108 B.

(1.-30.7.); *Seurahuone,* Kauppatori 4, 85 B.; *Kyrönsalmi,* Olavinkatu 15, 98 B. – JUGENDHERBERGE. – CAMPINGPLATZ.

VERANSTALTUNGEN. – Opernfestspiele, Musiktage und Sommer-Musikseminar (Juli); Savonlinna-Ruderregatta, Saimaa-Segelregatta (Juli).

FREIZEIT und SPORT. – Angeln (Lachse, Forellen), Jagd, Reiten, Bootssport; Skilauf.

Savonlinna, schwedisch Nyslott, liegt im Südosten Finnlands inmitten des Saimaseesystems. Im Norden der als Kur- und Fremdenort vielbesuchten Stadt erstreckt sich der Haapavesi, im Süden der Pihlajavesi. Der Ort entwickelte sich um die Olavsburg und besitzt seit 1639 Stadtrechte. Der älteste Teil liegt malerisch auf einer Insel, die von zwei stark strömenden Sunden begrenzt wird. Westlich auf dem Festland dehnen sich die neueren Stadtteile aus. Savonlinna ist eines der Zentren für die Saimaa-Schiffahrt.

SEHENSWERTES. – Hauptverkehrsstraße der Stadt ist die in Ost-West-
Richtung verlaufende, lange Olavinkatu. Im Westen der Altstadt liegt
unmittelbar am Sund Haapasalmi der
Marktplatz mit dem Anlegeplatz für
die Schiffe des Saimaa-Verkehrs. Von
hier führt nördlich eine Brücke über die
Bucht Koululahti zur Halbinsel VÄÄRÄ-
SAARI mit der *Kuranstalt Savonlinna*
(moderne Kureinrichtungen; Kurbad-
Casino; Sommerrestaurant), einem
Sommertheater und Parkanlagen. – Östlich vom Marktplatz gelangt man durch
die Olavinkatu zum weiten Platz Ola-
vintori. Hier liegen die *Kleine Kirche*
(von L.T.K. Visconti, 1845; urspr. orthodox, seit 1940 evangelisch) und die alte
Oberschule (L. Gripenberg, 1890). Am
Südufer der Insel liegt das **Museums-
gelände Riihisaari,** dessen Zentrum ein
ehemaliges Getreidemagazin ist (E.B.
Lohrman, 1851), wo während der
Opernfestspiele Ausstellungen stattfinden. Näher dem Sund Haapasalmi liegt
das *Museumsschiff "Salama".* Dieser
dampfgetriebene Schoner lief 1874 in
Viipuri vom Stapel. Er bediente eine
kombinierte Linie für Fracht und Fahr-
gäste zwischen Savonlinna, St. Peters-
burg und Lübeck. 1898 ging er im Saimasee unter und lag in mehr als 30 m
Tiefe, bis er 1971 gehoben und nach
Instandsetzung 1978 Museumsschiff
wurde.

Auf der Halbinsel SAVONNIEMI zwischen dem Haapasalmi und der Bucht
Kirkkolahti steht der lutherische **Dom,**
ein neugotischer Ziegelbau (A.H. Dahlström, 1879), ausgebombt und 1949 neu
geweiht. Die *Orthodoxe Kirche* liegt
westlich an der Savonkatu, gegenüber
dem Stadtteil Heikinpohja.

Unbedingt sehenswert ist die *Burg
Olavinlinna (schwed. Olofsborg), die
südöstlich der Altstadt auf einer kleinen

Olavsburg in Savonlinna

Insel im Sund Kyrönsalmi liegt und über
eine Brücke erreichbar ist. Die Burg
wurde 1475 von dem Viborger Schloß-

hauptmann Erik Axelsson Tott gegründet; nach dem Nordischen Krieg wurde
sie 1743 den Russen zugesprochen und
von diesen mehrmals verstärkt. Man be-
tritt sie durch ein Torgewölbe an der
Westseite und gelangt in den kleinen
Schloßhof, den ältesten Teil der Burg.
Die gut renovierte Burg enthält mehrere
Säle, die auch für Festlichkeiten und
Kongresse zur Verfügung stehen, so
den Königs- oder Rittersaal, den Kon-
greßsaal und die Burghalle. Drei dicke
Rundtürme sind erhalten; im dritten
Stock des sog. Kirchenturmes eine
kleine Kapelle, die zu Andachten und
Hochzeiten benutzt wird. In der Dicken
Bastion ein Sommercafé. Aus den
Schießscharten und Luken der Türme
bieten sich hübsche Blicke auf die Um-
gebung. Führungen; kleines histori-
sches Museum. Im Burghof finden im
Sommer Theateraufführungen statt.

UMGEBUNG von Savonlinna. – *Schiffsreisen*
zu allen anderen Städten am Saimasee. –
Auch * **Punkaharju** (s. bei Finnische Seenplatte) ist von Savonlinna aus mit dem Schiff
erreichbar, dasselbe gilt für die Klöster von
Heinävesi und *Lintula* sowie für die kürzere
Strecke zum Jagdschloß des Zaren, dem heutigen Ferienhotel *Rauhalinna.*

Rund 15 km östlich von Savonlinna an der
Straße Nr. 71 und dem See Puruvesi steht
in *Kerimäki* (s. bei Finnische Seenplatte)
die größte Holzkirche der Welt.

Schonen / Skåne

Staat: Schweden. – Gebiet: Südschweden.
Provinzen: Kristianstads län und Malmöhus län.
ⓘ **Skånes Turistråd,**
Stora Södergatan 8 c,
S-22223 Lund;
Telefon: (046) 124350.

**Schonen (Skåne) ist Schwedens süd-
lichste Landschaft, gelegen zwischen
Kattegatt, Öresund und Ostsee. Die
500 km lange Küste weist Sandstrand
auf, bewaldete Dünen, aber im Nordwesten auch felsige Ufer. Granit- und
Gneisboden, Wald und flachwelliges
Land sind eher charakteristisch für den
Norden Schonens. Die fruchtbare
Ebene ist die Kornkammer Schwedens.**

Die als langgestrecktes Viereck gebauten Höfe bieten durch ihre Anlage
Schutz vor den heftigen Winden der
Ebene. Ebenso charakteristisch die dazugehörigen mit Weiden bepflanzten
Wälle. Sie prägten früher das Landschaftsbild, müssen aber heute oft ver-
kehrstechnischen Überlegungen weichen. Verschwunden sind zum größten
Teil auch die Holländermühlen und die

zu den Höfen gehörenden Stoppelmühlen, die noch bis Ende des vorigen Jahrhunderts zahlreich zu finden waren.

Die großen Steinkammergräber aus der Eisenzeit erinnern daran, daß es bereits in früher Zeit Ansiedlungen in Schonen gab. In der Bronzezeit zogen sich Wege durch das Wattenmeer bis hinüber nach Dänemark. Das führte zusammen mit einem milden Klima dazu, daß die Siedlungen zahlreicher wurden und sich auch in der Eisenzeit mehr ausweiteten. Viele Wikinger unternahmen von hier aus weite Segelfahrten nach England und Frankreich.

Da Schonen bis Mitte des 17. Jahrhunderts unter Dänemarks Herrschaft war, gaben dänische Bischöfe, Könige, Adlige und Handelsleute nicht selten Städten und Bauten in Schonen das Gepräge. Hier sind unter anderem Glimmingehus und Kristianstad zu nennen. Im Frieden von Roskilde (1658) wurde Schonen Schweden zugeschlagen.

Gegen Ende des Mittelalters war Schonen bereits ein wirtschaftlich gesundes Gebiet. Nicht nur die Landwirtschaft, sondern auch die Heringsfischerei, der Abbau von Steinkohle, die Tonvorkommen und die damit verbundenen Ziegeleien trugen zur Stabilität bei.

Die Trachten mit ihrem reichen Silberschmuck erinnern an die Blütezeit des 16. Jahrhunderts, als man begann, sich kostbarer zu kleiden und zu schmücken. Der Stil dieser Zeit hat sich bei den verschiedenen Trachten und in der Dekoration der Möbel im wesentlichen erhalten.

Glimmingehus, südwestlich von Simrishamn, ist eine der besterhaltenen Burgen des Landes. Sie wurde 1499 vom dänischen Reichsadmiral und Reichsrat Jens Holgersen Ulfstad errichtet. Baumeister war Adam van Düren, dessen Name auch mit dem Bau der Dome von Köln und Lund verknüpft ist. Glimmingehus ist seit seiner Errichtung unver

ändert geblieben. Die Burg diente als Wohnsitz und Verteidigungsanlage und war mit einem Wallgraben umgeben. Im Innern ein sinnreiches Heizungssystem. Die Burg, die in Selma Lagerlöfs Buch ''Die wunderbare Reise des kleinen Nils Holgersson'' Erwähnung findet, gehört seit 1924 dem Staat (für Besucher geöffnet).

Trelleborg (25000 Einw.; Stadshotellet, 74 B.; Standard, 38 B.), gegründet im 12. Jahrhundert, hatte seine Blütezeit im Mittelalter in erster Linie durch die reichen Heringsvorkommen in der Ostsee. 1619 verlor Trelleborg seine Stadtrechte zugunsten von Malmö, erhielt sie aber durch den wiederbelebten Handel 1865 zurück. Eine beschleunigte Entwicklung setzte mit dem Bau des Hafens und der Eisenbahn ein. 1875 erhielt die Stadt über Lund Anschluß an das schwedische Eisenbahnnetz, ab 1897 durch die Fähre nach Saßnitz auf Rügen Verbindung mit dem Kontinent. Später kam eine Fährverbindung nach Travemünde dazu.

Am Hafen an den Bahnanlagen ein 1926 von Deutschland gestifteter *Gedenkstein* zum Dank für die Hilfe des schwedischen Roten Kreuzes bei der Rückführung von Verwundeten aus russischer Kriegsgefangenschaft während des Ersten Weltkrieges. – Im ältesten Teil der Stadt ist der mittelalterliche Grundriß des Straßennetzes zum Teil erhalten. Die *Kirche* aus der Zeit um 1250 wurde Ende des vorigen Jahrhunderts fast völlig umgebaut. Sowohl bei der Kirche als auch am Gamla Torget ist ein Teil der kleinen Wohnhäuser mit einer Wohnung zu sehen. Das alte *Franziskanerkloster* lag ebenfalls am Gamla Torget. Bei Ausgrabungen (1932) wurden Teile der Grundmauer der Klosterkirche (13. Jh.) freigelegt. – Trelleborgs *Stadtmuseum* befindet sich im *Skyttsgården.* Am *Stadtpark* dann die 1935 errichtete *Ebbehalle* mit einer Sammlung von Werken des Bildhauers Axel Ebbe (1868-1941). Ebenfalls von Ebbe ist der Brunnen *Sjöormsfontän* auf dem Stortorget. Unweit davon der 58 m hohe *Wasserturm* (1912) von Tengbom.

Seeland / Sjælland

Staat: Dänemark. – Insel Seeland (Sjælland). Fläche: 7517 qkm.
Amtsbezirke: Københavns amt, Frederiksborg amt, Roskilde amt, Vestjællands amt und Storstrøms amt.

Auf Seeland, dänisch Sjælland, der Hauptinsel von Dänemark, liegen außer der Landeshauptstadt Kopenhagen einige weitere wichtige Industriestädte. Der Kopenhagener Flughafen Kastrup ist die Drehscheibe des gesamten skandinavischen Flugverkehrs. Auch für den Touristen hat die Insel einiges zu bieten. In der näheren Umgebung von Kopenhagen gibt es zahlreiche prachtvolle Schlösser und Kirchen (Frederiksborg, Kronborg, Roskilde); die nahe Küste von Nordseeland besitzt gute Badestrände.

Burg Glimmingehus in Südschweden

Seeland – und damit auch die dänische Hauptstadt – ist nicht auf dem Landweg zu erreichen. Die einzige Brücke, die Seeland mit einem anderen Landesteil verbindet, ist die Storstrøm-Brücke – aber sie führt nach Falster, also wieder auf eine Insel. Eine Realisierung der Pläne für Landverbindungen ist nicht in Sicht; der Bau einer Brücke über den Großen Belt, der bereits beschlossen war, wurde aus Kostengründen gestoppt.

Während im nördlichen Seeland eine Umwandlung vom Agrar- zum Industrieland stattgefunden hat, spielt im Süden die Landwirtschaft nach wie vor eine dominierende Rolle. Zum Einzugsgebiet von Kopenhagen gehört auch dessen weitere Umgebung, denn die Dänen wohnen gerne im Grünen und nehmen dafür auch längere Anfahrten zum Arbeitsplatz in Kauf. Zudem ist das öffentliche Verkehrsnetz gut ausgebaut, und das Gebiet von Groß-Kopenhagen reicht bis Køge, Roskilde, Hillerød und Helsingør.

Wer Seeland auf der Weiterfahrt nach Schweden rasch durchqueren will, benötigt auf der E 4 von der Storstrømbrücke nach Kopenhagen etwa eine Stunde. Für jene, die die Insel eingehender bereisen wollen, sind im folgenden vier lohnende Routen durch Seeland zusammengestellt.

Von Vordingborg nach Kopenhagen (E 4).

– Von dem Fährhafen *Rødbyhavn* (s. bei Lolland; Fährverbindung nach Puttgarden auf Fehmarn) nordöstlich fahrend, durchquert man die Inseln Lolland und Falster (s. diese) und erreicht die 3,2 km lange, 1937 eröffnete *Storstrøm-Brücke,* die Falster mit Seeland verbindet.

Vordingborg (12000 Einw.; Hotel Kong Valdemar, 82 B.) liegt hübsch an der Südküste von Seeland. Das Städtchen hat sich um die Burg Valdemars des Großen herum entwickelt, die Ausgangspunkt der dänischen Kriegszüge gegen die Wenden (12. Jh.) war. In einem Ruinenpark sind noch Grundmauern und der Gänseturm (Gåsetårnet) zu sehen. Auf dem kupfernen Spitzdach des guterhaltenen Turms die vergoldete Gans, die ihm den Namen gab. Sie erinnert an einen Ausspruch Valdemar Atterdags, die Hansestädte glichen einer schnatternden Gänseschar. – In der gotischen Vor Frue kirke originelle Kalkmalereien.

Unweit nördlich von Vordingborg liegt etwas abseits der Ort *Udby,* wo der dänische Reformator Grundtvig geboren wurde. – Westlich von hier liegt *Sværdborg,* in dessen romanischer Kirche sich ein hochgotisches Weltuntergangs-Fresko befindet.

Bei *Bårse* zweigt in östlicher Richtung die Straße nach **Præstø** (Hotel Kirsebærkroen, 20 B.), in hübscher Lage am Fjord und von Wäldern umgeben, ab. Das Herrenhaus Nysø, ein guterhaltenes Barockgebäude, beherbergt heute eine Sammlung mit Werken des Bildhauers Thorvaldsen, der hier seine letzten Lebensjahre verbrachte; im Garten seine Werkstatt, ein sechseckiges Häuschen. Von Bårse westlich führt eine landschaftlich reizvolle Straße durch Wald nach

Næstved (35000 Einw.; Hotel Vinhuset, 70 B.; Den gamle Borgmestergård, 90 B.; Bellevue, 12 B.; Axelhus, 30 B.; Jugendherberge; Campingplatz). Die heutige Industriestadt war im Mittelalter als Handelsplatz von einiger Bedeutung. Im Stadtkern erinnern zahlreiche hübsche alte Häuser an die große Vergangenheit. Sehenswert ist die St. Peders kirke, die größte gotische Kirche Dänemarks, mit einem Kruzifix aus dem 13. Jahrhundert, reich geschmückter Kanzel und interessanten Fresken. Das Heimatmuseum ist im Heiliggeisthaus untergebracht. In der Innenstadt ferner beachtenswert das Alte Rathaus, das Kompagniehaus und das Apostelhaus mit schönem Schnitzwerk. – Am Stadtrand das ehemalige Kloster *Herlufsholm,* in dem sich seit über 400 Jahren ein Internat befindet. Die Kirche enthält einen prachtvollen Grabstein.

7 km südlich von Næstved liegt die Insel **Gavnø** (durch einen Damm mit Seeland verbunden) einem stattlichen dreiflügeligen Schloß aus dem 18. Jahrhundert. An der gleichen Stelle stand ursprünglich ein Nonnenkloster, das Margarete I. 1402 einweihen ließ. Im Schloß eine Sammlung seltener Bücher und kostbarer Malereien. In der Schloßkapelle geschnitzter Altar und Kanzel. – Nordwestlich von Næstved die Glashütte *Holmegård.*

Über *Toksværd* führt eine Landstraße zurück zur E 4. Sie kommt an *Sparresholm* vorbei, einem Herrenhaus mit einer großen Sammlung von Pferdewagen. Noch ehe man die hier beginnende Autobahn erreicht, biegt nördlich eine Straße nach **Haslev** ab, einer alten Schulstadt. Bei der Stadt der Wehrhof *Gisselfeld,* eine Renaissanceanlage mit schönem Park.

Östlich der E 4 erstreckt sich die Halbinsel Stevns. Als Ausgangsort für ihre Erkundung empfiehlt sich **Fakse** (Hotel Faxe, 14 B.), dessen bekanntem Kalkbruch ein Korallenriff der Kreidezeit zugrundeliegt. 6 km westlich von Faske liegt der Renaissancehof *Lystrup,* südlich der Stadt in einem Naturschutzgebiet die kombinierte Wind- und Wassermühle *Bläbäk.* Der Hafen von Fakse heißt *Fakse Ladeplads* und ist 6 km von der Stadt entfernt (guter Badestrand; Hotelpension Strandhøj, 61 B.). Durch zunächst waldige, später offene Landschaft fährt man nach **Store Heddinge** weiter, der Stadt des Elfenkönigs im dänischen Nationalschauspiel "Elverhøj" von Heiberg. Die Stadt, die – hinter einer der wenigen dänischen Steilküsten liegend – im Mittelalter für Seeräuber unangreifbar war, besitzt eine Kirche von 1200, ein achteckiges Bauwerk mit zweistöckigem Chor und verborgenen Wendeltreppen in den dicken Mauern.

5 km südöstlich der Stadt liegt der Kreidefelsen *Stevns Klint*, der einen herrlichen Ausblick über das Meer bietet. Besonders schön ist der an seiner höchsten Stelle 41 m hohe weiße Felsen bei *Højerup*, wo eine kleine Kirche von 1357 steht, deren Chor eine noch ältere Kapelle war – der Sage nach von einem aus Seenot geretteten Fischer erbaut. Da das Meer den Kreidefelsen auswäscht, rückt die Kirche – erzählt die Sage weiter – jede Neujahrsnacht um einen Hahnenschritt weiter ins Landesinnere, um nicht ins Meer zu stürzen. Doch der Hahnenschritt war anscheinend nicht genug, jedenfalls stürzte der Chor – die alte Kapelle – um 1928 ab. Der Rest der Kirche ist nun abgesichert worden.

Wählt man von Store Heddinge aus die Straße nach Nordwesten, erreicht man nach 22 km durch hübsche seeländische Dörfer **Køge** (s. bei Kopenhagen), wo man entweder auf dem 'Gammel Køge Landvej' oder der Autobahn die letzten 30 km nach **Kopenhagen** (s. dort) zurücklegt.

Straße in Køge bei Kopenhagen

Zu den Badestränden Nordseelands. – Bei der Fahrt in den Norden kann man von Kopenhagen aus zwischen zwei Routen wählen: Schneller ist die Autobahn, die fast bis nach Helsingør führt. Schöner ist die *Strandvejen*, die Straße an der Küste entlang, an der man zuerst Kopenhagens Nobelvororte und später Wälder und kleine Stranddörfer passiert, ehe man wieder mit der Autobahn zusammentrifft.

35 km hinter Kopenhagen das *Kunstmuseum Louisiana* bei Humlebæk (s. bei Helsingør). Hinter Helsingør beginnen an der Nordküste Seelands die schönsten Strände der dänischen Hauptinsel, Sandstrände mit Kiefernwald und Dünen, dazu klares, aber auch recht kaltes Wasser. Der Strandstreifen erstreckt sich von **Hornbæk** über *Gilleleje* bis *Tisvildeleje* und *Liseleje,* alten Fischerdörfern mit zahlreichen Sommerhäusern. Bei *Tisvilde* liegt die 1430 ha große Plantage *Tisvilde Hegn,* die im 18. Jahrhundert zum Schutz gegen die Versandung angelegt wurde. 3 km südlich der Stadt die *Tibirke Kirke* auf den gleichnamigen Hügeln (schöner Rundblick).

Folgt man der Strandstraße von Liseleje aus weiter, kommt man nach **Hundested** (Hundested Kro & Hotel, 62 B.), von wo eine Fähre nach Grenå in Jütland abgeht. In Hundested das Haus des Grönlandforschers Knud Rasmussen mit grönländischen Trachten und Eskimogeräten. Von hier aus kehrt man auf der Straße Nr. 5 nach Kopenhagen zurück. Sie führt zunächst nach *Frederiksværk* (Frederiksværk Hotel, 62 B.; interessantes Heimatmuseum), dann vorbei am ausgedehnten *Arresø,* zu den *Æbeltoft-Klosterruinen* aus dem 12. Jahrhundert, wo ein Museum eine beachtliche Zahl von Skeletten und ärztlichen Instrumenten aus der Zeit angesammelt hat, in der das Kloster als Spital diente. Über *Hillerød* mit dem herrlichen ****Schloß Frederiksborg** (s. bei Helsingør) führt die Straße an großen Wäldern vorbei zurück nach Kopenhagen.

Von Kopenhagen nach Kalundborg (Straßen Nr. 1 und 4). – Die Straße Nr. 1 verläßt Kopenhagen (s. dort) in westlicher Richtung und erreicht **Roskilde** (s. dort). Nun weiter auf der Straße Nr. 4 nach **Holbæk** (20 000 Einw.; Hotel Strandparken, 52 B.), das nördlich abseits der Durchgangsstraße am *Holbæk-Fjord* liegt. Die kleine Stadt, die auf eine Burg Valdemar Sejrs im frühen 13. Jahrhundert zurückgeht, ist heute ein schnell wachsendes Handels- und Industriezentrum. Sehenswert sind das Museum, ein Fachwerkhaus aus dem 17. Jahrhundert, und die erhaltenen Teile des ehemaligen Dominikanerklosters, die heute als kirchliches Zentrum dienen. – 4 km südlich von Holbæk liegt die Kirche von *Tveje-Merløse,* eine der interessantesten dänischen Dorfkirchen mit einer Zwillingsturmanlage, die einzigartig in der nordischen Baukunst ist. Im Inneren der Kirche Reste romanischer Wandmalereien.

Von Holbæk aus bietet sich ein lohnender Abstecher in den Norden an. Die Fjorde, *Holbæk-Fjord* und *Lammefjord,* die beide in den großen *Isefjord* übergehen, zählen zu den schönsten Segelgebieten. Vom *Bavnehøj,* dem höchsten Hügel der Umgebung (62 m) bietet sich ein schöner Rundblick bis nach Roskilde. Die Landspitze Odsherred ist ein beliebtes Badegebiet, mit weiten Dünen- und Sandstränden. Die Straße nach Odsherred zweigt bei *Tuse,* 6 km hinter Holbæk, nach Norden ab. Die Kirche von Tuse ist durch Wandfresken mit ungewöhnlichen Darstellungen interessant, etwa Teufel, die den Bäuerinnen beim Buttern helfen. Zentrum Odsherreds ist das hübsch gele-

gene **Nykøbing S.**, mit den Anneberg-Sammlungen, Nordeuropas größter Privatsammlung von antikem Glas. – Von Nykøbing aus führt eine Straße (24 km) auf die Landzunge Sjællands Odde, von dort Fähre nach Ebeltoft (s. bei Århus). – Für den Rückweg von Nykøbing zur Hauptstraße empfiehlt sich die landschaftlich schöne Strecke an der Westküste entlang, vorbei am *Vejrhøj* bei Fårevejle, einem 121 m hohen Hügel, auf dem man mit einem herrlichen Rundblick für den beschwerlichen Aufstieg belohnt wird. In der Kirche von *Fårevejle* liegt in einem Glassarg die gut erhaltene Mumie des Earls von Bothwell, des dritten Mannes der Maria Stuart, der 1578 als Staatsgefangener auf Dragsholm starb. – *Dragsholm*, einst Schloß, heute Hotel, zählt mit einem Baubeginn um 1200 zu Dänemarks ältesten profanen Gebäuden. Um 1690 wurde das Schloß, dessen Keller und Festungsturm Gefängnis für prominente Häftlinge waren, in einen barocken Herrenhof umgebaut, nachdem ein Großteil des alten Gebäudes während der Schwedenkriege 1658-60 zerstört worden war. – Vorbei an der Kirche von *Bregninge* (interessante Wandmalereien) führt die Straße zurück auf die Straße Nr. 4 nach Kalundborg.

Ohne Abstecher in den Norden kommt man an der direkten Straße nach Kalundborg zunächst am Renaissanceschloß *Løvenborg* vorbei, dann an der Kirche von *Mørkøv* (Kalkmalereien von 1450) und am umwaldeten *Skarresee*, ehe man den Zielort erreicht.

Kalundborg (12000 Einw.; Hotel Ole Lunds Gård, 24 B.; Grand, 65 B.; zwei Campingplätze) ist vor allem durch seine Frauenkirche (Vor Frue kirke) berühmt geworden. Die ungewöhnlich geformte fünftürmige Zentralkirche war einst als Burgkirche angelegt. Sie entstand zwischen 1170 und 1190. Der Mittelturm stürzte 1827 ein und wurde erst 40 Jahre später wieder aufgebaut. Im Kircheninneren ist vor allem der reichverzierte Altar, eine Schnitzerei des Holbæk-Meisters Lorens Jørgensen, erwähnenswert. Westlich der Kirche liegt im geschützten Lindegården, dem Lindenhof, ein sehenswertes Heimatmuseum. Ein Bummel durch die Altstadt zeigt zahlreiche guterhaltene Bauwerke. – Südlich der Stadt liegt das Barockschloß *Lerchenborg*, wo zahlreiche kulturelle Aktivitäten stattfinden, mit einer H.-C.-Andersen-Sammlung und einem großen Park mit Rosengarten.

Von Kopenhagen nach Korsør
(Straßen Nr. 2 und Nr. 1). – Von Kopenhagen zieht die Straße Nr. 2 südwestlich an der *Køge-Bucht* entlang.

In **Køge** (s. bei Kopenhagen) verläßt man die Straße Nr. 2 und folgt westlich der Strecke nach Ringsted.

Ringsted (14000 Einw.; Hotel Casino, 20 B.; Postgården, 24 B.; Jugendherberge; Campingplatz) war im Mittelalter eine der bedeutendsten Städte Dänemarks. Die Thingsteine auf dem Marktplatz erinnern an die Zeit, in der Ringsted Seelands Gerichtsort war. Bedeutendstes Bauwerk ist die am Markt liegende St. Bendts Kirke, ehemals Kirche eines Benediktinerklosters, in romanischem Stil aus rotem Backstein erbaut. Sie ist eine der ältesten Backsteinkirchen Dänemarks, mit gotischen Gewölben und einem spätgotischen Turm. Die Kirche enthält 20 Königs- und Fürstengräber, deren Lage in einem in der Südkapelle ausgestellten Pergamentschreiben aus dem 13. Jahrhundert beschrieben ist. Die in der Kirche Begrabenen sind auf den Wandfresken abgebildet. Im Grab der Königin Dagmar fand man im vorigen Jahrhundert, als alle Gräber geöffnet wurden, nur das Dagmarkreuz, dessen Kopie in der Kirche aufgehängt ist. In der Kirche steht ferner ein Taufstein von 1200, ein Chorgestühl von 1400 mit geschnitzten Szenen aus dem Alten und Neuen Testament und ein Altar von 1699. – Nun auf der Straße Nr. 1 (E 66) weiter nach Westen.

8 km hinter Ringsted kommt man zur Kirche von *Fjenneslev*, dem Erinnerungszeichen an eines der großen Geschlechter des dänischen Mittelalters, der Hvide. Die Backstein-Zwillingstürme wurden um 1170 errichtet, nach dem Einsturz des Südturms 1561 erhielt die Kirche erst 1899 durch eine Restaurierung wieder ihre originale Form. – Etwas nördlich der E 66 liegt *Bjernede*, dessen Kirche Seelands einzige Rundkirche ist. Vier Rundpfeiler tragen das quadratische Kreuzrippengewölbe. Auf das Dach ist ein kleiner achteckiger Turm aufgesetzt.

15 km hinter Ringsted erreicht die E 66 **Sorø** (9000 Einw.; Hotel Postgården, 44 B.; Campingplatz), wo zur Zeit des Bischofs Absalon ein mächtiges Zisterzienserkloster lag. Die Klosterkirche von Sorø ist Dänemarks größte; Absalon liegt hinter dem Hauptaltar begraben. Neben zahlreichen Fürstengräbern ist auch der Sarkophag des Dichters Ludvig Holberg im Querschiff-Kapelle zu erwähnen. Die Kirche, nach 1160 begonnen, ist zusammen mit St. Bendt von Ringsted der älteste große Backsteinbau des Landes. Im Inneren ein 8 m großes Triumphkreuz von 1527 sowie ein weiteres, älteres Kruzifix (13. Jh.) mit Corpus und Kreuz aus einem Stück. – In den Gebäuden des Klosters hatte Frederik II. 1586 eine Schule eingerichtet, die 1623 durch eine adelige Akademie erweitert wurde. Der Dichter Holberg hat der Akademie seinen Nachlaß vermacht, wovon ein Groß-

teil bei einem Brand im vorigen Jahrhundert zerstört wurde. Holbergs Statue steht im Akademiegarten, der bis ans Ufer des *Sorøsees* reicht.

Slagelse (27 000 Einw.; Hotel E 3, Idagårdsvej 1, 100 B.; Ny Missionshotel, Banegårdspladsen, 56 B.; Jugendherberge; Campingplatz), Seelands drittgrößte Provinzstadt, hatte schon im 11. Jahrhundert als Münzprägstelle und während des ganzen Mittelalters als Handelsplatz Bedeutung. Zentrum der Stadt ist die gotische Kirche St. Mikkel. Westlich der Kirche liegt die alte Kirchenscheune, die als Lateinschule diente. Einer ihrer Schüler war 1822-26 H. C. Andersen. Ältestes Bauwerk Slagelses ist die romanische Kirche St. Peder. Im Südosten der Stadt lag im 12. Jahrhundert ein Johanniterkloster, das später als Königsschloß diente. Heute sind nur noch die Ruinen im Wald Antvorskov zu sehen. Die dänische Fahne, einst Banner des Johanniterordens, wird jeden Sonntag auf Dänemarks höchstem Flaggenmast (30 m) bei den alten Ruinen aufgezogen.

7 km westlich von Slagelse liegt die sehenswerte Wikingeranlage *Trelleborg, eine Festung aus den Jahren 1000-1050. Sie besteht aus einem an vier Stellen geöffneten *Ring-*

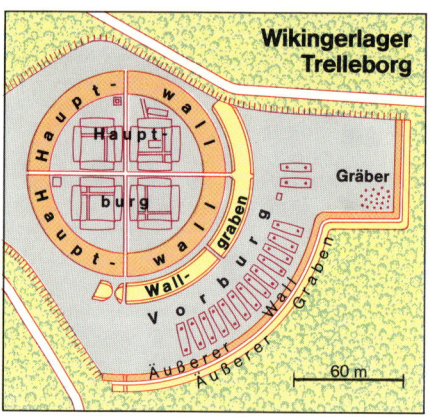

Wikingerlager Trelleborg

wall, mit vier Straßen, die den Platz in vier gleichgroße Felder teilen; innerhalb der Wälle lagen 16 Häuser, alle 29,5 m lang mit schwach gerundeten Wänden, jeweils vier im Karree. Entsprechende Häusergruppen lagen auch vor dem Wall, an dessen Ostseite ein Graben gezogen war, während die übrigen Seiten durch zwei kleine Flüsse geschützt waren. Außerhalb der alten Anlage ist ein Wikingerhaus anhand der Funde rekonstruiert worden.

Korsør (15 000 Einw.; Motel Halsskov, Tårnborgvej 180, 58 B.), schon im 11. Jahrhundert als Überfahrtshafen bekannt, hat trotz Industrialisierung das alte Milieu teilweise erhalten können. Der Festungsturm aus dem 13. Jahrhundert am Hafen bietet einen hüb-

schen Blick über die Stadt und den Belt. — Nördlich liegt der Fährhafen *Halsskov* (Verbindung nach Fünen, Langeland, Sprogø und Kiel).

Ein Ausflug von Korsør in den Süden führt zunächst nach **Skælskør** (15 km), in einer fruchtbaren und landschaftlich schönen Gegend gelegen (Obstplantagen), das noch das kleinstädtische Bild vergangener Jahrhunderte zeigt. Die zweischiffige Nikolaikirche wurde um 1200 begonnen. — 2 km südlich von Skælskør liegt die Renaissanceburg *Borreby,* ein Herrenhaus, das stark durch seine Verteidigungsfunktion geprägt ist — typisch für die in den politisch unruhigen Zeiten kurz nach der Reformation erbauten Schlösser. Spätere Bauwerke zeigen dann einen Hang zu verspielteren Formen. — Vorbei an der Kirche von *Ørslev* (interessanter Fries mit der Darstellung eines mittelalterlichen Reigentanzes) führt die Straße ostwärts durch reizvolle Landschaft nach *Holsteinborg* weiter, dessen ansehnliches Schloß aus der ersten Hälfte des 17. Jahrhunderts in einem prächtigen Park mit seltenen Bäumen am Wasser liegt.

Setesdal

Staat: Norwegen. — Gebiet: Südnorwegen. Provinzen: Aust-Agder fylke und Vest-Agder fylke.

Das Setesdal oder Sæterdal wird vom Fluß Otterå (Otra) durchströmt und ist etwa 230 km lang. Es erstreckt sich von Kristiansand an der norwegischen Südküste fast genau in nördlicher Richtung und stellt eine wichtige Verbindung nach Bergen und zum Hardangerfjord dar. Mit seinen Naturschönheiten und der an alten Bräuchen hängenden Bevölkerung bietet das Tal mancherlei Interessantes.

Die Straße Nr. 12 verläßt **Kristiansand** (s. dort) nordwestlich und führt zunächst abseits vom Westufer der Otra am Friedhof und der Abzweigung zum Ravnedal-Park vorbei. In *Mosby* eine Abzweigung (rechts) über *Vennesla* nach *Grovane* (Oldtimer-Eisenbahn; s. bei Kristiansand). — Die Straße Nr. 12 führt dann am *Langevann* und *Eigelandsvann* vorbei; bei *Hægeland* eine Kirche von 1830 auf achteckigem Grundriß. Dann durchfährt man ein bewaldetes Heidegebiet und überquert auf der *Birkeland bru* die Otra.

Evje (185 m ü.d.M.; 1500 Einw.; Dølen Turisthotell, 40 B.; Grenaderen Motell, 56 B.; Hornnes Sommerpensjonat, südlich außerhalb, 100 B.) besitzt Bootswerften, Holzindustrie und Feldspatbrüche. Im südlich gelegenen *Evjemoen* befand sich bis 1946 ein Nickelwerk, das Erz aus den Vorkommen von Flåt verarbeitete. Die Gegend ist wegen der Mineralien für Geologen interessant (Amazonit, Beryll, Aquamarin u. a.).

Byglandsfjord (207 m ü.d.M.; Revsnes Turisthotell, 84 B.; Solvik Turistheim, 26 B.) am Südrand des gleichnamigen Sees, der von der Otra durchströmt wird, war der Endpunkt der 1962 eingestellten Setedalsbahn und ist ein Wintersportort mit Sesselbahn und Abfahrtspisten. – Die Straße Nr. 12 führt nun, teilweise in den Fels gesprengt, am Ostufer des *Byglandsfjords* entlang, über dem rechts das *Årdalsfjell* (760 m) aufragt.

In **Årdal** verdient die Kirche von 1827 einen Besuch; auf dem Kirchhof ein Runenstein. 300 m südlich der Kirche steht die etwa 900 Jahre alte Landeseiche. Unweit nordöstlich auf der Höhe das Heim Landeskogen für geistig Behinderte.

Bygland (Solvik Turistheim, 26 B.) am Fuß der *Lysheia* (845 m) besitzt eine Kirche von 1838; im Kirchhof vorchristliche Kultsteine. In der Umgebung mehrere alte Grabhügel; gute Angelmöglichkeiten im Fjord.

Auf der *Storestraum bru* überquert man den Fjord und fährt weiter an dessen westlichem Ufer entlang. Von links kommt der *Reiårsfoss* herab. Am Nordende des Fjords stehen auf Pfählen ruhende alte Vorratshäuser ('stabbur'). Dem Lauf der Otra folgend, umzieht die Straße das links aufragende *Rustfjell* (1070 m).

Durch großartige Landschaft nun nach **Helle,** einem traditionsreichen Zentrum der Silberschmiedekunst im Setesdal.

Bei **Nomeland** zweigt links eine Stichstraße zum Kraftwerk *Brokke* ab, von der aus sich ein prachtvoller Blick in das Tal bietet. Nahebei das alte Holzhaus *Sylvartun* mit einer Sammlung von Silberschmiedearbeiten.

Bei der Weiterfahrt links der 15 m hohe *Hallandsfoss* mit mehreren tiefen Gletschertöpfen. In einer Talweitung liegt der Hauptort des Tals, **Valle** (307 m; Valle Motell, 32 B.; Valle Sommer Motell, 72 B.; Campingplatz), mit alten Häusern und einer Kirche von 1844.

8 km hinter Valle der Hof *Flateland*. Hier führt eine Nebenstraße zum **Setesdal-Museum** (2 km; einige alte Holzhäuser.)

Die Straße Nr. 12 zieht nun hoch über der hier eine Schlucht durchbrechenden Otra hin und nach Bykle, unweit östlich vom *Bossvatn.*

Bykle (549 m; Bykle Hotell, 55 B.) ist ein alter Talort mit bäuerlicher Kulturtradition. Die Kirche aus dem 13. Jahrhun-

dert besitzt eine schöne Innenausstattung aus dem 16. Jahrhundert. Nördlich von der Kirche das Huldreheim-Museum mit Holzhäusern aus dem 16. Jahrhundert. Unweit östlich der *Sarvsfoss,* der 30 m hohe bedeutendste Wasserfall der Otra. Von Bykle aus führen mehrere markierte Wanderwege in die gebirgige Umgebung.

Das Tal wird nördlich von Bykle flacher, die Gegend zeigt mehr und mehr Hochgebirgscharakter. Auf der *Berdals bru* wieder über die Otra hinweg und später östlich am *Hartevatn* entlang.

Hovden (740 m; Hovden Høyfjellshotell, 170 B.; Triangel Sportell, 44 B.) ist das Wintersport- und Bergsteigerzentrum des Setesdals, mit Sessel- und Schlepp-liften. Der Ort liegt schön oberhalb der Einmündung der Otra in das Hartevatn.

An der Straße folgen nördlich von Hovden das *Lislevatn,* das *Breivatn* und das *Sessvatn.* Hier erreicht die Strecke mit 917 m ü.d.M. ihren höchsten Punkt zwischen Kristiansand und **Haukeligrend,** von wo man auf der Haukelistraße nach Haugesund fahren kann (s. bei Telemark).

Siljansee / Siljan

Staat: Schweden. – Gebiet: Mittelschweden. Provinz: Värmlands län. – Landschaft: Dalarna.

ⓘ **Mora Turistbyrå,**
Ängbåtskajen,
S-79200 Mora;
Telefon: (0250) 15200.
Rättviks Turistbyrå,
Torget,
S-79500 Rättvik;
Telefon: (0248) 10910, 10645.
Leksands Turistbyrå,
Norsgate,
S-79301 Leksand;
Telefon: (0247) 10411, 10416.

Der von sanft ansteigenden zum Teil bewaldeten Ufern umrahmte *Siljansee liegt im Herzen der schwedischen Landschaft Dalarna. Er ist bis zu 120 m tief und mit rund 290 qkm etwa $2^{1}/_{2}$mal so groß wie der Vierwaldstätter See in der Schweiz. Das 36 km lange und 25 km breite Gewässer wird vom Österdalälv durchströmt. Im nordwestlichen Teil liegt die Insel Sollerön. Eine eigentümliche Rinne zwischen Mora und Leksand erreicht die genannte Tiefe von 120 m, während der See im Durchschnitt nur eine Tiefe von etwa 60 m aufweist. Der seit 1926 regulierte Siljan ist bekannt für seine naturschöne Umgebung und so ein äußerst beliebtes Touristenziel; lohnende Schiffsausflüge und Bootfahrten.

Mora (Mora Hotell, 120 B.; Siljan, 100 B.), am Nordwestende an der Mün-

Mädchen aus Mora in Tracht

dung des Österdalälv in den Siljan gelegen, ist ein kleiner Marktort und für Touristen sommers wie winters attraktiv. Der freistehende Glockenturm (1672) der Kirche aus dem 13. Jahrhundert ist das Wahrzeichen von Mora. Zwei Namen sind mit Mora eng verknüpft – Gustav Wasa und Anders Zorn. Der Gründer des schwedischen Staates, Gustav Wasa (Vasa) forderte 1520 von hier aus die Männer von Dalarna zum Freiheitskampf gegen die Dänen auf. Zur Erinnerung an Gustav Wasa findet an jedem ersten Sonntag im März der *Vasalauf* statt, der längste Skilanglauf der Welt. Ein *Wasa-Denkmal* steht auf der Anhöhe *Klocksgropsbacken.* Es wurde von Anders Zorn (1860-1920) geschaffen, dem berühmtesten Sohn Moras. Die *Zorn-Sammlungen,* gestiftet von Anders und Emma Zorn, umfassen das Zorn-Museum, Zorngården, Zorns Gammelgård und Gopsmor, die sogenannte Malerstube des Künstlers (geöffnet Juli und August). Das Zornmuseet enthält eine Auswahl von Zorns eigenen Werken, so Aquarelle, Gemälde, Skulpturen und Grafik. Auf dem gleichen Grundstück liegt auch sein Heim, der Zorngården. Er repräsentiert mit Einrichtung und Gebrauchsgegenständen den Wohnstil der Jahrhundertwende. Am umfassendsten zeigt sich jedoch die alte Volkskultur aus Mora und Umgebung in Zorns Gammelgård am Ortsrand. Hier in diesem Freilichtmuseum stehen ca. 40 alte Häuser und Höfe, an denen man die in der Gegend entwickelte Holzarchitektur studieren kann.

Zu Ausflügen in die nähere Umgebung von Mora bietet sich der *Gesunda Berg* (501 m; Seilbahn) mit einem wunderschönen weiten Ausblick an. Zu empfehlen sind in den Ber-

gen Besuche in den Sennereien. Wenn auch der Betrieb in vielen eingestellt ist und sie oft als Ferienunterkünfte benutzt werden, sind sie doch erhalten und zu besichtigen. – Ein nicht alltägliches Museum ist das *Siljanfors Waldmuseum* an der Straße nach *Malung* (17 km). Andere lohnende Ziele sind Lissolbacken in *Våmhus,* wo das alte Handwerk der Korbflechterei vorgeführt wird, *Oxberg* mit der pittoresken Holzkapelle, die *Wassermühle* am Axi-Bach und schließlich *Nusnäs,* wo man der Herstellung der traditionellen Dalarna-Pferdchen zusehen kann. – Nördlich von Mora erstreckt sich der 56 qkm große *Orsasee* (161 m ü.d.M.; bis 97 m tief), an dessen Nordende der Ort *Orsa* liegt. – Etwa 35 km nordöstlich von Orsa liegt am Ufer des *Skattungsees* der kleine Touristenort **Furudal** (Hotel Strandudden, 28 B.), der im Sommer von Sportfischern und im Winter von Skiläufern besucht wird (Schlepplift). In der Kirche (um 1870) mittelalterliche Holzskulpturen. *Norboda,* etwa 15 km südöstlich von Furudal, hat über 30 alte Blockhäuser.

Rättvik (Hotel Lustigsgården, 41 B.; Lerdalshöjden, 130 B.; Nya Hotell Persborg, 72 B.) zwischen Leksand und Mora, am Nordostufer, ist Mittelpunkt der Gemeinde, zu der auch Vikarbyn, Boda, Furudal und Bingsbö gehören. Es ist ein Fremdenverkehrsort, der für das ganze Jahr empfohlen werden kann. Die Kirche von Rättvik auf einer in den Siljan reichenden Landzunge ist aus dem 13. Jahrhundert, der Umbau erfolgte im 18. Jahrhundert. Dicht bei der Kirche stehen ca. 90 Kirchenhütten, teilweise aus dem 17. Jahrhundert, die weiterkommenden Besuchern des Gottesdienstes und ihren Pferden Übernachtungsmöglichkeiten boten. Südlich von der Kirche der Vasastein von 1893 zur Erinnerung an Gustav Wasas erste Rede (1520) an die Männer von Dalarna auf dem Kirchenwall. – Rättsviks Gammelgård zeigt Gerätschaften, Inventar und alte Trachten und liegt inmitten eines Parks mit Feriendorf und temperiertem Schwimmbad. – Die Herstellung der Dalarna-Pferdchen und besonders des grauen Rättviks-Pferdchens kann man im Gudmunds Slöjd verfolgen. – Wie Keramikgefäße entstehen, zeigt Nittsjö Keramikfabrik. – Rättviks Naturmuseum ist in der Kirchschule untergebracht. Hier erfährt man etwas über Geologie, Fauna

Siljansee bei Rättvik

und Flora in dieser Gegend. Vom *Tolvåsberg* und dem *Vidablick-Aussichtsturm* (325 m) hat man eine prächtige Aussicht über den Siljansee.

Leksand (Hotell Tre Kullor, 70 B.; Täppan, 70 B.; Masesgården, 38 B.) am Österdalälv ist Mittelpunkt der gleichnamigen Gemeinde, zu der etwas mehr als 90 kleine Dörfer gehören. Die Kirche von Leksand stammt aus dem frühen 13. Jahrhundert, der Zwiebelturm kam erst im 18. Jahrhundert dazu; im Innern ist Barock vorherrschend, das beachtenswerte Kruzifix ist aus dem 14. Jahrhundert. Der Hembygsgård ist Heimatmuseum mit verschiedenartigen Sammlungen. Das Tinghaus beherbergt eine Sammlung von Bildern einheimischer Künstler. Spielmannsgruppen mit alten Trachten beherrschen alljährlich in der ersten Juliwoche das Bild nicht nur in Leksand, sondern in der ganzen Gemeinde, wenn es heißt: 'Musik vid Siljan'.

Sammilsdal ist Zentrum für die Mittsommerfeiern. Hier wird das 'Himlaspelat' immer in der zweiten Julihälfte aufgeführt. Es ist etwa mit 'Jedermann' vergleichbar. Im Winter zieht das Gebiet um Leksand viele Wintersportler an. Vorhanden sind eine *Eishalle* und eine Seilbahn zum *Åsledsberg* (437 m).

Matsgården in *Östbjörga* und Skräddargården in *Stumsnäs* sind beides wohlerhaltene aus Holz gezimmerte Höfe mit Sammlungen der bekannten Dalmalereien (dalmålingar). Zu den Veranstaltungen im Sommer gehört in erster Linie im Juli die 'Musik vid Siljan'. Nicht umsonst sagt der Volksmund: 'Wenn sich zwei Rättviker treffen, spielen drei von ihnen Geige''. Sehenswert auch die Kirchenboote, in denen man von Mittsommer bis August in oft noch alten Trachten zur Hochmesse rudert.

Südöstlich vom Siljansee erstreckt sich die hügelige Landschaft **Bergslagen** mit altem Bergbau und Hüttenindustrie. Gefördert wird Eisenerz und teilweise auch Kupfer (Falun). Der größte Erzproduzent ist Grängesberg Exportfält. Angrenzend an die Gruben von Bergslagen liegen eine Reihe von Eisenwerken wie Borlänge, Fagersta, Domnarvet, Avesta, Uddeholm und Degerfors.

Skellefteå

Staat: Schweden. – Gebiet: Ostschweden.
Provinz: Västerbottens län.
Landschaft: Västerbotten.
Höhe: Meereshöhe. – Einwohnerzahl: 73 000.
Postleitzahl: S-931... – Telefonvorwahl: 0910.

ⓘ **Expolaris,**
Kanalgatan 73,
S-93134 Skellefteå;
Telefon: 5 85 80.

HOTELS. – *Hotell och Restaurang Malmia,* Torget 2, 151 B.; *Stadshotellet,* Stationsgatan 8-10, 78 B.; *Hof,* Tjärhovgatan 14, 73 B.; *Gränden,* Magasinsgränd 4, 26 B.; *Stensborg,* Vinkelgränd 4, 21 B.; *Dahlström,* Stationsgatan 9, 13 B.

Die schwedische Stadt Skellefteå zwischen Skellefteälv und Bottenviken wird als Handelsplatz schon 1621 genannt. Stadtrecht bekam sie erst 1845. 1912 erfolgte die Einrichtung der Eisenbahnlinie. Dadurch sowie durch die explosionsartige Ausweitung der Boliden-Gruben wurde eine nunmehr rasche Entwicklung der Stadt ausgelöst. Sie hat heute nach der Eingemeindung von bis zu 20 km entfernten Orten eine Einwohnerzahl von 73 000.

SEHENSWERTES. – Der Stadtkern ist nach dem ursprünglichen Grundriß rechteckig und gut erhalten und zeigt noch immer mit den Holzhäusern den typisch norrländischen Stadtcharakter. Die *Kirche der Landesversammlung* (Ende 18. Jh.) hat noch mittelalterliche Reste. Im Inneren eine Sammlung mittelalterlicher Holzskulpturen und ein schöner Altarschrein. Neben der Kirche **Bondstan** mit ca. 150 Kirchenhütten. Am Fluß, ebenfalls im alten Stadtkern, das *Freilichtmuseum* mitten im *Nordanå-Park*. Ebenfalls hier das *Heimatmuseum*, u. a. mit Bronzeschmuck aus der Zeit 300-400 n. Chr.

An den *Stadtpark* (1873) schließt sich das **Stadthaus** (1955) mit einem Mosaik von Evert Lundquist im Innern an. Die *Stadtkirche,* im Barockstil erbaut und 1927 geweiht, erregt Aufmerksamkeit durch das Portal aus schwarzem Granit. Die Innenausschmückung ist mit den Namen Carl Fagerberg und Gunnar Torhamn verbunden.

UMGEBUNG von Skellefteå. – 16 km südöstlich vom Zentrum liegt der Hafen **Skelleftehamn,** mit der 1935 geweihten St.-Örjan-Kirche (Dach und Glocken aus Boliden-Kupfer). Im Innern der Kirche ein Altarbild spanischer Schule, vielleicht von Velázquez. In *Rönnskär,* noch 3 km weiter, ein großes Schmelzwerk der Boliden-Gesellschaft und eine Schwefelsäurefabrik.

35 km nordwestlich von Skellefteå der Bergwerksort **Boliden,** wo 1925/26 große Kupfervorkommen entdeckt wurden. Heute wird hier gold-, silber-, blei- und arsenhaltiges Erz abgebaut; ferner Vorkommen von Selen und Schwefel. Von Boliden führt eine 96 km lange Werkseilbahn über Rakkejaur nach *Kristineberg,* wo kupfer-, schwefel- und zinkhaltiges Erz gefördert wird.

Småland siehe nächste Seite.

Småland

Staat: Schweden. – Gebiet: Südschweden.
Provinzen: Jönköpings län, Kronoborgs län, Kalmar län und Hallands län.

Småland ist eine der seenreichsten Landschaften Schwedens. Das Hochland im Norden flacht nach Süden und Südwesten hin ab und wird von einer Ebene abgelöst. Hier beginnt der 'endlose Wald', der in so vielen schwedischen Liedern besungen wird. Charakteristisch sind die zahllosen von den Gletschern der Eiszeit abgeschliffenen Felskuppen, zwischen denen flache Seen oder Torfmoore liegen. Moos und Flechten bedecken den unfruchtbaren Boden.

Gläser aus Orrefors (Südschweden)

Noch im 18. Jahrhundert ernährte sich die Bevölkerung von Småland fast ausschließlich von Landwirtschaft. Die steinige Moränenlandschaft ließ jedoch keine ausreichenden Erträge zu. Viele Kleinbauern suchten sich Fabrikarbeit, um sich durch die ergänzenden Einkünfte ein minimales Auskommen zu sichern. Daß auch das in vielen Fällen nicht gelang, zeigt die große Emigration junger småländischer Familien in der Zeit von 1750 bis 1850.

Im 15. Jahrhundert begann in Småland der Abbau von Eisenerz, wichtigster Ort war Taberg. Ein Aufschwung in der Eisenverarbeitung trat ein, als ausländische Schmiede nach Schweden kamen und ihre Kenntnisse weitervermittelten. In der Mitte des 19. Jahrhunderts nahmen dann Holz- und Glasindustrie den ersten Platz ein. Gustav Vasa holte geschickte Glasbläser aus Venedig (1556); seitdem hat die Glasfabrikation in Schweden eine Heimstatt. Mehr als 200 Glashütten und -werke entstanden im Laufe der Zeit, wobei über die Hälfte in der südöstlichen Ecke des småländischen Waldgebietes zu finden ist; ein Grund, weshalb der Waldgürtel zwischen Nybro und Växjö als Glasreich oder Glasland (glasriket) bezeichnet wird. Die meisten Glashütten entstanden zunächst als Eisenhütten, als man noch Sumpferz (unreines Eisenerz) verwendete.

In **Orrefors** (Sandgrens Pensionat, 12 B.), 17 km von Nybro, ist diese Vergangenheit in der *alten Hammerschmiede* sichtbar. In diesem Ort mit ca. 900 Einwohnern bestand noch gegen Ende des 19. Jahrhunderts eine Eisenhütte, die auf der Basis von Sumpferz betrieben wurde. Die Glashütte existiert seit 1898 und gehört heute zur 1937 gegründeten **Orrefors-Glashütte.** Das zunächst hergestellte Fensterglas und solches für den technischen Gebrauch wurde unterdessen von Lampen und künstlerischen Glaswaren abgelöst. Daneben stellt die Hütte jedoch in Zusammenarbeit mit Sandviks Glashütte in Hovmantorp Gebrauchsglas mit hohem Niveau zu mäßigen Preisen her. Orrefors Glashütte kann für sich den Ruf in Anspruch nehmen, Bahnbrecher des berühmten schwedischen Glases gewesen zu sein, da es 1915 zum erstenmal in dieser Branche Designer anstellte. Damit wurde die in Schweden als Gate-Hald-Epoche bekannte Zeit eingeleitet, die das schwedische Glas weltbekannt machte. Gate und Hald waren zwei Künstler, die neben Lindstrand, Landberg, Palmqvist, Öhrström und Lundin dem Orreforsglas seine künstlerische Form gaben. Die Orrefors-Glashütte hat ein *Museum* und zeigt hier auch eine Ausstellung aus der Gate-Hald-Epoche.

Oskarshamn (Hotell Pontus, 32 B.; Blå Jungfrun, 60 B.) ist eine Hafen- und Industriestadt an der Ostseebucht Döderhultsviken zwischen Kalmar und Västervik. Sie ist nicht älter als 100 Jahre und hat 28 000 Einwohner. Oskarshamn ist Geburtsort des schwedischen Arztes und Schriftstellers Axel Munthe (1857 bis 1949), dessen in viele Sprachen übersetztes ''Buch von San Michele'' auch in Deutschland bekannt ist.

In der Stadt mit den auf- und absteigenden Straßen, bedingt durch das hügelige Terrain, liegt in der Hantverksgatan 18-20 das Kulturhaus. Hier ist das Seefahrtsmuseum untergebracht, die Bibliothek und eine Kunstabteilung mit Holzschnitzkunst aus Småland, vor allem Skulpturen des in Döderhult bei Oskarshamn geborenen Bildhauers Axel Pettersson (1868-1925). Die Kirche auf einem Hügel im Stadtpark ist im neugotischen Stil in den Jahren 1874-76 gebaut worden. – Gegenüber dem Hafen der wohlerhaltene Stadtteil Fnyket mit kleinen Holzhäusern. – Auf dem Weg nach *Döderhultsdalen* lohnt ein Besuch im Heimatmuseum in *Frederiksberg Herregård* mit seinem schönen Festsaal aus dem 18. Jahrhundert und den kommunalen Repräsentationsräumen. – Am Hafen im alten S e e m a n n s v i e r t e l hat man von Långa soffan (Lange Bank) einen schönen Ausblick. 20 km entfernt liegt die Felseninsel *Blå Jungfrun* (85 m; Nationalpark) in der Mitte zwischen Festland und der Insel Öland. – Im Sommer verkehren täglich Fähren nach Byxelkrok auf Öland und nach Visby und Klintehamn auf Gotland.

Värnamo (Stadshotellet, 127 B.; Turisten, 18 B.) am Ufer des Lagå ist Mittelpunkt von Süd-Småland. Bereits 1236 als Tingplatz und 1620 als Handelsplatz bekannt, erfuhr der Ort durch viele Jahrhunderte dennoch keine rechte Entwicklung. Noch 1859 lebten hier nur 300 Einwohner. Inzwischen ist diese Zahl durch die Industrialisierung und die Eingemeindung einiger Randorte auf 30 000 angestiegen. Etwa 60 % der Bevölkerung leben von Handwerk und Industrie, wobei die Möbelindustrie einen hervorragenden Platz einnimmt, nicht zuletzt auf der jährlichen hier stattfindenden Messe 'Swed-Expo'. – Im Zentrum liegt A p l a d a l e n, ein Naturpark, in dem das Heimatmuseum zu finden ist. Es zeigt Sammlungen, welche die Lebensgewohnheiten der Menschen aus dieser Gegend veranschaulichen. – Die 15 km lange Eisenbahnstrecke zwischen Bor und Osbruk östlich von Värnamo kann man an Sonn- und Feiertagen im Sommer mit einer *Museumsbahn* zurücklegen. – 25 km südlich von Värnamo sind in einem *Automuseum* auch Motorräder, Traktoren und ein Flugzeug zu besichtigen. – Ein Naturschutzgebiet erstreckt sich um das ehem. *Kloster Nydala* (12 Jh.; Ruinen) bei *Kävsjömyren,* 25 km nordöstlich von Värnamo.

Sognefjord

Staat: Norwegen. – Gebiet: Westnorwegen. Provinz: Sogn og Fjordane fylke.
ⓘ **Turistkontor Balestrand,**
   N-5850 Balestrand;
   Telefon: (0 56) 9 12 55.

Der *Sognefjord ist der größte aller norwegischen Fjorde. An düsterer Erhabenheit der Gebirgslandschaft übertrifft er den lieblicheren Hardangerfjord. Er erstreckt sich von Sygnefest im Westen rund 180 km in das Landesinnere bis Skjolden am östlichsten Ende des Lusterfjords, erreicht aber durchschnittlich nicht mehr als 5 km Breite. Seine größte Tiefe beträgt 1245 m.

Im östlichen Teil verzweigt sich der Fjord in schmale Arme, die von mehr als 1700 m hohen Steilwänden umgeben sind. Hier und da bedecken Kornfelder, Obstgärten und freundliche Wohnhäuser den schmalen Ufersaum. Im Osten des Gebiets herrscht bereits kontinentales Klima mit warmen Sommern und langen kalten Wintern.

Da die Ufer des Sognefjords nicht durchgehend durch Straßen erschlossen sind, empfiehlt es sich, ihn auf einer Schiffsreise zu erkunden. Von Bergen (s. dort) verkehren mehrere Ausflugsschiffe (z. T. mit Autotransport) in den Sognefjord.

SCHIFFSVERBINDUNGEN. – Schiffe der **Express-Route** verkehren zwischen 1. 6. und 31. 8. zweimal täglich, vom 15. 5. bis 31. 5. bzw. vom 1. 9. bis 20. 9. nur nachmittags von Bergen nach Årdalstangen am östlichen Ende des Årdalsfjords. Die am Vormittag auslaufenden Schiffe legen in Lavik, Balestrand, Leikanger, Midfjord und Flåm (von dort Transfer nach Gudvangen sowie nach Revsnes und Årdalstangen) an, die am Nachmittag auslaufenden in Rysjedalsvika, Lavik, Nordeide, Balestrand, Vangsnes, Leikanger, Revsnes und Årdalstangen. Diese Schiffe dienen nur dem Personentransport; Autos, Fahrräder und Tiere werden nicht befördert. Die Gepäck-Höchstmenge pro Person beträgt 15 kg; während der Fahrt ist der Aufenthalt an Deck nicht gestattet. Es ist ratsam, mindestens einen Tag im voraus zu buchen.

Mit dem *Motorschiff Kommandøren* werden auch Kraftfahrzeuge befördert. Das Schiff verkehrt vom 15. 5. bis 20. 9. zwischen Bergen und Balestrand (Rückfahrt bei Nacht) und legt in Rysjedalsvika, Høyanger, Vik und Balestrand an. In der übrigen Zeit des Jahres fährt das Schiff nur bis Høyanger.

I n n e r h a l b d e s S o g n e f j o r d s gibt es eine Reihe von lokalen Schiffsverbindungen (z. T. mit Autotransport), die auch lohnende Abstecher ermöglichen.

Von Balestrand über Hella und Leikanger gibt es eine Verbindung in den Aurlandsfjord (Aurland und Flåm), die vom 15. 5. bis 31. 5. und vom 1. 9. bis 20. 9. die Express-Route (s. zuvor) ergänzt.

Eine zweite von Balestrand ausgehende Verbindung führt über Hella, Leikanger, Fresvik, Undredal und Aurland nach Flåm und weiter über Undredal in den Nærøyfjord (Dyrdal, Styvi, Bakka und Gudvangen). Im Winter verkehrt dieses Schiff ab Leikanger über Kaupanger nach Fresvik und weiter wie zuvor.

Ferner gibt es Autofähren auf den Strecken Balestrand - Hella - Fjærland im gleichnamigen Fjord, Balestrand - Hella - Vangsnes, Flåm - Aurland - Gudvangen, Årdalstangen - Ornes - Solvorn im Lusterfjord, Kaupanger - Revsnes und Flåm - Gudvangen - Revsnes - Kaupanger - Årdalstangen.

Auskunft: *Fylkesbaatane*
      i Sogn og Fjordane,
      Strandgata 197,
      N-5000 Bergen;
      Telefon: (05) 21 40 15.

Rysjedalsvika liegt im äußersten Westen des Sognefjords, der hier von niedrigen, durch eiszeitliche Gletscher glattgeschliffenen und vegetationsarmen Höhen eingefaßt wird.

Lavik ist der Hauptort des westlichen Sognegebiets und zugleich ein wichtiger Knotenpunkt für den See- und Landverkehr (Fähre nach Brekke am Südufer des Fjords). Die Kirche von Lavik stammt aus dem Jahr 1865.

Vadheim (600 Einw.) liegt an dem kleinen gleichnamigen Fjord und besitzt eine elektrochemische Fabrik.

Nordeide am Eingang des *Høyangsfjords* ist durch Fähren mit dem gleichfalls am Nordufer des Sognefjords gelegenen Ort Kongsnes sowie mit *Svortemyr* an dessen Südufer verbunden und wird als Ferienort besucht.

Høyanger (2200 Einw.; Øren Hotell, 40 B.; Eides Hotell, 38 B.) liegt am Ende des gleichnamigen Fjords und besitzt ein Kraftwerk und eine Aluminiumhütte. In der Umgebung lohnende Bergwanderwege; Angelmöglichkeit.

Balestrand (700 Einw.; Kviknes Hotel, 400 B.; Midtnes Pensjonat, 70 B.; Bøyum Pensjonat, 26 B.; Kringsjå Hotell, 60 B.; Jugendherberge) ist das bedeutendste Touristenzentrum am Sognefjord. Nordwestlich der kleine *Esefjord*. Der Ort wird von hohen Bergen überragt.

Nördlich von Balestrand erstreckt sich der *Fjærlandsfjord* bis nahe an den Fuß des Jostedalsbre (s. dort). Von Balestrand gibt es eine Schiffsverbindung durch den rund 26 km langen Fjord bis zu dem Ort *Fjærland* (Mundal Hotel, 78 B.; Fjærland Pensjonat, 49 B.), der als Ausgangspunkt für Wanderungen in das Gletschergebiet gern besucht wird.

Eine Fähre verbindet Balestrand mit dem östlich jenseits des Fjærlandfjords gelegenen *Hella.*

Vik (Hopstock Hotell, 60 B.; Jugendherberge; Campingplatz) am Südufer des Sognefjords gegenüber von Balestrand (Fähre) besitzt ein Kraftwerk sowie Aluminium- und Holzwarenfabriken. Nahebei die Stabkirche von *Hoperstad* (12. Jh.) und eine romanische Steinkirche. – Mit dem Auto kann man von hier über Voss nach Bergen zurückfahren.

Vangsnes (Vangsnes Pensjonat; Jugendherberge; Campingplatz) liegt am Südufer auf einer Landspitze gegenüber von Hella (Fährverbindung). Die 12 m hohe *Fridtjovs-Statue* wurde von Kaiser Wilhelm II. gestiftet (die Frithjof-Sage ist eine altisländische Heldengeschichte aus dem 13. Jh.). Sehenswert sind die drei nahegelegenen Grabhügel.

Leikanger (Leikanger Fjord Hotell, 95 B.; Campingplatz) und **Hermansverk** (Sognefjord Turisthotell, 100 B., Hb.) bilden den Hauptort des Verwaltungsbezirks Sogn og Fjordane. Beide Ortsteile liegen in fruchtbarer Gegend (bedeutender Obstanbau). Leikanger be-

sitzt eine im 13. Jh. errichtete Steinkirche. Nach Süden bietet sich ein prachtvoller Blick in den Aurlandsfjord.

Der *Aurlandsfjord* ist ein südlicher Arm des Sognefjords. Der etwa 1,5 km breite Gebirgsspalt ist von 900-1200 m hoch aufragenden Felswänden flankiert. **Aurlandsvangen** (Ryggjatun Pensjonat, 80 B.; Aurland Fjordstue, 45 B.), das Verwaltungszentrum des Gemeindegebiets Aurland, besitzt die älteste Steinkirche des Gebiets (um 1200). Nahebei die *Kirche von Undredal* (nur 3,7 m breit, 40 Sitzplätze), eine um 1700 veränderte Stabkirche. – Südlich von Aurlandsvangen liegt inmitten hoher Berge an der Südspitze des Fjords der Touristenort *Flåm* (Fretheim Hotel, 140 B.; Heimly Lodge, 67 B.; Campingplatz) am Ausgang des gleichnamigen Tals. Hier endet die *Flåmbahn,* eine Zweigstrecke der Bergenbahn. – Den westlichen Zweig des Aurlandfjords bildet der **Nærøyfjord,** von fast senkrecht aufragenden Felswänden umgeben, so daß im Winter monatelang die Sonne nicht zu sehen ist. An seinem Ende liegt **Gudvangen** (Gudvangen Hotell, 46 B.; Campingplatz). Nahebei der *Kjelsfoss* (Wasserfall). Die E 68, in die bei *Vinje* die von Vik kommende Straße Nr. 13 einmündet, führt über Voss zurück nach Bergen.

Kaupanger (Husum Motell, 32 B.) am Nordufer der *Amlabucht* ist durch Fähren mit Revsnes, Gudvangen und Årdalstangen verbunden. Sehenswert die 1862 restaurierte Stabkirche (13. Jh.) sowie das Freilichtmuseum Heibergske samlinger mit mehreren alten Häusern.

Östlich von Kaupanger verzweigt sich der Sognefjord. Nach Norden stößt der Lusterfjord zur Landschaft Jotunheimen (s. dort) vor; östlich der Årdalsfjord; südöstlich der Lærdalsfjord.

Der 45 km lange *Lusterfjord* verdankt die milchig-trübe Färbung den zahlreichen Gletscherflüssen, die in ihn münden. – In *Urnes* am östlichen Ufer eine Stabkirche, die zu den ältesten des Landes gehört (urspr. vor 1100). – Von *Skjolden* an der Nordspitze des Fjords nach Jotunheimen s. dort.

Der *Årdalsfjord* ist der östlichste Zweig des Sognefjords. An seinem Ende liegt auf einer alten Strandterrasse der Ort **Årdalstangen** oder *Årdal* (2300 Einw.; Klingenberg Turisthotell, 68 B.; Campingplatz) mit hübscher Kirche und ausgedehnten Anlagen eines Aluminiumwerkes. Südlich der *Sauenosi* (1352 m), der höchste Gipfel des Slettefjells. – Nördlich am *Årdalsvatn* der Industrieort *Øvre Årdal.* Von hier ein

Sognefjord – Fährstation von Kaupanger

Fahrweg nördlich bis *Hjelle,* weiter zu Fuß in der *Vettisgjel-Schlucht* aufwärts (3-4 St.) zu dem seit 1924 unter Naturschutz stehenden *Vettisfoss mit einer Fallhöhe von etwa 260 m.

Der **Lærdalsfjord** erstreckt sich von Kaupanger nach Südosten. An seinem Ende, beim Ausgang des Lærdals, der Ort **Lærdalsøyri** (Lindstrøm Turisthotell, 152 B.; Offerdal Pensjonat, 80 B.; Jugendherberge) mit alten Häusern, u.a. dem Hansehof.

Straße vom Lærdal nach Florø. – Die einzigen bedeutenden Straßen, die den Sognefjord berühren, sind die aus dem Valdres (s. dort) kommende E 68 und die sie fortsetzende Straße Nr. 5.

Von der Straßenteilung hinter Øye (s. bei Valdres) folgt man der E 68 am *Otrøvatn* vorbei durch das Smeddal *über Borlaug* zum **Lærdal.**

Borgund (345 m ü.d.M.) besitzt eine kleine, teergeschwärzte *Stabkirche,* die besterhaltene des Landes. Sie wurde vermutlich schon um 1150 erbaut und 1360 erstmals erwähnt. Bis auf ein nachträglich eingeschnittenes Fenster ist sie stilgerecht wiederhergestellt und zeigt noch heute die ursprüngliche Anlage. Beide Portale tragen schöne Ornamentik; die Runeninschrift am Westportal war ein wichtiger Anhaltspunkt für die Datierung. Der Glockenturm zwischen

der alten und der neuen Kirche wurde um 1660 in der alten Form erneuert. – Die Straße führt nun durch die malerische Schlucht *Svartegjel,* die der lachsreiche Lærdalselv durch den Felsriegel der *Vindhella* gebrochen hat. Hinter *Husum* (316 m ü.d.M.) durch eine weitere großartige *Felsschlucht.

Lærdalsøyri s. zuvor.

Die Straße zieht nun am Südufer des Lærdalsfjordes hin; zwischen *Revsnes* und *Kaupanger* überquert man auf einer Fähre den Sognefjord.

Sogndal (Hofslund Fjord Hotell, 100 B.; Park Minitell, 50 B.; Loftesnes Pensjonat, 15 B.; Jugendherberge) liegt an der Nordspitze des gleichnamigen Fjords. Sehenswert der Runenstein (um 1100); im Ort mehrere Grabhügel. – Nun am Nordufer des Sognefjords entlang und über *Hermansverk* und *Leikanger* nach Hella, von wo eine Fähre nach *Balestrand* (s. zuvor) verkehrt. Dann wendet sich die Straße nach Norden, folgt dem Westufer des *Vetlefjords* und zieht über **Førde** (Sunnfjord Hotell, 230 B., Sb., Hb.; Førde Hotell, 144 B.; Campingplatz), den am Ende des *Førdefjords* gelegenen Hauptort der Landschaft Sunnfjord, nach **Florø** (5000 Einw.; Victoria Hotell, 150 B.), einer reizvoll auf der Insel *Brandsøy* (Brücke) gelegenen industriereichen Hafenstadt.

Spitzbergen / Spitsbergen

Staat: Norwegen. – Verwaltungsbezirk: Svalbard.
Fläche der Inselgruppe: 61 723 qkm.

VERKEHRSVERBINDUNGEN. – S c h i f f s v e r b i n -
d u n g von Bergen über Tromsø und Honningsvåg
nach Spitzbergen (Longyearbyen und Ny Ålesund);
Kreuzfahrten. – F l u g v e r b i n d u n g zwischen
Tromsø und Longyearbyen (Sommerhalbjahr zwei-
bis dreimal wöchentlich, Winterhalbjahr ein- bis
zweimal wöchentlich).

Einreise. – Da es auf Spitzbergen für Touristen
keine Hotels gibt, ist man auf Privatunterkunft oder
die beiden Campingplätze angewiesen, die nur sehr
spartanisch ausgestattet sind. Falls eine private Un-
terbringung nicht gewährleistet ist, müssen Besucher der Insel so ausgerüstet sein, daß sie sich ohne
fremde Hilfe selbst versorgen können (Zelt, Schlaf-
sack u. a.). Proviant muß gleichfalls mitgebracht
werden. Bei der Ankunft auf Spitzbergen wird die
Ausrüstung kontrolliert; Reisende mit mangelhafter
Ausrüstung müssen die Insel sofort wieder verlassen. – Die Einfuhr lebender Tiere ist nicht gestattet.

Naturschutz. – In den letzten Jahren wurden rund
27 000 qkm (etwa 44 % der Gesamtfläche) unter Naturschutz gestellt. Es entstanden drei Nationalparks
(Südspitzbergen, Forlandet, Nørdwestspitzbergen),
zwei Naturreservate, zwei Pflanzenschutzgebiete
und 15 Vogelschutzgebiete.

Die extremen klimatischen Verhältnisse bewirken,
daß weggeworfene Abfälle sich jahrelang nicht zer-
setzen. Um das empfindliche ökologische Gleichgewicht nicht zu stören, ist es unbedingt erforderlich, den Abfall ordnungsgemäß zu beseitigen.

> **Warnung.** – Auch in den Sommermonaten
> sind Begegnungen mit **Eisbären** nicht auszu-
> schließen. Da die Tiere meist sehr aggressiv
> sind und ohne Warnung angreifen, ist größte
> Vorsicht geboten.

**Die Inselgruppe *Spitzbergen, die seit
1925 zu dem die Inseln zwischen 10°
und 35° östlicher Länge und 74° und 81°
nördlicher Breite umfassenden norwegischen Verwaltungsbezirk Svalbard gehört, liegt zwischen 76° 28′ und
80° 48′ nördlicher Breite etwa 700 km
von Hammerfest und etwa 1000 km
vom Nordpol entfernt und hat eine Gesamtfläche von 61 723 qkm.**

Die Hauptinsel West-Spitzbergen wird
durch tief einschneidende Fjorde gegliedert; im Westen ist ihr das kleine
Prinz-Karl-Vorland vorgelagert. Im
Nordosten, durch die Meerenge der Hin-
lopenstraße getrennt, liegt das fast ganz

von Eis bedeckte Nordost-Land, im Südosten die Barents- und die Edge-Insel sowie die schmale Hopen-Insel.

Die von den Norwegern (etwa 1000; Longyearbyen) und Russen (etwa 2000; Barentsburg, Pyramiden) abgebauten reichhaltigen **Steinkohlelagerstätten,** die schon in früheren Zeiten gelegentlich von Fangschiffen zur Ergänzung ihrer Vorräte benutzt wurden, entstammen der Tertiärzeit. Die Gruben liegen auf West-Spitzbergen, besonders an der Südseite des Eisfjords (u. a. Longyearbyen, Barentsburg, Pyramiden). Für den Abtransport der Kohle stehen jährlich nur wenige eisfreie Monate während des Sommers zur Verfügung. – Seit 1960 wird an verschiedenen Stellen nach Erdöl gebohrt.

Warme Kleidung und festes Schuhwerk ist für den Besuch unerläßlich; vor leichtsinnigem Betreten der Gletscher sei gewarnt.

GESCHICHTE. – Bereits im Jahr 1194 soll Spitzbergen von Norwegern entdeckt worden sein, die das Land 'Svalbard' (d. h. kalte Küste) nannten. 1596 fand es der die Nordostdurchfahrt nach China suchende holländische Seefahrer Willem Barents abermals. Im Vertrag von Sèvres erhielt 1920 Norwegen die Oberhoheit über Spitzbergen, wobei Rußland den Abbau von drei Kohlengruben zugestanden wurde, und 1925 wurde das Gebiet unter dem alten Namen Svalbard Norwegen einverleibt. Die Inseln unterstehen einem Gouverneur ('Sysselman'). – Zahlreiche Inseln, Kaps, Buchten und Berge tragen die Namen von Seefahrern, Fischern, Jägern, Forschern und Staatsmännern verschiedener Nationen und erinnern an die Entdeckungsgeschichte des Landes. – Bis auf einige Grubensiedlungen an der Westküste ist das Land unbewohnt.

Geologisch zeigt das noch zum europäischen Festlandsockel gehörende Spitzbergen die Entwicklung vom Urgestein bis zum Tertiär. Gewaltige, bis ins Meer reichende Gletscher und spitze Berggipfel erwecken den Eindruck einer in den Ozean versenkten Alpenwelt, deren höchste bekannte Erhebung die Newtonspitze (1717 m) im Nordosten des Eisfjords ist. Ewiges Eis bedeckt etwa vier Fünftel des Landes. Infolge des die Westküste umspülenden warmen Golfstroms weicht das Treibeis im Hochsommer so weit zurück wie sonst nirgends in den Polargebieten gleicher Breite. – Die Tierwelt umfaßt etwa 30 Arten von Vögeln, Robben (Seehunde u. a.), Eisbären, Rentiere und Polarfüchse. – Die Flora, die sich während des kurzen Sommers entwickelt, zeigt kleine Blütenpflanzen, Farne, Moose und Flechten. – Das Klima ist unterschiedlich, mit häufigem Nebel, und die Temperatur übersteigt nur während der kurzen Sommermonate den Gefrierpunkt. Die Mitternachtssonne ist etwa vom 19. April bis zum 24. August sichtbar, während die Sonne vom 27. Oktober

bis 15. Februar völlig unter dem Horizont bleibt.

Die Touristenschiffe berühren nur die Westseite der Inselgruppe. – Jenseits des Südkaps von **West-Spitzbergen** (76° 26' nördl. Breite) passiert das Schiff den 15 km breiten **Hornsund,** den südlichsten Einschnitt der Westküste, wo der mächtige *Hornsundstind* (1431 m) aufragt, und fährt dann am Torell-Gletscher und am Glocken- oder Bellsund vorbei. Dann erreicht man den ***Eisfjord** *(Isfjorden),* den bis zu 25 km breiten und mit mehreren Zungen etwa 100 km tief ins Land einschneidenden größten Fjord dieser Küste. Während das nördliche Ufer alpine Formen zeigt, bricht das südliche Ufer, an dem die Grubensiedlungen liegen, in steilwandigen Tafelbergen gegen den Fjord ab. An der *Adventbucht* liegt **Longyearbyen,** Hauptort und größte norwegische Siedlung der Insel; benannt nach dem amerikanischen Mineningenieur J. M. Longyear (19. Jahrh.).

Noch großartiger und ausgeprägter zeigt sich der Charakter der Landschaft auf der Fahrt an der äußeren Westküste nach Norden. Zunächst geht es an der Westseite der langgestreckten Insel **Prinz-Karl-Vorland** mit ihren vergletscherten zackigen Bergspitzen vorbei (Monaco-Berg, 1084 m). Beim Umfahren der Nordspitze öffnet sich die weite **Königsbucht** *(Kongsfjorden),* in deren Hindergrund die Pyramiden der *Drei Kronen* (Tre Kroner, 1225 m) über der 14 km breiten Eisfront des *Königsgletschers,* des größten Gletschers dieser Küste, aufragen. Am Südufer der ehem. Grubensiedlung **Ny Ålesund** (Abbau nach einem Unglück 1962 eingestellt), mit dem nördlichsten 'Postamt' der Welt (Sonderstempel) sowie einer Radar- und Satellitenbeobachtungsstation (ca. 30 Bewohner; wissenschaftl. Station zur Erforschung der Ionosphäre). In der Nähe ein Steindenkmal zur Erinnerung an den Flug Amundsens mit dem Luftschiff ''Norge'' im Jahre 1926. Die Königsbucht war Ausgangspunkt mehrerer Polarflüge. Der Versuch des Norwegers Roald Amundsen, 1925 mit zwei Flugzeugen den Pol zu erreichen, mißlang zwar, doch überflog Amundsen 1926 zwei Tage nach den Amerikanern Byrd und Bennett mit dem halbstarren Luftschiff ''Norge'' den Pol und landete in Teller in Alaska. 1928 startete das Luftschiff des Italieners Nobile von hier, verunglückte aber auf dem Rückflug.

Nördlich der Königsbucht der ***Krossfjord** und die ***Møllerbucht,** mit dem *Møllerhafen* (Schutzhütte 'Lloydhotel';

Spitzbergen – Kreuzfahrtschiff im Kongsfjord

Hüttenbuch). – Etwa 30 km nördlich von der Königsbucht liegt ein 30 km breites Gletschergebiet, wo sich sieben mächtige Eisströme zwischen steilen Felszacken ins Meer senken. Noch weiter nördlich die 9 km lange *Magdalenabucht *(Magdalenefjorden),* deren Ostabschluß der 2 km breite und bis 100 m hohe Abbruch des *Waggonway-Gletschers* bildet, der seinen Namen von tiefen, an Wagenspuren erinnernden Rinnen im Eise führt; links davon der *Miethegletscher.* An der Südseite der Bucht liegen der *Adams-* und der *Gullygletscher,* in der Nordostecke der pyramidenförmige *Rotgesberg* (802 m). Von der nördlich gelegenen **D a n s k ø y a (Däneninsel)** stieg 1897 der Schwede Andrée mit einem Freiballon zu einem Flug zum Pol auf, wobei er mit seinen Gefährten ums Leben kam. – Nördlich gegenüber der Däneninsel die Insel **Amsterdamøya** (auch **Smeerenburg;** smeer = Tran), der Stützpunkt der holländischen Walfänger im 17. und 18. Jahrhundert. Der Walfang war damals eine solche Quelle des Reichtums, daß die kleine Sommerstadt Smeerenburg zeitweise für ebenso wichtig gehalten wurde wie Batavia auf Java. Auf den flachen Erhöhungen am Strande standen einst die Trankessel.

Stabkirchen

Die hölzernen **Stabkirchen sind wohl die bekanntesten und eigenständigsten Zeugnisse mittelalterlicher Baukunst in Norwegen. Ihren Namen haben sie von der Stabbauweise, die – im Gegensatz zur Blockbauweise mit horizontalen Balken – im Boden oder auf einem freiliegenden Schwellenrahmen verankerte vertikale Planken verwendet.

Der Höhepunkt in der Entwicklung der schon im 9. Jahrhundert nachweisbaren Stabkirchen (norweg. stavkirker) fällt in das 12. und 13. Jahrhundert, also in eine Zeit, da mit dem Vordringen des Christentums auch der Steinbau in Skandinavien Einzug hielt. Romanische Formen verbanden sich mit der uralten Technik des Holzbaus, während die Ornamentik zunächst noch völlig in der Tradition der Wikinger verhaftet war deren Wirkung bis in das 12. Jahrhundert erhalten blieb. Aus dieser Zeit stammen stilisierte Tier- und Flechtwerkschnitzereien von phantastischer dekorativer Wirkung.

Dann allerdings wurde der als 'heidnisch' betrachtete Figurenschmuck zu rückgedrängt und in der normannischen Stilepoche von der kargeren Ornamentik abgelöst, die ihre Vorbilder in zeitgenössischen Steinbauten hatte. Zugleich trat neben den älteren einschiffigen Grundriß der basilikale Typ des Kirchenraumes mit überhöhtem Mittelschiff, das durch Reihen mastbaumartiger Säulen von den Seitenschiffen getrennt wurde. Die Basilika wurde zu einer Zeit der beherrschende Bautyp, als die ersten festen Bischofssitze in Norwegen entstanden; zuvor hatte es nur missionierende Wanderbischöfe gegeben. Allmählich wurde der Figurenschmuck wieder reicher, und die Wikingertradition erlebte formal eine Renaissance. Die 'heidnischen' Ornamente von einst waren jedoch von europäisch beeinflußten christlichen Motiven abgelöst worden; es entstand der sogenannte 'Drachenstil'. Im 13. Jahrhundert fand das Andreaskreuz Eingang in die Konstruktionstechnik (z. T. in ältere Kirchen eingefügt); auch Laubengänge, Apsiden und Dachreiter traten hier erstmals in Erscheinung. In der Zeit der Reformation schließlich wurden vielfach Kirchenbänke und Kanzeln eingebaut.

Um das Jahr 1300 soll es in Norwegen weit über tausend Stabkirchen gegeben haben. Als die Pest das Land entvölkerte, verfielen die meisten von ihnen. Im 17.-19. Jahrhundert wurden viele Kirchen, da sie für die wachsenden Gemeinden zu klein wurden, abgerissen, so daß heute nur noch etwa dreißig Stabkirchen – mehr oder weniger verändert – erhalten sind. Erst um die Mitte des 19. Jahrhunderts erwachte das Interesse an diesen alten Gotteshäusern wieder, und man ging daran, das noch Vorhandene zu konservieren. Durch Restaurierungsarbeiten wurde allerdings oft der ursprüngliche Eindruck verfälscht; u. a. brachte man Fensteröffnungen an, während früher der Kirchenraum nur durch hochgelegene Luken schwach erhellt worden war.

Die noch erhaltenen Stabkirchen stehen im Südteil Norwegens, in einem Gebiet, das nördlich etwa bis Trondheim reicht.

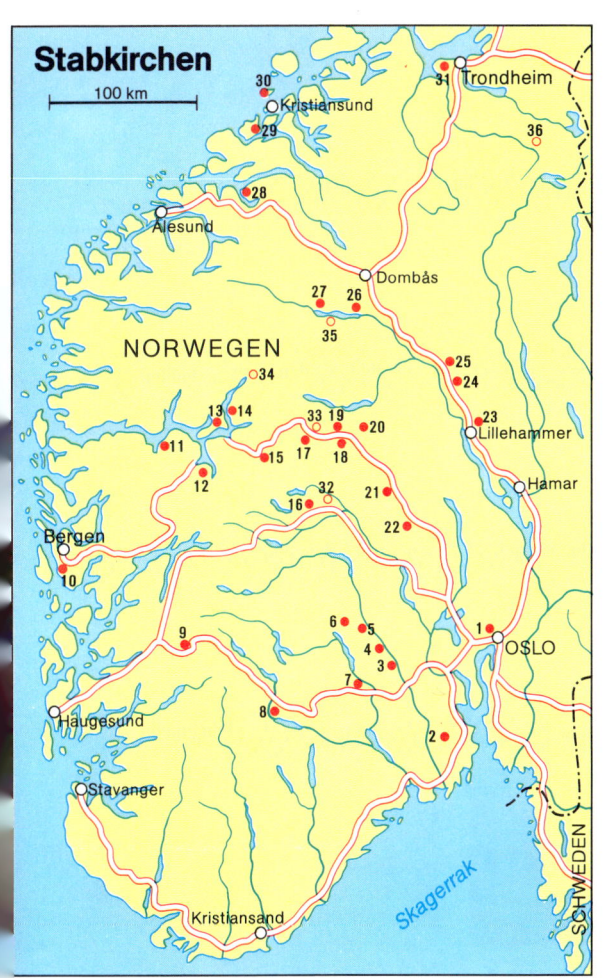

Von den heute erhaltenen 31 Stabkirchen in Norwegen stehen 27 an ihrem ursprünglichen Standort; 5 wurden an einen anderen Ort versetzt und als Museumskirchen neu errichtet.

● STABKIRCHEN
(ganz oder teilweise erhalten)

1 Gol (um 1250; Norsk Folkemuseum, Oslo)
2 Hoyjord (?)
3 Flesberg (1731 umgebaut)
4 Rollag (?)
5 Nore (um 1250)
6 Uvdal (um 1250)
7 Heddal (um 1300)
8 Eidsborg (um 1300)
9 Roldal (um 1300?)
10 Fortun (frühes 13. Jh.; Fantoft bei Bergen)
11 Hopperstad (frühes 13. Jh.)
12 Undredal (?)
13 Kaupanger (um 1200)
14 Urnes (um 1200)
15 Borgund (um 1250)
16 Torpo (um 1250)
17 Oye (urspr. 12. Jh.; in jüngerer Zeit wiederaufgebaut)
18 Lomen (um 1250)
19 Hurum (um 1250)
20 Hegge (um 1250)
21 Reinli (um 1300)
22 Hedal (um 1300)
23 Garmo (Maihaugen bei Lillehammer)
24 Fåvang (?)
25 Ringebu (?)
26 Vågå (17. Jh.)
27 Lom (frühes 13. Jh.)
28 Rødven (um 1300?)
29 Kvernes (um 1300?)
30 Grip (?)
31 Holtålen (um 1300; Sverresborg bei Trondheim)

○ URSPRÜNGLICHE STANDORTE

32 Gol (1884 abgebaut; s. Nr. 1)
33 Vang (1840 abgebaut; bei Brückenberg im schlesischen Riesengebirge wiedererrichtet)
34 Fortun (1833 abgebaut; s. Nr. 10)
35 Garmo (1885 abgebaut; s. Nr. 23)
36 Holtålen (abgebaut; s. Nr. 31)

Stavanger

Staat: Norwegen. – Gebiet: Südwestnorwegen.
Provinz: Rogaland fylke.
Höhe: Meereshöhe. – Einwohnerzahl: 89 000.
Postleitzahl: N-4000. – Telefonvorwahl: 045.

(i) **Turistinformasjon,**
Turistpaviljongen,
am Bahnhof;
Telefon: 2 84 37.
*Wahlkonsulat der
Bundesrepublik Deutschland,*
Kongsgate 10;
Telefon: 2 25 94; privat 2 61 86.

HOTELS. – *SAS Royal Atlantic, 275 B.; *KNA-Ho-
tellet,* 210 B.; *Esso Motor Hotel,* 270 B., Hb.; *Victo-
ria,* 150 B.; *St. Svithun,* 100 B.; *Alstor,* 140 B., Hb.;
Bergeland Hospits, 36 B.; *Rogalandsheimen,* 20 B.;
Øglænds Hospits, 20 B. – JUGENDHERBERGE. –
CAMPINGPLATZ.

VERANSTALTUNG. – Anglerfestival (August).

SPORT und FREIZEIT. – Angelfahrten.

**Die norwegische Provinzhauptstadt
Stavanger liegt im Süden der Westküste am Byfjord, einem Arm des Stavan-
gerfjords (auch Boknafjord genannt).
Sie ist Handelszentrum für die den
Fjord umgebende Landschaft und besitzt einen ausgezeichneten, durch
vorgelagerte Inseln geschützten Hafen. Erdölraffinerie, Fischkonservenindustrie und vor allem Werften – auch
für den Bau von Bohrinseln – spielen
wirtschaftlich eine große Rolle. Etwa
320 km südwestlich liegen in der Nordsee die norwegischen Erdölfelder
'Tor', 'Ekofisk' und 'Eldfisk'.**

GESCHICHTE. – Stavanger ist eine der ältesten
Städte des Landes. Vom 12. bis zum 17. Jh. war es
Bischofssitz; 1682 wurde dieser nach Kristiansand
verlegt. Gegen Ende des 18. Jahrhunderts besaß die
Stadt eine eigene Handelsflotte; ein starker wirtschaftlicher Aufschwung begann nach 1850 mit
dem Anwachsen der Herings- und Sprottenfische-
rei und der Fischkonservenindustrie. In jüngster
Zeit erhielt Stavanger große Bedeutung im Zusammenhang mit der Erdölförderung in der Nordsee.

SEHENSWERTES. – Inmitten von Stavanger liegt am Nordende der Kongs-
gata die am Ende des 11. Jahrhunderts
von dem 1135 verstorbenen Bischof
Reinald oder Reginald (einem Engländer) als dreischiffige Pfeilerbasilika in
romanischem Stil erbaute *Domkirche,

Panorama von Stavanger im Winter

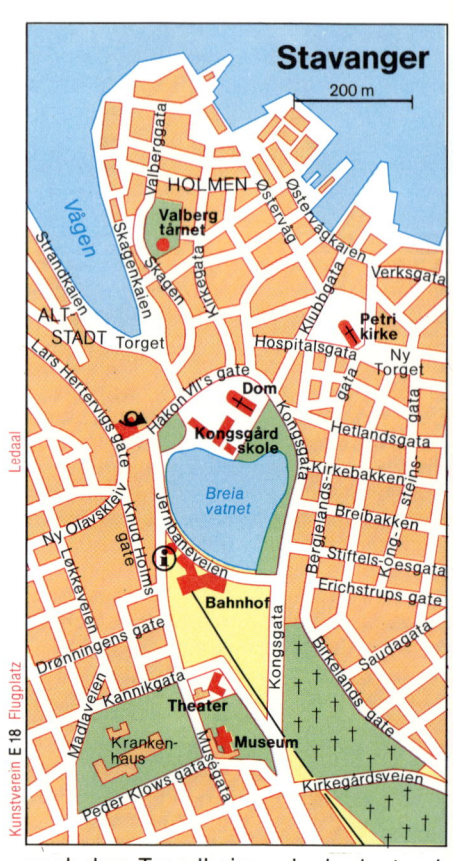

nach dem Trondheimer der bedeutendste Dom Norwegens. Der Chor wurde
nach einem Brand im Jahre 1272 gotisch erneuert, die gesamte Kirche
1867-72 wiederhergestellt. Im Innern
eine reich geschnitzte Kanzel von 1658
und ein steinernes Taufbecken aus gotischer Zeit. Südlich vom Dom, am Nordufer des *Breiavatn,* der *Kongsgård,* die
ehem. Wohnung des Bischofs (jetzt
Gymnasium, 'Kongsgård skole'), mit der
ehem. bischöfl. Privatkapelle 'Bispeka-
pellet'. Nordwestlich erstreckt sich bis
zur Hafenbucht *Vågen* der werktags von
einem bunten Treiben belebte Marktplatz (Torget), mit einem Bronzestandbild des in Stavanger geborenen Dichters Alexander Kielland (1849-1906), von
Vigrestad. Nördlich vom Markt die zwischen Vågen und Østre Havn (Osthafen)
gelegene Halbinsel *Holmen,* der älteste
Teil der Stadt. Westlich der vom Dom
nach Norden führenden belebten Kirkegate der *Valbergtårn,* ein alter Wacht-
turm, mit Kunstgewerbeausstellung und
hübscher Aussicht. Nordöstlich vom
Dom, am Nytorv (Neumarkt), die *Kirche
St. Petri.* Südlich vom Breiavatn der
Bahnhof; unweit südwestlich jenseits
der Eisenbahn das *Theater.* Nahebei an
der Muségata das städt. **Museum,** mit
Altertümern, natur- und völkerkundlichen Sammlungen sowie einer Seefahrtsabteilung. Südwestlich, in der Pe-

der Klows Gata, das *Vestlandske skole-museum* (Schulmuseum); westlich, Madlaveien 33, die *Kunstgalerie.*

Die schönste Aussicht auf Stadt, Fjord und die Berge der Umgebung bietet der *Vålandshaug (85 m; Zufahrt durch die Hornklovesgate) im Süden der Stadt, mit Parkanlagen und dem städt. Wasserbehälter.

Im Nordwesten der Stadt (Zufahrt durch den Løkkevei) der Park *Bjergsted,* mit einem Restaurant und mehreren Aussichtspunkten.

UMGEBUNG von Stavanger. – Westlich der Stadt erhebt sich die 76 m hohe Anhöhe *Byhaugen,* von wo sich ein schöner Blick bis zum Ryfylkefjell (nordöstlich) bietet. – 3,5 km südwestlich der Stadt der *Ullandhaug* (131 m) mit Fernmeldeturm (Aussichtsplattform) und einer Gedenktafel zur Erinnerung an den Seesieg Harald Hårfagers im Jahre 872, der ihm die Herrschaft über das ganze Land brachte. – 10 km nordwestlich der Stadt, bei *Viste,* Reste steinzeitlicher Wohnhöhlen.

Nördlich der Stadt liegen im Fjord zahlreiche größere und kleinere Inseln. Auf der mit der größeren *Mosterøy* durch eine Brücke verbundenen kleinen **Klosterøy** steht das Augustinerkloster *Utstein.* Die Abtei wurde bereits im 13. Jh. erwähnt und ist die besterhaltene Klosteranlage des Landes. Von Stavanger verkehrt ein Motorschiff nach Klosterøy.

Östlich von Stavanger (lohnende Fahrt mit dem Motorschiff ab Strandkaien) erstreckt sich jenseits des *Høgsfjords* der 37 km lange hellgrüne *Lysefjord,* eine 0,5-2 km breite, bis 457 m tiefe unverzweigte Bergspalte. Der Fjord wird zu beiden Seiten von steilen, meist kahlen Felswänden eingeschlossen, die mehr als 1000 m hoch aufragen. Der markanteste Punkt ist die 597 m hohe Felsenkanzel des *Prekestolen* (Predigtstuhl), zu der von Stavanger aus eine Straße (Nr. 13) führt. 24 km hinter der Stadt erreicht die Straße bei Lauvvik den Høgsfjord (Fähre nach Oanes) und zieht jenseits des Fjords nach *Jøssang.* Hier zweigt rechts eine Stichstraße zur *Prestolhytta* ab, von wo man zu Fuß in etwa 3 St. zum Prekestol gelangt.

'Predigtstuhl' über dem Lysefjord

Stockholm

Staat: Schweden. – Gebiet: Ostschweden. Provinz: Stockholm län.
Landschaften: Södermanland und Uppland. Höhe: Meereshöhe. – Einwohnerzahl: 660000 (mit Vororten 1,3 Mio.).
Postleitzahl: 10.... – Telefonvorwahl: 08.

(i) **Sveriges Turistråd**
(Schwedischer Fremdenverkehrsrat),
Hamngatan 27, Box 7473,
S-10392 Stockholm;
Telefon: 223280.
Stockholms Turisttrafikförbund
(Städtischer Verkehrsverband),
Sverigehuset,
Hamngatan 27,
S-11147 Stockholm;
Telefon: 223289.
Hotellcentralen, im Hauptbahnhof,
Vasagatan,
S-11120 Stockholm;
Telefon: 240880.
Turistbyrån Stadshuset
(Mai bis September);
Telefon: 512112.
Turistbyrån Värtahamnen,
Silja Lines Terminal
(Juni bis August);
Telefon: 618834.
Tonband-Informationsdienst
('Miss Tourist'), in deutscher Sprache;
Telefon: 221850.
Motormännens Riksförbund (M),
Sturegatan 32,
S-11436 Stockholm;
Telefon: 670580.
Kungl. Automobil Klubben (KAK),
(Königlich Schwedischer Automobilklub),
Södra Blasieholmshamnen,
S-11148 Stockholm;
Telefon: 238800.

BOTSCHAFTEN. – *Bundesrepublik Deutschland,* Skarpögatan 9, S-11527 Stockholm; Tel. 631318. – *Deutsche Demokratische Republik,* Bragevägen 2, S-11426 Stockholm; Tel. 10432. – *Republik Österreich,* Kommendörsgatan 35/V, S-11458 Stockholm; Tel. 233490. – *Schweizerische Eidgenossenschaft,* Skepsbron 20, S-11130 Stockholm; Tel. 231550.

HOTELS (Zimmervorbestellung dringend zu empfehlen). – Auf Blasieholmen: *Grand Hotel,* Södra Blasieholmshamnen 8, 526 B.; *Strand Hotell,* Nybrokajen 9, 156 B. – In Staden: *Reisen,* Skeppsbron 12-14, 206 B., Hb., mit schöner Aussicht; *Lord Nelson,* Västerlånggatan 22, 40 B. – In Norrmalm: *Sheraton-Stockholm,* Tegelbakken 6, beim Hauptbahnhof, 920 B., Tiefgarage; *Carlton,* Kungsgatan 57A, 215 B.; *Continental,* Klara Vattugränd 4, 430 B.; *Anglais,* Humlegårdsgatan 23, 340 B.; *Stockholm,* Norrmalmstorg 1, 145 B. – Drottninggatan: Nr. 66 *Frälsningsarméns Hotell City* (von der Heilsarmee betrieben), 295 B. – Vasagatan: Nr. 20 *Terminus,* 180 B.; Nr. 38 *Central,* 195 B.; Nr. 42 *Adlon,* 83 B.; Nr. 40 *Wasa,* 90 B. – In Kungsholmen: *Amaranten,* Kungsholmsgatan 31, 615 B., Hb.; *Palace,* St. Eriksgatan 115, 400 B.; *Kristineberg,* Hjalmar Söderbergsväg 10, 218 B. – In Östermalm: *Diplomat,* Strandvägen 7C, 180 B.; *Wellington,* Storgatan 6, 79 B.; *Mornington,* Nybrogatan 53, 203 B.; *Esplanade,* Strandvägen 7A, 45 B.; *Eden,* Sturegatan 10, 80 B.; *Karelia,* Birger Jarlsgatan 35, 120 B. – Bei der Technischen Hochschule: *Domus,* Körsbärsvägen 1, 140 B. – In Vasastaden: *Birger Jarl,* Tulegatan 8, 432 B., Hb.; *Oden,* Karlbergsvägen 24, 270 B. – In Ekhagen: *Frescati,* Professorsslingan 13–15, nur 1. 6.–31. 8., 115 Z. – In Södermalm: *Sjöfartshotellet,* Katarinavägen 25, 365 B.; *Malmen,* Götgatan 49–51, 442 B.; *Aston,* Mariatorget 3, 115 B. – In Solna: *Flamingo,* Hotellgatan 11, 223 B.; *Esso Motor Hotel Järva Krog,* Uppsalavägen 43, 465 B., Hb. –

In Sundbyberg: *Park Hotel, Karlavägen 43, 400 B.

In Bromma, 9 km westlich vom Zentrum: Bromma, Brommaplan 1, 225 B.; Flyghotellet, Brommaplan, 136 B. – Im Süden, in Älvsjö: *Star Hotel Stockholm, Mässvägen, 144 B.; in Huddinge: Esso Motor Hotel Kungens Kurva, Ekgårdsvägen 2, 552 B., Hb. – Im Südosten, in Johanneshov: OK Motorhotell, Marknadsvägen 6, 212 B. – Im Nordosten: Jerum, Studentbacken 21, 240 B.

JUGENDHERBERGE, im ehem. Segelschulschiff "af Chapman", 130 B.

Mehrere CAMPINGPLÄTZE. – Ferner Vermietung von Sommerhäuschen auf den Schären.

RESTAURANTS. – Berns Salonger, Näckströmsgatan 8; Cattelin (Fischspezialitäten), Stora Gråmunkegränd 8; Cosmopolite, Sverigehuset, Hamngatan 27; Den Gyldene Freden, Österlånggatan 51; Fem Små Hus, Nygränd 10; Maxim, Drottninggatan 81 b; Operakällaren (Smörgåsbord), im Opernhaus; Riche, Birger Jarlsgatan 4; Stallmästaregården, im Haga-Park; Stortorgskällaren, Stortorget 7; Teatercaféet, Kulturhuset, Sergels torg; Zum Franziskaner (deutsche Spezialitäten), Skeppsbron 44. – Auf Djurgården und in Skansen: Alhambra, Djurgårdsbrunns Värdshus, Hasselbacken, Kaknäs Turm (Balloptikon), Solliden. – Flygrestaurangen & Stekhuset New Orleans, Flughafen Bromma.

VERANSTALTUNGEN. – Feierliche Eröffnung des Reichstags (11. Januar); Walpurgisnacht (30. April); Nationalfeiertag (Festveranstaltungen; 6. Juni); Mittsommerfest (21. Juni); Bellman-Woche (Juli); Internationale St.-Eriks-Messe (August-September); Nobel-Feier (Dezember); Lucia-Festzug (13. Dezember).

FREIZEIT und SPORT. – Tennis, Golf, Wintersport, Segeln, Angeln.

*Stockholm, die Haupt- und Residenzstadt des Königreichs Schweden, liegt an der Mündung des Mälarsees in die Ostsee. Die See bildet hier eine tiefe, schärenreiche Bucht, die mit den überall aufragenden Felsen und den Wasserarmen Stockholm zu seiner bekannten schönen *Lage verhilft. Reiz-

voll ist auch die wald- und wasserreiche Umgebung. Die Stadt ist Sitz eines Bischofs, einer Universität, mehrerer Hochschulen und wissenschaftlicher Institute sowie der Nobel-Stiftung und verfügt über bedeutende Industrie, besonders auf dem Metall- und Maschinensektor und der Textil- und Lebensmittelbranche. Eine 1930 begonnene, aber erst nach 1945 intensiv weitergebaute Untergrundbahn (Tunnelbahn oder T-Bahn genannt) verbindet das Stadtzentrum mit einer ganzen Reihe von Vororten.

GESCHICHTE. – In seinen Anfängen lag Stockholm auf den Inseln Staden, Helgeandsholmen und Ryddarholmen, die der Reichsverweser Birger Jarl 1252 befestigen ließ, um die angesiedelten Bürger vor den dauernden Überfällen, vor allem von See her, zu schützen. Diese Inseln bilden heute die Altstadt. Die Bebauung breitete sich erst nach und nach auf das nördliche und südliche Festland aus. Die Blütezeit Stockholms begann im 17. Jahrhundert, als die Stadt Mittelpunkt des schwedischen Ostseereiches wurde. Im 18. und 19. Jahrhundert vernichteten zahlreiche Brände die Holzbauten der Stadt daher fast ausschließlich solide Steinbauten auf. Sie vereinigen in wirkungsvoller Weise altnordischen Stil mit moderner Bauart. Das neue Stadtzentrum, ab 1950 gebaut, um Höxtorg und Sergels Torg, dokumentiert den schwedischen Baustil der Gegenwart.

Besuchsordnung

Gesetzliche Feiertage, an denen die meisten Einrichtungen geschlossen bleiben, sind der 1. und 6. Januar, Karfreitag, Ostern (zwei Feiertage), der 1. Mai, Himmelfahrt, Pfingsten (zwei Feiertage), Mittsommer (am Samstag, der dem 21. 6. am nächsten liegt), Allerheiligen und Weihnachten (zwei Feiertage).

Nützliche Informationen über Sonderveranstaltungen und geänderte Öffnungszeiten kann man der

Stockholm – Altstadtinsel Riddarholmen

am Samstag in den Zeitungen "Dagens Nyheter" und "Svenska Dagbladet" erscheinenden Spalte *Museinyckeln* (Museumsschlüssel) entnehmen.

STADTGEBIET

Architekturmuseum
(Sveriges Arkitekturmuseum),
Skeppsholmen;
Mo., Mi.–Fr. 9–17 Uhr, Di. 9–21 Uhr, So. 13–17 Uhr.

Armeemuseum
(Armémuseum),
Riddargatan 13;
täglich 11–16 Uhr, Führungen Sept.–Mai samstags und sonntags.

Berzelius-Museum
(Berzeliusmuseet),
Roslagsvägen;
nur nach Vereinbarung, Tel. 15 04 30.

Biologisches Museum
(Biologiska Museet),
Djurgården;
April–Sept. täglich 10–16 Uhr; Okt.–März täglich 10–15 Uhr.

Botanischer Garten
(Bergianska Trädgården),
Frescati (gegenüber Naturgeschichtlichem Museum);
Freianlagen ganztägig; Gewächshäuser März–Okt. 13–16 Uhr, Nov.–Februar 13–15 Uhr, feiertags geschlossen.

Brauereimuseum 'Pripporama'
(Bryggerimuseet),
Voltavägen 29, Bromma;
nur nach Vereinbarung, Tel. 98 15 00.

Carl Eldhs Atelier
(Eldhs Ateljé Museum),
Lögebodavägen 10,
Bellevuepark;
Mai–Sept. Di.–So. 12–16 Uhr.

Ethnographisches Museum
(Etnografiska Museet),
Djurgårdsbrunnsvägen 34;
Di.–Fr. 11–16 Uhr, Sa./So. 12–16 Uhr.

Gustavsberg-Museum 'Keramikzentrum'
(Gustavsbergs Museum 'Keramiskt Centrum');
Mai bis Sept. Di.–Fr. 10–16 Uhr, Sa. 11–14 Uhr; sonst nach Vereinbarung, Tel. 07 66/3 91 00.

Hallwyl-Museum
(Hallwylska Museet),
Hamngatan 4 (Nähe Norrmalstorg);
Di.–So. 12–15 Uhr.

Historisches Museum
(Historiska Museet),
Narvavägen;
Di.–So. 11–16 Uhr.

Kaknästurm
(Kaknästornet),
N. Djurgården;
Mai–Aug. täglich 9–24 Uhr,
April und Sept. täglich 9–22 Uhr,
Okt.–März täglich 9–18 Uhr.

Königliche Bibliothek
(Kungl. Biblioteket),
Humlegården;
Mo.–Do. 8.45 bis 22 Uhr, Fr. und Sa. 8.45–18 Uhr, So. 11–17 Uhr;
Mittsommer bis 20. 8. Mo.–Do. 8.45–20 Uhr, Fr. 8.45–18 Uhr, Sa. 8.45–14 Uhr.

Königliche Hofstallungen
(Kungl. Hovstallet),
Väpnargatan 1;
sonntags 13–15 Uhr, Juli/Aug. geschlossen.

Königliches Münzkabinett
(Kungl. Myntkabinettet),
Narvavägen 13–17,
im Gebäude des Hist. Museums;
täglich 11–16 Uhr.

Königliche Rüstkammer
(Kungl. Livrustkammaren),
Königl. Schloß;
täglich 10–16 Uhr, Sept–April Mo. geschlossen.

Kulturhaus
(Kulturhuset),
Sergels torg 3;
täglich außer Mo.,
Auskunft über Öffnungszeiten und Sonderaktivitäten Tel. 11 23 06/07.

Liljevalch-Kunsthalle
(Liljevalchs Konsthall),
Djurgårdsvägen 60;
Di.–So. 11–17 Uhr, Di. bis 21 Uhr.

Medizinhistorisches Museum
(Medicinhistoriska Museet),
Åsögatan 146;
z. Z. in Renovierung.

Millesgården,
Lindingö;
Mai bis 15. Okt. täglich 10–16 Uhr; im Juni und Juli Di. und Do. auch 19–21 Uhr.

Mittelmeermuseum
(Medelhavsmuseet),
z. Z. wegen Umzug geschlossen.

Modernes Museum
(Moderna Museet),
Skeppsholmen;
Di.–Fr. 11–21 Uhr, Sa./So. 11–17 Uhr.

Musikmuseum
(Musikmuseet),
Sibyllegatan 2;
Di.–So. 11–16 Uhr.

Nationalmuseum,
Södra Blasieholmshamnen;
Mi.–So. 10–16 Uhr, Di. 10–21 Uhr.

Naturhistorisches Reichsmuseum
(Naturhistoriska Riksmuseet),
Frescati;
werktags 10–16 Uhr, sonn- und feiertags 11–17 Uhr.

Nordisches Museum
(Nordiska Museet),
Djurgården;
Mo.–Fr. 10–16 Uhr, Sa. und So. 12–17 Uhr; Sept. bis Mai Do. 10–20 Uhr, Mo. geschlossen.

Ostasiatisches Museum
(Östasiatiska Museet),
Skeppsholmen;
Mi.–So. 12–16 Uhr, Di. 12–21 Uhr.

Pavillon Gustavs III,
(Gustav III's Paviljong),
Haga;
Mai bis Sept. Di.–So. Führungen 12, 13, 14 und 15 Uhr.

Photographie-Museum
(Fotografiska Museet),
Skeppsholmen
(Westflügel des Modernen Museums);
Di.–Fr. 11–21 Uhr, Sa./So. 11–17 Uhr.

Postmuseum,
Lilla Nygatan 6;
Mo.–Sa. 12–15 Uhr, So. 12–16 Uhr, Do. auch 19–21 Uhr.

Riddarholm-Kirche
(Riddarholmskyrkan);
Mai bis Aug. werktags 10–15 Uhr, So. 13–15 Uhr; Sept. bis April nur Di., Do. und Sa. 12–14 Uhr.

Riddarhuset,
Riddarhustorget;
Führungen Mo.–Fr. 11.30 Uhr, Sa., So. und feiertags geschlossen.

Rosendal-Pavillon
(Rosendals Slott),
Djurgården;
3. 6. bis 31. 8. Führungen Di.–Sa. 12, 13, 14 und 15 Uhr, So. 13, 14 und 15 Uhr; September Sa. und So. 13, 14 und 15 Uhr.

Schloß
(Stockholms Slott);
Staatsgemächer, Bernadotte- und *Gästeräume,* wenn frei, Mai bis August Di.–Sa. 10–15 Uhr, So. 12–15 Uhr; Sept. bis April Di.–Sa. 11–14 Uhr, So. 12–15 Uhr.
Schatzkammer, 2. 5. bis 17. 9. werktags 10–16 Uhr, sonntags 12–16 Uhr; 18. 9. bis 30. 4. werktags 11–15 Uhr, sonn- und feiertags 12–16 Uhr.
Reichssaal und Schloßkirche, 2. 5. bis 30. 9. täglich 12–15 Uhr; 1. 10. bis 1. 11. Sa., So. 12–15 Uhr.
Schloßmuseum, 1. 6. bis 27. 8. täglich 12–15 Uhr.
Altertumsmuseum Gustavs III., 1. 6. bis 31. 8. täglich 12–15 Uhr.
Siehe auch *Königliche Hofstallungen.*

Seegeschichtliches Museum
(Sjöhistoriska Museet),
Djurgårdsbrunnsvägen;
täglich 10–17 Uhr, im Winterhalbjahr Di. auch 18–20.30 Uhr.

Skansen-Freilichtmuseum,
Djurgården;
Park April bis Sept. täglich 8–23.30 Uhr, Okt. bis März täglich 8–21 Uhr; kulturgeschichtliche Gebäude in der Sommersaison 11–17 Uhr. Täglich Gratisführungen von Bollnästorget 11–17 Uhr zur vollen Stunde, im April und Sept. um 12, 13 und 14 Uhr von Seglora kyrka.

Stadthaus
(Stadshuset),
Hantverkargatan 1;
Führungen (auch deutsch) werktags 10 Uhr, sonntags 10 und 12 Uhr.
Turm 1. 5. bis 30. 9. täglich 11–15 Uhr.

Stadtmuseum
(Stadsmuseum),
Slussen, im alten Rathaus;
Juni bis Aug. Do.–Mo. 11–17 Uhr, Di./Mi. 11–19 Uhr, Sept. bis Mai Fr.–Mo. 11–17 Uhr, Di.–Do. 11–21 Uhr.

Straßenbahnmuseum
(Spårvägsmuseet),
U-Bahn-Station Odenplan;
Mai bis Sept. Mo.–Fr. 10–17 Uhr, Okt. bis April Mo.–Sa. 10–17 Uhr.

Strindberg-Museum 'Biå Tornet'
(Strindbergsmuseet),
Drottninggatan 85;
Di.–Sa. 10–16 Uhr, Di. auch 19–21 Uhr, So. 12–17 Uhr.

Tabak-Museum
(Tobaksmuseet),
Gubbhyllan, Skansen;
1. 6. bis 31. 8. täglich 11–17 Uhr; 1. 9. bis 31. 5. täglich 11–15 Uhr.

Tanz-Museum
(Dansmuseet),
Laboratoriegata 10
(Nähe Strandvägen 76);
Di.–So. 12–16 Uhr.

Technisches Museum und Telemuseum
(Tekniska Museet med Telemuseum),
N. Djurgården, Museivägen 7;
werktags 10–16 Uhr,
Sa. und So. 12–16 Uhr.

Thiel-Galerie
(Thielska Galleriet),
Djurgården;
werktags 12–16 Uhr, sonntags 13–16 Uhr.

Waldemarsudde,
Djurgården;
Di.–Sa. 11–16 Uhr, im Sommer 11–17 Uhr, So. 11–17 Uhr. 15. 5. bis 15. 9. Di. und Do. auch 19–21 Uhr.

Wasa-Museum *(Vasavarvet),*
Regalschiff "Wasa" von 1628,
Djurgården;
im Sommer täglich 9.30–19 Uhr; im Winter täglich 10–17 Uhr.
Feuerschiff "Finngrundet", während des ganzen Jahres So. 12–17 Uhr.

Detail vom schwedischen Staatswappen am Regalschiff "Wasa"

Wein- und Destilleriemuseum
(Vin- och Sprithistoriska Museet),
AB Vin- & Spritcentralen,
St. Eriksgatan 121;
Di.–Sa. 10–15 Uhr, im Winter Führungen So. 13 und 14.30 Uhr.

UMGEBUNG

Chinesischer Pavillon
(Kina Slott),
Drottningholm, Schloßpark;
Mai bis Aug. werktags 11–16.30 Uhr, sonn- und feiertags 12–16.30 Uhr; April, Sept. und Okt. täglich 13–15.30 Uhr.

Drottningholm-Schloß
(Drottningholms Slott);
Mai bis Aug. werktags 11–16.30 Uhr, sonn- und feiertags 10–16.30 Uhr; April, Sept. und Okt. täglich 13–15.30 Uhr.

Drottningholm Schloßtheater und Theatermuseum
(Drottningholms Slottsteater och Teatermuseum),
Mai bis August werktags 12–16.30 Uhr, So. 13–16.30 Uhr; Sept. täglich 13–15 Uhr. Während der Saison stündlich mehrsprachige Führungen.

Gripsholm-Schloß
(Gripsholms Slott),
Mariefred;
1. 3. bis 14. 5. Di.–Sa. 10–16 Uhr, So. 12–16 Uhr; 15.
5. bis 31. 8. täglich 10–16.30 Uhr; 1. 9. bis 31. 10.
Di.–Sa. 10–16 Uhr, So. 12–15 Uhr. Nov. bis Febr.
Auskunft Tel. 01 59/1 01 94.

Rosersberg-Schloß
(Rosersbergs Slott);
15. Mai bis 15. Sept. Mi./Do. 11–15 Uhr, So. 12–15
Uhr; im Juli geschlossen.

Sturehov *(Herrenhaus),*
Botkyrka am Mälar;
So. 13–16 Uhr.

Svindersvik *(Herrenhaus),*
Nacka;
13. 5. bis 17. 9. So. 13–16 Uhr, Führungen zur vollen
Stunde.

Tullgarn-Schloß
(Tullgarns Slott),
Vagnhärad;
15. Mai bis 15. Sept. Führungen werktags 11–16 Uhr
zur vollen Stunde, sonn- und feiertags halbstünd-
lich.

Vaxholm-Festungsmuseum
(Vaxholms Fästnings Museum),
15. 5. bis 31. 8. 13–16 Uhr, sonst nur für Gruppen,
Auskunft Tel. 07 64/3 01 00.

Stadtbeschreibung

Eine der drei zuerst besiedelten Inseln
ist HELGEANDSHOLMEN, der Altstadt
(Gamla Staden) vorgelagert. Man erreicht sie über die *Norrbro.* An der Ostseite liegt der kleine Park *Strömparter-*
ren mit einem Sommercafé, während im
westlichen Teil der 1898-1904 im Stil der
Hochrenaissance gebaute ehemalige
Reichstag dominiert. Dahinter die
Reichsbank.

Unmittelbar südlich der Norrbro auf
der Altstadtinsel STADEN steht das
*Königliche Schloß *(Kungl. Slottet),*
dessen Bau nach Plänen von Tessin d. J.
(† 1728) im Renaissancestil von seinem
Sohn K. G. Tessin vollendet wurde. Es
steht an der Stelle der 1697 durch einen
Brand zerstörten mittelalterlichen
Vasa-Burg.

Das in Barock und Rokoko eingerichtete INNERE
des Schlosses enthält im ersten Stock die Wohn-
räume König Oskars II. († 1907; 'Bernadotte Våning'), im zweiten Stock die Prunkräume der Fest-
våning und die Gästezimmer (Gästvåning), im Südflügel die Schloßkapelle und den großen Reichssaal. Das *Altertümermuseum* und die *Schatzkam-*
mer mit den Reichsinsignien sind der Öffentlichkeit
zugänglich.

Südwestlich hinter dem Schloß die
Storkyrka, die Domkirche, die so alt ist
wie Staden selbst. Sie wurde 1306 geweiht, fast 200 Jahre lang ausgebaut,
1736-43 barock erneuert und ist königli-

che Hochzeits- und Krönungskirche. Im
Innern neben einem Altar (ca. 1640), in
Silber und Ebenholz gehalten, das
große gotische **Reiterbild des heiligen
Georg mit dem Drachen, eine farbige
hölzerne Skulpturengruppe des Lü-
beckers Bernt Notke († 1509). Der
Reichsverweser Sten Sture schenkte sie
der Kirche aus Anlaß des Sieges über die
Dänen in der Schlacht bei Brunkeberg.
Die mächtige Orgel stammt aus dem 18.
Jahrhundert.

Südlich der Kirche bildet der Stortorg
den Mittelpunkt der Insel. Er wird von
Bauten aus dem 17./18. Jahrhundert
umfaßt, darunter die *Börse* als einer der
schönsten (1778 von Erik Palmstedt errichtet). Jetzt sind darin die Schwedische Akademie und die Nobel-Biblio-
thek untergebracht. 1520 war der Stortorg Schauplatz des Stockholmer Blut-
bades, als Christian II. von Dänemark
zur Festigung seiner Herrschaft in
Schweden 82 führende Männer hinrichten ließ. Südöstlich vom Stortorg die
*Deutsche oder **St.-Gertrud-Kirche**
(Tyska kyrkan), die wie kaum eine andere der Stadt den Charakter und Zeit-
geschmack des 17. Jahrhunderts wider-
spiegelt. Sie hat einen reichvergoldeten
Altar, den Markus Hebel aus Neumün-
ster schuf, eine Kanzel aus Ebenholz
und Alabaster, nach Plänen von Tessin
d. Ä., die ganz besondere Beachtung
verdient, ferner eine Königsloge und
eine Orgel, die 1971 aus Anlaß des 400-
Jahr-Jubiläums der deutschen Gemeinde, der ältesten im Ausland, angeschafft
wurde (sie stammt von der Firma Peter
in Köln). Östlich der Kirche in der
Österlånggatan lohnt das seit 1721
bestehende Restaurant *Den Gyldene
Freden* (Der Goldene Frieden) einen Besuch. Hier wird die Erinnerung an den
bekannten Stockholmer Barockdichter
Carl Michael Bellman wachgehalten, zu
dessen wohl bekanntesten Liedern
''Fredmans Epistel'' gehören.

Die Västerlånggatan verläuft im Westen von Staden, gesäumt von vielen
kleinen Geschäften, die sich hinziehen
bis Järntorget. Am Markt selbst das
alte *Reichsbankhaus* von etwa 1670. Es
soll eines der ältesten Bankhäuser der
Welt sein. – An der Nordwestseite von
Staden liegt der Riddarhustorg mit
einem *Denkmal Gustav Vasas,* des Wie-
derbegründers des nationalen König-
tums in Schweden (1523). An der Nordseite des Platzes ist im *Alten Rathaus*
(Bondeska Palatset; 17. Jahrh.) das
Reichsgericht (Högsta domstolen) untergebracht. Das **Ritterhaus** *(Riddar-*
huset) in niederländisch beeinflußtem
Barock wurde 1641-74 von Justus Ving-

Stockholm

200 m

Uppsala

Odengatan

Karlbergsvägen

G. Vasa kyrka

Stads-bibliotheket

Engelbrekts-kyrka

Uni-versi-tät

Rehnsgatan

Kungstensgatan

Karlavägen

Odengatan

Vasa-parken

Dalagatan

Kungstensgatan

Rådmansgatan

Döbelnsgatan

Rådmansgatan

Eriks-bergs-plan

Birger Jarlsgatan

Engelbrektsgatan

Torsgatan

Tegnérgatan

Upplandsgatan

Tegnér-lunden

Kammakargatan

Johannes kyrka

Tegnérgatan

Kammakargatan

Drottninggatan

A. Fredriks kyrka

Brunnsgatan

Fleminggatan

Klarastrandsleden

Barnhusviken

Folkets hus

NORRMALM

Tunnelgatan

Kungstornen

Kungsgatan

Konsert-hus

Kungsgatan

Lästmakargata

Hötorg

Drottningholm

Kungsholmsgatan

Östra Järnvägsgatan

Vasagatan

Gamla Brogatan

Sveavägen

Sergelsgata

Sergels-torg

Hamnga

Råd-huset

Kungsgatan

Klarabergsviadukten

Mäster Samuelsgatan

Kultur-huset

Regeringsgatan

Kun tra gar Jako kyri

Bergsgatan

Klara Sjö

Klarabergsgatan

Vasagatan

Klara kyrka

Riksdag

Oper

Kungsholms kyrka

Hauptbahnhof

Vattugatan

Drottninggatan

G.-Adolfs-torg

Hantverkargatan

Auto-bushof

Fredsgatan

Norr

KUNGSHOLMEN

Stadhuset

Vasabron

HELGEANDS-HOLMEN

Centralbron

Ehem. Reichs

Norr Mälarstrand

Riddar-huset

Högsta-domstolen

B.-Jarls-torn

Svea Hovrätt

Riddar-holms kyrka

RIDDAR-HOLMEN

Stor kyrka

Börs

Stora Nygatan

Riddarfjärden

Mälaren (Mälarsee)

Centralbron

Söder Mälarstrand

Söder Mälarstrand

SÖDERMALM

Söde

Stadsmus

Brännkyrkagatan

Maria kyrka

Brännkyrkagatan

Hornsgatan

Södertälje

schule, Vetenskapsstaden — Lindingö

Stadion

Musik-högskolan

Sveriges Radio

Valhallavägen

Floragatan

Östermalmsgatan

Sturegatan

Brahegatan

Grev Turegatan

Nybrogatan

Sibyllegatan

Östermalmsgatan

Artillerigatan

Strindbergsgatan

Erik

Dahlbergsgatan

Hedinsgatan

Värtavägen

Karlavägen

Kommendörsgatan

Skeppargatan

Banérgatan

Valhallavägen

mlegården

gliche othek

Sturegatan

Brahegatan

Grev Turegatan

Linnégatan

Karla-plan

Gustav Adolfs-parken

Karlavägen

Oxenstiernsgatan

ture-lan

Humlegårdsgatan

Grev

ÖSTERMALM

Linnégatan

Narvavägen

Banérgatan

Linnégatan

Radio-huset

H. Eleonore kyrka

Storgatan

Histor. muséet

Museen

Birger Jarlsgatan

Nybrogatan

Sibyllegatan

Artillerigatan

Armé-museum

Riddargatan

Skeppargatan

Oscars Kyrka

Storgatan

ltwylska useet

Hamngatan

Dramat. teatern

Nybro-plan

Riddargatan

Berzelii Park

Arsenalsgatan

Stallgatan

Nybroviken

Strandvägen

Ladugårds-landsviken

Nordiska muséet

Lusthusporten

Rosendalsvägen

Rosendalsslott

ärdsgatan

BLASIE-HOLMEN

Södra Blasieholmsh.

Skeppsholms-bron

National-museum

Östasiatiska muséet

SKEPSHOLMEN

Skansen

Strömbron

Kungl. Slottet

"af Chapman"

Strömmen

Moderna muséet

Biolog. muséet

Liljevalchs Konsthall

Djurgårdsvägen

GAMLA-STADEN

ska rka

Skepsbron

Museum

Svensksundsvägen

Vasa-varvet

DJURGÅRDS-STADEN

arl-Joh-torg

ssen

KASTELL-HOLMEN

S a l t s j ö n

Katarina-hissen

Katarinavägen

U-Bahn (Tunnelbana)

boons und Simon de la Vallé erbaut. In seinem mit Wappenschildern aller schwedischen Adelsfamilien ausgeschmückten Rittersaal tagte bis 1866 der adlige Reichsstand. – Von der Westseite des Riddarhustorg führt eine Brücke zu der kleinen Insel RIDDARHOLMEN. Auf dem Birger Jarlstorg erinnert eine Säule mit der *Statue Birger Jarls* an den Begründer Stockholms, ebenso der *Birger-Jarls-Turm* (15. Jh.), von dem aus man einen schönen Ausblick auf den Mälarsee und das Stadthaus hat. – Am Markt das *Oberlandesgericht* (Svea hovrätt) im ehemaligen *Wrangelschen Palais* (um 1650), dessen Rundturm zu den Resten der ältesten Stadtbefestigung gehört. An der Südseite des Platzes die mehrfach umgebaute ***Riddarholm-Kirche** *(Riddarholmskyrkan)*. Sie gehörte einst zum Franziskaner-Kloster. Die Gußeisenspitze (1841) des 90 m hohen Turmes ist weithin sichtbar. Seit 1807 ist die Kirche nur noch Beerdigungs- und Gedächtniskirche; dort werden keine Gottesdienste mehr abgehalten. Sie ist vor allem als Gruftkirche schwedischer Könige bekannt.

Riddarholm-Kirche　　**Stockholm**

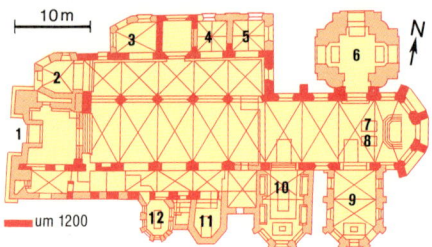

um 1200

1 Westeingang
2 Torstensonsche Kapelle (1651)
3 Wachtmeistersche Kapelle (1654)
4, Lewenhauptsche
5 Kapellen (1654)
6 Karolinische Kapelle (1671–1743)
7 Grabmal von Magnus Ladulås († 1290)
8 Grabmal von Karl Knutson († 1470)
9 Gustav-II-Adolf-Kapelle (1633–34)
10 Bernadottsche Kapelle (1858–60)
11 Vasaborgsche Kapelle (1647)
12 Banérsche Kapelle (1636)

Die Wände des INNEREN der Riddarholm-Kirche sind mit Wappen verstorbener Ritter des 1336 gestifteten Seraphinen-Ordens bedeckt. An der Decke und in einzelnen Grabkapellen Fahnen, Standarten und andere Trophäen aus den Kriegszügen der schwedischen Könige. Den Fußboden bilden Grabplatten. – Im Chor vor dem Hochaltar (1679) die Grabmäler der Könige *Magnus Ladulås* († 1290) und *Karl Knutsson* († 1470). Rechts die Grabkapelle des 1632 bei Lützen gefallenen Königs *Gustav Adolf* (Gustavianska Gravkoret), mit einem grünen Marmorsarkophag. Gegenüber die 1671–1743 erbaute karolinische Grabkapelle (Karolinska Gravkoret), mit den Sarkophagen *Karls XII.* († 1718) und *Frederiks I.* († 1751). Anschließend an die Grabkapelle Gustav Adolfs die 1858-60 erbaute Grabkapelle des Hauses Bernadotte (Bernadotteska Gravkoret); in der Mitte hinten der mächtige rote Porphyrsarkophag *Karls XIV. Johann* († 1844), davor der Sarkophag seiner Gemahlin *Desideria* († 1860); ferner hier u. a. auch die Ruhestätte *Gustavs V.* (1858-1950). – Im südlichen Seitenschiff die

gräflich *Vasaborgsche Grabkapelle* und die Grabkapelle des schwedischen Feldmarschalls *Johan Banér* († 1641 zur Halberstadt). – Im nördlichen Seitenschiff links vom Eingang die gräflich *Torstensonsche Kapelle;* anschließend die Kapelle des Generals *Wachtmeister* († 1652) und die beiden gräflich *Lewenhauptschen Grabkapellen.*

Im großen Stadtteil NORRMALM, erreichbar von Staden über die Norrbro, liegt am Gustav Adolfs Torg, mit einem Reiterstandbild (1796) des Königs, das *Erbfürstenpalais* (1783), seit 1906 Sitz des Außenministeriums. Rechts dann mit Blick auf den Strömmen das **Opernhaus** und dahinter die *Jakobs-*

Opernhaus in Stockholm

kirche (1643; Turm 1735). Vom See in Stadtrichtung eine Parkanlage mit dem *Kungsträdgården* und den *Standbildern Karls XII.* und des nach Osten zeigenden *Karl XIII.*

Südöstlich vom Gustav Adolfs Torg liegt an der Südspitze der Halbinsel BLASIEHOLMEN das ***Nationalmuseum** mit der bedeutendsten Kunstsammlung Schwedens. Es sind sowohl Gemälde und Skulpturen, als auch Grafik und Kunsthandwerk vertreten.

Die ***Gemäldegalerie** besitzt eine Anzahl Niederländer, darunter erstrangige Gemälde von **Rembrandt (''Nächtliche Verschwörung der Bataver unter Claudius Civilis gegen die Römer'', nächst der ''Nachtwache'' das umfangreichste Bild des Meisters, und die sog. ''Köchin des Malers''), von *Rubens (''Bacchanal'' und ''Venusopfer'') und von *Frans Hals d. Ä. (''Der Geigenspieler''); ferner zahlreiche Werke französischer Maler des 18. Jahrhunderts, die nur noch in Paris und London ähnlich gut vertreten sind (u. a. *Fr. Boucher, ''Triumph der Venus''), während die neuere schwedische Malerei besonders beachtenswerte Werke von D. K. Ehrenstrahl, Al. Roslin, Carl Larsson, Bruno Liljefors, Anders Zorn, Prins Eugen aufweist.

An der Nordwestseite des Museums in den Anlagen die Bronzegruppe der ***Gürtelkämpfer** (Bältespännare; 1867), die einen altnordischen Zweikampf darstellt.

Südlich vom Museum führt eine Brücke zu der hübschen, früher der Marine gehörenden Insel SKEPPSHOLMEN mit der *Skeppsholmskirche* (1842), dem *Ostasiatischen Museum* und dem ***Modernen Museum** mit Kunst des 20. Jahrhunderts; angeschlossen ist ein Fotomuseum. Am Westufer liegt das ehemalige *Segelschulschiff "af Chapman"*, das als Jugendherberge (mit Ausnahme der Wintermonate) dient.

An der Nordseite des Kungsträdgård verläuft die heute als Hauptstraße betrachtete Hamngatan. Vom Dachrestaurant des hier liegenden *Warenhauses NK* (Nordiska Kompaniet) hat man eine prachtvolle Aussicht über die Stadt. Hamngatan Nr. 4 ist das *Hallwylsche Palais* mit seiner spanisch inspirierten Fassade. Dieses ehemals reichsgräfliche Palais ist als Museum eingerichtet und zeigt das Interieur der Jahrhundertwende. Hier finden auch Theatervorstellungen statt. Im *Berzelii-Park*, benannt nach dem Chemiker J. Berzelius, das vielbesuchte Restaurant *Berns Salonger*, am Nybroplan das 1907 eröffnete **Königliche Dramatische Theater** *(Kgl. Dramatiska Teatern).*

Am Westende der Hamngata liegt als neues Zentrum der Sergels Torg mit einer hohen, modern gestalteten *Fontäne* und dem **Kulturhaus** (P. Celsing; 1974), das Lesesäle, Bibliothek und Theater beherbergt. Anschließend das **Neue Reichstagsgebäude** von 1971. Die Sergelsgata ist als Fußgängerzone mit Geschäften und einer unterirdischen Markthalle eingerichtet und führt an fünf Hochhäusern vorbei zum Hötorg. Im Sommer wird hier Markt gehalten. An der Westseite das *Konzerthaus* (1962), die Heimstatt der Stockholmer Philharmoniker und Schauplatz der alljährlichen Nobelpreisverleihung. Davor der *Orpheus-Brunnen* von Milles (1936). – Nördlich die Kungsgata, eine der Hauptgeschäftsstraßen Stockholms, mit dem *Warenhaus PUB* und den beiden *Königstürmen* (Kungstornen; 17stöckige Hochhäuser). Vom Konzerthaus führt der breite Sveaväg nach Nordwesten. Links die *Adolf-Frederiks-Kirche* (1774) mit Skulpturen des schwedischen Bildhauers J. T. Sergel († 1814) im Innern, ebenfalls hier das Epitaph des 1650 in Stockholm verstorbenen französischen Philosophen Descartes, dessen Leiche 1666 nach Paris

Klarakirche und Hochhäuser am Hötorg

überführt wurde. Im nördlichen Teil des Sveaväg die *Handelsschule,* die *Stadtbibliothek* und am Ende der Straße schließlich das Forschungszentrum *Wenner-Gren-Center* (1961). Von der Stadtbibliothek den Karlbergsväg hinunter gelangt man zum *Schloß Karlberg* (17. Jh.) am Ufer des *Karlbergsees,* das jetzt Kriegsschule ist.

Parallel zum Sveaväg verläuft die Geschäftsstraße Drottninggata. Im Haus Nr. 85, dem ehemaligen Wohnhaus des schwedischen Dichters August Strindberg (1849-1912), das *Strindberg-Museum.* Am Nordende der Straße liegen die Hauptgebäude der 1878 gegründeten **Universität;** im Westen steht die **Klarakirche** mit ihrem 104 m hohen Turm. An der Kirche das *Grab des Dichters Bellman.* Nicht weit entfernt der **Zentralbahnhof** (mit Eisenbahnmodell-Museum).

KUNGSHOLMEN (Königsinsel) ist durch eine schmale Bucht von der übrigen Stadt getrennt. Hier erhebt sich am Ufer das Wahrzeichen von Stockholm, das *Stadthaus (Stadshuset).* Die Süd-

Stadthaus auf Kungsholmen

ostecke des 1911-1923 von Ragnar Östberg errichteten Baus bildet ein vierkantiger, von einem offenen Laternenbau gekrönter Turm, dessen Spitze (106 m) die drei vergoldeten Kronen des schwedischen Wappens trägt. Von der Plattform unter dem Glockenstuhl (Fahrstuhl bis zu $^3/_4$ der Höhe) prächtige *Aussicht.* An der Nordwand ein Spielwerk, St. Georg mit dem Drachen; im Turm ein Glockenspiel, das im Sommer um 12 und 18 Uhr erklingt. Am Ostfuß des Turms unter einem Säulenbaldachin die ruhende Gestalt des Stadtgründers Birger Jarl, von G. Sandberg. Im Innern des Stadthauses Fest- und Verwaltungsräume, u.a. die Blaue Halle, ein gedeckter Innenhof mit Säulengang, weiter der große Ratssaal als Sitzungssaal der Stockholmer Bürgerschaft und schließlich der Goldene Saal mit prachtvollen Mosaiken.

Unweit westlich vom Stadthaus, an der Hantverkargata, die aus dem 17. Jahrhundert stammende *Kungsholm-Kirche.* Nordwestlich der Kirche, an der Scheelegata, das 1911-15 von C. Westmann erbaute sog. **Rathaus** *(Rådhuset),* der Sitz des Amtsgerichts; dahinter das *Polizeipräsidium.*

Der östliche Stadtteil ÖSTERMALM wird im Westen etwa von der Birger Jarlsgata und im Süden von der Bucht *Nybroviken* begrenzt. Hier verläuft eine der schönsten Straßen Stockholms, Strandvägen, an der eine Reihe von Botschaften liegen. Das *Königliche Armeemuseum* in der Riddargatan verfügt über eine umfangreiche Uniform- und Waffensammlung. Nahebei im Park *Humlegården* liegt die 1870-77 erbaute und später erweiterte **Königliche Bibliothek,** die Nationalbibliothek Schwedens. Neben anderen bibliophilen Seltenheiten besitzt sie den *Codex Aureus, eine lateinische Übersetzung der vier Evangelien aus dem 8. Jahrhundert. – Östlich des Parks an der Sturegata (Nr. 14) das Gebäude der *Nobelstiftung,* die 1900 von dem Chemiker Alfred Nobel ins Leben gerufen wurde und jährlich fünf Preise für bedeutende Leistungen auf dem Gebiet der Physik, Chemie, Medizin, Literatur und Friedensbewegung vergibt. – Am Karlaväg die *Engelbrektskirche* aus Granit und rotem Ziegel. Sie wurde 1914 von Lars Israel Wahlman gebaut. Unweit östlich, am Valhallaväg, liegt das für die Olympiade 1912 gebaute hölzerne *Stadion.* Nördlich die Gebäude der **Technischen Hochschule.**

Im südlichen Teil von Östermalm befindet sich das *Staatliche Historische Museum;* im selben Gebäude die *Königliche Münzsammlung.* In der Nähe die Gebäude des *Schwedischen Rundfunks* und *Fernsehens;* am Borgväg das *Schwedische Filminstitut.* – An dem nach Osten führenden Djurgårdsbrunnväg, der Fortsetzung des Strandväg, liegen das *Seehistorische Museum, das *Technische Museum* und das *Staatliche Museum für Völkerkunde.* Nordöstlich davon der 155 m hohe **Kaknäs-Turm** mit Restaurant und Aussichtsplattform.

Die Südstadt SÖDERMALM ist wegen der malerischen Lage und der dem felsigen Grund angepaßten Straßen besonders charakteristisch für Stockholm. Hierher führt eine Doppelbrücke von der Altstadt Staden über den *Söderström.* Die mit den Brücken verbundene Schleuse (Slussen) trennt den Mälarsee mit seinem Süßwasser von der salzigen Ostsee. Am Södermalms Torg links

der *Katarinahiss* (Fahrstuhl), der zu einem Restaurant in 36 m Höhe führt. Hier bietet sich eine wunderschöne *Aussicht über die Altstadt und die nördlichen Stadtviertel. Von der Plattform führt ein eiserner Steg zum Mosebacketorg.

An der Südseite des Södermalms Torg das *alte Rathaus* (17. Jh.), in dem Stockholms **Stadtmuseum** Platz gefunden hat. Nicht weit südlich am Medborgarplats das Haus gleichen Namens, das *Mitbürgerhaus* von 1939, das den verschiedensten Zwecken dient. In der Hornsgata die *Mariakirche* aus dem 16./17. Jahrhundert mit einer erst 1825 aufgesetzten Turmhaube; unweit westlich der baumbestandene Adolf Frederiks Torg mit der Brunnengruppe von Wissler "Thor mit der Midgardschlange".

DJURGÅRDEN. – Auf der Insel, die man vom Strandväg über die *Djurgårdsbro* erreicht, liegt der *Djurgård, ein an der Stelle eines Wildgeheges angelegter Park, vom 16. bis zum 18. Jahrhundert königliches Jagdgehege. – Hinter der Brücke liegt rechts das *Nordiska Museet (Nordisches Museum),* dessen Sammlungen einen Überblick über die nordische Lebensweise vermitteln. Im Erdgeschoß die *Königliche Leibrüstkammer,* die das Leben der höheren Stände zeigt; ferner eine dem Bauernstand gewidmete Abteilung, nach schwedischen Provinzen geordnet, sowie eine, die die Kultur der Lappen demonstriert. – Im *Biologischen Museum* (südlich vom Nordischen Museum), einem Holzbau in der Art nordischer Stabkirchen, erhält man einen Überblick über Vögel und Säugetiere Skandinaviens. – Unweit *Liljewalchs Kunsthalle,* mit wechselnden Ausstellungen.

Am Westufer, von der Stadt auch mit dem Boot zu erreichen, das **Wasa-

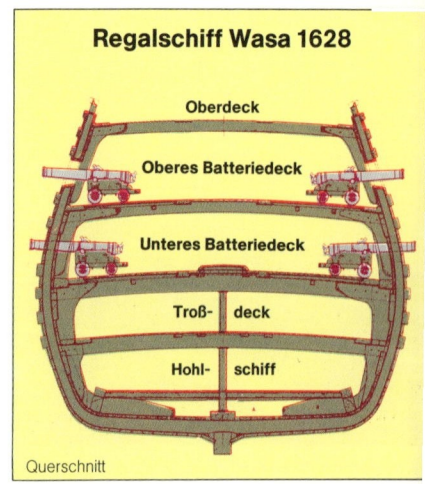

Regalschiff Wasa 1628

Oberdeck

Oberes Batteriedeck

Unteres Batteriedeck

Troß- | deck

Hohl- | schiff

Querschnitt

Museum *(Vasavarvet)* mit dem 1628 auf seiner Jungfernfahrt gesunkenen und 1961 gehobenen Regalschiff "Wasa".

Die Stelle, an der die **"Wasa"** gesunken war, wurde 1956 identifiziert, und drei Jahre später begannen die Arbeiten zur Bergung und Konservierung des in 32 m Tiefe liegenden Schiffes. Für die umfangreichen Arbeiten mußten z. T. erst völlig neue Arbeitsverfahren entwickelt werden; die *Wasa-Werft,* wo sich das Schiff heute befindet, wurde eigens für die Instandsetzung gebaut. Heute ist das 62 m lange Schiff weitgehend rekonstruiert. Die zahlreichen Funde der Schiffsausstattung – Möbel, Gebrauchsgegenstände, Münzen, Figurenschmuck – sind in einer Sonderausstellung zu sehen.

Östlich erstreckt sich über ein großes Gelände das dem Nordischen Museum angeschlossene Freilichtmuseum

*Skansen. Gründer und Initiator der Anlage, die bereits 1891 ins Leben gerufen wurde, war Artur Hazelius. Er wollte einen Teil des vergangenen Schweden bewahren, ehe die zunehmende Industrialisierung die Gesellschaft zu sehr verändert hatte. Hier gibt es u. a. Kirche und Herrenhof, Lappenbehausung und Sennerei, Kätnerhütte und Bauernhof und ein ganzes Stadtviertel mit alten Handwerksstätten. Im Laufe der Zeit sind etwa 150 kulturhistorisch wertvolle Bauten hierher versetzt worden, so daß Skansen heute zehnmal größer ist als bei seiner Gründung. In den Häusern und Werkstätten kann man z. B. etwas erfahren über die Butter- und Käseher-

Stockholm

**Freilichtmuseum
Skansen**

Haupteingang — 100 m

1 Städtische Bauten aus dem 17.–19. Jh.
2 Außerskandinavische Tiere
3 Älvrosgården, Bauernhof aus Mora, 16./17. Jh.
4 Skogaholms herrgård, Herrenhaus aus Närke, etwa 1680,1793–94 rekonstruiert
5 Landarbeiterhaus von 1920
6 Glockenturm aus Östergötland, 1732
7 Glockenturm aus Ostjämtland, 1778/79
8 Seglora-Kirche aus Västergötland, 1729/30; Turm 1780
9 Oktorpsgården, Bauernhof aus Halland, 18. Jh.

10 Skanegården, Bauernhof aus Schonen
11 Delsbogården, Bauernhof aus Hälsingland, 18./19. Jh.
12 Moragården, Bauernhof aus Dalarna, 16./17. Jh.
13 Bergmannshof aus Västmanland, 17. Jh.
14 Bergbauernhäuser aus Dalarna, 17./18. Jh.
15 Lappenlager
16 Finngården, Bauernhäuser vom Lekvattnet in Värmland, 16./17. Jh.

00 Toiletten

stellung, Backen, Weben, Korbflechten, Buchdruck, Drechseln und Glasblasen.

Skansen ist jedoch nicht nur ein kulturhistorisches Museum, sondern auch ein **Zoologischer Garten.** Es vermittelt in der weitläufigen Anlage zugleich ein Bild der Tiere, die in der schwedischen Natur leben. Ziegen, Bergkühe u.a. leben in ihrem entsprechenden Milieu, während Braun- und Eisbären, Wisente, Elche und Rentiere gesondert untergebracht sind. Die Anlage für außernordische Tiere beherbergt u. a. Affen, Elefanten, Seelöwen und Pinguine. Zahlreiche Kleintiere und Vögel leben frei auf Skansen. Der Tierpark ist ganzjährig geöffnet. – Im Nordteil des Parks der *Aussichtsturm Bredablick,* im Süden das *Restaurant Solliden* mit schöner Aussicht. Hier sind im Sommer täglich Konzerte, Volkstanzvorführungen und Theatervorstellungen.

Östlich von Skansen liegt das 1823-27 von Karl XIV. Johann erbaute und seit 1913 als Karl-Johans-Museum wie zur Erbauerzeit eingerichtete *Schloß Rosendal.* – Auf der gegenüberliegenden Seite der Insel auf der in den Saltsjö vorspringenden *Waldemarsudde* der ehemalige Wohnsitz und das Atelier des Malers Prins Eugen (1865-1947) mit einer bedeutenden Gemäldesammlung. – Eine weitere Sammlung mit vorzugsweise schwedischen Gemälden aus dem 19. und 20. Jahrhundert befindet sich in der ehemaligen *Villa Thiel* am Ostende von Djurgården. – Eine industriehistorische Sehenswürdigkeit ist die nahegelegene *Ölmühle* von 1785.

Im Norden von Stockholm liegt der Stadtteil VETENSKAPSSTADEN (Wissenschaftsstadt), wo u. a. die Königliche Akademie der Wissenschaften liegt, ferner das *Naturhistoriska Riksmuseet* (Naturhistorisches Reichsmuseum) mit ausgezeichneten Sammlungen. – Im Nordosten im Villenvorort **Lidingö** auf der gleichnamigen Insel der *Millesgård,* das ehemalige Heim und Atelier des schwedischen Bildhauers Carl Milles (1875-1955), eine Freilichtanlage mit Werken des Meisters und Arbeiten aus anderen Ländern.

UMGEBUNG von Stockholm. – 11 km westlich vom Zentrum (mit dem Schiff 45 Min.) liegt auf der Insel Lovö das **Sommerschloß Drottningholm;** heute Wohnsitz der königlichen Familie. Königin Eleonora ließ es 1662 von Nicodemus Tessin d. Ä. nach französi-

schen und holländischen Vorbildern aufführen. Im Inneren Gemälde von David Klöke Ehrenstrahl und Johan Philip Lempke sowie Skulpturen von Nicolaes Millich und Burchardt Precht. Eine gepflegte Parkanlage mit Terrassen und Lindenalleen umgibt das Schloß. Die hier stehenden Bronzeskulpturen wurden als Kriegsbeute aus Dänemark und Böhmen mitgebracht. 1744 erhielt Königin Luise Ulrike, eine Schwester Friedrich des Großen, Drottningholm als Hochzeitsgabe. Carl Hårleman und Carl Fredrik Adelcrantz bauten neue Flügel an; so entstanden Räume im französischen Rokokostil, u. a. die Bibliothek, einer der schönsten Räume. Adelcrantz war auch der Baumeister des später angefügten *Theaters* (1766), das heute noch für zahlreiche Aufführungen genutzt wird und über die gleichen technischen Einrichtungen verfügt wie zur Zeit Gustavs III. Dekoration und Kostüme aus dem 18. Jahrhundert sind im angegliederten Theatermuseum zu besichtigen. Für Königin Luise Ulrike wurde auch das *chinesische Lustschloß* im Park gebaut (1766). Es diente als Sommerwohnung und ist in der Einrichtung eine Mischung aus französischem Rokoko und chinesischen Stilelementen. Neben dem Lustschlößchen China liegt die kleine Arbeitersiedlung von Kanton von 1750/60. Die hier wohnenden Handwerker stellten für das Schloß die Möbel und Tapeten her.

Etwa 28 km westlich von Stockholm liegt im Mälarsee die kleine **Björkö* (Birkeninsel). Sie war in der Wikingerzeit Handelsplatz. Bereits im 10. Jahrhundert lebten hier etwa tausend Menschen, Handwerker, Kaufleute, Bauern und Sklaven. Die Insel war um diese Zeit auch Missionsort, wo der hl. Ansgar um 830 das Evangelium predigte. Das Leben jener Zeit läßt sich an hier gemachten Funden erkennen, u. a. mit Hausresten, Gerätschaften und Feuerstellen. Außerhalb der Siedlung erstreckt sich ein *Gräberfeld* mit ca. 250 Grabstellen, das größte in Schweden. Bei den Ausgrabungen fand man arabische Silbermünzen, Seide aus China, Keramik aus Friesland und Glas aus Frankreich. Das Gebiet um die alte Siedlung steht unter Denkmalschutz. Unweit die *Ansgarkapelle,* die 1930 geweiht wurde. – In der Sommerzeit gibt es regelmäßige Schiffsverbindungen von Stockholm und Södertälje nach Björkö.

Södertälje (60 000 Einw.; Esso Motor Hotel 259 B.; Stadshotellet, 132 B.), heute Industriestadt, ist aus einem Handelsplatz der Wikinger zwischen Mälarsee und Ostsee entstanden. Aus dem ursprünglichen Ortsnamen Tälje wurde, mit Gründung des Ortes Norrtälje, Södertälje. Der Bau des Södertälje-Kanals 1807–19 und der Bau der Eisenbahnlinie Stockholm–Göteborg, an der Södertälje liegt, waren die Basis für die industrielle Entwicklung der Stadt. Am Stortorget die St.-Ragnhild-Kirche, umgebaut, aber mit Resten aus dem 13. Jahrhundert, ferner das *Rathaus* von 1965 und andere moderne Bauten. Das alte Rathaus wurde an den Kanal versetzt. Im *Freilichtmuseum* (Östra Sörmlands museet) auf dem *Torrekällberg* sind die hier wiedererrichteten Häuser und Werkstätten zu sehen. In der dem städtischen Leben gewidmeten Abteilung das *Strömstedtska huset* mit historischen Sammlungen. Ein

Schloß Drottningholm bei Stockholm

Bäckerei ist auch in Betrieb. Hier werden die bekannten Södertäljekringlor gebacken. – Gut 2 km südlich der Stadt liegt der Badeplatz *Södertälje Havsbad.*

Empfehlenswert ist eine Fahrt mit dem Schiff (ca. 3 St.) von Stockholm über den Mälarsee nach **Mariefred** (2600 Einw.; Gripsholms Vårdshus, 11 B.), einer idyllischen Kleinstadt in grüner Umgebung. Mariefred leitet Namen und Ursprung vom Kartäuserkloster Pax Mariae ab, das 1493 hier gegründet wurde und mit Beginn der Reformation aufhörte zu existieren. Die Kirche (17. Jh.) auf dem Hügel dominiert im Ortsbild. Unterhalb davon liegt der alte Teil der kleinen Stadt mit einer Reihe von Holzhäusern in engen Gassen, die zum Großteil auf den Mälarsee zulaufen. Nördlich der Kirche am Marktplatz das ebenfalls aus Holz gebaute Rathaus von 1784 (mit Touristinformation). Am Südhang der Kirche befindet sich ein Heimatmuseum und am Ortsrand im Westen jenseits der Stallarholmsvägen die Kärnbo-Kirchenruine. – Westlich des Ortskerns dehnt sich ein hübsches Villenviertel aus. Nördlich davon der Friedhof mit dem Grab des deutschen Schriftstellers *Kurt Tucholsky,* der im Sommer 1929 in Mariefred wohnte und hier den Stoff für seine Erzählung "Schloß Gripsholm" fand.

Das *Schloß Gripsholm** ist das bekannteste Bauwerk in Mariefred. Es liegt auf einer Insel dicht am Ufer des Mälarsees und trägt seinen Namen nach einer nicht mehr existierenden Festung, die 1380 vom Reichstruchseß Bo Jonsson, mit dem Beinamen 'Grip', gebaut wurde. Das jetzige Schloß ließ Gustav Vasa 1537-44 von Henrik von Göllen aufführen. Karl XV. war der letzte, der es bewohnte (bis 1864). Gripsholm spielte eine Rolle zwischen den beiden Söhnen Gustav Vasas sowie beim Thronverzicht Gustavs IV. Adolf, als es als königliches Gefängnis diente.

Schloß Gripsholm im Mälarsee

Mit seinen dicken Mauern, Türmen und Verteidigungsanlagen hat Schloß Gripsholm trotz späterer Um- und Ausbauten seinen mittelalterlichen Charakter bewahrt. Die großen Bronzekanonen im kopfsteingepflasterten *Schloßhof* sind russische Kriegsbeute aus der Zeit Johanns III. Einer der *Runensteine* an der Zugbrücke erzählt in seiner Inschrift von Ingvar Vitfarnes Reise nach Rußland.

Im INNEREN des Schlosses, jetzt Eigentum des schwedischen Staates, sind 60 von 102 Räumen zu besichtigen, so der *Runde Salon* und das hübsche kleine *Theater* im Kavaliersflügel, den Gustav III. in der zweiten Hälfte des 18. Jahrhunderts anbauen ließ. Die Porträtsammlung mit etwa 2800 Bildern fürstlicher und anderer bedeutender Persönlichkeiten wird zu den größten Europas gezählt. Porträts von Privatpersonen nach 1809 bis zur Gegenwart wurden unweit im Annex der Volkshochschule von Mariefred untergebracht.

Zwischen Stockholm und Mariefred besteht regelmäßiger Schiffsverkehr. Reizvoll ist auch eine Fahrt mit der *Museumseisenbahn* eines Hobbyklubs, mit der Östra Södermanlands Järnväg. Die Bahn verkehrt auf der Strecke Mariefred-Läggesta (40 Min.).

Oldtimer-Eisenbahn in Mariefred

Vaxholm liegt auf der Insel *Vaxö* nordöstlich von Stockholm an der Durchfahrt für Seeschiffe, die die schwedische Metropole anlaufen. Gustav Wasa ließ auf der Felseninsel zwischen Vaxö und Rindö einen *Festungsturm* zum Schutze dieser Einfahrt errichten. Die Anlagen wurden im 17. Jahrhundert zu einer Festung ausgebaut; im darauffolgenden Jahrhundert wurde auch Rindö befestigt. Die Festung Vaxholm erhielt ihre heutige Gestalt 1838, aber verlor gleich nach dem Umbau ihre Bedeutung, weil die Mauern der modernen Artillerie nicht standhielten. Heute ist die Festung Vaxholm Museum mit Sammlungen aus der Festungszeit. Bis 1912 bestand für Vaxholm das Verbot, Steinhäuser zu bauen. Im vorigen Jahrhundert war es beliebte Sommerfrische der Stockholmer. Aus dieser Zeit gibt es noch kleine Sommerlauben mit Schnitzerei und 'punschverandor', geschlossenen Veranden, in denen man abends seinen Punsch trank.

Etwa 20 km südöstlich von Stockholm (Vorortbahn ca. 25 Min.) liegt an einer Bucht des *Baggensfjärd* das als Seebad vielbesuchte Villenstädtchen **Saltsjöbaden** (Grand Hotel, 150 B.), mit Jachthafen, Golf- und Tennisplätzen. Hier befindet sich auch die Stockholmer Sternwarte.

Etwa 60 km südlich von Stockholm liegt auf der Halbinsel *Södertörn* die Industriestadt **Nynäshamn** (Hotel Nynäs, 80 B.), Ausgangshafen einer Schiffslinie nach Visby auf der Insel **Gotland** (s. dort).

Sehr lohnend sind bei gutem Wetter auch Schiffsfahrten in die **Schären.**

Mälarsee s. dort.

Sundsvall

Staat: Schweden. – Gebiet: Ostschweden.
Provinz: Gävleborgs län. – Landschaft: Medelpad.
Höhe: Meereshöhe. – Einwohnerzahl: 93000.
Postleitzahl: 850.. – 855... – Telefonvorwahl: 060.
(i) **Medelpads Turistförening,**
Storgatan 3,
S-85230 Sundsvall;
Telefon: 11 42 35.
*Wahlkonsulat der
Bundesrepublik Deutschland,*
c/o Svenska Cellulosa Aktiebolaget,
S-85188 Sundsvall;
Telefon: 15 55 00.

HOTELS. – *Strandhotel*, Strandgatan 10, 166 B.; *OK Motor Hotell*, Esplanaden 29, 296 B.; *Continental*, Rådhusgatan 13, 50 B.; *Esso Motel Liz*, Kustvägen 51, 70 B.; *Sjöfartshotellet*, Sjögatan 11, 60 B.; *Baltic*, Sjögatan 5, 35 B.

Die schwedische Stadt Sundsvall ist eine der wichtigsten Hafen- und Handelsstädte des Nordens. Sie liegt zwischen zwei Bergen, dem Norra Stadsberget und dem Södra Stadsberget, an der Mündung des Selångerå in den Bottnischen Meerbusen. Sundsvall hat einen eigenen Ölhafen und ist Zentrum von Schwedens Holz- und Papierindustrie.

Dank seiner günstigen Lage und der hier vorbeiführenden Handelswege nach Westen war Sundsvall bereits im 6. Jahrhundert Handelsplatz. Die Stadtrechte erhielt es von Gustav II. Adolf 1624. Ein merklicher Aufschwung erfolgte jedoch im 19. Jahrhundert, als sich hier viele Sägewerke ansiedelten. Allein auf der Insel Alnö in der Sundsvall-Bucht waren zeitweise 40 Sägewerke in Betrieb. Für den Stadtplan des alten Sundsvall zeichnet Tessin d. Ä. verantwortlich. Ein verheerendes Feuer zerstörte 1888 große Stadtteile. Vollkommen verschont blieb nur Norrmalm. Aus Schaden klug geworden, errichtete man den neuen Stadtkern mit breiten Straßen aus Stein. Er wird Stenstaden genannt.

SEHENSWERTES. – Rund um den Stora Torg sind die verschiedensten Baustile zu finden. Auf dem Platz ein *Bronzestandbild Gustav Adolfs II.* von 1911 und an der Südseite das *Stadthaus*. Das *Städtische Museum* liegt in der Storgatan 29. Hier vorbei gelangt man zur neugotischen *Gustav Adolfskyrkan* (1894) mit Holzskulpturen von Ivar Lindekrantz im Innern. An der Esplanade, neben der Storgata die andere Hauptstraße der Stadt, sollte man einen Blick ins *Hirschska huset* werfen. – Der Teich *Bünsowska tjärn* liegt in einer kleinen Anlage inmitten der Stadt. – Eine schöne Aussicht genießt man von den beiden Hügeln *Södra Stadsberget* (240 m) und *Norra Stadsberget*. Auf letz-

terem liegt das Freilichtmuseum *Medelpads fornhem* mit Holzhäusern aus der gleichnamigen Landschaft und einem Restaurant.

UMGEBUNG von Sundsvall. – Auf der Insel **Alnö**, die man über eine 1024 m lange und 40 m hohe Straßenbrücke erreicht, lohnt ein Besuch der Alnö-Kirche (2 km nördlich von Alvik), einer Steinkirche aus dem 13. Jahrhundert mit farbenprächtigen Wandmalereien und Skulpturen. Sie zählt zu den größten Sehenswürdigkeiten im Gebiet von Sundsvall. – In der neuen Kirche (1896) wird – so heißt es – eines der merkwürdigsten kirchlichen Kleinode aufbewahrt. Es ist ein holzgeschnitztes Taufbecken aus dem 12./13. Jahrhundert. – Einladend ist auch das kleine Fischerdorf *Spikarna* an der Südostspitze der Insel mit dem beliebten Sommerrestaurant Vindhem.

Härnösand (Stadshotellet, 137 B.; Esso Motor Hotel, 112 B.), eine Hafenstadt an der Mündung des Ångermanälv in den Bottnischen Meerbusen, war früher ein wichtiger Handels- und Marktplatz. Ihr wurden 1585 die Stadtrechte verliehen. Im 17. und 18. Jahrhundert war Härnösand administratives und kulturelles Zentrum im oberen Norrland. Hier hat der Bischof seinen Sitz (seit 1772) und der Oberpräsident der Provinz Västernorrland.

Vom Festland führt die Nybrogata auf die Insel Härnö zur Altstadt. Das *Rathaus* (1791) ist mit seinem runden Kolonnadenportal von Olof Tempelmann eines der schönsten Bauwerke der Stadt. Die im klassizistischen Stil gehaltene *Domkirche* von Ludwig Hawerman wurde 1846 geweiht und 1935 restauriert. Sie hat eine schöne barocke Orgelfassade und Lüster aus dem 17. Jahrhundert. – Im *Stadtgarten* steht die Skulptur Franz Michael Franzens von Carl Milles. Franzen residierte 1831–47 als Bischof in Härnösand und hat sich auch als Dichter einen Namen gemacht. – Westlich der Domkirche liegt der Marktplatz mit der ehemaligen *Länsresidens* aus dem 18. Jahrhundert. Nördlich der Nybro auf dem Hügel *Murberget* liegt das nächst Skansen größte *Freilichtmuseum* Schwedens. Die hier aufgebauten Höfe und Häuser spiegeln die alte Kulturgeschichte Norrlands wider. – Vom *Vårdkasberg* (175 m, Restaurant) hat man eine weite Aussicht über das Land und die Küste. – 6 km südöstlich der Altstadt der Badestrand *Smitingsviken*.

Hudiksvall (Stadshotellet, 120 B.; Hotel Hudik, 55 B.), eine Hafen- und Holzstadt mit 15000 Einwohnern, liegt am Hudiksvallfjärden. Sie ist nach Gävle die älteste Stadt in Norrland mit Stadtrecht von 1582 und die älteste Stadtgründung der Vasakönige. Hudiksvall wurde wiederholt von Bränden heimgesucht.

Fiskarstaden, der altertümliche Stadtteil am Hafen mit Holzhäusern, wurde nach einem Brand 1792 wiederaufgebaut und ist das besterhaltene Viertel. Die *Kirche* stammt aus dem 17./18. Jahrhundert. Interessant auch das *Hantverksgårdens hus* aus dem 19. Jahrhundert, das mit seiner reich geschmückten Fassade zur Storgata hin ein frühes Beispiel für die Gestaltung einer Geschäftsfront liefert. Unweit das *Hälsingemuseum* mit reichen heimatkundlichen Sammlungen und einer Gemäldegalerie schwedischer Künstler. – Das *Theater* (1881) liegt schön in einem Park bei 'Lillfjärden' (1972 restauriert). – Im Osten der Stadt der *Köpmanberg* mit Volkspark und Restaurant. – 3,5 km nordwestlich von Hudiksvall die mittelalterliche Kirche von *Hälsingtuna* mit alter Grabkammer.

Sunndal

Staat: Norwegen. – Gebiet: Mittelnorwegen. Provinzen: Sør-Trøndelag fylke und Møre og Romsdal fylke.

ⓘ **Turistkontor,**
N-7400 Oppdal;
Telefon: (074) 2 17 60.
Turistinformasjon,
N-6600 Sunndalsøra;
Telefon: (073) 9 25 52.

Das *Sunndal wird vom Unterlauf des Flusses Driva durchströmt, in den bei Oppdal die Ålma einmündet. Das Tal erstreckt sich von dem etwa auf halber Strecke zwischen Dombås und Trondheim gelegenen Ort Oppdal in westlicher Richtung und erreicht bei Sunndalsøra den Sunndalsfjord.

Oppdal (545 m ü.d.M.; 3500 Einw.; Hotels: Hellaugstøl Fjell Motell, 40 B.; Nor Turisthotell, 70 B.; Fagerhaug Inn Motell, 76 B.; Oppdal Turisthotell, 90 B.; Oppdal Motell, 65 B.; Jugendherberge) liegt in einer Talweitung an einem wichtigen Straßenknotenpunkt, wo die Straße Nr. 16 westlich von der E 6 (Dombås - Trondheim) abzweigt. Hier mündet die von Osten kommende Ålma in die Driva. Der Ort ist ein bedeutendes Touristen- und Wintersportzentrum mit Sessellift und mehreren Schleppliften sowie über 70 km Langlaufloipen. Steinbrüche, Möbel-, Sportartikel- und Glasindustrie bilden die Haupterwerbszweige. Sehenswert ist das Bezirksmuseum mit alten Häusern, Speichern ('stabbur') u. a. – Die Straße Nr. 16 führt westlich im Tal der Driva abwärts, an einem *Gräberfeld* aus der Wikingerzeit und nach 2,5 km an der *Oppdalskirche* vorbei. Der am Fuß des *Ørsnipen* (1378 m) gelegene Holzbau wurde im 17. Jh. errichtet und besitzt einen weithin sichtbaren, spitzen Turm. Die Innenausstattung (Kanzel, Altar) stammt aus dem 17.-18. Jahrhundert.

Bei *Vognill* zweigt ein Fahrweg zu der 22 km nordwestlich am Nordufer des *Gjevilvatn* (663 m) gelegenen aussichtsreichen *Gjevilvasshütte* (700 m) ab. Von hier aus erreicht man zu Fuß in etwa 8-9 St. die nordwestlich gelegene *Trollheimshütte* (531 m), den Ausgangspunkt für die Besteigung mehrerer aussichtsreicher Gipfel des kleinen Gebirgsstockes **Trollheimen**, u.a. des *Trollhetta* (1614 m; hin und zurück 7-8 St. m. F.) und des *Snota* (1668 m; höchster Gipfel des Gebiets, hin und zurück 8-9 St. m. F.).

Der alte Gutshof *Gravaune* besitzt eine interessante Sammlung alter Gebrauchsgegenstände und Waffen. – Am *Kraftwerk Ålbu* vorbei gelangt man nach *Lønset* (521 m ü.d.M.) mit einer Kirche. Rechts Abzweigung eines Fahrwegs im *Storlidal* aufwärts und am *Storfall* vorbei zur *Storli Turisthütte* (652 m), einem

weiteren Ausgangspunkt für Touren in das Gebiet von Trollheimen.

Nach der Überquerung der Provinzgrenze auf kurvenreicher Strecke stärker abwärts (hübsche Ausblicke) nach *Gjøra* (Campingplatz). Links lohnender Abstecher durch die Schlucht *Jenstadjuvet* (Wasserfall) in das G r u v e d a l, ein lohnendes Wandergebiet.

Die Straße führt weiter am jetzt auch *Sunndalselv* genannten Fluß hin und im S u n n d a l abwärts.

Romfo (138 m) besitzt eine Kirche von 1824; unweit westlich das *Driva-Kraftwerk* (140 MW).

Fale ist ein von Anglern geschätztes Standquartier (Lachse). Es folgt **Grøa** (100 m ü.d.M.; Campingplatz); rechts im Vorblick der *Hovsnebba* (1609 m).

Die *Elverhøy bru* überquert den Fluß; dahinter das **Sunndal Bygdemuseum** sowie ein eisenzeitliches Gräberfeld.

Sunndalsøra (5000 Einw.; Müllerhotell, 115 B.; Jugendherberge; Campingplatz) liegt am Ende des von schneebedeckten Bergen umgebenen *Sunndalsfjords und besitzt ein großes Kraftwerk (290 MW) sowie eine Aluminiumhütte. Die Fisch-Versuchsstation kann besichtigt werden. – Abzweigung einer reizvollen Straße am Südwestufer des Fjords entlang nach *Eidsvåg* (40 km) und weiter nach Molde (95 km; s. dort). – 39 km südlich von Sunndalsøra (zuerst 2 km in Richtung Molde, dann links weiter) der *Aursjø* (Touristenhütte, 860 m), mit einem der größten Staudämme Norwegens; von hier führen Druckleitungen zum Kraftwerk von Sunndalsøra.

Die Straße nach Kristiansund folgt 8,5 km weit dem steilen Ostufer des Fjords (mehrere Tunnels) und zieht dann durch das bewaldete *Øpdalseid.* Nach 11,5 km links die achteckige Kirche von *Ålvundeid.* – Beim *Ålvundfoss* (Fallhöhe 85 m; Kraftwerk) teilt sich die Strecke; die Straße Nr. 16 (links) führt nun am Südwestufer des *Ålvundfjords* hin.

Tingvoll (1000 Einw.; Sortdal Gjestgård, 20 B.; Campingplatz) am gleichnamigen Fjord besitzt eine interessante Steinkirche aus dem 13. Jh. Im Inneren ein Runenstein und Freskenreste. – Nun weiter am nordöstlichen Fjordufer entlang.

Von *Kvisvik* verkehrt eine Fähre nach *Kvalvåg* auf der Insel F r e i, wo sich die Straße Nr. 16 nach Kristiansund fortsetzt.

Kristiansund (19000 Einw.; Hotels: Fosna, 76 B.; Grand, 214 B.; Skoglyst Motell, 22 B.; Jugendherberge; Cam-

Kristiansund

pingplatz) ist die Hauptstadt der Provinz Møre og Romsdal. Sie wurde 1742 gegründet, erstreckt sich über drei den Hafen umschließende Inseln und ist Standort einer großen Fischereiflotte sowie wichtiger Ausfuhrhafen für Fischprodukte. Im Zweiten Weltkrieg zerstört, wurde sie modern wiederaufgebaut. Sehenswert ist die 1964 geweihte Kirche, ein Werk des Architekten Odd Østbye. Der Aussichtsturm Varden im Nordwesten der Stadt bietet einen guten Überblick über die Inseln *Nordland, Gomaland, Kirkeland* mit dem Hauptteil der Stadt und *Innland*, die z.T. durch Brücken verbunden sind.

15 km nordwestlich von Kristiansund (Schiffsverbindung) liegt im offenen Meer die Insel **Grip** (Jugendherberge), die größte einer 82 Eilande umfassenden Gruppe. Auf Grip stehen ein Leuchtturm und eine Holzkirche aus dem 15. Jahrhundert.

Tampere
(Tammerfors)

Staat: Finnland. – Gebiet: Südfinnland. Provinz: Hämeen lääni (Tavastehus län / Häme). Höhe: 85 m ü.d.M. – Einwohnerzahl: 175000. Postleitzahl: SF-33210. – Telefonvorwahl: 931.

ⓘ **Städtisches Fremdenverkehrs- und Kongreßbüro,**
Aleksis Kiven katu 14B;
Telefon: 26652 und 26775.
Touristeninformation,
am Hauptbahnhof.
Touristenorganisation der Provinz Tampere,
Aleksis Kiven katu 14B.
Telefon: 24488 und 23207.
*Wahlkonsulat der
Bundesrepublik Deutschland,*
c/o Kiilto Oy, POB 250,
SF-33101 Tampere;
Telefon: 670300.

HOTELS. – *Emmaus,* Hämeenkatu 1, 520 B., Sb.; *Rosendahl,* Pyynikintie 13, 426 B., Sb.; *Cumulus,* Kyttälänkatu 2, 350 B., Sb.; *Motorest Jäähovi,* Sammonkatu 76, 170 B., Sb.; *Maisa,* in Maisansalo, 250 B.; *Victoria,* Itsenäisyydenkatu 1, 166 B., Sb.; *Kaupunginhotelli,* Hämeenkatu 11, 120 B., Sb.; *Grand Hotel Tammer,* Satakunnankatu 13, 113 B., Sb.; *Otavala,* Rautatienkatu 22, 46 B.

FERIEN- und SOMMERHOTELS. – *Domus,* Pellervonkatu 9 (1. Juni bis 31. August), 370 B., Sb.; *Rasti,* Itsenäisyydenkatu 1 (1. Mai bis 31. August), 236 B.,

Sb.; *Pakki,* Sulkavuorenkatu 29 (1. Juni bis 8. August), 126 B.

Zwei JUGENDHERBERGEN. – Mehrere CAMPING-PLÄTZE.

RESTAURANTS. – *Hämeensilta,* Hämeenkatu 13; *Aleksi,* Aleksanterinkatu 20; *Kustaankellari* und *Kustaa III,* Hämeenkatu 26; *Sorsapuiston Grilli,* Sorsapuisto 1; *Näsinneula* (Aussichtsturm), Särkänniemi; *Tiiliholvi,* Kauppakatu 14 B.

VERANSTALTUNGEN. – *Internationales Kurzfilm-Festival* (Februar); *Ausstellungen der Freizeitindustrie* (April); *Internationales Volkstanz- und Musik-Festival* (Anfang Juni); *Tampere in Chorus* (internationale Chortage; jedes 2. Jahr Ende Mai bis Anfang Juni, 1981 usw.); *Tampere Theater Sommer* (2. Augusthälfte); außerdem im Sommer Freilichtkonzerte, Volkstanzveranstaltungen, Aufführungen im Sommertheater Pyynikki und Kreuzfahrten auf den Seen.

FREIZEIT und SPORT. – Bowling, Squash, Bogenschießen, Tennis, Golf, Reiten, Schwimmen, Rudern, Wasserski und Angeln.

Die 1779 gegründete finnische Stadt Tampere, schwedisch Tammerfors, die zweitgrößte des Landes und seine bedeutendste Industriestadt, liegt zu beiden Seiten des Tammerkoski, einer den Näsijärvi (nördlich) mit dem Pyhäjärvi (südlich) verbindenden 945 m langen Stromschnelle mit 18 m Höhenunterschied. Die Industrie, deren Schwergewicht auf Schuh- und Leder-, Textil-, Metall- und Papierfabriken liegt, verdankt ihre Entwicklung der Befreiung von Zollabgaben in den Jahren 1821 bis 1906. Tampere ist heute eine moderne, äußerst betriebsame Stadt, mit großen Bauten, schönen Parkanlagen, einer Universität, einer Technischen Universität, zahlreichen Schulen und beachtenswerten sozialen Einrichtungen.

SEHENSWERTES. – Hauptverkehrsstraße von Tampere ist die von großen Geschäftshäusern umsäumte breite Hämeenkatu. An ihr liegt am rechten Ufer des Tammerkoski der Zentralplatz (finn. Keskustori), mit dem **Rathaus** (finn. *Kaupungintalo;* 1890), dem *Theater* (1912) und der *Alten Kirche* (1824). – Nördlich neben dem Theater die *Bibliothek* (finn. Kirjastotalo); davor

Alte Kirche und Theater im Tampere

Aussichtsturm 'Näsinneula' in Tampere

schaftliche Museum; Pirkankatu 5, das Hiekka-Kunstmuseum (u. a. Werke von Wäinö Aaltonen). Unweit westlich, an der Puutarhakatu, das Kunstmuseum (finn. Taidemuseo). – Die Parkstraße führt nördlich zu dem am Ufer des Näsijärvi gelegenen hübschen Stadtpark, mit dem Häme-Museum (völkerkundliche und kulturgeschichtliche Sammlungen). Westlich vom Stadtpark auf einer Halbinsel das Freizeitzentrum Särkänniemi, mit einem Aquarium und Planetarium, einem Aussichtsturm ('Näsinneula'; 173 m hoch, rotierendes Restaur. in 124 m Höhe), einem Vergnügungspark und einem Tierpark für Kinder. – Südlich der Alexanderkirche steht an der Kreuzung des Hämeenpuisto mit der Hallituskatu das große Gewerkschaftshaus, mit dem Arbeiter-Theater und einem Lenin-Museum. – Etwa 1 km südwestlich der Alexanderkirche der bewaldete Berg Pyynikki (152 m), mit Parkanlagen und einem Aussichtsturm; am Nordostrand das Museum für Moderne Kunst; am Südhang des Berges am Ufer des Pyhäjärvi ein Freilichttheater, mit drehbarer Zuschauertribüne.

ein Denkmal des Dichters Aleksis Kivi, von Wäinö Aaltonen (1929).

Am Westende der Hämeenkatu jenseits der Kreuzung mit der breiten Straße Hämeenpuisto (Parkstraße) die Anlagen um die Alexanderkirche (1881); nahebei, Pirkankatu 2, das Naturwissen-

Östlich vom Keskustori überquert die Hämeenkatu auf der mit vier Skulpturen von W. Aaltonen geschmückten Brücke Hämeensilta den Tammerkoski, an dessen Ufer zahlreiche Fabriken liegen, die seine Wasserkraft ausnützen. Südlich auf einer Halbinsel das Ratina-Stadion.

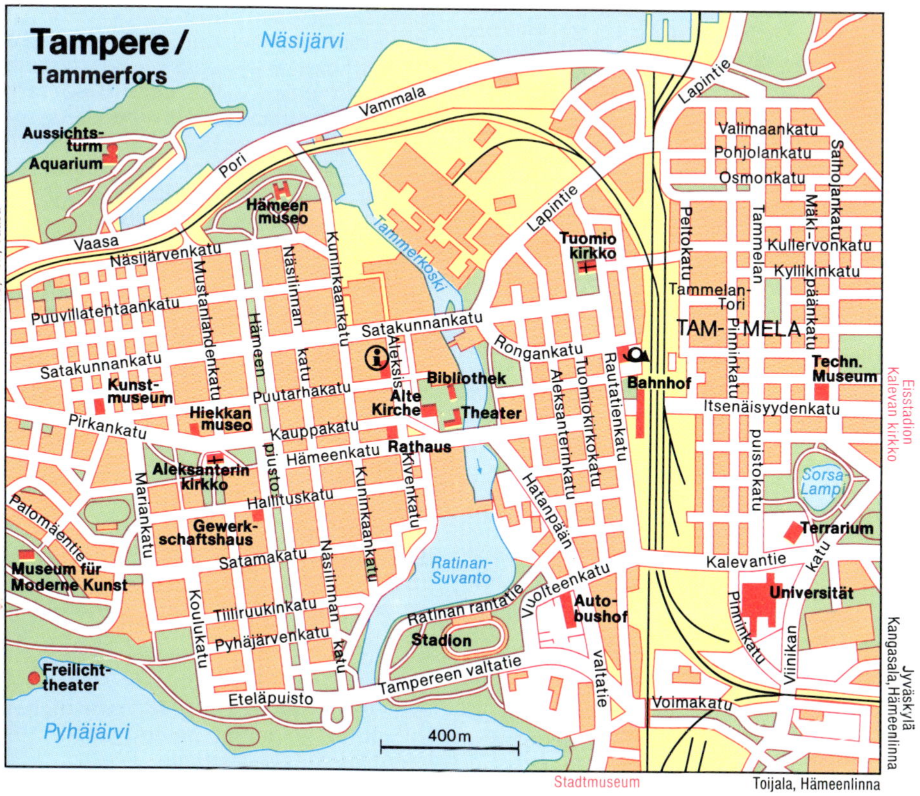

Tampere / Tammerfors

(Kartenbeschriftungen:)

Näsijärvi — Lapintie — Vammala — Aussichtsturm — Aquarium — Pori — Vallimaankatu — Pohjolankatu — Osmonkatu — Satahaankatu — Hämeen museo — Näsijärvenkatu — Vaasa — Lapintie — Mäki- — Tammelan — Kullervonkatu — Tammelan katu — Kyllikinkatu — Peltokatu — Pispänkatu — Puuvillatehtaankatu — Mustalahdenkatu — Näsilinnan katu — Näsilinnan katu — Kuninkaankatu — Satakunnankatu — Tuomio kirkko — Tammelan-Tori — TAM-MELA — Satakunnankatu — Rongankatu — Kunstmuseum — Pirkankatu — Hiekkan museo — Puutarhakatu — Aleksis katu — Bibliothek — Alte Kirche — Theater — Kauppakatu — Hämeenkatu — Rathaus — Aleksanterin kirkko — Hämeenpuisto — Kivenkatu — Kuninkaankatu — Rautatienkatu — Tuomiokirkonkatu — Aleksanterinkatu — Bahnhof — Itsenäisyydenkatu — Techn. Museum — Mariankatu — Palomäentie — Hallituskatu — Näsilinnan katu — Gewerkschaftshaus — Hatanpään — Satamakatu — Ratinan-Suvanto — Kalevantie — Terrarium — Sorsa-Lamp. — Museum für Moderne Kunst — Koulukatu — Tilliruukinkatu — Pyhäjärvenkatu — Näsilinnan katu — Ratinan rantatie — Vuolteenkatu — Auto-bushof — Universität — Pinninkatu — Vilinkan katu — Freilicht-theater — Eteläpuisto — Stadion — Tampereen valtatie — valtatie — Volmakatu — Pyhäjärvi — 400 m — Eisstadion — Kalevan kirkko — Jyväskylä — Kangasala, Hämeenlinna

Am Ostende der Hämeenkatu der **Bahn-hof** (1936), mit hohem Uhrturm. – Nördlich vom Bahnhof (durch die Rautatien-katu) erhebt sich auf einer kleinen Anhöhe die **Domkirche** (finn. *Tuomiokirkko;* 1907), ein beachtenswerter Bau aus blaugrauem Granit, mit rotem Dach.

Östlich der Bahnanlagen der Stadtteil TAMMELA, mit zahlreichen Fabriken, der *Universität,* dem *Sorsa-Park* (Teich, Terrarium), dem *Technischen Museum,* zahlreichen Hochhäusern und der *Kaleva-Kirche* (1966). Am Südrand von Tammela der Friedhof *Kalvankangas,* mit einem schönen Soldatenfriedhof für die Gefallenen des Zweiten Weltkrieges. – Am Nordostrand von Tampere, im Stadtteil KISSANMAA, das moderne *Zentralkrankenhaus* (14 Stockwerke, 1000 Betten). – Im Osten der Stadt, Kehätie 2, das *Hallen-Eisstadion* (1965). – Auf der Halbinsel H a t a n p ä ä im Süden der Stadt das **Stadtmuseum.**

UMGEBUNG von Tampere. – Ein lohnender Ausflug (etwa 14 km) führt östlich über das hübsch gelegene Kirchspiel *Kangasala* zu dem schmalen Landrücken *Vehoniemenharju,* der westlich vom *Roinesee* und östlich vom *Längelmävesi* umschlossen wird. – Rund 35 km nördlich von Tampere am Näsijärvi die große Ferien- und Freizeitanlage *Maisansalo* (Hotel Maisa, 250 B.; Ferienhäuser; Jugendherberge).

*Von Tampere mit dem Schiff nach Virrat (etwa 8 St.; Straße über Teisko 120 km). Die wegen ihrer landschaftlichen Reize besungene und in Finnland als 'Weg der Dichter' bekannte Strecke vermittelt einen guten Eindruck von einer typisch finnischen Landschaft. – Die Schiffe fahren von Tampere (Abfahrt Bucht Mustalahti im Norden der Stadt) zunächst nördlich durch den buchtenreichen *Näsijärvi* (95 m), an dessen Ostufer das Kirchdorf *Teisko* liegt. – Nach etwa 2$\frac{1}{2}$ Stunden erreicht man den *Murole-Kanal* (Schleuse). Unweit rechts der Murolefall, den man während des Durchschleusens besuchen kann. – Durch den Kanal gelangt man in den *Palovesi.* – Dann durch enge Sunde und den offenen *Jäminselkä* zum *Kautu-Kanal* (Drehbrücke), durch den man den *Ruovesi* erreicht. Links auf dem Felsen das ehemalige Heim des bekannten finnischen Malers Akseli Gallen-Kallela (1865-1931). – Weiter links am Westufer das wegen seiner schönen Lage im Sommer vielbesuchte Kirchdorf **Ruovesi** (etwa 4$\frac{3}{4}$ St. hinter Tampere), wo der Dichter J. L. Runeberg als Hauslehrer tätig war (Gedenkstein). – Das Schiff setzt seine Fahrt über den Ruovesi nach Norden fort zum inselreichen *Tarjannevesi.* – Dann durch den *Visuvesikanal* in den *Vaskivesi* (98 m) zu dem an dessen Nordende gelegenen Kirchdorf **Virrat,** wo die Fahrt endet.

Äußerst reizvoll ist auch eine Fahrt mit den Motorbooten der *Silberlinie nach **Hämeenlinna** (s. dort).

Telemark

Staat: Norwegen. – Gebiet: Südnorwegen.
Provinz: Telemark fylke.
(i) **Turistkontor,**
Rådhusgata 2,
N-3700 Skien;
Telefon: (035) 2 58 44.
Turistkontor,
Storgata 39,
N-3670 Notodden;
Telefon: (036) 1 02 40.

Die norwegische Provinz Telemark, früher Telemarken, erstreckt sich vom Skagerrak nördlich bis zum südnorwegischen Hochland und den Ausläufern der Hardangervidda. An der felsigen Küste liegen zahlreiche Seebäder; das Hinterland ist vorwiegend hügelig und reich an Wäldern, während die Hardangervidda·eine öde Hochfläche bildet. Telemark spielte in der Entwicklung des sportlichen Skilaufs eine wichtige Rolle; zwischen den Weltkriegen war der Telemark-Schwung eine verbreitete Technik.

Skien (30 000 Einw.; Hotels: Ibsen, 238 B.; Müllerhotell Høyer, 110 B.; Müllerhotell Skien, 65 B.; Skien Sportell, 52 B.; zwei Campingplätze) am Nordufer des *Skienselv* ist eine lebhafte Industriestadt und Hauptort der Provinz Telemark. Auf einer Anhöhe die aus dem Jahre 1894 stammende Kirche, mit zwei hohen Spitztürmen; unweit südlich ein Denkmal des in Skien geborenen Dichters Henrik Ibsen (1828-1906). Im Osten der Stadt liegt auf der Anhöhe *Brekke* (55 m) der Brekkepark (Restaurant, Sommertheater), mit dem **Telemark Fylkesmuseum,** das u. a. eine kleine Ibsensammlung enthält; dabei einige alte Bauernhäuser aus der Landschaft Telemark. Etwa 2 km nordöstlich der Stadt die im 13. Jahrhundert erbaute, 1921 wiederhergestellte Kirche von *Gjerpen;* 6 km weiter links ein schmaler Fahrweg (Wegw.) noch 750 m bergauf zur *Kikuthytta* (325 m; Wirtsch.), von wo sich eine prächtige Aussicht bietet.

Von Skien führt der T e l e m a r k i s c h e K a n a l nordwestlich durch den *Norsø* und später durch den *Bandaksvatn,* einen malerischen, von hochaufragenden Bergen umschlossenen See, nach *Dalen* (105 km von Skien). Motorschiff von Skien nach Dalen von Anfang Juni bis Mitte August täglich in ca. 10 Stunden.

Etwa 50 km nördlich von Skien (Luftlinie) liegt an der von Kongsberg (s. dort) kommenden E 76 die Stadt **Notodden** (31 m ü.d.M.; 9000 Einw.; Centrum Hotel, 55 B.; Jugendherberge; Campingplatz) an der Mündung des *Tinnelv* in das *Heddalsvann.* Der E 76 in westlicher Richtung folgend, kommt man zur *Stabkirche von Heddal.

Stabkirche von Heddal (Südnorwegen)

Die *Stabkirche von Heddal (Hitterdal) stammt aus der Mitte des 13. Jahrhunderts (1849-51 wiederhergestellt; 1952-54 restauriert). Sie ist die größte der altnorwegischen Holzkirchen. Beachtenswert im Innern sind die Wandmalereien (14. Jh.) und der geschnitzte Bischofsstuhl. Die Fenster wurden erst bei den Wiederherstellungsarbeiten eingeschnitten. Gegenüber der Kirche steht auf der anderen Straßenseite der Glockenturm. – Nahebei das Heddal-Bezirksmuseum.

Sauland (90 m ü.d.M.; Løvheim Turisthotel, 70 B.), mit einer 1857 an der Stelle einer alten Stabkirche errichteten Kirche und einem Speicher ('stabbur') von 1718, liegt hübsch an der Einmündung des Tuddals in das Heddal.

Ein lohnender Abstecher führt rechts auf einer schmalen Straße im Tuddal aufwärts. Nach 22 km die 468 m hoch gelegene Kirche von Tuddal aus dem späten 18. Jahrhundert. 6 km weiter das Tuddal Høyfjellshotell (50 B.) in aussichtsreicher Lage, Ausgangspunkt für Touren zum Gausta (1883 m; Skigebiet; Aussicht), der höchsten Erhebung südlich der Bergenbahn.

Gaustatoppen in Telemark

Auf der E 76 gelangt man nach Seljord (120 m ü.d.M.; Hotel Gjestgivergården, 40 B.); östlich erhebt sich das Lifjell, dessen höchster Gipfel der Gyrannaten (1550 m) ist. Am Südwestabhang des Lifjells landeten am 25. November 1870 zwei aus dem belagerten Paris entkommene Luftschiffer.

Bei Høydalsmo zweigt links die Straße Nr. 45 nach Dalen ab, wo der von Skien kommende Telemark-Kanal endet. Kurz vor Dalen der kleine Ort Eidsborg mit einer schon 1354 erwähnten, später veränderten Stabkirche und einem Freilichtmuseum. Dalen (Bandak Hotel, 21 B.; Campingplatz) liegt hübsch am Westende des 26 km langen *Bandaksvatn.

Von Dalen auf der Straße Nr. 38 nordwärts fahrend, kommt man an dem steilen Felsab-

sturz des *Ravnejuv vorbei und erreicht bei Åmot wieder die E 76.

Haukeligrend liegt an einer wichtigen Straßenteilung. Links zweigt die Straße Nr. 12 nach Kristiansand (s. dort) ab; geradeaus die Fortsetzung der E 76, die von hier bis Haugesund (197 km) 'Haukelistraße' genannt wird. Nur die erste, etwa 30 km lange Teilstrecke dieser Straße verläuft durch Telemark; bei Haukeliseter überquert man die Grenze zur Provinz Hordaland.

Die *Haukelistraße wurde 1886 eröffnet und später teilweise neu trassiert. Die gebührenpflichtige Straße, die vor allem im östlichen Abschnitt durch zahlreiche unbeleuchtete Tunnels führt, stellt eine der lohnendsten Verbindungen zur südlichen Westküste Norwegens dar und zeigt charakteristische Bilder der südnorwegischen Gebirgslandschaft.

Von Haukeligrend steigt die Straße am Haukelifjell aufwärts; bei Botn (915 m) ein alter Stabbur. Bald hört der Baumwuchs auf, und es öffnet sich der Blick nach Westen.

Haukeliseter (986 m ü.d.M.; Haukeliseter Fjellstue, 88 B.; Vågslid Høgfjellshotell, 100 B.) liegt an einem alten Gebirgsübergang in einsamer Bergwelt am Ostende des Ståvann. Heute wird der aussichtsreiche Ort als Tourenstützpunkt und zum Wintersport (zahlreiche Loipen) besucht. Nun passiert man die Grenze zwischen den Provinzen Telemark und Hordaland. Rechts im Vorblick der steil abstürzende Store Nupsfonn.

Am 1145 m hohen *Dyrskar, das an Großartigkeit den Alpenpässen kaum nachsteht, erreichte die alte Straße ihren höchsten Punkt. Heute wird die Paßhöhe, zugleich Wasserscheide zwischen Atlantik und Skagerrak, durch einen 5682 m langen Tunnel unterquert.

Über eine öde Schnee- und Steinwüste und durch mehrere Tunnel nach

Røldal (390 m ü.d.M.; Breifonn Hotell, 35 B.) am gleichnamigen See, mit einer Stabkirche (13. Jh.; später umgebaut) und einem eisenzeitlichen Gräberfeld. – Im weiteren Verlauf am Røldalsfjell bergan; im Vorblick die Firnfelder des bis 1654 m hohen *Folgefonn. Durch die *Seljestad-Schlucht erreicht man die Abzweigung der Straße Nr. 47 nördlich nach Odda am Sørfjord (s. bei Hardangerfjord). Die E 76 wendet sich südwestlich und folgt dem südlichen Ufer des Åkrafjords.

Etne (Etne Krotell, 36 B.) am gleichnamigen Fjord besitzt eine Holzkirche von 1675 (Turm von 1930); der Etneelv wird von Sportfischern geschätzt.

Haugesund (28000 Einw.; Saga Hotel, 140 B.; Saga Maritim, 97 B.; Neptun Pensjon, 69 B.; Haugaland Hotell, 33 B.; Jugendherberge; Campingplatz) in der Provinz Rogaland ist eine Hafenstadt mit bedeutendem Schiffsverkehr (Stavanger; Bergen), Flugplatz und lebhafter Industrie; im Rathaus das Stadtmuseum. Eine Betonbogenbrücke verbindet die Stadt mit der kleinen Insel *Risøy* (Fischereihafen; große Kaianlagen). – 2 km nördlich vom Zentrum der *Haraldshaug,* die angebliche Grabstätte Harald Hårfagers, an dessen Seesieg bei Stavanger im Jahre 872 ein 17 m hoher Granitobelisk von 1872 erinnert; die 29 Steinblöcke stellen die von ihm zu einem Reich zusammengefaßten Volksstämme dar.

Südlich vom Zentrum führt die 690 m lange, 50 m hohe *Karmsund-Brücke* hinüber zur Insel **Karmøy** (176 qkm). Am östlichen Brückenkopf fünf Bautasteine 'De fem dårlige Jomfruer'; in *Avaldsnes* (2,5 km südl.) die Olavskirche (um 1250); 6 km südlich von Avaldsnes ein großes Aluminiumwerk; am Südende der Insel (35 km von Stadtmitte Haugesund) der Hafenort *Skudeneshavn* (1500 Einw.; Fährverbindung nach Stavanger, s. dort).

Tornio (Torneå)

Staat: Finnland. – Gebiet: Nordfinnland.
Provinz: Lapin lääni (Lapplands län / Lappland).
Höhe: Meereshöhe. – Einwohnerzahl: 20000.
Postleitzahl: SF-95400. – Telefonvorwahl: 980.
(i) **Kaupungin Matkailutoimisto**
(Städtisches Fremdenverkehrsamt),
Välikatu 3;
Telefon: 40623.
Tornionlaakson Matkailuyhdistys,
Välikatu 3;
Telefon: 40048.

HOTEL. – *Kaupunginhotelli,* Itäranta 4, 150 B., Sb.

VERANSTALTUNGEN. – *Flößerwettbewerbe und Felchen-Fischfestival* an den Stromschnellen Kukkolankoski 18 km nördlich (letzter Julisonntag); *Tornio-Tal-Sommer,* Veranstaltungen verschiedener Art (im ganzen Monat Juli).

FREIZEIT und SPORT. – Tennis, Reiten, Angeln und Schwimmen; Ausflugsfahrten in den Schären.

Die finnische Grenzstadt Tornio, schwedisch Torneå, liegt an der Mündung des Grenzflusses Tornionjoki (Torne älv) in den Bottnischen Meerbusen. Sie besteht aus drei Teilen, deren westlichster auf der ehemaligen Insel Suensaari liegt, die jetzt mit dem Festland auf dem schwedischen Westufer verwachsen ist.

Der Ort wurde bereits im 14. Jahrhundert erwähnt, zu jener Zeit taufte dort Erzbischof Hemming Finnen und Samen. 1621 erhielt Tornio Stadtrechte.

Tornio in Nordfinnland

SEHENSWERTES. – Die 1864 erbaute *Holzkirche* mit einem gemusterten Schindeldach und freistehendem Glockenturm hat eine schöne, teilweise gemalte Holzdecke und beachtenswerte Messingkronleuchter aus dem 17. Jahrhundert. Das *Museum* für die Landschaft des Tornio-Tals liegt in der Torikatu, nicht weit entfernt vom Grenzübergang nach Schweden. – Nördlich der Kirche ein Sportplatz, noch weiter nördlich ein Wasserturm mit Aussichtsplattform und daneben der Tennisplatz.

UMGEBUNG von Tornio. – Nach Süden 9 km bis zur Insel **Röyttä,** dem Hochseehafen von Tornio, Ausgangspunkt für Fahrten in den Schärengürtel.

Nach Norden führt ein lohnender Ausflug in das **Tornio-Tal** hinein. Erster lohnender Abstecher nach 17 km zum Fluß und den Stromschnellen *Kukkolankoski,* die auf 3,5 km ein Gefälle von 13,8 m haben; Angeln möglich, Restaurant mit guten Fischgerichten. – 26 km nördlich dieser Abzweigung eine weitere zu den Stromschnellen von *Matkakoski.* – Der folgende Ort ist *Ylitornio* mit einer modernen Steinkirche, neben der ein alter hölzerner Glockenturm steht. 10 km nördlich der Kirche eine Straßenteilung; rechts die Straße Nr. 930 nach Rovaniemi, davon führt bald eine kleine Straße zum Campingplatz (auch Parkplatz) an dem vom *Tengeliönjoki* umflossenen Berg **Aavasaksa** (222 m). Von dort Fußweg (350 m) zur Spitze des Bergs, von der aus man am Johannistag die Mitternachtssonne sehen kann, obgleich der Aavasaksa südlich des Polarkreises liegt. Aavasaksa bietet sommers und winters Unterkünfte in komfortablen Ferienhütten; Skilift (Länge 605 m und Höhenunterschied 114 m).

Haparanda (finn. *Haparanta*) ist die schwedische Nachbarstadt von Tornio (schwed. Torneå) auf der Westseite des Flusses Torne älv (finn. Tornionjoki). Die Stadt wurde 1809 gegründet, nachdem mit Finnland auch Tornio an Rußland abgetreten worden war. An die Zeit der Konfrontation erinnert der Grenzwall am Sportplatz im Norden der Stadt. Heute wird die Grenze zwischen Schweden und Finnland in beiden Ländern 'die friedlichste Grenze der Welt' genannt. Haparanda ist Schwedens östlichste Stadt. Die Ausflugs- und anderen Freizeitmöglichkeiten sind hier dieselben wie in Tornio.

Während des Ersten Weltkrieges wurden über Haparanda zwischen Rußland und den Mittelmächten kampfunfähige Gefangene ausgetauscht. Auf dem Friedhof der Kirche von Nedertorneå, am westlichen Stadtrand, erinnert ein Stein an die 205 Österreicher, 11 Deutschen und 2 Türken, die auf dem Transport verstorben und in der schwedischen Grenzstadt beerdigt worden sind.

Tromsø

Staat: Norwegen. – Gebiet: Nordnorwegen. Provinz: Troms fylke.
Höhe: Meereshöhe. – Einwohnerzahl: 43000.
Postleitzahl: N-9000. – Telefonvorwahl: 083.

ⓘ **Reisetrafikkforeningen for Tromsø,**
Tourist Information,
Kaiskur 1, am Personenschiffskai,
Zentrale, Parkgata 18;
Telefon: 8 47 76.
Wahlkonsulat der
Bundesrepublik Deutschland,
Kaigaten 2;
Telefon: 8 55 11.

HOTELS. – *SAS Royal Hotel,* Sjøgate 7, 373 B.; *Grand Nordic Hotel,* Storgate 44, 283 B.; *Saga Hotel Bondeheimen,* Rich.-With-plass 2, 100 B.; *Tromsdal Gjestgiveri,* in Tromsdal, 67 B.; *Prestvann Turistheim,* Olastien 8, 140 B., nur 1. 6. bis 31. 8. – JUGENDHERBERGE, Rødhettestien 7, Øvre Breivang, nur 1. 6. bis 31. 8.

CAMPINGPLATZ. – *Elvestrand,* am Tromsdalselv, auch Hütten.

FREIZEIT und SPORT. – Angeln; Bootsvermietung; Reiten; Rundflüge.

Die norwegische Hafen- und Handelsstadt Tromsø liegt zwischen Narvik und Hammerfest 69°39' nördlicher Breite auf einer mit dem Festland durch eine 1036 m lange und 43 m hohe Brücke verbundenen kleinen Insel. Der Ort entstand an der Stelle einer Kirchengründung des 13. Jh. und erhielt 1794 Stadtrechte. Heute ist Tromsø die größte Stadt Nordnorwegens, Provinzhauptstadt, ein bedeutender Fischereiplatz, Sitz einer 1972 eröffneten Universität, eines Nordlichtobservatoriums, der Wetterwarte für Nordnorwegen und des evangelischen Bischofs von Hålogaland. 1944 wurde bei der Insel Kvaløya das deutsche Schlachtschiff "Tirpitz" von den Engländern versenkt.

Tromsø war und ist Ausgangspunkt für Expeditionen in die Arktis (Amundsen-Denkmal). Hier werden Schiffe zum Fang im Eismeer ausgerüstet und Fischereifahrzeuge benutzen den Hafen als Stützpunkt. Täglich läuft das Eilschiff ('Hurtigrute') von Bergen nach Kirkenes und umgekehrt den Hafen an. Im Sommer ist Tromsø Endpunkt von Spitzbergen-Kreuzfahrten. – Auffallend ist der reiche Pflanzenwuchs. Die Mitternachtssonne kann man bei gutem

Tromsø
200 m

Wetter vom 21. Mai bis zum 23. Juli sehen.

SEHENSWERTES. – Noch auf dem Festland vor der Brücke rechts die architektonisch interessante **Tromsdalen-Kirche** von 1975 ('Eismeerkathedrale'), mit großer Glasmalerei (23 m hoch, 140 qm). – Nahe dem Westende der Brücke das *Stadtmuseum Skansen* mit heimatkundlichen Exponaten und einer Polarabteilung. Westlich der Schiffanlegestelle die 1861 aus Holz erbaute große **Domkirche** (750 Sitzplätze).

Südwestlich gelangt man durch die Storgate und auf dem Strandveg an der *Universität* vorbei zu dem etwa 2 km vom Zentrum entfernt im Volkspark liegenden *Tromsø-Museum,* mit guten natur- und völkerkundlichen Sammlungen (u. a. Lappenkultur); nahebei das zum Museum gehörende *Seeaquarium.*

Die im Westen der Stadt gelegene *Elverhøy-Kirche* (1802) stand früher auf Prostneset; sie war von 1803 bis 1861 Kathedrale von Tromsø und wurde 1975 hierher versetzt.

Panorama von Tromsø

UMGEBUNG von Tromsø. – Eine Kabinen-seilbahn (Fjellheisen) führt auf 420 m Höhe (prächtige Aussicht; Restaurant). – Schiffs-ausflüge in die Inselwelt und zur Vogelinsel *Nord-Fugløy*. – Tagesausflug zum **Lyngenfjord** (s. dort; hin und zurück ca. 200 km).

Etwa 30 km südlich von Tromsø liegt am Ostufer der Insel K v a l ø y der kleine Ort *Hella*, mit mehreren hierher gebrachten Häusern aus Alt-Tromsø.

Trondheim (Drontheim)

Staat: Norwegen. – Gebiet: Mittelnorwegen.
Provinz: Sør-Trøndelag fylke.
Höhe: Meereshöhe. – Einwohnerzahl: 135 000.
Postleitzahl: N-7000. – Telefonvorwahl: 075.
(i) **Reisetrafikkforeningen for
Trondheim og Sør-Trøndelag**
(Städtisches Verkehrsbüro),
Hornemannsgården;
Telefon: 272 01 und 258 90.
*Wahlkonsulat der
Bundesrepublik Deutschland*,
Strandveien 98;
Telefon: 296 44; privat 217 67.

HOTELS. – *Astoria*, Nordregata 24, 185 B.; *Ambassadeur* (garni), Elvegata 18, 85 B.; *Prinsen*, Kongensgata 30, 110 B.; *Britannia*, Dronningensgata 5, 180 B.; *Esso Motor Hotel*, Brøsetveien 186, 210 B.; *Nye Sentrum*, Cicignons Plass, 56 B.; *Gildevangen*, Søndregata 22 b, 71 B.; *Neptun*, Thomas Angells gata 12 b, 65 B.; *Norrøna*, Thomas Angells gata 20, 35 B.; *IMI Missjonshotell*, Kongensgata 26, 110 B.; *Singsaker Studenterhjem*, Rogersgata 1, 200 B.; *Trønderheimen*, Kongensgata 15, 77 B.; *Larssens*, Thomas Angells gata 10 b, 50 B. – JUGENDHERBERGE. – Mehrere CAMPINGPLÄTZE.

RESTAURANTS. – *Cavalero*, Kongensgata 3; *Galleyen*, Dronningensgata 12 (Tag- u. Nachtrestaurant, Diskothek); *Grenaderen*, Kongsgården; *Munken kro*, Munkegata 25 (italienisch); *Naustloftet*, Prinsensgata 42 (Fischspezialitäten); *Rotisseriet 1842*, Prinsensgata 38; *Trubadur*, Kongensgata 34; *Vertshuset Tavern*, Sverresborg (Haus von 1739).

SPORT und FREIZEIT. – Angeln (Meer, Süßwasser); Golf.

Trondheim (Drontheim), die dritt-größte Stadt Norwegens, liegt in einem Kranz schöner Höhen an einer südlichen Bucht des Trondheimfjords in 63°25' nördlicher Breite und 10°33' östlicher Länge. Das Stadtzentrum befindet sich auf einer vom Nidelv gebildeten Halbinsel, die nur im Westen mit dem Festland verbunden ist. Trondheim ist Hauptstadt der Provinz Sør-Trøndelag, Sitz eines evangelischen und eines katholischen Bischofs sowie mehrerer Lehranstalten.

Die günstigen Temperaturverhältnisse (Januarmittel selten unter minus 3°C) lassen den Fjord immer eisfrei und er-möglichen reichen Pflanzenwuchs. Die Industrie umfaßt Nahrungs- und Ge-nußmittel, Metallwerke und Maschinen-fabriken. Fischprodukte und Konserven sind die wichtigsten Ausfuhrgüter.

GESCHICHTE. – *Trondheim* (früher *Trondhjem*; deutsch *Drontheim*) war ursprünglich der Name für die ganze Landschaft am Trondheimfjord, die als die Wiege des norwegischen Reiches gilt. Hier wurden durch das Øreting die norwegischen Könige gewählt. Im Jahre 997 ließ Olav Tryggvason (oder Tryggvessøn) den Königshof *Nidarnes* und eine dem hl. Clemens geweihte Kirche erbauen. König Olav der Heilige gilt als der eigentliche Gründer der Stadt (1016), die nun bis in das 16. Jahrhundert hin-ein *Nidaros* (Mündung des Nid) genannt wurde. Ihr bedeutendstes Wachstum fällt in die Zeit nach König Olavs Tode (1030), als Scharen von Pilgern zum Totenschrein des heilig erklärten Königs zogen und mit diesem St.-Olavs-Kult Trondheim zur größten und reichsten Stadt des Landes machten. Außer dem Dom entstanden noch neun Kirchen und fünf Klöster. – Die Reformation beendete die Pilgerzüge, der Schrein des Heiligen wurde nach Dänemark entführt und dort vernichtet, der Leichnam im Dom an unbekannter Stelle beerdigt. Kirchen und Klöster verschwanden bis auf eine kleine Zahl. Nicht weni-ger als fünfzehnmal brannte die Stadt ganz oder zum großen Teil nieder. Aber noch Anfang des 19. Jahrhunderts war sie mit 9500 Einwohnern ebenso groß wie Oslo. – Der Anschluß an das übrige norwe-gische und an das schwedische Eisenbahnnetz (1877 bzw. 1881) ließ die Stadt rasch anwachsen. Der Settingsbeschluß, die Stadt vom 1. Januar 1930 an wieder 'Nidaros' zu nennen, mußte am 26. Fe-bruar 1931 auf Wunsch der Bevölkerung wieder rückgängig gemacht werden, wobei man allerdings die alte Schreibweise 'Trondhjem' wieder in 'Trondheim' änderte.

SEHENSWERTES. – Mittelpunkt und Verkehrszentrum von Trondheim ist der am Schnittpunkt der beiden Hauptver-kehrsstraßen Kongensgata und Munke-gata liegende T o r g e t (Marktplatz), auf dem auf hoher achteckiger Säule ein weithin sichtbares *Standbild Olav Tryggvasons* steht (1923). Im Pflaster unter dem Denkmal kann man die Him-melsrichtungen (N - V - S - Ø) ablesen.

Vom Markt führt die M u n k e g a t a süd-lich zum Dom. Rechts (Nr. 20) das statt-liche *Trondheim Tinghus* (1951) mit zwei Bronzetüren und bunten Keramikre-liefs, die Szenen aus der Stadtge-schichte zeigen. Rechts folgt die *Kathe-*

dralschule (Haus Nr. 8), ein Backstein-
bau aus dem 18. Jahrhundert. Auf der
gegenüberliegenden Straßenseite das
Nordenfjeldske Kunstindustrimuseum
(Kunstgewerbemuseum); südlich das
Rathaus.

Die ****Domkirche,** die von König Olav
Kyrre (1066-93) über dem Grabe Olavs
des Heiligen gegründet und nach der
Errichtung des ganz Norwegen umfassenden Erzbistums Nidaros im Jahre
1151 bedeutend erweitert wurde, ist in
Anlage und Ausführung die großartigste
Kirche der skandinavischen Länder.
Querschiff und Kapitelhaus zeigen einen von englisch-normannischen Anschauungen beeinflußten spätromanischen Übergangsstil, und auch der Bau

des prachtvollen frühgotischen Kuppel-
achtecks fällt im wesentlichen in diese
Zeit. Anfang des 13. Jahrhunderts wurde
der Langchor mit dem schönen Südportal, 1230-80 das gewaltige Hauptschiff
sowie der Turm errichtet, ebenfalls im
gotischen Stil. Nach Bränden von 1531,
1708 und 1719 lag der ganze westliche
Teil vom Querschiff an in Trümmern.
Das Erwachen des nationalen Bewußt-
seins im 19. Jahrhundert rettete den
Dom vor dem Untergang. 1869 begann
die Wiederherstellung, und am 28. Juli
1930, zur 900jährigen Gedenkfeier des
Todes Olavs des Heiligen, wurde die
Kirche neu geweiht. 1963 wurde die Orgel (1930) mit ihrem barocken Orgelpro-
spekt unter die Rose versetzt, 1914-68
die Westfront restauriert. Das Material

1 Olav-Tryggvason-Säule　　2 Kunstgewerbemuseum　　3 Kunstverein　　4 Gesellschaft der Wissenschaften

ist ein blaugrauer Seifenstein (norweg. 'klebersten') aus dem Süden und Osten von Trondheim. – Im 11. und 12. Jahrhundert diente der Dom als Grabstätte der Könige; im 15. Jahrhundert wurden hier mehrere Könige auch gekrönt, und seit 1814 ist die Krönung des norwegischen Königs im Dom zu Trondheim durch die Verfassung vorgeschrieben.

Im INNEREN des Doms wölbt sich über dem Hochchor das in reicher Gotik ausgeführte *Kuppelachteck. – Vom Umgang aus sieht man die St.-Olavsquelle, die wahrscheinlich zum Bau der ältesten Kirche beigetragen hat. – An das Kuppelachteck schließt sich der 26 m lange, dreischiffige *Langchor, in dem ein nach alten Bruchstücken neu hergestellter schöner Taufstein steht. – In dem romanischen Querschiff wurde die südliche Seitenkapelle bereits 1161 geweiht. Das fast ganz neu aufgebaute dreischiffige Hauptschiff ist 42,5 m lang und 20 m breit, mit 14 das Gewölbe tragenden Pfeilern. – Die große Orgel unter der Rose stammt von Steinmeyer aus Öttingen in Schwaben (1930). – Ferner beachtenswert die schönen Glasfenster (1913-34) von Gabriel Kielland.

Dom zu Trondheim

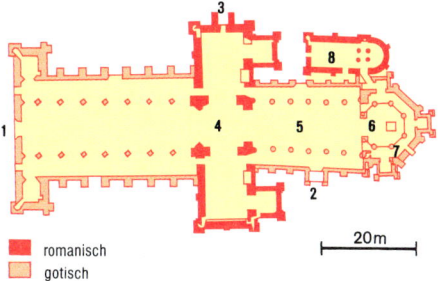

■ romanisch
□ gotisch

|⊢————— 20m —————⊣|

1 Westportal
2 Südliches Chorportal
3 Nordportal
4 Querschiff
5 Langchor
6 Hochchor (Kuppelachteck)
7 Olavsquelle
8 Sakristei (Kapitelhaus)

Östlich und südöstlich vom Dom dehnt sich der alte Friedhof aus. – Südwestlich vom Dom der Erkebispegård (Erzbischöfliches Palais), ein einst den Erzbischöfen als Wohnsitz dienender mittelalterlicher Steinbau, der heute eine Waffensammlung und das Museum der Widerstandsbewegung (1940-45) enthält. Nordwestlich vom Dom, an der Bispegata, das Gebäude des Kunstvereins (Kunstforening), mit einer Bildergalerie und wechselnden Ausstellungen. – Über die unweit südwestlich vom Erkebispegård den Nidelv überquerende Elgeseter bru, dann links den Høgskolevei hinan, gelangt man zu den Gebäuden der **Technischen Hochschule** (Teknisk Høgskole; 1900 gegründet). – Von der den Nidelv nordöstlich vom Dom überschreitenden By brua hat man einen hübschen Blick auf alte Lagerhäuser.

Nördlich vom Marktplatz, in der Munkegata, steht rechts der um 1770 erbaute Stiftsgård, ein mächtiges gelbes Holzhaus, das dem König bei seinen Besuchen in Trondheim als Wohnsitz dient. –

An der Kongensgate, unweit östlich vom Markt, die aus dem 13. und 16./17. Jahrhundert stammende **Liebfrauenkirche** (Vor Frue kirke); in den Anlagen daneben ein kleines Bronzestandbild des 1691 in Trondheim geborenen Seehelden Tordenskjold, von H. W. Bissen, eine Nachbildung des Kopenhagener Denkmals.

Südwestlich vom Marktplatz, Erling Skakkes gate 47 b, das Gebäude der 1760 gegründeten **Gesellschaft der Wissenschaften** (Det Kongelige Norske Videnskabers Selskab), mit einer bedeutenden Bibliothek (alte Handschriften) und ansehnlichen Sammlungen (Vogeldiorama; botanische, mineralogische, zoologische Sammlungen; Kirchenkunst; Altertümer-Abteilung). Westlich, am Ende der Kongensgate, die aus blauem Quarzsandstein erbaute Ila-Kirche; südlich davon (Brücke) die Nidarøhalle (Sport u. a.).

Am Nidelv in Trondheim

Von den **Hafenanlagen** liegen die ältesten in der Mündung des Nidelv. Am Øvre Elvehavn, der sich von der By brua nach Norden erstreckt, eine Reihe hölzerner, auf Pfählen stehender alter Lagerhäuser. Der Kanalhavn trennt die im Norden der Stadt gelegenen Bahnhofsanlagen vom Festland. Nördlich der Bahnanlagen, am Ytre Basseng, die Anlegestelle der 'Hurtigrute'. – Fjordgata Nr. 6 ein Seefahrtsmuseum.

Im Osten der Stadt (von der By brua durch die Vorstadt Bakklandet) liegt auf einer Anhöhe die im 17. Jahrhundert erbaute kleine Festung **Kristiansten** (72 m; Besichtigung im Sommer 16-18 Uhr), von der sich ein schöner *Ausblick auf die Stadt bietet (am besten bei Morgenbeleuchtung). – Auf einer Anhöhe im Südwesten der Stadt, die einst die Sverresborg des Königs Sverrir (1177-1202) trug, das Volksmuseum (Folkemuseet), ein Freilichtmuseum mit alten Bauten aus der Umgebung. – Im Nordwesten der Stadt am Fjordufer die Biologische Station, mit einem Aquarium. – Großes Meereslabor (Wasserbecken 32 000 t).

UMGEBUNG von Trondheim. – Im Trond-heimfjord liegt 2 km nördlich der Stadt die befestigte Insel **Munkholmen** (Motorboot von Ravnkloa, am Nordende der Munkegate, stündlich in ca. 10 Min.), mit einem Rund-turm des im 12. Jahrhundert gegründeten ehem. Benediktinerklosters Nidarholm, des-sen Stelle seit 1658 die alten Festungswerke einnehmen. – Im Nordwesten der Stadt führt am Anfang der aussichtsreichen Bynesvei links ein Fußweg steil bergauf zum *Elster-park*, am Abhang des *Gjeitfjell* (399 m). – Etwa 4 km südlich der Stadtmitte (vom Markt 1 km westl. Richtung Ila, dann noch ca. 3 km südl. bis zur Kirche Havstein) auf dem Fried-hof *Byåsen* 2992 deutsche Soldatengräber aus dem Zweiten Weltkrieg. – 3,5 km nord-östlich vom Zentrum, im Stadtteil LADE, der Hof *Ringve Gård*, wo der Seeheld Torden-skjold aufgewachsen ist (Museum; ferner eine Musikinstrumenten-Sammlung). – Ein lohnender Ausflug führt von Trondheim auf dem Fjellsetervei z.T. durch Wald zu dem 8 km westlich von der Stadt gelegenen *Fjell-seter* (367 m; Skigebiet, Sprungschanze). Von hier Fußweg in 15 Minuten zum Gipfel des **Gråkallen** (556 m), mit *Aussicht auf ei-nen großen Teil des Fjords, östlich auf die Berge an der schwedischen Grenze, südlich auf die Snøhetta und die Berge von Trollhei-men (s. bei Sunndal). Man kann auch von Trondheim mit der elektrischen Gråkallbahn (Abfahrt von der St. Olavsgate) oder mit Om-nibussen (von der Dronningensgate) in $^1/_2$ Stunde bis *Lian* (272 m; Restaur.) fahren und von dort zu Fuß über Fjellseter und Skistua zum Gråkallen aufsteigen (schöne Wande-rung; hin und zurück 2-2$^1/_2$ St.).

Die E 6 nach Narvik zieht von Trondheim östlich am Fjord entlang. Nach etwa 35 km, bei **Værnes** kurz vor dem den Flugplatz un-terquerenden Tunnel, eine aus dem 13. Jahr-hundert stammende Kirche.

Steinkjer (10 000 Einw.; Grand Hotell, 180 B.; Campingplatz) am gleichnamigen Fjord, 125 km von Trondheim, ist ein landwirt-schaftliches Zentrum der Provinz Nord-Trøndelag. Sehenswert ist das nördlich des Steinkjerelvs gelegene Freilichtmuseum mit mehreren alten Bauernhäusern. Etwa 10 km westlich, bei *Bardal*, Felszeichnungen aus der Stein- und Bronzezeit. – Nach Namsos weiter auf der Straße Nr. 17 (Abzweigung bei Asphaugen).

Frühgeschichtliche Felszeichnungen bei Bardal

Namsos (8000 Einw.; Grand Hotell Bonde-heimen, 75 B.; Namsen-Motell, 60 B.; Cam-pingplatz) liegt an der Mündung des fischrei-chen *Namsenälv* in den *Namsenfjord*, etwa 205 km von Trondheim. Die Stadt lebt vor-wiegend vom Holzhandel. Im Osten der Stadt das Namsdals-Museum mit alten Booten, Werkzeugen und Gebrauchsgegenständen. Vom 115 m hohen *Bjørumsklompen* bietet sich ein schöner Blick auf die Stadt. – Nam-sos ist von Trondheim aus auch mit dem Schiff zu erreichen.

Turku / Åbo

Staat: Finnland. – Gebiet: Südwestfinnland. Provinz: Turun ja Porin lääni (Åbo och Björneborgs län / Turku-Pori).
Höhe: Meereshöhe. – Einwohnerzahl: 165 000.
Postleitzahl: SF-20100. – Telefonvorwahl: 921.

ⓘ **Turun kaupungin matkailutoimisto**
(Städtisches Fremdenverkehrsamt),
Käsityöläiskatu 4;
Telefon: 33 63 66.
Informationsstelle am Marktplatz,
Telefon: 1 52 62.
Informationsstelle am Hafen,
Telefon: 30 35 63.
Touristenverein Südwestfinnland,
Läntinen Rantakatu 13;
Telefon: 1 13 33.
Wahlkonsulat der
Bundesrepublik Deutschland,
Aurakatu 12,
SF-20101 Turku 10;
Telefon: 33 48 00.

HOTELS. – *Marina Palace, Linnankatu 32, 307 B., Sb.; *Hamburger Börs, Kauppiaskatu 6, 323 B., Sb.; *Rantasipi Turku*, Pispalantie 7, 300 B., Sb.; *Maakun-ta*, Humalistonkatu 7, 200 B.; *Henrik*, Yliopistonkatu 29 a, 144 B.; *Keskushotelli*, Yliopistonkatu 12 a, 131 B.; *Seurahuone*, Humalistonkatu 2, 118 B.; *Tur-ku*, Eerikankatu 30, 48 B.; *Turun Karina*, Itäinen Pit-käkatu 30 b, 36 B. – A u ß e r h a l b : *Ruissalo*, 300 B.

FERIEN- und SOMMERHOTELS. – *Domus Aboen-sis*, Piispankatu 10, 154 B. (1. Juni–31. August); *Iki-tuurin Kesähotelli*, Pispalantie 7, 2200 B. (1. Juni–31. August), Sb.

JUGENDHERBERGE, Linnankatu 39. – CAMPING-PLÄTZE, *Ruissalo* und *Vepsä*.

RESTAURANTS. – *Brahen Kellari*, Puolalankatu 1; *Teatteriravintola Foija*, Aurakatu 10; *Samppalinna*, Itäinen Rantakatu, nur im Sommer.

STADTRUNDFAHRTEN im Sommer ab Fremden-verkehrsamt.

VERANSTALTUNGEN. – *Bootsausstellung* (2. Aprilhälfte); *Rockfestival Ruisrock* in Ruissalo (Anf. August); *Turku Music Festival* (Anf. August); *Turku Messe* (Mitte August); *Handwerkstage* (1. Septem-berhälfte).

Die schwedisch Åbo (spr. Obu) ge-nannte südfinnische Stadt Turku, die älteste sowie die drittgrößte Stadt (5 % der Einw. schwedischsprachig) und ehemalige Hauptstadt Finnlands, liegt an der durch mehrere größere Inseln und zahllose Schären geschützten Mündung des Aurajoki in den Bottni-schen Meerbusen. Turku ist Verwal-tungssitz der Provinz von Turku-Pori, Sitz des lutherischen Erzbischofs von

Finnland, einer finnischen und einer schwedischen Universität und Handelshochschule sowie seit 1623 eines Oberlandesgerichts. Als Einfuhrhafen hat Turku neben Naantali einen lebhaften Schiffsverkehr, besonders im Winter, da hier die Einfahrt durch die Schären immer offen gehalten werden kann. Die bedeutende Industrie umfaßt Schiffswerften, Maschinenfabriken, Nahrungsmittelwerke, Textilwerke u. a.

GESCHICHTE. – Der aus einer auf der Halbinsel *Koroinen* im Norden der Aurajoki-Mündung gelegenen Siedlung hervorgegangene Ort erhielt 1525 von Gustav Wasa Stadtrechte. 1630 legte Gustav Adolf durch Stiftung eines Gymnasiums, das Christina 1640 zur Hochschule erweiterte, den Grund zu der Universität. 1743 wurde hier der Frieden geschlossen, der den 1741 zwischen Rußland und Schweden ausgebrochenen Krieg beendete. 1809 fiel die Stadt mit ganz Finnland an Rußland. 1819 wurde der Sitz der Regierung und nach einem furchtbaren Brande von 1827 auch die Universität nach Helsinki verlegt. Nach der Selbständigkeitserklärung Finnlands wurde 1918 eine neue schwedische Universität, 1920 eine finnische Universität gestiftet, und Turku nahm einen neuen Aufschwung. Nach dem Zweiten Weltkrieg stete Fortentwicklung der Industrie und Aufkommen eines immer stärkeren Fremdenverkehrs.

SEHENSWERTES. – Verkehrsmittelpunkt von Turku ist der am Nordufer des Aurajoki gelegene Marktplatz (finn. Kauppatori; werktags bis 14 Uhr Markt). An seiner Südecke das *Schwedische Theater* (1838); an der Nordwestseite des Platzes die nach Plänen von C. L. Engel erbaute *Orthodoxe Kirche* (1846).

Blumenmarkt in Turku

Von hier führt die belebte Aurakatu nordwestlich zu dem auf einer Anhöhe gelegenen, von Anlagen umgebenen **Kunstmuseum** (finn. *Taidemuseo*), einem 1904 nach Plänen von G. Nyström errichteten stattlichen Granitbau, mit einer reichen Sammlung von Bildwerken und Gemälden meist finnischer Künstler. An der Freitreppe vor dem Gebäude die Hermen der finnischen Maler *R. W. Ekman* (1809-73) und *V. A. Westerholm* (1860-1919), von W. Aaltonen. – Westlich vom Kunstmuseum der **Hauptbahnhof.** – Südwestlich vom Bahnhof, an der Puistokatu, die neugotische *Kirche St. Michael* (1905).

Die Aurakatu mündet südlich auf die *Aurabrücke* (Auransilta). Rechts am Flußufer das **Stadthaus** (finn. *Kaupungintalo),* von 1885; nahebei, im ältesten noch vorhandenen Holzhaus der Stadt (1957 restaur.) ein *Apothekenmuseum.* – Links gelangt man an der nach dem Muster des Stockholmer Ritterhauses von C. Wrede 1903 erbauten *Stadtbibliothek,* mit einem hübschen Schmuckbrunnen, vorbei zur *Dombrücke,* die zu dem mit Anlagen geschmückten Domplatz führt. In der von der Brücke nach Nordwesten führenden Aninkaistenkatu (Nr. 9) die sogenannte *Göteborg-Gewerbeschule* und das *Konzerthaus* (1953), mit einer Skulpturengruppe von W. Aaltonen (1955).

Am linken Ufer des Aurajoki an der Dombrücke der von der Uudenmaankatu durchquerte, mit Anlagen geschmückte Domplatz. An seiner Westseite ein Bronzesitzbild des finnischen Geschichtsschreibers *H. G. Porthan* (1739-1804), das schon 1630 als Gymnasium gegründete *Schwedische Lyzeum* (1724) und das *Alte Rathaus,* das jetzt der Polizei dient. An der Ostseite des Platzes auf dem Unikankari-Hügel die um 1230 gegründete und 1290 geweihte **Domkirche (ehem. Kathedrale St. Henrik; finn. Tuomiokirkko;* 88 m lang) ein massiver Backsteinbau aus spätromanischer Zeit, mit gotischen und Renaissanceanbauten sowie einem 98 m hohen Turm.

Im INNEREN der Domkirche (nach einem Brande 1827 wiederhergestellt) zahlreiche Grabmäler bedeutender Männer. Rechts vom Haupteingang die Grabkapelle des schwedischen Feldobersten Torsten Stålhandske (†1644), der im Dreißigjährigen Krieg die finnische Reiterei befehligte; links vom Eingang die Tavastsche Kapelle, mit den Grabmälern der Bischöfe Magnus Tavast (†1452), Olaus Tavast (†1460) und Magnus Stjernkors (†1500). Links vom Chor die sogenannte Kankassche Kapelle der Geschlechter Horn und Kurck, die schönste der Kirche; in deren Mitte der 1867 aufgestellte Granitsarkophag der vielgeprüften Königin Katharina Månsdotter (†1612), eines armen Soldatenkindes, das Erik XIV. zu sich auf den Thron erhob. Rechts vom Chor die 1678 von Per Brahe gestiftete Tottsche Grabkapelle, mit den Grabmälern des schwedischen Generals Åke Tott (†1640) und seiner Gemahlin Sigrid Bjelke.

Dem Dom südöstlich gegenüber, an der Hämeenkatu, die *Alte Akademie* (1802-15), die einst der 1828 nach Helsinki verlegten Universität diente und heute Sitz der Provinzialregierung, des Oberlandesgerichts sowie des Domkapitels ist. Das Gebäude südwestlich daneben, an der Ecke der Uudenmaankatu, enthält die *Åbo Akademi* genannte 1919 eröffnete **Schwedische Universität.** In den Anlagen vor dem Gebäude ein Bronzestandbild *Per Brahes,* des verdienten schwedischen Statthalters in

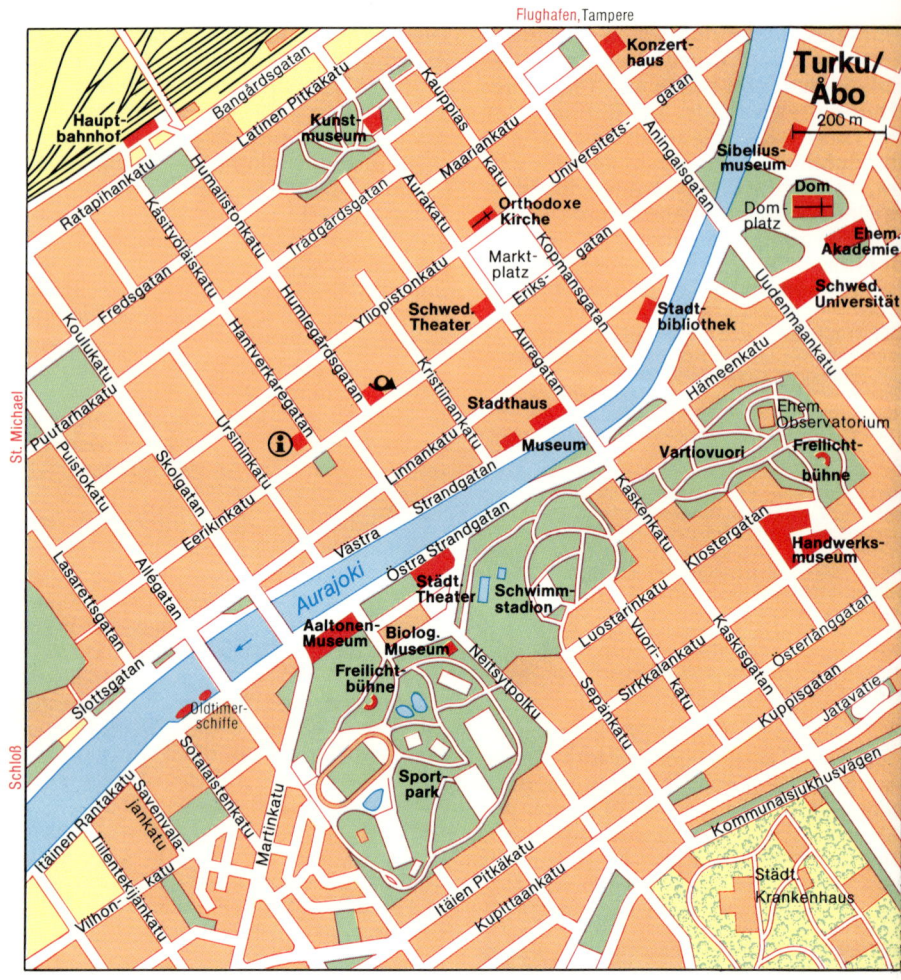

Finnland in den Jahren 1637-40 und 1648-54, von W. Runeberg (1888), mit der Sockelinschrift "Jagh war med landett, och landett med mig wääl tillfreds" (ich war mit dem Land und das Land mit mir wohl zufrieden). – Unweit nördlich vom Dom (Piispankatu Nr. 17) das *Sibelius-Museum,* mit Manuskripten und Erinnerungen des finnischen Komponisten; Piispankatu Nr. 14 ein *Haushaltsmuseum* (Möbel, Hausrat). Etwa $1/2$ km nordöstlich vom Dom die 1954-60 errichteten Gebäude der 1922 eröffneten **Finnischen Universität** (finn. *Turun Yliopisto*). – Vom Domplatz führt die Uudenmaankatu südöstlich zum *Kupittaa-Park.* Im südlichen Teil des Parks ein Schwimmbad und die St.-Heinrich-Quelle, mit deren Wasser die ersten christlichen Finnen getauft worden sein sollen.

Unweit südwestlich vom Alten Rathaus liegt am Fuß des **Wartberg** (finn. *Vartiovuori*) das Gebäude der 1797 zur Hebung der Landwirtschaft, der Künste und der Industrie gegründeten *Ökonomischen Gesellschaft;* schräg gegenüber im kleinen *Runeberg-Park,* am Ufer des Aurajoki, die Skulptur "Lilja", vor Wäinö Aaltonen. – Am Wartberg hübsche Parkanlagen, das ehemalige *Observatorium* und ein *Sommertheater.* – An der Südseite des Berges das in alten beim großen Stadtbrand 1827 verschont gebliebenen Häusern eingerichtete interessante **Handwerksmuseum** (finn *Käsityöläismuseo*), mit alten Werkstätten. – Weiter westlich, jenseits der Kaskenkatu, die Anhöhe Samppalinna, am Westabhang das *Schwimmstadion* und jenseits des Neitsytpolku das *Biologische Museum,* das einen guten Überblick über die finnische Tierwelt gewährt. Südwestlich der *Sportpark.* – Nordwestlich vom Schwimmstadion, an der am Südufer des Aurajoki verlaufenden Itäinen Rantakatu, das *Stadttheater* (1962); davor ein Standbild des Dichters *Aleksis Kivi* von W. Aaltonen (1949). – Noch weiter westlich, Itäinen Rantakatu Nr. 11, das *Wäinö-Aaltonen-Museum* (1967; Skulpturen u. a.); südlich ein *Freilichttheater* und eine alte Windmühle.

An der Martinsbrücke zwei alte Segelschiffe; die "Suomen Joutsen" dient heute als Berufsschule für Seeleute, die

Bark "Sigyn" (gebaut 1887, restauriert 1971-78) kann im Sommer besichtigt werden. Südwestlich, an der Vilhonkatu, die *Martinskirche* (1933). – Am östlichen Stadtrand der neue *Friedhof,* mit einer beachtenswerten Kapelle des aus Turku stammenden finnischen Architekten E. Bryggman (1941).

Im Westen der Stadt (von der Aurakatu durch die Linnankatu) liegt unweit vom Hafen am rechten Ufer des Aurajoki das wahrscheinlich um 1300 auf einer ehemaligen Insel in der Auramündung erbaute, im 16./17. Jahrhundert erweiterte **Schloß** (finn. *Turun linna;* 1959/61 renoviert), das einst den Schlüssel Finnlands bildete. Im Innern das *Historische Museum* der Stadt, das Bildnisse, Möbel, Teppiche, Trachten, Waffen u.a. enthält und einen guten Überblick über die Entwicklung der finnischen Kultur gibt. In der ehemaligen *Schloßkirche* kirchliche Altertümer.

UMGEBUNG von Turku. – Rund 2 km nordöstlich vom Domplatz (durch die Hämeenkatu, hinter der Bahn links durch die Kirkkotie) liegt am Nordostrand der Stadt die im 14. Jahrhundert erbaute kleine Kirche *St. Karin* (finn. *Kaarinan kirkko);* auf dem Friedhof das Grab des Rechtsgelehrten Mathias Calonius (1738-1817), der als erster Gouverneur nach der Angliederung Finnlands an Rußland in aufrechter Weise die Einhaltung der alten Gesetze forderte. – 3 km nordöstlich vom Bahnhof Turku an der Straße nach Tampere (Tampereentie) die wohlerhaltene *St. Marienkirche* (finn. *Maarian kirkko),* ein bemerkenswerter Feldsteinbau aus dem 14. Jahrhundert. In der Nähe die unbedeutenden Reste der angeblich 1161 bei dem Dorf Räntämäki erbauten ersten christlichen Kirche des Landes.

Im Südwesten von Turku liegt vor der Auramündung die mit dem Festland durch eine Brücke verbundene Insel **Ruissalo,** mit großem Freizeitgelände (Campingplatz; Restaur.; Golf, Reiten, Minigolf, Wasserski). Inmitten der Insel eine Quelle mit Inschrift zur Erinnerung an den schwedischen Dichter M. Choräus (1774-1806), der eine Zeitlang hier weilte; im südlichen Teil der Insel ein Strandbad. – Nördlich der Insel am Festland der Ölhafen *Pansio,* mit Tanklagern. – Südlich von Ruissalo (Motorboot) liegt im Ruissalo-Sund, der Haupteinfahrt der Schiffe nach Turku, die kleine Insel **Pikku-Pukki,** ein beliebtes Ausflugsziel, mit dem Airisto-Jachtclub und einem Sommerrestaurant.

7 km westlich von Turku an der Küste die als Badeort vielbesuchte kleine Stadt **Naantali** (schwed. *Nådendal;* ca. 8000 Einw.; Hotel Moshulu, 102 B., Kultainen Aurinko, 87 B.), die um 1443 hier errichtete, seinerzeit hochangesehene Birgittenkloster entstanden ist. Die nördlich von der Stadt am Meer gelegene sehr alte Kirche enthält einige alte Grabmäler sowie einen aus Danzig stammenden Altar (15. Jh.); nahe der Kirche ein

Denkstein für Jöns Budde († 1491), den ältesten nachweisbaren Schriftsteller Finnlands, der in Naantali als Mönch lebte. Naantali hat heute den wichtigsten Einfuhrhafen Finnlands mit der ersten Erdölraffinerie des Landes. – Auf der Naantali westlich vorgelagerten und mit dem Festland durch die Ukku-Peka-Brücke verbundenen Insel *Luonnonmaa* gleich rechts das Schloß *Kultaranta,* das dem finnischen Staatspräsidenten als Sommersitz dient.

Von Turku nach Parainen. – Ausfahrt auf der Straße Nr. 1, nach 9 km bei Kaarina Abzweigung der landschaftlich sehr schönen Straße Nr. 180, die südlich über den *Pojoissalmi* zur Insel **Kuusisto** (schwed. Kustö) führt. Kurz hinter der Brücke links die Abzweigung eines Sträßchens (6 km) zu den am Ostende der Insel gelegenen geringen Resten des 1317 gegründeten, ursprünglich den Bischöfen von Finnland gehörenden, nach Einführung der Reformation 1528 abgetragenen Schlosses *Kuusisto.* – Dann gelangt man auf einer ca. 300 m langen Hängebrücke (1963) über den *Rävsund* zur Insel **Kirjala.** Hier links die Abzweigung einer Straße zu dem 7,5 km südöstlich am Nordrand der Insel *Lemlahti* gelegenen wohlerhaltenen Schloß *Kvidja* (15. Jh.), das einst dem Bischof Magnus Tavast gehörte. – Die Straße nach Parainen überquert 2 km hinter der zuvor genannten Abzweigung auf 115 m langer Brücke den *Hässund.* 4 km weiter **Parainen** (schwed. *Pargas),* durch ihre Kalksteinbrüche bekannte kleine Stadt, mit großen Zementfabriken und alter Steinkirche (schönes Inneres). Etwa 13 km südwestlich der Stadt inmitten großartiger Schären die als Badeplatz vielbesuchte Insel **Stormalö** mit dem vom Finnischen Fremdenverkehrsverband bewirtschafteten *Hotel Airisto* (71 B.; geöffnet von Anf. Juni bis Ende August). – 16 km südwestlich von Parainen (Straße anfangs wie zum Hotel Airisto) der kleine Hafen *Lillmalö.* – Von Lillmalö gelangt man mittels dreier Fähren und einer Landstraße südwestlich über die **Nagu-Inseln** zu der schon weit von der eigentlichen Küste entfernten Insel **Korpo** (bis zur Kirche von Korpo, die mehrere alte Holzbildwerke enthält, 35 km).

Von Turku nach Uusikaupunki. – Auf der Straße Nr. 8 über Raisio und Mynämäki bis nach Laitila, von dort 19 km westlich auf der Straße Nr. 198 zu der an der Bottnischen Meerbusen gelegenen, 1616 unter Gustav II. Adolf gegründeten Hafen- und Handelsstadt **Uusikaupunki** (schwed. *Nystad),* mit etwa 12000 Einwohnern (bedeutende Granitindustrie). Am 30. August 1721 wurde in Nystad der den Nordischen Krieg beendende Friede geschlossen, in dem den Russen Ingermanland, Estland, Livland und ein Teil Kareliens zugesprochen wurde (Denkmal von 1961 am Marktplatz). Am Rathausplatz die 1863 vollendete neue Kirche. In der alten Kirche (1629) ein kleines kulturhistorisches Museum. Lohnende Bootsfahrten in die der Küste vorgelagerte Inselwelt. 7 km südlich der Stadt der schöne alte Herrensitz *Sundholm.* – Von Uusikaupunki kann man auf einer Landstraße nördlich über *Pyhäranta* und unweit der Küste hin nach Rauma fahren.

Straße der sieben Kirchen. — Diese lohnende Rundfahrt führt an sieben alten Kirchen vorüber. — Man verläßt Turku auf der nach Pori führenden Straße Nr. 8. — 7 km hinter der Stadtmitte, vor der Abzweigung der Straße nach Naantali, links die aus dem 14. Jahrhundert stammende Steinkirche von **Raisio.** — 10 km weiter die kleine Steinkirche von **Masku;** unweit südwestlich das Schloß *Kankainen.* — 4,5 km hinter Masku folgt **Nousiainen,** dessen alte Steinkirche 3,5 km nordöstlich abseits der Hauptstraße liegt. — Nun verläßt man die Straße Nr. 8 und fährt links auf einer Landstraße in Richtung Askainen weiter. — 7,5 km *Nyynäinen;* 1,5 km südwestlich abseits die Kirche von **Lemu.** — 8 km hinter Nyynäinen folgt **Askainen,** mit alter Steinkirche; 2 km westlich an der Küste das Gut *Luohisaari,* der Geburtsort Marschall Mannerheims. — Von Askainen südlich weiter; vor Merimasku mit einer Fähre auf eine buchtenreiche Insel hinüber. — 11 km **Merimasku,** am Nordrand der Insel gelegene kleine Siedlung, mit Holzkirche von 1726. — 4 km hinter Merimasku eine Straßenteilung; geradeaus noch 15 km zur Kirche von

In der Kirche von Rymättylä

Rymättylä (15. Jh.; Wandmalereien); nach Turku links weiter. — 1,5 km hinter der oben genannten Straßenteilung auf einer Brücke zur Insel **Luonnonmaa,** die man durchquert; am Ostufer der Insel an dem 1,5 km nördlich abseits gelegenen Schloß Kultaranta vorbei und über die ca. 200 m lange Ukku-Peka-Brücke (1934). — 6 km *Naantali.* — Von hier über Raisio zurück nach Turku 17,5 km.

Umeå

Staat: Schweden. — Gebiet: Ostschweden. Provinz: Västerbottens län.
Landschaft: Västerbotten.
Höhe: 20 m ü.d.M. — Einwohnerzahl: 50 000.
Postleitzahl: S-90.... — Telefonvorwahl: 090.
ⓘ **Umeå Turistbyrå,**
Rådhustorget,
S-90247 Umeå;
Telefon: 12 28 23.

HOTELS. — *Hotell Blå Avenue,* Rådhusesplanen 14, 141 B.; *Blå Dragonen,* Norrlandsgatan 5, 116 B.; *Strandhotel,* Västra Strandgatan 11, 64 B.; *Stora Hotellet,* Storgatan 46, 110 B.; *Wasa,* Vasagatan 12, 88 B.; *Esso Motor Hotel,* Yrkesvägen, 251 B.; *Pilen,* Pilgatan 5, 17 B.

Die Hauptstadt der schwedischen Provinz Västerbotten liegt am linken Ufer des Umeälv, etwa 5 km vor seiner Mündung in den Bottnischen Meerbusen. Umeå ist außerdem Hafen-, Handels- und Industriestadt und zugleich kulturelles Zentrum im nördlichen Norrland. Auch das Oberlandesgericht hat hier seinen Sitz. Neben einer Bibliothek, Schulen und anderen Ausbildungsstätten sowie der Universität (1963) sind eine Reihe Industrieunternehmen zu finden, vor allem in der Holzbranche.

Umeå erhielt 1622 zum zweiten Mal das Stadtrecht. Von einer eigentlichen Stadtentwicklung kann jedoch erst mit dem Aufblühen der Holzindustrie in der zweiten Hälfte des 19. Jahrhunderts gesprochen werden. 1888 vernichtete ein Brand drei Viertel der Häuser und die drei Holzschiffwerften. Im Zuge des Wiederaufbaus wurden breite Straßen mit Birkenalleen angelegt, die besonders schön um den 20. Mai herum anzusehen sind, wenn sich die Knospen der rund 5500 Bäume entfalten.

SEHENSWERTES. — Das Zentrum der Stadt ist der Rådhustorg mit einer großen Büste des Stadtgründers Gustav II. Adolf. Südlich davon an der Storgata steht die *neugotische Ziegelkirche* (1892), neben der ein *Obelisk* das gemeinsame Grab des schwedischen Oberstleutnants J. Z. Duncker und des Kosakenobersten Aerekoff bezeichnet, die beide in den Kämpfen bei Hörnefors 1809 gefallen sind. Im *Döbeln Park* an der Kirche erinnert ein Denkmal des schwedischen Generals G. C. von Döbeln an den Führer des letzten vereinigten schwedisch-finnischen Heeres, dessen Reste hier nach dem Krieg gegen Rußland (1808-09) aufgelöst wurden. Schweden verlor nach dem Friedensschluß 1809 Finnland. — Im Nordosten der Stadt liegt auf einem Hügel das **Gammlia-Freilichtmuseum** mit dem *Västerbotten Läns Museum.* Auf dem Freigelände liegt u. a. der *Sävargården* aus dem 18. Jahrhundert, wo im schwedisch-russischen Krieg der russische General Kamenskij sein Hauptquartier

Umeå in Ostschweden

hatte. Die Kirche *Helena Elisabeth* war ursprünglich eine Fischerkapelle auf der Insel Holmön. Sie ist teilweise aus dem Holz gestrandeter Schiffe gebaut. Ein Beispiel alter Handwerkerhöfe ist *Lars Fägrares gård,* heute Skimuseum und Jugendherberge. – Südöstlich der Stadt die schön gelegenen Gebäude der *Universität.*

UMGEBUNG von Umeå. – 17 km südöstlich von der Stadt liegt ihr *Außenhafen Holmsund* (große Sägewerke). Von hier aus verkehren Fähren nach Vaasa in Finnland. Holmsund liegt an dem sogenannten Blauen Weg, der westlich von Umeå und die E 4 und die E 79 kreuzt und als eine außergewöhnlich schöne Strecke durch Södra Lappland nach Norwegen führt. Er verläuft entlang des Umeälv mit seinen vielen Stromschnellen. – 15 km nordwestlich von Umeå in *Sörfors* liegt das große unterirdische *Kraftwerk Stornorrfors* (1959) mit 75 m Fallhöhe und in den Berg eingebauter 24 m hoher Turbinenhalle (Besichtigungen vom 1.6. bis 31.8.). Erwähnenswert auch die große *Lachszucht* von Stornorrfors, wo jährlich 100000 Lachse in den Umeälv ausgesetzt werden. Am kleinen Wasserfall unterhalb des großen Staudamms kann man die Lachse springen sehen.

120 km südlich von Umeå, an der durch Schären begrenzten gleichnamigen Bucht, liegt **Örnsköldsvik** (Stadshotellet, 86 B.; Focus, 108 B.; Esso Motor Hotel, 152 B.). Die Stadt trägt ihren Namen nach Per Abraham Örnsköld, der in der Zeit von 1762 bis 1769 als Reichsverweser in Västernorrland viel zur Entwicklung dieses Gebietes beigetragen hat. Für Örnsköldsvik sind in erster Linie die Sägewerke und der Aufschwung der Seefahrt zu nennen, begünstigt durch einen natürlichen Tiefhafen, der 11 Monate des Jahres eisfrei ist und die Schiffsverbindung nach Vaasa (s. dort) ermöglicht. Örnsköldsvik kann heute mit seinen 16000 Einwohnern als eine der expansivsten Städte des schwedischen Norrlandes betrachtet werden, die noch dazu in einer sehr reizvollen Natur liegt. Zur Landseite hin wird die Stadt von waldbedeckten Felsenhöhen begrenzt, die sich weiter zum Inneren hin in Höhenzüge mit fischreichen Gewässern und gutem Skiterrain für Ausflüge anbieten. Vom *Varvsberg* (Autoweg und Restaur.) hat man einen schönen Blick auf das Meer. In der Stadt selbst steht das Rathaus (1909) und im Torgparken eine Adlerskulptur des Bildhauers Bruno Liljefors. Sie ist in Örnsköldsviksgranit gehauen und wurde zum Symbol der Stadt. Im Osten der Stadt dann Fornhemmet mit dem Dorf-Museum (Bygdemuseum).

Uppsala

Staat: Schweden. – Gebiet: Mittelschweden.
Provinz: Uppsala län. – Landschaft: Uppland.
Höhe: 7 m ü.d.M. – Einwohnerzahl: 140000.
Postleitzahl: S-750... – Telefonvorwahl: 018.

(i) **Turistinformation,**
Kungsgatan 44,
S-75104 Uppsala;
Telefon: 161825 und 117500.

HOTELS. – *Uplandia,* Dragarbrunnsgatan 32, 179 B.; *Gillet,* Dragarbrunnsgatan 23, 281 B.; *Esso Motor Hotel,* Gamla Uppsalagatan 48, 251 B.; *Grand Hotell Hörnan,* Bangårdsgatan 1, 42 B. – JUGENDHERBERGE. – CAMPINGPLATZ.

FREIZEIT und SPORT. – *Linné-Wanderungen* (botanische Exkursionen; im Sommer); Museumseisenbahn nach Lenna (Juni bis August, an Sonn- und Feiertagen); Golf, Tennis, Reiten.

Die berühmte schwedische Universitätsstadt *Uppsala liegt etwa 70 km nordwestlich von Stockholm in einer fruchtbaren Ebene an den Ufern der Fyriså. Uppsala ist Provinzhauptstadt und Sitz des evangelischen Erzbischofs von Schweden. Im Vorfeld der Stadt sind Betriebe des Maschinenbaus, pharmazeutische Werke und auch Druckereibetriebe angesiedelt.

Die Provinz Uppsala nimmt den zentralen Teil der Landschaft Uppland ein, die in der früheren Geschichte Schwedens eine herausragende Rolle gespielt hat. Es war das besondere Recht der Svea (Uppländer), Könige zu wählen und abzusetzen. Von Svea ist auch der Name Schwedens (Sverige) abgeleitet. Svea Rike, das Reich der Schweden, ist in dieser Form noch in den speziellen Malereien (Dalmålninger) von Dalarne zu finden.

GESCHICHTE. – Uppsala ist das geschichtliche Zentrum Schwedens. Die einst *Östra Aros* genannte heutige Stadt war zur Zeit, als die schwedischen Könige in *Gamla Uppsala* residierten, nur deren Handels- und Hafenplatz. 1273 wurde der Sitz des Erzbischofs hierher verlegt, während die Könige Stockholm zur Residenz wählten. – Die im Mittelpunkt des Lebens von Uppsala stehende Universität wurde 1477 von Erzbischof Jakob Ulvsson gegründet und entwickelte sich durch Zuwendungen Gustav Adolfs zu hoher Bedeutung. – Der Gegensatz zwischen der kirchlich-akademischen Seite und der weltlich-kaufmännischen ist noch immer zu spüren, obwohl das Zentrum durch Neubauten in den sechziger und siebziger Jahren unseres Jahrhunderts weitgehend verändert wurde.

SEHENSWERTES. – Der 1435 geweihte ***Dom** (Gesamtlänge 118,7 m, innere Breite 45 m; Turmhöhe 118,7 m) entstand zunächst nach englischem Vorbild, erhielt dann aber durch den Franzosen de Bonneuil sein hochgotisches Gepräge. Die nach einem Brand 1702 teilweise umgebauten Westtürme mußten 1745 mit neuen Spitzen versehen werden. Nach der stark kritisierten Restaurierung um 1880 wurden in den letzten Jahrzehnten durchgreifende Veränderungen vorgenommen, um so weit wie möglich den mittelalterlichen Charakter wiederherzustellen.

Im INNEREN des Domes eine prachtvolle Barockkanzel von B. Precht (1707). Am Ostende des Chors der **Grabchor Gustav Vasas* (Gustavianska Koret) mit dem um 1576 in den Niederlanden gearbeiteten Grabmal des Königs. An der Nordseite das Grabmal Katarina Jagellonicas mit dem 1583 errichteten Grabmal der Königin und dem Marmordenkmal ih-

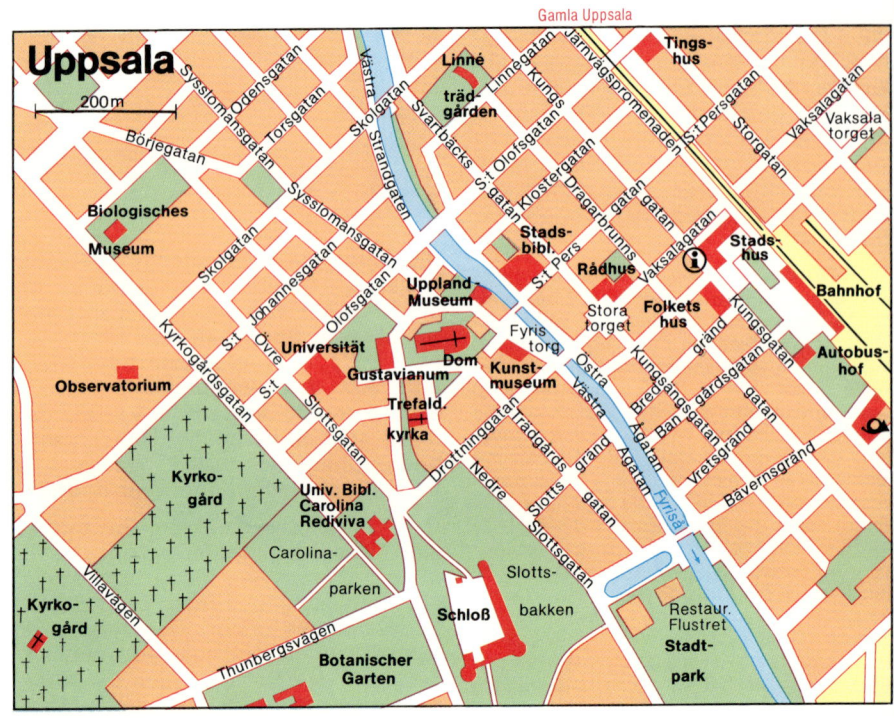

res Gatten, Johanns III. An der Südseite die Grabkapelle der Oxenstierna. Beigesetzt sind im Dom auch
der Naturwissenschaftler Carl von Linné, der Erzbischof Nathan Söderblom und der Philosoph Swedenborg. In der *Silberkammer* neben anderen
Kostbarkeiten das vergoldete Reliquiar (1574–79)
König Eriks des Heiligen, der 1160 von den Dänen
getötet wurde. Im Nordturm ist ein *Museum* eingerichtet. Hier ist u. a. ein Kleid aus Goldbrokat zu sehen, das um 1400 Königin Margrete (Unionsköni-
gin) gehört hat.

Nordwestlich vom Dom das *Biologische
Museum,* das mit großen Dioramen einen guten Überblick über die schwedische Tierwelt gibt.

Im Dom von Uppsala

Unterhalb des Doms an der Fyriså liegt
das *Upplandsmuseum* mit kulturgeschichtlichen Sammlungen. Westlich
des Doms das **Gustavianum** (um 1620),
das Gustav II. Adolf der Universität stiftete. Hier sind die *Kulturhistorischen
Sammlungen der Universität,* das *Museum für nordische Altertümer* und das
Victoria-Museum (ägyptische Altertümer) untergebracht. Die *Kunstsammlung* befindet sich am Fyris torg. – In den
Anlagen der Universität (hinter dem Gustavianum) stehen mehrere Runensteine und ein Bronzestandbild des Historikers und Dichters E. G. Geijer. –
Das neue *Universitätsgebäude* wurde
1879–86 erbaut. Hier studieren gegenwärtig ca. 20 000 Studenten. Südlich von
Gustavianum die in ihren ältesten Teilen
aus dem 12. Jh. stammende *Dreifaltigkeitskirche* (mittelalterliche Wandmalereien).

Die **Universitätsbibliothek** *(Carolina
Rediviva)* ist die größte Bücherei
Schwedens mit über 2 Millionen Bän-
den, dazu etwa 30 000 Handschriften.
Als größte Kostbarkeit zeigt die Bibliothek in ihrer Schausammlung (rechts
vom Eingang) den berühmten **Codex
argenteus,* der in Silber- und Goldbuch-
staben auf 187 purpurfarbenen Perga-
mentblättern die Evangelienübersetzung
zung des Gotenbischofs Wulfila oder Ul-
filas († 383) enthält und wahrscheinlich
unter Theoderich dem Großen im
6. Jahrhundert in Ravenna geschrieben
wurde (silberner Einband aus dem
17. Jh.), ferner den *Codex Uppsalensis,*

Universität in Uppsala

Svea-Reiches. Die kleine Feldsteinkirche ist der Rest der um 1125 errichteten Domkirche. Der Opferstock wird aufbewahrt, und der Bischofsstuhl zählt zu den ältesten noch erhaltenen Möbelstücken Schwedens. In großen *Grabhügeln* (etwa aus dem 6. Jh.) sind die Könige Adil, Egil und Aun bestattet. Östlich davon *Tingshög,* eine Anhöhe, von der aus die Könige zum Volke sprachen. In dem dabei gelegenen Gasthof Odinsborg kann man aus silberbeschlagenen Hörnern Met trinken. Unweit nördlich das Freilichtmuseum *Disagården* mit alten Häusern aus der Umgebung.

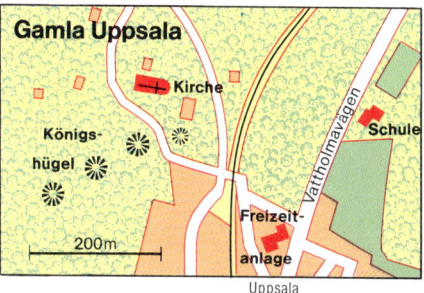
Uppsala

die älteste Handschrift der jüngeren Edda, von Snorre Sturlasson (um 1300), das *Decretum Concilii Uppsaliensis* von 1593, mit vielen Unterschriften, sowie die **Carta Marina,* von Olaus Magnus (Karte von Nordeuropa; 1539 in Venedig gedruckt). Von alten schwedischen Drucken stammt der älteste aus dem Jahre 1483.

Südlich der Universitätsbibliothek liegt der *Botanische Garten.* Südöstlich auf einer Anhöhe das 1548 von Gustav Vasa angelegte, nur zur Hälfte vollendete **Schloß** (jetzt Wohnung des Regierungspräsidenten, Amtsräume und Landesarchiv). Hier ließ Erik IV. den Grafen Sture ermorden, und Christina legte im Reichssaal ihre Krone nieder. Von den Bastionen schöner Blick auf Stadt und Umgebung; auf der Nordwestbastion eine von der Königin Gunilla Bielke gestiftete Glocke (täglich 6 und 19 Uhr). Hinter dem Schloß auf einem von Geschützen umgebenen Sockel eine *Büste Gustav Vasas* (von Fogelberg). – Südöstlich vom Schloß erstreckt sich der *Stadtpark* mit dem Sommerrestaurant Flustret. – Auf dem westlich gelegenen *Friedhof* das Grab des ehemaligen UNO-Generalsekretärs Dag Hammarskjöld (1905-61).

Von der Universitätsbibliothek führt die Drottninggata zum Stortorg mit dem *Rathaus* (1883). In der nahen Svartbäcksgata der *Linné-Garten,* ehemals von dem Botaniker Linné geleitet, mit dem **Linné-Museum.** Carl von Linné (1707-78), Mediziner und Naturwissenschaftler, ist bekannt geworden durch die Begründung der botanischen Fachsprache und das 1735 veröffentlichte Linnésche System, dessen binäre Nomenklatur noch heute gültig ist. – Östlich vom Stortorg befindet sich der **Bahnhof** und schräg gegenüber das *Volkshaus* mit dem Stadttheater, nördlich das *Stadthaus.*

UMGEBUNG von Uppsala. – 5 km nördlich der Stadt lohnt **Gamla Uppsala* einen Besuch, der ehemalige Hauptort des alten

11 km südöstlich von Uppsala die *Morasteine* in einem 1779 erbauten Haus. Hier leisteten die gewählten Könige den Eid, worauf der Name des Königs auf einen Stein geschrieben wurde. – Etwa 3 km von hier liegt **Hammarby,** der heute als Museum eingerichtete Sommersitz Carl von Linnés. – 4 km nordöstlich der Morasteine die Kirche von *Lagga* mit Wandmalereien aus dem 15. Jahrhundert.

Rund 30 km südlich von Uppsala liegt an dem See *Skarven* die Stadt

Sigtuna (4000 Einw.; Stadshotell, 45 B.), als eine der ältesten Städte Schwedens im 11. Jahrhundert von Olof Skötkonung angelegt. Er war es auch, der, der englische Münzmeister kommen ließ, die die ersten schwedischen Münzen mit der Inschrift 'Situne Dei' prägten. Der zunächst lebhafte Handelsplatz und erste Bischofssitz in Svealand verlor jedoch an Bedeutung, als der Bischof 1130 seine Residenz nach Uppsala verlegte. Hinzu kam 1187 ein Überfall der Esten, die die Stadt in Brand steckten. Es dauerte etwa fünf Jahrzehnte, ehe sich Sigtuna wieder erholte und durch die Gründung eines Dominikanerklosters 1237 eine kleine Renaissance eingeleitet wurde.

Die Stora gatan hat noch denselben Verlauf wie um das Jahr 1000. Allerdings befindet sich der Vorgängerin der heutigen Hauptstraße drei Meter unter dieser. Funde von Ausgrabungen, darunter Reste der ältesten Gebäude, die hier gestanden haben, sind im *Museum* am Lilla torget zu sehen. Von der frühen Bedeutung Sigtunas zeugen die Ruinen der Kirchen St. Lars, St. Per und St. Olof. Letztere ist wahrscheinlich im Zusammenhang mit einer alten Opferquelle errichtet worden (Mitte des 12. Jh.). Unweit die im 13. Jahrhundert aufgeführte *Marien-* oder *Klosterkirche* mit Wandmalereien aus der gleichen Zeit. Im Innern ferner eine Grabnische des Erzbischofs Jarler, der hier im Kloster als Mönch gelebt hatte und 1255 starb. Beachtenswert auch ein Altarschrein aus dem 15. Jahrhundert im Chor der Kirche. Hübsch ist das *Lundströmske hus,* ein altes Bürgerhaus mit kompletter Einrichtung. Die *Sigtuna-Stiftung* von 1915 mit einer alten Volkshochschule auf ev.-lutherischer Grundlage liegt westlich der Stadt und verfügt über ein Gästeheim.

Schloß Skokloster zwischen Uppsala und Sigtuna (Mittelschweden)

In einer Entfernung von 10 km Luftlinie liegt nordwestlich von Sigtuna, aber nur von der E 18 Stockholm–Enköping zu erreichen, am *Skofjord* das Schloß Skokloster.

Das *Schloß Skokloster* war ursprünglich, wie aus dem Namen ablesbar, ein Kloster. Die Zisterzienser hatten es 1244 gegründet, 1574 wurde es jedoch bis auf die Kirche abgerissen. Das dazugehörende Gut erhielt 1611 der Feldmarschall Herman Wrangel, dessen Sohn Karl Gustav, Graf von Salamis, 1613 in Skokloster geboren wurde. Karl Gustav Wrangel, der spätere Reichsadmiral und Reichsmarschall von Schweden, ließ dann in den Jahren 1654-57 das heutige Schloß als seine Residenz aufführen. Baumeister war zunächst de la Vallée, später Tessin d. Ä. Das Schloß wurde im Barockstil als geschlossenes Viereck aus Ziegeln errichtet, mit einem achteckigen Turm an jeder Ecke. Die Räume sind reich geschmückt und gut erhalten. Außer schönen Stuckarbeiten sowie Wand- und Deckenmalereien sind eine bedeutende *Gemälde-* und eine *Waffensammlung* beachtenswert. Hier wird u. a. der Prunkschild Kaiser Karls V. aufbewahrt, vermutlich eine Augsburger Arbeit, ferner das Schwert des Hussitenführers Jan Žiška und das Richtschwert vom Blutgericht in Linköping.

Nördlich des Schlosses die *Kirche* mit einem Triumphkreuz aus dem 13. Jahrhundert und der *Gruft Wrangels,* ferner eine im Dreißig-jährigen Krieg aus Oliva bei Danzig mitgenommene Kanzel. Unmittelbar östlich der Kirche steht ein *Runenstein* mit zwei Reiter-abbildungen, die vermutlich wesentlich älter sind als die Runenschrift. Am Parkplatz ein *Automobilmuseum.*

Vaasa (Vasa)

Staat: Finnland. – Gebiet: Westfinnland. Provinz: Vaasan lääni (Vasa län / Vaasa). Höhe: Meereshöhe. – Einwohnerzahl: 55000. Postleitzahl: SF-65100. – Telefonvorwahl: 961.
ⓘ **Kaupungin Matkailutoimisto**
(Städtisches Fremdenverkehrsamt),
Rathaus;
Telefon: 11 38 53.

HOTELS. – *Waskia,* Vaskiluoto, 400 B., Sb.; *Central,* Hovioikeudenpuistikko 21, 290 B., Sb.; *Fenno,* Vaskiluoto, 297 B.; *Coronet,* Ylätori D, 54 B.; *Villitys,* Pitkäkatu 21, 115 B. (1. 6.–31. 8.). – JUGENDHERBERGE. – CAMPINGPLATZ.

VERANSTALTUNGEN. – *Vaasa-Festival* (Juni); *Stundars-Fest* (Folklore; Juli).

FREIZEIT und SPORT. – Bowling, Tennis, Golf, Reiten, Angeln, Segeln.

Die westfinnische Stadt Vaasa, schwedisch Vasa, an der Küste des Bottnischen Meerbusens ist der Verwaltungssitz für die Provinz Vaasan lääni und Sitz eines Hofgerichts (Oberlandesgericht). Von den Einwohnern ist etwa ein Drittel schwedischsprachig. Vaasa liegt an der engsten Stelle des Bottnischen Meerbusens. Der Stadt vorgelagert sind ein abwechslungsreicher Schärengürtel, die Inselgruppe Valsöarna sowie die Inseln Vallgrund und Björkö. Die kürzeste Verbindung nach Schweden ist die Fähre Vaasa – Umeå.

GESCHICHTE. – Die Stadt lag bei der Gründung 1606 etwa 6 km landeinwärts, bei Mustasaari, wo damals die Küste verlief. 1611 erhielt Vaasa Stadtrechte. Ihren Namen bekam die Stadt nach dem schwedischen Königsgeschlecht. Vaasa erlebte zwei Zerstörungen durch Kriege (1714 und 1808) und eine Vernichtung durch einen Großbrand 1852. Der Neuaufbau erfolgte ab 1862 an der neuen Küstenlinie, die infolge der Landhebung nach Westen gewandert war. Der Neuaufbau erfolgte unter Leitung des Provinzialarchitekten Carl Axel Setterberg. Ähnlich wie in der Stadt Pori versuchte man auch in Vaasa, die Brandgefahr durch Schaffung breiter Esplanaden (finn. Puistikko) einzudämmen. Angeregt durch Setterbergs Gotik haben andere Architekten in Vaasa Gebäude verschiedener Stilrichtungen hinterlassen. – Im Dezember 1917 fiel Vaasa nach Proklamierung der Unabhängigkeit Finnlands eine besondere Rolle zu: Weil die sozialistische Miliz Helsinki in ihre Hände bringen konnte, mußte der Senat nach Vaasa fliehen, das damit bis zur Wiedereroberung Helsinkis die provisorische Hauptstadt Finnlands war. Von hier aus leitete General C. G. Mannerheim die Operationen gegen die Roten Brigaden und die russischen Truppeneinheiten, welche die Sozialisten unterstützten. Aus diesem Grund führt Vaasa – wie Mikkeli – das Freiheitskreuz im Stadtwappen.

SEHENSWERTES. – Zwischen den beiden großen Esplanaden H o v i o i k e u d e n p u i s t i k k o und V a a s a n p u i s t i k k o, welche vom Bahnhof aus in südwestlicher Richtung den Stadtkern durchziehen, liegt der geräumige M a r k t p l a t z mit einem *Denkmal* zur Erinnerung an den Bürger- und Freiheitskrieg von 1918. Südwestlich vom Markt die neugotische *Dreieinigkeitskirche* (C. A. Setterberg; 1868) mit einem Altarbild von A. Edelfelt und das 1881 in neubarocken Formen erbaute **Stadthaus.** Nördlich gegenüber der Kirche ein *Bronzestandbild* des Dichters Zacharias Topelius. Am Westende der Hovioikeudenpuistikko (Hofgerichtsesplanade) auf einem mit Anlagen geschmückten Platz am Meer das *Hof-* oder *Oberlandesgericht* (1859). Südlich davon ein *Denkmal* zur Erinnerung an die Landung des 27. Kgl. Preußischen Jägerbataillons im Februar 1918. Nördlich vom Gericht der Mariepark mit dem *Landschaftsmuseum für Österbotten* (Pohjanmaa-Museum). Im Süden der Stadt der Park von *Hietalahti* mit dem Freilichtmuseum *Brage* und einem Sommerrestaurant.

Die V a a s a n p u i s t i k k o führt über einen engen Sund (Straßen- und Eisenbahndamm) zur Insel *Vaskiluoto* hinüber. Vom Damm führt eine Verbindung zur kleinen Insel *Hietasaari* (schwed. Sandö; Parkanlagen, Bademöglichkeiten).

UMGEBUNG von Vaasa. – In **Alt-Vaasa**, dem 6 km südöstlich landeinwärts gelegenen Platz der Stadt vor dem Brand von 1852, ist die Ruine der Marienkirche erhalten, die ursprünglich eine Basilika war und in mehreren Baustufen zu einer Kreuzkirche umgebaut wurde. Das frühere Hofgericht im gustavianischen Stil entstand in der Regierungszeit

von Gustav III. und ist heute die Kirche von Mustarsaari.

Besonders reizvoll ist der abwechslungsreiche **S c h ä r e n g ü r t e l** im Bottnischen Meerbusen. Man kann zum Angeln Boote mieten oder auch auf Fischerbooten mitfahren. Auf den Inseln gibt es zahlreiche Hütten, die man im Verkehrsbüro der Stadt mieten kann. In besonders kalten Wintern besteht die Möglichkeit, mit dem Auto zunächst bis Björköby auf der Straße und von dort weiter über das Eis des Bottnischen Meerbusens nach Umeå auf der schwedischen Seite zu fahren.

Valdres

Staat: Norwegen. – Gebiet: Südnorwegen.
Provinz: Buskerud fylke und Oppland fylke.
ⓘ **Valdres Turistkontor,**
N-2900 Fagernes;
Telefon: (061) 5 29 00.

Die fruchtbare Landschaft Valdres im Süden Norwegens erstreckt sich zu beiden Seiten des Flusses Begna, der aus dem südlichen Jotunheim kommt und bei Hønefoss in den Tyrifjord mündet. Zahlreiche Höfe und grüne Matten prägen das Bild des Tales.

Ausgangspunkt für eine Fahrt ins Valdres ist *Hønefoss* (s. dort) an der hier auch *Åndalselv* genannten *Begna,* die sich mit dem *Randselv* zum *Storelv* vereinigt. – 11 km östlich der 702 m hohe aussichtsreiche *Ringkollen;* südlich bei *Sundvollen* (15 km; s. Hønefoss) die *Kongens Utsikt* (Rundblick).

Nördlich von Hønefoss, talaufwärts, zieht die E 68 am Ostufer vom 23 km langen **Sperillensee** hin. Am gegenüberliegenden Ufer wird der 1010 m hohe *Høgfjell* sichtbar.

Das Kirchdorf *Nes* liegt am nördlichen Ende des Sperillensees, nahe bei der Einmündung der Begna. Links zweigt die Straße Nr. 243 nach *Hedal* ab, wo eine Stabkirche (13. Jh.) steht.

Die E 68 folgt nun dem rechten Ufer der Begna nach **Begndal** (Campingplatz), in waldreicher Umgebung. – Bei *Islandsmoen* ein Freilichtmuseum mit alten Häusern.

Bei **Bagn,** einem hübschen, langgestreckten Ort mit einem Rundfunksender, zweigt eine Nebenstraße zur *Stabkirche von Reinli* (12 Jh.) ab.

Fagernes (360 m ü.d.M.; Fagernes Turisthotell, 238 B.; Sb.; Hb.; Fagerlund, 50 B.; Fagernes Turistheim, 70 B.; Campingplatz), zwischen fichtenbewachsenen Bergen an der Mündung des Neselvs gelegen, der hier schöne Wasserfälle bildet und in den Strandefjord mündet, ist ein von Touristen vielbe-

Valdres – Herbstlandschaft bei Lomen

suchter, auch bei Sportanglern beliebter Ort. Das *Valdres folkemuseum* (Volkskunde) umfaßt zahlreiche alte Gebäude sowie Hausrat, Musikinstrumente, Waffen u. a. – Bei Fagernes teilt sich die Strecke. Während die E 68 zunächst in westlicher Richtung weiterzieht, führt die Straße Nr. 51 nach Nordwesten in das Gebiet von Jotunheimen (s. dort).

Die E 68 führt nun an mehreren kleinen Fjorden entlang über *Lomen,* mit einer Holzkirche aus dem 13. Jh., und *Ryfoss* zum Südufer des 19 km langen Sees *Vangsmjøsa,* dem sie dann folgt.

Grindaheim (471 m ü.d.M.; Grindaheim Turisthotell, 98 B.; Mjøsvang Pension og Motel, 85 B.; Campingplatz) besaß einst eine Stabkirche, die 1841 nach Brückenberg in Schlesien übertragen wurde und an deren Stelle heute die weiße Holzkirche von *Vang* steht. Bei der Kirche ein Runenstein, dessen Inschrift etwa besagt: 'Goses Söhne errichteten diesen Stein für Gunnar, ihren Bruderssohn'. – Südlich des Ortes führt eine Privatstraße zu dem 35 qkm großen *Helin-Nationalpark.*

In *Øye* am Westende des Vangsmjøsa steht eine aus wiedergefundenen Bauteilen neu errichtete Stabkirche aus dem 12. Jahrhundert.

11 km hinter Øye folgt eine Straßenteilung: rechts die Straße Nr. 53 zum *Tyinsee* (s. bei Jotunheimen), links die Fortsetzung der E 68 zum *Sognefjord* (s. dort).

Ryfoss in Valdres

Vänersee / Vänern

Staat: Schweden. – Gebiet: Südschweden.
Provinzen: Värmlands län, Älvsborgs län und Skaraborgs län.
Landschaften: Värmland, Dalsland und Västergötland.

(i) **Värmlands Turistråd,**
Box 323,
S-65105 Karlstad;
Telefon: (054) 10 21 60.

Der Vänersee, schwedisch Vänern, mit 5546 qkm Fläche der größte See Schwedens, liegt im Süden des Landes, nordwestlich der Straße von Göteborg nach Örebro, in einem tektonischen Becken. Die Halbinseln Värmlandsnäs, Kallandshalvö und dieser vorgelagert die Insel Kallandsö sowie einige kleine Inselchen trennen ihn in zwei Teile, den Stora Vänern (nordöstlich) und den Dalbosjö (südwestlich). Seine größte Tiefe beträgt 98 m. Durch die Höhenunterschiede der ihn umgebenden Landschaften rechnet man pro Jahrhundert mit einem Absinken des Wasserspiegels um 8 cm.

Seit dem 16. Jahrhundert bestanden Pläne zur Regulierung, die aber durchgreifend erst 1938 zur Ausführung kamen. Heute besteht ein bedeutender Schiffsverkehr auf dem Vänersee, nicht zuletzt durch die Verbindungen über Trollhättan und durch den Göta-Kanal mit Kattegat und Ostsee.

Rundfahrt um den Vänersee. – Wer aus Richtung Göteborg anreist, wählt Trollhättan als Ausgangspunkt. Die von Stockholm über Örebro kommende Straße erreicht die nachstehend beschriebene Rundstrecke bei Kristinehamn am Nordostende des Sees.

Trollhättan (42000 Einw.; Stadshotellet, 76 B.; Trollhättan, 70 B.; Strömsbergs Turiststation, 54 B.; Bele, 80 B.) ist eine am Götaälv gelegene Industriestadt, die erst 1916 das Stadtrecht erhielt. Und doch haben in diesem Gebiet, wie vorgeschichtliche Funde zeigen, bereits vor 7000 Jahren Menschen gelebt. Der Name der Stadt taucht zum erstenmal 1413 in den Steuerannalen von Erik von Pommern auf, wo es heißt, daß in der Mühle von Trollhättan das Korn für das Schloß gemahlen wurde. Mühlen und Sägewerke sind inzwischen von so bekannten Industrieunternehmen wie SAAB und NOHAB sowie elektrochemischen und Maschinenbaubetrieben abgelöst worden.

Die einst berühmten **Trollhättanfälle,** wo der Götaälv einen Gneisrücken durchbrochen hat und auf einer Strecke von 1500 m aus 38,5 m auf 5,7 m Höhe hinabstürzte, sind fast trockengelegt – mit Ausnahme des Juli. In diesem Sommermonat läßt der Wasserstand des Vänersees es in der Regel zu, Wasser auf die Fälle zu leiten, so daß sie sich in alter Pracht und Größe zeigen können. Mitte Juli wird sogar der 'Tag des Wasserfalls' gefeiert. Die riesigen Wassermengen strömen heute in unterirdischen Stollen dem Kraftwerk zu. Der Wasserfall bei Trollhättan war schon Mitte des 17. Jahrhunderts ein Thema, das zu Überlegungen Anlaß gab, weil er das Hindernis für einen bis Norwegen und damit in die Nordsee reichenden schiffbaren Wasserweg war. Der Fluß Götaälv schuf dafür die Voraussetzung. Christoffer Polhem erhielt dann auch von Karl XII. den Auftrag, eine Wasserstraße am Trollhättanfall auszuführen. Die Arbeiten wurden 1755 unterbrochen. Erst im Jahre 1800 konnte mit acht Schleusen das Projekt realisiert werden. Da es den immer größer werdenden Ansprüchen im Zuge der Industrialisierung nicht entsprach, vergrößerte der Eisenbahnbauer Nils Ericsson den Schleusenbetrieb (1844), ohne damit jedoch die letzte Ausbaustufe zu erreichen. Sie kam 1916, als der Wasserweg mit vier Schleusen in Betrieb genommen werden konnte, die einen Höhenunterschied von 32 m überwinden. Gegenwärtig passieren pro Jahr 20000 Wasserfahrzeuge die Schleusen. Die *Schleusen* und das *Kraftwerk Oliden* können besichtigt werden. Sehenswert ist auch das *Freilichtmuseum*, in einem Naturpark gelegen, sowie die *Kungsgrottan* (Königsgrotte) am östlichen Ende der *Kong Oscars bro.* Eine schöne Aussicht über die Stadt hat man von *Kopparklinten.*

Vänersborg (20000 Einw.; Esso Motor Hotel, 177 B., Hb.; Stadshotell, 50 B.; Grand Hotell, 50 B.; Jugendherberge) ist die Hauptstadt der Provinz Älvsborg an der Nordspitze einer in den Vänersee reichenden Landzunge. Als schöne Straßenanlage gilt der Birger Sjöbergsvej mit der Parkanlage Skräcklan. Auf dieser Promenade entlang des Vänersees steht Axel Wallenbergs Skulptur ''Frida'', eine Figur, die in Liedern besungen wird. Im nahe gelegenen Museum mit stadthistorischen Sammlungen befindet sich auch eine Abteilung mit einer exotischen Vogelsammlung, die vom Forschungsreisenden Axel Ericson gestiftet wurde. Im Zentrum der Stadt präsentieren sich eine Reihe stilreiner, schöner Gebäude aus dem 18. Jahrhundert, von denen vor allem die Länsresidenz zu nennen ist, errichtet 1754 von Carl Hårleman. Unweit die Kirche von 1780.

Lidköping (25000 Einw.; Stadshotellet, 89 B.; Gyllene Örnen, 35 B.; Sköldmön, 10 B.; Park Hotell, 10 B.) an der Mündung der Lidaå in die Vänerseebucht Kinneviken ist Hafenstadt und Sitz kleinerer Industrieunternehmen. Das bekannteste ist Rörstrands porslinsfabriker, eine Porzellanmanufaktur, die hier seit 1935 ihre Produktionsstätten hat. 1446 erhielt Lidköping Stadtrecht. Das Lidköping aus jener Zeit lag am Ostufer des Lidaå. Als Magnus Gabriel de la Gardie die Rechte zum Bau einer Stadt in der Grafschaft Läckö zugesprochen bekam, baute er bis hinunter zum Ufer des Flusses. Bald zogen sich neue Straßen und dann ein ganz neues Stadtviertel hin, das heute noch in seinen Grundzügen besteht. Am Stora torget wurde ein Jagdschloß aufgeführt. Es wurde später Rathaus und Symbol der Stadt, brannte aber 1960 ab. Das neue Rathaus ist den Originalzeichnungen entsprechend wiederaufgebaut worden. Auf dem Marktplatz die Statue des Stadtgründers Gabriel de la Gardie. Gamla Staden, das Viertel um den Limtorg, hat seinen altertümlichen Charakter mit der ursprünglichen Bebauung bewahrt.

Nördlich von Lidköping ragt die *Kållandshalvö* in den Vänersee. Auf der ihr vorgelagerten *Kallandsö*, einer felsigen Insel, liegt am Seeufer das

*Schloß Läckö, das 1298 von Bischof Brynolt Algotsson – zunächst als Festung – gebaut wurde. Untersuchungen nach mehrfachen Umbauten haben erwiesen, daß die Burg etwa den gleichen Grundriß hatte wie das heutige Schloß. Nach der Reformation 1557 ging es an die Krone über, bald danach an Svante Sture und 1571 an die Familie Hogenskild Bielke, die es durchgehend restaurierte. 1615 erhielt der Feldherr Jacob de la Gardie, verheiratet mit Ebba Brahe, Schloß Läckö zusammen mit der Erhebung in den gräflichen Stand. Unter seinem Sohn Magnus Gabriel erreichten die Umbauarbeiten einen Höhepunkt. Magnus zog den Augsburger Baumeister Elias Holl und Frans Stiemer aus Elbing hinzu. Sie bauten die vierte Etage, die Küchenräume und die Vorburg, 1746 veranlaßte Frederik I., daß aus dem reichbemalten Rittersaal mit Szenen aus dem Dreißigjährigen Krieg das Porträt des Generals nach Stockholm gebracht wurde. Es hängt nun in der

Kriegsschule auf dem Karlsberg. 1810 erhielt Carl Johan Adlercreutz, General und Sieger der Schlacht bei Siikajoki, Läckö zum Geschenk. Ihm zu Ehren erhielt es den Namen Siikajoki. Ende 1920 wurde das Schloß noch einmal gründlich instandgesetzt und ist seit 1965 in den Händen von Västergotland Turisttrafikförening, die hier im Sommer Ausstellungen arrangiert.

Südöstlich von Lidköping liegt, abseits vom See, der Ort **Skara** (113 m ü.d.M.; 11000 Einw.; Motell Tre Hästar, 85 B.; Anglé, 72 B.; Stadshotell, 60 B.; Jugendherberge; Campingplatz), um eine einstige Thing- und Kultstätte entstanden. Im Mittelalter entwickelte sich der Ort zum Zentrum der christlichen Mission und wurde Bischofssitz. Die im 13. Jahrhundert eingerichtete Priesterschule war der Vorläufer des 1641 gegründeten Gymnasiums. Skara kann auch den Ruhm für sich in Anspruch nehmen, 1775 die erste Schule für Veterinäre in Schweden gegründet zu haben. Sie ist heute Museum. Der 1312-50 im gotischen Stil erbaute Dom wurde im Laufe der Zeit einige Male umgebaut. Der Hauptteil mit Chor (Anf. 13. Jh.) und Schiff (Anf. 14. Jh.) ist hochgotisch. Die Türme stammen von einem Umbau Anfang des 19. Jahrhunderts. Die nicht sehr gelungene Restaurierung am Ende des gleichen Jahrhunderts konnte nach dem Brand von 1947 zum großen Teil korrigiert werden. Im Seitenschiff steht der Marmorsarkophag des Reiterobersten Erik Soop, der 1629 im Dreißigjährigen Krieg König Gustav Adolf das Leben rettete. In der romanischen Krypta unterhalb des Chores ist einer der ersten Bischöfe, Adalvard, begraben. – Gegenüber vom Dom die

Vänersee – Charakteristische schwedische Seenlandschaft

Stiftsbibliothek (1857) und weiter nördlich Stadsträgården. In dieser Parkanlage kann man in Västergotlands Fornminnes Museum ebenso wie im Freilichtmuseum anhand umfangreicher und vielfältiger Sammlungen das Leben in diesem Gebiet studieren, wie es sich in der Vergangenheit darstellte. Im Freilichtmuseum steht neben einigen alten Bauernhäusern auch eine Kirche. Am Stora Torg ein hübscher Bronzebrunnen von N. Sjögren (1894).

14 km östlich von Skara liegt **Varnhem** mit einer Zisterzienser-Klosterkirche aus dem 13. Jahrhundert. Sie war Gruftkirche für das Geschlecht König Eriks. Auch Birger Jarl, der 1266 in Västergötland starb, ist hier beigesetzt. Nach der Reformation und einer Reihe von Bränden verfielen Kloster und Kirche. Magnus Gabriel de la Gardie ließ in Zusammenhang mit der Restaurierung der Kirche 1654-73 die Strebepfeiler errichten, die heute dem Bau sein charakteristisches Aussehen geben. De la Gardie und seine Gemahlin liegen hier begraben. Die Klosterruine ist konserviert worden, und ein Teil der Funde, die bei Ausgrabungen 1923-27 gemacht wurden, sind heute im Museum zu sehen.

Der *Kinnekulle (306 m) ist der klassische Tafelberg in Västergötland. Von diesem 14 km langen und 6 km breiten, mit Tannenwald bestandenen Berg hat man eine schöne Aussicht auf den Vänersee. Die Tafelberge in diesem Gebiet entstanden vor 500 Millionen Jahren, als das Urgestein (Gneis) ins Meer sank. Auf dem Meeresboden wurden durch Millionen Jahre Sand, Lehm sowie Reste von Algen, Insekten, Schalentieren und Fischen abgelagert, die mit der Zeit versteinerten. Durch Spalten quollen Lavaströme herauf und kapselten verschiedene Gebiete ein. Als das Land nach und nach wieder aus dem Meer stieg, wurden die leicht verwitterten Schichten weggespült, während die, die von der Lava geschützt waren, blieben. Das Resultat dieser Entwicklung kann am Kinnekulle abgelesen werden, der mit seinen 'Treppen' alle Ablagerungen bis hinunter zum Urgestein zeigt und damit ein wichtiger und interessanter Zeuge geologischer Geschichte ist, nicht zuletzt deshalb, weil er, gemessen an den anderen Tafelbergen in Västergötland, der ist, der am spätesten gebildet wurde und damit die vollständigste Folge von Sedimenten aufweist.

Mariestad (17 000 Einw.; Hotel Hembygden, 25 B.; Hasslerör, 57 B.; Victoria, 40 B.; Jugendherberge; Campingplatz) an der Mündung der *Tida* in den Vänersee ist eine industriereiche Stadt, die nach einem Brand 1895 fast gänzlich neu aufgebaut wurde. Im Norden der Stadt die 1593-1619 errichtete Domkirche (1958-59 restauriert). Auf einer Insel im Fluß das sog. Schloß Marieholm, Sitz des Landeshauptmanns von Skaraborgs

län, mit einer heimatkundlichen Sammlung.

Kristinehamn (22 000 Einw.; Stadshotellet, 70 B.; Fröding, 59 B.; Park Hotell, 35 B.) ist durch die Lage am Vänersee geprägt worden. Im Mittelalter Markt und Hafenplatz, erweiterte sich seine Bedeutung mit der Förderung von Eisenerz in Bergslagen; Kristinehamn wurde Umschlaghafen. Die Stadtprivilegien erhielt der Ort 1642 unter der Vormundschaftsregierung der noch nicht volljährigen Königin Kristine, die auch den Namen gab. In der Mitte des vorigen Jahrhunderts, als Kristinehamn Eisenbahnverbindung erhielt, stieg die Bedeutung des Hafens für die Eisen- und Holzverschiffung. Umschlaghafen ist Kristinehamn auch noch heute. 1965 schenkte Pablo Picasso der Stadt eine 15 m hohe Betonskulptur, die auf einer in den Vänersee reichenden Landzunge steht. 4 km südlich vom Stadtzentrum steht ein Runenstein aus dem Jahre 500. – 5 km westlich kommt man zur *Österviks-Kapelle*, die 1869 von Georg Adlersparre aufgeführt wurde und der eine Schule angeschlossen ist.

25 km östlich von Kristinehamn liegt am Nordende vom *Möckelnsee* die Stadt **Karlskoga** (38 000 Einw.; Esso Motor Hotel, 230 B., Rex Hotell, 76 B.). Sie bekam erst 1940 das Stadtrecht. Jahrhundertelang erhielt die Gegend um Kalskoga durch den Bergbau ihr Gepräge. Im Osten der Stadt liegt das große Stahl- und Walzwerk Bofors, gegründet 1646. Ende des 19. Jahrhunderts ging es in die Hände von Alfred Nobel über, dem Erfinder des Dynamit und Stifter des Nobelpreises (musterhafte Wohnbauten für Arbeiter und Angestellte). Im Norden der Stadt eine Holzkirche mit Wandmalereien (16. Jh.).

Bei Kristinehamn mündet die von Osten aus Richtung Stockholm kommende E 18 in die Rundfahrtstrecke ein.

Karlstad s. dort. – Die Route wendet sich nun allmählich wieder nach Süden und führt westlich an der Halbinsel Värmlandsnäs hin.

Säffle (12 000 Einw.; Hotel Royal, 163 B.; Jugendherberge) liegt am Byälv, ganz in der Nähe des Vänersees und des Harefjords. Hier haben außer der Holz- und Papierfabrik Billeruds AB einige Betriebe der Metall-, Maschinen- und Möbelindustrie ihren Sitz. Durch die Stadt verläuft der 1837 gebaute und 1866-70 erweiterte *Säfflekanal,* der das Gebiet am nordwestlich gelegenen Glavsfjord mit dem Vänersee verbindet. Am alten Wasserturm der Stadt im Kungsgården der Olof Trätäljas Hög, wo nach alter Sage König Olof Trätälja von seinen Angehörigen verbrannt und in diesem Grabhügel beigesetzt wurde.

Åmål (49 m ü.d.M.; 11 000 Einw.; Stadshotellet, 75 B.) ist die einzige unter Königin Kristina in Dalsland gegründete Stadt (1643). Nach zahlreichen Bränden, denen viele der traditionellen Holzhäuser zum Opfer fielen, dominierte beim Wiederaufbau das Steinhaus. Das alte Viertel am Stadtpark mit seinen Holzhäusern ist deshalb eine Sehenswürdigkeit. Zusammen mit dem alten Marktplatz trägt es den Namen Plantaget. Der Vagmästaregården vom Beginn des 18. Jahrhunderts war seit der karolinischen Zeit Sitz des Verantwortlichen für die Eisenbahn, zuvor oft auch der des Bürgermeisters. Nahebei der Dalgrensgård mit einem Schieferdach, ebenfalls 18. Jahrhundert. Schön ist der Örnäspark mit dem Hembygdsgård, wo Gerätschaften und Möbel aus der Umgebung gesammelt sind. Ein kleiner Tierpark gehört ebenfalls zur Anlage. Unweit hiervon ein Strandrestaurant, das eine schöne Aussicht über den Vänersee bietet.

Bei *Köpmannebro* beginnt der 1864-68 von Nils Ericsson erbaute großartige **Dalsland-Kanal** (254 km lang, 29 Schleusen). Er verbindet ein ganzes System von Seen, die sich aneinanderreihen wie Perlen auf einer Schnur. Nur 10 km der gesamten Strecke sind das, was man gemeinhin unter einem Kanal versteht. An diesem schiffbaren Seensystem partizipieren außer Dalsland auch Värmland und Norwegen. Gebaut wurde der Kanal in erster Linie, um Transportmöglichkeiten für die Produkte der Eisenhütten und Sägewerke in Värmland und Dalsland zu schaffen. Auch eine bequeme Verbindung nach Norwegen und damit zur Nordsee war von Bedeutung. Heute hat der Kanal seine Rolle als Transportweg für Güter ausgespielt, dafür gewinnt er von Jahr zu Jahr mehr an Bedeutung als Touristenstraße. Man fährt durch eine sehr schöne, abwechslungsreiche Landschaft mit fruchtbaren Anbaugebieten, dunklen Wäldern, felsigen Höhenzügen und kargen Wildmarken. Wer ihn als Tourist mit eigenem Boot befahren möchte (auch Ausleihe ist möglich), sollte sich an das zuständige Touristenbüro wenden, da die Schleusen weder das ganze Jahr noch die ganze Woche hindurch in Betrieb sind.

Die Strecke entfernt sich nun vom Ufer des Vänersees und erreicht an dessen Südwestspitze wieder Vänersborg.

Värmland

Staat: Schweden. – Gebiet: Mittelschweden.
Provinzen: Värmlands län und Örebro län.
ⓘ **Värmlands Turistråd,**
　Box 323,
　S-65105 Karlstad;
　Telefon: (054) 10 21 60.

Die Schönheit Värmlands liegt in seiner landschaftlichen Vielfalt. Hochland, Ebene und Seen wechseln miteinander ab. Wie archäologische Funde zeigen, haben bereits in der Steinzeit Menschen hier gelebt, trotzdem galt Värmland noch im Mittelalter als dünn besiedelt. Zu jener Zeit herrschte reger Grenzhandel mit Norwegen, und auch die Ideen des Christentums fanden ihren Weg nach Schweden von Norwegen aus über Värmland. Die Beschaffenheit des Bodens ließ keine bedeutenden Erträge zu, so daß sich die Landwirtschaft in der Vergangenheit im engen Rahmen hielt. Die Kleinbauern bauten in erster Linie Hafer an, einmal zur eigenen Nahrung und zum anderen als Futter für die Pferde, die in der Landwirtschaft, vor allem aber auf den Herrenhöfen, gehalten wurden.

Im 16. und 17. Jahrhundert siedelten sich viele Finnen in Värmland an, nicht zuletzt angelockt durch die Steuerfreiheit, die zur Kolonisierung ermuntern sollte. Diese Bauern, in Schweden 'svedjebönder' genannt, machten das Land auf sehr spezielle Art urbar. Sie brannten den Wald ab, ohne vorher die Bäume zu schlagen. Das führte im Laufe der Jahre dazu, daß der Erzbergbau, der das Holz zur Eisengewinnung benötigte, in Schwierigkeiten kam. Der Erzabbau erfolgte zur damaligen Zeit durch Erhitzen der Stollenwände. Beim Abkühlen entstanden Risse im Gestein. Das Eisenerz konnte so mit der Spitzhacke herausgeschlagen werden. Der Holzbedarf war erklärlicherweise aufgrund dieser Abbaumethode groß, die Transportfrage schwierig, verständlich also, daß sich die Gruben bei naheliegenden Wäldern ansiedelten. Das Abbrennen durch die 'svedjebönder' führte so zu Klagen der Grubenbesitzer bei der Krone, was letztendlich die finnischen Bauern in Gegensatz zum Hofe brachte. – Die Industrialisierung in der Mitte des vorigen Jahrhunderts verhalf den Gruben zu einem Aufschwung. Der Transport, der zunächst auf Pferderücken und mit kleinen Booten vor sich ging, wurde nach und nach auf die Kanäle und vor allem auf die Eisenbahn verlagert.

Filipstad (Esso Motor Hotel, 93 B.; Hennickehammars Herrgård, 110 B.) liegt schön am Nordende des Sees *Daglösen*, eingebettet in Wälder und Seen mit hügeligem Hinterland, das im Winter besonders attraktiv für Skisportler ist. Die Stadt, heute mit 7800 Einwohnern, ist nach Herzog Karl Filip, dem Sohn Karls IX., benannt. Sie ist eng verbunden mit den Erzgruben, da jeglicher Broterwerb über einen langen Zeitraum hinweg vom Eisenerz abhing. Bevor der Ort 1611 die Stadtprivilegien erhielt, war Filipstad Handelsplatz. Hier tauschte man Eisen gegen Korn und Schlachtvieh, da die Landwirtschaft in dieser Gegend nur unbedeutend zur Versorgung beitrug. Ein deutliches Aufblühen ist seit etwa 40 Jahren spürbar. Alte Industrien haben einen Modernisierungsprozeß durchlaufen, neue sind dazugekommen. Zu den wichtigsten Unternehmen zählen die Wasabröd AB, die u. a. das begehrte Knäckebrot liefert, sowie Rosendahls Fabriker als größter Hersteller von Tinte und Kohlepapier in Schweden.

Die in Kreuzform errichtete *Kirche* (1785) entstand nach Plänen von Nicodemus Tessin d. J. – Auf dem *Östra Kyrkogården* befindet sich das Mausoleum des Ingenieurs und Erfinders John Ericssons, dessen Name untrennbar mit dem Bau der schwedischen Eisenbahn verbunden ist. Eine hübsche und originelle Statue auf einer Parkbank am T o r g e t sitzend, hat der Bildhauer Bejemark von dem bekannten Sohn der Stadt Nils Ferlin geschaffen. Ferlin war Schauspieler, Sänger und Verfasser von volkstümlichen Weisen und Couplets. In der ersten Septemberhälfte sollte man, wenn sich die Gelegenheit bietet, 'Öxhälja', einen traditionellen Markt, nicht versäumen. Möglich ist auch ein Besuch in der Wasa-Knäckebrotfabrik. Nördlich von Filipstad steht die *Storbrohytta*, eine ehemals zu den Gruben gehörende Hammerschmiede aus dem 16. Jahrhundert, die bis 1920 in Betrieb war.

Ein beliebtes Feriengebiet in Värmland ist das der drei *Frykenseen (s. bei Karlstad), das außer seinen landschaftlichen Schönheiten zahlreiche Erinnerungen an die Dichterin Selma Lagerlöf und insbesondere an ihren berühmten Roman "Gösta Berling" birgt. – Am Nordende des Oberen Frykensees liegt der betriebsame Industrie- und Geschäftsort *Torsby* (3000 Einw.; Hotell Björnidet, 40 B.).

Västerås

Staat: Schweden. – Gebiet: Mittelschweden.
Provinz: Västmanlands län.
Landschaft: Västmanland.
Höhe: 5 m ü.d.M. – Einwohnerzahl: 118 000.
Postleitzahl: S-720.... – Telefonvorwahl: 021.
ⓘ **Västerås Turistbyrå,**
Köpmangatan 6,
S-72215 Västerås;
Telefon: 16 18 30.

HOTELS. – *Park Hotel,* Gunnibogatan 2, 205 B.; *Metro,* Vasagatan 22, 75 B.; *Stora Hotellet,* Vasagatan 15, 164 B.; *Astoria Fenix,* Kopparbergsvej 29 A, 140 B.; *Klippan,* Kungsgatan 4, 42 B.; *Arkad,* Östermalmsgatan 25, 80 B. – JUGENDHERBERGE.

Die Hauptstadt der recht fruchtbaren schwedischen Provinz Västmanland liegt an einer Bucht des Mälarsees, in den hier der Svartå mündet. Der Platz am westlichen Mündungsufer des Svartå, wo der Ort sich in seinen Ur-

sprüngen auszubreiten begann, gab der Stadt den Namen. Im Laufe der Jahre wurde jedoch aus Västra Aros (aros = åmynning = Flußmündung) das heute bekannte Västerås.

Zu Beginn des 13. Jahrhunderts hatte hier der Bischof seinen Sitz. Von den in Västerås abgehaltenen elf Reichstagen ist der von 1527 von größter Bedeutung, weil auf ihm unter Gustav Vasa die Reformation beschlossen wurde.

Eine deutliche Entwicklung der Stadt setzte mit der Industrialisierung in diesem Jahrhundert ein. Noch im Jahre 1900 hatte die Stadt nicht ganz 12 000 Einwohner. Seitdem ist eine sprunghafte Ausweitung abzulesen, denn diese Zahl hat sich fast verzehnfacht. Zu den wichtigsten Industriezweigen in Västerås zählt die Herstellung von Elektrogeräten (ASEA). Der Ort ist ein bedeutender Binnenhafen (viele Freizeitboote).

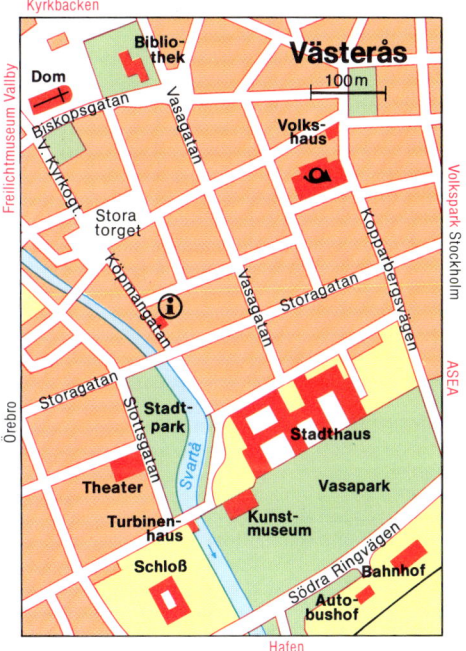

SEHENSWERTES. – Das Zentrum der Stadt bildet der S t o r a t o r g. Südlich und östlich vom Zentrum verlaufen die S t o r a g a t a und die V a s a g a t a (beide hier Fußgängerzone). Nördlich vom Markt erhebt sich die 1271 geweihte und später mehrfach umgebaute *Domkirche (1959-61 restauriert). Der dreischiffige gotische Ziegelbau erhielt 1694 von Nicodemus Tessin d. J. einen 103 Meter hohen Turm. Im Innern steht zwischen Langschiff und Chor ein Triumphkreuz aus dem 14. Jahrhundert. Die drei geschnitzten Altarschreine im Chor stammen aus Antwerpen und Brüssel, der mittlere ist von 1516. Dahinter der Marmorsarkophag König Eriks XIV. Beachtenswert auch der Veronica-Altar und das Marmorgrabmal des Reichsmarschalls Magnus Brahe (1633). In der Taufkapelle das Holzschnitzwerk eines norddeutschen Meisters und ein Altarschrein (15. Jh.) mit plattdeutscher Inschrift.

Auf dem Platz vor der Kirche steht das originelle, von Carl Milles 1923 geschaffene *Bronzestandbild* des Bischofs Johannes Rudbeckius († 1646). Er war der Gründer des Gymnasiums und der Stiftsbibliothek (östlich vom Dom), die heute mit der *Landesbibliothek* vereint ist. – Gegenüber der Kirche der alte *Bischofshof*. Nördlich vom Dom bietet sich das alte Straßenbild im Kyrkbakken, dem ältesten Teil der Stadt. Im Westen der Park *Djäkneberget* mit Gedenkstein für berühmte schwedische Persönlichkeiten. – Das **Schloß** am Ufer des Svartå entstand im 13. Jahrhundert als Festung. Heute ist hier das *Provinzmuseum* untergebracht, auch die oberste Provinzverwaltung hat im Schloß ihren Sitz. Am Fiskartorg liegt das von Sven Ahlbom 1959 errichtete **Stadthaus** mit einem Glockenspiel in dem 65 m hohen Turm. Im ehemaligen Rathaus befindet sich das *Kunstmuseum* (Kunst vom 17. Jh. bis zur Neuzeit). Südlich vom Vasapark, am Södra Ringväg, der Bahnhof. Östlich vom Vasapark das stattliche Verwaltungsgebäude der ASEA (elektrische Maschinen). Auf der Storgata gelangt man östlich zum *Volkspark* (Folkets Park), mit Freizeit-, Vergnügungs- und Sportanlagen.

UMGEBUNG von Västerås. – Etwa 2 km nordwestlich vom Zentrum an der Schnellverkehrsstraße E 18 lohnt das **Freilichtmuseum Vallby** einen Besuch. In dort aufgestellten alten Holzhäusern (u. a. eine Apotheke, eine Silberschmiede und eine Keramikwerkstatt) üben Kunsthandwerker ihr Gewerbe aus. – 6 km in nordöstlicher Richtung erhebt sich der **Anundshögen* mit einem Gräberplatz aus der Wikingerzeit (Hügelgräber, Steinsetzungen). – Gut 2 km westlich der Stadt liegt im *Märkarsee* die kleine Insel Elba mit einem Sommerrestaurant. Vom Hafen gehen sowohl hierher als auch auf die Badeinsel Östra Holmen regelmäßig Schiffe. – 15 km südwestlich liegt am Mälarsee das 1640-42 erbaute **Schloß Tidö**, das u. a. ein Spielzeugmuseum enthält.

Enköping (Stadshotellet, 120 B.; Gästis, 44 B.) ist eine kleine Stadt am Enköpingså, 34 km östlich von Västerås, deren Bewohner sich bis ins 19. Jahrhundert hinein von Handwerk und dem Anbau von Küchenkräutern ernährten. Enköping ist deshalb bekannt als Meerrettichstadt. Nach 1880 entwickelten sich einige Werkstätten zu kleinen Industriebetrieben, andere, hauptsächlich solche aus der Maschinenbranche, kamen dazu, so daß heute ein großer Teil der Bevölkerung einen Arbeitsplatz im industriellen Sektor hat. Nach dem letzten großen Brand 1799 entstand ein Stadtplan mit einem rechteckigen Straßennetz, das auch heute noch in der Innenstadt sichtbar ist. Eine insgesamt niedrige Bebauung ist ebenfalls charakteristisch. Vårfrukyrkan (Kirche Unserer Lieben Frau), mehrfach restauriert, war im 12. Jahrhundert Bischofskirche. Sie ist in grauem Stein aufgeführt. Südwestlich davon die Ruinen der St. Ilianskirche aus dem 13. Jahrhundert. Am *Munkssundet* dann die Ruinen eines Franziskanerklosters, die (restauriert) deutlich den Grundriß erkennen lassen.

Sala (Stadshotell, 101 B.; Svea, 20 B.), 49 km nordwestlich von Enköping, hatte seine Blütezeit im 16. Jahrhundert, als die hiesigen Silbergruben einen guten Teil des Landesvermögens ausmachten. Man sagt, daß das Erz, das hier gefördert wurde, als eines der silberhaltigsten der Welt galt. 1624 wurden Sala die Stadtrechte übertragen. Die Silberminen beutete man bereits seit dem Ende des 15. Jahrhunderts aus. Die Kontrolle über den Abbau unterlag dem Grubenvogt, der seinen Sitz in *Väsby Kungsgård* hatte. Der Hof ist heute als Museum eingerichtet. Mit einer Führung kann man auch die *Grubenstadt*, die Gruben und das Grubenmuseum besichtigen. Der tiefste Schacht ist der Schacht Carl XI. mit 318,8 m. Der Schacht Königin Christina am Grubeneingang hat eine Tiefe von 257 m. Ein großes Wassermühlensystem lieferte die Energie für die Gruben. Insgesamt 500 t reines Silber und 30 000 t Blei wurden bis zur Stillegung im Jahre 1908 gewonnen. Obwohl ein minimaler Grubenbetrieb bis etwa 1950 betrieben wurde, kann von nennenswerten Förderungen in dieser Zeit nicht die Rede sein.

Im Zentrum der Stadt am Stora Torget liegen das Rathaus und das Stadthaus. Suckarnas alleé zieht sich am Övre Dammen entlang und soll an die Liebe zwischen Gustav II. Adolf und Ebba Brahe erinnern. – Die Kirche der Landesversammlung aus dem 14. Jahrhundert liegt etwa 1 km nördlich der Stadt. Ihre Wandmalereien von 1465 sind die frühesten, die von Albertus von Pictor bekannt wurden. Der Altarschrein wurde etwa 1520 in Brüssel gearbeitet.

Västervik

Staat: Schweden. – Gebiet: Ostschweden. Provinz: Kalmar län. – Landschaft: Småland. Höhe: Meereshöhe. – Einwohnerzahl: 21 200. Postleitzahl: S-593... – Telefonvorwahl: 0 490.

ⓘ **Turistbyrån**
Fiskaretorget,
S-59300 Västervik;
Telefon: 1 36 95.

HOTELS. – *Stadshotellet*, Storgatan 3, 63 B.; *Park Hotell*, Järnvägsgatan 8, 20 B.; *Turist- och Familjehotellet*, Lusärnavägen 2, 22 B.; *Båtsmanen*, Strömsgatan 32, 8 B.

Die schwedische Hafenstadt Västervik an der småländischen Küste ist eines der besten Beispiele für die hübschen alten Holzhaussiedlungen des 18.

**Jahrhunderts. Västervik hat Schiffs-
verbindung mit der Insel Gotland.**

SEHENSWERTES. – Die *St.-Gertrud-
Kirche* (15. Jahrhundert) besitzt schöne
Wandmalereien und einen Altar des
schwedischen Barockmeisters Burchardt Precht (1651-1738). Das *Ceder-
flychtska fattighuset* führte Carl Hårleman 1749-51 auf. Dieses schöne Haus
für die Armen gab einem zeitgenössischen Geschichtsschreiber zu der Be-
merkung Anlaß: "In Västervik wohnen
die Armen besser als die Reichen."
Aspagården unweit davon ist Västerviks
ältester Hof, nunmehr Arbeitsplatz
dreier Kunsthandwerker. – Am Fiska-
retorg werden Fischspezialitäten angeboten, und unweit am Båtsmans-
gränd erinnern die kleinen, in einer
Reihe gebauten roten Bootsmannhäu-
ser an die Zeit, da Västervik eine Seefahrerstadt war. – In der Nähe liegt die
Schloßruine von Stegeholm (14. Jh.), in
jüngerer Zeit Schauplatz für das alljähr-
liche Liederfestival. Hier auch das
Sommerrestaurant Slottsholmen. Auf
dem *Kulbacken* mit schöner Aussicht
über die Stadt liegt das Provinzialmuseum, das *Tjustbygden Museum,* mit historischen und handwerklichen Sammlungen und einer Seefahrtsabteilung. –
3 km östlich vom Stadtzentrum kommt
man zum Freizeitgebiet *Lysingsbad.* –
Eine Sehenswürdigkeit sind die Schären vor Västervik. Der sogenannte
Schärgarten besteht aus ca. 5000 kleinen Inseln.

Vättersee / Vättern

Staat: Schweden. – Gebiet: Südschweden.
Provinzen: Skaraborgs län, Östergötlands län, Örebro län und Jönköpings län.
Landschaften: Västergötland, Östergötland, Närke
und Småland.

(i) **Jönköpings Turistbyrå,**
Kyrkogatan 6,
S-55255 Jönköping;
Telefon: (036) 169050.

**Der *Vättersee (Wettersee), schwe-
disch Vättern, der zweitgrößte See
Schwedens, berührt mit einer Länge
von 130 km und einer größten Breite
von 30 km die Landschaften Östergötland, Västergötland, Närke und Småland. Sein klares Wasser läßt es zu,
daß man bei Tiefen von 10 m noch bis
auf den Grund sehen kann. Der Wasserspiegel scheint dann grün, weil der
Sandboden das grüne Licht zurück-
wirft.**

Die Klarheit des Vättersees erklärt sich
daraus, daß er teils Quellsee ist, teils
aber Wasser aus den Gebirgsbächen

aufnimmt, das sich selbst auf Kiesel-
grund reinigt. Generell ist der See jedoch tief. Im Durchschnitt sind es 40 m
und die tiefsten Stellen bei Visingsö erreichen gar 128 m. Die daraus resultie-
renden Wassermassen speichern so viel
Wärme, daß der Vättersee erst spät zu-
friert; in den seltensten Fällen vor Neu-
jahr und oft auch gar nicht. Andererseits
erwärmt sich das Wasser im Sommer
aus dem gleichen Grund sehr langsam.
Das kalte Wasser in Grundnähe ist gün-
stig für viele Fischarten, u. a. für den Vät-
terlachs, eine Art Forelle.

Etwa 40 km nordöstlich von Jönköping
(s. dort) liegt **Gränna** (Motell Vätterle-
den, 111 B.; Örensbaden, 80 B.), eine
der wenigen Städte aus Holzhäusern,
die von vernichtenden Feuerbrünsten
verschont geblieben sind. Heute gibt es
hier rund 2200 Einwohner. Die reizvolle
Architektur der Vergangenheit, die
schöne Lage am Vättersee und am Fuße
des Grännabergs haben die Kleinstadt-
idylle zu einem beliebten Touristenort
gemacht.

Ruine Brahehus bei Gränna am Vättersee

Die Ortsgründung geht auf Per Brahe den Jüngeren
zurück, der 1652 die Hauptstraße, die Brahestraße,
so anlegen ließ, daß er von Brahehaus – heute nur
noch Ruinen – einen Überblick hatte. Brahe ließ
auch das *Rathaus* bauen und mit einem glockenturm versehen. Die mittelalterliche *Kirche* der damals 10 Häuser zählenden Siedlung wurde ebenfalls erweitert. Diese schöne Barockkirche steht gut
erhalten etwas höher als die Häuser der Stadt am
Fuße des Berges. Am kopfsteingepflasterten Markt
liegt der *Medborgergården,* ein kulturelles Zentrum
für die ganze Stadt. Im *Museigården* u. a. das
Andréemuseum, dem hier geborenen schwedischen Ingenieur und Polarforscher S. Andrée gewid-
met, der 1897 von einem Versuch, den Nordpol
von Spitzbergen aus im Freiballon zu erreichen,
nicht zurückkehrte.

27 km nördlich von Gränna erreicht man
eine Straßenteilung bei Ödeshög und
folgt links der Straße Nr. 50, die in einiger Entfernung vom Seeufer verläuft.
Nach 8 km gelangt man nach *Alvastra,*
mit der Ruine eines 1143 gegründeten

Zisterzienserklosters, am Fuß des 10 km langen, im Osten bewaldeten, im Westen steil zum Vättersee abfallenden **Ombergs** (*Hjässan,* 263 m; 500 m Fußweg, Aussichtsplattform). – 6 km weiter, rechts abseits, *Väversunda,* mit alter Kirche (12. Jh.). Östlich der vogelreiche *Tåkernsee,* bekannt aus Selma Lagerlöfs ''Reise des kleinen Nils Holgersson'' und aus Bengt Bergs Tiergeschichten. – 17 km weiter nördlich erreicht man

Vadstena (Klosters Gästhem, 54 B.; Kungs Starby, 31 B.), eine Stadt mit 5300 Einwohnern, durch ihre Spitzenherstellung bekanntgeworden, die ihren Ursprung der heiligen Birgitta verdankt. Birgitta war zunächst Haushofmeisterin bei König Magnus Eriksson und Königin Blanka, bis sie eine Offenbarung hatte und den Kungsgården 1346 als Klosterstiftung erhielt. Der Bau des Klosters wurde aber erst sechs Jahre nach dem Tod Birgittas 1379 fertig. 1394 erfolgte die Heiligsprechung Birgittas und ihr Orden wurde sozusagen Mode. Der kleine Ort Vadstena erhielt als Wallfahrtsort und Handelsplatz Bedeutung und bekam 1400 die Stadtprivilegien. Durch die Reformation verlor Vadstena wieder an Bedeutung, es erlangte sie erst mit dem Tourismus zurück.

Am Hafen steht das *Schloß Vadstena,* von Gustav Vasa im 16. Jahrhundert im Renaissancestil erbaut, durch seinen Sohn Johan III. und dessen Sohn Herzog Johan umgebaut und erweitert. Die ursprünglich hohen Ringmauern zum Vättersee hin wurden als Material für den Hafenpier verwendet.

Nördlich vom Schloß die **Blåkyrkan,** die nach der Farbe des Kalksteins benannte Klosterkirche, die 1898 sorgfältig restauriert wurde. Sie hat ein schönes Interieur; hier ist auch der *Reliquienschrein* der heiligen Birgitta aufbewahrt. Der *Birgittenaltar* ist die Arbeit eines Lübecker Meisters von 1459. Das *Konventhaus* der Nonnen ist größtenteils erhalten, ebenso der bescheidenere Anbau im Süden, für die Mönche im 18. Jahrhundert aufgeführt. – Gustav II. Adolf machte aus dem Kloster ein Heim für Invaliden und alte gebrechliche Soldaten und ließ das Gebäude der Mönche als Kommandantenwohnung einrichten.

Gleich außerhalb des Klosters liegt das *Morten Skinners hus,* ein Privathaus aus dem 16. Jahrhundert. Die Plazierung des Rathauses, erbaut Mitte des 15. Jahrhunderts, zeigt, wie sich der Schwerpunkt der Stadt vom Kloster in Richtung Schloß verschoben hatte. – Am Rådhustorg sind eine Reihe gut erhaltener Bürgerhäuser, so das *Udd Jönssons hus* und in der Storgatan *Hotel Finspång.*

16 km nördlich von Vadstena gelangt man nach

Motala (Stadshotellet, 86 B.; Palace, 90 B.), einer Stadt mit 29000 Einwohnern, die schon im 14. Jahrhundert Thingplatz war. Auch die Kirche entstand um diese Zeit. Der Ort erhielt jedoch erst Bedeutung, als 1832 der *Göta-Kanal* (s. dort) vorbeigeführt wurde. Für den Kanalbau verantwortlich

zeichnete Baltzar von Platen, er entwarf auch den Stadtplan für das Viertel um Motalaviken. Ihm zu Ehren steht heute ein Standbild von Christian Eriksson auf dem Stortorget und ein Mausoleum am Göta-Kanal. Sehenswert ist die Storbron von 1787 mit ihren neun Bögen und Borenhults Slusstrappe, eine Schleusentreppe mit fünf Schleusen, die zum See *Boren* führen.

Växjö

Staat: Schweden. – Gebiet: Südschweden. Provinz: Kronobergs län. – Landschaft: Småland. Höhe: 160 m ü.d.M. – Einwohnerzahl: 42000. Postleitzahl: S-350... – Telefonvorwahl: 0470.
(i) **Kronobergs Turist- och Fritidskansli,** Linnégatan 1, S-35233 Växjö; Telefon: 25000.

HOTELS. – *Stadshotellet,* Kungsgatan 6, 158 B.; *OP Motorhotell,* Sandviksvägen 1, 197 B., Hb.; *Esso Motor Hotell,* Hejaregatan 15, 219 B.; Hb.; *Värend,* Kungsgatan 27, 60 B.; *Esplanad,* Esplanaden 21a, 56 B.; *Savoy,* Norre Järnvägsgatan, 60 B. – JUGENDHERBERGE.

Die schwedische Stadt Växjö (spr. Weckschö) liegt am Nordende des gleichnamigen Sees und ist Provinzhauptstadt. Bereits in der Eisenzeit und der Wikingerzeit war hier ein Handelsplatz, bis der Ort dann im 12. Jahrhundert auch kirchliches Zentrum wurde, als der englische Missionar St. Siegfried die erste Kirche baute. Er ist der Schutzheilige der Stadt. Die zunächst ausgeprägte Garnisons- und Stiftsstadt (Bischofssitz) hat sich vor allem in den letzten Jahrzehnten zu einer lebhaften Bildungs- und Industriestadt mit moderner Bebauung und zahlreichen Freizeitanlagen entwickelt.

SEHENSWERTES. – Die **Domkirche** (12. Jh.) erhielt nach mehreren Umbauten mit der Restaurierung 1959 ihr jetziges Aussehen. Die modernen Glasmalereien führten Jan Brazda, Bo Beskow, Elis Lundquist und Erik Höglund aus. Die Orgelfassade stammt von 1779. Eine interessante Ausstellung der kostbaren Kirchenschätze befindet sich im Turmraum. In der Nähe der Kirche das *Karolinska Gymnasium,* das Karl von Linné, Per Henrik Ling und Peter Wieselgren besuchten. Der Bischofshof *Östrabo* (1797) war Wohnsitz des Dichters und Bischofs Esaias Tegnér, der bis zu seinem Tode (1846) hier lebte. Sein Standbild steht in den Kirchenanlagen.

Auf einer Anhöhe südlich des Bahnhofs befindet sich das **Småland-Museum,** u.a. mit Kunst- und Münzsammlungen.

Schwedisches und ausländisches Glas und seine Geschichte zeigt die Glassammlung. In *Utvandrarnas hus* (1968), mit der Ausstellung 'Der Traum von Amerika', Archiv und Bibliothek, wird anschaulich die Auswanderung in der zweiten Hälfte des vorigen Jahrhunderts gezeigt, als über 200 000 Småländer das Land verließen. Hier befindet sich auch das Quellenmaterial für Vilhelm Mobergs großen Auswandererroman. – Vom Zentrum etwa 5 km entfernt liegt die Schloßruine von *Kronoberg* am Helgasjön. Sie war anfänglich Bischofsresidenz und wurde dann Kungsgård (Gut des Königs). Im Anschluß daran der *Ryttmästaregården,* eine alte Offizierswohnung, die hierher versetzt wurde.

UMGEBUNG von Växjö. – Nördlich der Stadt liegen große Wald- und Seengebiete. Beispiele mittelalterlicher Kirchenarchitektur findet man z. B. in *Drev, Dädesjö* und *Sjösås.* – *Braås Hembygdspark* liegt am See *Örken;* vom Aussichtsturm in *Tolg* hat man einen schönen Blick über das Land.

Vesterålen
(Vesterålinseln)

Staat: Norwegen. – Gebiet: Nordwestnorwegen. Provinzen: Nordland fylke und Troms fylke.

ⓘ **Turistkontor Harstad,**
Torget 7 c,
N-9400 Harstad;
Telefon: (082) 6 32 35.

Die Inselgruppe der Vesterålen bildet die nordöstliche, den Vestfjord im Norden abschließende Fortsetzung der Lofoten. Im Vergleich zu diesen ist das Landschaftsbild etwas freundlicher; die Berge sind nicht so schroff und meist hoch hinauf mit Gras, vielfach auch mit Wald bewachsen. – Vom Festland aus kann man die Inseln auf einer Hängebrücke über den Tjeldsund und mit mehreren Fähren erreichen; der günstigste Ausgangspunkt ist Narvik. Von Ende Mai bis Ende Juli ist die Mitternachtssonne zu sehen.

Die weitverzweigte Insel **Hinnøy** ist nach Spitzbergen (s. dort) die zweitgrößte Insel Norwegens. Sie gehört jeweils etwa zur Hälfte den Provinzen Nordland (West- und Südteil) und Troms (Nordostteil) an. Der Inselhauptort **Harstad** (20 000 Einw.; Viking Nordic Hotel, 160 B., Hb.; Grand Hotell, 120 B.; Campingplatz), von der Tjeldsundbrücke auf der Straße Nr. 83 zu erreichen, liegt geschützt im Nordosten am *Vågsfjord* und hat eine bedeutende Fischindustrie. Ende Juni finden Festspiele statt (Konzerte, Theater, Ausstel-

lungen, Jazz); Anglerwettbewerb im Sommer.

3 km nordöstlich, auf einer Halbinsel, die um 1250 erbaute Steinkirche von *Trondenes,* im Mittelalter die nördlichste Kirche der Christenheit. – Nördlich der Stadt vorgelagert das Inselchen K j e ø y mit steinzeitlichen Felsmalereien.

Von der Brücke über den Tjeldsund führt die Straße Nr. 19, stets an der Küste entlang, zu einer Straßenteilung vor Lødingen.

Lødingen (Svendsens Hotell, 50 B.) im Süden der Insel, mit Kirche und Pfarrhof, ist ein wichtiger Verkehrsknotenpunkt; von hier aus verkehren Fähren nach Bognes (südlich).

Die Straße Nr. 19 durchquert nun die Insel in nördlicher Richtung und führt dann am *Gullesfjord* hin, später westlich landeinwärts und zum *Sortlandsund.* Nördlich zweigt die Straße Nr. 82 ab, die am Nordende von Hinnøy über die *Andøybro* die Insel Andøy erreicht.

Andøy ist die nördlichste der Vesterålinseln. Aus ausgedehnten Moorflächen erheben sich bis zu 600 m hohe Berge; im Osten erstreckt sich ein nicht abgebautes Steinkohlenflöz ins Meer. – An der Nordspitze der Insel der städtisch anmutende alte Fischerort **Andenes** (4000 Einw.; Andrikken Hotel, 57 B.; Viking Gjestgiveri, 48 B.), mit einer 2,5 km langen Mole; in einem alten Bürgerhaus ein Polarmuseum.

Die Straße Nr. 19 überquert hinter der genannten Abzweigung auf der *Sortlandsbru* den Sund, der Hinnøy und Langøy voneinander trennt.

Langøy bildet mit vielen Halbinseln und Fjorden den größten Teil der westli-

Reka-Spitze auf der Vesterålinsel Langøy

chen Vesterålen. **Sortland** (3000 Einw.; Sortland Hotell, 120 B.; Campingplatz) ist eine alte Siedlung am östlichsten Rand der Insel und Anlegestelle für die Schiffe der Hurtigrute.

Über die *Hadselbru* (1978 erbaut; Gebühr) erreicht die Straße Nr. 19 die Insel **Hadseløy** und den Ort **Stokmarknes** (3000 Einw.; Vesterålen Hotell, 45 B.; Campingplatz), der ebenfalls von der Hurtigroute angelaufen wird. – Lohnende Schiffstouren in den *Eidsfjord.* – Im Süden liegt der Hafenort *Melbu,* Standort einer bedeutenden Trawlerflotte; vom 513 m hohen *Husbykollen* prächtige Aussicht auf die Inseln. Fährverbindung zu den Lofoten (s. dort). – Die Straße entlang der Westküste zurück nach Stokmarknes bietet lohnende Ausblicke.

Viborg

Staat: Dänemark. – Landschaft: Jütland (Jylland).
Amtsbezirk: Viborg amt.
Höhe: 30 m ü.d.M. – Einwohnerzahl: 27 500.
Postleitzahl: DK-8800. – Telefonvorwahl: 06.
ⓘ **Fremdenverkehrsamt Viborg,**
Nytorv 5;
Telefon: 61 16 66
(Fahrradverleih).

HOTELS. – *Missionshotellet,* Sct. Mathiasgade 5, 74 B.; *Motel Søndersø,* Randersvej 2, 65 B.; am See gelegen; *Grand Hotel,* Jernbanegade 22, 44 B.; *Afholdhotellet,* Gravene 18-20, 24 B. – JUGENDHERBERGE. – CAMPINGPLÄTZE. – Zwei Plätze in *Tjele* (16 km nordöstlich) und einer in *Mønsted* (15 km westlich).

RESTAURANTS. – *Palæ,* Sct. Mathiasgade 78, *Salonen,* Ved Borgvold (April-Oktober), *Steakhouse,* Sct. Mathiasgade 76.

VERANSTALTUNGEN. – *Hærvejsmarchen,* Dänemarks älteste und größte Volkswanderung. An zwei Tagen im Juni muß jeder Teilnehmer pro Tag 30 bis 50 km wandern.

FREIZEIT und SPORT. – Mit dem Kajak über die Seen zum Gudenå und nach Randers (45 km). Zahlreiche Fischereigewässer.

Im Herzen Jütlands, wo die alten Wege von Osten nach Westen und von Norden nach Süden einander kreuzten, entstand Viborg, eine der ältesten Städte Dänemarks. Neben dem Dom ist auch die naturschöne Umgebung mit Wäldern, Seen und Heide ein Anziehungspunkt für Touristen.

GESCHICHTE. – Archäologische Untersuchungen haben gezeigt, daß schon um 700 im Raum des heutigen Viborg eine Ansiedlung bestand. Über ihre Größe und Bedeutung ist wenig bekannt; Viborg streitet sich daher mit Ribe um den Ruhm, Dänemarks älteste Stadt zu sein.

Die Stadt hieß früher *Wibjerg:* Wi ist ein altes Wort für Heiligtum, Wibjerg hieß also etwa 'heiliger Berg'. Der Ort soll Kultzentrum der Heidenzeit gewesen sein, aus der damit verbundenen Handelstätigkeit entstand die Stadt. Nach der Christianisierung

wurde Viborg Kirchenzentrum, im Jahre 1065 Bischofssitz. Es war um diese Zeit die Hauptstadt Jütlands. Bis 1340 wurden in Viborg die dänischen Könige gewählt. Danach war es noch 300 Jahre der Ort, an dem die Stände dem neugewählten König huldigten, bis 1650 Jütlands größte Stadt und 1805 Sitz des 'Landstinges'. Der Prediger Hans Tausen machte Viborg 1525 bis 1529 zu einem Zentrum der Reformation. Große Brände zerstörten 1567 und 1726 die meisten alten Bauten; neben dem – im 19. Jahrhundert umgebauten – Dom blieb nur die Dominikanerkirche erhalten. Heute ist das hübsch gelegene Viborg in erster Linie Handels- und Industriestadt.

SEHENSWERTES. – Der *Dom in Viborg ist eine zwischen 1864 und 1874 errichtete Kopie der ursprünglich romanischen Kathedrale aus dem 13. Jahrhundert. Der einstige Granitquader-Bau verfiel nach der Reformation und war nach Bränden und einigen schlechten Restaurierungen 1862 so baufällig, daß er geschlossen werden mußte. Unter Niels Sigfred Nebelong und nach ihm unter Hermann Braagøe Storck wurde die Kirche bis auf die Grundmauern abgerissen. Nur die romanische Krypta blieb erhalten. Die radikale Restaurierung war umstritten, viele Kunstkenner meinten und meinen, die Originalität des alten Baues sei beim Wiederaufbau verloren gegangen. Es muß jedoch bedacht werden, daß der äußerst schlechte Zustand des Domes zu einer völligen Erneuerung zwang. Die neue Kirche aus Backstein und schwedischem Granit nahm sich deutsche Dome sowie die Kirchen in Lund und Ribe zum Vorbild. Zwei Zwillingstürme mit Pyramidendächern, die von weitem zu sehen sind, prägen das Gesicht des Domes. In die Außenmauern sind einzelne romanische Granitquader mit Skulpturen eingemauert, so zwei Lö-

Dom in Viborg (Dänemark)

wen, die an der Apsis ein Fenster flankieren.

Das INNERE des Domes wird von den Wandbildern mit biblischen Motiven beherrscht, die Joakim Skovgaard zwischen 1901 und 1906 gemalt hat. Die Seitenschiffe zeigen die Geschichte des Alten Testaments, im Querschiff Szenen aus dem Leben Jesu, im Chor Auferstehung und Himmelfahrt. Die Deckenmalereien (Jesu Geburt, flankiert von Moses und David sowie den Propheten) führte Skovgaard in Öl auf Mahagoni aus. Der Altar aus dem 19. Jahrhundert ist eine Arbeit aus vergoldeter Bronze. Die romanische *Krypta* ist dreischiffig angelegt, ihre 12 Gewölbe ruhen auf 6 Säulen und 10 Halbsäulen mit Schäften aus Granit.

Unweit vom Dom liegt die *Søndersogn kirke,* die ehemals den Dominikanern gehörte. Sie stammt aus dem Jahr 1227 und wurde nach dem Brand von 1726 zwei Jahre später wieder aufgebaut. Chor und Mittelschiff sind von der alten Kirche erhalten geblieben. Die Kirche besitzt einen prächtigen gotischen Altar, eine vergoldete flämische Bildschnitzerarbeit von ca. 1520.

Das **Stiftsmuseum** gleich neben dem Dom befindet sich im Alten Rathaus, einem Barockbau von Claus Stallknecht aus Altona, der nach dem großen Brand zum Wiederaufbau nach Viborg gerufen wurde. Eine Urgeschichtssammlung im Museum zeigt Gegenstände aus der Bronzezeit, die neuere Abteilung Gebrauchskunst aus dem 16. und 17. Jahrhundert. – Im *Skovgaard-Museum* sind Skizzen, Malereien und Skulpturen des Malers zu sehen, u.a. Vorarbeiten zu den Kirchenfresken.

Am Ostrand der Stadt liegt die *Asmild-Kirche* aus dem Jahre 1100, eine der ältesten Kirchen des Landes. Von der alten Kirche sind jedoch nur die Mauern erhalten geblieben. Die Asmild-Kirche war vermutlich Viborgs erster Dom. Gegen Ende des 12. Jahrhunderts wurde sie einem Augustinernonnenkloster überlassen, von dem nichts erhalten ist. Vor dem Hochaltar der Asmildkirche ist Bischof Eskild von Viborg 1132 ermordet worden. – Der Klostergarten bietet einen hübschen Blick über den Søndersø.

UMGEBUNG von Viborg. – 6 km südwestlich von Viborg, am Nordwestufer vom **Haldsee,** liegt der Herrenhof *Hald,* das letzte von fünf Herrenhäusern, die seit dem frühen Mittelalter hier gestanden sind. Der Hof ist 1789 im klassischen Stil erbaut worden. Bei der Einfahrt stehen 16 große Grenzsteine, die einst die königliche Wildbahn umzäunt haben. Der vierte Hald-Hof lag etwas näher beim See, er war um 1700 erbaut worden. Vom dritten Hof sind im *Hald-Park* Überreste erhalten. Der See ist von Hügeln und Tälern, Schluchten, Wäldern und Heide umgeben und bietet dem Spaziergänger ein Naturerlebnis von besonderer Schönheit.

14 km westlich von Viborg liegen die *Mønsted-Kalkgruben,* deren Gänge teilweise begehbar sind. Der Kalk dieser Gruben, die um 1000 angelegt wurden, fand u.a. beim Bau des Doms zu Ribe Verwendung. Der Abbau wurde erst 1953 eingestellt. Die Gruben heißen im Volksmund 'Königsgruben', weil Frederik VI. um 1830 nach einem Besuch in Mønsted Reformen durchführen ließ, die die unmenschlichen Arbeitsbedingungen der Grubenarbeiter etwas erleichterten. – 4 km weiter liegen die *Daugbjerg-Gruben,* die angeblich unter Gorm dem Alten um 900 angelegt wurden. – Der 1200 ha große *Kongehus Mindepark* zeigt, wie ein Großteil Jütlands vor nur knapp hundert Jahren ausgesehen hat: Heide, dazu ein wenig Bepflanzung. Der Park, der Naturschutzgebiet ist, wurde zur Erinnerung an die Heidebauern angelegt. Ein 10 km langer Autoweg führt durch den Naturpark.

Ystad

Staat: Schweden. – Gebiet: Südschweden.
Provinz: Malmöhus län.
Landschaft: Schonen (Skåne).
Höhe: Meereshöhe. – Einwohnerzahl: 14000.
Postleitzahl: S-27100. – Telefonvorwahl: 0411.
ⓘ **Ystads Turistbyrå,**
St. Knuds torg;
Telefon: 77000.

HOTELS. – *Ystads Saltsjöbad,* 220 B.; *Pensionat Prins Carl,* 17 B.; *Bäckagård Gästrum,* 11 B. – JUGENDHERBERGE.

Ystad, an der Südküste Schonens gelegen, ist seit dem 13. Jahrhundert bekannt. Im Mittelalter war es einer der Hauptorte für den Heringsfang in der Ostsee. Die eigentliche Blüte setzte jedoch mit Napoleons Kontinentalsperre ein; der Handel mit Schmugglerwaren brachte für viele Bewohner Ystads in kurzer Zeit hohe Gewinne. Ab 1664 hatte Schweden durch Ystads Postboot "Lilla Jägaren" Verbindung mit dem Kontinent. Inzwischen gibt es täglich Fähren zu der dänischen Insel Bornholm und nach Polen.

SEHENSWERTES. – Die Stadt hat viele schöne mittelalterliche Fachwerkhäuser. Das *Alte Rathaus* am Stortorg ist

Fachwerkhaus in Ystad (Südschweden)

ein Empirebau (1838-1840), über einem Keller mit Kreuzgewölbe aus dem 14. Jahrhundert errichtet, der vom ursprünglichen Rathaus nach der Zerstörung durch schwedische Soldaten (1569) übriggeblieben war. Er ist heute als Rathauskeller wieder Schankraum wie ehedem. Am Markt steht auch die **Marienkirche**, mit ihrer Kupferspitze (16. Jh.) eine bekannte Silhouette. Vom Turm aus blickt noch heute der Wächter über die Stadt, und sein Hornsignal erklingt in der Nacht viermal pro Stunde. Im 14. Jahrhundert wurde an die Kirche ein Turm angefügt, der bei einem Sturm einstürzte und Teile des Kirchenschiffs zerstörte. Der Wiederaufbau wurde durch den dänischen König Frederik III. gefördert; die Kirche wurde doppelt so groß wie zuvor. Sie ist im Innern reich geschmückt, u.a. mit schönen Holzschnitzereien.

Weiter nördlich die ebenfalls aus dem 13. Jahrhundert stammende *Petrikirche*, dabei das *Gråbrödraklostret*. Dieses Franziskanerkloster ist nächst dem von Vadstena (s. Vättersee) das besterhaltene in Schweden. Sein Bau wurde 1267 begonnen. Nach der Reformation um 1530 fand es Verwendung als Krankenhaus, Branntweinbrennerei und Lagerhaus. Die im 15. Jahrhundert gegründete Lateinschule ist heute Gymnasium. – Südöstlich vom Stortorg in der Dammgata 23 das *Charlotte Berlins Museum*, ein Bürgerhaus mit Einrichtung aus dem 19. Jahrhundert. Unweit davon das *Kunstmuseum* und das *Dragonermuseum*, beide im gleichen Gebäude. Nicht weit von hier das *Neue*

Rathaus, das ehemalige Palais des Kommerzienrates C.M. Lundgren, 1812 im Empirestil gebaut.

An der Ecke Stora Östergatan und Pilgränd liegt der *Pilgränsgården,* ein prachtvoller Fachwerkbau von etwa 1500, ehemals als Lagerhaus gebaut und 1947 restauriert. Der *Aspelinska Gården,* Ecke Östergatan und Gåsegränd, besteht aus drei Fachwerkhäusern, die um einen Hof gruppiert sind. Der Goldschmied Jonas Aspelin ließ ihn 1778 aufführen. – An der Ecke Stora Nörregatan und Sladdergatan befindet sich das *Braehaus,* ein Adelshof aus dem 16. Jahrhundert, den die Familie Brahe baute. Sie besaß hier große Ländereien und hatte im Land erheblichen politischen Einfluß. – Das dekorativste Fachwerkhaus dürfte das *Änglahuset* des Ratsherrn Hans Raffn aus dem 17. Jahrhundert sein. Seine Fassade ist mit geschnitzten Engeln geschmückt, die dem Haus den Namen gaben.

UMGEBUNG von Ystad. – Gut 5 km nordwestlich der Stadt liegt die 12. Jahrhundert erbaute Kirche von *Bjäresjö* mit Wandmalereien. – 15 km in nördlicher Richtung steht *Örups stenhus,* eine der ältesten Burgen in Schonen. Sie wurde um 1490 gebaut und weist große Ähnlichkeit mit Glimmingehus (s. bei Schonen) auf. – Im Osten vor Ystad (17 km) steht die **Valleberga kyrka** (12. Jh.), Schonens einzige erhaltene Rundkirche. Sie hat den gleichen Grundriß wie die Rundkirchen auf der dänischen Insel Bornholm (s. dort), die einst zum gleichen Stift gehörten. Den Taufstein der Valleberga-Kirche fertigte im 12. Jahrhundert ein gotländischer Steinmetz an. Ein freistehender Festungsturm aus dem späten Mittelalter ist heute als Museum eingerichtet.

Praktische Informationen

Gut vorbereitet auf die Fahrt

Reisezeit, Wetter, Uhrzeit

Reisedokumente

Zollbestimmungen

Geld, Devisen

Posttarife

Verkehr

Fähren

Sprachen

Unterkunft

Gastronomie

Umgangsregeln

Nationalparke

Umweltschutz

Sportfischerei, Jagd

Strände in Dänemark

Wintersport

Veranstaltungskalender

Feiertage

Einkäufe, Souvenirs

Auskunft

Notrufe

Praktische Informationen

Autofähre 'Danmark' in Rødby Havn

Tips und Informationen für Ihre Sicherheit am Steuer

Tragen Sie Gurt! Achten Sie darauf, daß sich auch Ihre Mitfahrer bei jeder Fahrt anschnallen.
Denn: Fast 2000 Tote und 50000 Verletzte weniger wären zu beklagen, wenn alle Autofahrer in der Bundesrepublik Gurte tragen würden.

Lassen Sie spätestens alle zwei Jahre die Bremsflüssigkeit Ihres Fahrzeugs wechseln.
Denn: Auch Bremsflüssigkeit altert. Durch Kondenswasser, Staub und einen Prozeß chemischer Zersetzung verliert diese lebenswichtige Flüssigkeit im Lauf der Zeit ihre Wirksamkeit.

Wechseln Sie Ihre Reifen, wenn die Profiltiefe nur noch zwei Millimeter beträgt.
Denn: Reifenprofile brauchen Tiefe, um griffig zu sein und den Wagen auch bei Nässe auf der Straße zu halten. Bei sportlich breiten Reifen ist wegen der längeren Wasserwege sogar eine Profiltiefe von drei Millimetern zu empfehlen.

Sie sehen besser, und Sie werden besser gesehen, wenn die Beleuchtung Ihres Fahrzeugs in Ordnung ist.
Darum: Prüfen Sie regelmäßig Lampen und Scheinwerfer. Das ist sogar möglich, ohne aus dem Wagen auszusteigen. Rückleuchten und Bremslichter können Sie leicht selbst kontrollieren, wenn Sie an einer Ampel vor einem Bus oder Lieferwagen halten. Die großen Frontflächen reflektieren wie ein Spiegel das Licht. In Ihrer Garage oder beim Parken vor einer Schaufensterscheibe erkennen Sie ebenso, ob Scheinwerfer und vordere Blinkleuchten einwandfrei funktionieren.

Bei Nachtfahrten auf nassen Fahrbahnen sollten Sie etwa alle 50 bis 100 km einen Parkplatz aufsuchen, um Scheinwerfer und Rückleuchten zu reinigen.
Denn: Bereits eine hauchdünne Schmutzschicht auf den Scheinwerfergläsern reduziert die Lichtausbeute um die Hälfte. Bei stärkerer Verschmutzung kann sogar ein Lichtverlust bis zu 90 Prozent auftreten.

Alle Autofahrer, die Kunden der Allianz Autoversicherung sind, können ihr Fahrzeug kostenlos im Allianz Zentrum für Technik in Ismaning bei München überprüfen lassen.
Darum: Wer in München wohnt oder dorthin reist, sollte diese Möglichkeit nutzen. Der Test dauert 1 bis 1½ Stunden. Die Anmeldung ist mindestens vier und in Urlaubszeiten sechs Wochen vor dem geplanten Termin notwendig. Telefon: 0 89/9 60 11. Geprüft werden bei dem Test kostenlos: Bremsen, Bremsflüssigkeit, Unterbodengruppe und Rahmen, Radaufhängung, Stoßdämpfer, Scheinwerfer und Beleuchtung, Achseinstelldaten, Motoreinstellung und Funktion, Leistung, Abgas.

Der beste Platz ist für Nebelleuchten auf der vorderen Stoßstange.
Denn: Dadurch wird eine besonders günstige Reichweite ohne Blendwirkung erreicht. Sind die Nebelscheinwerfer dagegen unterhalb der Stoßstangen montiert, beträgt die Reichweite nur noch fünf bis zehn Meter. Der Vorteil der Nebelleuchten ist besonders groß, wenn sie nur zusammen mit dem Standlicht benutzt werden. Daher ist eine gewisse Mindestreichweite des Lichtes erforderlich, um das Fahrzeug sicher führen zu können.

Rechtzeitiges Abblenden bedeutet selbstverständliche Rücksicht. Doch nicht nur Fernscheinwerfer, auch Nebelschlußleuchten können blenden.
Darum: Rücksicht ist also auch geboten, wenn ein nachfolgendes Fahrzeug so dicht aufgeschlossen hat, daß Sie die Fahrzeug-Konturen vollständig erkennen können. Selbstverständlich muß die Nebelschlußleuchte immer dann ausgeschaltet werden, wenn die Sicht wieder klar ist.

Eine Kopfstütze am Autositz ist richtig eingestellt, wenn die Oberkante mindestens in Augen- und Ohrenhöhe oder darüber liegt.
Denn: Weil allenfalls das Genick, nicht aber der Kopf abgestützt wird, gefährden zu niedrige Kopfstützen die Fahrzeuginsassen.

Verbandskasten und Warndreieck sind nützliches und vorgeschriebenes Zubehör. Sie können jedoch bei einem Unfall zu gefährlichen Geschossen werden, wenn sie auf der Hutablage hinter den Sitzen liegen.
Darum: Der Verbandskasten gehört im Innenraum in eine feste Halterung oder unter einen Sitz, das Warndreieck griffbereit in den Kofferraum. Wenn dort wirklich kein Platz mehr ist, müssen alle Gegenstände und Gepäckstücke im Innenraum sehr sorgsam verstaut werden.

Übrigens: Sollte zum Beispiel bei sehr viel Gepäck im Urlaub die Sicht aus dem Heckfenster verbaut werden, verlangen die Straßenverkehrszulassungsordnung und vor allem Ihre eigene Sicherheit einen rechten Außenspiegel.
Dieses nützliche Zubehör bietet Ihnen im dichten, mehrspurigen Straßenverkehr immer gute Dienste. Verlangen Sie beim Kauf eine konvexe Ausführung.

Fahrzeugbrände sind selten. Und die Ratlosigkeit vieler Helfer ist groß, wenn es tatsächlich einmal brennt. Dabei haben sie meist genügend Zeit, den Insassen zu helfen und das Gepäck zu bergen.
Denn: Versuche haben gezeigt, daß zwischen einem Brandbeginn am Vergaser und dem Übergreifen des Feuers auf den Innenraum fünf bis zehn Minuten vergehen. Größte Vorsicht ist jedoch geboten, wenn bei einem Unfall der Tank beschädigt wird und eine große Menge Benzin ausläuft. Dann kann ein Brand blitzartig das gesamte Fahrzeug erfassen.

Ein geretteter Urlaubsfilm ist besser als der Kostenersatz für einen neuen Film durch die Reisegepäck-Versicherung. Darum ist ein neuartiger Halonlöscher (zwei Kilogramm) empfehlenswertes Zubehör.
Denn: Dieses Gerät löscht mit einem Gas, das für Menschen gefahrlos ist und keinerlei Spuren an Personen oder am Fahrzeug hinterläßt. Der Löscher soll mindestens zwei Kilogramm Inhalt haben, er hat dann eine Funktionsdauer von etwa 15 Sekunden. Mit diesem Gerät kann bei einem kleinen Brand schnelle Hilfe geleistet werden.

Wer nach dem Schalten seinen linken Fuß auf dem Kupplungspedal stehen läßt, riskiert eine teure Reparatur.
Denn: Das Kupplungsausrücklager verschleißt durch die dauernde Belastung sehr rasch. Das defekte Lager macht sich dann bald durch laute Pfeif- und Knirschgeräusche bemerkbar.

Wenn die Lampen altern, nimmt ihre Leistungsfähigkeit deutlich ab. Ein dunkler Niederschlag im Glaskolben – Wolframablagerungen von der Glühwendel – weist auf hohes Alter hin.
Darum: Mindestens einmal im Jahr sollten alle Glühlampen eines Fahrzeugs überprüft werden. Es empfiehlt sich, die dunkel gewordenen ebenso wie die defekten Glühbirnen paarweise auszutauschen.

Unfälle geschehen häufig, objektive Zeugen sind selten. Eine kleine, billige Kamera mit einem Blitzlicht im Handschuhfach kann sich nach einem Unfall schnell bezahlt machen.
Denn: Nach einem leichteren Unfall ist die Polizei meist mehr daran interessiert, die Straße schnell frei zu machen als alle Spuren zu sichern. Bei den Fotoaufnahmen ist nicht die Dokumentation der Beschädigung wichtig. Sie können auch nachträglich, zum Beispiel im Schadenschnelldienst, festgestellt werden. Vielmehr sollte die Gesamtsituation an der Unfallstelle dokumentiert werden. Je eine Aufnahme genau in Fahrtrichtung der Unfallbeteiligten aus ausreichendem Abstand sind besonders wichtig.

Wenden Sie sich an den Zentralen Notruf der Autoversicherer, wenn Sie nach einem Unfall Rat und Hilfe brauchen, weil Sie die Anschriften der betroffenen Versicherungen nicht kennen. Ihre Ratlosigkeit könnte sonst von fragwürdigen Helfern mißbraucht werden.
Darum: Sparen Sie sich unnötige Kosten und sichern Sie sich eine schnelle Schadenregulierung. Melden Sie den

Unfall mit allen wichtigen Daten. Vom Zentralen Notruf wird die zuständige Stelle benachrichtigt, die sofort die Regulierung einleiten kann. Sie erfahren außerdem Namen und Rufnummer des Sachbearbeiters der betroffenen Versicherung; und Sie erhalten Auskunft über Schadenschnelldienste, Abschleppunternehmen und Reparaturwerkstätten.

Zentralruf der Autoversicherer (7–19 Uhr):

Aachen	0241/48461	Köln	0221/123091
Berlin	030/2611761	Mannheim	0621/28981
Dortmund	0231/528484	München	089/3596044
Essen	0201/221677	Nürnberg	0911/534045
Frankfurt	0611/725151	Saarbrücken	0681/39666
Hamburg	040/336644	Stuttgart	0711/283399
Hannover	0511/14885		

Energiebewußte Autofahrer bremsen den Benzindurst ihres Wagens, wenn sie auf der Autobahn mit dem Gaspedal mindestens zwei Zentimeter unter der Vollgasstellung bleiben.
Denn: Je weiter sich ein Fahrzeug seiner Höchstgeschwindigkeit nähert, um so steiler steigt der Benzinverbrauch. Die Sparstellung des Gasfußes reduziert die Reisegeschwindigkeit also kaum, während der Spritverbrauch erheblich gesenkt wird.

Brillenträger erhöhen ihre Fahrsicherheit, wenn sie während einer nächtlichen Autofahrt spezialentspiegelte Brillengläser tragen. Von der Benutzung einer getönten Brille bei Dämmerung oder Dunkelheit muß abgeraten werden.

Denn: Jede Glasscheibe reflektiert einen Teil des hindurchfallenden Lichtes. Selbst durch eine klare Windschutzscheibe erreichen nur etwa 90 Prozent des auf der Straße vorhandenen Lichtes die Augen des Autofahrers. Trägt der Autofahrer eine Brille, entsteht ein zusätzlicher Lichtverlust von zehn Prozent. Bei getönten Scheiben und getönten Brillengläsern erreicht nur noch etwa die Hälfte der auf der Straße vorhandenen Lichtmenge das Auge. Ein sicheres Fahren wäre bei Nacht also nicht mehr möglich.

Eine Verbundglasfrontscheibe als Zusatzausstattung ab Werk oder nach einem Glasbruch ist jedem Autofahrer zu empfehlen. Diese Investition ist sicher mehr wert als eine teure Autostereoanlage.
Denn: Eine Verbundglasscheibe besteht aus zwei unterschiedlich dicken Glasschichten, die in der Mitte durch eine zähe, elastische Kunststoffolie verbunden sind. Bei Steinschlag kann es nur zu einem Bruch unmittelbar an der Aufschlagstelle kommen. Die Glassplitter bleiben an der Folie hängen und verursachen keine Verletzungen. Selbst wenn ein nicht angeschnallter Insasse in die Scheibe fliegt, ist die Verletzungsgefahr geringer.

Jeder Allianz Fachmann hält für seine Kunden kostenlos bereit:
Mit dem Auto ins Ausland
Eine Kundendienstbroschüre mit zahlreichen Tips, Adressen und Ratschlägen für den Schadenfall in 24 europäischen und außereuropäischen Ländern.
Service-Tasche für Ihr Auto
Wichtige Unterlagen und Formulare, die der Kraftfahrer für den Fahrzeugwechsel, für den Kauf oder Verkauf eines gebrauchten Kraftfahrzeugs und für den Schadenfall benötigt.

Sichere Reise!

Bevor Sie auf die Reise gehen, drehen Sie den Gashahn zu und schließen alle Fenster. Die Nachbarin gießt die Blumen, füttert den Kanarienvogel und bewahrt den Briefkasten vor verdächtigem Überquellen während Ihrer Abwesenheit. Haben Sie bei Ihren Reisevorbereitungen auch an Ihren Versicherungsschutz für diese Zeit gedacht? Die Allianz gibt Ihnen dazu einige Hinweise.

Schon durch Ihre üblichen Versicherungen genießen Sie während einer Reise weitgehenden Schutz: Ihre **Lebensversicherung**, Ihre **private Unfallversicherung**, Ihre **Privat-Haftpflicht-Versicherung** gelten in der ganzen Welt, Ihre **Rechtsschutzversicherung** in Europa und den außereuropäischen Mittelmeerstaaten.

Gerade auf Reisen gibt es immer wieder ungewohnte Situationen. In der fremden Umgebung genügt eine Sekunde Unaufmerksamkeit: Sie überqueren die Straße, zwingen einen Wagen zum Ausweichen – und schon kracht es. Da brauchen Sie eine gute Rückendeckung. Ihre **Haftpflicht-Versicherung** zahlt nicht nur bei berechtigten Ansprüchen, sondern wehrt auch unberechtigte Forderungen ab. Hat aber Ihnen jemand einen Schaden zugefügt, bezahlt die **Rechtsschutzversicherung** Ihren Anwalt. Sie kommt auch für die Verteidigungskosten in einem Strafverfahren auf.

Vor Brand, Blitzschlag, Explosion, Einbruch, ausströmendem Leitungswasser, Sturm und Glasbruch während Ihrer Abwesenheit schützt Sie Ihre **Hausratversicherung** zwar nicht, aber vor den finanziellen Folgen solcher Schäden. Wenn Ihre Wohnung allerdings 60 Tage ununterbrochen nicht benützt wird, müssen Sie das Ihrer Versicherung ankündigen.

Schmuck und Pelze schützen Sie während der Reise am besten mit einer **Valorenversicherung**. Folgen von Verlusten oder Schäden beim Gepäck mildert eine **Reisegepäck-Versicherung**. Wenn Sie bisher keine **Unfallversicherung** haben, wäre Ihr Urlaub ein guter Anlaß, eine abzuschließen: Sie gilt rund um die Uhr, im Beruf, im Haushalt, auf Reisen und in der Freizeit. Bei einer dynamischen Unfallversicherung passen sich Leistungen und Beitrag entsprechend der gesetzlichen Rentenversicherung der allgemeinen Einkommensentwicklung an.

Für einen Auslandsaufenthalt sollten Sie sich eine **Reisekrankenversicherung** gönnen, mit der Sie für wenig Einsatz die Leistungen Ihrer Krankenkasse ergänzen.

Für den Fall, daß Sie schon vor Reiseantritt krank werden, oder daß andere gewichtige Gründe Sie von Ihrer Unternehmung abhalten, ist eine **Reise-Rücktrittskosten-Versicherung** nützlich. Sie kommt für Schadenersatzforderungen von Reisebüros, Hotels und Fluggesellschaften auf.

Wenn Sie sich mit dem Auto auf den Weg machen, lohnt sich eine rechtzeitige Überprüfung Ihrer **Kraftfahrtversicherungen**. Reicht die **Kraftfahrzeug-Haftpflichtversicherung** aus?

Statt einer etwa schon bestehenden **Teilkaskoversicherung** oder einer kurzfristigen **Vollkasko-Versicherung** für die Reise sollten Sie einen ganzjährigen Vollkaskoschutz erwerben. Er kostet nur einige Mark mehr. Gegen finanzielle Ansprüche Ihrer Mitfahrer nach einem von Ihnen verschuldeten Unfall schützt Sie eine **Insassen-Unfallversicherung**.

Im Ausland gelten für die Schadenregulierung und in den rechtlichen Fragen bei einem Unfall vielfach andere Bräuche – für Deutsche oft höchst ungewohnt, ja sogar unerfreulich. Recht wird nach den Gesetzen des Landes gesprochen, und die Bearbeitung des Schadens dauert meist länger als daheim. Oft wird nicht alles ersetzt.

Wenn Sie auf einer Auslandsreise dringend Hilfe benötigen, können Sie sich an die auf Ihrer **Grünen Versicherungskarte** verzeichneten Versicherungsunternehmen wenden. Als Allianz Kunde halten Sie sich am besten an eine der in der Allianz Broschüre „Mit dem Auto ins Ausland" aufgeführten Anschriften. In diesem jährlich auf den neuesten Stand gebrachten Heft finden Sie auch den „Europäischen Unfallbericht", der die Aufnahme eines Unfalls sehr erleichtert.

Zusätzlichen Schutz auf Autofahrten im In- und Ausland bietet der **Allianz-Autoschutzbrief** mit einem ganzen Paket von Leistungen: Die Allianz ersetzt die Kosten für eine Pannenhilfe, für das Bergen und Abschleppen Ihres Fahrzeugs, für Übernachtungen, Bahnfahrt oder Mietwagen, für Krankenrücktransport und Fahrzeugrückholung, im Ausland für Ersatzteilversand, Verzollung und Rückreise. Sie brauchen dafür nicht Mitglied eines Automobilclubs zu sein.

Bitte vergessen Sie nicht dafür zu sorgen, daß auch in Ihrer Abwesenheit Beitragsrechnungen pünktlich bezahlt werden. In diesen und allen anderen Fragen berät Sie jeder Allianz Mann gern.

Checklisten

Haben Sie alles beisammen für Ihre Reise? Ist in Ihrer Abwesenheit auch daheim alles geregelt? Checklisten erleichtern die Vorbereitungen: Sie sehen, was schon erledigt ist.

Etwa sechs Wochen vor der Abfahrt:
Personalausweis/Reisepaß gültig?
Visa beantragt?
Internationaler Führerschein und Internationale Zulassung
Benzingutscheine
Grüne Versicherungskarte
Auto-Schutzbrief
Reise-Versicherungen
Auslands-Krankenschein
Fahrkarten und Schiffstickets
Hausarzt/Zahnarzt aufsuchen
Impfungen?
Reiseapotheke/Verbandskasten überprüfen
Impfzeugnis für Tiere
Quartier bestätigen
Auto/Wohnwagen zur Inspektion
Liste der Auslands-Autovertretungen
Straßenkarten
Freunde/Nachbarn informieren

Vor der Autoreise:
Inspektion von Wagen und Anhänger
Wagen waschen
Scheibenwaschanlage nachfüllen
Reifendruck kontrollieren
Scheinwerfer einstellen (im beladenen Zustand)
Reservereifen überprüfen
Autoapotheke nachsehen
Reservekanister füllen
Kopfstützen und Sicherheitsgurte richtig einstellen
Für freie Sicht sorgen
D-Schild beschaffen
Warndreieck
Blinklampe
Taschenlampe
Handfeuerlöscher (greifbar untergebracht)
Kreuzschlüssel
Abschleppseil
Reservelampen/-sicherungen
Alte Handschuhe/Decke/Mantel
Bordwerkzeug/Wagenheber nachsehen
Für Caravan zweiter Außenspiegel
Während der Fahrt Türen nicht von innen verriegeln

Etwa eine Woche vor Fahrtbeginn:
Bezahlung von Rechnungen organisieren (Telefon, Strom, Gas, Wasser, Versicherungsbeiträge, Rundfunk/Fernsehen, Miete, Steuern, Lieferanten)
Post/Zeitung abbestellen, beziehungsweise nachsenden lassen
Wertsachen in den Banksafe
Pflege von Pflanzen/Haustieren organisieren
Brötchen/Milch/Getränke abbestellen
Devisen/Reiseschecks holen
Reiseplan/Anschrift und Zweitschlüssel

bei einer Vertrauensperson lassen
Fotokopien aller Papiere machen
Mit Packen beginnen
Verderbliche Lebensmittel aufbrauchen
Kühlschrank leeren, abtauen, abstellen

Vor dem Start:
Bequeme Kleidung anziehen
Nicht zu schwer essen
Wasser abstellen
Gas abdrehen
Stromstecker ziehen (Ausnahme: Tiefkühltruhe)
Radio/Fernseher von der Antenne trennen
Im Sommer Boiler und Heizung ausschalten; im Winter Heizung nur herunterschalten (reicht das Öl?), Boiler und Wasserleitungen vor Einfrieren sichern
Sonnenbrille einstecken
Kinderspielzeug mitnehmen
Persönliche Medikamente einpacken
Abfalleimer ausleeren
Reisedokumente (Papiere, Geld, Schecks, Tickets, Fahrkarten) auf Vollständigkeit prüfen und auf das Handgepäck mehrerer Personen verteilen (Schecks und Scheckkarten trennen)
Zweitgarnitur Autoschlüssel dem Beifahrer aushändigen
Eßwaren/Abfallbeutel/Notpapier/Erfrischungstücher einpacken
Garage abschließen
Kinder im Auto auf dem Rücksitz Platz nehmen lassen
Fenster und Türen kontrollieren
Jalousien/Läden schließen
Alarmanlage einschalten
Volltanken/Ölstand prüfen

Reiseapotheke:
Auf eine Reiseapotheke sollten Sie nicht verzichten. Aber die notwendigen Dinge gegen Verletzungen und Unpäßlichkeiten ersetzen keinen Arzt. Wer laufend bestimmte Medikamente einnehmen muß, sollte sich vor der Reise von seinem Arzt beraten lassen und auf einen ausreichenden Medikamentenvorrat achten. Vielleicht erfordern Klima und landesübliche Speisen am Ziel zusätzliche Mittel. Da Arzneien nicht unbegrenzt haltbar sind und im Lauf der Zeit ihren chemischen Aufbau – und damit ihre Wirkung – ändern können, ist es ratsam, die Reiseapotheke einmal jährlich von einem Apotheker durchsehen und ergänzen zu lassen.

Das sollte die Reiseapotheke enthalten:
Verbandspäckchen, keimfreie Mullkompressen, Verbandwatte, Mullbinden, elastische Binden, Brandbinde, Heftpflaster, Dreiecktuch, Hautdesinfektionslösung (Jodersatztinktur), Streudose Wundpuder, Tube Borsalbe, Tube Zinksalbe, Haut-öl/-creme, Riechsalz, Schmerztabletten, Abführtabletten, Kohletabletten, Insektenstift, Schere, Pinzette, Sicherheitsnadeln.

Beachten Sie bitte, daß Medikamente die Reaktionsfähigkeit und damit die Fahrtüchtigkeit beeinträchtigen können. Entsprechende Hinweise finden Sie auf den Beipackzetteln.

Unfall: Was tun?

Sie können am Steuer noch so vorsichtig sein – und es kracht trotzdem einmal. Auch wenn der Ärger groß ist: Bitte bewahren Sie die Ruhe und bleiben Sie höflich. Behalten Sie einen klaren Kopf und treffen Sie folgende Maßnahmen:

1. Sichern Sie die Unfallstelle ab: Schalten Sie die Warnblinkanlage ein, stellen Sie Blinklampe und Warndreieck in ausreichendem Abstand auf.

2. Kümmern Sie sich bitte um Verletzte. Hinweise für Erste Hilfe finden Sie in der Broschüre „Sofortmaßnahmen am Unfallort" in Ihrer Autoapotheke. Sorgen Sie nötigenfalls für einen Krankenwagen.

3. Bei Unfällen mit geringem Schaden tritt die Polizei in Schweden und Norwegen nicht in Aktion. In Dänemark sollten Sie die polizeiliche Aufnahme des Unfalls verlangen, weil die Versicherungen das Protokoll anfordern. Auch in Finnland empfiehlt sich, jeden Unfall der Polizei zu melden. In Schweden können die Ermittlungsunterlagen von größeren Unfällen später bei der Polizei eingesehen werden.

4. Notieren Sie alle erforderlichen Daten der anderen Unfallbeteiligten: Namen und Anschriften der Lenker und Fahrzeughalter, amtliche Kennzeichen, Autofabrikate sowie Namen und Nummern der Haftpflichtversicherungen. Wichtig sind auch die Anschrift der aufnehmenden Polizei-Dienststelle sowie Zeit und Ort des Unfalls.

5. Sichern Sie Beweismittel: Halten Sie Namen und Anschriften von – wenn es geht, unbeteiligten – Zeugen fest; Machen Sie Fotos und/oder Skizzen vom Unfallort.

6. Bitte verwenden Sie nach Möglichkeit den (bei Ihrem Versicherungsvertreter erhältlichen) Europäischen Unfallbericht und lassen Sie ihn vom Unfallgegner gegenzeichnen. Unterschreiben Sie kein Schuldanerkenntnis.

7. Melden Sie den Schaden Ihrer eigenen Haftpflichtversicherung. Außerdem können Sie sich an die Versicherungsgesellschaft wenden, die für das jeweilige Land Skandinaviens in Ihrer grünen Versicherungskarte angegeben ist.

8. Machen Sie Ihre eigenen Ersatzansprüche gegen den Schadenstifter und gegen seine Haftpflichtversicherung selbst geltend: Die Grüne Karte hilft hier nicht!
Bitte lassen Sie Ihren beschädigten Wagen von der Versicherung des Unfallgegners begutachten, oder teilen Sie der Gesellschaft mit, wo Ihr Fahrzeug von einem Sachverständigen besichtigt werden kann. Damit vermeiden Sie spätere Beanstandungen der Reparaturrechnung.

9. Sind Sie mit deutschen Landsleuten in einen Unfall verwickelt, können Sie sich wegen der Schadenregulierung direkt mit der deutschen Versicherung des Schädigers in Verbindung setzen.

10. Wenn Sie zu einer Strafverhandlung geladen werden, informieren Sie bitte unverzüglich Ihre eigene Haftpflichtversicherung. In Dänemark, Schweden und Finnland wird im Strafverfahren auf Antrag der Gegenseite häufig über Schadenersatzansprüche entschieden. Haben Sie eine Rechtsschutzversicherung, nennt Ihnen Ihre Gesellschaft auch einheimische Rechtsanwälte, die deutsch sprechen, und deren Bezahlung dann von der Versicherung geregelt wird.
Allianz Versicherte finden alle notwendigen Adressen in ihrer Broschüre **„Mit dem Auto ins Ausland".**

11. In Skandinavien gelten von Land zu Land unterschiedliche Regeln für die Abgeltung von Schadenersatzansprüchen.

In **Dänemark** ist Wertminderung nur bei neuen schwer beschädigten Fahrzeugen durchsetzbar, Mietwagenkosten nur bei beruflicher Nutzung. Außergerichtliche Anwaltskosten und Nutzungsausfall werden nicht erstattet.

In **Norwegen** besteht Anspruch auf Ersatz der Wertminderung nur bei relativ neuen Fahrzeugen. Mietwagenkosten werden erstattet. Ein Schmerzensgeld wird zuerkannt, wenn der Schädiger grobfahrlässig gehandelt hat; der Anspruch richtet sich jedoch gegen den Schädiger persönlich.

In **Schweden** bekommen Sie nur bei neuen, schwer beschädigten Fahrzeugen eine Wertminderung ersetzt, Mietwagenkosten nur bei beruflicher Nutzung des Wagens. Außergerichtliche Anwaltskosten werden nicht immer bezahlt.

In **Finnland** werden Wertminderung, Mietwagenkosten und außergerichtliche Anwaltskosten nicht erstattet.

Wenn Sie einen Totalschaden an Ihrem Fahrzeug haben, ist die zuständige Zollbehörde zu benachrichtigen. Mit den Beamten können Sie dann das weitere Verfahren besprechen.
Mit einem Auto-Schutzbrief der Allianz Gesellschaften sind Sie gegen die hierbei möglicherweise anfallenden Zollkosten versichert. Um den Schutzbrief zu erhalten, müssen Sie nicht Mitglied eines Automobilclubs sein.

Ihre schnelle Schadenmeldung beschleunigt die Regulierung.

Reisezeit

Die günstigste Zeit für eine Reise durch die skandinavischen Länder sind die drei Sommermonate Juni, Juli und August, wenn die Tage am wärmsten sind und die Sonne im hohen Norden gar nicht oder nur für kurze Zeit unter den Horizont verschwindet. Auch in Nordskandinavien kann es im Sommer recht warm werden, wobei Temperaturen über 20°C keine Seltenheit sind. In Lappland gibt es während des kurzen Sommers allerdings unzählige Mücken, so daß es sich empfiehlt, stets ein Insektenschutzmittel zur Hand zu haben.

Für die einzelnen Länder ist die günstigste Reisezeit natürlich verschieden.

Dänemark	Mai–Oktober
Südschweden	Mai–Oktober
Mittelschweden	Juni–September
Nordschweden,	
Norwegen,	
Finnland	Juli–August

Für den Wintersport sind die Monate März und April besonders geeignet, da hier schon wieder länger Tageslicht herrscht.

Wetter

Das Wetter in Skandinavien wird hauptsächlich von zwei klimatischen Faktoren bestimmt. Westlich des die Skandinavische Halbinsel durchziehenden Gebirgsrückens herrscht ozeanisches Klima mit geringeren Unterschieden zwischen Winter- und Sommertemperaturen sowie relativ hohen Niederschlagsmengen vor. Zudem bewirkt der *Golfstrom,* daß die Durchschnittstemperaturen erheblich höher sind, als es der geographischen Lage entspricht. Östlich des Gebirgszuges dominieren kontinentale Einflüsse, die geringere Niederschläge sowie kalte Winter und z. T. überraschend warme Sommer mit sich bringen. Eine ausführliche Darstellung der klimatischen Verhältnisse in den skandinavischen Ländern findet man auf den einleitenden Seiten 13 und 14 dieses Reiseführers.

Uhrzeit, Sommerzeit

Während in Dänemark, Norwegen und Schweden normalerweise die *Mitteleuropäische Zeit* (MEZ) gilt, hat Finnland die **Osteuropäische Zeit** (OEZ = MEZ + 1 Stunde).

Sommerzeit. – In Dänemark, Norwegen und Schweden gilt von Ende März/Anfang April bis Ende September die Sommerzeit (MEZ + 1 Std.). Während des gleichen Zeitraumes ist auch in Finnland eine entsprechende Regelung in Kraft (OEZ + 1 Std.).

Mitternachtssonne

Nördlich des Polarkreises (66°33′) geht die Sonne im Hochsommer für eine Anzahl von Tagen nicht unter, die mit der Annäherung an den Nordpol zunimmt (Näheres s. Polarkreis).

Reisedokumente

Für die Einreise nach Dänemark, Schweden, Norwegen und Finnland benötigen Einwohner der Bundesrepublik Deutschland, Österreichs und der Schweiz bei einem Aufenthalt bis zu drei Monaten (für alle vier Länder zusammen) nur einen gültigen amtlichen **Personalausweis.** Ein *Reisepaß* ist nicht erforderlich. Kinder unter 16 Jahren brauchen einen gesonderten *Kinderausweis,* falls sie nicht im Reisepaß der Eltern eingetragen sind. Bei einem Aufenthalt über drei Monate ist in jedem Fall ein Reisepaß erforderlich. Ein *Visum* benötigt man nur, wenn man in einem der Länder Arbeit annehmen oder seinen Aufenthalt in Skandinavien über drei Monate ausdehnen will. – Innerhalb Skandinaviens findet zwischen den einzelnen Ländern keine Paßkontrolle mehr statt (Nordische Paß- und Zollunion).

Der deutsche **Führerschein** und **Kraftfahrzeugschein** werden anerkannt und sind mitzuführen. Zweckmäßig ist die Mitnahme der grünen *Internationalen Versicherungskarte für Kraftverkehr.* Kraftfahrzeuge müssen das ovale *Nationalitätskennzeichen* tragen.

Für den Krankheitsfall erkundige man sich bei seiner Krankenkasse nach den jeweiligen Vereinbarungen und schließe gegebenenfalls eine kurzfristige Zusatzversicherung ab.

Wer Haustiere (Hund, Katze) nach *Dänemark* mitnehmen will, muß eine Tollwut-Impfbescheinigung (mindestens 1 Monat, höchstens 1 Jahr alt) vorweisen. Für Hunde ist der Impfpaß des 'Internationalen Grünen Kreuzes' vorgeschrieben, für Katzen das bei den dänischen Botschaften, Konsulaten und Fremdenverkehrsämtern erhältliche Formblatt.

Von der Mitnahme von Haustieren nach *Norwegen, Schweden* und *Finnland* wird abgeraten, da für diese Länder eine Einfuhrgenehmigung eingeholt und eine Quarantänezeit von vier Monaten eingehalten werden muß.

Zollbestimmungen

Einreise. – Die Zollvorschriften für die in der Nordischen Paß- und Zollunion zusammenarbeitenden Länder Norwegen, Schweden und Finnland sind etwa gleich. – Dänemark ist Mitglied der EG.

Gegenstände des täglichen Bedarfs und der Reiseausrüstung können vorübergehend zollfrei eingeführt werden.

Für die Einfuhr von Jagdwaffen, Einfuhr und Benutzung von Funksprechgeräten und die Ausfuhr von Kunstgegenständen gelten Sonderbestimmungen, über welche die Fremdenverkehrsorganisationen der in diesem Band behandelten Länder Auskunft erteilen.

Wiedereinreise in die Bundesrepublik Deutschland. – Aus *Dänemark* dürfen zollfrei eingeführt werden: 300 Zigaretten, 750 g Kaffee, 1,5 l Spirituosen, sonstige Waren bis zu einem Wert von 460 DM. – Aus *Norwegen, Schweden* und *Finnland* dürfen zollfrei eingeführt werden: 200 Zigaretten oder 100 Zigarillos oder 50 Zigarren oder 250 g Rauchtabak; 1 l Spirituosen; 250 g Kaffee; sonstige Waren bis zu einem Wert von 115 DM.

Zollfreimengen

Land	Alkoholische Getränke	Tabakwaren	Sonstige Waren
Dänemark bei Einreise aus EG-Ländern	1,5 l Spirituosen oder 3 l Schaumwein sowie 3 l Wein (Mindestalter 17 Jahre).	300 Zigaretten oder 150 Zigarillos oder 75 Zigarren oder 400 g Rauchtabak (Mindestalter 17 Jahre).	bis 1400 dkr
Norwegen	1 l Wein, 0,75 l Spirituosen und 2 l Bier oder 2 l Wein und 2 l Bier (Mindestalter 21 Jahre).	200 Zigaretten oder 250 g andere Tabakwaren (Mindestalter 16 Jahre).	bis 350 nkr
Schweden	1 l Wein, 1 l Spirituosen und 2 l Bier oder 2 l Wein und 2 l Bier (Mindestalter 20 Jahre).	200 Zigaretten oder 100 Zigarillos oder 50 Zigarren oder 250 g Rauchtabak (Mindestalter 15 Jahre).	bis 600 skr
Finnland	1 l Wein und 2 l Bier (Mindestalter 18 Jahre), ferner 1 l Spirituosen (Mindestalter 20 Jahre).	200 Zigaretten oder 100 Zigarillos oder 50 Zigarren oder 250 g Rauchtabak (Mindestalter 16 Jahre).	bis 500 Fmk

Geld

Währungen

Dänemark
Währungseinheit: **Dänische Krone** *(dkr)* zu je 100 *Øre.*
Banknoten: 5, 10, 20, 50, 100, 500 und 1000 dkr.
Münzen: 5, 10, 25, 50 Øre; 1, 2, 5, 10 dkr.

Norwegen
Währungseinheit: **Norwegische Krone** *(nkr)* zu je 100 *Øre.*
Banknoten: 10, 50, 100, 500 und 1000 nkr.
Münzen: 5, 10, 25, 50 Øre; 1 und 5 nkr.

Schweden
Währungseinheit: **Schwedische Krone** *(skr)* zu je 100 *Öre.*
Banknoten: 5, 10, 50, 100, 1000, 10000 skr.
Münzen: 5, 10, 25, 50 Öre; 1 und 5 skr.

Finnland
Währungseinheit: **Finnmark** *(Fmk)* zu je 100 *Penniä.*
Banknoten: 1, 5, 10, 50, 100 und 500 Fmk.
Münzen: 1, 5, 10, 20, 50 Penniä; 1, 5, 10, 20, 50, 100 und 200 Fmk.

Wechselkurse (schwankend)

100 dkr	= 30,50 DM	1 DM =	3,28 dkr
100 dkr	= 217,50 öS	100 öS =	46,00 dkr
100 dkr	= 23,50 sfr	1 sfr =	4,25 dkr
100 nkr	= 40,25 DM	1 DM =	2,48 nkr
100 nkr	= 280,80 öS	100 öS =	35,60 nkr
100 nkr	= 30,50 sfr	1 sfr =	3,28 nkr
100 skr	= 41,75 DM	1 DM =	2,40 skr
100 skr	= 291,90 öS	100 öS =	34,25 skr
100 skr	= 32,00 sfr	1 sfr =	3,13 skr
100 Fmk	= 53,25 DM	1 DM =	1,88 Fmk
100 Fmk	= 373,00 öS	100 öS =	26,80 Fmk
100 Fmk	= 41,25 sfr	1 sfr =	2,42 Fmk

Devisenbestimmungen

	Einfuhr		Ausfuhr	
Land	Landeswährung	Fremdwährungen	Landeswährung	Fremdwährungen
Dänemark	unbeschränkt	unbeschränkt	unbeschränkt	unbeschränkt
Norwegen	unbeschränkt	unbeschränkt	bis 800 nkr (Stückelung bis 100 nkr)	unbeschränkt
Schweden	bis 6000 skr (Stückelung bis 100skr)	unbeschränkt	bis 6000 skr (Stückelung bis 100 skr)	unbeschränkt
Finnland	unbeschränkt	unbeschränkt	bis 5000 Fmk (Stückelung bis 100 Fmk)	unbeschränkt

Die Mitnahme von Eurocheques, Travellerschecks oder anderen Reiseschecks ist empfehlenswert.

Postsparkasse. – Inhaber von Sparbüchern der Deutschen Bundespost können in Dänemark bei allen Postämtern Geld abheben. In Norwegen und Schweden ist dies nur bei bestimmten Postämtern möglich, während in Finnland bei den Zweigstellen der Postsparkasse (Posttipankki) und einigen Postämtern Geld abgehoben werden kann. Nähere Auskünfte erteilt die Deutsche Bundespost.

Posttarife

Land	Briefe bis 20 g Inland/Ausland	Postkarten Inland/Ausland	Ferngespräch in die Bundesrepublik Deutschland pro Minute
Dänemark (EG)	1,60/2,00 dkr	1,30/1,50 dkr	3,— dkr
Norwegen	2,00/3,00 nkr	1,75/2,75 nkr	4,80 nkr[1]
Schweden	1,65/2,40 skr	1,65/1,75 skr	3,90 skr[1]
Finnland	1,20/1,50 Fmk	1,10/1,30 Fmk	3,65 Fmk

[1] In Norwegen und Schweden ist nicht die Post, sondern das Fernsprechamt für den Telefondienst zuständig.

In **Finnland** besteht für Ausländer die Möglichkeit, sich ihre Post an das Finnland-Reisebüro in Helsinki schicken zu lassen, wo die Sendungen von Montag bis Freitag in der Zeit zwischen 8.30 und 17.00 Uhr gebührenfrei ausgehändigt werden. Die Adresse lautet:

(Name des Adressaten)
c/o Finland Travel Bureau Ltd.
Mail Department, Box 319
Kaivokatu 10A
SF-00101 Helsinki 10
Suomi/Finland

Straßenbrücke über den Svendborgsund zwischen den dänischen Inseln Fünen und Tåsinge

Verkehr

Straßenverkehr

Straßennetz. – Die Straße spielt in Skandinavien infolge des besonders in Norwegen, Nordschweden und Nordfinnland dünnen Eisenbahnnetzes eine wichtige Rolle. Das Straßennetz wird von Jahr zu Jahr verdichtet und verbessert. – Der Straßenzustand ist im allgemeinen verhältnismäßig gut und erlaubt selbst im höchsten Norden mittlere Durchschnittsgeschwindigkeiten. Die großen Hauptstraßen und wichtige Nebenstraßen wurden in den letzten Jahren weiter ausgebaut und mit staubfreier Decke versehen. Wo noch Schotter, Rollkies oder Sand die Oberfläche bilden, wird diese durch Planiermaschinen ('Straßenkratzen') und chemische Staubbindemittel möglichst eben gehalten. Trotzdem empfiehlt es sich bei

Skandinavien

- Autobahnen
- Fernstraßen
- Fähren

längeren Fahrten, zwei Ersatzreifen mitzunehmen und auf steinigen Strecken einen angemessenen Abstand zu vorausfahrenden Fahrzeugen zu halten, um eine Gefährdung der Windschutzscheibe durch Steinschlag zu vermeiden. Bei längerem Regen werden die Straßen ohne feste Decke schmierig oder gar schlammig und erfordern dann eine besonders vorsichtige Fahrweise. Gewisse Straßenabschnitte im südnorwegischen Gebirge, in Nordnorwegen, Nordschweden und im nördlichen Finnland sind infolge des langen Winters im Durchschnitt nur von Juni bis Oktober befahrbar. – Der Kraftwagenverkehr ist in Skandinavien in den letzten Jahren stark angestiegen und entspricht im Süden durchaus mitteleuropäischen Verhältnissen. – Während in Dänemark, Schweden und Finnland im allgemeinen keine überdurchschnittliche Fahrtechnik notwendig ist, erfordern die z. T. recht schmalen und oft unübersichtlichen Gebirgsstraßen Norwegens eine größere Fahrkunst sowie ein besonders diszipliniertes Verhalten.

In **Dänemark** ist der Zustand der Autobahnen ('Motorvej'), der numerierten Hauptstraßen (A...; 'Hovedvej') und der meisten Nebenstraßen ausgezeichnet; man findet ausschließlich feste Decken (größtenteils Asphalt, z. T. auch Beton). Trotzdem sollte man nicht allzu schnell fahren; man hat Zeit in Dänemark. Die einzelnen dänischen Inseln sind durch Brücken oder Fähren miteinander verbunden.

In **Schweden** gibt es neben den Europastraßen als Fernverkehrsstraßen die Reichshauptstraßen oder Reichsstraßen ('Riksväg'), mit den Nummern 10–99, als Durchgangsstraßen die Provinzialhauptstraßen oder Provinzialstraßen ('Länsväg'), mit den Nummern über 100. Außerdem gibt es einige kurze Autobahnen oder Autoschnellstraßen ('Motorväg'), deren Ausbau aber laufend weiter fortgesetzt wird. Im südlichen Teil des Landes sind die Hauptstraßen allgemein sehr gut und mit einer festen Decke versehen, während im hohen Norden z. T. noch Rollkies, Schotter oder Sand die Oberfläche bilden. Die Bergstraßen in dem an Norwegen grenzenden Teil des Landes sind oft schmal. – Besondere Vorschriften gelten für Ausländer in den militärischen Sperrgebieten ('skyddsområde'), die durch Warntafeln gekennzeichnet sind (größere Gebiete bei Kalix, Boden, Luleå, Sundsvall, Gävle und Karlskrona). Hier dürfen Ausländer die Straßen nur zur direkten Durchfahrt benutzen und sich ohne besondere Erlaubnis höchstens 24 Stunden (an einigen Orten 72 St.) aufhalten, während das Zelten und Betreten des Geländes verboten ist. In den Sperrgebieten darf nicht fotografiert werden.

In **Norwegen** sind hauptsächlich die numerierten Reichsstraßen ('Riksveg') und in der Nähe einiger größerer Städte die Autobahnen und Kraftfahrstraßen ('Motorveg') wichtig, ferner die ebenfalls numerierten Provinzialstraßen ('Fylkesveg'). – In den Bergen des südlichen Norwegens und an felsigen Fjordufern sind die Straßen oft schmal, kurvenreich und wenig gesichert. Hier ist eine gute Fahrtechnik die Voraussetzung für ein sicheres und genußreiches Fahren. Völlige Beherrschung des Fahrzeuges, vorschriftsmäßiges Fahren und größte Vorsicht sind unbedingt erforderlich. Bei Begegnungen an schwierigen Stellen hat der Bergauffahrende stets die Vorfahrt. Einige Bergstraßen sind nur im wechselnden Einbahnverkehr befahrbar. Wohnwagen-Urlauber sollten sich vor Antritt der Fahrt bei den Automobilclubs oder beim 'Vegdirektoratet' in Oslo, Schwensensgate 3–5, Postboks 8109 DEP., über die Durchführbarkeit ihrer Route erkundigen. Infolge großer Schneefälle im Winter sind einige Gebirgsstraßen meist erst ab Juni durchgehend befahrbar.

In **Finnland** unterteilt man die numerierten Hauptstraßen in Straßen erster und zweiter Ordnung ('Valtatie' und 'Kantatie'); Nummern auf rotem Grund zeigen Fern- oder Reichsstraßen an. In der Umgebung einiger größerer Städte gibt es Autobahnen bzw. Kraftfahrstraßen ('Moottoritie'). Auf unwichtigeren Straßen sowie nördlich des Polarkreises findet man noch Oberflächen aus Sand, Schotter oder Ölkies. Die meisten Straßen haben jedoch eine mittlere Breite, die ein gutes Passieren erlaubt. – Im Norden des Landes sind die Straßen infolge des langen Winters oft erst ab Mitte Juni befahrbar.

Europastraßen. – Die nordischen Länder werden von einer Anzahl von Europastraßen durchzogen, deren wichtigste in Dänemark die **E 2** von der Grenze bei Flensburg nach Frederikshavn ist. Norwegen wird fast in seiner gesamten Länge von der **E 6** (Oslo – Trondheim – Narvik – Tromsø; im letzten Abschnitt **E 78**) durchzogen; in Schweden führt die **E 3** von Göteborg nach Stockholm, wo sie in die von Helsingborg kommende **E 4** einmündet, die am Bottnischen Meerbusen entlang zur finnischen Grenze bei Tornio zieht. In Finnland beginnt bei Helsinki der östliche Zweig der **E 4**, der durch das Landesinnere nach Oulu und weiter nach

Tornio verläuft, von wo die **E 78** der finnisch-schwedischen Grenze folgt und jenseits der finnisch-norwegischen Grenze in Tromsø endet. – Zwei wichtige Verbindungen in Ost-West-Richtung sind die **E 75** von Sundsvall (Schweden) über Östersund nach Trondheim (Norwegen) sowie die **E 79** von Umeå (Schweden) nach Mo i Rana (Norwegen).

 Dieses Zeichen befindet sich häufig an den Straßen der nordischen Länder. Es weist auf eine besondere Sehenswürdigkeit hin.

Fahrvorschriften. – In Dänemark, Schweden, Norwegen und Finnland wird wie in Deutschland rechts gefahren und links überholt. Bei Einmündung oder Kreuzung gleichberechtigter Straßen hat das von rechts kommende Fahrzeug die Vorfahrt. – In Dänemark, Schweden und Finnland besteht auf allen vorfahrtberechtigten Hauptstraßen Parkverbot. – In Norwegen ist in den Städten für den Fahrer das Rauchen verboten. – In Schweden muß auch am Tage mit Abblendlicht gefahren werden, desgleichen von 1. September bis 30. April in Finnland.

Die internationalen *Verkehrszeichen* sind in allen vier Ländern im Gebrauch. Außerdem gibt es noch eine Anzahl von Schildern, die in Deutschland unbekannt sind (z. B. weißes M auf blauem Grund = Ausweichstelle; oder Al Indkørsel forbudt = Einfahrt verboten!). Man kann über die deutschen oder skandinavischen Automobilclubs Blätter mit den Verkehrszeichen erhalten. Das Hupen ist auf ein Mindestmaß zu beschränken. Die *Straßenbahn* hat stets Vorfahrt. *Nebelschlußleuchten* dürfen nicht benutzt werden. In ganz Skandinavien besteht *Anschnallpflicht*. *Alkohol* am Steuer wird hart bestraft (Grenzwert 0,5 Promille).

Höchstgeschwindigkeiten (km/h)

Land	Auto-bahn	Land-straße	Ort-schaft	Pkw mit Anhänger gebremst/ungebr.
Dänemark	100	80	60	70
Norwegen	90	80	50	70/60
Schweden	110	90	50	70/40
Finnland	120	80	50	80

Spikes-Reifen dürfen in Skandinavien während der Wintermonate benutzt werden, und zwar in Dänemark vom 1. Oktober bis zum 30. April, in Norwegen vom 15. Oktober bis zum 30. April, in Schweden vom 1. Oktober bis zum 30. April sowie in Finnland vom 16. Oktober bis zum 15. April (Süd- und Mittelfinnland) bzw. vom 1. Oktober bis zum 30. April (Nordfinnland).

In ganz Finnland ist während der Monate Dezember, Januar und Februar die Benutzung von **Winterreifen** obligatorisch.

Kraftstoffpreise
(veränderlich; Literpreise **in DM**)

Land	Normal-benzin	Super-benzin	Diesel-kraftstoff
Dänemark	1,75	1,77	1,16
Norwegen	1,65	1,75	1,—
Schweden	1,57	1,60	–,85
Finnland	1,80	1,86	1,30

Schiffahrt

Die Schiffsverbindungen nach und in Skandinavien spielen verkehrstechnisch eine große Rolle. Namentlich in Norwegen ergänzen Autofähren über die zahlreichen Fjorde das Straßennetz.

Finnjet-Fähre

Beliebt sind Küsten- und Fjordkreuzfahrten. Von Bergen ausgehend, fahren die Schiffe der **Hurtigrute** an der norwegischen Westküste entlang bis Kirkenes. Für die rund 2500 Seemeilen lange Strecke benötigen die im Sommer täglich von Bergen bzw. Kirkenes auslaufenden Schiffe 11 Tage; für viele der 36 angelaufenen Küstenorte stellen sie die einzige Verbindung zur Außenwelt dar. – Schiffslinien auf den anderen Fjorden s. dort.

Norwegisches Küstenschiff

Fähren nach und in Skandinavien

FÄHRVERBINDUNG	HÄUFIGKEIT	REEDEREI
Deutschland – Skandinavien		
Bundesrepublik Deutschland – Dänemark		
List (Sylt) – Havneby (Rømø)	täglich	Rømø-Sylt-Linie
Gelting – Fåborg	täglich	Nordisk Færgefart
Kiel – Bagenkop	täglich	Kiel-Langeland-Linie Bagenkop
Puttgarden – Rødby	täglich	Dänische Staatsbahnen
Puttgarden – Rødby	täglich	Deutsche Bundesbahn
Lübeck-Travemünde – Gedser	täglich	GTR-Gedser-Travemünde-Ruter
Lübeck-Travemünde – Rønne (Bornholm)	1× wöchentlich 19. 6. bis 5. 9.	TT-Saga-Line
Bundesrepublik Deutschland – Norwegen		
Kiel – Oslo	täglich (außer Saison nicht Sa.)	Jahre Line, Oslo
Bundesrepublik Deutschland – Schweden		
Kiel – Göteborg	täglich	Stena Line
Lübeck-Travemünde – Malmö	täglich	TT-Saga-Line
Lübeck-Travemünde – Trelleborg	täglich	TT-Saga-Line
Bundesrepublik Deutschland – Finnland		
Lübeck-Travemünde – Helsinki	3–4× wöchentlich	Finnlines
Deutsche Demokratische Republik – Dänemark		
Rostock-Warnemünde – Gedser	täglich	Dänische Staatsbahnen / Deutsche Reichsbahn
Saßnitz – Rønne (Bornholm)	2× wöchentlich	Deutsche Reichsbahn
Deutsche Demokratische Republik – Schweden		
Saßnitz – Trelleborg	täglich	Schwedische Staatsbahnen / Deutsche Reichsbahn
Interskandinavischer Verkehr		
Dänemark – Norwegen		
Hanstholm – Kristiansand	täglich	Skagerak-Expressen, Kristiansand
Hanstholm – Arendal	täglich 25. 6. bis 22. 8.	Skagerak-Expressen, Kristiansand
Hirtshals – Kristiansand	täglich	Skagerak-Expressen, Kristiansand
Frederikshavn – Larvik	täglich	Larvik Line
Frederikshavn – Oslo	täglich	Da-No Linjen, Oslo
Frederikshavn – Oslo	täglich	Stena Line
Kopenhagen – Oslo	täglich	DFDS
Hundested – Sandefjord	4× wöchentlich	Hundested-Sandefjord-Linie
Dänemark – Schweden		
Dragør – Limhamn	täglich	Dänische/Schwedische Staatsbahnen
Dragør – Limhamn	täglich	Skandinavian Ferry Lines AB, Helsingborg
Helsingør – Helsingborg	täglich	Dänische/Schwedische Staatsbahnen
Helsingør – Helsingborg	täglich	Skandinavian Ferry Lines AB, Helsingborg
Helsingør – Helsingborg	täglich	Sundbusserne A/S, Helsingør
Frederikshavn – Göteborg	täglich	Stena Line

FÄHRVERBINDUNG	HÄUFIGKEIT	REEDEREI
Grenå – Helsingborg	täglich	DFDS
Grenå – Varberg	täglich	Lion Ferry, Varberg
Rønne (Bornholm) – Ystad	täglich	Bornholmstrafikken, Rønne

Schweden – Finnland

Nynäshamn – Helsinki	4× wöchentlich	Polish Baltic Shipping Company, Kolobrzeg (Kolberg)
Stockholm – Helsinki	täglich	Silja Line
Stockholm – Helsinki	täglich	Viking Line, Mariehamn
Stockholm – Mariehamn (Åland)	täglich	Ålands Linjen, Stockholm
Stockholm – Mariehamn (Åland)	täglich	Silja Line
Stockholm – Mariehamn (Åland)–Turku	täglich	Viking Line, Mariehamn
Stockholm – Turku	täglich	Silja Line
Stockholm – Turku	täglich	Viking Line, Mariehamn
Stockholm – Turku	mehrmals monatlich	Baltic Shipping Company
Kapellskär – Mariehamn (Åland) – Naantali	täglich	Viking Line, Mariehamn
Grisslehamn – Eckerö	täglich	Eckerö Linjen, Grisslehamn
Sundsvall – Vaasa	täglich	Vaasa ferries, Vaasa
Umeå – Vaasa	täglich	Vaasa ferries, Vaasa
Skellefteå – Jakobstad	täglich	Jakob Lines, Jakobstad

Inlandsfähren

Dänemark

Fynshav – Bødjen	täglich	Dänische Staatsbahnen
Rudkøbing – Marstal	täglich	Marstal Færgen, Marstal
Aerøskøbing – Svendborg	täglich	Dampskipsselskabet Aerø, Aerøskøbing
Lohals – Korsør	täglich	Sydfyenske D., Savenborg
Spodsbjærg – Tårs	täglich	Sydfyenske D., Savenborg
Knudshoved – Halsskov	täglich	Dänische Staatsbahnen
Juelsminde – Kalundborg	täglich	Jydisk Færgefart, Kalundborg
Kolby Kås – Kalundborg	täglich	Dänische Staatsbahnen
Århus – Kalundborg	täglich	Dänische Staatsbahnen
Sjællands Odde – Ebeltoft	täglich	Mols-Linjen, Ebeltoft
Grenå – Hundested	täglich	Jydisk Færgefart, Hundested
Kopenhagen – Rønne (Bornholm)	täglich	Bornholmstrafikken, Rønne

Norwegen

Horten – Moss	täglich	Alpha A/S, Moss
Oslo – Kristiansand	1× wöchentlich	Fred. Olsen – Bergen Line, Bergen
Stavanger – Bergen	täglich	Stavanger Steamship Co., Stavanger
Stavanger – Bergen	3× wöchentlich	Fred Olsen – Bergen Line, Bergen
Kinsarvik – Kvanndal (Utnefjord)	täglich	Hardanger Sunnhord-landske Dampskips-selskap, Bergen
Løfallstrand-Gjermundshamn (Hardangerfjord)	täglich	
Skånevik – Utåker (Hardangerfjord)	täglich	Hardanger Sunnhord-landske D., Bergen
Vangsnes – Balestrand (Sognefjord)	täglich	Fylkesbaatane i Sogn Og Fjordane, Bergen
Vangsnes – Hella (Sognefjord)	täglich	Fylkesbaatane i Sogn Og Fjordane, Bergen
Kaupanger-Revsnes (Sognefjord)	täglich	Fylkesbaatane i Sogn Og Fjordane, Bergen
Gudvangen-Kaupanger-Årdalstangen (Sognefjord)	täglich	Fylkesbaatane i Sogn Og Fjordane, Bergen
Trondheim – Vanvikan	täglich	Fosen Trafikklag A/S Trondheim
Sommerset – Bonnåsjøen	täglich	Nord Ferjer, Narvik
Bognes – Skarberget	täglich	Nord Ferjer, Narvik
Bognes – Lødingen	täglich	Nord Ferjer, Narvik
Skutvik – Svolvær (Lofoten)	täglich	Vesterålens Dampskips-selskab, Stokmarknes
Kåfjord – Honningsvåg	täglich	Finmark Fylkesrederi og Ruteselskap, Hammerfest

FÄHRVERBINDUNG	HÄUFIGKEIT	REEDEREI
Schweden		
Grankullavik – Visby (Öland – Gotland)	täglich	Rederi AB Gotland, Visby
Oskarshamn – Visby (Gotland)	täglich	Rederi AB Gotland, Visby
Västervik – Visby (Gotland)	täglich	Rederi AB Gotland, Visby
Nynäshamn – Visby (Gotland)	täglich	Rederi AB Gotland, Visby
Finnland		
Turku – Mariehamn (Åland)	täglich	Silja Line
Turku – Mariehamn (Åland)	täglich	Viking Line, Mariehamn
Mariehamn – Naantali (Åland)	täglich	Viking Line, Mariehamn
Lappeenranta – Kotka	2× wöchentlich	Baltic Shipping Company

Hinweis:

Besonders in der Hochsaison (Juli–August) ist eine möglichst frühzeitige Buchung der Fährpassagen unbedingt erforderlich. – Es gibt auch preisgünstige Kombinationsfahrkarten für die Benutzung mehrerer Fährlinien.

Achtung Caravan- und Wohnmobilfahrer:

Wegen der maximal zulässigen Fahrzeugabmessungen auf den einzelnen Fährschiffen erkundige man sich bei dem vermittelnden Reisebüro bzw. der zuständigen Reederei.

Information

Seepassage-Komitee Deutschland
Esplanade 6
D-2000 **Hamburg** 36
Telefon: (0 40) 34 21 50.

Buchungen

Reise-Agentur Waldemar Fast
Alstertor 21
D-2000 **Hamburg** 1
Telefon: (0 40) 30 90 30.

Luftverkehr

Der Flugverkehr innerhalb der skandinavischen Länder wird hauptsächlich von den beiden Gesellschaften **Scandinavian Airlines System** (SAS) und **Finnair Oy** betrieben. Einige Inlandstrecken werden in Norwegen von *Braathens SAFE* und *Widerøes Flyveselskap AS,* in Schweden von *Linjeflyg* beflogen. Der auch für die innerskandinavischen Flugverbindungen bedeutendste Flughafen ist Kopenhagen-Kastrup. – Direktverbindungen (z. T. mit Zwischenlandung) bestehen von Frankfurt am Main nach Göteborg, Helsinki, Kopenhagen, Stockholm und Tampere, von Hamburg nach Helsinki, Kopenhagen, Oslo, Stockholm und Tampere, von München nach Göteborg und Kopenhagen, von Düsseldorf, Hannover und Stuttgart nach Kopenhagen; von Genf nach Kopenhagen, Oslo und Stockholm, von Zürich nach Helsinki, Kopenhagen, Oslo und Stockholm; von Wien nach Kopenhagen und Stockholm.

Wegweiser am Flugplatz Bodø (Nordnorwegen)

Das interskandinavische Flugnetz reicht im Norden bis Kirkenes, so daß alle größeren Städte leicht erreichbar sind. In Finnland ist das Fliegen besonders preiswert ('Finnair Holiday Ticket' für unbegrenzte Flüge in Finnland; Gültigkeitsdauer 15 Tage, Preis 180,– US $).

Skandinavien
Flugverkehr

— **Wichtige Verbindungen**
- - - **Weitere Verbindungen**
(z. T. unregelmäßig)

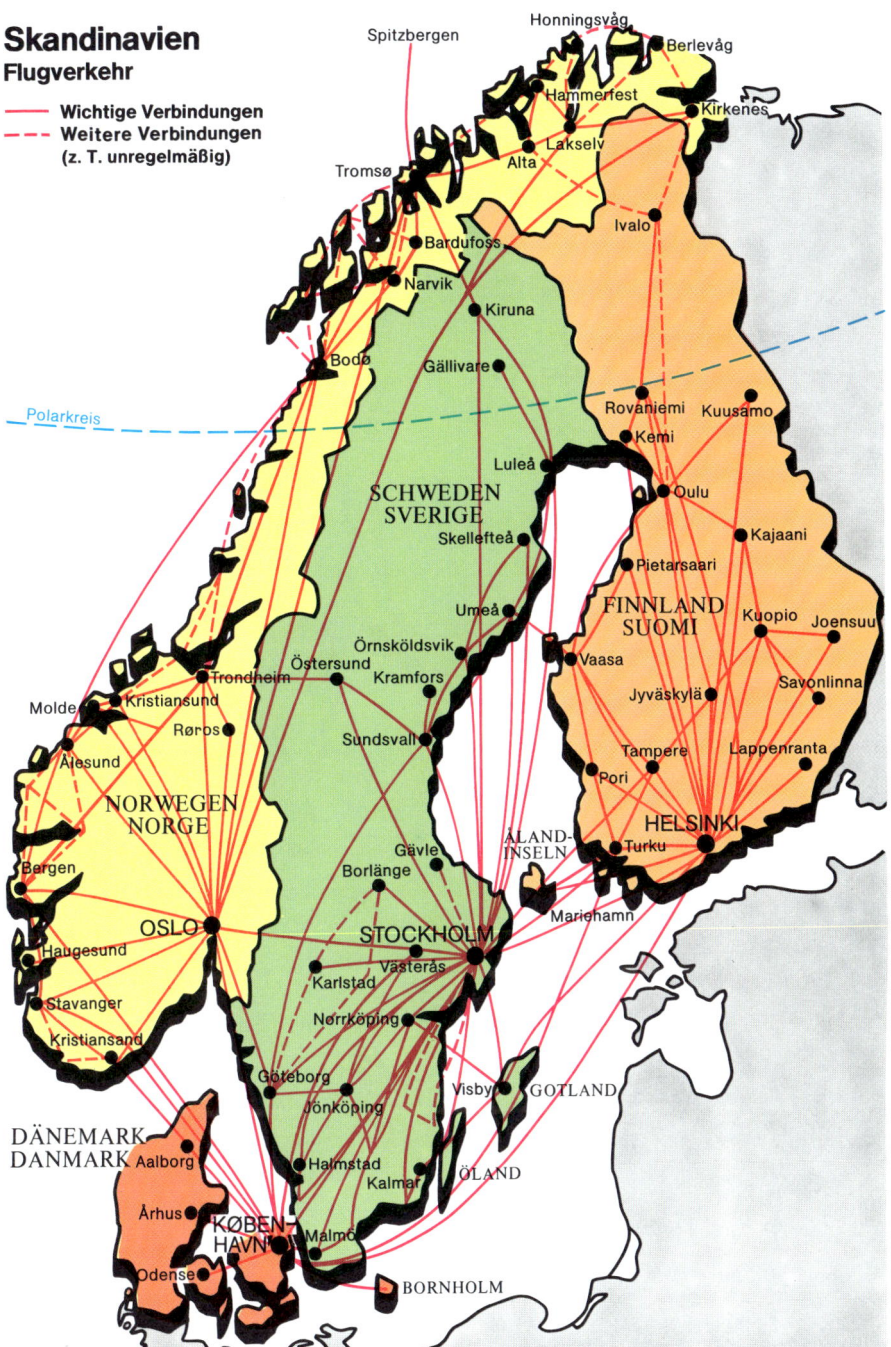

Eisenbahn

Karte S. 308

Das skandinavische Eisenbahnnetz ist, abgesehen von Dänemark und Südschweden, relativ weitmaschig, wird aber durch Autobus- und Schiffslinien gut ergänzt, so daß alle Gebiete bequem zu erreichen sind.

Dänemark hat ein Eisenbahnnetz von etwa 2600 km; davon entfallen rund 2000 km auf die Staatsbahnen *Danske Statsbaner* (DSB), die außerdem ca.

210 km Fährstrecken unterhalten. Elektrisch betrieben wird nur die S-Bahn in Kopenhagen.

Norwegens Eisenbahnnetz, mit etwa 4500 km Länge, ist fast ausschließlich im Besitz der Staatsbahnen *Norges Statsbaner* (NSB). Die Hauptstrecken im Süden des Landes werden elektrisch betrieben. Einige wichtige Hauptstrecken wurden erst in jüngerer Zeit vollendet, so 1943 die Sørlandsbahn Oslo–Stavanger, mit den zwei längsten

Skandinavien

Eisenbahnen

—— Hauptstrecken
—— Nebenstrecken

Tunneln des Landes (8474 m und 9064 m), und 1960 die N o r d l a n d s b a h n Trondheim–Bodø.

Die Hochgebirgsstrecke der **Bergenbahn** wurde 1895–1909 als Verbindung zwischen den beiden größten Städten des Landes, Oslo und Bergen, erbaut. Die 492 km lange Strecke verläuft auf etwa 100 km oberhalb der Baumgrenze; der höchste Punkt ist am Taugevann auf 1301 m Höhe.

Autoreisezug zwischen Oslo und Bodø.

Schwedens Eisenbahnen haben eine Gesamtlänge von z.Z. etwa 12000 km.

Fast das gesamte Netz, das nahezu vollständig von den Staatsbahnen *Svenska Statens Järnvägar* (SJ) betrieben wird, ist elektrifiziert, z.B. die ganze Süd-Nord-Strecke Trelleborg–Narvik (2200 km).

Finnland hat ein Eisenbahnnetz von etwa 5900 km, das fast ganz von den Staatsbahnen *Valtion Rautatiet* (VR) betrieben wird und noch nach 1945 durch mehrere neue, z.T. durch die veränderten Grenzen bedingte Strecken erwei-

ert wurde. Im Gegensatz zu den ande-
en skandinavischen sowie den mitteleuropäischen und den britischen Eisenbahnen haben die finnischen
Staatsbahnen die russische Breitspur
1,524 m; Normalspur 1,435 m). Schnell
und bequem sind die Motor-Expreß-
züge.

Die Eisenbahnen der vier nordischen Länder bieten
die **Netzkarte Nordturist** an, die 21 Tage bzw. einen
Monat lang auf allen Strecken der dänischen, norwegischen, schwedischen und finnischen Staatsbahnen unbeschränkt gültig ist und auch eine
Fahrpreisermäßigung von 50% auf den Linienschif-
en zwischen den einzelnen Ländern ermöglicht.
Die Netzkarte kostet rund 520,– bzw. 640,– DM
1. Klasse) oder 350,– bzw. 430,– DM (2. Klasse). –
Ermäßigungen gibt es ferner für Studenten und
Reisegruppen. Netzkarten sind auch für die Eisenbahnen der einzelnen Länder erhältlich.

Autobus

n allen vier skandinavischen Ländern
wird das Eisenbahnnetz durch Autobus-
linien, die von den Staatsbahnen, der
Post oder privaten Gesellschaften betrieben werden, sehr gut ergänzt. Die
Autobusse erschließen vor allem die ei-
senbahnlosen Gebiete und haben meist
an Fernzüge Anschluß; viele verkehren
nur von Anfang Juni bis Ende August.
Bei Bedarf fahren mehrere Omnibusse
zur gleichen Zeit, so daß ein Sitzplatz in
der Regel gewährleistet ist (keine Platz-
vorbestellung). Bei längeren Fahrten
werden ausreichende Pausen für Mittagessen usw. eingelegt. – Man löst die
Fahrscheine im Wagen, kann sie aber,
besonders bei längeren Rundfahrten
mit vielen Linien, auch vorher in einem
Reisebüro kaufen.

Der **Nord-Norge-Bus** von Fauske nach Kirkenes
(1318 km; Zweiglinien nach Finnland) verkehrt von
Mitte Juni bis September, im Winter nur bis Hammerfest. Nördlich von Narvik sind an den Übernach-
tungsstationen für die Autobus-Fahrgäste Hotel-
zimmer gesichert. Die Preise für die Fähren, auf denen die Autobusse übersetzen, sind in den Busfahr-
scheinen mit enthalten.

Sprache

n Dänemark, Schweden, Norwegen und
Finnland ist in den vom internationalen
Verkehr berührten größeren Orten die
Kenntnis der d e u t s c h e n und der e n g -
i s c h e n Sprache sehr verbreitet, so
daß man mit diesen beiden Sprachen
ast überall durchkommen wird. Ebenso
indet man in den größeren Hotels und
Reisebüros fast überall deutsch spre-
chende Angestellte. – In abgelegenen
Orten und Gebieten, besonders in Mit-
el- und Nordskandinavien, ist jedoch
wenigstens die Kenntnis der wichtigsten Wörter und Redewendungen sowie
der Anfangsgründe der einzelnen Lan-
dessprachen nötig. Die folgenden Er-
äuterungen und Wörterverzeichnisse
bieten das Allernotwendigste. Zum tie-
eren Verständnis für die Sprachen der
einzelnen Länder empfiehlt sich die An-
schaffung eines Sprachführers oder eines Wörterbuchs. Kenntnisse in nur einer skandinavischen Sprache genügen,
um auch in den anderen skandinavischen Ländern einigermaßen verstanden zu werden.

D ä n i s c h , S c h w e d i s c h und N o r w e -
g i s c h gehören zur nordgermanischen
oder skandinavischen Sprachgruppe.
Eigentümlich ist ihnen allen die Nei-
gung zu Suffixen, wie sie sich im ange-
hängten bestimmten Artikel und in der
Bildung des Passivums zeigt (z. B. väg*en*
= *der* Weg, Kyrk*an* = *die* Kirche, jag kal-
as = ich werde gerufen). In der alphabe-
tischen Reihenfolge folgen in den drei
Sprachen æ bzw. ä, ø bzw. ö und å am
Ende nach z. – F i n n i s c h gehört zu den
in Osteuropa und Westsibirien beheimateten finnisch-ugrischen Sprachen.

Die **dänische Sprache,** die vom Niederdeutschen sowie vom Angelsächsi-
schen stark beeinflußt wurde, ist besonders dem heute geschriebenen Norwegischen sehr verwandt. Die Aussprache
ist bei den Dänen weicher und abgeschliffener, bei den Norwegern volltö-
nender.

Die **Aussprache** weicht vom Deutschen besonders
in folgendem ab: å ist ein breiter dunkler o-Laut,
ähnlich wie in diesem 'all'; – æ wie das
deutsche ä; – *ch* immer wie k; – *d* meist stumm vor s
und t sowie nach l, n und r; – *d* zwischen Vokalen
im Auslaut ein stimmhafter Lispellaut (wie engl.
th in 'the'); – *g* zwischen zwei hellen Vokalen etwa
wie j; – *gj* wie j, die Buchstabenverbindung *egn*
(z. B. regn = Regen) fast wie 'ein', wobei das e wie å
gesprochen wird, *ogn* etwa wie oun (ähnlich der
englischen Aussprache von 'so'); – *h* ist stumm vor j
und v; – *ø* wie das deutsche ö; – *s* stets scharf (ß); – *v*
zwischen Vokalen wie w, vor Konsonanten und am
Wortende wie u; – *y* wie ü; – *aj, ej, øj* wie ai, ei, eu.

Die **norwegische Sprache** teilt sich
heute in das dem Dänische ange-
lehnte *Bokmål* (früher Riksmål) als die offizielle Schriftsprache, und das aus den
verschiedenen Dialekten aufgebaute
Landsmål, das seit 1929 auch *Nynorsk*
(Neunorwegisch) genannt wird. Das seit
der Loslösung von Dänemark (1814) er-
starkte Nationalbewußtsein lenkte die
Aufmerksamkeit wieder auf die alte
norwegische Sprache. Während Nynorsk (Landsmål) hauptsächlich im Süden und Westen des Landes verbreitet
ist, wird Bokmål im Osten des Landes

und in den Städten gesprochen; beide sind gleichberechtigt.

In der **Aussprache** zeigen sich gegenüber dem Deutschen besonders folgende Unterschiede: å ist ein breiter, dunkler o-Laut (s. dänische Sprache; vor tt jedoch kurz); – æ = ä; – d ist meist stumm vor s und nach n und l, sowie als Endkonsonant nach r; – g meist wie im Deutschen, aber vor j und y wie j, jeg = 'ich' wird jäi ausgesprochen; gj wie j; die Buchstabenverbindung egn wird fast wie 'ein' gesprochen; g auf n (ng) im Auslaut nasal sprechen (z. B. in mange = viele); – h ist stumm vor j und v, z. B. (h) jerte = Herz, (h)val = Wal; – j wie im Deutschen, nach Vokalen wie i; – k vor i und y und in der Verbindung kj wie ch im deutschen Wort 'ich' – (z. B. kirke, skib wie chirke, schip); – o häufig ganz dumpf, fast wie u; – ø wie ö; – s stets scharf wie das deutsche ß; – sk vor i und y, sj und skj entsprechen dem deutschen sch; – tj wie tch; – v immer wie w; – y wie ü.

Die **schwedische Sprache** ist wohl die klangvollste der skandinavischen Sprachgruppe. Auch im Schwedischen findet man Unterschiede zwischen der oft durch Dialekte beeinflußten Umgangssprache Talspråk und der Schrift- oder Amtssprache Riksspråk. Während sich im Süden des Landes ein gewisser dänischer Einfluß zeigt, neigt der Westen und Nordwesten sprachlich zu Norwegen.

In der **Aussprache** weicht das Schwedische besonders bei folgenden Buchstaben vom Deutschen ab: å wie ein breiter dunkler o-Laut; – o meist etwas dumpf, mitunter wie u; – u fast wie ü; – y wie ü; – c vor e, i, y wie ein scharfes s (ß), sonst wie k; – ch vor e, i, y, ä, ö, wie sch; in och (und) wie k; – anlautendes d vor j stumm; – f am Silbenende wie w; – g vor ä, e, i, ö, y und nach l und r wie j, gj vor o und u wie j; – h vor

j stumm; – k vor ä, e, i, ö, y und in der Verbindung [...] etwa wie ch mit leisem t-Anlaut (tch), z. B. kyrka w[...] tchürka, kött wie tchött; – lj wie j; – s immer scha[...] wie ß; sj = sch, ebenso si (ssi) vor on; sk, skj und s [...] (sti) vor ä, e, i, ö, y wie sch; – tj vor ä, e, i, ö, y wie tch [...] – ti in der Endung tion wie sch; – v immer wie w [...]

Die **finnische Sprache** gehört nicht zu[...] skandinavischen Sprachgruppe, son[...] dern ist ein Glied des in Osteuropa un[...] Westsibirien beheimateten finnisch[...] ugrischen Sprachstammes. Als Haupt[...] dialekte unterscheidet man das West[...] finnische und das Ostfinnische, die ih[...] rerseits wieder in verschiedene Unter[...] dialekte zerfallen. 6,5% der Bevölke[...] rung Finnlands sprechen Schwe[...] disch (besonders an der Süd- un[...] Südwestküste).

Finnisch ist eine sehr vokalreiche Sprache. Das fin[...] nische Alphabet umfaßt 21 Buchstaben; b, c, d, f, [...] w, x und z findet man nur in Fremdwörtern oder be[...] Eigennamen. – Die **Aussprache** entspricht mit we[...] nigen Ausnahmen der Schrift, wobei der Ton stet[...] auf der ersten Silbe des Wortes liegt. Bei Wörter[...] mit mehr als drei Silben erhält die dritte, fünfte un[...] siebte Silbe, jedoch nie die Endsilbe, einen Neber[...] ton. Die einfachen Vokale spricht man kurz (y wi[...] ü), die Doppelvokale (z. B. aa, uu) sehr lang, aber n[...] getrennt, falls sie nicht durch einen Bindestrich ge[...] schieden sind. In Vokalfolgen, bei denen der zweit[...] Vokal ein i ist, wird der erste Vokal etwas stärker be[...] tont. – h wird immer deutlich gesprochen und dier[...] niemals der Dehnung (h nach Vokal vor Konsonar[...] ten wie ch, z. B. die Stadt Lahti wie lachti); – s imme[...] scharf wie ß; – v immer wie w. – Doppelkonsonante[...] verkürzen nicht wie im Deutschen den vorherge[...] henden Vokal, sondern sind doppeltlang bzw. be[...] sonders deutlich zu sprechen. – Einen bestimmte[...] Artikel gibt es im Finnischen nicht.

Grundzahlen

deutsch	dänisch	norwegisch	schwedisch	finnisch
0	nul	null	noll	nolla
1	en, et	en, ett	en, ett	yksi
2	to	to	två	kaksi
3	tre	tre	tre	kolme
4	fire	fire	fyra	neljä
5	fem	fem	fem	viisi
6	seks	seks	sex	kuusi
7	syv	syv, sju	sju	seitsemän
8	otte	åtte	åtta	kahdeksan
9	ni	ni	nio, nie	yhdeksän
10	ti	ti	tio, tie	kymmenen
11	elleve	elleve	elva	yksitoista
12	tolv	tolv	tolv	kaksitoista
13	tretten	tretten	tretton	kolmetoista
14	fjorten	fjorten	fjorton	neljätoista
15	femten	femten	femton	viisitoista
16	seksten	seksten	sexton	kuusitoista
17	sytten	sytten	sjutton	seitsemäntoista
18	atten	atten	aderton	kahdeksantoista
19	nitten	nitten	nitton	yhdeksäntoista
20	tyve	tjue, tyve	tjugo	kaksikymmentä
21	en og tyve	tjue en	tjugo en	kaksikymmentäyksi
22	to og tyve	tjue to	tjugo två	kaksikymmentäkaksi
30	tredive	tretti	trettio	kolmekymmentä
40	fyrre	førti	fyrtio	neljäkymmentä
50	halvtreds	femti	femtio	viisikymmentä
60	tres	seksti	sextio	kuusikymmentä
70	halvfjerds	sytti	sjuttio	seitsemänkymmentä
80	firs	åtti	åttio	kahdeksankymmentä
90	halvfems	nitti	nittio	yhdeksänkymmentä
100	hundrede	hundre	hundra	sata
101	hundrede og en	hundre og en	hundra en	satayksi
200	to hundrede	to hundre	två hundra	kaksisataa
300	tre hundrede	tre hundre	tre hundra	kolmesataa
1000	tusind	tusen	tusen	tuhat

Ordnungszahlen

deutsch	dänisch	norwegisch	schwedisch	finnisch
erster	første	første	förste	ensimmäinen
zweiter	anden	annen	andre	toinen
dritter	tredje	tredje	tredje	kolmas

Bruchzahlen

	dänisch	norwegisch	schwedisch	finnisch
½	en halv	en halv	en halv	puoli
⅓	en tredjedel	en tredjedel	en tredjedel	kolmasosa

Monate

deutsch	dänisch	norwegisch	schwedisch	finnisch
Januar	januar	januar	januari	tammikuu
Februar	februar	februar	februari	helmikuu
März	marts	mars	mars	maaliskuu
April	april	april	april	huhtikuu
Mai	maj	mai	maj	toukokuu
Juni	juni	juni	juni	kesäkuu
Juli	juli	juli	juli	heinäkuu
August	august	august	augusti	elokuu
September	september	september	september	syyskuu
Oktober	oktober	oktober	oktober	lokakuu
November	november	november	november	marraskuu
Dezember	december	desember	december	joulukuu

Wochentage

Montag	mandag	mandag	måndag	maanantai
Dienstag	tirsdag	tirsdag	tisdag	tiistai
Mittwoch	onsdag	onsdag	onsdag	keskiviikko
Donnerstag	torsdag	torsdag	torsdag	torstai
Freitag	fredag	fredag	fredag	perjantai
Sonnabend	lørdag	lørdag	lördag	lauantai
Sonntag	søndag	søndag	söndag	sunnuntai

Wichtige Wörter und Redewendungen

deutsch	dänisch	norwegisch	schwedisch	finnisch
deutsch	tysk	tysk	tysk	saksalainen
Deutscher	tysker	tysker	tysk	saksalainen
Deutschland	Tyskland	Tyskland	Tyskland	Saksa
Dänemark	Danmark	Danmark	Danmark	Tanska
dänisch	dansk	dansk	dansk	tanskalainen
Finnland	Finland	Finland	Finland	Suomi
finnisch	finsk	finsk	finsk	suomalainen
Norwegen	Norge	Norge	Norge	Norja
norwegisch	norsk	norsk	norsk	norjalainen
Schweden	Sverige	Sverige	Sverige	Ruotsi
schwedisch	svensk	svensk	svensk	ruotsalainen
Sprechen Sie...	taler De...	snakker De...	talar ni...	puhutteko...
deutsch	tysk	tysk	tyska	saksaa
Ich verstehe nicht...	jeg forstår ikke...	jeg forstår ikke...	jag förstår inte...	en ymmärrä...
ja, jawohl	ja, jo	ja, jo	ja (ha), jo, ju	niin, kyllä
nein	nej	nei	nej, nej då	en, ei
bitte!	værsågod!	vær så god!	var så god!	olkaa hyvä!
		unnskyld	förlåt	pyydän
danke!	tak!	takk!	tack!	kiitos!
danke sehr!	mange tak!	mange takk!	tack så mycket!	kiitoksia paljon!
Guten Morgen!	god morgen!	god morgen!	god morgon!	hyvää huomenta!
Guten Tag!	god dag!	god dag!	god dag!	hyvää päivää!
Guten Abend!	god aften!	god aften!	god afton!	hyvää iltaa!
Gute Nacht!	god nat!	god natt!	god natt!	hyvää yötä!
Auf Wiedersehen!	farvel!	farvel!	adjö!	näkemiin!
Herr	herre	herre	herre, husbonde	herra
Dame, Frau	dame, kvinde	dame	dam, kvinna	nainen, rouva
Fräulein	frøken	frøken	fröken	neiti
Wo ist...?	hvor er...?	hvor er...?	var är...?	missä on...?
die ... Straße	gaden	gaten	gatan	katu
die Straße nach...	vejen til...	veien til...	vägen till...	tie...
der ... Platz	...pladsen	...plassen	...platsen ...torget	...tori
die Kirche	kirken	kirken	kyrkan	kirkko

deutsch	dänisch	norwegisch	schwedisch	finnisch
das Museum	museet	museum, museet	museum, museet	museo
wann?	hvornår?	når?	när?	milloin?
geöffnet	åbnet	åpent	öppet	auki
das Rathaus	rådhuset	rådhuset	rådhuset	kaupungintalo
die Post	posthuset	postkontoret	postkontoret	postikonttori
eine Bank	bank	bank	bank	pankki
der Bahnhof	banegården, stationen	jernbane-stasjonen	järnväg-stationen	rautatieasema
ein Hotel	hotel	hotell	hotell	hotelli
Übernachtung	overnatning	overnatting	övernatting	yöpyä
ich möchte	jeg vil gerne	jeg ville gjerne	jag skulle gärna	haluaisin mielelläni
ein Zimmer	have et værelse	ha et værelse	ha ett rum	huoneen
mit einem Bett (Einzelzimmer)	enkelt værelse	med en seng	med en bädd	yhdenhengen huone
mit zwei Betten (Doppelzimmer)	dobbelt værelse	med to senger	med två bäddar	kahdenhengen huone
mit Bad	med bad	med bad	med bad	kylpyhuoneella
ohne Bad	uden bad	uten bad	utan bad	ilman kylpyä
der Schlüssel	nøglen	nøkkelen	nyckeln	avain
die Toilette	toilettet	toalettet	toaletten	käymälä
ein Arzt	læge	lege	läkare, doktor	lääkäri
rechts	til højre	til høyre	till höger	oikealla
links	til venstre	til venstre	till vänster	vasemmalla
geradeaus	lige ud	rett fram	rakt fram	suoraan eteenpäin
oben	oppe, ovenpå	oppe, ovenpå	uppe, ovanpå	ylhäällä, päällä
unten	nede	nede	nedan, nere	alhaalla, alapuolella
alt	gammel	gammel	gammal	vanha
neu	ny	ny	ny	uusi
was kostet?	hvad koster?	hva koster?	vad kostar?	paljonko maksaa?
teuer	dyr	dyr	dyr	kallis

Gastronomische Ausdrücke s. S. 316.

Verkehrsaufschriften und Warnungen

deutsch	dänisch	norwegisch	schwedisch	finnisch
Halt!	Stop!	Stopp!	Stopp! Halt!	Stopp! Seis!
Zoll	Told	Toll	Tull	Tulli
Vorsicht!	Pas på!	Se opp!	Se upp! Giv akt!	Varokaa!
Langsam!	Langsom!	Sakte!	Sakta!	Hitaasti! Hiljaa!
Einbahnstraße	Ensrettet	Envegskjøring	Enkelriktad	Yksisuuntainen liikenne
Durchfahrt verboten!	Ingen indkørsel!	Gjennomkjøring forbudt!	Infart förbjuden!	Läpikulku kielletty!
Baustelle	Vejarbejde	Veiarbeide	Vägarbete Gatuarbete	Tietyö Katutyö

Autotechnische Ausdrücke

deutsch	dänisch	norwegisch	schwedisch	finnisch
Abschleppen	tag på slæb	ta på slep	taga på släp	hinata
Anlasser	selvstarter	selvstarter	självstart	startti
Auto	bil	bil	bil	auto
Batterie	batteri	batteri	batteri	paristo, akku
Benzin	benzin	bensin	bensin	bensiini
Blinker	blinklys	blinklys	blinkljus	vilkkuri
Bremse	bremse	bremse	broms	jarru
Ersatzteil	reservedel	reservedel	reservdel	varaosa
Führerschein	kørekort	førerkort	körkort	ajokortti
Hupe	tudehorn	signalhorn	signalhorn	autotorvi, sireeni
Kühler	køler	kjøler	kylare	jäähdyttäjä
Luft	luft	luft	luft	ilma
Motorrad	motorcykel	motorsykkel	motorcykel	moottoripyörä
Öl	olie	olje	olja	öljy
Ölwechsel	skifte olie	skifte olje	byt olja	vaihtaa öljy
Panne	motorskade	motorstopp	motorstopp	konerikko
Reifenpanne	punktering	punktering	punktering	
Parkplatz	parkeringsplads	parkeringsplass	parkeringsplats	pysäköintipaikka
Rad	hjul	hjul	hjul	pyörä
Reifen	dæk	ring	däck	rengas
Reparatur-werkstätte	autoværksted, bilværksted	bilverksted	bilverkstad	autokorjaamo
Scheibenwischer	vinduesvisker	vinduspusser	vindrutetorkare	tuulilasin pyyhkijä
Scheinwerfer	lygte	lyskaster	strålkastare	valonheittäjä
Sicherung	sikring	sikring	säkring	proppu
Tankstelle	benzintank	bensinstasjon	bensinstation	bensiiniasema
Ventil	ventil	ventil	ventil	venttiili
Vergaser	karburator	forgasser	förgasare	kaasutin
Waschen	vaske	vaske	tvätta	pestä
Zündkerze	tændrør	tennplugg	tändstift	tulppa
Zündung	tænding	tenning	tändning	sytytys
Zylinder	cylinder	sylinder	cylinder	sylinteri

Geographische Begriffe

deutsch	dänisch	norwegisch	schwedisch	finnisch
		Berge, Gebirge		
Berg	bjerg	berg, bjerg	berg	vaara, vuori
waldloser Berg				tunturi
Hochgebirge	fjeld	fjell	fjäll	
schroffes Felsgebirge		skarv		
Vorgebirge		hammer		
Gebirgshochfläche		vidda		
Gipfel	høj	hø, høi	höjd	huippu
Bergspitze, Zinne		tind, nås(i)	tjåkko	
steiler Gipfel		nut		
Gletscher	jøkel	jøkel, jøkul	glaciär	
Plateaugletscher		bre, bræ		
Firnfläche		fond, fonn		
Bergwand (felsig)		kleiv, klev	klev	kallio
flacher Berghang		li, lid	lid	
Bergrücken	ås	ås	ås	selkä, harju
Hügel	bakke	bakke, koll, kolle	kulle, klätt	mäki
		Täler, Flüsse		
Tal	dal	dal	dal	laakso
Klamm, Schlucht		juv, gjel		
Fluß	elv	elv	älv	joki
kleiner Fluß	å	liten elv	å	
Wasserfall	foss	foss	fors	koski
		Meer, Seen		
Meeresstraße, enge Verbindung zwischen zwei Seen	sund	sund	sund	salmi
Wasser, Gewässer	vand	vann, vatn	vatten	vesi
		Küsten		
Strand, Flachküste	strand	strand	strand	ranta
steiles Felsufer	klint	klint	klint	
Insel	ø	øy	ö	saari
		Bodennutzung		
Wald	skov	skog	skog	metsä
Moor	mose	myr	myr	suo
Sumpf	sump, kær	sump	kärr, träsk	
		Siedlungen		
Stadt	by	by	stad	kaupunki
Kirche	kirke	kirke	kyrka	kirkko
Turm	tårn	tårn	torn	torni
Schloß	slot	slott	slott	linna
Garten, Park	have	have	trädgård	puutarha, puisto
		Verkehrswege		
Straße	gade	gate	gata	katu
Landstraße	landevej	landevei	landsväg	maantie
Weg	vej	vei	väg	tie
(Markt-)Platz	torv, plads	torg, plass	torg, plats, plan	(kauppa-)tori
Brücke	bro	bru	bro	silta
Eisenbahn	jernbane	jernbane	järnväg	rautatie
Fähre	færge	ferje	färja	lossi, lautta

Unterkunft

Die **Hotels** in den nordischen Ländern, für ihre Sauberkeit bekannt, entsprechen in Komfort und Service dem internationalen Standard vergleichbarer Preisklassen. In den großen Städten (Vorbestellung dringend zu empfehlen) finden sich luxuriöse Unterkünfte, aber auch viele kleinere Orte haben vortreffliche Häuser, die internationalen Komfort mit den Landeseigentümlichkeiten verbinden. Selbst im hohen Norden gibt es gute Hotels und behaglich eingerichtete **Gasthöfe,** die den durchschnittlichen Ansprüchen gerecht werden. Zahlreiche Häuser haben preiswerte 'Familienzimmer' mit 3–5 Betten. Manche *Berghotels* in Schweden, Norwegen und Finnland sind nicht ganzjährig, sondern jeweils nur zur Sommer- und Wintersaison geöffnet; es gibt auch spezielle *Sommerhotels.*

Für einen längeren Aufenthalt ist es preisgünstiger, sich in einer *Pension* einzumieten. *Motels* (Motorhotels) findet man in Skandinavien in großer Zahl.

Die **Jugendherbergen** nehmen auch Erwachsene auf (Familienzimmer; Internationaler Jugendherbergsausweis erforderlich).

Über *Ferienhäuser, Feriendörfer, Ferien auf dem Bauernhof* u. ä. unterrichten die einzelnen Fremdenverkehrsverbände und deren Vertretungen.

Abkürzungen bei Angaben über Hotels in diesem Buch: B. = Betten, Sb. = Schwimmbad, Hb. = Hallenbad.

In **Dänemark** findet man gemütliche Unterkunft in den *Kro* (Plural *Kroer*) genannten Gasthäusern. Sehr empfehlenswert und preisgünstig sind auch die in den meisten dänischen Städten anzutreffenden *Missionshotels* (Mitglieder der Dänischen Missionshotel-Vereinigungen).

DK	Übernachtungspreis in dkr	
Komfort	1 Person	2 Personen
Luxus	300–700	400–850
Mittelklasse	180–400	250–550
Einfach	100–200	170–320

In **Norwegen** gibt es in Oslo und einigen größeren Städten *Luxushotels.* Die komfortablen *Turisthotels* und *Høyfjellshotels* liegen im Gebirge abseits der Siedlungen. *Pensjonater* und *Hospitser* sind kleinere Hotels mit mäßigem Komfort. Eine Stufe tiefer stehen *Turiststasjoner* und *Fjellstuer.* Die *Touristenhütten* (Turisthytter) in den Bergen, oft nur zu Fuß erreichbar, sind einfache Unterkünfte, meist mit Schlafräumen für 4–6 Personen. – *Gjestgiveri* heißt Gasthof.

N	Übernachtungspreis in nkr	
Komfort	1 Person	2 Personen
Luxus	400–500	500–800
Mittelklasse	200–430	360–550
Einfach	100–180	200–400

In **Schweden** gibt es auch in den kleineren Städten gute Hotels, die dort vielfach *Stadshotellet* oder *Stora Hotellet* heißen. *Järnvägshotell* (Eisenbahnhotel) ist ein in der Nähe des Bahnhofs gelegenes Hotel, während man unter *Gästgivaregården* ein ländliches Gasthaus versteht, das früher mit der Posthalterei verbunden war. Recht gut eingerichtet sind in der Regel auch die *Turiststationen* des Schwedischen Touristenvereins.

In Schweden wird ein **Hotelscheck** angeboten, fü[r] den man in Häusern der Mittelklasse (Budget) für 8[5] skr Übernachtung mit Frühstück und Weiterver[-] mittlung in eines der 245 angeschlossenen Hotel[s] erhält; in besseren Häusern (Quality) ist der Prei[s] für diese Leistungen 130 skr.

S	Übernachtungspreis in skr	
Komfort	1 Person	2 Personen
Luxus	400–500	480–750
Mittelklasse	220–400	300–500
Einfach	100–200	150–300

In **Finnland** findet man in Helsinki und anderen großen Städten *Luxushotels.* Ferner unterhält der Finnische Fremdenverkehrsverband an Brennpunkte[n] des Touristenverkehrs gut eingerichtet[e] und stilvolle *Touristenhotels* (Vorbestellung ratsam). In abgelegeneren Landesteilen sind die *Gasthöfe* (Matkustajakoti) häufig einfacher, aber zumeist sauber. – Unter *Majatalo* versteht man ein ländliches Gasthaus.

SOK-Hotel in Kuusamo (Nordfinnland)

Eine Art Hotelscheck ist der **Finn-Cheque,** bei de[m] man für 85 Fmk pro Person in 145 Hotels Übernachtung mit Frühstück, in einfacheren Häusern dazu noch ein Mittagessen erhält. In den besten Hotels zahlt man noch einen Zuschlag von 35 Fmk; die Rundreise muß wenigstens vier Übernachtunge[n] umfassen.

SF	Übernachtungspreis in Fmk	
Komfort	1 Person	2 Personen
Luxus	280–400	350–530
Mittelklasse	160–330	270–400
Einfach	70–170	100–300

Finnland ist das Ursprungsland der **Sauna.** In de[r] traditionellen Rauchsauna, einer einfachen hölzer[-]

Finnische Rauchsauna

nen Badehütte, werden noch die vom Holzfeuer er-
hitzten Feldsteine ab und zu mit Wasser übergossen, wodurch sich Dampf und starke Hitze entwik-
keln. Dieser ständige Wechsel von trockener und
feuchter Luft unterscheidet die finnische Sauna von
anderen ähnlichen Bädern. Um die schweißtrei-
bende Wirkung noch zu erhöhen und die Blutzirku-
lation zu fördern, bearbeitet man die Haut durch
Schlagen mit Birkenreisern.

Camping, Caravaning

Skandinavien ist das ideale Land für
Camper. In allen vier skandinavischen
Ländern gibt es eine große Zahl offiziel-
ler **Campingplätze** (dän. *campingplads;*
norw. *campingplass;* schwed. *campingplads;* finn. *leirintäälue),* die gegen
Gebühr für jeden zugänglich sind (z. T.
Internationaler Campingpaß oder Na-
tionaler Lagerpaß erforderlich). Die
Fremdenverkehrsverbände, Automobilclubs oder die eigentlichen Campingor-
ganisationen geben jährlich Platzver-
zeichnisse heraus, in denen Lage, Größe, Einrichtung und Qualität (1–3 Sterne) der einzelnen Plätze angegeben
sind. Größere Plätze haben außer den
üblichen sanitären Einrichtungen und
Kochgelegenheiten meist noch Du-
schen und Verkaufskioske für Lebensmittel. Außerdem gibt es auf vielen
Plätzen zusätzlich Campinghütten (einfache Holzhäuschen mit Schlafplät-

Campingplatz im Ruovesi (Finnland)

zen). – An landschaftlich besonders
schönen Stellen findet man auch
Feriendörfer, mit Bungalows und
Blockhütten.

Wer frei zelten will (in Naturschutzge-
bieten und militärischen Sperrzonen
verboten, in Dänemark generell nicht erlaubt), frage in Nähe von Privatgrund-
stücken vorher stets den Besitzer um Erlaubnis. Im dünner besiedelten Norden
denke man beizeiten an Füllen des
Wassersackes (Wasser: norw. 'vann';
schwed. 'vatten'; finn. 'vesi'). An der Küste oder an Fjorden ist es ratsam, das
Zelt so aufzustellen, daß der Eingang im
Windschatten liegt. In den lappländischen Gebieten ist ein Moskitonetz unerläßlich.

Gastronomie

Neben den **Restaurants** in den Hotels
gibt es in den größeren skandinavischen
Städten zahlreiche Restaurants im mitteleuropäischen Sinne, vom gut bürgerlichen Haus bis zur Luxusklasse. In Dänemark heißen sie oft *Kro,* was dem
alten deutschen Ausdruck Krug entspricht, in Schweden manchmal *Värdshus* (= Wirtshaus), in Finnland *Ravinto-
la.* Viele sind stilvoll eingerichtet und
fast alle haben eine gute Küche. Hat man
es eilig oder will man möglichst billig
speisen, so gehe man in eine der *Milch-
bars* oder *Schnellgaststätten* (bar, matbar, kafetéria, finnisch baari oder ruokabaari), die meist Selbstbedienung haben und einfacher, aber ebenfalls sauber sind. Die Preise für die einzelnen Gerichte sind dort meist auf einer Tafel an-
geschlagen.

Der Verkauf *alkoholischer Getränke* ist
in den skandinavischen Ländern durch
früher stark einschränkende, heute aber
teilweise gelockerte Gesetze geregelt,
von denen jedoch der Fremde, der in der
Regel größere Lokale besucht, nicht viel

merken wird. Das übliche Getränk ist
helles *Bier* (øl bzw. öl, finn. olut), das in
der Regel in kleinen Flaschen abgege-
ben wird. Die dänischen Brauereien
Carlsberg und Tuborg in Kopenhagen
sind über die Landesgrenzen hinaus
bekannt. *Weine* sind teuer, da sie alle
importiert werden. – Sehr beliebt ist in
Norwegen die *Milch* (melk), die vielfach
zum Frühstück oder Abendessen ohne
besondere Berechnung gereicht wird,
sowie *Sahne* (fløte) und *saure Sahne*
(rømme). – *Kaffee* ist in Schweden eine
Art Nationalgetränk und wird hier am
besten von allen skandinavischen Ländern zubereitet.

Wie überall gibt es auch in den einzelnen skandinavischen Ländern gewisse
Spezialitäten, von denen einige genannt seien. – In Dänemark sind es besonders die verschiedenartigen belegten Brote, die dem Fremden auffallen.
Man läßt sich vom Kellner den *smørre-
brødsseddel* reichen, auf dem eine reiche Auswahl von belegten Broten verzeichnet ist, von denen man das Ge-
wünschte anstreicht (Franskbrød =
Weißbrot, Rugbrød = Roggenbrot, Sur-
brød = Graubrot). Als Vorspeisen zu den

Dänisches Buffet

Hauptmahlzeiten oder als zweites Frühstück kann man auf Wunsch Portionen auserlesener Leckerbissen (z. B. Aal, Lachs, Schinken, Gemüsesalate u. a.) in kleinen Schalen serviert bekommen. Nach diesen fetten Gerichten trinkt man gern einen *Aquavit.* Den Abschluß einer Mahlzeit bildet meist Käse (dän. ost).

In rund 600 Restaurants wird unter der Bezeichnung '**Danmenu**' eine preisgünstige landestypische Mahlzeit serviert.

In *Schweden* beginnt man die Mahlzeiten meist mit einem kalten Imbiß (smörgås), der entweder auf kleinen Tellern gereicht wird oder auf einem Nebentisch angerichtet bereitsteht: *Smörgåsbord.* In der Regel besteht dieses Vorgericht aus kaltem Fleisch, Fisch, Gemüsesalaten, Eierspeisen und Käse, wobei man je nach der Zahl der dargebotenen Speisen zwischen *Assietter* und *Delikatess assietter* unterscheidet. Eine besondere Delikatesse ist geräucherter Lachs oder geräuchertes Rentierfleisch. Der größte Smörgåsbord ist der 'gående bord', ein langer Tisch mit zahlreichen kalten und warmen Gerichten, von dem sich jeder Gast selbst bedient. – Wer Anfang August in Schweden weilt, sollte auch einmal an einem der zu dieser Jahreszeit üblichen *Krebsessen* teilnehmen. – An Imbißkiosken gibt es oft *Korv med mos* (Wurst mit Kartoffelbrei). – *Knäckebröd* oder *Hårtbröd* ist ein auch in Deutschland verbreitetes flaches und sprödes Schrotbrot. – Auch in Schweden trinkt man zu den Mahlzeiten gern einen Schnaps (schwed. *snaps*).

In Norwegen gehört das *Kalte Büfett* (kolbord) ebenfalls zur Landessitte, und der große, mit zahlreichen Leckerbissen beladene Tisch ziert gewöhnlich zum Frühstück und zum Abendessen den Speisesaal. 'Butterbrotlisten' wie in Dänemark wird man seltener antreffen. Wurstsorten gibt es nur wenige, die dem mitteleuropäischen Geschmack entsprechen; man halte sich lieber an Schinken und kaltes Fleisch. Besonders verbreitet ist in Norwegen der Ziegenkäse (geitost) und der *Mysost,* ein süßlicher aus eingekochten Molken bereiteter Käse von brauner Farbe, den man in ganz dünnen Scheiben aufs Brot legen muß. Als Nachtisch erhält man oft eingemachte Früchte, mit süßer Sahne übergossen. – Von verschiedenen Fischen wie *Lachs, Forelle, Dorsch* verstehen die Norweger ausgezeichnete Gerichte zu bereiten.

In Finnland sollte man auf jeden Fall einmal *Rentierfleisch* essen, sei es gebraten oder geräuchert. Eine besondere Delikatesse sind *Krebse,* die zwischen dem 20. Juli und 20. September, mit Dill in Salzwasser gekocht, eiskalt serviert werden. Eine Spezialität der Provinz Savo (Kuopio) ist *Kalakukko* ('Fischhahn'), ein mit Fisch und Schweinefleisch gefülltes Roggenbrot. Unter *Voileipäpöyta* versteht man ein dem schwedischen 'Smörgåsbord' entsprechendes kaltes Büfett.

Cafés (kafé; finn. kahvila). – Unter der Bezeichnung Café versteht man in den skandinavischen Ländern meist kleinere Gaststätten, in denen es auch belegte Brote und andere Gerichte gibt. Was der Deutsche unter einem Café versteht, heißt in Skandinavien *Konditori* (finn. auch kahvila). – **Bars** im mitteleuropäischen Sinne gibt es in Skandinavien nur in den internationalen Hotels der Großstädte. Die Aufschrift 'bar' oder 'baari' (finn.), auch 'matbar' oder 'ruokabaari' (finn.) weist im allgemeinen auf Schnellgaststätten hin.

Nordische Speisekarte

deutsch	dänisch	norwegisch	schwedisch	finnisch
Restaurant	restaurant	restaurant	restaurang	ravintola
Schnellgaststätte	cafeteria	kafeteria	matbar, bar	ruokabaari, baari
Frühstück	morgenmad	frokost	frukost	aamiainen
Mittagessen	middagsmad	middagsmat	middagsmåltid	päivällinen
Abendessen	aftensmad	koeldsmat, aftensmat	kvällsmat, aftonmåltid	illallinen
essen	spise	spise	spisa, äta	syödä
trinken	drikke	drikke	dricka	juoda
viel, viele	meget, mange	mye, mange	mycken, många	paljon, moni
wenig	lidt	lite	litet	vähän

deutsch	dänisch	norwegisch	schwedisch	finnisch
Rechnung	regning	regning	räkning, nota	lasku
bezahlen	betale	betale	betala	maksaa
sofort	straks	met en gang, straks	strax	heti
Speisekarte	spisekort	spiseseddel	matsedel	ruokalista
Suppe	suppe	suppe	soppa	keitto
Fleisch	kød	kjøtt	kött	liha
gegrillt	stegt på grill	grillet, grilleret	grillad	pariloitu
Braten	steg	stek	stek	paisti
Hammel	bede	gjeldvær	gällgumse	lammas
Hammelbraten	fåresteg	fåresteik	fårstek	lampaanreisi (Keule)
Kalb	kalv	kalv	kalv	vasikka
Lamm	lam	lam	lamm	lammas
Rentier	ren	rein	ren	poro
Rind	okse	okse	oxe	nauta
Schinken	skinke	skinke	skinka	kinkku
Schwein	svin	svin	svin	sika
Schweinebraten	flæskesteg	svinestek	grisstek	sianpaisti
Wurst	pølse	pølse	korv	makkara
Fisch	fisk	fisk	fisk	kala
gebraten	stegt	stekt	stekt	paistettu
gekocht	kogt	kokt	kokt	keitetty
Fischklößchen	fiskeboller	fiskekaker	fiskbullar	
Dorsch	torsk	torsk	torsk	turska
Forelle	ørred	ørret	forell, laxöring	taimen
Hering	sild	sild	sill	silli
Lachs	laks	laks	lax	lohi
geräucherter	røget laks	røkelaks	rökt lax	savustettu lohi
Hummer	hummer	hummer	hummer	hummeri
Krabbe	reje	reke	räka	katkarapu
Krebs	krebs	kreps	kräfta	rapu
Gemüse	grøn(t)sager	grønnsaker	grönsaker	vihanneksia
Blumenkohl	blomkål	blomkål	blomkål	kukkakaali
Bohne	bønne	bønne	böna	papu
Erbse	ært	ert	ärta	herne
Gurke	agurk	agurk	gurka	kurkku
Kartoffel	kartoffel	potet	potatis	peruna
Kohl	kål	kål	kål	kaali
Kopfsalat	grøn salat	hodesalat	huvudsallat	salaatti
Rotkohl	rødkål	rødkål	rödkål	punakaali
Spinat	spinat	spinat	spenat	pinaatti
Tomate	tomat	tomat	tomat	tomaatti
Speiseeis	is	is	glass	jäätelö
Kompott	kompot	kompott	kompott sylt (Einge- machtes)	hillo, jälkiruoka (Nachtisch)
Rote Grütze	rødgrød	rødgrøt	rödgröt	puuro (Grütze)
Pudding	budding	pudding	pudding	vanukas
Schlagsahne	flødeskum	krem	vispgrädde	vispikerma, vaahtokerma
Obst	frugt	frukt	frukt	hedelmät
Apfel	æble	eple	äpple	omena
Apfelsine	appelsin	appelsin	apelsin	appelsiini
Birne	pære	pære	päron	päärynä
Erdbeere	jordbær	jordbær	jordgubbe	mansikka
Heidelbeere	blåbær	blåbær	blåbär	mustikka
Himbeere	hindbær	bringebær	hallon	vadelma
Kirsche	kirsebær	kirsebær	körsbär	kirsikka
Pflaume	blomme	plomme	plommon	luumu
Preiselbeere	tyttebær	tyttebær	lingon	puola
Zitrone	citron	sitron	citron	sitruuna
Getränk	drik	drikk	dryck	juoma
Bier	øl	øl	öl	olut
Kaffee	kaffe	kaffe	kaffe	kahvi
Milch	mælk	melk, mjølk	mjölk	maito
Mineralwasser	mineralvand	mineralvann	mineralvatten	kivennäisvesi
Sahne	fløde	fløte	grädde	kerma
Tee	te	te	te	tee
Wasser	vand	vann	vatten	vesi
Wein	vin	vin	vin	viini
Weißwein	hvidvin	hvitvin	vitt vin	valkoviini
Rotwein	rødvin	rødvin	rödvin	punaviini
Brot	brød	brød	bröd	leipä
Weißbrot	franskbrød	hvetebrød	vetebröd	ranskanleipä
Brötchen	rundstykke	rundstykke	franskt bröd	sämpylä
Kuchen	kage	kake	kaka	kaakku

Umgangsregeln

Wer ins Ausland fährt, denke bei seinem Auftreten und Benehmen stets daran, daß er als Vertreter seines Volkes angesehen wird. Besonders in den skandinavischen Ländern, von denen Dänemark und Norwegen im Zweiten Weltkrieg durch deutsche Truppen besetzt waren, ist Takt und ruhige Zurückhaltung geboten, um Achtung und Freundschaft zu erwerben. Der skandinavische Mensch ist von Natur aus ruhig und unaufdringlich und hat für Ungeduld wenig Verständnis. – Seine Hilfsbereitschaft, Ehrlichkeit und Gastfreundschaft werden in aller Welt geschätzt.

Die **Kleidung** entspricht der mitteleuropäischen Sitte. In Finnland wird in besseren Restaurants von Herren das Tragen einer Krawatte zum normalen Oberhemd erwartet, besonders beim Abendessen. Wegen des raschen Witterungswechsels und der starken Temperaturunterschiede (besonders bei Fahrten ins Gebirge) nehme man auch warme Kleidung mit auf die Reise; ein Regenmantel ist unentbehrlich. Festes Schuhwerk ist unbedingt zu empfehlen; für Wanderungen in Lappland sind kniehohe weiche Gummistiefel ratsam. Für Gebirgswanderungen rüste man sich in derselben Weise aus wie für die Alpen. Die Bedeutung einer richtigen Ausrüstung wird von Unerfahrenen meist unterschätzt, obwohl die Bergausrüstung ein wichtiger Punkt der eigenen Sicherheit ist. *Bergführer* bekommt man meist durch die Vermittlung der Hotels oder der örtlichen Fremdenverkehrsstellen.

Nationalparke

Nationalparke in NORWEGEN

1 **Øvre Pasvik**
(63 qkm; Finnmark)

2 **Stabbursdalen**
(96 qkm; Finnmark)

3 **Øvre Anarjåkka**
(1390 qkm; Finnmark)

4 **Ånderdalen**
(68 qkm; Troms)

5 **Øvre Dividalen**
(740 qkm; Troms)

6 **Rago**
(167 qkm; Nordland)

7 **Børgefjell**
(1087 qkm; Nordland)

8 **Gressåmoen**
(180 qkm; Nord-Trøndelag)

9 **Femundsmarka**
(386 qkm; Hedmark)

10 **Gutulia**
(19 qkm; Hedmark)

11 **Dovrefjell**
(265 qkm; Oppland)

12 **Rondane**
(572 qkm; Oppland)

13 **Ormtjernkampen**
(9 qkm; Oppland)

Nationalparke in SCHWEDEN

14 **Vadvetjåkko**
(25 qkm; Lappland)

15 **Abisko**
(75 qkm; Lappland)

16 **Stora Sjöfallet**
(1380 qkm; Lappland)

17 **Sarek**
(1940 qkm; Lappland)

18 **Padjelanta**
(2010 qkm; Lappland)

19 **Muddus**
(492 qkm; Lappland)

20 **Peljekaise**
(146 qkm; Lappland)

21 **Töfsingdalen**
(14 qkm; Härjedalen)

22 **Sonfjället**
(27 qkm; Härjedalen)

23 **Hamra**
(0,3 qkm; Dalarna)

24 **Ängsö**
(0,8 qkm; Uppland)

25 **Garphyttan**
(1 qkm; Närke)

26 **Norra Kvill**
(0,3 qkm; Småland)

27 **Gotska Sandön**
(36 qkm; Gotland)

28 **Blå Jungfrun**
(0,7 qkm; Småland)

29 **Dalby Söderskog**
(0,4 qkm; Skåne)

Nationalparke in FINNLAND

30 **Lemmenjoki**
(385 qkm; Lappland)

31 **Pallas-Ounastunturi**
(500 qkm; Lappland)

32 **Pyhätunturi**
(30 qkm; Lappland)

33 **Oulanka**
(107 qkm; Oulu)

34 **Rokua**
(4 qkm; Oulu)

35 **Pyhä-Häkki**
(10 qkm; Mittelfinnland)

36 **Petkeljärvi**
(7 qkm; Nordkarelien)

37 **Linnansaari**
(8 qkm; Mikkeli)

38 **Liesjärvi**
(2 qkm; Häme)

Nationalparke in Skandinavien

Nationalparke sind großräumige, unter staatlicher Verwaltung stehende Landschaftsschutzgebiete, in denen die Natur möglichst unberührt erhalten wird.

Von den vier skandinavischen Staaten besitzen **Norwegen, Schweden** und **Finnland** zahlreiche Nationalparke.

In *Dänemark* finden sich keine derartigen Einrichtungen; dafür gibt es eine beträchtliche Anzahl von kleineren Gebieten, die unter *Naturschutz* gestellt wurden. Sie können im Gegensatz zu den dänischen Wildschutzgebieten, die für die Öffentlichkeit nicht zugänglich sind, auch besucht werden.

Umweltschutz

Weite Gebiete, namentlich in Nordskandinavien, sind nur dünn besiedelt und zeichnen sich durch weitgehend unberührte Natur aus. Das ökologische Gleichgewicht ist wegen der besonderen klimatischen Verhältnisse sehr störungsanfällig; so zersetzt sich achtlos weggeworfener Abfall wesentlich langsamer als in wärmeren Ländern und bleibt u. U. jahrhundertelang unverändert. Umweltgerechtes Verhalten ist z. B. in Schweden bereits in der Grundschule Unterrichtsfach.

Die Bestimmungen, die das Verhalten in der freien Natur regeln, sind in den nordischen Ländern annähernd gleich. Es ist u. a. unzulässig, mit Kraftfahrzeugen die Straßen zu verlassen, ohne Erlaubnis des Grundbesitzers zu campen (in Schweden bei einem Aufenthalt von über 24 Stunden), Äste und Zweige abzubrechen oder ohne Erlaubnis zu fischen. Allergrößte Vorsicht ist beim Entzünden von offenem Feuer angebracht (in Norwegen zwischen 15. April und 15. September grundsätzlich verboten). Waldbrände können wegen der dünnen Besiedlung praktisch nicht wirkungsvoll bekämpft werden, und infolge der nur kurzen Vegetationsperiode braucht die Flora sehr lange, um sich zu erholen.

Sportfischerei, Jagd

Angeln

In den nordischen Ländern bestehen ausgezeichnete Angelmöglichkeiten, sowohl in Süßwasser als auch im Meer. Das Fischen mit Netzen ist den einheimischen Berufsfischern vorbehalten. In den Fischerhäfen besteht vielerorts die Möglichkeit zur Mitfahrt auf Fischerbooten und Ausübung der Hochseefischerei. Da die Bestimmungen über Schonzeit und Mindestgrößen kompliziert und lokalen Abweichungen unterworfen sind, empfiehlt es sich, an Ort und Stelle Auskunft einzuholen. An der Ostsee kommen Süßwasserfische auch im Brackwasser und in Küstennähe im Meer vor.

Dänemark

Süßwasserfische: Verschiedene Forellenarten, Äsche, Hecht, Barsch, Zander, wenig Lachse (in Jütland).

Meeresfische: Lachs, Meerforelle, Dorsch, Köhler, Hornhecht, Makrele, Steinbutt, Scholle, Flunder, Kliesche, Aal, Hecht, Barsch, Aland; auf hoher See Hai, Rochen und Seewolf.

Berechtigung: Tages- oder Wochenkarten von Vereinen, Verkehrsbüros und Hotels (meist nur für Gäste). – Küstenangeln frei.

Norwegen

Süßwasserfische: Barsch, Hecht, Karpfen, Elritze, Brasse, Stör, Aal, Wandersaibling, Äsche, Lachs (meist 1. Mai bis 1. September), Forelle.

Meeresfische: Kabeljau, Seelachs, Pollack, Schellfisch, Meerforelle, Heilbutt, Flunder, Steinbutt, Seewolf.

Berechtigung: staatliche Angelerlaubnis zuzüglich Angelschein für das jeweilige Gewässer.

Schweden

Süßwasserfische: verschiedene Lachs- und Forellenarten, Hecht, Barsch, Saibling.

Meeresfische: Kabeljau, Flunder, Meerforelle.

Berechtigung: Angelkarte in Sportgeschäften, Verkehrsämtern und Hotels sowie aus Automaten an den Gewässern. Günstige Sammelkarten für größere Gebiete. – Für das Küstenangeln ist eine kostenfreie Genehmigung (örtliche Polizeistation) erforderlich.

Finnland

Süßwasserfische: verschiedene Forellenarten, Hecht, Barsch, Quappe, Weißfisch, Zander, Plötze, Aland, Seesaibling, Äsche.

Meeresfische: Kabeljau, Flunder, Meerforelle.

Berechtigung: Angelschein (bei der Post; gültig für Familien; auch zum Küstenangeln erforderlich) zuzüglich Genehmigung des Gewässereigentümers gegen Gebühr.

Jagd

In den südlichen Gebieten entsprechen die jagdbaren Tiere den aus Mitteleuropa bekannten Arten, also Rot- und Niederwild sowie Flugwild. Weiter im Norden kommt der Elch hinzu. Allerdings ist die Jagdzeit für Elche meist auf wenige Wochen im Jahr beschränkt, und man muß die Dienste eines einheimischen Jagdkundigen mit einem Elchhund in Anspruch nehmen; die Schußgebühren sind beträchtlich.

Nähere Auskünfte erteilen die nationalen Fremdenverkehrsverbände.

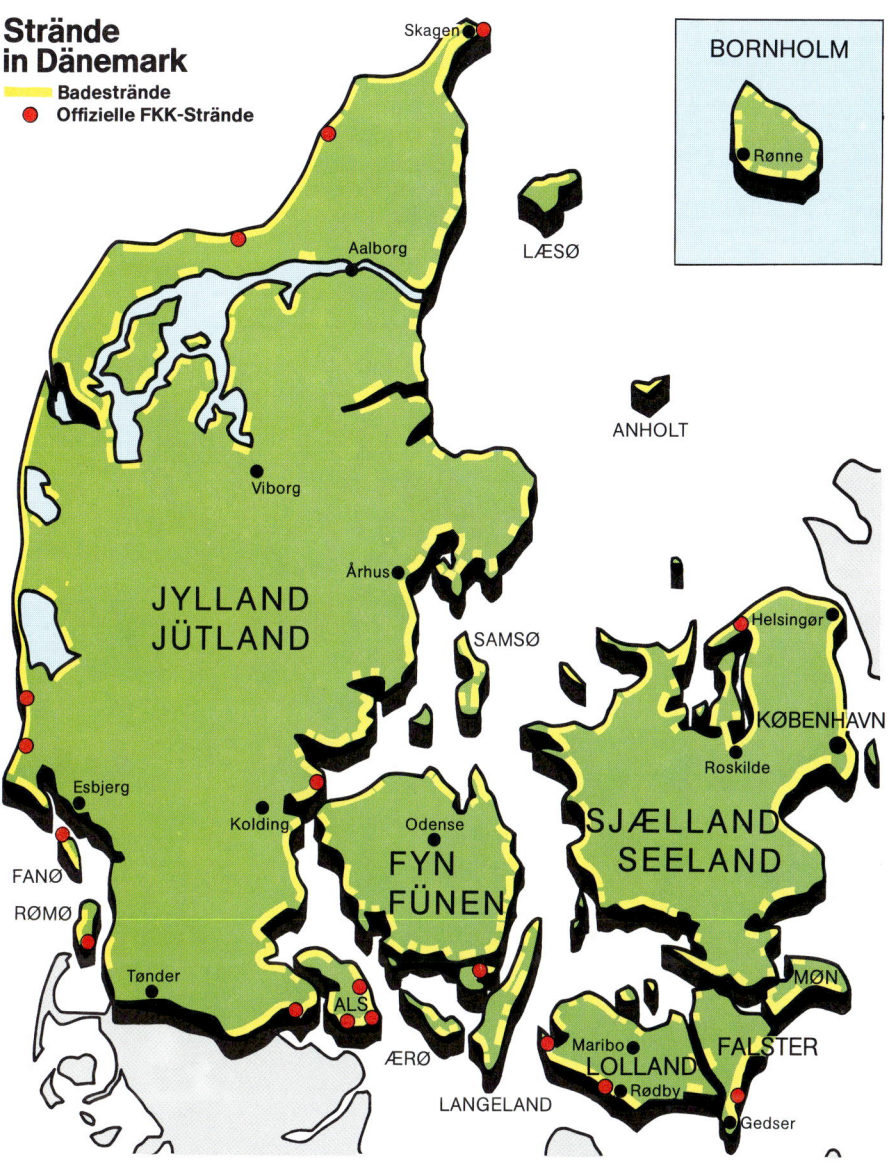

**Strände
in Dänemark**
- ▬ Badestrände
- ● Offizielle FKK-Strände

Skagen

BORNHOLM

Rønne

Aalborg

LÆSØ

ANHOLT

Viborg

Århus

SAMSØ

Helsingør

JYLLAND
JÜTLAND

KØBENHAVN

Roskilde

SJÆLLAND
SEELAND

Esbjerg

Kolding

Odense

FANØ

FYN
FÜNEN

RØMØ

Tønder

ALS

MØN

FALSTER

ÆRØ

Maribo
LOLLAND

Rødby

LANGELAND

Gedser

Strände
in Dänemark

Die dänische Küstenlinie erstreckt sich über 7400 km. Die längsten sandigen **Badestrände,** oft mit Dünen, die windgeschützte Mulden bieten, erstrecken sich an der Westküste Jütlands fast ununterbrochen von den Inseln Rømø und Fanø im Süden bis zum nördlichsten Punkt Dänemarks bei Skagen.

Die bekanntesten **Badeorte** liegen an der Nordküste Seelands, an der Ostküste von Falster und der Südspitze von Bornholm. Bornholm ist das einzige Gebiet Dänemarks mit längeren Felsküsten, daneben besitzt es aber auch feine Sandstrände. Auf Mols und entlang der jütländischen Ostküste rücken Wälder oft nahe an den Strand heran. Auch Fünen und die dazugehörigen Inseln weisen vorzügliche Strände auf.

Dänemark besitzt eine Anzahl **FKK-Strände,** die teils frei zugänglich (s. Karte), teils auf Inhaber eines JNF-Ausweises beschränkt sind.

Wintersport

In den nordischen Ländern Norwegen, Schweden und Finnland überwiegt im Skisport der **Langlauf** bei weitem. Auch Skiwanderungen über längere Distanzen sind beliebt. Daneben gibt es in begrenztem Umfang für Freunde der *alpinen Disziplinen* entsprechende Einrichtungen. – Dänemark ist schon wegen seiner weithin ebenen Landschaftsgestalt und der verhältnismäßig milden klimatischen Verhältnisse kaum zur Ausübung des Skisportes geeignet. In manchen Städten bestehen jedoch Kunsteisbahnen.

Wintersportzentren in Skandinavien

Norwegen

Norwegen bietet neben Skiwanderungen und Langlauf auch Möglichkeiten für Abfahrten. Die größeren Gebiete umfassen mehrere Wintersportorte.

1 **Oslo und Umgebung**
(Oslo, Eggedal, Hurdal, Norefjell, Ringerike, Vikersund-Modum).
2 **Kongsberg und Numedal**
(Kongsberg, Flesberg und östliches Blefjell, Numedal bis Dagali, Uvdal).
3 **Telemark und Setesdal**
(Telemark: Bolkesjø und Blefjell, Gautefall, Haukelifjell, Lifjell, Morgedal, Rauland, Vinje, Rjukangebiet;
Setesdal: Byglandsfjord, Vrådal-Kviteseid, Hovden, Vråliosen, Åserdal).
4 **Hallingdal und Bergenbahn**
(Dagali-Skurdalen, Geilo-Ustaoset, Gol, Golsfjell, Hemsedal).
5 **Valdres**
(Fagernes-Gebiet: Aurdal-Tonsåsen, Fagernes, Fjellstølen, Hovda-Sanderstølen, Vaset-Nøsen; Beitostølen-Gebiet: Beitostølen mit Umgebung; Vang/Filefjellgebiet: Tyin und Umgebung, Eidsbugaren-Tyinholmen-Jotunheimen).
6 **Westnorwegen**
(Finse, Mjølfjell, Vatnahalsen, Voss, Oppheim, Seljestad, Standa, Sykkylven, Ørsta, Utvikfjell).
7 **Vestoppland – Gjøvik**
(Gjøvik, Toten, Lygnaseter, Synnfjell).
8 **Gudbrandsdal und Dovrebahn**
(Hamar mit Umgebung; Lillehammer mit Umgebung, Nordseter, Sjusjøen, Øyerfjell, Tretten; Mittleres Gudbrandsdal mit Espedal, Kvam, Ringebu, Gausdal, Vinstra; Nördliches Gudbrandsdal und Jotunheimen mit Bøverdalen, Sjodalen, Vågå; Nördliches Gudbrandsdal und Rondane mit Høvringen, Mysuseter, Otta; Nord-Gudbrandsdal und Dovrefjell mit Bjorli, Dombås, Hjerrkinn).
9 **Østerdal**
(Atna, Engerdal, Elverum, Folldal, Os, Rena, Rendalen, Tynset).
10 **Oppdal**
11 **Røros**
12 **Trondheim** und Umgebung
13 **Meråker**
14 **Grong**
15 **Lønsdal**
16 **Svolvær**
17 **Narvik**
18 **Bardu**
19 **Tromsø**
20 **Alta**
21 **Kautokeino**
22 **Karasjok**
23 **Skaidi**
24 **Skoganvarre**
25 **Levajok**
26 **Kirkenes**

Schweden

Etwa von November bis Mitte Mai kann man in Schweden Ski laufen. Von Småland bis in den hohen Norden von Lappland bieten sich viele Möglichkeiten.

27 **Isaberg**
28 **Närke**
29 **Västmanland**
30 **Sunne**
31 **Siljansee** mit Leksand, Rättvik und Tällberg.
32 **Sälen**
33 **Idre** und **Grövelsjön**.
34 **Härjedalen** mit Vemdalsfjäll, Funäsdalen, Bruksvallarna, Tänndalen, Tännas und Fjällnäs.
35 **Sylarna, Storulvån** und **Blåhammaren**; Åre, Duved, Trillevallen.
36 **Strömsund**
37 **Gäddede** und **Stora Blåsjön**.
38 **Borgafjäll** und **Saxnäs**.
39 **Vilhelmina**
40 **Storuman**
41 **Jokkmokk**
42 **Dundred**
43 **Abisko, Björkliden, Riksgränsen**.

Finnland

Finnland bietet viele Gelegenheiten zum Langlauf und Skiwandern; es bestehen allein etwa 35 Langlaufzentren. Nachstehend eine Auswahl von Wintersportgebieten für Langlauf und Abfahrt.

44 **Lahti**
45 **Jyväskylä** mit Laajavuori.
46 **Kuopio** mit der Puijohöhe.
47 **Koli-Berge** mit Lieksa.
48 **Sotkamo** mit Sportinstitut Vuokatti.
49 **Kuusamo – Ruka**
50 **Rovaniemi** mit dem Ounasvaara.
51 **Kemijärvi** mit dem Suomutunturi.
52 **Salla** mit dem Sallatunturi.
53 **Kolari – Yllästunturi**
54 **Sodankylä** mit dem Luostotunturi.
55 **Muonio** mit dem Olostunturi.
56 **Pallastunturi-Gebiet**
57 **Kilpisjärvi** mit dem Saanafjäll.
58 **Saariselkä – Kaunispää**

Veranstaltungs-kalender

(Eine Auswahl interessanter Veranstaltungen)

Januar
Norwegen

Ekeberg	Navigare (Bootsausstellung)

Schweden

Malmö	Bootsmesse

Finnland

Jyväskylä	Winter-Festival
Kuopio	Januarmarkt und Karneval
Tampere	Internationales Kurzfilm-Festival

Februar
Norwegen

Geilo	Behinderten-Olympiade
Kongsberg	Kongsberg Fair
Røros	Jahrmarkt mit Skirennen
Vikersund	Internationale Skiflugwoche

Schweden

Jokkmokk	Große Lappenmesse (Volkskunst)
Arjeplog	Lappenmarkt
Gävle	Internationales Motorrad-Eisrennen

Finnland

Helsinki	Internationale Bootsausstellung

Lahti, Vääksy	Eisschnellauf-Marathon
Hämeenlinna	Finlandia-Skilanglauf

Februar–März
Schweden

Stockholm	Internationale Bootsausstellung

März
Norwegen

Lillehammer	Birkebeiner-Langlaufrennen
Oslo	Holmenkollen-Skifestival (Nordische Kombination)
Narvik	Winterfestival mit Skirennen

Schweden

Stockholm	Antiquitätenmesse
Malmö	Malmex (Briefmarken-ausstellung)
Norberg	Musikwoche
Gällivare	Lappenmarkt (mit Skiwettbewerben)
Dalarna	Vasa-Lauf (Langlauf)

Finnland

Tampere	Pirkka-Skilanglauf
Inari	Rentierschlittenrennen
Rovaniemi	Wintermarkt

April
Schweden

Jönköping	Gunnar-Nilsson-Show (Sport- und Rennfahrzeuge)
Helsingborg	Frimynt (Münzen- und Briefmarkenausstellung)
Västerås	Nordische Kulturwoche

Finnland

Naantali	Schlafmützen-Karneval
Helsinki	Osterfestival (Theater)
Kolari	Internationale Winterspiele (Skilanglauf)

30. April
Schweden

Überall	Walpurgisnacht

30. April/1. Mai
Finnland

Allenthalben	Mainacht

17. Mai
Norwegen

Allenthalben	Verfassungstag (Umzüge, Feuerwerk u. a.)

Mai
Schweden

Jönköping	Scandinavian Game Fair (Jagd, Fischerei)
Råshult	Linnaeus-Tag
Älvkarleby	Wasserfall-Tag

Finnland

Valkeakoski	Helkafest (Folklore, Umzüge)

Mai – Juni
Norwegen

Bergen	Bergener Festspiele (Musik, Theater, Folklore)

6. Juni
Schweden

Allenthalben	Flaggentag

7. Juni
Norwegen

Allenthalben	Norwegischer Flaggentag

15. Juni
Norwegen

Lofthus	Geburtstag von Edvard Grieg

22./23. Juni
Finnland

Allenthalben	Mittsommernacht

22. – 24. Juni
Schweden

Allenthalben	Mittsommerfeste

23. Juni
Norwegen

Allenthalben	Mittsommernacht

Juni
Norwegen

Harstad	Nordnorwegen-Festival
Kongsberg	Internationales Jazz-Festival

Schweden

Anderstorp	Großer Preis von Schweden (Formel 1)
Östersund	Expo Norr (Handels- und Freizeitmesse)
Grisslehamn	Postregatta (histor. Wettrudern)

Finnland

Jyväskylä	Kulturfestival (Konzerte, Aus-stellungen, Vorträge)
Ålandinseln	Post-Rudern (historisches Wett-rudern)
Kuopio	Tanz- und Musik-festival
Oulu	Nordfinnische Messe
Helsinki	Helsinki-Tag (Konzerte, Freilicht-veranstaltungen, Unterhaltungsprogramm)
Oulu	Teerbrennwoche

Juni – Juli
Dänemark

Frederikssund	Wikinger-Festspiele

Juni – August
Schweden

Vielerorts	Heimatfeste

Juni – September
Schweden

Schonen	Jahrmarkt
Drottningholm	Schloßfestspiele

6. Juli
Dänemark

| Vielerorts | 6.-Juli-Fest (Paraden, Feuerwerk, Musik u. a.) |

29. Juli
Norwegen

| Vielerorts | Olsok-Abend (St.-Olavs-Tag) |

Juli
Dänemark

Sandvig/ Bornholm	Hammershus-Freilichtspiele
Ebeltoft	Sommerfest
Odense	H.-C.-Andersen-Spiele
Holstebro	Nordlek (Folklore- und Spielmannsfest)
Rebilder Hügel	Rebild-Fest

Norwegen

| Trondheim | Olavstage (Schauspiele im Dom) |

Schweden

Helsingborg	Antiquitätenmesse
Ronneby	Tosia Bonnada'n (Folk-Festival)
Vilhelmina	Landschaftsfest (Folklore)
Stockholm	Bellman-Woche
Sigtuna	Sigtuna-Jahrmarkt
Lycksele	Lappland-Woche
Halmstad	Lachsfest
Trollhättan	Wasserfall-Tag
Tärnaby	Grenzland-Fest
Söderhamn	Heringsfest

Volkstanzgruppe bei Rättvik am Siljansee

Finnland

Vaasa	Stundars-Fest (Volkstanz, Volksmusik; regionale Spezialitäten)
Lappeenranta, Imatra	Humppa-Festival (finn. Tanzmusik)
Sodankylä	Porttikoski-Flößerwettkampf
Sodankylä	Kuusrock (internat. Rock-Festival)
Imatra	Imatra-Woche (Volksfest)
Savonlinna	Opernfestspiele

Juli – August
Dänemark

| Vendsyssel | Musikfestival (Oper, Klassik, Pop, Folk) |

Kalundborg	Lerchenborg-Musikwoche
Bornholm	Bornholm Musikfestival
Kopenhagen	Kopenhagener Sommerfestival (Konzerte)

August
Dänemark

Odense	Märchenfilm-Festival
Helsingør	Musikfestival
Rønne	Musikfestival in der Nikolaikirche
Ålborg	Musikfestival

Norwegen

| Vinstra | Peer-Gynt-Festspiele (mit Folklore, Prozession u. a.) |

Schweden

| Stockholm | St.-Eriks-Messe (Konsumgüter) |
| Strängnäs | Motorboot-Europameisterschaft auf dem Mälarsee |

Finnland

Turku	Musikfestival Turku-Messe
Tampere	Theatersommer
Helsinki	Helsinki-Festwochen (Konzerte, Oper, Ballett, Jazz, Pop, Ausstellungen)

August – September
Dänemark

| Helsingør | Hamlet-Spiele in Schloß Kronborg |

September
Dänemark

| Århus | Internationales Orgelfestival |

Schweden

| Västerås | Flachserntefest (mit Folklore) |

1. Werktag im Oktober
Norwegen

| Oslo | Eröffnung des Stortings (mit Festzug) |

10./11. November
Schweden

| Überall in Schonen | Mårten Gås (Martinstag) |

November
Schweden

| Stockholm | Weihnachtsmarkt in Skansen |

6. Dezember
Finnland

| Überall | Unabhängigkeitstag (Feiern, Umzüge) |

Schwedische Lucia-Braut

13. Dezember
Schweden

Überall   Lucia-Tag
        (Prozessionen u. a.)

Dezember
Norwegen

Vielerorts   Weihnachtsmarkt
Oslo   Verleihung des
        Friedens-Nobelpreises

Schweden

Vielerorts   Weihnachtsmarkt

Gesetzliche Feiertage

Dänemark
1. Januar
Gründonnerstag
Karfreitag
Ostermontag
Bußtag (Anf. Mai)
Himmelfahrt
Pfingstmontag
5. Juni
(Verfassungstag)
25. und 26.
Dezember

Norwegen
1. Januar
Gründonnerstag
Karfreitag
Ostermontag
1. Mai
17. Mai
(Nationalfeiertag)
Himmelfahrt
Pfingstmontag
25. und 26.
Dezember

Schweden
1. Januar
6. Januar
Karfreitag
Ostermontag
1. Mai
Himmelfahrt
Pfingstmontag
23. Juni
(Mittsommer)
letzter Sa. im
Oktober bzw.
erster Sa. im
November
(Allerheiligen)
25. und 26.
Dezember

Finnland
1. Januar
6. Januar
bzw.
folgender Samstag
(Hl. Drei Könige)
Karfreitag
Ostermontag
Himmelfahrt
Pfingstmontag
Samstag nächst
dem 24. Juni
(Mittsommer)
letzter Sa.
im Oktober
bzw. erster Sa.
im November
(Allerheiligen)
6. Dezember
(Unabhängigkeitstag)
25. und 26. Dezember

Einkäufe, Souvenirs

Alle nordischen Länder zeichnen sich durch besondere Könnerschaft im Design aus. Die Designer entwerfen nicht nur die bekannten Möbel aus hellem Holz, sondern verleihen den vielfältigsten Gebrauchsgegenständen und Erzeugnissen des Kunsthandwerks durch einfache, zweckmäßige Liniengebung ein modernes und doch zeitloses Gepräge. – Bei allen größeren Einkäufen ist zu beachten, daß man die hohe Mehrwertsteuer umgehen kann, wenn man die Waren direkt an die Heimatadresse schicken läßt.

Dänemark

Porzellan (bes. das der Königlichen Manufaktur in Kopenhagen), Silber, Bestecke, Spielzeug. Zinn, Pfeifen, Tabak, Aquavit.

Norwegen

Strickwaren (bunte Norwegermuster). Holz, Zinn, Emaille, Messing, Wandteppiche, Spielzeug, Rentierfelle, Geweihe.

Schweden

Glas (Orrefors), Holz, Textilien (besonders Kinderkleidung). Steingut, Keramik, Zinn, Rentierfelle.

Finnland

Silber- und Bronzeschmuck (z. T. nach alten Vorlagen), Porzellan, Keramik, handgewebte Ryivy-Teppiche, Glas. Rentierfelle und Rentiergeweihe.

Deutsche Soldatenfriedhöfe

Dänemark
Kopenhagen (im Vestre Kirkegård)

Norwegen
Bergen-Solheim, Botn-Rognan, Narvik, Oslo-Alfaset, Trondheim-Havstein

Finnland
Helsinki-Hietaniemi, Helsinki-Honkanummi, Rovaniemi-Norvajärvi

Auskunft

Dänemark

Dänischer Fremdenverkehrsrat
(Danmarks Turistråd)
Zentrale:
H. C. Andersens Boulevard 22
DK-1553 **København** V
Telefon: (01) 11 14 15.

Zweigstellen:
Glockengießerwall 2, Wallhof
D-2000 **Hamburg** 1
Telefon: (040) 32 78 03.

Münsterhof 14
CH-8001 **Zürich**
Telefon: (01) 2 11 90 23.

Auerspergstraße 7
A-5020 **Salzburg**
Telefon: (062 22) 7 35 33.

Informationsbüros in den größeren Städten und Fremdenverkehrsorten.

Automobilclubs

Forenede Danske Motorejere *(FDM)*
Blegdamsvej 124
DK-2100 **København** Ø
Telefon: (01) 38 21 12.

Kongelig Dansk Automobil Klub *(KDAK)*
Frederiksberg Allé 41
DK-1820 **København** V
Telefon: (01) 21 11 01.

Diplomatische Vertretungen
(Botschaften)

Bundesrepublik Deutschland
Stockholmsgade 57
DK-2100 **København** Ø
Telefon: (01) 26 16 22.

Deutsche Demokratische Republik
Svanemøllevej 48
DK-2100 **København** Ø
Telefon: (01) 29 22 77.

Republik Österreich
Grønningen 5
DK-1270 **København** K
Telefon: (01) 12 46 23.

Schweizerische Eidgenossenschaft
Amaliegade 14
DK-1256 **København**
Telefon: (01) 14 17 96.

Fluggesellschaften

Scandinavian Airlines System *(SAS)*
SAS-Building, Hammerichsgade
DK-1611 **København** V
Telefon: (01) 59 66 22.

Deutsche Lufthansa
Ved Vesterport 6
DK-1612 **København**
Telefon: (01) 12 65 11.

Austrian Airlines
Nyropsgade 51
DK-1602 **København** V
Telefon: (01) 11 77 25.

Swissair
Ved Vesterport 5
DK-1612 **København**
Telefon: (01) 12 29 21.

Dänische Staatsbahnen *(DSB)*

Auslandsvertretungen:
Skandinavisches Reisebüro
Bleidenstraße 6
D-6000 **Frankfurt/M.** 1
Telefon: (06 11) 29 53 86.

Reisebüro Norden
Ost-West-Straße 70
D-2000 **Hamburg** 1
Telefon: (040) 36 32 11.
Immermannstraße 54
D-4000 **Düsseldorf**
Telefon: (02 11) 36 09 66.

Norwegen

Norwegische Zentrale für Fremdenverkehr
(Landslaget for Reiselivet i Norge)
Zentrale:
H. Heyerdahlsgate 1
N-**Oslo** 1
Telefon: (02) 42 70 44.

Zweigstelle für die Bundesrepublik Deutschland, Österreich und die Schweiz:

Glockengießerwall 26
D-2000 **Hamburg** 1
Telefon: (040) 32 76 51.

Informationsbüros in den größeren Städten und Fremdenverkehrsorten.

Automobilclubs

Norges Automobil Forbund *(NAF)*
Storgaten 2–6
N-**Oslo** 1
Telefon: (02) 33 70 80.

Kongelig Norsk Automobilklub *(KNA)*
Parkveien 68
N-**Oslo** 2
Telefon: (02) 56 26 90.

Diplomatische Vertretungen
(Botschaften)

Bundesrepublik Deutschland
Oscars gate 45
N-**Oslo** 2
Telefon: (02) 56 32 90.

Deutsche Demokratische Republik
Drammensveien 111 B
N-**Oslo** 2
Telefon: (02) 55 12 83.

Republik Österreich
Sophus Lies gate 2
N-**Oslo** 2
Telefon: (02) 56 33 84.

Schweizerische Eidgenossenschaft
Drammensveien 6
N-**Oslo** 2
Telefon: (02) 41 70 17.

Fluggesellschaften

Scandinavian Airlines System *(SAS)*
SAS-Building, Ruseløkkveien 6
N-**Oslo** 2
Telefon: (02) 42 99 70.
Holbergsgate 30
N-**Oslo** 1
Telefon: (02) 42 99 70.

Braathens SAFE A/S
Ruseløkkveien 26
N-**Oslo** 2
Telefon: (02) 41 10 20.

Widerøes Flyveselskap A/S
Mustads vei 1
N-**Oslo** 2
Telefon: (02) 55 59 90;
Buchung bei SAS.

Deutsche Lufthansa
Pilestredet 33
N-**Oslo** 1
Telefon: (02) 20 08 36.

Austrian Airlines
Haakon VII's gate 5 B
N-**Oslo** 1
Telefon: (02) 41 37 70.

Swissair
Haakon VII's gate 2
N-**Oslo** 1
Telefon: (02) 41 29 67.

Norwegische Staatsbahnen *(NSB)*

Auslandsvertretung:
Reisebüro Norden
Ost-West-Straße 70
D-2000 **Hamburg** 11
Telefon: (040) 36 32 11.
Immermannstraße 54
D-4000 **Düsseldorf**
Telefon: (02 11) 36 09 66.

Schweden

Schwedischer Fremdenverkehrsrat
(Sveriges Turistråd)
Zentrale:
Hamngatan 27, Box 7473
S-10392 **Stockholm**
Telefon: (08) 22 32 80.

Zweigstellen:
Glockengießerwall 2–4
D-2000 **Hamburg** 1
Telefon: (040) 33 01 85.
Wiesenstraße 9, Postfach 390
CH-8034 **Zürich**
Telefon: (01) 47 17 70.

Schwedischer Touristenverein
(Svenska turistföreningen)
Birger Jarlsgatan 18, Box 7615
S-10394 **Stockholm**
Telefon: (08) 22 72 00.

Informationsbüros in den größeren Städten und Fremdenverkehrsorten.

Automobilclubs

Motormännens Riksförbund *(M)*
Sturegatan 32
S-10240 **Stockholm** 5
Telefon: (08) 67 05 80.

Kungl. Automobil Klubben *(KAK)*
Södra Blasieholmshamnen 6
S-10320 **Stockholm** 16
Telefon: (08) 23 88 00.

Diplomatische und konsularische Vertretungen

Bundesrepublik Deutschland
Botschaft:
Skarpögatan 9
S-11527 **Stockholm**
Telefon: (08) 63 13 80.

Generalkonsulate:
Drottninggatan 63
S-41107 **Göteborg**
Telefon: (031) 17 83 65.
Studentgatan 6
S-21138 **Malmö**
Telefon: (040) 3 55 60.

Deutsche Demokratische Republik
Botschaft:
Bragevägen 2, Box 19035
S-10432 **Stockholm**
Telefon: (08) 23 50 30.

Republik Österreich
Botschaft:
Kommendörsgatan 35
S-11458 **Stockholm**
Telefon: (08) 23 34 90.

Schweizerische Eidgenossenschaft
Botschaft:
Skeppsbron 20
S-11130 **Stockholm**
Telefon: (08) 23 15 50.

Fluggesellschaften

Scandinavian Airlines System *(SAS)*
Sveavägen 22
S-11157 **Stockholm**
Telefon: (08) 24 00 40 und 24 75 60.

Linjeflyg AB
Box 10016
S-16110 **Bromma**
Telefon: (08) 24 00 20 und 22 59 40.

Deutsche Lufthansa
Norrmalmstorg 1
S-11146 **Stockholm**
Telefon: (08) 23 05 05.

Austrian Airlines
Strandvägen 1
S-11451 **Stockholm**
Telefon: (08) 14 28 50.

Swissair
Strandvägen 1
S-11451 **Stockholm**
Telefon: (08) 63 01 36.

Schwedische Staatsbahnen *(SJ)*

Auslandsvertretung:
Reisebüro Norden
Ost-West-Straße 70
D-2000 **Hamburg** 11
Telefon: (040) 36 32 11.
Immermannstraße 54
D-4000 **Düsseldorf**
Telefon: (02 11) 36 09 66.

Finnland

Finnische Zentrale für Tourismus
(Suomen Matkailun Edistämiskeskus)

Zentrale:
Kluuvikatu 8
PB 625
SF-00101 **Helsinki** 10
Telefon: (90) 650155.

Zweigstellen:
Rothenbaumchaussee 11
D-2000 **Hamburg** 13
Telefon: (040) 441611.

Franzstraße 5
D-8000 **München** 40
Telefon: (089) 332120.

Schweizergasse 6
CH-8001 **Zürich**
Telefon: (01) 2111340.

Informationsbüros in den größeren Städten und Fremdenverkehrsorten.

Automobilclub

Finnischer Automobil- und Touringclub
(Autoliitto)
Kansakoulukatu 10
SF-00100 **Helsinki**
Telefon: (90) 6940022.

Diplomatische Vertretungen
(Botschaften)

Bundesrepublik Deutschland
Frederikinkatu 61
SF-00100 **Helsinki**
Telefon: (90) 6943355.

Deutsche Demokratische Republik
Vähäniityntie 7–9
SF-00100 **Helsinki**
Telefon: (90) 688138.

Republik Österreich
Eteläesplanadi 18
SF-00130 **Helsinki**
Telefon: (90) 634255.

Schweizerische Eidgenossenschaft
Uudenmaankatu 16 A
SF-00120 **Helsinki**
Telefon: (90) 649422.

Fluggesellschaften

Finnair
Mannerheimintie 102
SF-00100 **Helsinki**
Telefon: (90) 410411.

Scandinavian Airlines System *(SAS)*
Pohjoisesplanadi 23
SF-00100 **Helsinki**
Telefon: (90) 13443 und 175611.

Deutsche Lufthansa
Keskuskatu 5 B
SF-00100 **Helsinki** 10
Telefon: (90) 175133.

Austrian Airlines
Yrjönkatu 9
SF-00120 **Helsinki** 12
Telefon: (90) 643001.

Swissair
Eteläesplanadi 22 B
SF-00130 **Helsinki** 13
Telefon: (90) 821649.

Finnische Staatsbahnen *(VR)*

Auslandsvertretung:
Reisebüro Norden
Ost-West-Straße 70
D-2000 Hamburg 11
Telefon: (040) 363211.
Immermannstraße 54
D-4000 **Düsseldorf**
Telefon: (0211) 360966.

Reiserufe im Radio

In sehr dringenden Fällen werden in den nordischen Ländern Reiserufe im Rundfunk durchgegeben. Auskunft erteilen die Automobilklubs und die Polizei.

Von den deutschsprachigen Sendern empfängt man am besten die Kurzwellenprogramme der Deutschen Welle, des Rias Berlin und des Senders Radio Luxemburg.

Telefon-Ländernetzkennzahlen
für den Selbstwählverkehr

von der Bundesrepublik Deutschland, Österreich und der Schweiz
nach **Dänemark** 0045
nach **Norwegen** 0047
nach **Schweden** 0046
nach **Finnland** 00358

von **Dänemark**
nach der Bundesrepublik
Deutschland 00949
nach Österreich 00943
nach der Schweiz 00941

von **Norwegen**
nach der Bundesrepublik
Deutschland 09549
nach Österreich 09543
nach der Schweiz 09541

von **Schweden**
nach der Bundesrepublik
Deutschland 00949
nach Österreich 00943
nach der Schweiz 00941

von **Finnland**
nach der Bundesrepublik
Deutschland 99049
nach Österreich 99043
nach der Schweiz 99041

Die Null (in Finnland die 9) der jeweiligen Ortsnetzkennzahl entfällt.

Notrufe

Dänemark

An den dänischen Autobahnen befinden sich im Abstand von 2 km *Notrufsäulen.*

Telefonischer Notruf
(Polizei, Unfallhilfe)
im ganzen Land   **000**
(bei öffentlichen Fernsprechern kein Münzeinwurf erforderlich)

Norwegen

Der norwegische Automobilclub NAF unterhält von Mitte Juni bis Anfang September auf einigen Fernstraßen einen Patrouillendienst. An den wichtigsten Fernstrecken gibt es Notruf-Telefone.

Alarmzentrale des NAF
in Oslo (0–24 Uhr)   **02/337080**
Polizei in Oslo   **02/110011**
Unfallrettung
in Oslo   **02/201090**

Außerhalb von Oslo gibt es keine landeseinheitlichen Notrufnummern.

Schweden

Bei Pannen ist der "Larmtjänst" behilflich, dessen regionale Rufnummer bei Tankstellen, Polizeiposten u. a. erfragt werden kann.

Deutschsprachiger Hilfsdienst
in Stockholm   **08/241000**
in Malmö   **040/100000**
in Göteborg   **031/427100**

Telefonischer Notruf
(Polizei, Unfallhilfe)
im ganzen Land   **90000**

Finnland

Der Straßenhilfsdienst ist telefonisch zu erreichen
in Helsinki   **90/411650**
   und **90/750988**
in Hämeenlinna   **917/62184**
in Heinola   **910/82430**
in Jalasjärvi   **964/60380**
in Jyväskylä   **941/14307**
in Lahti   **918/22200**

in Mikkeli   **955/14450**
in Oulu   **981/21455**
   und **981/41041**
in Pori   **939/17300**
in Tampere   **931/22910**

Pannenhilfe des Finnischen Automobilklubs
in Helsinki   **90/650022**

Polizei
in Jyväskylä   **003**
in Vaasa   **12034**
im übrigen Finnland   **002**

Unfallhilfe
in Helsinki   **000**
in Kuopio und Joensuu   **006**
im übrigen Finnland   **005**

ADAC-Notrufzentrale München

von 0 bis 24 Uhr besetzt.
Telefon
aus
Dänemark   **00949**
aus
Norwegen   **09549**   } **89/222222**
aus
Schweden   **00949**
aus
Finnland   **99049**
Telefonarzt: von 15. Mai bis 15. September täglich zwischen 8 und 17 Uhr deutscher Zeit.

DRK-Flugdienst Bonn

Telefon
aus
Dänemark   **00949**
aus
Norwegen   **09549**   } **228/230023**
aus
Schweden   **00949**
aus
Finnland   **99049**

Deutsche Rettungsflugwacht Stuttgart

Telefon
aus
Dänemark   **00949**
aus
Norwegen   **09549**   } **711/701070**
aus
Schweden   **00949**
aus
Finnland   **99049**

TUI

TOURISTIK UNION
INTERNATIONAL

Ihr Urlaub steht unter einem guten Zeichen!

Denn hinter jedem Urlaub von Touropa, Scharnow, TransEuropa, Hummel, Dr. Tigges und twen-tours steht die Touristik Union International, das größte Touristik-Unternehmen Europas.
Das bedeutet für Sie:
hoher Qualitätsstandard des gesamten Urlaubsangebotes, umfassende Fachberatung in über 2000 TUI-Reisebüros, weltweit gute Betreuung durch qualifizierten und erfahrenen Reiseleiter-Service.
Vorteile, die Ihnen das TUI-Zeichen garantiert.

TOUROPA
SCHARNOW
TRANSEUROPA
HUMMEL
Dr.Tigges
twen-tours

Baedekers Allianz-Reiseführer

**Benelux · Deutschland · Frankreich
Griechenland · Großbritannien · Italien
Jugoslawien · Österreich · Portugal
Schweiz · Skandinavien · Spanien**

Baedekers Allianz-Reiseführer

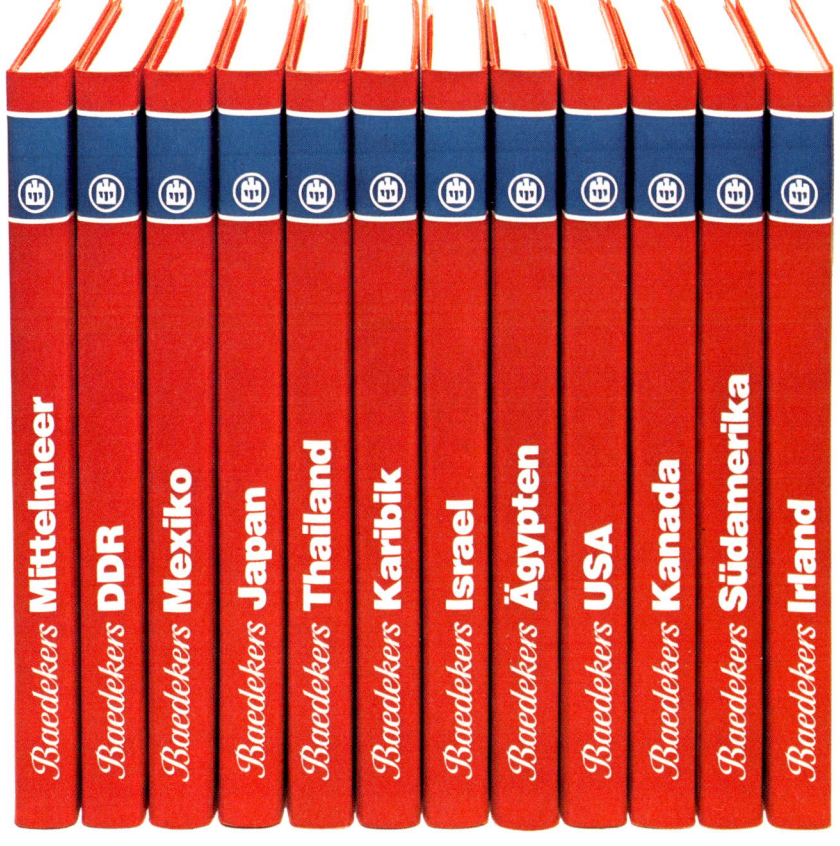

Ägypten · DDR · Irland · Israel
Japan · Kanada · Karibik
Mexiko · Mittelmeer · Südamerika
Thailand · USA

Kompakt-Reiseführer

Bodensee   Athen
Ceylon   Hongkong
Dänemark   London
Französische Riviera   New York
Griechische Inseln   Paris
Griechisches Festland   Prag
Italienische Riviera   Rom
Kärnten
Mallorca / Balearen
Schwarzwald
Südtirol / Dolomiten
Vogesen / Elsaß